高校入試虎の巻　他にはない　3大ポイント

問題の質問ができる　“とらサポ”

無料会員

虎の巻やスペシャルの問題で「わからないなー」「質問したいなー」というときは、
“とらサポ”におまかせください！
必要事項と質問を書いて送るだけで詳しく解説しちゃいます！
何度でもご利用いただけます！質問は”FAX”や”メール”でできます。

無料会員登録手順

【仮登録】→【本登録】→【会員番号発行】→質問開始！

① 【仮登録】：右のＱＲコード／下のＵＲＬへアクセス。

http://www.jukentaisaku.com/sup_free/

② メールアドレス（ＰＣアドレス推奨）を入力送信。

③ 入力いただいたアドレスへ【本登録】のＵＲＬが届きます。

④ 【本登録】：届いたＵＲＬへアクセスし会員情報を入力。

※ご注意
「確認」では会員登録されていません。
必ず「送信」ボタンを押してください。

⑤ 【会員番号】が発行され、メールで届きます。

⑥ 【会員番号】が届いたら、質問開始！

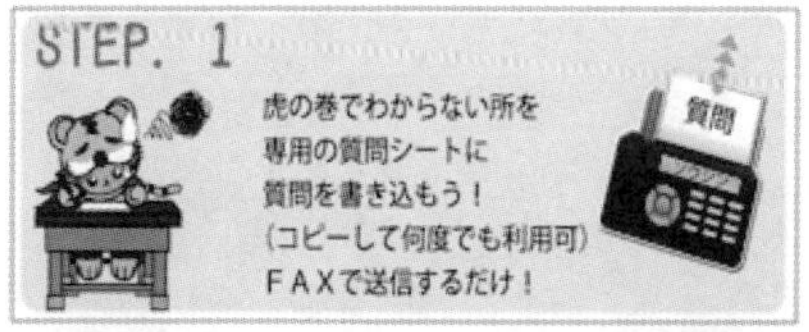
STEP. 1
虎の巻でわからない所を
専用の質問シートに
質問を書き込もう！
(コピーして何度でも利用可)
ＦＡＸで送信するだけ！
質問

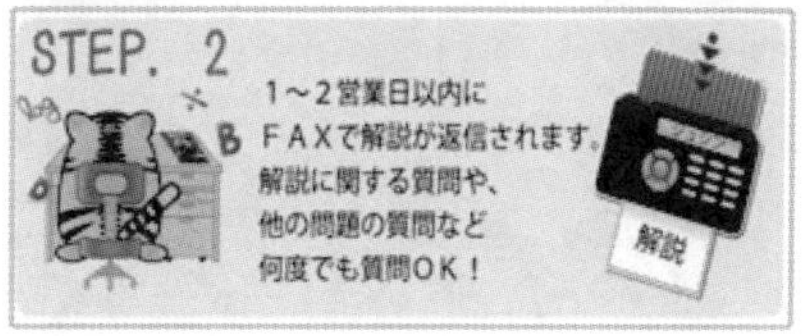
STEP. 2
1～2営業日以内に
ＦＡＸで解説が返信されます。
解説に関する質問や、
他の問題の質問など
何度でも質問ＯＫ！
解説

左のQRコードが読み取れない方は、下記のURLへアクセスして下さい。

http://www.jukentaisaku.com/sup_free/

※ドメイン拒否設定をされている方は、〔本登録〕のURLが届きませんので解除して下さい。

とらサポ会員番号　　忘れないようにココへ書きましょう

利用方法を㊢で紹介♪

とらサポ‘プレミアム会員’

有料会員

どんな問題でも質問できる！
◎私立の過去問・塾の宿題・市販の問題集

オンライン『講義映像』中学1年～3年
◎5教科すべて視聴可能

入会金なし
ご利用料金：月額3,300円（税込）
※入会月が15日以降の場合は、初月1,100円（税込）
※ご利用期間　2025.3月末迄

左のQRコードが読み取れない方は、
下記のURLへアクセスして下さい。
URL：http://www.jukentaisaku.com/sup_pre/
※ドメイン拒否設定をされている方は、〔本登録〕の
URLが届きませんので解除して下さい。

中３数学	
1	平方根
2	多項式の計算
3	因数分解
4	二次方程式
5	二次方程式の利用
6	関数 y=ax2（1）
7	関数 y=ax2（2）
8	相似な図形（1）
9	相似な図形（2）
10	三平方の定理
11	円の性質

①～④は無料会員登録と同じ
⑤お申し込みから2営業日以内に【会員のご案内】を発送いたします。
⑥【会員のご案内】が届き次第ご利用いただけます。

リスニング虎の巻　～高校受験～英検３級まで～

別売り
※過去問ではありません

①聞きながら学習（6回分）
★英単語の読み・聞き取り・意味が苦手でも安心して学習
英語のあとにすぐ日本語訳が聞け、聞きながらにして、
即理解 ⇒ 覚える ことができます。
②テスト形式で実践練習（5回分）
テスト形式に挑戦。
高校入試リスニングの練習に最適です。

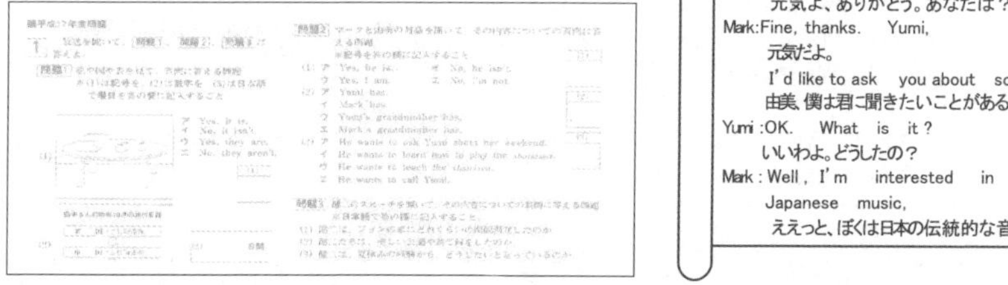

【 台本と録音例 】
Mark:Hi, Yumi.　How are you today？
こんにちは、由美。今日の調子はどう？
Yumi :Hi, Mark.
こんにちは、マーク。
I’m fine, thank you.　And you？
元気よ、ありがとう。あなたは？
Mark:Fine, thanks.　Yumi,
元気だよ。
I’d like to ask　you about　something.
由美、僕は君に聞きたいことがあるんだ。
Yumi :OK.　What is it？
いいわよ。どうしたの？
Mark : Well , I’m　interested　in　traditional
Japanese　music,
ええっと、ぼくは日本の伝統的な音楽に興味

先輩達の【とらサポ質問】&【感想】

【とらサポの質問方法】

①会員番号を取得
②質問したいところを書く！
　教科・ページ・問題番号
③聞きたい質問を書く。
④作文 や 記述の添削も
　できます！
　（国語・英語・社会 etc）

FAX や
メールで質問も OK!!
tora@jukentaisaku.com

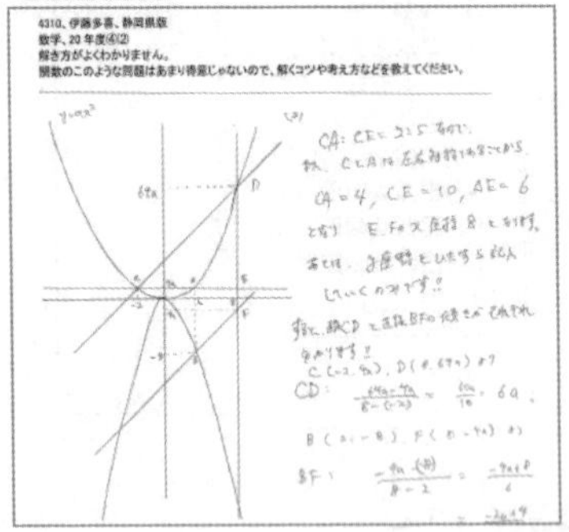

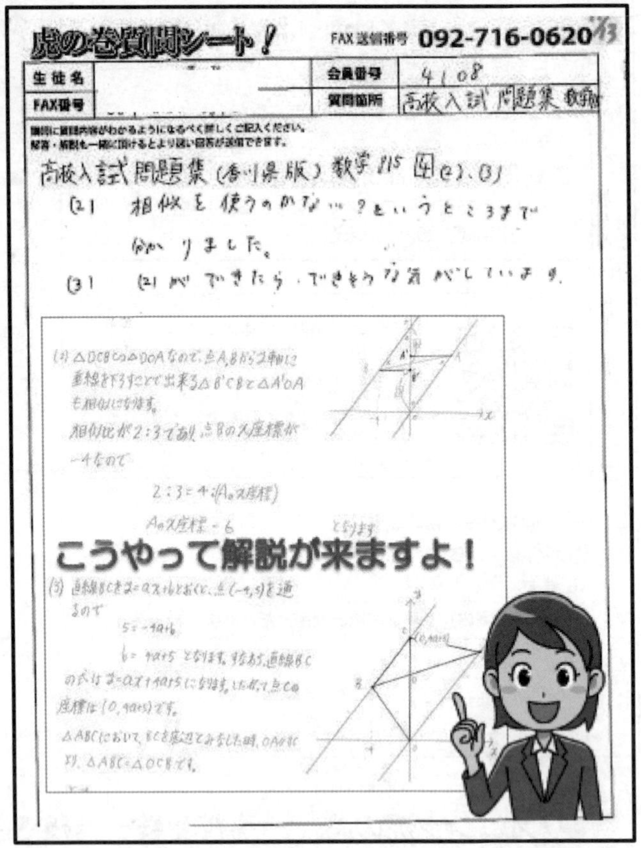

虎の巻様

いつもありがとうございます。今回は質問ではなくお礼を言うためにこれを書きました。

発表でした。 私は第一志望の高校に合格することができました！私の行きたい高校は私の学力では足りないと学校の先生から言われ、志望校をおとそうかととても悩みました。しかし、第一志望校も受けないと後悔してしまうと思い、親の反対も振りきって受けました。諦めないで本当によかったです。今回私が合格できたのも虎の巻様が私の質問に丁寧に答えて下さったおかげだと思っています。ページ数と問題内容があってなかったりと様々な迷惑もかけてしまい申し訳なかったです。

4月からは高校生として、国公立大学へ進学するという夢を胸にがんばっていきたいと思います。虎の巻様には感謝してもしても足りません。本当に本当にありがとうございました!!!

To: 虎の巻
Subject: 質問ではありませんが(--;)

質問ではありませんが(^-^)
先日、受験に合格することが出来ました(^^♪
そのお礼を申し上げたく、メールを送らせて頂きます。

私は、受験勉強というものを、どうやら勘違いをしてしまって、
短期集中１ヶ月もやればいい方だろうと思っていました。
しかし、そうではないことに気づき、難関校の受験１ヶ月前に焦って、
何でもいいから何かやらないと間に合わない！と思って手に取ったのが、
虎の巻さんでした。
どうやればいいかなんて全く分からないけど、浅く広くやるのではなく、
とりあえずこれだけはやっておこうと思い、過去問、それからスペシャルの方も
間違えたところは何周も解き直しました。あっていた所もしっかり確認をし、
逆に虎の巻さん以外のものは何もやらないで難関校に挑んだ結果、
類似問題も多く出て見事合格をすることが出来ました。
ほんとにほんとに、虎の巻さんのおかげだと思っています。
感謝の気持ちでいっぱいです。

お忙しいところ、すみません。
読んでいただき、ありがとうございました(^-^)

虎の巻質問シート！

ご利用期間　２０２５.３月末迄

①生徒名		②会員番号		R7 福島県版
③FAX番号		④質問箇所		

コピーしてご利用下さい。（①～④の記載があれば、どの用紙でも可能です）
講師に質問内容がわかるようになるべく詳しくご記入ください。
ご自身の解答や考え方も一緒に頂けるとより速い回答が送信できます。

FAX 送信番号　092-716-0620　質問メールアドレス　tora@jukentaisaku.com

虎の巻の特色

この問題集は、福島の高校受験生の皆さんの志望校合格に向けて、効率の良い学習を進めることができるように編集作成したものです。したがって、学習したいところから取り組め、確実に得点になる演習ができるように、教科・単元別にしております。また、自分ひとりでも学習できるよう詳しい解説を掲載し、さらに無料で質問できるサービス“とらサポ”が入試直前までの心強い味方です。

虎の巻の使い方

過去12年間の入試問題を見てみると、似た形式の問題が数多く存在します。そこで、実際に出題された問題を単元ごとに集中的に繰り返すことで、パターンを掴みしっかりマスターすることができます。

1回目：1単元ごとにノートに解いてみる。

教科書をみてもよし、誰かに教えてもらいながらでもよいです。実際に問題を解くことで入試のレベルを知り、自分の苦手なところを発見しながら学習を進めましょう。この1回目で間違った問題には印をつけておきましょう。

2回目：何も見ずに解いてみる。

1回目の印をつけた問題は解けるようになりましたか？
ただし、1度解いても忘れるものです。もう一度解く事が復習になり、より一層理解を高めることができます。ここで全体の半分程解く事が出来れば十分です。間違った問題には2回目の印をつけ、理解できるまで何度もやり直しましょう。

3回目：冬休みや入試前に、1つの問題に対して7分～15分で解いてみる。

時間を計って問題を解くことで、入試を想定することができます。
短い時間で正確に問題を解けるようにしましょう。そして、どれだけ力がついたか【本番形式：令和4～6年問題】で力試しをしてください。

もくじ

単元別編集
数学　H25～R3・・・・・・・・・・・ 1
理科　H25～R3・・・・・・・・・・・ 23
英語　H25～R3・・・・・・・・・・・ 67
社会　H25～R3・・・・・・・・・・・ 97
国語　H25～R3・・・・・・・・・・・178　※逆綴じ
解答　H25～R3・・・・・・・・・・・181
解説　H25～R3・・・・・・・・・・・196

本番形式
令和4年　5科問題・・・・・・・・・・・229
　　　　　解答解説・・・・・・・・・・・258
本番形式
令和5年　5科問題・・・・・・・・・・・263
　　　　　解答解説・・・・・・・・・・・293
本番形式
令和6年　5科問題・・・・・・・・・・・299
　　　　　解答解説・・・・・・・・・・・331

付　録・・・・・・・・・・・・・・・・・・①～⑥

（注1）編集上、掲載していない問題が一部ございます。
（注2）著作権の都合により、実際の入試に使用されている写真と違うところがございます。
＊上記（注1）（注2）をあらかじめご了承の上、ご活用ください。

公 立 高 校 入 試 出 題 単 元

過去９年間
（平成25年～令和3年迄）

数　学

計算問題

■ 平成25年 [1]（1）
■ 平成26年 [1]（1）
■ 平成27年 [1]（1）　[2]（1）
■ 平成28年 [1]（1）
■ 平成29年 [1]（1）
■ 平成30年 [1]（1）（2）　[2]（1）
■ 平成31年 [1]（1）　[2]（1）
■ 令和２年 [1]（1）
■ 令和３年 [1]（1）（2）　[2]（1）（2）

文字の式

■ 平成25年 [2]（2）
■ 平成27年 [2]（2）
■ 平成28年 [2]（1）
■ 平成31年 [2]（2）
■ 令和２年 [2]（2）

作図

■ 平成26年 [2]（5）
■ 平成27年 [2]（6）
■ 平成28年 [2]（6）
■ 平成30年 [2]（5）
■ 平成31年 [2]（5）
■ 令和２年 [2]（5）

方程式

■ 平成25年 [2]（1）（2次方程式）
■ 平成26年 [2]（1）（連立方程式）
■ 平成27年 [2]（3）（2次方程式）
■ 平成28年 [2]（2）（連立方程式）
■ 平成29年 [2]（1）（2次方程式）
■ 令和２年 [2]（1）

方程式（文章題）

■ 平成25年 [4]
■ 平成26年 [4]
■ 平成27年 [4]
■ 平成28年 [4]
■ 平成30年 [4]
■ 平成31年 [4]
■ 平成３年 [4]
■ 令和29年 [4]
■ 令和２年 [4]

関数（小問）

■ 平成25年 [3]（1）（2次関数）
■ 平成27年 [2]（5）（2次関数）
■ 平成28年 [1]（2）（比例）
■ 平成30年 [2]（2）（2次関数）
■ 平成31年 [1]（2）（反比例）
■ 令和２年 [1]（2）
■ 令和３年 [2]（4）
■ 平成28年 [2]（5）（1次関数）
■ 平成30年 [2]（3）（1次関数）
■ 平成31年 [2]（3）（1次関数）
■ 令和２年 [2]（3）
■ 令和３年 [2]（3）

関数と図形

■ 平成25年 [6]
■ 平成26年 [6]
■ 平成27年 [6]
■ 平成28年 [6]
■ 平成29年 [6]
■ 平成31年 [6]
■ 平成30年 [6]
■ 令和２年 [6]
■ 令和３年 [6]

平面図形

■ 平成25年 [2]（4）（図形）
■ 平成26年 [2]（4）（角度）
■ 平成27年 [1]（2）　[2]（4）（角度）
■ 平成28年 [2]（4）（角度）
■ 平成29年 [1]（2）（回転）　[2]（3）（内角の和）
■ 平成30年 [2]（4）（おうぎ形）

証明

■ 平成25年 [5]
■ 平成26年 [5]
■ 平成27年 [5]
■ 平成28年 [5]
■ 平成29年 [5]
■ 平成30年 [5]
■ 平成31年 [5]
■ 令和２年 [5]
■ 令和３年 [5]

立体図形

■ 平成25年 [1]（2）　[2]（5）（体積）
■ [7]（線分の長さ・体積）
■ 平成26年 [3]（1）　[7]（体積・線分の長さ・比）
■ 平成27年 [7]（線分の長さ・比）
■ 平成28年 [2]（3）　[7]（線分の長さ・比）
■ 平成29年 [2]（5）　[7]（体積）
■ 平成30年 [7]（体積・距離）
■ 平成31年 [2]（4）（体積）　[7]（線分の長さ・比・体積）
■ 令和２年 [3]（4）　[7]
■ 令和３年 [2]（5）　[7]

資料の整理

■ 平成27年 [3]（2）
■ 平成28年 [3]（2）
■ 平成29年 [3]（2）
■ 平成31年 [3]（2）
■ 平成30年 [3]（1）
■ 令和２年 [3]（2）
■ 令和３年 [3]（2）

確率・場合の数

■ 平成25年 [3]（2）
■ 平成27年 [3]（1）
■ 平成28年 [3]（1）
■ 平成30年 [3]（2）
■ 平成29年 [3]（1）
■ 平成31年 [3]（1）
■ 令和２年 [3]（1）
■ 令和３年 [3]（1）

計算問題

■平成25年度問題

1 (1) 次の計算をしなさい。

① $(-2)\times(-9)$

② $\frac{2}{5}-\frac{1}{2}$

③ $3\sqrt{7}+\sqrt{28}$

④ $(-2ab^2)\div\frac{3}{2}ab$

■平成26年度問題

1 (1) 次の計算をしなさい。

① $3-9$

② $6\div\left(-\frac{2}{3}\right)$

③ $\sqrt{21}\times\sqrt{7}$

④ $(5a-b)-2(a+3b)$

■平成27年度問題

1 (1) 次の計算をしなさい。

① $(-4)\times5$

② $-\frac{3}{2}+\frac{7}{8}$

③ $2b^2\div(-a^2)\times3a^3b$

④ $6\sqrt{5}-\sqrt{45}$

2 (1) $x=2$, $y=-\frac{1}{2}$ のとき，
$(3x-2y)+2(2x-y)$ の値を求めなさい。

■平成28年度問題

1 (1) 次の計算をしなさい。

① $-7-2$

② $\frac{4}{3}\div(-8)$

③ $9x^3\div3x\times(-x)^2$

④ $\sqrt{27}+\frac{3}{\sqrt{3}}$

■平成29年度問題

1 (1) 次の計算をしなさい。

① $6\times(-7)$

② $\frac{1}{6}-\frac{2}{3}$

③ $(24a-20b)\div4$

④ $\sqrt{2}+\sqrt{18}$

■平成30年度問題

1 (1) 次の計算をしなさい。

① $-7+2$

② $\left(-\frac{3}{10}\right)\times\left(-\frac{5}{4}\right)$

③ $6x^4\div(-3x^2)\div3x$

④ $\sqrt{48}-\sqrt{3}$

(2) $x=-\frac{1}{5}$, $y=3$ のとき，
$3(2x-3y)-(x-8y)$ の値を求めなさい。

2 (1) $\sqrt{28n}$ が自然数になるような自然数 n のうちで，
もっとも小さい値を求めなさい。

■平成31年度問題

1 (1) 次の計算をしなさい。

① $(-9)\times(-5)$

② $\left(-\frac{3}{4}\right)+\frac{2}{5}$

③ $(-4x^2y)\div x^2\times2y$

④ $\frac{18}{\sqrt{6}}+\sqrt{24}$

2 (1) $x^2-8x-20$ を因数分解しなさい。

■令和２年度問題

1 (1) 次の計算をしなさい。

① $-1-5$

② $(-12)\div\frac{4}{3}$

③ $3(2x-y)-(x-5y)$

④ $\sqrt{20}+\sqrt{5}$

■令和３年度問題

1 (1) 次の計算をしなさい。

① $3\times(-8)$

② $\frac{1}{2}-\frac{5}{6}$

③ $-8x^3\div4x^2\times(-x)$

④ $\sqrt{50}+\sqrt{2}$

(2) 六角形の内角の和を求めなさい。

度

■令和３年度問題

2 （1）　-3と$-2\sqrt{2}$の大小を，不等号を使って表しなさい。

（2）　ある中学校の生徒の人数は126人で，126人全員が徒歩通学か自転車通学いずれか一方で通学しており，徒歩通学をしている生徒と自転車通学をしてのいる生徒の人数の比は5：2である。

このとき，自転車通学をしている生徒の人数を求めなさい。

人

文字の式

■平成25年度問題

2 （2）　1個x kgの品物5個と1個y kgの品物3個の重さの合計は，40 kg未満である。このときの数量の間の関係を，不等式で表しなさい。

■平成27年度問題

2 （2）　1mあたりの重さが30gの針金がある。この針金x gの長さをy mとするとき，yをxの式で表しなさい。

■平成28年度問題

2 （1）　ある商店で，定価が1個a円の品物が定価の3割引きで売られている。

この品物を10個買ったときの代金を，aを使った式で表しなさい。

円

■平成31年度問題

2 （2）　中学生a人に1人4枚ずつ，小学生b人に1人3枚ずつ折り紙を配ろうとすると，100枚ではたりない。

このときの数量の間の関係を，不等式で表しなさい。

■令和２年度問題

2 （2）　ある工場で今月作られた製品の個数はa個で，先月作られた製品の個数より25%増えた。

このとき，先月作られた製品の個数をaを使った式で表しなさい。

個

作図

■平成26年度問題

2 （5）　右の図のように，直線ℓと2点A，Bが同じ平面上にある。

ℓ上にあって，A，Bから等しい距離にある点Pを，定規とコンパスを用いて作図によって求め，Pの位置を示す文字Pも書きなさい。

ただし，作図に用いた線は消さないでおきなさい。

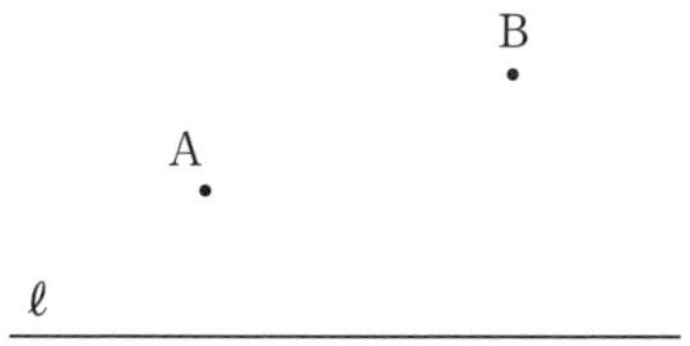

■平成27年度問題

2 （6）　右の図のように，線分ABと半直線ACがある。ABの垂直二等分線上にあって，AB，ACまでの距離が等しい点Pを，定規とコンパスを用いて作図によって求め，Pの位置を示す文字Pも書きなさい。

ただし，作図に用いた線は消さないでおきなさい。

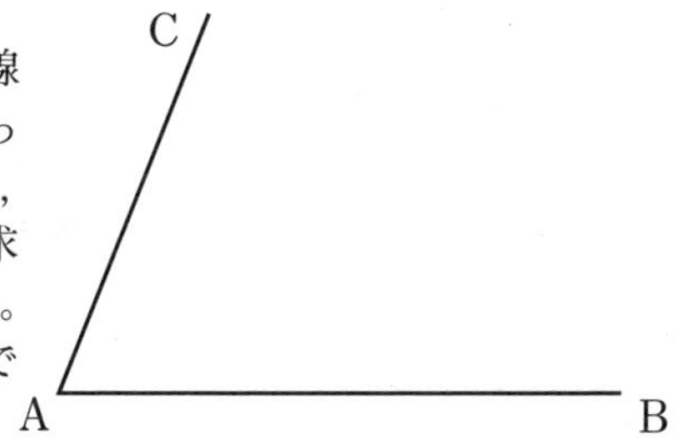

■平成28年度問題

2 （6）　右の図のように，直線ℓと，ℓ上にない点Oがある。

Oを中心とする円がℓに接するとき，その接点Pを，定規とコンパスを用いて作図によって求め，Pの位置を示す文字Pも書きなさい。

ただし，作図に用いた線は消さないでおきなさい。

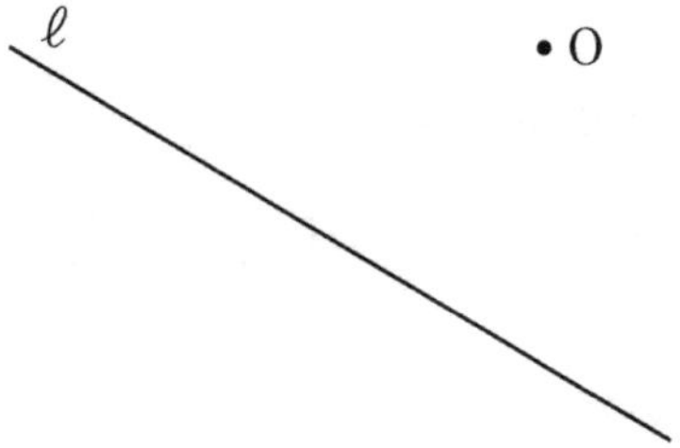

■平成30年度問題

2 （5）　右の図のように∠A＝90°の直角三角形ＡＢＣがある。

３点Ａ，Ｂ，Ｃを通る円の中心Ｐを，定規とコンパスを用いて作図によって求め，Ｐの位置を示す文字Ｐも書きなさい。

ただし、作図に用いた線は消さないでおきなさい。

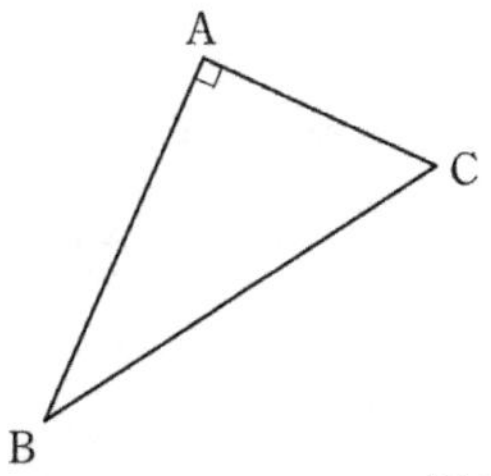

■平成31年度問題

2（5） 右の図において，△ABCを，辺BCを対称の軸として対称移動させた図形を△PBCとする。△PBCの辺PB，PCを，定規とコンパスを用いて作図しなさい。また，点Pの位置を示す文字Pも書きなさい。
ただし，作図に用いた線は消さないでおきなさい。

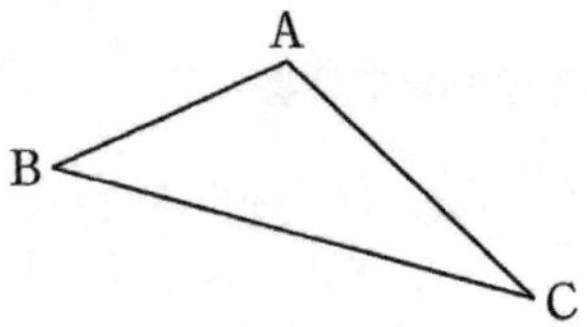

■令和２年度問題

2（5） 右の図のような，線分ABがある。
線分ABを斜辺とする直角二等辺三角形PABの辺PA，PBを定規とコンパスを用いて1つずつ作図しなさい。また，点Pの位置を示す文字Pも書きなさい。
ただし，作図に用いた線は消さないでおきなさい。

方程式

■平成25年度問題

2（1） 2次方程式 $x^2+3x-1=0$ を解きなさい。

■平成26年度問題

2（1） 連立方程式 $\begin{cases} 2x+3y=7 \\ 3x-y=-6 \end{cases}$ を解きなさい。

$x=$　　　，$y=$

■平成27年度問題

2（3） 2次方程式 $3x^2-7x+3=0$ を解きなさい。

■平成28年度問題

2（2） 連立方程式 $\begin{cases} 3x+4y=5 \\ x=1-y \end{cases}$ を解きなさい。

$x=$　　　，$y=$

■平成29年度問題

2（1） 2次方程式 $x^2+x-12=0$ を解きなさい。

■令和２年度問題

2（1） 次のア～エのうち，「等式の両辺から同じ数や式をひいても，等式は成り立つ。」という等式の性質だけを使って，方程式を変形しているものを1つ選び，記号で答えなさい。

ア	イ	ウ	エ
$1-2(x+3)=5$	$3x+4=10$	$(x-2)^2=36$	$2x=4$
$-2x-5=5$	$3x=6$	$x-2=\pm6$	$x=2$

方程式（文章題）

■平成25年度問題

4 ある中学校の生徒全員が，○か×のどちらかで答える１つの質問に回答し，58％が○と答えた。
また，男女別に調べたところ，○と答えたのは男子では70％，女子では45％であり，○と答えた人数は，男子が女子より37人多かった。
この中学校の男子と女子の生徒数をそれぞれ求めなさい。
求める過程も書きなさい。

［求める過程］

答　男子の生徒数＿＿＿＿＿＿人，女子の生徒数＿＿＿＿＿＿人

■平成26年度問題

4　連続する３つの自然数があり，中央の数の９倍は，最も小さい数と最も大きい数の積から９をひいた数に等しい。

このとき，中央の数を求めなさい。

求める過程も書きなさい。

［求める過程］

答　中央の数 ＿＿＿＿＿＿

■平成27年度問題

4　容積300Lの空《から》の水そうに，2本の給水管A, Bを使って水を入れる。ただし，A, Bからは，それぞれ一定の割合で水が出るものとする。

はじめにAだけを使って20分間水を入れ，その後，AとBの両方を使って３分間水を入れると，水そうの中の水の量は水そうの容積に等しくなる。

また，はじめからAとBの両方を使って12分間水を入れると，水そうの中の水の量は水そうの容積の80%になる。

このとき，給水管A, Bからは，それぞれ毎分何Lの割合で水が出るか，求めなさい。求める過程も書きなさい。

［求める過程］

答　給水管A　毎分 ＿＿＿＿＿＿ L，給水管B　毎分 ＿＿＿＿＿＿ L

■平成28年度問題

4　大小２枚の厚紙がある。

この２枚の厚紙をそれぞれ切り分けたところ，大きい厚紙は，１辺が x cmの正方形が３枚，１辺が x cmで他方の辺が１ cmの長方形が１枚の合計４枚の図形に分けることができた。

また，小さい厚紙は，１辺が x cmの正方形が１枚，１辺が x cmで他方の辺が１cmの長方形が５枚，１辺が１cmの正方形が４枚の合計10枚の図形に分けることができた。

切り分ける前の大小２枚の厚紙の面積の差が 26cm^2 であったとき，次の（１），（２）の問いに答えなさい。

（１）　x の値を求めなさい。求める過程も書きなさい。

（２）　小さい厚紙から切り分けられた10枚の図形をすべて使ってすき間なく並べると，１つの長方形をつくることができる。このとき，この長方形の周の長さを求めなさい。

(1)　［求める過程］

答　$x=$ ＿＿＿＿＿＿

(2)　＿＿＿＿＿＿ cm

■平成30年度問題

4　ある中学校では，学習旅行で自主研修の時間を設けており，生徒は博物館か美術館，またはその両方を見学する。見学に必要な入館券は，博物館の入館券，美術館の入館券，博物館と美術館の両方を見学できる共通入館券の３種類あり，１枚の値段は，博物館の入館券が600円，美術館の入館券が700円，共通入館券が1000円である。

学習旅行に参加した生徒の人数は120人であり，120人全員がいずれか1つの入館券を選んで買ったところ，代金の合計は89500円であった。

美術館の入館券を買った生徒の人数が55人であったとき，博物館の入館券を買った生徒と共通入館券を買った生徒の人数はそれぞれ何人か，求めなさい。

求める過程も書きなさい。

［求める過程］

答 ｛ 博物館の入館券を買った生徒の人数 ＿＿＿＿＿＿ 人
共通入館券を買った生徒の人数 ＿＿＿＿＿＿ 人

■平成31年度問題

4 ある文房具店では，ノートと消しゴムを下の表のように販売している。ただし，消費税は表の価格に含まれているものとする。

ある日の集計によると，セットAとして売れたノートの冊数は，単品ノートの売れた冊数の3倍より1冊少なく，セットBとして売れた消しゴムの個数は，単品消しゴムの売れた個数の2倍であった。

この日，ノートは全部で41冊売れ，売り上げの合計は5640円であった。

このとき，単品ノートの売れた冊数と，単品消しゴムの売れた個数をそれぞれ求めなさい。
求める過程も書きなさい。

商品名	価格	内容
単品ノート	120円	ノート1冊
単品消しゴム	60円	消しゴム1個
セットA	160円	ノート1冊，消しゴム1個
セットB	370円	ノート3冊，消しゴム1個

［求める過程］

答 { 単品ノートの売れた冊数 ＿＿＿＿ 冊
　　 単品消しゴムの売れた個数 ＿＿＿＿ 個

■令和3年度問題

4 百の位の数が，十の位の数より2大きい3けたの自然数がある。

この自然数の各位の数の和は18であり，百の位の数字と一の位の数字を入れかえてできる自然数は，はじめの自然数より99小さい数である。

このとき，はじめの自然数を求めなさい。

求める過程も書きなさい。

［求める過程］

答　はじめの自然数 ＿＿＿＿

■平成29年度問題

4 ある自然公園には，入口から展望台を通ってキャンプ場まで続く1本のハイキングコースがある。このハイキングコースを，あかねさん，けいたさん，はやとさんの3人が入口からキャンプ場まで歩いた。

あかねさんは毎分60mの速さで歩き，入口から展望台までかかった時間は，展望台からキャンプ場までかかった時間より10分長かった。

また，けいたさんは入口から展望台までは毎分100mの速さで歩いたが，展望台で8分間休んだ後，展望台からキャンプ場までは毎分60mの速さで歩いたところ，全体で38分かかった。このとき，次の（1），（2）の問いに答えなさい。

（1）入口から展望台までの道のりと，展望台からキャンプ場までの道のりは，それぞれ何mか，求めなさい。求める過程も書きなさい。

(1)［求める過程］

答 { 入口から展望台までの道のり ＿＿＿＿ m
　　 展望台からキャンプ場までの道のり ＿＿＿＿ m

（2）はやとさんは，けいたさんと同時に入口を出発して休まずに一定の速さで歩き，はじめはけいたさんより後ろを歩いていたが，途中でけいたさんを追いこした。

右のグラフは，はやとさんとけいたさんが入口を出発してからキャンプ場に着くまでの時間と道のりの関係を，それぞれ表したものである。

はやとさんがけいたさんに追いついたのは，はやとさんが入口を出発してから何分後か，求めなさい。

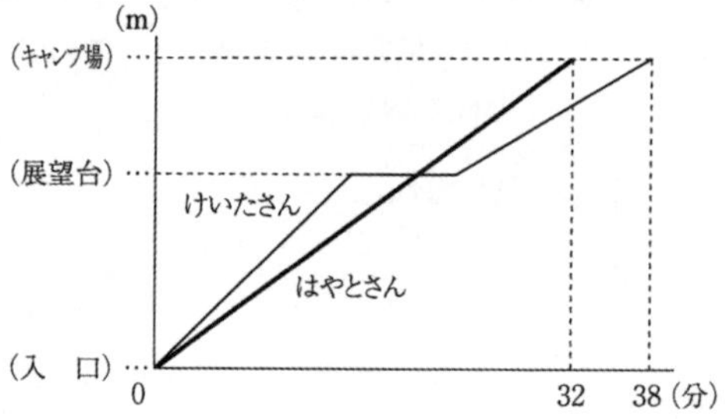

(2) ＿＿＿＿ 分後

■令和２年度問題

4　ゆうとさんは，家族へのプレゼントを購入するため，100円硬貨，50円硬貨，10円硬貨で毎週１回同じ額を貯金することにした。12回目の貯金をしたときにこの貯金でたまった硬貨の枚数を調べたところ，全部で80枚あり，その中に100円硬貨が８枚含まれていた。また，10円硬貨の枚数は50円硬貨の枚数の２倍より６枚多かった。

このとき，次の（１），（２）の問いに答えなさい。

（１）　12 回目の貯金をしたときまでにこの貯金でたまった 50 円硬貨と 10 円硬貨の枚数は，それぞれ何枚か，求めなさい。

求める過程も書きなさい。

(1)	［求める過程］ 答 50 円硬貨の枚数 ＿＿＿＿＿ 枚 　 10 円硬貨の枚数 ＿＿＿＿＿ 枚

（２）　12回目の貯金をしたときにゆうとさんがプレゼントの値段を調べると8000円だった。ゆうとさんは，姉に相談し，２人で半額ずつ出しあい，姉にも次回から毎週１回ゆうとさんと同じ日に貯金してもらうことになった。ゆうとさんがこれまでの貯金を続け，それぞれの貯金総額が同じ日に4000円となるように，姉も毎回同じ額を貯金することにした。

右の**グラフ**は，ゆうとさんが姉と相談したときに作成したもので，ゆうとさんの貯金する回数と貯金総額の関係を表したものに，姉の貯金総額の変化のようすをかき入れたものである。

このとき，姉が１回につき貯金する額はいくらか，求めなさい。

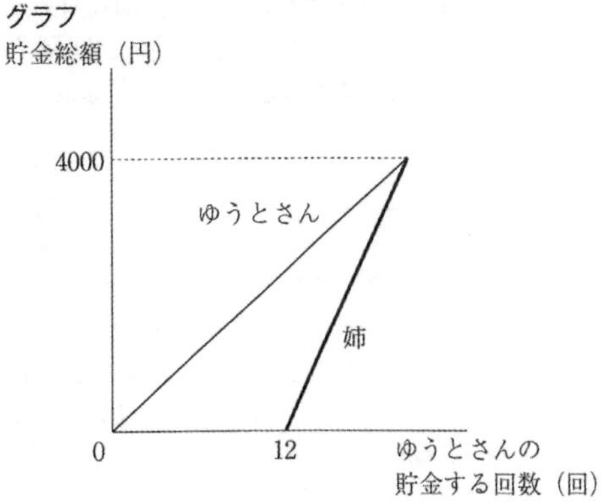

(2)	円

関数（小問）

■平成25年度問題

3（１）y は x の２乗に比例し，$x=2$ のとき $y=12$ である。

① y を x の式で表しなさい。

② x の値が -3 から -1 まで増加するときの変化の割合を求めなさい。

①		②	

■平成27年度問題

2（５）　関数 $y=ax^2$ について、x の値が1から4まで増加するときの変化の割合が -15 である。このとき，a の値を求めなさい。

■平成28年度問題

1（２）　y は x に比例し，そのグラフが点（２，－６）を通る。このとき，y を x の式で表しなさい。

■平成30年度問題

2（２）　関数 $y=ax^2$ について，x の変域が $-2 \leqq x \leqq 4$ のときの y の変域が $-8 \leqq y \leqq 0$ である。このとき，a の値を求めなさい。

■平成31年度問題

1（２）　右の表は，y が x に反比例する関係を表したものである。このとき，表の□にあてはまる数を求めなさい。

x	…	0	2	4	6	…
y	…	×	24	12	□	…

■令和２年度問題

1（２）　y は x に比例し，$x=3$ のとき $y=-15$ である。このとき，y を x の式で表しなさい。

■令和３年度問題

2（４）　関数 $y=ax^2$ について，x の値が２から６まで増加するときの変化の割合が -4 である。

このとき，a の値を求めなさい。

■平成28年度問題

2 (5)　Aさんは15時に図書館を出発して，2kmはなれた公園に向かって一定の速さで歩いたところ，15時30分に公園に着いた。

一方，Bさんは15時3分に公園を出発して，Aさんと同じ道を図書館に向かって一定の速さで走ったところ，途中でAさんとすれ違い，15時18分に図書館に着いた。

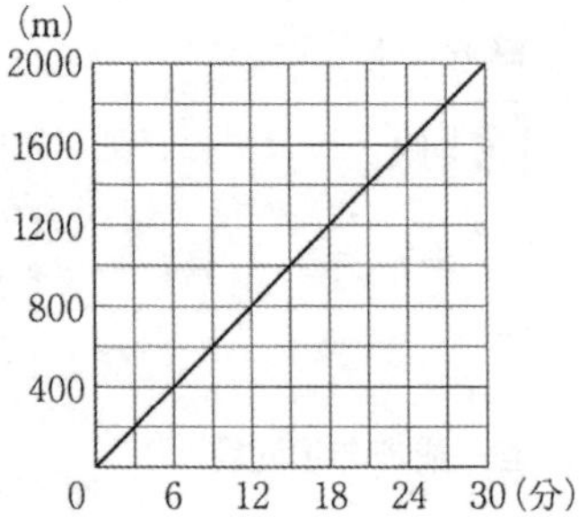

右のグラフは、Aさんが図書館を出発してから公園に着くまでの時間と道のりの関係を表したものである。

2人がすれ違ったのは図書館から何mの地点か。次の**ア**～**エ**の中から正しいものを1つ選び，記号で答えなさい。

ア　400m　　**イ**　600m　　**ウ**　800m　　**エ**　1000m

■平成30年度問題

2 (3)　下の**図1**のような長方形の厚紙と，**図2**のような厚紙があり，AB＝EF＝HG，BC＝FGである。**図3**のように，2枚の厚紙を辺DCとEFが重なるように並べて，その位置から**図4**のように，**図2**の厚紙を長方形の厚紙に重ねて辺BCにそって左方向に移動させる。CFの長さを$x$cm，2枚の厚紙が重なる部分の面積を$y$cm²とする。

点Fが点Bに重なるまで移動させるとき，xとyの関係を表すグラフとして正しいものを，次の**ア**～**カ**の中から1つ選び，記号で答えなさい。

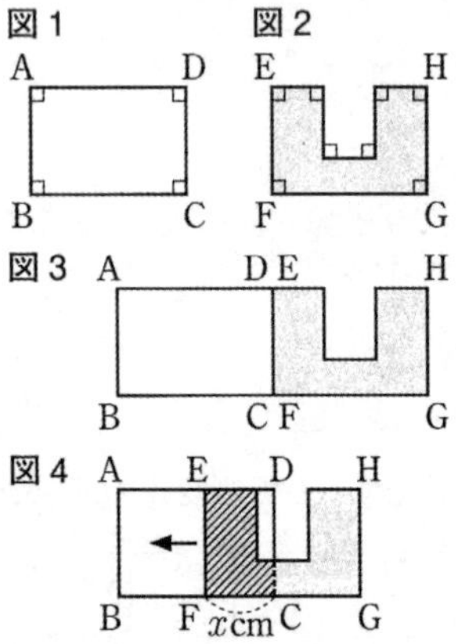

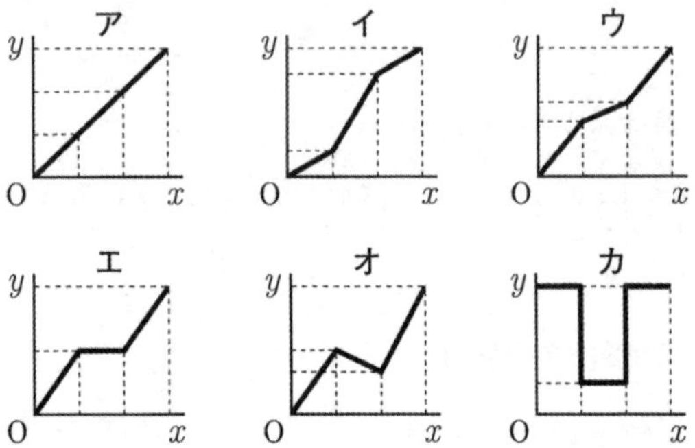

■平成31年度問題

2 (3)　3本の給水管があり，時間帯によって使う給水管の本数を変えながら空《から》の水そうに水を入れる。ただし，それぞれの給水管からは，使う給水管の本数によらず，一定の割合で，同じ量の水が出るものとし，出た水はすべて水そうの中に入るものとする。

右のグラフは，水を入れ始めてからの時間と水そうの水の量の関係を表したものである。

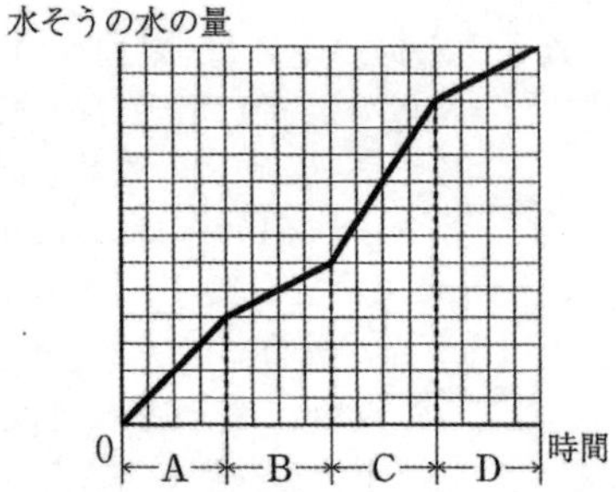

A，B，C，Dの各時間帯で使った給水管の本数の組み合わせとして正しいものを，次の**ア**～**エ**の中から1つ選び，記号で答えなさい。

	A	B	C	D
ア	2本	3本	1本	3本
イ	2本	3本	1本	2本
ウ	2本	1本	3本	2本
エ	2本	1本	3本	1本

■令和２年度問題

2 (3)　まっすぐな道路上の2地点P，Q間を，AさんとBさんは同時に地点Pを出発し，休まずに一定の速さでくり返し往復する。右のグラフは，AさんとBさんが地点Pを出発してからの時間と地点Pからの距離の関係を，それぞれ表したものである。2人が出発してから5分後までの間に，AさんがBさんを追いこした回数は何回か，答えなさい。ただし，出発時は数えないものとする。

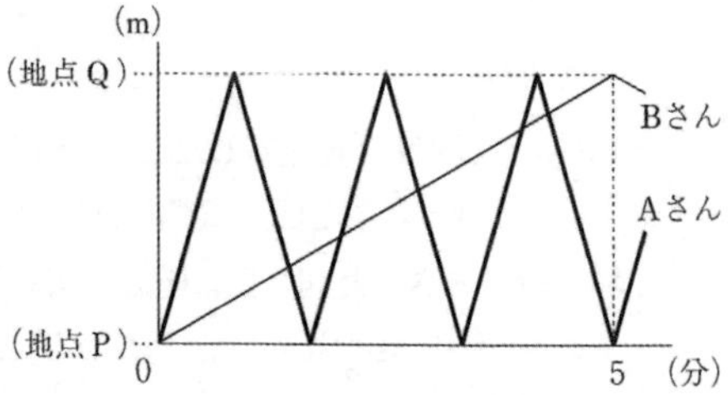

回

■令和３年度問題

2 (3)　えりかさんの家から花屋を通って駅に向かう道があり，その道のりは1200mである。また，家から花屋までの道のりは600mである。えりかさんは家から花屋までは毎分150mの速さで走り，花屋に立ち寄った後，花屋から駅までは毎分60mの速さで歩いたところ，家を出発してから駅に着くまで20分かかった。

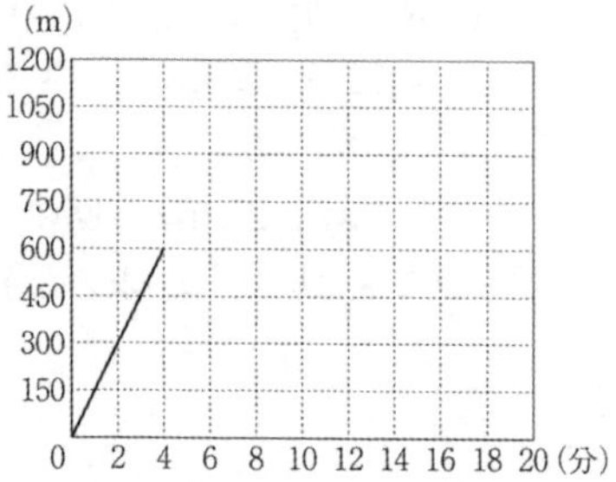

右の図は，えりかさんが家を出発してから駅に着くまでの時間と道のりの関係のグラフを途中まで表したものである。

えりかさんが家を出発してから駅に着くまでのグラフを完成させなさい。ただし，花屋の中での移動は考えないものとする。

関数と図形

■平成25年度問題

6　右の図のように，4点O（0，0），A（0，12），B（−8，12），C（−8，0）を頂点とする長方形と直線ℓがあり，ℓの傾きは$\frac{3}{4}$である。

このとき，次の（1），（2）の問いに答えなさい。

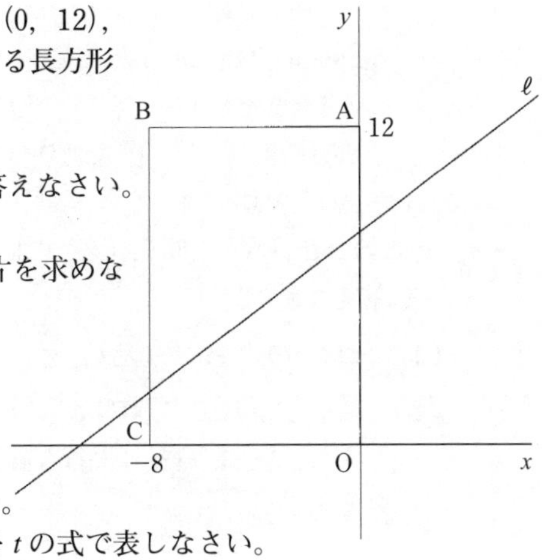

（1）　直線ℓが点Cを通るとき，ℓの切片を求めなさい。

（2）　辺BCと直線ℓとの交点をPとし，Pのy座標をtとする。また，ℓが辺OAまたは辺ABと交わる点をQとし，△OQPの面積をSとする。

①　点Qが辺OA上にあるとき，Sをtの式で表しなさい。

②　S=30となるtの値をすべて求めなさい。

(1)		(2)	①	S=	②	

■平成26年度問題

6　下の図のように，関数$y=-\frac{1}{4}x^2$のグラフ上に2点A，Bがあり，A，Bのx座標はそれぞれ−6，4である。

Aとy軸について対称な点をCとするとき，次の（1）～（3）の問いに答えなさい。

（1）　点Cの座標を求めなさい。

（2）　2点A，Bを通る直線の式を求めなさい。

（3）　y軸上に△BPCの周の長さが最も小さくなるように点Pをとる。

また，線分AB上または放物線上の2点A，Bの間に，△QACの面積が△BPCの面積の2倍となるように点Qをとる。

このとき，Qのx座標をすべて求めなさい。

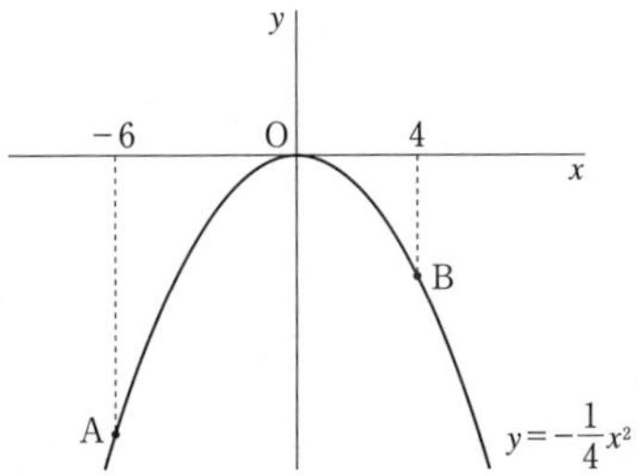

(1)	C（　　　，　　　）	(2)	
(3)			

■平成27年度問題

6　下の**図1**のように，2直線ℓ，mがあり，点A（12，12）で交わっている。ℓの式は$y=x$であり，mの傾きは−3である。また，mとx軸との交点をBとする。このとき，次の（1），（2）の問いに答えなさい。

（1）　点Bの座標を求めなさい。

（2）　下の**図2**のように，△AOBの辺OB上に点Cをとり，四角形CDEFが長方形となるように3点D，E，Fをとる。ただし，Dはx軸上にとり，Dのx座標はCのx座標より4だけ大きく，Eのy座標は12とする。また，Cのx座標をtとし，△AOBと長方形CDEFが重なっている部分の面積をSとする。

①　t＝8のとき，Sの値を求めなさい。

②　S＝34となるtの値をすべて求めなさい。

図1

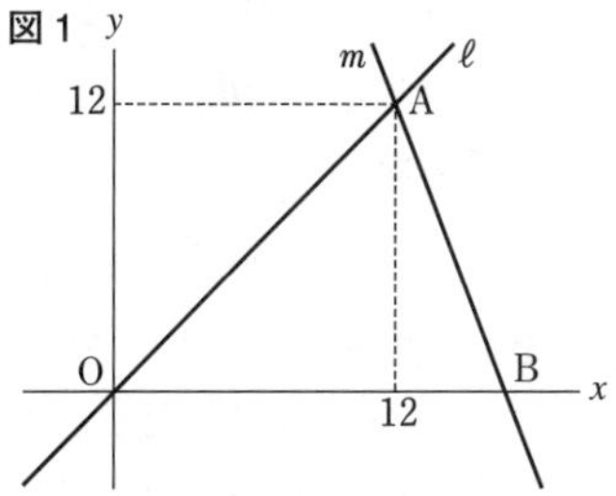

図2

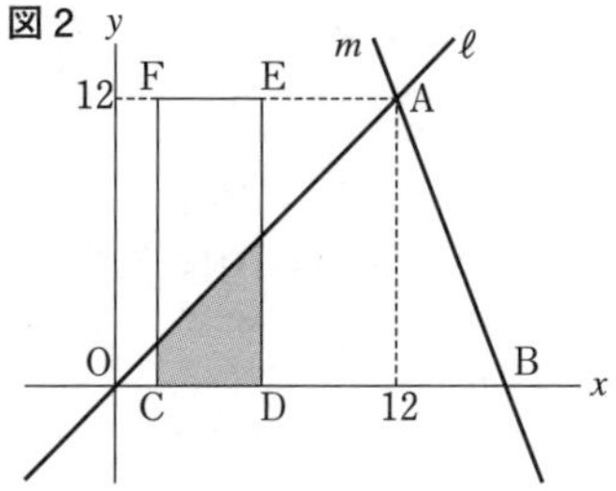

(1)		B（　　　，　　　）
(2)	①	
	②	

■平成28年度問題

6　あとの図のように，関数$y=x^2$のグラフと関数$y=\frac{1}{4}x^2$のグラフがある。

2点A，Bは関数$y=x^2$のグラフ上の点であり，A，Bのx座標はそれぞれ−1，2である。

このとき，次の（1），（2）の問いに答えなさい。

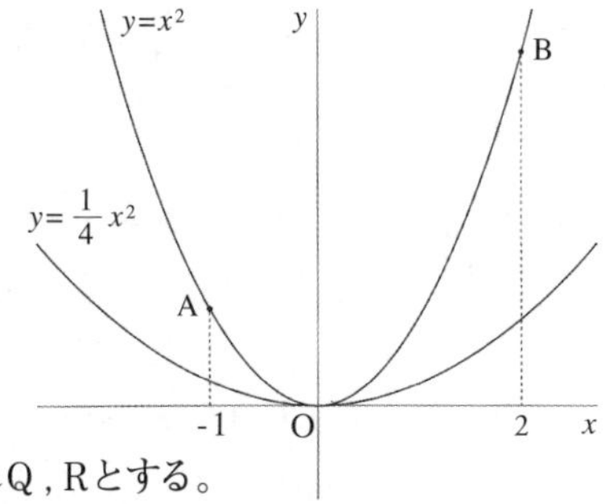

（1）　2点A，Bを通る直線の傾きを求めなさい。

（2）　関数$y=\frac{1}{4}x^2$のグラフ上に点Pをとり，Pのx座標をtとする。ただし，$0<t<2$とする。

また，Pを通りy軸に平行な直線と関数$y=x^2$のグラフ，直線ABとの交点をそれぞれQ，Rとする。

①　$t=1$のとき，線分PQと線分QRの長さの比を求めなさい。

②　線分AP，PB，BQ，QAで囲まれた図形の面積が△AQBの面積と等しくなるtの値を求めなさい。

(1)		(2)	①	PQ：QR＝	②	

■平成29年度問題

6 図のように，関数 $y=ax^2$ のグラフと直線 ℓ があり，2点A，Bで交わっている。

ℓ の式は $y=-x-\frac{3}{2}$ であり，A，Bの x 座標はそれぞれ -1，3である。

このとき，次の（1），（2）の問いに答えなさい。

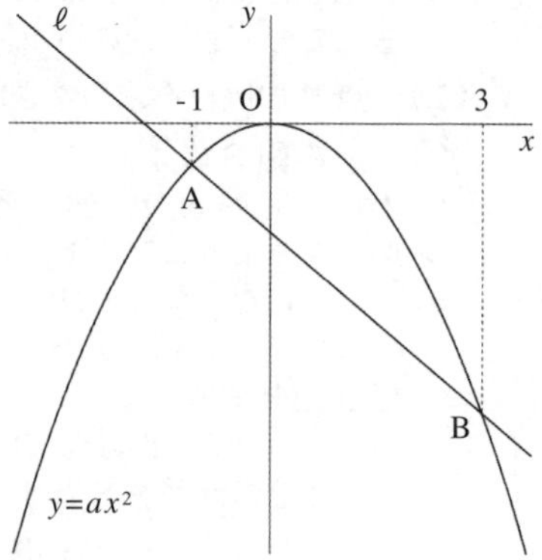

（1） a の値を求めなさい。

（2） 放物線上に点Pをとり，Pの x 座標を t とする。ただし，$1<t<3$ とする。

また，Pを通り x 軸に平行な直線を m とし，m と ℓ との交点をQとする。

さらに，m 上にQと異なる点Rを，AR＝AQとなるようにとる。

① $t=2$ のとき，点Qの座標を求めなさい。

② PQ＝QRとなる t の値を求めなさい。

(1)		(2)	①	Q（　　，　　）	②	

■平成31年度問題

6 右の図のように，関数 $y=x^2$ のグラフ上に3点A，B，Cがあり，A，B，Cの x 座標はそれぞれ -3，-1，2である。また，2点A，Bを通る直線を ℓ とする。

このとき，次の（1），（2）の問いに答えなさい。

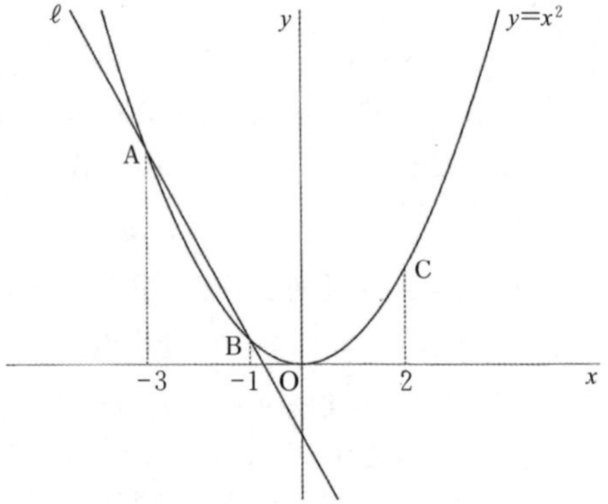

（1） 直線 ℓ の傾きを求めなさい。

（2） 点Cを通り，直線 ℓ に平行な直線を m とし，m と y 軸との交点をDとする。

① △BCDの面積を求めなさい。

② 関数 $y=x^2$ のグラフ上に点Pをとり，Pの x 座標を t とする。ただし，$0<t<2$ とする。

また，Pを通り y 軸に平行な直線と m との交点をQとする。四角形BPCQの面積が四角形ABCDの面積の $\frac{1}{5}$ となる t の値を求めなさい。

(1)		(2)	①		②	

■平成30年度問題

6 右の図のように，3直線 ℓ，m，n があり，m，n の式はそれぞれ $y=\frac{1}{2}x+2$，$y=-2x+7$ である。

ℓ と m との交点，m と n との交点，ℓ と n との交点をそれぞれA，B，Cとすると，Aの座標は $(-2, 1)$ であり，Cは y 軸上の点である。

このとき，次の（1），（2）の問いに答えなさい。

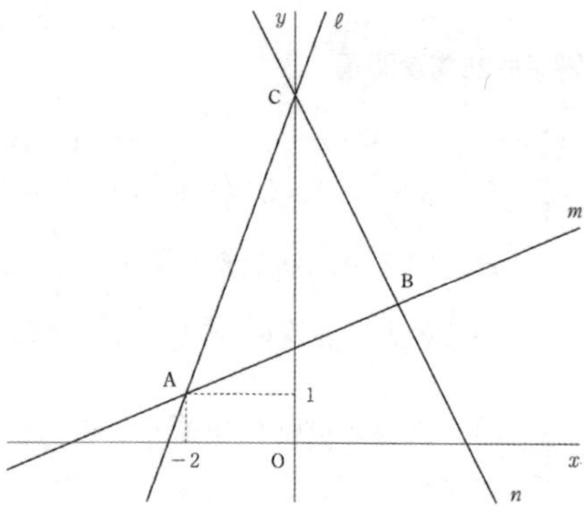

（1） 直線 ℓ の式を求めなさい。

（2） Aを出発点として，直線 ℓ，n 上をA→C→Bの順にAからBまで動く点をPとする。

また，Pを通り y 軸に平行な直線と直線 m との交点をQとし，△APQの面積をSとする。

① 点Pの x 座標が -1 のとき，Sの値を求めなさい。

② $S=\frac{5}{2}$ となる点Pの x 座標をすべて求めなさい。

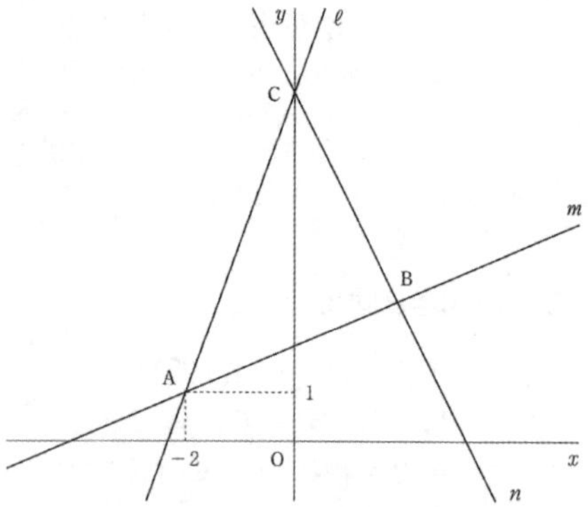

(1)		
(2)	①	
	②	

■令和２年度問題

6 右の図のように,関数$y=ax^2$のグラフと直線ℓがあり,２点A,Bで交わっている。
ℓの式は$y=2x+3$であり,
A,Bのx座標はそれぞれ−１,３である。
このとき,次の（１）,（２）の問いに答えなさい。

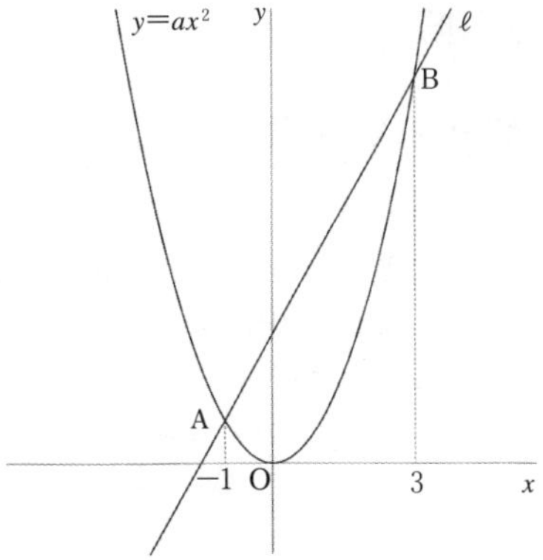

（１） aの値を求めなさい。

（２） 直線ℓ上に点Pをとり,Pのx座標をtとする。ただし,$0<t<3$とする。
また,Pを通りy軸に平行な直線をmとし,mと関数$y=ax^2$のグラフ,x軸との交点をそれぞれQ,Rとする。
さらに,Pを通りx軸に平行な直線とy軸との交点をS,Qを通りx軸に平行な直線とy軸との交点をTとする。

① $t=1$のとき,長方形STQPの周の長さを求めなさい。

② 長方形STQPの周の長さが,線分QRを１辺とする正方形の周の長さと等しいとき,tの値を求めなさい。

(1)		(2)	①		②	

■令和３年度問題

6 右の図のように,２直線ℓ,mがあり,ℓ,mの式はそれぞれ$y=\frac{1}{2}x+4$,$y=-\frac{1}{2}x+2$である。ℓとy軸との交点,mとy軸との交点をそれぞれA,Bとする。また,ℓとmとの交点をPとする。
このとき,次の（１）,（２）の問いに答えなさい。

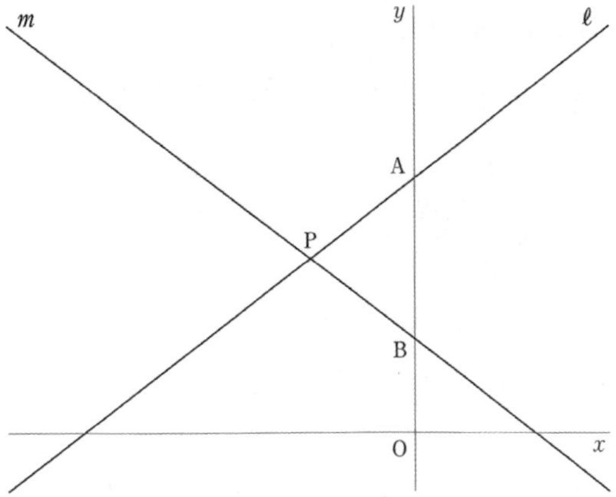

（１） 点Pの座標を求めなさい。

（２） y軸上に点Qをとり,Qのy座標をtとする。ただし,$t>4$とする。Qを通りx軸に平行な直線とℓ,mとの交点をそれぞれR,Sとする。

① $t=6$のとき,△PRSの面積を求めなさい。

② △PRSの面積が△ABPの面積の５倍になるときのtの値を求めなさい。

(1)	P(　　,　　)	(2)	①		②	

平面図形

■平成25年度問題

2 （４） 右の図で,A,B,C,D,E,Fは,円周を６等分する点である。
$\angle x$の大きさを求めなさい。

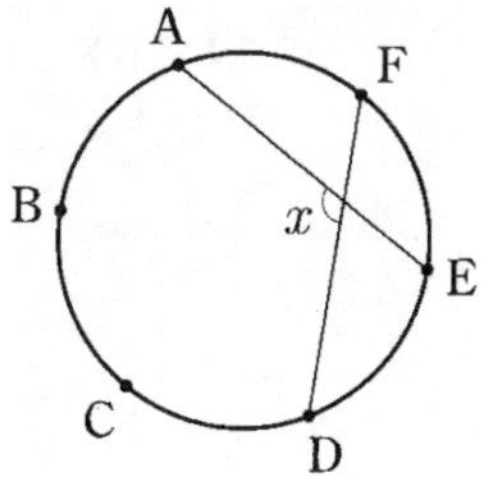

(4)	度

■平成26年度問題

2 （４） 右の図で,$\angle x$の大きさを求めなさい。

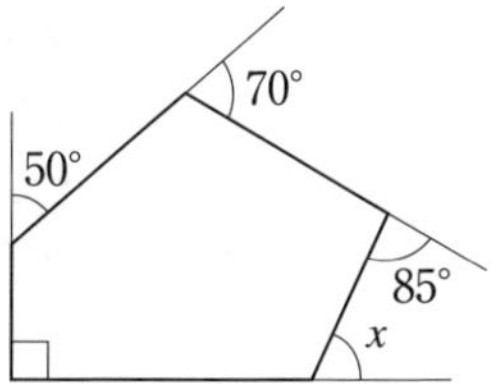

(4)	度

■平成27年度問題

1 （２） 右の図で,ℓ∥mであるとき,
$\angle x$の大きさを求めなさい。

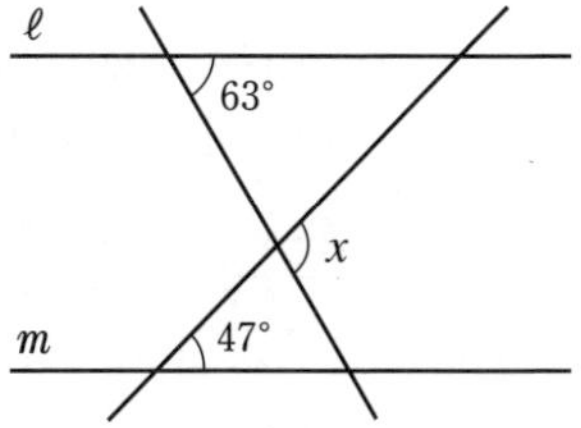

(2)	度

2 （４） 半径が6cm,弧の長さが9πcmのおうぎ形の中心角を求めなさい。

(4)	度

■平成28年度問題

2 （4） 右の図で，点A，B，C，Dは円Oの周上の点であり，線分BDは円Oの直径である。また，AB=ACである。このとき，$\angle x$の大きさを求めなさい。

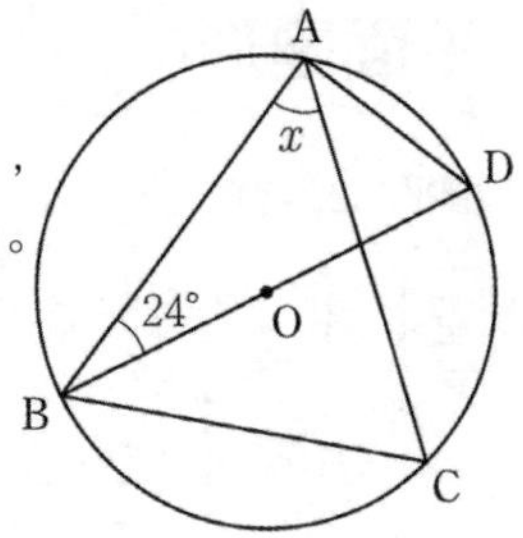

(4)	度

■平成29年度問題

1 （2） 右の図は，合同な6つの正三角形**ア～カ**を組み合わせてできた正六角形である。

△OABを，点Oを中心として**反時計回り**に120°だけ回転移動させて重ね合わせることができる三角形はどれか。**ア～カ**の中から正しいものを1つ選び，記号で答えなさい。

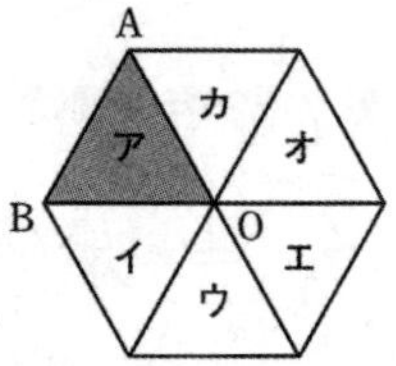

(2)	

2 （3） 右の図のように，七角形の内部の点Pから頂点にひいた線分で七角形を三角形に分けると，七角形の内角の和は，三角形の内角の和の性質を用いて求めることができる。この方法で七角形の内角の和を求める式をつくると，下の式のようになる。

［ア］，［イ］にあてはまる数をそれぞれ求めなさい。

［ア］°×7−［イ］°

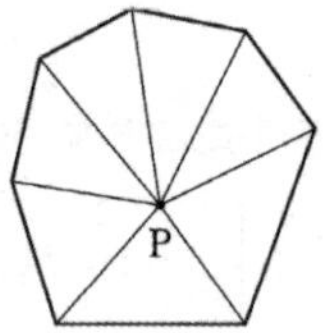

(3)	ア		イ	

■平成30年度問題

2 （4） 半径が6 cm，中心角が270°のおうぎ形の面積を求めなさい。

(4)	cm^2

証明

■平成25年度問題

5 右の図において，四角形ABCDは平行四辺形である。

点Eは点Aから辺BCにひいた垂線とBCとの交点である。

また，点Fは∠BCDの二等分線と辺ADとの交点であり，点GはFから辺CDにひいた垂線とCDとの交点である。

このとき，AE=FGであることを証明しなさい。

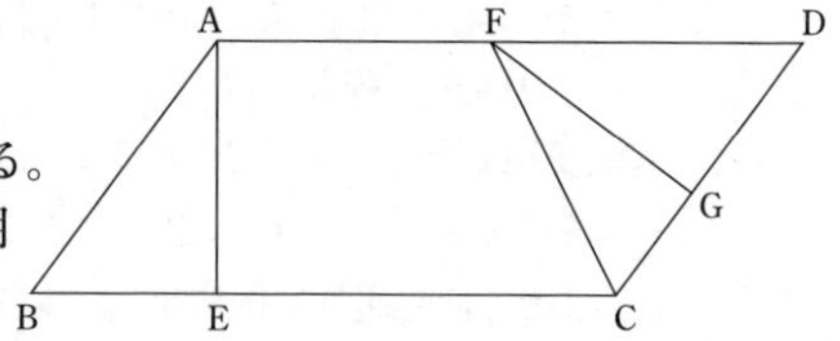

［証明］

■平成26年度問題

5 右の図のように，△ABCの辺BCの延長上に∠ADC=∠ABCとなる点Dをとる。

また，3点A，C，Dを通る円OとCを通り辺ABに平行な直線との交点をEとする。

このとき，AE=BCとなることを証明しなさい。

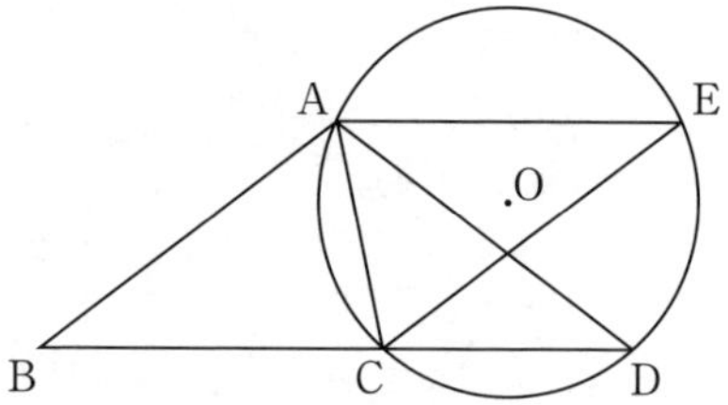

［証明］

■平成27年度問題

5　右の図のような，円周上の3点 A，B，C を頂点とする△ ABC があり，AB ＞ AC である。

辺 AB 上に DB ＝ DC となる点 D をとり，直線 CD と円との交点のうち，C と異なる点を E とする。

このとき，AB ＝ EC となることを証明しなさい。

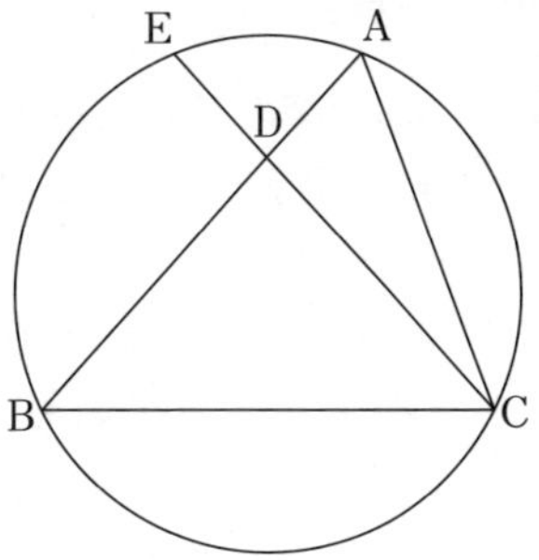

［証明］

■平成28年度問題

5　右の図のように，△ABCの辺BC上に BD: DC= 1 : 2となる点Dをとる。

また，線分AD，辺ACの中点をそれぞれE，Fとする。

このとき，BE=DFとなることを証明しなさい。

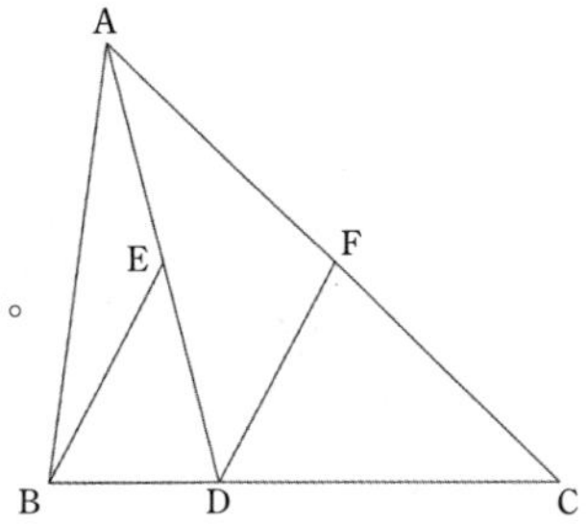

［証明］

■平成29年度問題

5　右の図のように，線分 A B を直径とする円の周上に，2 点 C，D を∠BAC ＝∠BAD となるようにとる。ただし，AC ＞ BC とする。

また，直線 AC と直線 DB との交点を E，直線 AD と直線 CB との交点を F とする。

このとき，BE＝BF となることを証明しなさい。

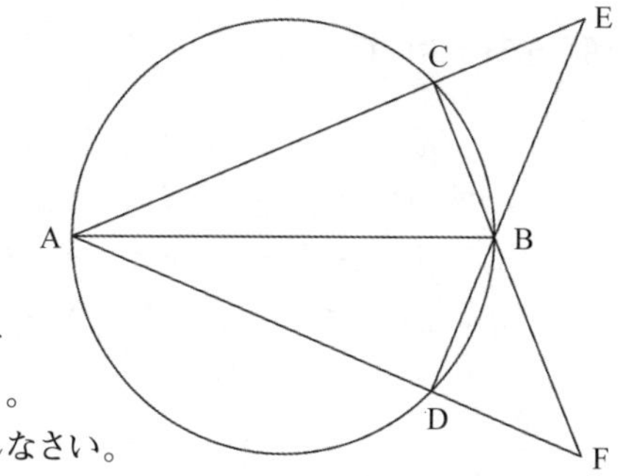

［証明］

■平成30年度問題

5　右の図において，△ABCはAB＝ACの二等辺三角形であり，点D，Eはそれぞれ辺AB，ACの中点である。

また，点Fは直線DE上の点であり，EF＝DEである。

このとき，次の（1），（2）の問いに答えなさい。

（1）　AF＝BEであることを証明しなさい。

（2）　線分BFと線分CEとの交点をGとする。

△AEFにおいて辺AFを底辺とするときの高さを x，△BGEにおいて辺BEを底辺とするときの高さを y とするとき，$x : y$ を求めなさい。

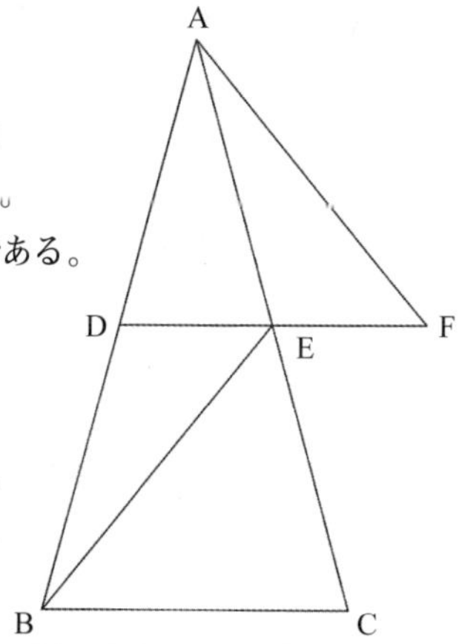

(1)	［証明］
(2)	$x : y =$

■平成31年度問題

5　図1のように，円周上の3点A，B，Cを頂点とする△ABCがありAを通る接線ℓと辺BCは平行である。ただし，AB>BCである。また，∠ACBの二等分線と辺AB，ℓとの交点をそれぞれD，Eとし，線分CE上にCD＝EFとなる点Fをとり Aと結ぶ。

このとき，次の（1），（2）の問いに答えなさい。

図1

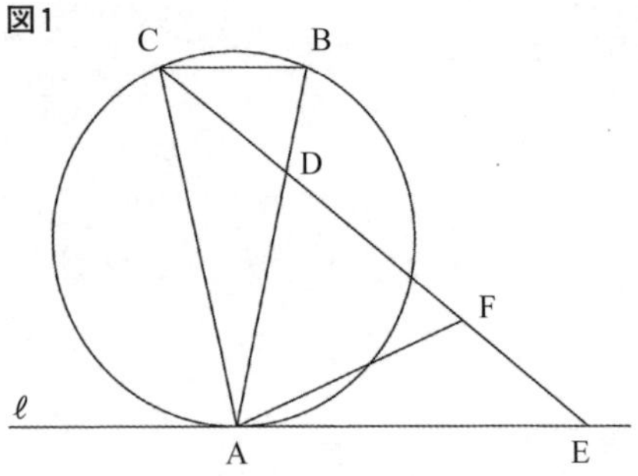

図2

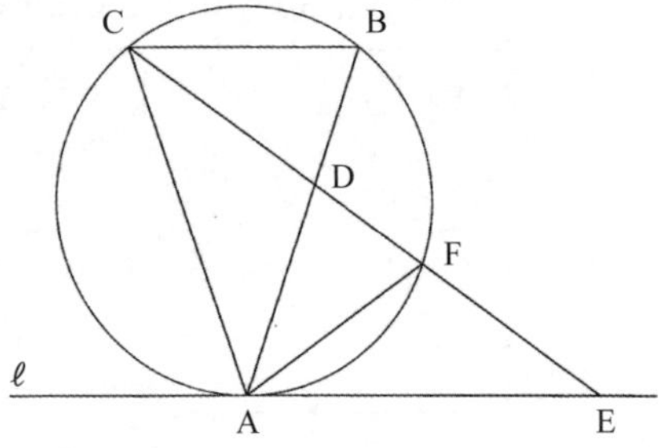

（1）　∠AFD＝∠ADFとなることを証明しなさい。

（2）　2点B，Cの位置によって，点Fの位置が変わる。図2のように，Fが円周上にあるとき，∠ABCの大きさを求めなさい。

(1)	［証明］
(2)	度

■令和２年度問題

5　右の図のように，△ABCの辺BC上に，BD＝DE＝ECとなる2点D，Eをとる。Eを通り辺ABに平行な直線と辺ACとの交点をFとする。また，直線EF上に，EG＝3EFとなる点Gを直線ACに対してEと反対側にとる。

このとき，四角形ADCGは平行四辺形であることを証明しなさい。

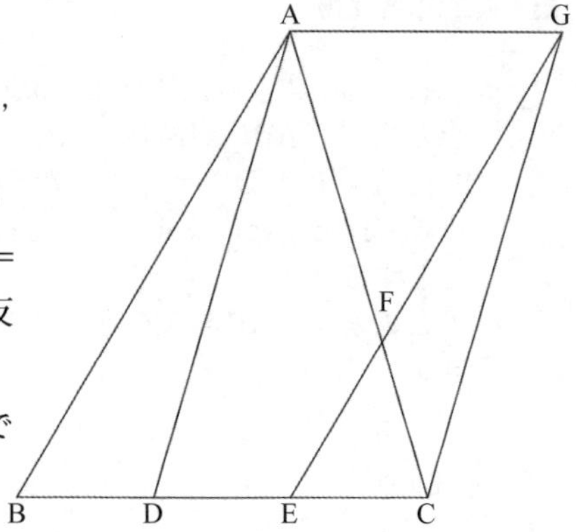

［証明］

■令和３年度問題

5　右の図において，△ABC≡△DBEであり，辺ACと辺BEとの交点をF，辺BCと辺DEとの交点をG，辺ACと辺DEとの交点をHとする。

このとき，AF＝DGとなることを証明しなさい。

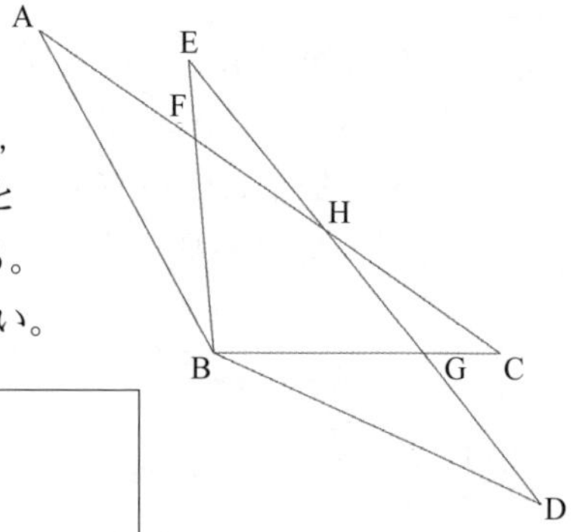

［証明］

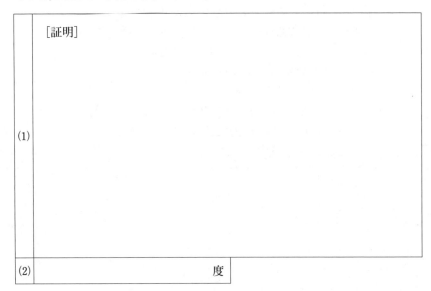

立体図形

■平成25年度問題

1（2） 右の図は，直方体である。
辺ABと平行な辺をすべて答えなさい。

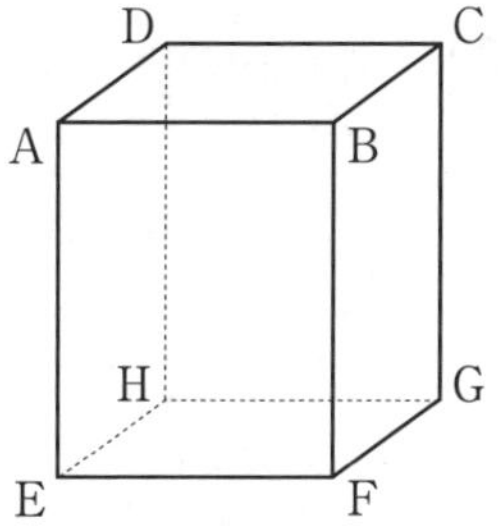

(2)	

2（5） 右の図のように，立方体に球がぴったり入っている。
立方体の1つの面の面積が16 cm^2のとき，この球の体積を求めなさい。

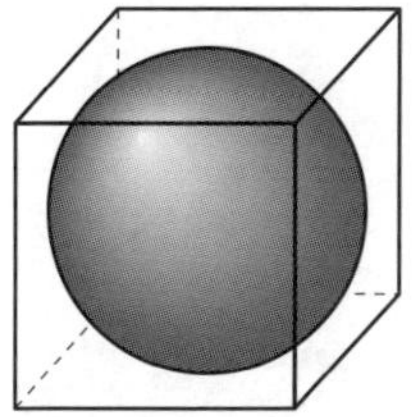

(5)	cm^3

7 下の図のような，底面が1辺6 cmの正方形で，他の辺が$3\sqrt{5}$ cmの正四角錐《すい》がある。辺ADの中点をMとし，線分OMの中点をNとする。
このとき，次の（1）～（3）の問いに答えなさい。

（1） 線分BMの長さを求めなさい。

（2） 3点N，B，Cを通る平面と点Oとの距離を求めなさい。

（3） この正四角錐を3点O，M，Bを通る平面で切り，2つに分ける。
点Cを含む立体において，辺BC上にBP：PC＝2：1となる点Pをとり，辺OB上に線分MQと線分QPの長さの和が最も小さくなるように点Qをとる。
このとき，4点Q，N，B，Pを結んでできる立体の体積を求めなさい。

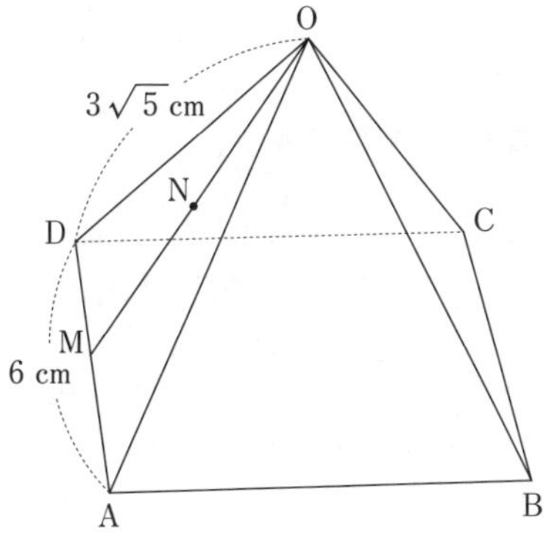

(1)	cm	(2)	cm
(3)	cm^3		

■平成26年度問題

3（1） 次の①，②の問いに答えなさい。
① 等式$5x+3y-6=0$をyについて解きなさい。
② 右の図は，底面が半径6 cmの円で，高さが8 cmの円錐《すい》を，底面からの高さが4 cmのところで，底面に平行な平面で切ったときの下側の立体である。
この立体の体積を求めなさい。

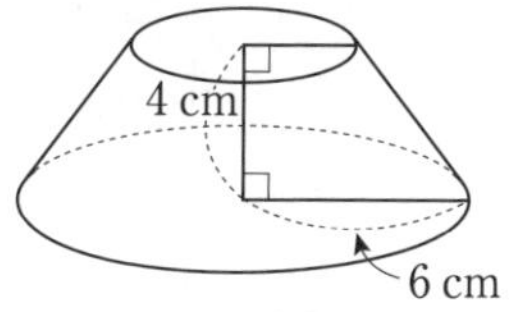

(1)	①		②	cm^3

7 下の図のような，1辺の長さが4 cmで∠DAB＝60°のひし形ABCDを底面とし，高さが6 cmの四角柱がある。
このとき，次の（1），（2）の問いに答えなさい。
（1） 線分ACの長さを求めなさい。
（2） 辺BC，CDの中点をそれぞれP，Qとし，面PQHFと対角線AGとの交点をRとする。
① 線分ARと線分RGの長さの比を求めなさい。
② 線分RFの長さを求めなさい。

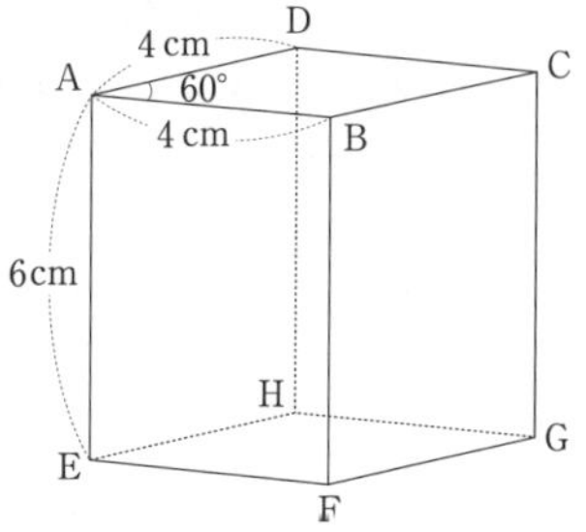

(1)		cm		
(2)	①	AR：RG＝	②	cm

■平成27年度問題

7 下の図のような，1辺の長さが$2\sqrt{3}$ cmの正三角形ABCを底面とし，他の辺の長さが4 cmの正三角錐《すい》がある。
辺BCの中点をMとし，辺OC上に線分ANと線分NBの長さの和が最も小さくなるように点Nをとる。
このとき，次の（1）～（3）の問いに答えなさい。
（1） 線分OMの長さを求めなさい。
（2） 線分ONと線分NCの長さの比を求めなさい。
（3） 面OABと点Nとの距離を求めなさい。

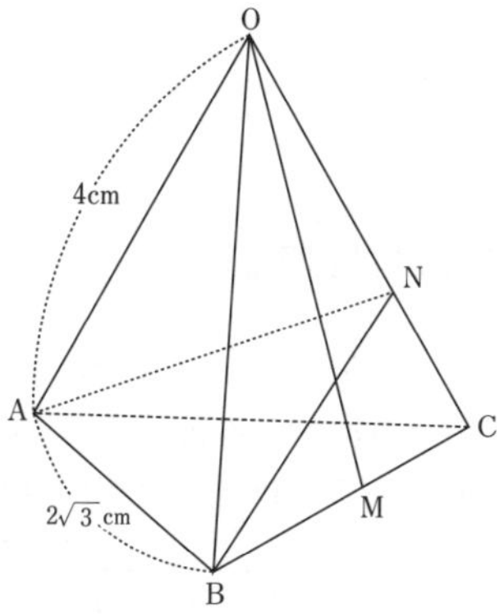

(1)	cm		
(2)	ON：NC＝	(3)	cm

■平成28年度問題

2 （３） 底面の半径が 3cm，側面積が 54π cm²の円柱がある。
この円柱の高さを求めなさい。

(3)	cm

7 　下の図のような，底面が１辺４ cm の正方形で，高さが５ cm の直方体がある。線分ACの中点をＩとする。

このとき，次の（１），（２）の問いに答えなさい。

（１） 線分AＩの長さを求めなさい。

（２） 辺ＣＧ上に∠ＥＩＪ=90° となる点Ｊをとる。また，線分ＢＨと線分ＦＩとの交点をＫとする。

① 線分ＣＪの長さを求めなさい。

② 4点Ｋ，Ｅ，Ｊ，Ｉを結んでできる三角錐《すい》の体積を求めなさい。

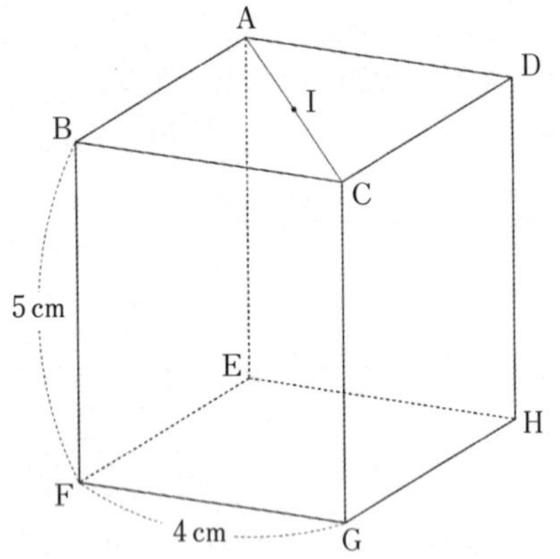

(1)	cm	(2)	①	cm	②	cm³

■平成29年度問題

2 （５） 右の図は，円錐《すい》の投影図であり，立面図は底辺が 8 cm，面積が 36 cm² の二等辺三角形である。
このとき，この円錐の体積を求めなさい。

(5)	cm³

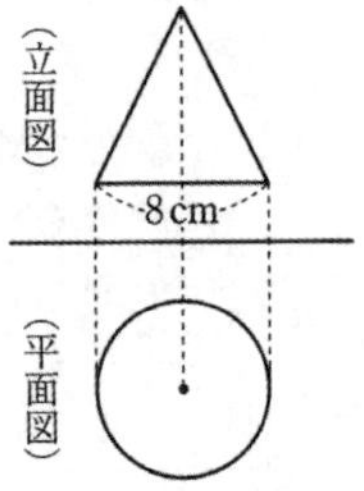

■平成29年度問題

7 　下の図のような，底面が１辺 6cm の正方形で，他の辺が $3\sqrt{3}$cm の正四角錐《すい》がある。

辺 OC，OD 上にそれぞれ点 E，F を，OE：EC＝2：1，OF：FD＝2：1 となるようにとる。

このとき，次の（１）～（３）の問いに答えなさい

（１） 線分 EF の長さを求めなさい。

（２） 辺 AB，CD の中点をそれぞれ M，N とするとき，△OMN の面積を求めなさい。

（３） O を頂点とし，四角形 ABEF を底面とする四角錐の体積を求めなさい。

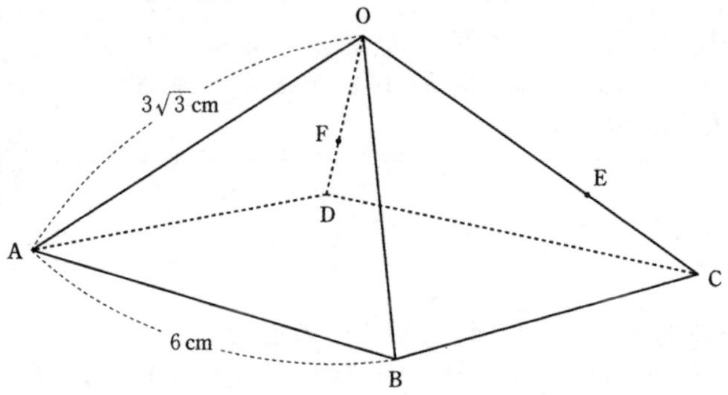

(1)	cm	(2)	cm²	(3)	cm³

■平成30年度問題

7 　右の図のような，底面が１辺６ｃｍの正三角形で，高さが８ｃｍの正三角柱がある。

このとき，次の（１），（２）の問いに答えなさい。

（１） △ＤＥＦの面積を求めなさい。

（２） 線分ＢＤ上に点Ｇを，ＢＧ：ＧＤ＝１ ： ３となるようにとる。

また，辺ＣＦ上に点Ｈを，ＦＨ＝$\sqrt{3}$ ｃｍとなるようにとる。

① 4点Ｄ，Ｅ，Ｆ，Ｇを結んでできる三角錐《すい》の体積を求めなさい。

② 3点Ｄ，Ｅ，Ｈを通る平面と点Ｇとの距離を求めなさい。

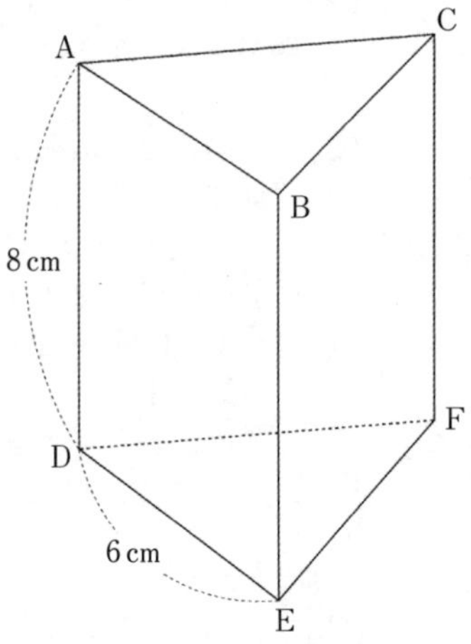

(1)	cm²	(2)	①	cm³	②	cm

■平成31年度問題

2 (4) 高さが等しい円柱Aと円錐《すい》Bがあり，円柱Aの底面の半径は円錐Bの底面の半径の2倍である。

このとき，円柱Aの体積は円錐Bの体積の何倍となるか，求めなさい。

(4)	倍

7 右の図のような，1辺12cmの正四面体OABCがある。辺BCの中点をMとする。

このとき，次の(1)，(2)の問いに答えなさい。

(1) 線分OMの長さを求めなさい。

(2) 辺OCの中点をDとし，辺OB上に線分AEと線分EDの長さの和が最も小さくなるように点Eをとる。また，線分AM上にAP：PM＝4：5となる点Pをとり，3点A，D，Eを通る平面と線分OPとの交点をQとする。

① 線分OMと線分DEとの交点をRとするとき，線分ORと線分RMの長さの比を求めなさい。

② 三角錐《すい》QPBCの体積を求めなさい。

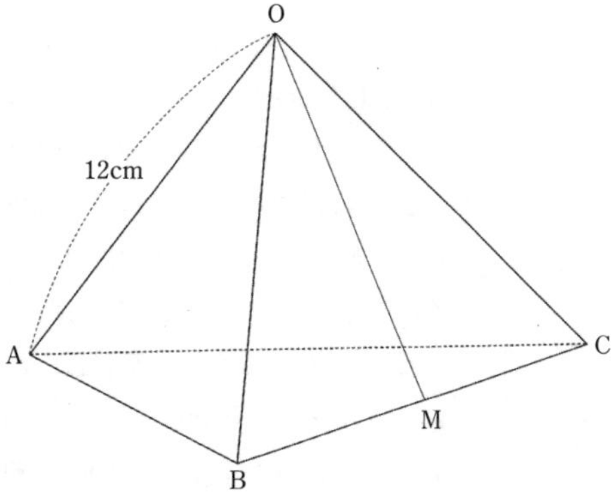

(1)	cm	(2)	①	OR：RM＝	②	cm^3

■令和２年度問題

2 (4) 右の図のような，底面の半径が2 cm，母線が8 cmの円錐《すい》の側面積を求めなさい。

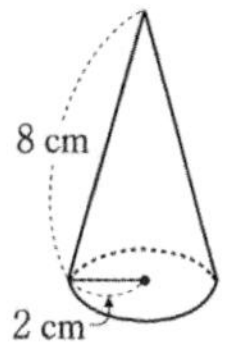

(4)	cm^2

■令和２年度問題

7 右の図のような，底辺が1辺$4\sqrt{2}$cmの正方形で，高さが6cmの直方体がある。

辺AB，ADの中点をそれぞれP，Qとする。

このとき，次の(1)〜(3)の問いに答えなさい。

(1) 線分PQの長さを求めなさい。

(2) 四角形PFHQの面積を求めなさい。

(3) 線分FHと線分EGの交点をRとする。また，線分CRの中点をSとする。

このとき，Sを頂点とし，四角形PFHQを底面とする四角錐《すい》の体積を求めなさい。

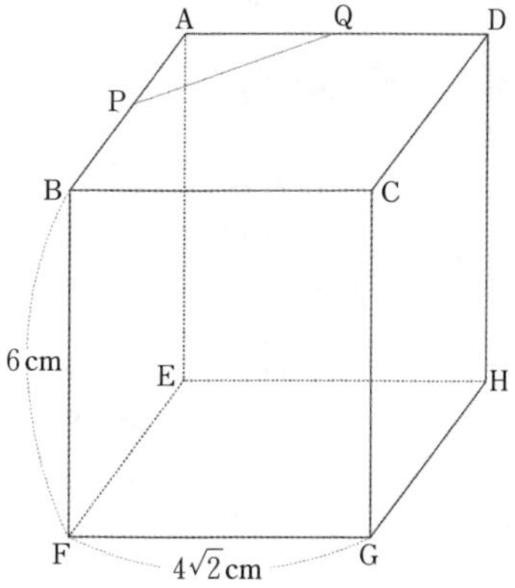

(1)	cm	(2)	cm^2	(3)	cm^3

■令和３年度問題

2 (5) 右の**図1**のような立方体があり，この立方体の展開図を**図2**のようにかいた。この立方体において，面**A**と平行になる面を，**ア**〜**オ**の中から1つ選び，記号で答えなさい。

図1

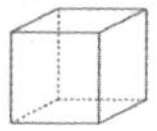

図2

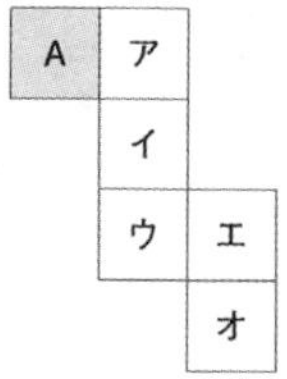

(5)	

7 右の図のような，底面が1辺2cmの正方形で，他の辺が3cmの正四角錐《すい》がある。

辺OC上にAC＝AEとなるように点Eをとる。

このとき，次の(1)〜(3)の問いに答えなさい。

(1) 線分AEの長さを求めなさい。

(2) △OACの面積を求めなさい。

(3) Eを頂点とし，四角形ABCDを底面とする四角錐の体積を求めなさい。

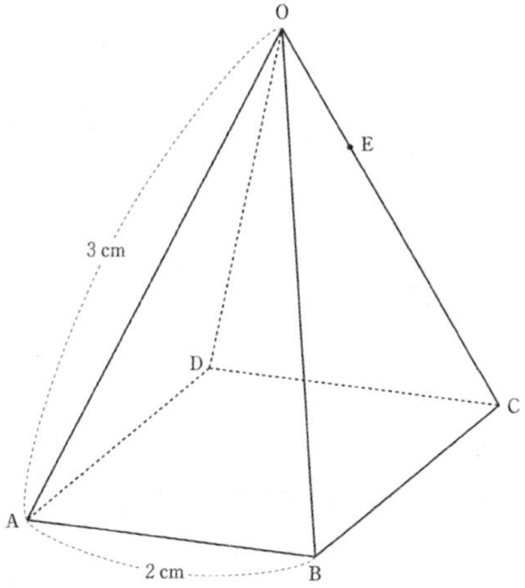

(1)	cm	(2)	cm^2	(3)	cm^3

資料の整理

■平成27年度問題

3 （2） 右の**表**は，ある市の2000年8月と2014年8月の毎日の最高気温について，31日間の平均値，最大値，最小値を，それぞれまとめたものである。

また，下の**図**は，この市の2000年8月と2014年8月の毎日の最高気温を，それぞれヒストグラムに表したものである。例えば，どちらの年の8月も最高気温が23℃以上24℃未満の日が１日であったことがわかる。

表

	2000年8月	2014年8月
平均値	31.9℃	30.8℃
最大値	37.4℃	37.1℃
最小値	23.3℃	20.3℃

図

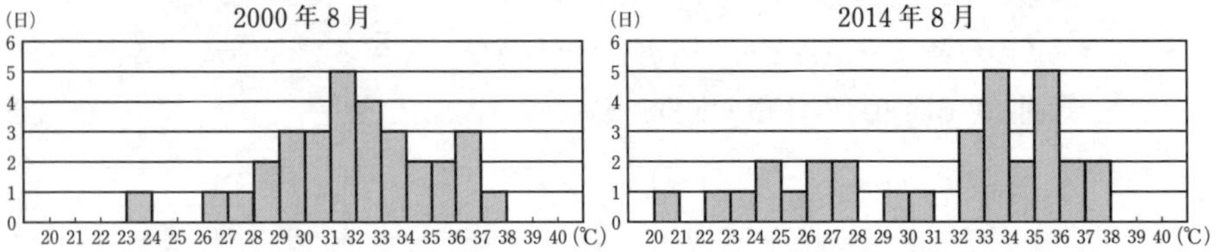

次の［会話］は，太郎さんと花子さんが，数学の授業で学習した代表値などを比べることで，どちらの年の8月のほうが暑かったといえるか，**表**と**図**をもとに話し合った内容です。

［会話］

太郎さん：平均値や最大値，最小値を比べると，すべて2000年８月のほうが大きいから，2000年８月のほうが暑かったといえるね。

花子さん：でも，最高気温が35℃以上の猛暑日《もうしょび》の日数を比べると，2014年８月のほうが多いから，2014年８月のほうが暑かったともいえるよ。他にも資料の分布のようすや他の代表値を比べてみたらどうかな。

太郎さん：なるほど。それなら，中央値を比べてみると，（　　　）年８月のほうが暑かったといえるよね。

① 2014年８月において，最高気温が35℃以上の日は何日であったか，日数を求めなさい。

② 2000年８月の毎日の最高気温について，分布の範囲を求めなさい。

③［会話］の下線部について，中央値の大きいほうが暑かったとすると，どちらの年の８月のほうが暑かったといえるか。（　　）にあてはまる数を書きなさい。

また，その理由を，**中央値が入る階級を示して**説明しなさい。

(2)	①	日	②	℃
	③	中央値を比べると，（　　　　　）年8月のほうが暑かったといえる ［理由］		

■平成28年度問題

3 （2） えりかさんの住んでいる町の商店街では，学校が使える助成券として，２点と１点の２種類のポイント券を購入金額に応じて配布している。

えりかさんの中学校では，全校生徒に呼びかけて10000点を目標にポイント券を集めている。ポイント券が合計7200枚集まったところで，えりかさんはポイントの合計点がおよそ何点かを調べるために，標本調査を行うことにした。

集まったポイント券の中から400枚のポイント券を無作為に抽出して調べたところ，抽出したポイント券のうち２点のポイント券は135枚であった。

① この調査において，標本の大きさを答えなさい。

② この調査において，標本の傾向から母集団の傾向を推測すると，集まったポイント券のポイントの合計点について，どのようなことが考えられるか。次の**ア**，**イ**のうち，適切なものを1つ選び，解答欄の（　　　）の中に記号で答えなさい。

また，選んだ理由を説明しなさい。

ア ポイントの合計点は10000点**以上**であると考えられる。

イ ポイントの合計点は10000点**未満**であると考えられる。

(2)	①	
	②	（　　　　　　） ［理由］

■平成29年度問題

3 （2） 右の表は，ある中学校の2学年の生徒120人と3学年の生徒100人の通学時間を，度数分布表に，整理したものである。

また，通学時間の平均値は，2学年が21.5分，3学年が20.4分であり，2学年と3学年を合わせた全体の通学時間の平均値は21.0分である。

通学時間（分）	2学年 度数（人）	3学年 度数（人）
以上　未満		
0 ～ 5	2	5
5 ～ 10	9	13
10 ～ 15	17	19
15 ～ 20	26	14
20 ～ 25	27	12
25 ～ 30	16	13
30 ～ 35	14	16
35 ～ 40	9	8
合計	120	100

① 度数分布表について，階級の幅を答えなさい。

② 3学年の通学時間の中央値はどの階級に入るか，答えなさい。

③ ゆうとさんは，通学時間の平均値，中央値の入る階級のどちらで比べても，通学時間の長い生徒が多いのは2学年であると考えた。

一方，さくらさんは，2学年と3学年を合わせた全体の通学時間の平均値が20分以上25分未満の階級に入ることから，通学時間が25分以上の生徒の割合に着目して，通学時間の長い生徒が多いのはどちらの学年であるかを考えた。

さくらさんのように，**通学時間が25分以上の生徒の割合**に着目して，その大小で判断すると，通学時間の長い生徒が多いのはどちらの学年であるといえるか。次の**ア**，**イ**のうち，適切なものを1つ選び，解答欄の（　　）の中に記号で答えなさい。また，選んだ理由を説明しなさい。

ア　2学年　　**イ**　3学年

(2)	①	分	②	分以上　分未満
	③	（　　　　）［理由］		

■平成31年度問題

3 （2） 右の**図**は，しょうたさんの中学校の3学年男子75人のうち，しょうたさんの所属する1組男子16人の立ち幅跳びの記録をヒストグラムに表したものである。例えば，記録が170 cm以上180 cm未満の生徒は1人であることがわかる。

図　1組男子16人の立ち幅跳びの記録

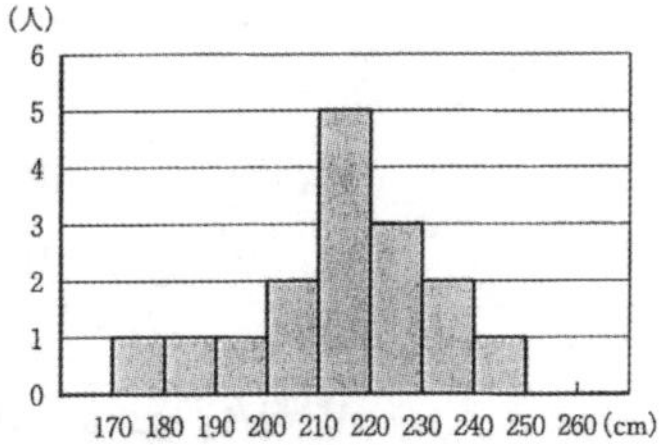

① 1組男子の立ち幅跳びの記録において，度数の最も多い階級の階級値を求めなさい。

② しょうたさんは，ヒストグラムを見て，1組男子は3学年男子の中で記録の高い生徒が多いと予想した。右の**度数分布表**は，記録の分布を比較するために，3学年男子の記録を整理したものである。

しょうたさんは，3学年男子の記録の中央値の入る階級が210 cm以上220 cm未満であることから，**記録が220cm以上の生徒の割合**に着目し，その大小で1組男子は3学年男子と比較し記録の高い生徒が多いかを判断することにした。

しょうたさんの考え方によると，1組男子は3学年男子と比較し記録の高い生徒が多いといえるか。次の**ア**，**イ**のうち，適切なものを1つ選び，解答欄の（　）の中に記号で答えなさい。

また，選んだ理由を説明しなさい。

ア　多いといえる　　**イ**　多いといえない

度数分布表

立ち幅跳び（cm）	度数（人）
以上　未満	
170 ～ 180	4
180 ～ 190	6
190 ～ 200	6
200 ～ 210	7
210 ～ 220	19
220 ～ 230	12
230 ～ 240	9
240 ～ 250	7
250 ～ 260	5
合計	75

(2)	①	cm
	②	（　　　　）［理由］

■平成30年度問題

3 (1) 次の**資料**は，ある中学校の男子14人の50m走の記録を示したものである。

資料 | 7.2 8.9 9.4 7.1 7.5 6.7 7.4 8.6 8.9 7.8 7.2 9.6 10.1 8.0 | (単位：秒)

① **資料**の男子14人の記録を，右の**度数分布表**に整理したとき，7.0秒以上8.0秒未満の階級の度数を求めなさい。

② **資料**の男子14人の記録に女子16人の記録を追加して，合計30人の記録を整理したところ，9.0秒以上10.0秒未満の階級の相対度数が0.3であった。この階級に入っている女子の人数を求めなさい。

ただし，この階級の相対度数0.3は正確な値であり，四捨五入などはされていないものとする。

度数分布表

記録（秒）	度数（人）
以上　未満	
6.0 ～ 7.0	
7.0 ～ 8.0	
8.0 ～ 9.0	
9.0 ～ 10.0	
10.0 ～ 11.0	
合計	14

(1)	①	人	②	人

■令和２年度問題

3 (2) 袋の中に同じ大きさの赤球だけがたくさん入っている。標本調査を利用して袋の中の赤球の個数を調べるため，赤球だけが入っている袋の中に，赤球と同じ大きさの白球を400個入れ，次の**<実験>**を行った。

<実験>
袋の中をよくかき混ぜた後，その中から60個の球を無作為に抽出し，赤球と白球の個数を数えて袋の中にもどす。

この**<実験>**を5回行い，はじめに袋の中に入っていた赤球の個数を，**<実験>を5回行った結果の赤球と白球それぞれの個数の平均値をもとに推測する**ことにした。

下の**表**は，この**<実験>**を5回行った結果をまとめたものである。

表

	1回目	2回目	3回目	4回目	5回目
赤球の個数	38	43	42	37	40
白球の個数	22	17	18	23	20

① **<実験>**を5回行った結果の白球の個数の平均値を求めなさい。

② はじめに袋の中に入っていた赤球の個数を推測すると，どのようなことがいえるか。次の**ア**，**イ**のうち，適切なものを1つ選び，解答欄の（　）の中に記号で答えなさい。

また，選んだ理由を，**根拠となる数値を示して**説明しなさい。

ア　袋の中の赤球の個数は640個**以上**であると考えられる。
イ　袋の中の赤球の個数は640個**未満**であると考えられる。

(2)	①	個
	②	（　　　　）［理由］

■令和３年度問題

3 (2) ある学級のA班とB班がそれぞれのペットボトルロケットを飛ばす実験を25回ずつ行った。実験は、校庭に白線を1m間隔に引いて行い，例えば，17m以上18m未満の間に着地した場合，17mと記録した。

下の**表1**は，A班とB班の記録について，25回の平均値，最大値，最小値，範囲をそれぞれまとめたものである。また，下の**表2**は，A班とB班の記録を度数分布表に整理したものである。ただし，**表1**の一部は汚れて読み取れなくなっている。

表1

	A班	B班
平均値	28.6 m	30.8 m
最大値	46 m	42 m
最小値		16 m
範囲	31 m	

表2

記録（m）	A班 度数（回）	B班 度数（回）
以上　未満		
15 ～ 20	2	3
20 ～ 25	5	3
25 ～ 30	7	5
30 ～ 35	4	8
35 ～ 40	5	5
40 ～ 45	1	1
45 ～ 50	1	0
合計	25	25

① A班の記録の最小値を求めなさい。

② 右の文は，太郎さんが**表1**と**表2**をもとにして，A班とB班のどちらのペットボトルロケットが遠くまで飛んだかを判断するために考えた内容である。

・平均値を比べると，B班のほうが大きい。
・最大値を比べると，A班のほうが大きい。
・中央値を比べると，（　　）班のほうが大きい。

下線部について，（　　）に入る適切なものを，A，Bから1つ選び，解答欄の（　　）の中に記号で答えなさい。

また，選んだ理由を，**中央値が入る階級を示して**説明しなさい。

(2)	①	m
	②	中央値と比べると，（　　　　）班のほうが大きい。［理由］

確率・場合の数

■平成25年度問題

3 (2)　1から6までの目がある大小2つのさいころを同時に投げて，大きいさいころの出た目の数を a，小さいさいころの出た目の数を b とする。

①　$a+b$ の値が5の倍数となる確率を求めなさい。

②　$\sqrt{2(a+b)}$ の値が整数となる確率を求めなさい。

(2)	①		②	

■平成27年度問題

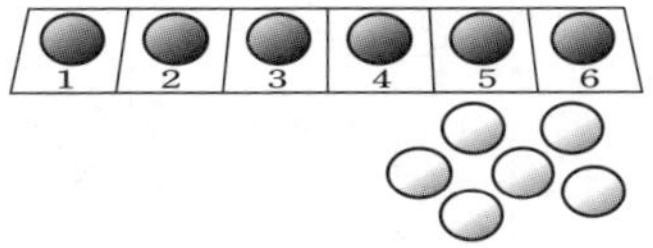

3 (1) 黒い碁石《ごいし》と白い碁石がそれぞれ6個ずつある。右の図のように，1から6までの数が1つずつ書かれた6マスのマス目に，黒い碁石を1個ずつ置く。この状態から，1から6までの目がある大小2つのさいころを同時に1回投げて，次の（ア），（イ）の操作を順に1回ずつ行う。

〈操作〉（ア）　大きいさいころの**出た目の数の約数**が書かれたマス目に置いてある黒い碁石を，すべて白い碁石に置きかえる。
（イ）（ア）の操作後の状態から，小さいさいころの**出た目の数**が書かれたマス目に置いてある碁石を，その碁石が黒い碁石ならば白い碁石に，白い碁石ならば黒い碁石に置きかえる。

①　大きいさいころの出た目の数が4，小さいさいころの出た目の数が3であるとき，6マスのマス目に置いてある白い碁石は何個となるか，求めなさい。

②　6マスのマス目に置いてある白い碁石が3個となる確率を求めなさい。

(1)	①	個	②	

■平成28年度問題

3 (1)　右の図のように，袋の中に3，4，5，6，7の数字が1つずつ書かれた5個の玉が入っている。

袋の中から玉を1個取り出し，その玉に書かれた数を a とする。取り出した玉を袋の中にもどして，もう1回袋の中から玉を1個取り出し，その玉に書かれた数を b とする。

①　$10a+b$ の値が3の倍数となる場合は全部で何通りあるか，求めなさい。

②　$\dfrac{10a+b}{6}$ の値が整数となる確率を求めなさい。

(1)	①	通り	②	

■平成30年度問題

3 (2)　花子さんと太郎さんは，数学の授業で次の［課題］について考えた。下の［会話］は，そのとき2人が話し合った内容である。

［課題］
1，2，3，4，5の数を1つずつ記入した5枚のカードがある。このカードをよくきってから，下のA～Cで示した3つの方法でそれぞれカードを2枚ひくとき，ひいた2枚のカードの数の和が8以上になるのは，どの方法のときがもっとも起こりやすいか調べなさい。
ただし，それぞれの方法において，起こりうるすべての場合はどの場合が起こることも同様に確からしいものとする。
A：カードを1枚ひき，もとにもどさずに続けてもう1枚ひく。
B：カードを同時に2枚ひく。
C：カードを1枚ひいてカードの数を調べ，もとにもどしてよくきってからもう1枚ひく。

［会話］
花子さん：まずは，A，B，Cそれぞれの方法について，起こりうる場合が全部で何通りあるか数えてみよう。
太郎さん：樹形図をかいて起こりうる場合をすべてあげると，Aのときは全部で20通りだね。
花子さん：Bのときは同時に2枚ひくので，たとえば1と2のカードをひくことと，2と1のカードをひくことは，カードの組み合わせとしては同じだから，起こりうる場合は全部で［ア］通りだね。
太郎さん：Cのときは，起こりうる場合は全部で［イ］通りだね。
花子さん：これで，A，B，Cそれぞれの方法について，2枚のカードの数の和が8以上になる場合が何通りあるかを数えられるから，8以上になる場合の数がもっとも大きい方法のときが，もっとも起こりやすいとしていいよね。
太郎さん：8以上になる場合の数の大きさだけで比較していいのかな？

①　［会話］の［ア］，［イ］にあてはまる適切な数をそれぞれ求めなさい。

②　ひいた2枚のカードの数の和が8以上になるのは，どの方法のときがもっとも起こりやすいか。A～Cの中から適切なものを1つ選び，解答欄の（　）の中に記号で答えなさい。また，選んだ理由を，**根拠となる数値を示して**説明しなさい。

(2)	①	ア		イ	
	②	（　　　）［理由］			

■平成29年度問題

3 （1） 右の図のように，箱の中に赤玉２個，青玉２個，白玉１個の合計５個の玉が入っている。

この箱の中から，A，Bの２人がこの順に１個ずつ玉を取り出す。ただし，取り出した玉は箱の中にもどさないものとし，どの玉を取り出すことも同様に確からしいものとする。

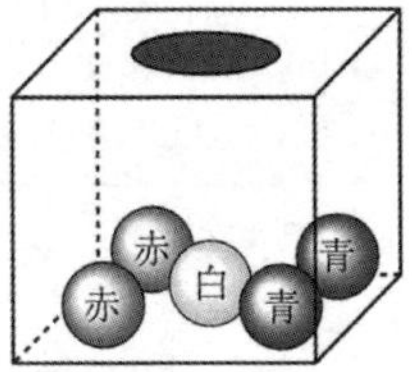

① Aが青玉を取り出す確率を求めなさい。

② A，Bの２人のうち，少なくとも１人が青玉を取り出す確率を求めなさい。

(1)	①		②	

■平成31年度問題

3 （1） 1から6までの目がある大小2個のさいころを同時に1回投げる。

ただし，それぞれのさいころについて，どの目が出ることも同様に確からしいものとする。

① 出た目の数の和が７となる場合は何通りあるか，求めなさい。

② 出た目の数の和が素数となる確率を求めなさい。

(1)	①	通り	②	

■令和２年度問題

3 （1） 右の図のように，Aの箱の中には0，1，2，3，4，5の数字が1つずつ書かれた6枚のカードが，Bの箱の中には1，2，3，4，5，6の数字が1つずつ書かれた6枚のカードが入っている。

Aの箱の中からカードを1枚取り出し，そのカードに書かれた数をaとし，Bの箱の中からカードを1枚取り出し，そのカードに書かれた数をbとする。

ただし，どのカードを取り出すことも同様に確からしいものとする。

Aの箱

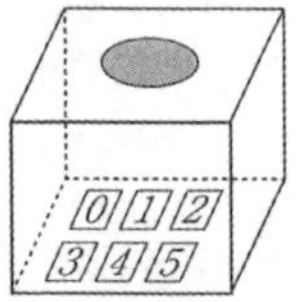

Bの箱

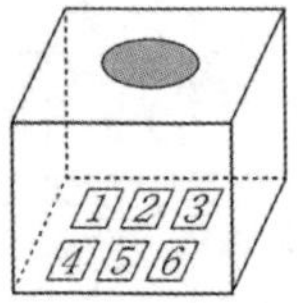

① 積abが0となる場合は何通りあるか求めなさい。

② $\sqrt{ab}$の値が整数とならない確率を求めなさい。

(1)	①	通り	②	

■令和３年度問題

3 （1） 箱Pには，1，2，3，4の数字が1つずつ書かれた4個の玉が入っており，箱Qには，2，3，4，5の数字が1つずつ書かれた4個の玉が入っている。

箱Pの中から玉を1個取り出し，その玉に書かれた数をaとする。箱Qの中から玉を1個取り出し，その玉に書かれた数をbとする。ただし，どの玉を取り出すことも同様に確からしいものとする。

次に，**図**のように円周上に5点A，B，C，D，Eをとり，Aにコインを置いた後，以下の**＜操作＞**を行う。

箱P

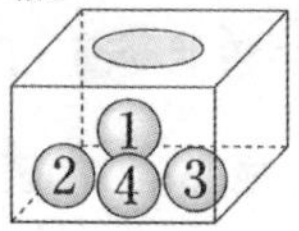

箱Q

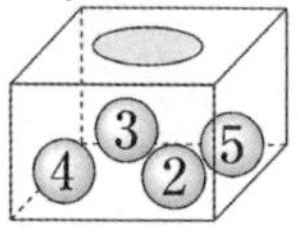

図

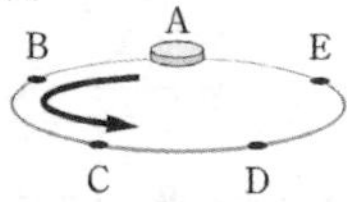

＜操作＞
Aに置いたコインを$2a+b$の値だけ円周上を反時計回りに動かす。例えば，$2a+b$の値が７のときは，A→B→C→D→E→A→B→Cと順に動かし，Cでとめる。

① コインが，点Dにとまる場合は何通りあるか求めなさい。

② コインが，点A，B，C，D，Eの各点にとまる確率の中で，もっとも大きいものを求めなさい。

(1)	①	通り	②	

公 立 高 校 入 試 出 題 単 元

過去９年間
（平成25年～令和3年迄）

理　　科

◎1分野

身近な科学
- ■ 平成28年 8 （光・音）
- ■ 平成30年 9 （圧力）
- ■ 平成31年 8 （光）
- ■ 令和２年 7 （ばね）
- ■ 令和３年 7 （音）

物質の性質
- ■ 平成25年 7 （気体の発生）
- ■ 平成26年 7 （混合物の蒸留）
- ■ 平成27年 7 （気体の発生）
- ■ 平成30年 6 （水溶液）
- ■ 令和２年 6 （物質の性質）

化学変化
- ■ 平成25年 6 （分解）
- ■ 平成28年 7 （酸化・還元）
- ■ 平成29年 6 （化学反応式・熱量）
- ■ 平成30年 7 （分解）
- ■ 平成31年 6 （化合）
- ■ 令和２年 5 （化学反応）
- ■ 令和３年 5 （化学反応）

中和・イオン
- ■ 平成26年 6 （中和反応）
- ■ 平成27年 6 （電池）
- ■ 平成28年 6 （中和反応）
- ■ 平成29年 7 （電池）
- ■ 平成31年 7 （電気分解）
- ■ 令和３年 6 （水溶液の性質）

電流とその利用
- ■ 平成26年 9 （回路・電力）
- ■ 平成27年 8 （磁界）
- ■ 平成29年 1 （4）（電力） 8 （放電）
- ■ 平成30年 8 （回路・電力）
- ■ 平成31年 9 （エネルギー・電磁誘導）

運動とエネルギー
- ■ 平成25年 9 （仕事・エネルギー・浮力）
- ■ 平成26年 8 （運動）
- ■ 平成28年 1 （4）（科学技術）
- ■ 平成28年 9 （斜面上の運動・仕事）
- ■ 平成29年 9 （ばねと運動）
- ■ 令和２年 8 （速さ）
- ■ 令和３年 8 （ばねと運動）

◎2分野

植物の生活と種類
- ■ 平成25年 2 （細胞・光合成・呼吸）
- ■ 平成29年 2 （植物のつくり・顕微鏡・蒸散）
- ■ 平成30年 2 （植物のつくり・分類）
- ■ 平成31年 2 （細胞・光合成）
- ■ 平成27年 1 （1）（分類）
- ■ 令和３年 1 （植物のはたらき・蒸散）

大地の変化
- ■ 平成25年 4 （地震）
- ■ 平成26年 5 （地層）
- ■ 平成28年 5 （地震）
- ■ 平成29年 4 （岩石）
- ■ 平成30年 1 （3）（岩石）
- ■ 平成31年 4 （地層）
- ■ 令和３年 3

動物の生活と種類
- ■ 平成25年 3 （血液の流れ）
- ■ 平成27年 2 （刺激）
- ■ 平成28年 3 （血液の流れ）
- ■ 平成29年 3 （動物の種類・生殖）
- ■ 平成30年 3 （2）（3）（消化・呼吸）
- ■ 平成31年 1 （1）（血液） 3 （1）（2）（分類）
- ■ 令和２年 2 （ヒトのからだ）
- ■ 令和３年 2 （神経）

細胞と生殖
- ■ 平成26年 2 （細胞分裂）
- ■ 平成27年 3 （遺伝）
- ■ 平成30年 1 （1）（生殖）
- ■ 平成31年 3 （3）（遺伝）
- ■ 令和２年 1 （細胞のつくり）

天気とその変化
- ■ 平成27年 4 （気圧）
- ■ 平成28年 4 （雲・湿度）
- ■ 平成29年 1 （2）（等圧線）
- ■ 平成30年 4 （天気図）
- ■ 平成31年 5 （水の循環）
- ■ 令和２年 3 （天気図）

地球と宇宙
- ■ 平成25年 5 （金星・太陽）
- ■ 平成27年 5 （惑星）
- ■ 平成28年 1 （2）（太陽）
- ■ 平成29年 5 （太陽）
- ■ 平成30年 5 （星）
- ■ 令和２年 4 （星の動き）
- ■ 令和３年 4 （月の動き）

生物界のつながり
- ■ 平成26年 3 （食物連鎖）
- ■ 平成28年 2 （分解者）
- ■ 平成30年 3 （1）（4）（食物連鎖）

身近な科学

■平成28年度問題

8　次の実験について，（１），（２）の問いに答えなさい。

実験１

　同じ大きさのまち針**A**〜**C**，鏡，正三角形がすきまなくかかれている記録用紙を用いて，次の操作を行った。

Ⅰ　図１のように，記録用紙の上に鏡を垂直に立てた。次に，まち針**A**の頭の高さが，まち針**B**の頭の高さより低くなるように，まち針**A**，**B**を垂直に刺した。

Ⅱ　一方の目を閉じたまま，もう一方の目の高さをまち針**A**の頭の高さに合わせた。次に，鏡にうつったまち針**A**が見えなくなるように，まち針**C**を刺した。

図１

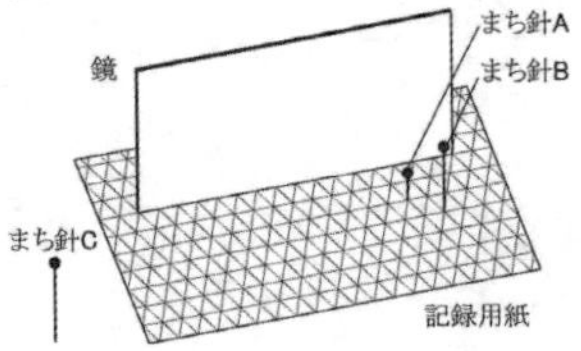

実験２

　コイルをコンピュータのマイク端子につなぎ，コイルに生じる電圧のようすを表示できるようにして，次の操作を行った。

Ⅰ　図２のように，おんさ**L**と磁石をつけたおんさ**M**を向かい合わせにし，おんさ**M**についている磁石にコイルを近づけた。

Ⅱ　おんさ**L**をたたいて鳴らした。

図２

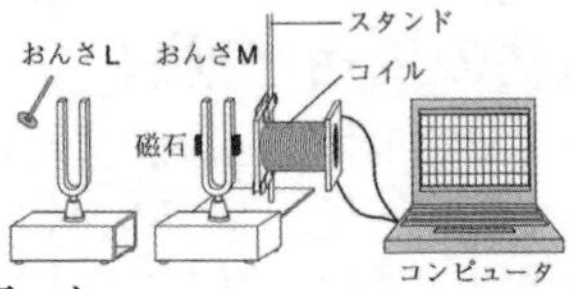

（１）　図３は，実験１のようすを真上から見たものの一部である。次の①，②の問いに答えなさい。

図３

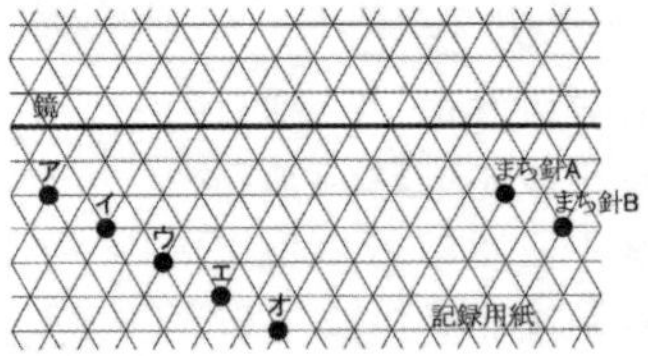

①　図３の**ア**〜**オ**の中で，まち針**C**を刺した位置はどこか。**ア**〜**オ**の中から１つ選びなさい。

②　まち針**C**を刺した後，目の高さをまち針**B**の頭の高さに合わせた。このとき，まち針**B**の頭から進んできた光が，鏡で反射して目にとどく。この光の反射角は何度か。求めなさい。

（２）　実験２について，次の①，②の問いに答えなさい。

①　実験２のⅡで，磁石をつけたおんさ**M**が鳴りだした。このとき，２つのおんさの関係をまとめるとどのようになるか。次の**ア**〜**ウ**の中から１つ選びなさい。

ア　おんさ**L**の振動数は，磁石をつけたおんさ**M**の振動数より多い。

イ　おんさ**L**の振動数は，磁石をつけたおんさ**M**の振動数と等しい。

ウ　おんさ**L**の振動数は，磁石をつけたおんさ**M**の振動数より少ない。

②　実験２のⅡで，コイルに生じた電圧のようすがコンピュータに表示された。次の文は，コイルに電圧が生じた理由を説明したものである。［　　］にあてはまることばは何か。書きなさい。

　おんさ**M**についている磁石が振動することによって，コイルの内部の磁界が変化し，コイルに電流を流そうとする電圧が生じる［　　］という現象が起こったためである。

(1)	①		②	度	(2)	①	②

■平成30年度問題

9　次の文について，（１）〜（３）の問いに答えなさい。ただし，質量100gの物体にはたらく重力の大きさを１Nとする。また，1hPa＝100Paである。

　図１のように，質量2500gの直方体のレンガを水平な台の上に置いた。このとき，地球がレンガを引く力（重力）を矢印**X**，台がレンガをおす力（垂直抗力）を矢印**Y**で表した。

　図２のように，図１のレンガは，各辺の長さが20cm，10cm，6cmの直方体であり，レンガの３つの面をそれぞれ面**A**，面**B**，面**C**とした。

　図３は，水平な台の上に図２の面**A**を上にして置いたものを**S**，面**B**を上にして置いたものを**T**として示したものである。

図１

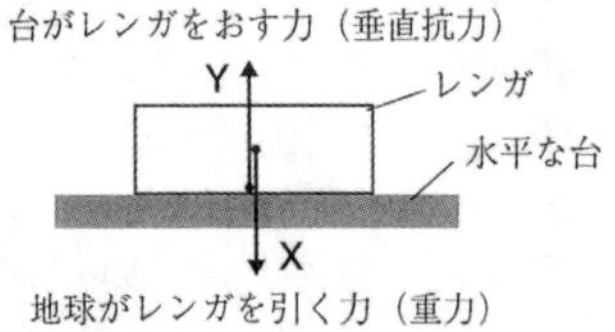

図２

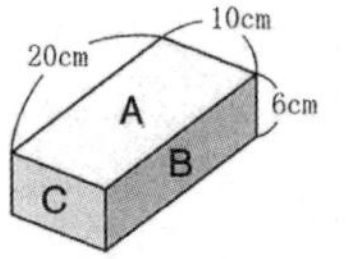

図３

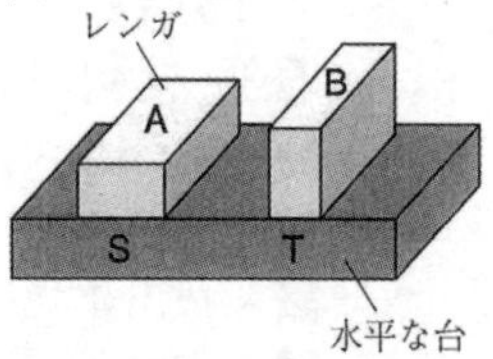

（１）　次の文は，図１のレンガにはたらく力について述べたものである。①，②にあてはまるものは何か。①は**向き**，**大きさ**という２つのことばを用いて書き，②は数値を書きなさい。

　水平な台の上に置いたレンガにはたらく力**X**と力**Y**は，一直線上にあり，［　①　］ため，つり合っている。
このことから，力**Y**の大きさは［②］Nとなる。

（２）　図３について，**S**のようにレンガを置いたときと，**T**のようにレンガを置いたときに，台にはたらくレンガによる圧力の大きさを，それぞれP_1，P_2とすると，これらの関係はどのようになるか。次の**ア**〜**ウ**の中から１つ選びなさい。

ア　$P_1 > P_2$　　**イ**　$P_1 < P_2$　　**ウ**　$P_1 = P_2$

（３）　水平な台の上に図３の**S**のようにレンガを置き，その上に面**A**を上にしてレンガを積み重ねていったとき，台にはたらくレンガによる圧力が大気圧と等しくなるのは，台の上にレンガを何個積み重ねたときか。求めなさい。ただし，このときの大気圧を1000hPaとする。

(1)	①			
	②			
(2)			(3)	個

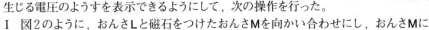

■平成31年度問題

8 次の実験について，(１)～(３) の問いに答えなさい。

実験

光の進み方を調べるため，次のⅠ～Ⅲを行った。図1は，光源装置，厚みのある半円形ガラス，円盤の1目盛りが10°の角度目盛りつき円盤を水平な台の上に置いた実験装置であり，円盤の中心Oを通り，90°ごとに区切った直線と円盤の外周との交点を点A～Dとし，Oと半円形ガラスの円の中心が重なるように，半円形ガラスの円の直径と円盤の直線BDをあわせて設置したものである。図2～4はこの実験装置を真上から見たものであり，光源装置からの光は，半円形ガラスの円の中心に入射させた。

Ⅰ　図2のように，AとBの間に光源装置を置き，ガラスの円の中心に光を入射させ，入射角を変えたときの反射角，屈折角を測定した。

結　果

入射角	10°	20°	30°	40°	50°	60°	70°	80°
反射角	10°	20°	30°	40°	50°	60°	70°	80°
屈折角	7°	13°	20°	26°	31°	36°	40°	42°

図1

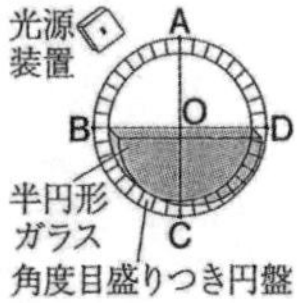

Ⅱ　図3のように，CとDの間に光源装置を移動させ，直線OCと入射する光のなす角が20°になるようにガラスの円の中心に光を入射させ，光の道筋を調べた。

Ⅲ　図4のように，図3の状態から光源装置と円盤は固定させ，Oを中心としてガラスを円盤上で時計回りに25°回転させ，光の道筋を調べた。

図2

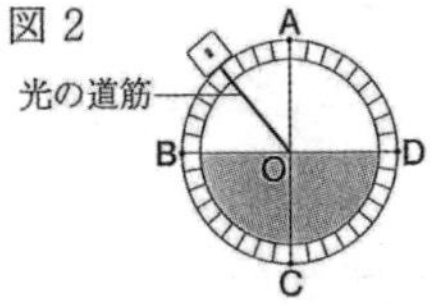

図3

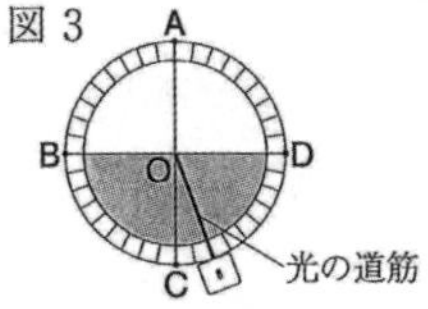

図4

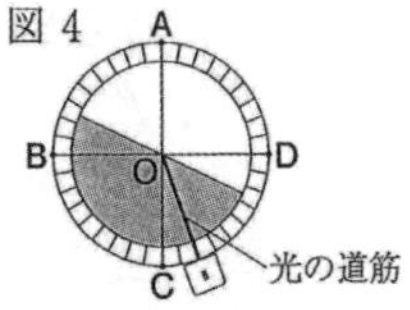

(１)　実験のⅠについて，光の入射角が70° のとき，半円形ガラスの円の中心で反射した光の道筋を点線(--------)で，屈折した光の道筋を実線(———)で，角度目盛りつき円盤に書きなさい。

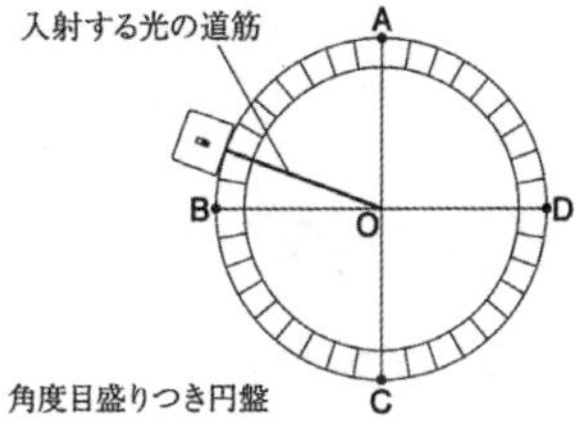

(２)　実験のⅡについて，光の屈折角の大きさは何度か。求めなさい。

(３)　次の文は，実験のⅢについて述べたものである。①，②にあてはまるものは何か。①はことばを，②は0～180の範囲の数値を書きなさい。

半円形ガラスを時計回りに回転させることにより，入射角が大きくなり，光がすべて反射した。この現象を［　①　］という。このとき，図4において，直線OCと半円形ガラスの円の中心で反射した光の道筋とのなす角は［　②　］度となる。

(2)	度	(3)	①		②	

■令和２年度問題

7 次の実験について，(１)～(５)の問いに答えなさい。ただし，ばねと糸の質量や体積は考えないものとする。また，質量100gの物体にはたらく重力の大きさを1Nとする。

実験

ばねとてんびんを用い，物体の質量や物体にはたらく力を測定する実験を行った。

グラフは，実験で用いたばねを引く力の大きさとばねののびの関係を表している。

実験で用いたてんびんは，支点から糸をつるすところまでの長さが左右で等しい。

グラフ

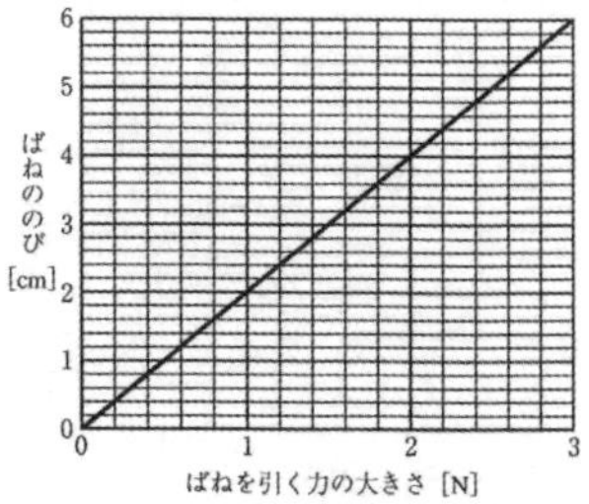

Ⅰ　図1のように，てんびんの左側にばねと物体Aをつるし，右側に質量270gのおもりXをつるしたところ，てんびんは水平につりあった。

Ⅱ　Ⅰの状態から，図2のように，水の入った水槽を用い，物体Aをすべて水中に入れ，てんびんの右側につるされたおもりXを，質量170gのおもりYにつけかえたところ，てんびんは水平につりあった。このとき，物体Aは水槽の底から離れていた。

図1

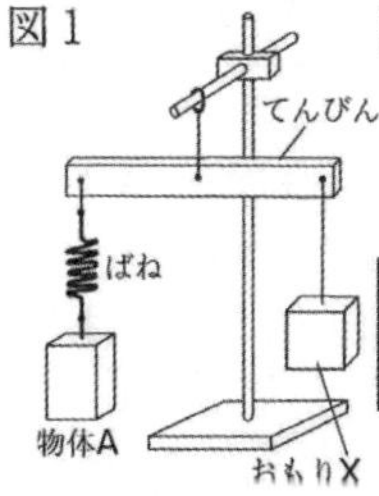

図2

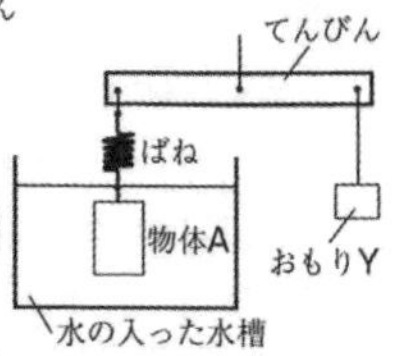

Ⅲ　物体Aを水槽から出し，おもりYを物体Aと同じ質量で，体積が物体Aより小さい物体Bにつけかえ，Ⅱで用いた水槽よりも大きな水槽を用い，物体AとB両方をすべて水中に入れた。すると，図3のように，てんびんは物体Bの方に傾いた。このとき，物体Bは水槽の底につき，物体Aは水槽の底から離れていた。

図3

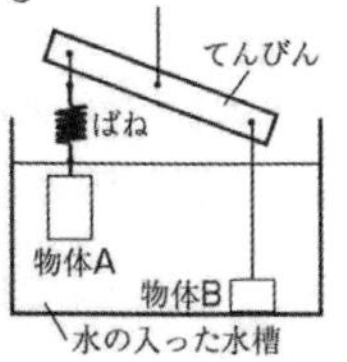

(１)　次の文は，ばねを引く力の大きさとばねののびの関係について述べたものである。［　　］にあてはまることばを書きなさい。

ばねを引く力の大きさとばねののびの間には比例関係がある。このことは，発表したイギリスの科学者の名から，［　　］の法則と呼ばれている。

(２)　Ⅰについて，このときばねののびは何cmか。求めなさい。

(３)　月面上で下線部の操作を行うことを考える。このとき，ばねののびとてんびんのようすを示したものの組み合わせとして適切なものを，次のア～カの中から1つ選びなさい。ただし，月面上で物体にはたらく重力の大きさは地球上の6分の1であるとする。

	ばねののび	てんびんのようす
ア	地球上の6分の1	物体Aの方に傾いている
イ	地球上の6分の1	おもりXの方に傾いている
ウ	地球上の6分の1	水平につりあっている
エ	地球上と同じ	物体Aの方に傾いている
オ	地球上と同じ	おもりXの方に傾いている
カ	地球上と同じ	水平につりあっている

（4） Ⅱについて，このとき物体Aにはたらく浮力の大きさは何Nか。求めなさい。

（5） Ⅲについて，てんびんが物体Bの方に傾いた理由を，**体積**，**浮力**という2つのことばを用いて書きなさい。

(1)		(2)	cm
(3)		(4)	N
(5)			

■令和３年度問題

7 次の実験について，（1）～（5）の問いに答えなさい。

実験

図

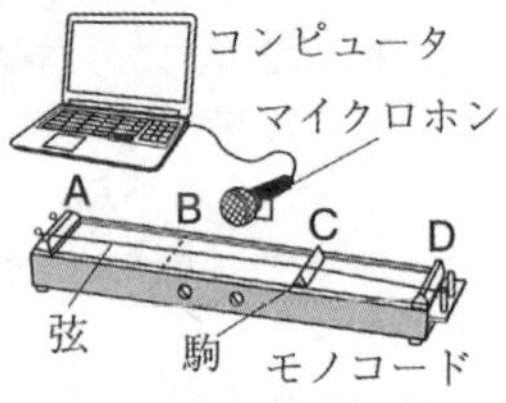

弦の振動による音の大きさと高さを調べるために，次のⅠ～Ⅲを行った。図は，モノコード，マイクロホン，コンピュータを用いた装置であり，AとDは弦の両端を，BとCは駒を置く位置を示している。弦のAと駒の間にある部分の中央をはじくと，その部分が振動した。その振動によって出た音を，マイクロホンを通してコンピュータの画面で観察した。コンピュータの画面の左右方向は時間経過を，上下方向は音による空気の振動のはばを表している。

Ⅰ 駒をCに置き，弦をはじいた。

Ⅱ 駒をBに置き，弦をはじいた。

Ⅲ 駒の位置をCに戻し，弦の張りを強くして弦をはじいた。

結果

	Ⅰ	Ⅱ	Ⅲ
コンピュータの画面	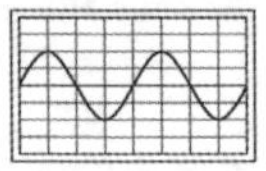	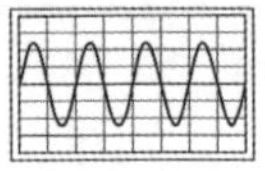	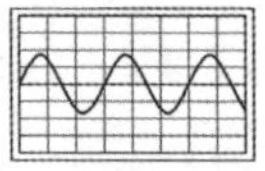

（1） 次の文は，実験で使用したマイクロホンが，音による空気の振動を電流に変えるしくみについて述べたものである。［　　］にあてはまることばを書きなさい。

> マイクロホンは，音による空気の振動を磁界の中に置いたコイルの振動に変えることで，コイルに電流を流そうとする電圧を生じさせる［　　］という現象を起こし，音による空気の振動を電流に変えている。

(1)	

（2） 次の文は，弦の振動について述べたものである。X，Yにあてはまることばを，Xは**漢字2字**，Yは**漢字3字**でそれぞれ書きなさい。

> 弦が振動しているとき，振動している部分の中央において，振動の中心からの振動のはばを［ X ］といい，弦が1秒間に振動する回数を［ Y ］という。

（3） 弦の張りの強さと駒の位置をⅠと同じにして，弦をⅠよりも弱くはじいた。このときのコンピュータの画面として最も適切なものを，次のア～エの中から1つ選びなさい。

ア　イ　ウ　エ

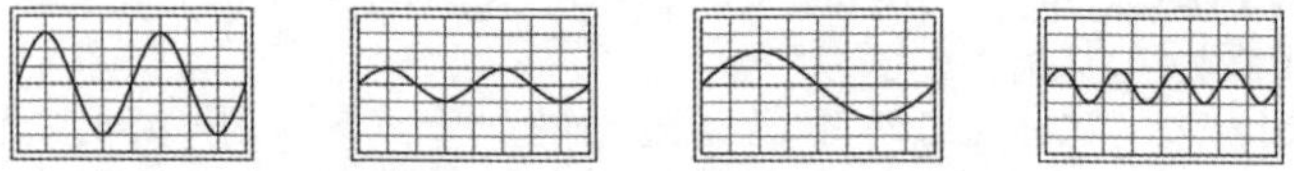

（4） 次の文は，実験からわかったことについて述べたものである。①，②にあてはまることばの組み合わせとして正しいものを，右のア～エの中から1つ選びなさい。

> 弦の振動する部分の長さを短くすると，弦の振動による音の高さは［ ① ］くなる。また，弦の張りを強くすると，弦の振動による音の高さは［ ② ］くなる。

	①	②
ア	高	高
イ	高	低
ウ	低	高
エ	低	低

（5） Ⅲの後，弦の張りの強さを変えずに駒を移動させ，弦をはじいたところ，Ⅱの音と同じ高さの音が出た。このときの駒の位置として最も適切なものを，次のア～エの中から1つ選びなさい。

ア　AとBの間　　イ　B　　ウ　BとCの間　　エ　CとDの間

(2)	X		Y		
(3)		(4)		(5)	

物質の性質

■平成25年度問題

7 同じ濃度のうすい塩酸を用いて，次の実験を行った。（1）～（3）の問いに答えなさい。

実験1

マグネシウムの粉末と鉄（スチールウール）を，それぞれうすい塩酸に加えると，どちらも同じ気体が発生した。

実験２

うすい塩酸100cm³に，いろいろな質量のマグネシウムを加え，発生した気体の体積を測定した。グラフは，このときの測定値を✕で記入したものである。なお，横軸は加えたマグネシウムの質量，縦軸は発生した気体の体積である。

グラフ

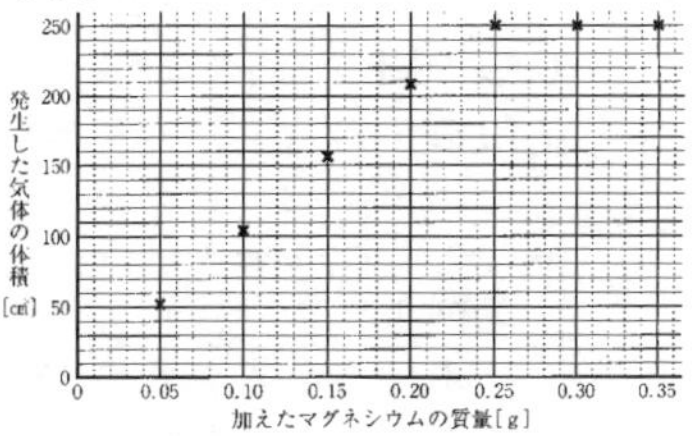

注　実験における体積の測定は，同じ条件で行った。

（1）　次の文は，実験で発生した気体についてまとめたものである。①，②にあてはまるものは何か。それぞれ**ア**～**ウ**の中から１つずつ選びなさい。

> 発生した気体は ① ｛ **ア**　水素　**イ**　酸素　**ウ**　二酸化炭素 ｝ である。また，この気体を集める方法としては ② ｛ **ア**　上方置換　**イ**　下方置換　**ウ**　水上置換 ｝ が最も適している。

（2）　次の文は，実験２のうすい塩酸とマグネシウムとの反応についてまとめたものである。①，②にあてはまるものは何か。①はあてはまる数字を書き，②はあてはまるものを**ア**～**ウ**の中から１つ選びなさい。

> うすい塩酸の量を100cm³から200cm³にかえて十分な量のマグネシウムを加えると，発生する気体の体積は［ ① ］倍になる。また，うすい塩酸にマグネシウムを加えると，反応後の水溶液の pH は ② ｛ **ア**　小さくなる　**イ**　大きくなる　**ウ**　変わらない ｝。

（3）　鉄を用いて実験２と同様の実験を行い，鉄がうすい塩酸100cm³と過不足なく反応し，気体が250cm³発生するときの鉄の質量を求めると0.56g だった。次の①，②の問いに答えなさい。

①　マグネシウムがうすい塩酸100cm³と過不足なく反応し，気体が250cm³発生するときのマグネシウムの質量はいくらか。グラフから小数第２位まで求めなさい。

②　マグネシウムと鉄がそれぞれ同じ体積のうすい塩酸と過不足なく反応し，同じ体積の気体が発生するときのマグネシウムと鉄の質量の比はいくらか。最も簡単な整数の比で書きなさい。

(1)	①		②	
(2)	①		②	
(3)	①	g	②	マグネシウム：鉄 ＝

■平成26年度問題

7

次の実験について，（2）・（3）の問いに答えなさい。

実験１

水とエタノールの混合物30cm³を枝つきフラスコの中に入れ，図のような装置を用いて加熱した。しばらくすると，混合物から出た蒸気が冷やされて，試験管 A に液体がたまり始めたので，この液体を５本の試験管 A～E に，試験管 A から順に約５cm³ずつ集めた。グラフは，加熱を始めてから試験管 E に液体がたまるまでの温度変化を示したものである。

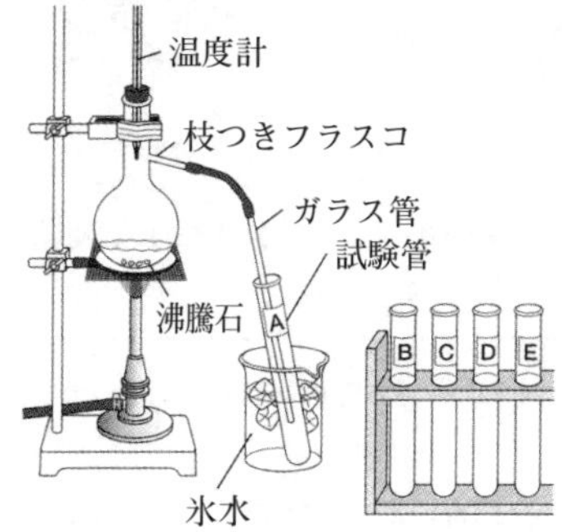

グラフ

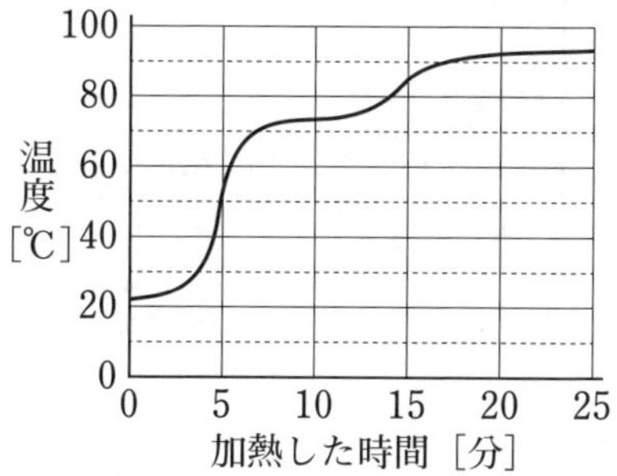

実験２

試験管 A～E に集めたそれぞれの液体について，におい，プラスチック片を入れたときの浮き沈み，ろ紙にしみこませて火をつけたときのようすを調べた。

結　果

	試験管 A	試験管 B	試験管 C	試験管 D	試験管 E
におい	有	有	有	有	無
プラスチック片の浮き沈み	沈んだ	沈んだ	沈んだ	浮いた	浮いた
火をつけたときのようす	よく燃えた	よく燃えた	よく燃えた	燃えたがすぐ消えた	燃えなかった

（2）　実験１で，試験管 A に液体がたまり始めたのは，加熱を始めてから何分後か。次の**ア**～**オ**の中から最も適当なものを１つ選びなさい。

ア　0～5分後　**イ**　5～10分後　**ウ**　10～15分後
エ　15～20分後　**オ**　20～25分後

(2)	

（3）　試験管 C，D，E に集めた液体の密度を，それぞれ c，d，e［g/cm³］とすると，これらの関係はどのようになるか。c と d については次の**ア**～**ウ**の中から，d と e については次の**エ**～**カ**の中からそれぞれ１つずつ選びなさい。

ア　$c<d$　**イ**　$c=d$　**ウ**　$c>d$
エ　$d<e$　**オ**　$d=e$　**カ**　$d>e$

(3)	c と d の関係		d と e の関係	

■平成27年度問題

7　次の実験について，（1）～（3）の問いに答えなさい。

実験１
図１のように，塩化アンモニウムと水酸化カルシウムの混合物を，試験管に入れて加熱した。このときに発生した気体のアンモニアを乾いた丸底フラスコに集めた。

図１

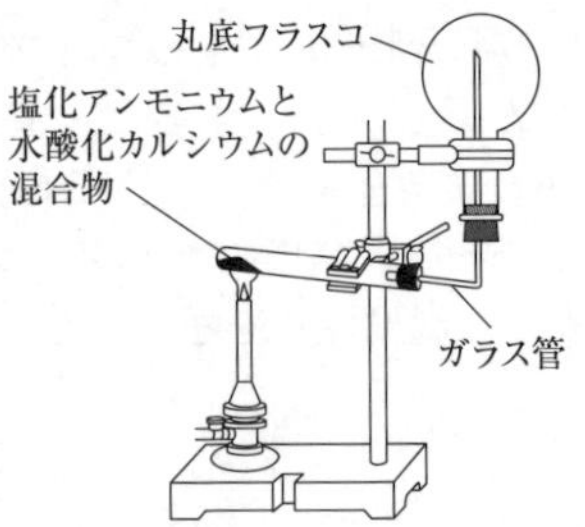

図２

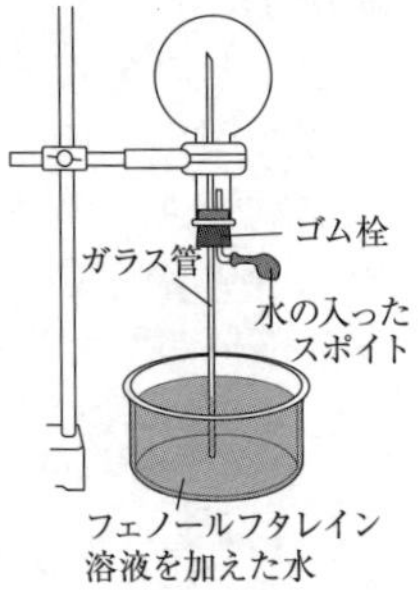

実験２
実験１のアンモニアが入った丸底フラスコを用いて，図２のような装置を組み立てた。次に，スポイトで丸底フラスコの中に水を入れた。

（1）　実験１で，図１のように発生した気体を集める方法を何法というか。書きなさい。

（2）次の**ア**～**エ**は，それぞれの分子を，原子の記号をつけた粒子で表したモデルである。アンモニア分子を正しく表しているものはどれか。**ア**～**エ**の中から１つ選びなさい。

ア

イ
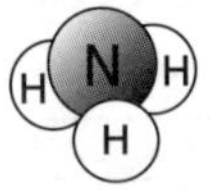

ウ
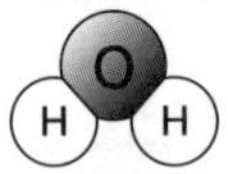

エ
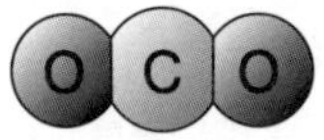

（3）実験２を行ったとき，フェノールフタレイン溶液を加えた水が，丸底フラスコの中にふき上がった。次の①，②の問いに答えなさい。

①　ふき上がった水は何色になるか。次の**ア**～**エ**の中から適当なものを１つ選びなさい。

ア　赤色　　**イ**　黄色　　**ウ**　緑色　　**エ**　青色

②　丸底フラスコの中に水がふき上がった理由を説明するとどのようになるか。**圧力**ということばを用いて，「**アンモニアが**」という書き出しに続けて書きなさい。

(1)	法	(2)	
(3)	①		
	②	**アンモニアが**	

■平成30年度問題

6　塩化ナトリウム，硝酸カリウム，ミョウバンを準備して次の実験を行った。(1)～(4)の問いに答えなさい。なお，表2は，20℃，40℃，80℃の水100gに，塩化ナトリウム，硝酸カリウム，ミョウバンをとかして，飽和水溶液にしたときのとけた物質の質量を表している。

実験１
水100gを入れた３つのビーカー**A**，**B**，**C**を用意し，表１のように，塩化ナトリウム，硝酸カリウム，ミョウバンを入れ，40℃に保ち，よくかき混ぜた。

結果１　水に入れた物質が全部とけたビーカーと一部がとけきれずに残ったビーカーがあった。

実験２　実験１の後，ビーカー**A**，**B**，**C**の温度を上げて80℃に保ち，よくかき混ぜたところ，すべてのビーカーで水に入れた物質が全部とけた。それらを20℃まで冷やしてようすを観察した。

表１

ビーカー	水に入れた物質とその質量
A	塩化ナトリウム30 g
B	硝酸カリウム60 g
C	ミョウバン50 g

表２

水の温度[℃]	塩化ナトリウム[g]	硝酸カリウム[g]	ミョウバン[g]
20	36	32	6
40	36	64	12
80	38	169	71

（理科年表平成30年版により作成）

（1）　実験1について，物質の一部がとけきれずに残ったビーカーはどれか。次の**ア**～**カ**の中から1つ選びなさい。

ア　Aのみ　**イ**　Bのみ　**ウ**　Cのみ　**エ**　AとB　**オ**　AとC　**カ**　BとC

（2）　実験2について，ビーカーの温度を20℃まで冷やしたとき結晶が出たビーカーはどれか。次の**ア**～**カ**の中から1つ選びなさい。

ア　Aのみ　**イ**　Bのみ　**ウ**　Cのみ　**エ**　AとB　**オ**　AとC　**カ**　BとC

（3）　一定量の水にとける物質の質量が温度によって変化することを利用し，水溶液から結晶をとり出すことを何というか。**漢字3字**で書きなさい。

（4）　濃度のわからない80℃の硝酸カリウム水溶液が300gあった。これを水溶液**X**とする。次の文は，水溶液**X**の質量パーセント濃度を求める過程について述べたものである。①，②にあてはまる数値を書きなさい。ただし，②は小数第1位を四捨五入し，整数で書きなさい。

水溶液**X**を80℃から20℃まで冷やしたところ，36gの結晶が出た。結晶が出た後の水溶液の質量は264gである。この264gの水溶液は20℃での飽和水溶液であるので，その中の硝酸カリウムの質量は［　①　］gとなる。これらのことから，水溶液**X**の質量パーセント濃度は［　②　］%となる。

(1)		(2)		(3)	
(4)	①			②	

■令和２年度問題

6　次の文は，ある生徒が，授業から興味をもったことについてまとめたレポートの一部である。(１)～(３)の問いに答えなさい。

> 授業で行った実験で，ビーカーに水酸化バリウムと塩化アンモニウムを入れてガラス棒でかき混ぜたところ，aビーカーが冷たくなった。このことに興味をもち，温度の変化を利用した製品について調べることにした。

温度の変化を利用した製品について

製品	主な材料	温度変化のしくみ
冷却パック 	硝酸アンモニウム・水	パックをたたくことで硝酸アンモニウムが水と混ざり，水に溶ける際に，温度が下がる。
加熱式容器 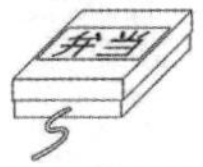	酸化カルシウム・水	容器側面のひもを引くと，容器の中にある酸化カルシウムと水が反応する。その際，b水酸化カルシウムが生じ，熱が発生し，温度が上がる。
化学かいろ 	鉄粉・水・活性炭・塩化ナトリウム	[X]は空気中の酸素を集めるはたらきがあり，[Y]が酸素により酸化する際に，温度が上がる。

(１)　次の文は，下線部aについて，その理由を述べたものである。[　　]にあてはまる適切なことばを書きなさい。

> ビーカーが冷たくなったのは，ビーカー内の物質が化学変化したときに，その周囲から[　　]ためである。

(２)　冷却パックに含まれる硝酸アンモニウム，化学かいろに含まれる塩化ナトリウムはともに，酸とアルカリが反応したときに，酸の陰イオンとアルカリの陽イオンが結びつくことによってできる物質である。このようにしてできる物質の総称を何というか。書きなさい。

(３)　下線部bについて，次の①，②の問いに答えなさい。

①　水酸化カルシウムの化学式を書きなさい。

②　水酸化カルシウムが示す性質について述べた文として適切なものを，次の**ア**～**エ**の中から1つ選びなさい。

ア　水酸化カルシウムの水溶液に緑色のBTB溶液を加えると，黄色に変化する。
イ　水酸化カルシウムと塩化アンモニウムを混ぜ合わせて加熱すると，塩素が発生する。
ウ　水酸化カルシウムの水溶液にフェノールフタレイン溶液を加えると，赤色に変化する。
エ　水酸化カルシウムの水溶液にマグネシウムリボンを加えると，水素が発生する。

(1)		(2)	
(3)	①	②	

化学変化

■平成25年度問題

6　次の実験について，（１）～（４）の問いに答えなさい。

実験１
炭酸水素ナトリウムの粉末をかわいた試験管に入れ，図のように装置を組み立てた。その後，炭酸水素ナトリウムを加熱し，変化の様子を観察した。

図

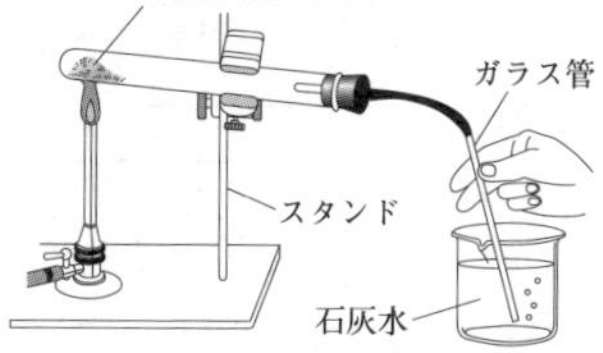

結果１
ガラス管の先から出てきた気体Pによって，石灰水が白くにごった。また，試験管の中には，無色の液体Qと白い固体Rができた。その後，液体Qに塩化コバルト紙をつけると，塩化コバルト紙の色が変わった。

実験２
炭酸水素ナトリウムと実験１でできた白い固体Rを，それぞれ別の試験管に薬品さじ１ぱい分入れ，さらに同じ量の水を加えてとけ方を比べた。その後，それぞれの水溶液にフェノールフタレイン溶液を１滴加え，水溶液の色の変化を調べた。

結果２

	水へのとけ方	フェノールフタレイン溶液との反応
炭酸水素ナトリウム	少しとけた	無色からうすい赤色になった
白い固体R	よくとけた	無色からこい赤色になった

（１）　次の文は，実験１の結果についてまとめたものである。①，②にあてはまるものは何か。①は**ア**-**ウ**の中から，②は**ア**～**T**の中からそれぞれ1つずつ選びなさい。

> 炭酸水素ナトリウムを加熱したときの化学変化は，①｛**ア**　化合　**イ**　中和　**ウ**　分解｝である。また，塩化コバルト紙の色は②｛**ア**　桃色から青色　**イ**　青色から桃色　**ウ**　桃色から赤色　**エ**　青色から白色｝に変わった。

（２）　液体Qに電流を流すと化学変化が起こる。この化学変化を化学反応式で書きなさい。

（３）　次の文は，実験２の結果からわかることについてまとめたものである。①，②にあてはまるものは何か。①は物質名を書き，②は**ア**～**エ**の中から１つ選びなさい。

> 白い固体Rは[　①　]で，水にとかすと，炭酸水素ナトリウムより②｛**ア**　弱い酸性　**イ**　強い酸性　**ウ**　弱いアルカリ性　**エ**　強いアルカリ性｝を示す。

（４）　気体Pを集気びんに集め，空気中で点火したマグネシウムリボンを入れると，マグネシウムリボンは燃焼し，集気びんの中に白色と黒色の物質ができた。次の①，②の問いに答えなさい。

①　黒色の物質は何か。化学式で書きなさい。

②　気体Pに対して，マグネシウムはどのようなはたらきをしているか。**酸素**ということばを用いて書きなさい。

(1)	①		②		(2)		
(3)	①		②		(4)	①	②

■平成28年度問題

7　次の実験について，(1)～(3) の問いに答えなさい。

実験1　図1のように，ステンレス皿に，銅の粉末とマグネシウムの粉末をそれぞれ1.2gはかりとり，別々に加熱して，空気中の酸素とすべて反応させた。

図1

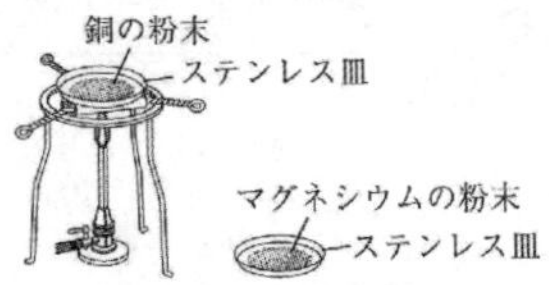

結果1

反応でできた化合物	質量［g］
酸化銅	1.5
酸化マグネシウム	2.0

実験2　図2のように，酸化銅の粉末と炭素の粉末の混合物を加熱した。

図2

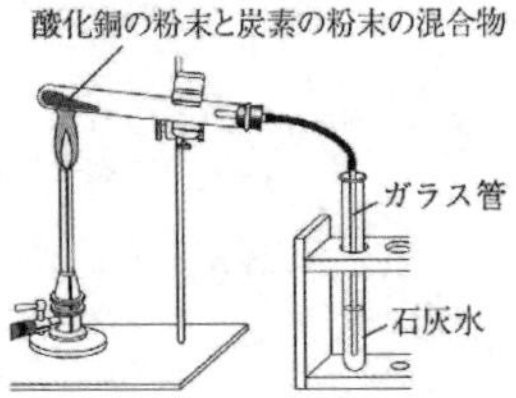

結果2　加熱した試験管の中に，銅ができた。また，ガラス管の先から出てきた気体によって，石灰水が白くにごった。

実験3　図3のように，二酸化炭素を満たした集気びんの中で，マグネシウムリボンを燃焼させた。

図3

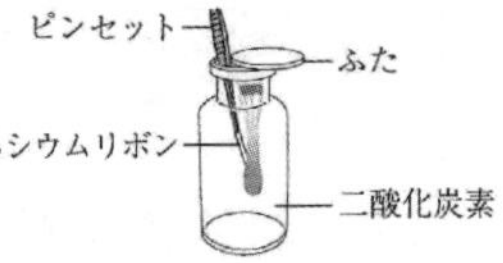

結果3　酸化マグネシウムと炭素ができた。

(1)　物質が酸素と結びつくことによってできた化合物を何というか。書きなさい。

(2)　結果1について，次の①，②の問いに答えなさい。

①　次の文は，結果1からわかることをまとめたものである。Ⅰ，Ⅱにあてはまるものの組み合わせはどのようになるか。次の**ア**～**エ**の中から1つ選びなさい。

銅原子と酸素原子は1：1の数の比で結びつく。また，マグネシウム原子と酸素原子は［ Ⅰ ］の数の比で結びつく。これらのことをふまえると，同じ質量の銅の粉末とマグネシウムの粉末にふくまれるそれぞれの原子の数は，［ Ⅱ ］の粉末のほうが多いといえる。

	Ⅰ	Ⅱ
ア	1：1	マグネシウム
イ	1：1	銅
ウ	2：1	マグネシウム
エ	2：1	銅

②　同じ質量の酸素と結びつく銅とマグネシウムの質量の比はいくらか。最も簡単な整数の比で書きなさい。

(3)　結果2，3から，炭素，マグネシウム，銅を酸素と結びつきやすい順に，原子の記号で左から並べるとどのようになるか。次の**ア**～**カ**の中から1つ選びなさい。

ア　C，Mg，Cu　　**イ**　Mg，Cu，C　　**ウ**　Cu，C，Mg
エ　C，Cu，Mg　　**オ**　Mg，C，Cu　　**カ**　Cu，Mg，C

(1)					
(2)	①		② 銅：マグネシウム＝	(3)	

■平成29年度問題

6　次の実験について，(1)～(4) の問いに答えなさい。

実験1
Ⅰ　質量パーセント濃度が5％の塩化ナトリウム水溶液を20gつくった。
Ⅱ　鉄粉と活性炭を1つのビーカーにとり，混ぜた後に，Ⅰでつくった塩化ナトリウム水溶液を数滴たらし，ガラス棒でよくかき混ぜたところ温度が上がった。

実験2
水酸化バリウムと塩化アンモニウムを1つのビーカーにとり，ガラス棒でよくかき混ぜたところ温度が下がった。

実験3
図のように，うすい硫酸H_2SO_4をビーカーに20gとり，うすい水酸化バリウム$Ba(OH)_2$水溶液20gを加えてよくかき混ぜたところ，白くにごり，ビーカー内の物質の温度が15.9℃から17.3℃に上がった。

図

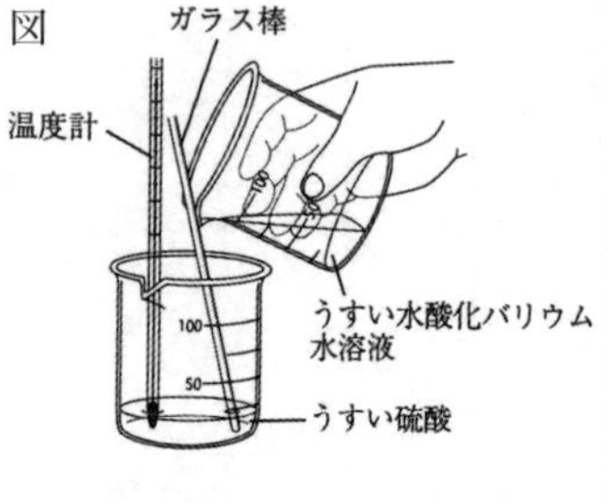

(1)　実験1のⅠでつくった塩化ナトリウム水溶液20g中にとけている塩化ナトリウムは何gか。求めなさい。

(2)　次の文は，実験1のⅡと実験2について述べたものである。①，②にあてはまることばの組み合わせはどのようになるか。次の**ア**～**カ**の中から1つ選びなさい。

ほとんどの化学変化では，熱の出入りがともなっている。実験1のⅡで温度が上がるのは［ ① ］エネルギーが［ ② ］エネルギーに変換された発熱反応であるからである。一方，実験2で温度が下がるのは，［ ② ］エネルギーが［ ① ］エネルギーに変換された吸熱反応であるからである。

	①	②
ア	化学	熱
イ	熱	化学
ウ	化学	電気
エ	電気	化学
オ	熱	電気
カ	電気	熱

(3)　実験3で起こった化学変化について，解答欄の化学反応式を完成させなさい。

(4)　実験3でビーカー内の物質40gの温度上昇に使われた熱量は何Jか。小数第1位を四捨五入し，整数で求めなさい。ただし，ビーカー内でかき混ぜた物質1gの温度を1℃上げるのに必要な熱量は4.2Jとする。

(1)	g	(2)	
(3)	H_2SO_4 ＋ $Ba(OH)_2$ ⟶		
(4)	J		

■平成30年度問題

7 銅や酸化銀を用いて，次の実験を行った。（1）～（4）の問いに答えなさい。

実験1

図1

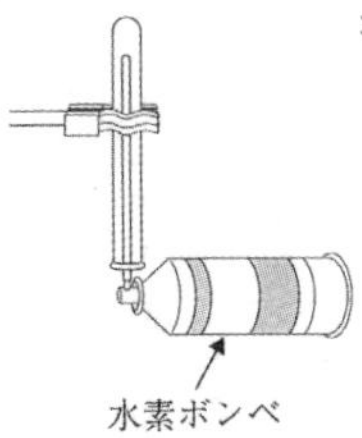

図2

図3

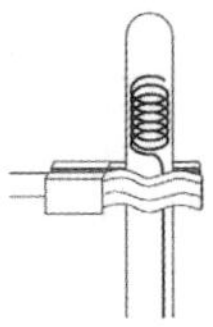

Ⅰ　図1のように，試験管に水素ボンベのノズルを入れて水素をふきこんだ。

Ⅱ　図2のように，ガスバーナーで銅線を熱したところ，表面が黒く変化した。

Ⅲ　図3のように，Ⅰの試験管にⅡの表面が黒く変化した銅線を冷めないうちに入れたところ，銅線は赤色に変化し，試験管の内側に液体がついた。

実験2

酸化銀の黒い粉末4.5gを試験管に入れてガスバーナーでじゅうぶんに加熱したところ，4.2gの白い固体が残った。この白い固体を薬品さじ（薬さじ）でこすると銀色の金属光沢がみられた。さらに，この白い固体に電極をつなぐと電流が流れた。

（1）　実験1のⅢについて，次の①，②の問いに答えなさい。

①　ここで起きた変化は次のように表すことができる。

酸化銅　＋　水素　→　銅　＋　水

この変化で，酸化された物質はどれか。次のア～エの中から1つ選びなさい。

ア　酸化銅　　**イ**　水素　　**ウ**　銅　　**エ**　水

②　下線部について，試験管の内側についた液体が水であることを確かめるために用いるものは何か。次のア～エの中から最も適当なものを1つ選びなさい。

ア　石灰水　　**イ**　リトマス紙　　**ウ**　BTB溶液　　**エ**　塩化コバルト紙

（2）　酸化物が他の物質によって酸素をうばわれる化学変化を何というか。書きなさい。

（3）　実験2では，酸化銀が銀と酸素に分解された。実験2をもとにすると，15gの酸化銀の分解により得られる銀は何gか。求めなさい。ただし，実験2では，酸化銀はすべて分解されたものとする。

（4）　実験1のⅢや実験2では，金属の化合物から金属が得られた。金属の化合物から金属を得るための操作として最も適当なものを，次のア～エの中から1つ選びなさい。

ア　塩化銅水溶液を水がなくなるまで加熱する。
イ　炭酸水素ナトリウムを加熱する。
ウ　酸化鉄にコークスを混ぜたものを加熱する。
エ　水酸化カルシウムと塩化アンモニウムを混ぜたものを加熱する。

(1)	①		②		(2)	
(3)				g	(4)	

■平成31年度問題

6 次の実験について，（1）～（4）の問いに答えなさい。

実験1

図1

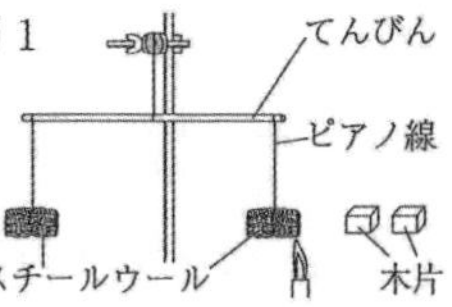

図2

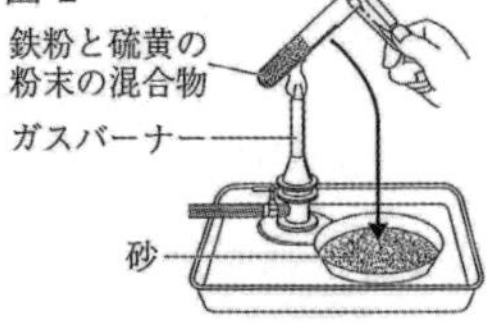

物質が燃焼したときの質量の変化について調べるため，質量の等しいスチールウールと木片を用意して，次のⅠ，Ⅱを行った。

Ⅰ　図1のようにてんびんの左右に，スチールウールをピアノ線でつるしてつり合わせ，片方に火をつけ，てんびんがどちらに傾くかを確認した。スチールウールの燃えた部分は黒色に変化していた。

Ⅱ　図1のてんびんの左右に，木片をピアノ線でつるしてつり合わせ，片方に火をつけ，てんびんがどちらに傾くかを確認した。木片の燃えた部分は黒くなっていた。

実験2

鉄と硫黄の反応について調べるため，表に示した質量の鉄粉と硫黄の粉末を均一に混ぜ合わせて入れた試験管**A**～**E**を用意した。図2のようにそれぞれの試験管を加熱し，混合物の上部が赤くなった時に砂の上に置いたところ，加熱をやめても光と熱を発しながら反応が進み黒色の物質ができた。十分に冷ました後，できた物質の性質を確認するために磁石をそれぞれの試験管の下部に近づけたところ，試験管**A**,**B**,**C**は磁石につかなかったが，試験管**D**，**E**は磁石についた。

表

	試験管A	試験管B	試験管C	試験管D	試験管E
鉄粉[g]	3.0	4.0	5.0	6.0	7.0
硫黄の粉末[g]	3.2	3.2	3.2	3.2	3.2

（1）　実験1について，次の**ア**～**ウ**を，質量の**小さい順に左から並べて**書きなさい。ただし，ピアノ線の質量は，加熱によって変化しないものとする。

ア　火をつけなかった方のスチールウール　　**イ**　火をつけた方のスチールウール
ウ　火をつけた方の木片

（2）　実験2について，鉄**Fe**と硫黄**S**から黒色の物質ができるときの化学反応式を書きなさい。

（3）　次の文は，試験管**D**について考察したものである。①，②にあてはまるものは何か。①は**ア**，**イ**のどちらかを選び，②は数値を書きなさい。

図書室で調べてみたところ，鉄と硫黄は7：4の質量比で過不足なく反応することが分かった。このことから，試験管**A**～**C**は磁石につかなかったが，試験管**D**が磁石についたのは，反応しなかった①｛**ア**　鉄　**イ**　硫黄｝が残っていたためであり，その質量は［　②　］gであったと考えられる。

（4） 実験1のⅠで，スチールウールに火をつけて得られた黒色の物質をX，実験2の試験管Aを加熱して得られた黒色の物質をYとする。XとYを少量ずつ試験管にとり，それぞれにうすい塩酸を加えたとき，起こる反応の組み合わせはどのようになるか。次のア～ケの中から1つ選びなさい。

	X	Y
ア	無臭の気体が発生した。	無臭の気体が発生した。
イ	無臭の気体が発生した。	腐卵臭の気体が発生した。
ウ	無臭の気体が発生した。	気体は発生しなかった。
エ	腐卵臭の気体が発生した。	無臭の気体が発生した。
オ	腐卵臭の気体が発生した。	腐卵臭の気体が発生した。
カ	腐卵臭の気体が発生した。	気体は発生しなかった。
キ	気体は発生しなかった。	無臭の気体が発生した。
ク	気体は発生しなかった。	腐卵臭の気体が発生した。
ケ	気体は発生しなかった。	気体は発生しなかった。

(1)	→ →		(2)		
(3)	①		②		(4)

■令和２年度問題

5 うすい塩酸と炭酸水素ナトリウムを用いて，次の実験を行った。（1）～（5）の問いに答えなさい。

実験1

Ⅰ 図のように，うすい塩酸30cm^3を入れたビーカーと a 炭酸水素ナトリウム1.0gを入れた容器Xを電子てんびんにのせ，反応前の全体の質量として測定した。

Ⅱ うすい塩酸に容器Xに入った炭酸水素ナトリウムをすべて加えたところ，気体が発生した。

Ⅲ 気体が発生し終わったビーカーと，容器Xを電子てんびんに一緒にのせ，反応後の全体の質量として測定した。

Ⅳ うすい塩酸30cm^3を入れたビーカーを他に4つ用意し，それぞれに加える炭酸水素ナトリウムの質量を2.0g，3.0g，4.0g，5.0gに変えて，実験1のⅠ～Ⅲと同じ操作を行った。

図

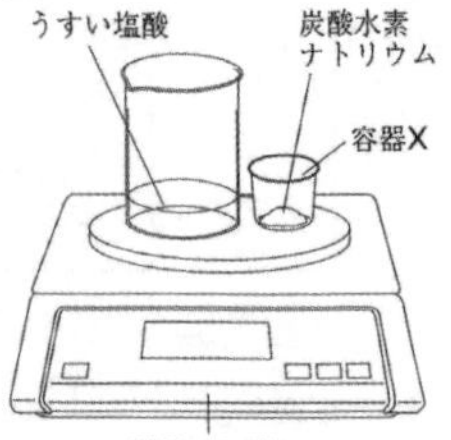

実験1の結果

炭酸水素ナトリウムの質量［g］	1.0	2.0	3.0	4.0	5.0
反応前の全体の質量［g］	96.2	94.5	97.9	96.2	99.7
反応後の全体の質量［g］	95.7	93.5	96.4	94.7	98.2

実験2

Ⅰ 炭酸水素ナトリウム4.0gを入れた容器Xと，実験1で使用したものと同じ濃度のうすい塩酸10cm^3を入れたビーカーを電子てんびんにのせ，反応前の全体の質量として測定した。

Ⅱ うすい塩酸に容器Xに入った炭酸水素ナトリウムをすべて加えたところ，気体が発生した。

Ⅲ 気体が発生し終わったビーカーと容器Xを電子てんびんに一緒にのせ，反応後の全体の質量として測定した。

Ⅳ うすい塩酸20cm^3，30cm^3，40cm^3，50cm^3を入れたビーカーを用意し，それぞれに加える炭酸水素ナトリウムの質量をすべて4.0gとして，実験2のⅠ～Ⅲと同じ操作を行った。

実験2の結果

うすい塩酸の体積［cm^3］	10	20	30	40	50
反応前の全体の質量［g］	78.6	86.4	96.3	107.0	116.2
反応後の全体の質量［g］	78.1	85.4	94.8	105.0	114.2

実験終了後

実験1，2で使用した10個のビーカーの中身すべてを，1つの大きな容器に入れた。その際，b 反応せずに残っていたうすい塩酸と炭酸水素ナトリウムが反応し，気体が発生した。

（1） 下線部aについて，電子てんびんを水平におき，電源を入れた後，容器Xに炭酸水素ナトリウム1.0gをはかりとる手順となるように，次のア～ウを並べて書きなさい。

ア 表示を0.0gにする。

イ 容器Xをのせる。

ウ 炭酸水素ナトリウムを少量ずつのせ，表示が1.0gになったらのせるのをやめる。

（2） うすい塩酸と炭酸水素ナトリウムが反応して発生した気体は何か。名称を書きなさい。

（3） 実験1の結果をもとに，加えた炭酸水素ナトリウムの質量と発生した気体の質量の関係を表すグラフをかきなさい。

（4） 実験2で使用したものと同じ濃度のうすい塩酸24cm^3に炭酸水素ナトリウム4.0gを加えたとすると，発生する気体の質量は何gになるか。求めなさい。

（5） 下線部bについて，発生した気体の質量は何gになるか。求めなさい。

(1)	→ →	(3)
(2)		
(4)	g	
(5)	g	

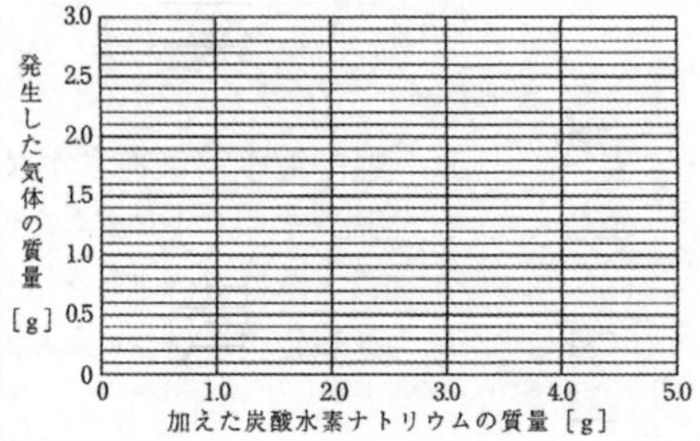

■令和３年度問題

5　次の実験について，(１)～(５)の問いに答えなさい。

実験

図

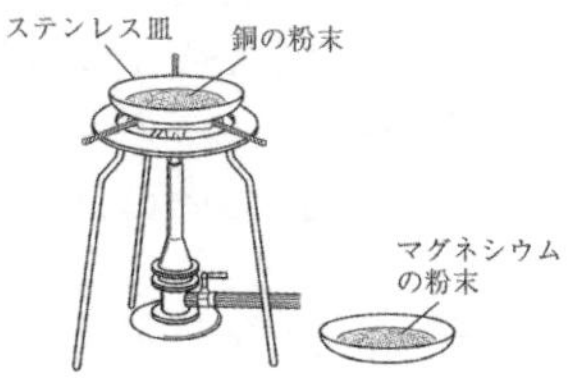

Ⅰ　図のように，ステンレス皿に，銅の粉末とマグネシウムの粉末をそれぞれ1.80gはかりとり，うすく広げて別々に３分間加熱した。

Ⅱ　十分に冷ました後に，質量をはかったところ，どちらも加熱する前よりも質量が増加していた。

Ⅲ　再び３分間加熱し，十分に冷ました後に質量をはかった。この操作を数回繰り返したところ，どちらも質量が増加しなくなった。このとき，銅の粉末の加熱後の質量は2.25g，マグネシウムの粉末の加熱後の質量は3.00gであった。ただし，加熱後の質量は，加熱した金属の酸化物のみの質量であるものとする。

（１）　マグネシウムは，空気中の酸素と化合し，酸化物を生じる。この酸化物の化学式を書きなさい。

（２）　加熱によって生じた，銅の酸化物とマグネシウムの酸化物の色の組み合わせとして正しいものを，右の**ア**～**カ**の中から1つ選びなさい。

	銅の酸化物	マグネシウムの酸化物
ア	白色	白色
イ	白色	黒色
ウ	赤色	白色
エ	赤色	黒色
オ	黒色	白色
カ	黒色	黒色

（３）　下線部について，質量が増加しなくなった理由を，「**銅やマグネシウムが**」という書き出しに続けて書きなさい。

（４）　Ⅲについて，同じ質量の酸素と化合する，銅の粉末の質量とマグネシウムの粉末の質量の比はいくらか。最も適切なものを，次の**ア**～**カ**の中から1つ選びなさい。

ア　3：4　　**イ**　3：8　　**ウ**　4：3
エ　4：5　　**オ**　5：3　　**カ**　8：3

（５）　銅の粉末とマグネシウムの粉末の混合物3.00gを，実験のように，質量が増加しなくなるまで加熱した。このとき，混合物の加熱後の質量が4.10gであった。加熱する前の混合物の中に含まれる銅の粉末の質量は何gか。求めなさい。ただし，加熱後の質量は，加熱した金属の酸化物のみの質量であるものとする。

(1)		(2)	
(3)	**銅やマグネシウムが**		
(4)		(5)	g

中和・イオン

■平成26年度問題

6　次の実験について，（1）～（4）の問いに答えなさい。

実験１

炭酸水素ナトリウムにうすい塩酸を加えると，においの無い気体**P**が発生した。気体**P**を集気びんに集めて火のついた線香を入れると，すぐに線香の火が消えた。

実験２

図１

図２

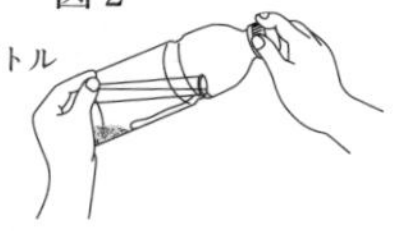

Ⅰ　図１のように，ペットボトルに炭酸水素ナトリウム1.00gとうすい塩酸10cm³が入った試験管を入れ，ふたをしっかり閉めて全体の質量をはかった。

Ⅱ　図２のように，ペットボトルをかたむけて炭酸水素ナトリウムとうすい塩酸を混ぜ合わせ，気体が発生しなくなってから全体の質量をはかった。

Ⅲ　ペットボトルのふたをゆるめて気体を逃がしてから，ふたをしっかり閉めて全体の質量をはかった。

実験３

薬包紙にはかりとったいろいろな質量の炭酸水素ナトリウムを，うすい塩酸20cm³が入ったビーカー**A**～**E**にそれぞれ加えた。このとき，加える前と加えた後に，薬包紙とビーカーを含めた全体の質量をはかった。また，炭酸水素ナトリウムを加えた後の水溶液のようすも調べた。

結　果

	ビーカー**A**	ビーカー**B**	ビーカー**C**	ビーカー**D**	ビーカー**E**
加えた炭酸水素ナトリウムの質量　[g]	1.00	2.00	3.00	4.00	5.00
炭酸水素ナトリウムを加える前の全体の質量　[g]	82.43	81.37	85.03	85.11	81.53
炭酸水素ナトリウムを加えた後の全体の質量　[g]	81.91	80.33	83.77	83.85	80.27
炭酸水素ナトリウムを加える前後の質量の差　[g]	0.52	1.04	(　　)	1.26	1.26
炭酸水素ナトリウムを加えた後の水溶液のようす	○	○	△	△	△

(注)　○：全部とけた　△：全部はとけなかった

（1）　塩酸の中では，塩化水素が水素イオンと塩化物イオンに分かれて存在している。このように，物質が水にとけて，陽イオンと陰イオンに分かれることを何というか。書きなさい。

（2）　気体**P**を，実験１とは異なる方法で発生させるにはどのようにしたらよいか。次の**ア**～**エ**の中から１つ選びなさい。

ア　酸化銅と炭素を混ぜ合わせて加熱する。　**イ**　亜鉛にうすい硫酸を加える。
ウ　二酸化マンガンにオキシドールを加える。　**エ**　酸化銀を加熱する。

(1)		(2)	

（3） 実験２のⅠ，Ⅱ，Ⅲではかった質量を，それぞれ W_1，W_2，W_3［g］とすると，これらの関係はどのようになるか。W_1と W_2については次のア～ウの中から，W_2と W_3については次のエ～カの中からそれぞれ１つずつ選びなさい。

ア　$W_1 < W_2$　　イ　$W_1 = W_2$　　ウ　$W_1 > W_2$
エ　$W_2 < W_3$　　オ　$W_2 = W_3$　　カ　$W_2 > W_3$

（4） 実験３について，次の①，②の問いに答えなさい。

① 結果を示した表の（　　）にあてはまる数字は何か。書きなさい。

② 次の文は，結果について考察したものである。X，Y にあてはまるものは何か。X は下のア～エの中から１つ選び，Y は小数第２位を四捨五入し，小数第１位まで求めなさい。

> うすい塩酸20cm³と過不足なく反応する炭酸水素ナトリウムの質量は，［ X ］の範囲にあることがわかる。また，この値を求めると［ Y ］g となる。

ア 1.00g～2.00g　イ 2.00g～3.00g　ウ 3.00g～4.00g　エ 4.00g～5.00g

(3)	W_1 と W_2 の関係			W_2 と W_3 の関係			
(4)	①		②	X		Y	g

■平成27年度問題

6 電池のしくみを調べるために，次の実験を行った。（1）～（4）の問いに答えなさい。

実　験

図のように，組み合わせの異なる金属板 A，B に電子オルゴールの導線をつないだ回路をつくり，２種類の水溶液に金属板 A，B を入れて，電子オルゴールが鳴るかどうかをそれぞれ調べた。

結　果

金属板A	金属板B	水溶液	電子オルゴール
銅板	銅板	砂糖水	鳴らなかった。
亜鉛板	亜鉛板	砂糖水	鳴らなかった。
銅板	亜鉛板	砂糖水	鳴らなかった。
銅板	銅板	うすい塩酸	鳴らなかった。
亜鉛板	亜鉛板	うすい塩酸	鳴らなかった。
銅板	亜鉛板	うすい塩酸	鳴った。

図

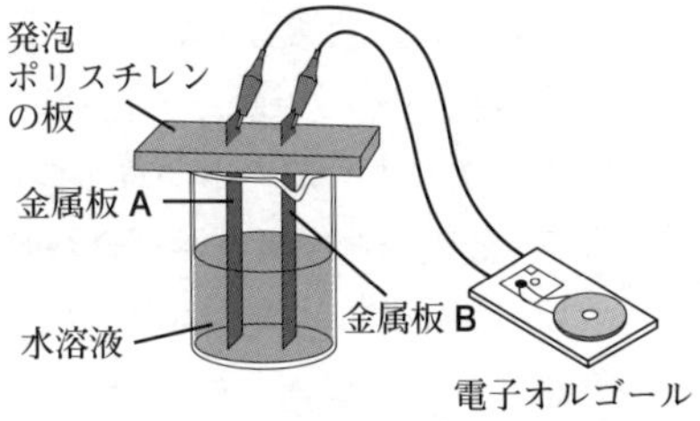

（1） 身のまわりの電池には，水素と酸素が化合して水ができるときに，直接，電流をとり出すものがある。この電池を何というか。次のア～ウの中から１つ選びなさい。

ア　燃料電池　　イ　マンガン乾電池　　ウ　鉛蓄電池

（2） 次のア～エは，結果についてまとめたものである。正しく述べているものはどれか。ア～エの中から１つ選びなさい。

ア　電池になるのは，同じ種類の金属板を，非電解質の水溶液に入れたときである。
イ　電池になるのは，異なる種類の金属板を，非電解質の水溶液に入れたときである。
ウ　電池になるのは，同じ種類の金属板を，電解質の水溶液に入れたときである。
エ　電池になるのは，異なる種類の金属板を，電解質の水溶液に入れたときである。

（3） 次の文は，電子オルゴールが鳴ったとき，回路の中でエネルギーが移り変わっていくようすを述べたものである。①～③にあてはまることばの組み合わせはどのようになるか。次のア～カの中から1つ選びなさい。

> 実験の電池がもっていた［ ① ］エネルギーが［ ② ］エネルギーに変わり，［ ② ］エネルギーが電子オルゴールで［ ③ ］エネルギーに変わった。

	①	②	③
ア	化学	音	電気
イ	化学	電気	音
ウ	電気	化学	音
エ	電気	音	化学
オ	音	電気	化学
カ	音	化学	電気

（4） 実験の電池について，次の①，②の問いに答えなさい。

① 次の文は，実験の電池について説明したものである。［　　］にあてはまるものは何か。イオン式を書きなさい。

> 亜鉛板の表面では，亜鉛原子が電子を放出して，［　　］（亜鉛イオン）となってうすい塩酸中にとけ出す。このとき，放出された電子は，導線，電子オルゴールを通り，銅板に移動する。次に，銅板に移動した電子をうすい塩酸中の H^+（水素イオン）が受けとって水素原子になり，水素原子どうしが結びついて水素分子になる。

② 亜鉛板の表面で，亜鉛原子50個から放出されたすべての電子が，導線，電子オルゴールを通って銅板の表面に移動した場合，これらのすべての電子を，銅板の表面で受けとる水素イオンは何個か。求めなさい。

(1)		(2)		(3)	
(4)	①		②	個	

■平成28年度問題

6 うすい塩酸とうすい水酸化ナトリウム水溶液を用いて，次の実験を行った。（1）～（3）の問いに答えなさい。

実験

Ⅰ 図1のように，ビーカーに塩酸$10cm^3$をとり，これにBTB溶液を2，3滴入れた。

Ⅱ 図2のように，実験のⅠの水溶液に，こまごめピペットを用いて，水酸化ナトリウム水溶液を少しずつ加え，ガラス棒でよくかき混ぜた。このとき，水溶液の色の変化から，水溶液の性質を判断した。なお，実験のⅡを通して，水溶液中には塩の結晶は見られなかった。

図1

図2

図3

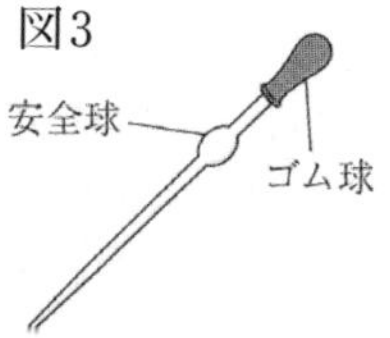

（1） 塩酸は，無色で刺激臭のある気体を水にとかしたものである。この気体は何か。物質名を書きなさい。

（2） 図3は，こまごめピペットを示したものである。安全球がつけられている理由は何か。「**吸い上げられた液体が,**」という書き出しに続けて書きなさい。

（3） 実験について，次の①,②の問いに答えなさい。

① 次の文は，水溶液が中性になったと判断したことについてまとめたものである。**X**,**Y**にあてはまることばの組み合わせはどのようになるか。次の**ア**～**カ**の中から1つ選びなさい。

	X	Y
ア	青	緑
イ	青	黄
ウ	緑	青
エ	緑	黄
オ	黄	青
カ	黄	緑

実験のⅠで，BTB溶液を入れた水溶液の色は［ X ］であったが，実験のⅡで，水溶液の色が［ Y ］になったので，水溶液が中性になったと判断した。

② 水溶液が中性になったのは，水溶液中の水素イオンが水酸化物イオンと結びつく中和が起こったためである。このときできた物質は何か。化学式で書きなさい。

(1)			
(2)	**吸い上げられた液体が,**		
(3)	①		②

■平成29年度問題

7 次の実験について，（1）～（4）の問いに答えなさい。

実験1 砂糖，塩化銅，水酸化ナトリウムのそれぞれの水溶液をつくり，図1のような装置を用いて，3Vの電圧を加えて，それぞれの水溶液に電流が流れるかどうかを調べた。

結　果

とかした物質	砂糖	塩化銅	水酸化ナトリウム
電流計の針	ふれなかった	ふれた	ふれた

実験2 実験1で電流が流れたそれぞれの水溶液について，図2のような装置をつくり，3Vの電圧を加えて，電流が流れているときのようすを観察した。

図1

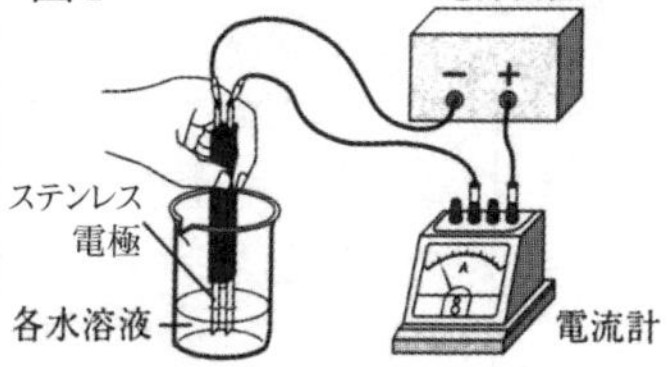

図2

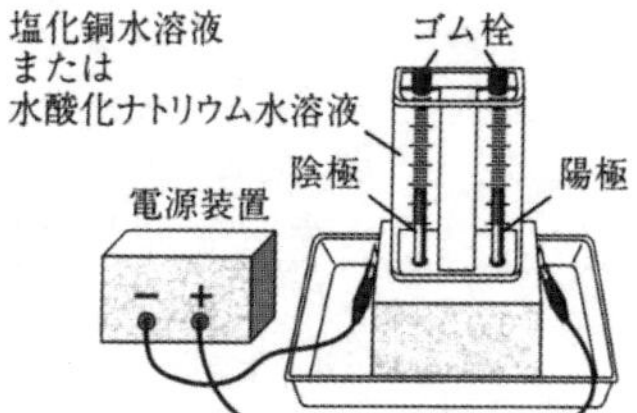

（1） 実験1の砂糖のように，水にとかしたときに電流が流れない物質を何というか。書きなさい。

（2） 電気を帯びていない1個の原子が，電気を帯びた原子になるときに失ったり受けとったりするものは何か。次の**ア**～**エ**の中から1つ選びなさい。

ア 原子核　**イ** 陽子　**ウ** 中性子　**エ** 電子

（3） 実験1において，塩化銅や水酸化ナトリウムの水溶液に電流が流れたのはなぜか。**水溶液**ということばを用いて，「**塩化銅や水酸化ナトリウムは,**」という書き出しに続けて書きなさい。

（4） 実験2について，次の①,②の問いに答えなさい。

① 次の文は，塩化銅水溶液に電流を流したとき，陽極および陰極に見られるようすをまとめたものである。Ⅰ～Ⅳにあてはまることばの組み合わせはどのようになるか。次の**ア**～**カ**の中から1つ選びなさい。

	Ⅰ	Ⅱ	Ⅲ	Ⅳ
ア	陽	黒	陰	水素
イ	陽	赤	陰	水素
ウ	陽	赤	陰	塩素
エ	陰	黒	陽	水素
オ	陰	黒	陽	塩素
カ	陰	赤	陽	塩素

電流を流すと，［ Ⅰ ］極の表面に［ Ⅱ ］色の銅が付着した。また，［ Ⅲ ］極の表面からは気体が発生した。この気体は，特有の刺激臭があることから［ Ⅳ ］であることがわかった。

② 水酸化ナトリウム水溶液に電流を流したときに陽極に発生した気体と同じ気体を発生させる方法は何か。次の**ア**～**エ**の中から1つ選びなさい。

ア 石灰石にうすい塩酸を加える。

イ 二酸化マンガンにオキシドールを加える。

ウ 亜鉛にうすい塩酸を加える。

エ 塩化アンモニウムと水酸化カルシウムを混ぜて加熱する。

(1)		(2)		(4)	①	②	
(3)	**塩化銅や水酸化ナトリウムは,**						

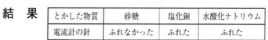

■平成31年度問題

7　次の実験について，(１)～(４）の問いに答えなさい。

> 実験
> 　無色透明の水溶液が30cm^3ずつ入ったビーカーＡ，Ｂ，Ｃ，Ｄを用意した。Ａ～Ｄに入っている水溶液は，うすい塩酸，うすい水酸化ナトリウム水溶液，うすい硫酸，砂糖水の４種類のいずれかである。これらを区別するために次のⅠ～Ⅲを行った。
> Ⅰ　各ビーカーの水溶液を5cm^3ずつそれぞれ試験管にとり，マグネシウムリボンを入れると，ＡとＢの水溶液は気体が発生したが，ＣとＤの水溶液は気体は発生しなかった。
> Ⅱ　各ビーカーの水溶液を5cm^3ずつそれぞれ試験管にとり，塩化バリウム水溶液を加えると，Ａの水溶液は沈殿が生じたが，Ｂ，Ｃ，Ｄの水溶液は沈殿は生じなかった。
> Ⅲ　図のような装置を用いて，各ビーカーの水溶液に約３Ｖの電圧を加えて，電流が流れるかどうかを調べた。Ａ，Ｂ，Ｃでは電流が流れたが，Ｄでは電流は流れなかった。
>
> 図
>
> 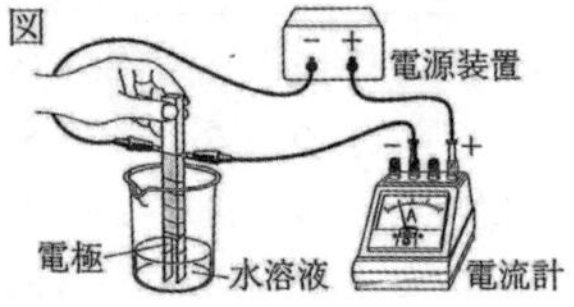
>

(１)　実験のⅠでＡ，Ｂの水溶液から生じた気体は同じ種類であった。この気体の説明として正しいものを，次のア～エの中から１つ選びなさい。
　ア　石灰水を白くにごらせる性質をもつ。
　イ　空気中に体積の割合で約20%ふくまれる。
　ウ　刺激臭があり，水に非常によくとける。
　エ　同じ温度で比べると気体の中でいちばん密度が小さい。

(２)　実験のⅡについて，Ａの水溶液で生じた沈殿は，塩化バリウムの電離により生じた陽イオンと水溶液中のある陰イオンが結びついてできた物質である。この陰イオンは何か。イオン式で書きなさい。

(３)　ビーカーＢとビーカーＣの水溶液はそれぞれ４種類のうちどれか。名称を書きなさい。

(４)　実験のⅠ，Ⅱはそのままに，実験のⅢで行う操作の代わりに次のア～オのいずれかの操作を行うことでも，ビーカーＡ～Ｄの水溶液を区別することができる。その操作として最も適当なものはどれか。ア～オの中から１つ選びなさい。
　ア　食塩水を加える。　　　　イ　水酸化バリウム水溶液を加える。
　ウ　塩化コバルト紙につける。　エ　青色リトマス紙につける。
　オ　フェノールフタレイン溶液を加える。

(1)		(2)		(4)	
(3)	Ｂ		Ｃ		

■令和３年度問題

6　次の実験について，(１)～(５）の問いに答えなさい。

> 実験１
> 　うすい硫酸に，うすい水酸化バリウム水溶液を加えたところ，沈殿ができた。
> 実験２
> Ⅰ　うすい塩酸30.0cm^3に，緑色のBTB溶液を２滴加えたところ，色が変化した。
> Ⅱ　Ⅰの水溶液を別のビーカーに15.0cm^3はかりとり，図のように，よくかき混ぜながらうすい水酸化ナトリウム水溶液を少しずつ加え，水溶液全体が緑色になったところで加えるのをやめた。このときまでに加えたうすい水酸化ナトリウム水溶液は21.0cm^3であった。
>
> 図
>
> 
>
>
> Ⅲ　Ⅱでできた水溶液をペトリ皿に少量とり，数日間置いたところ，白い固体が残っていた。この固体を観察したところ，規則正しい形をした結晶が見られた。

(１)　実験１について，このときできた沈殿は何か。物質名を書きなさい。

(２)　実験２のⅠについて，緑色のBTB溶液を加えた後の色として正しいものを，次のア～オの中から１つ選びなさい。
　ア　無色　　イ　黄色　　ウ　青色　　エ　赤色　　オ　紫色

(３)　実験２のⅡについて，実験２のⅠの水溶液を2.0cm^3にしたとき，水溶液全体が緑色になるまでに加えたうすい水酸化ナトリウム水溶液は何cm^3か。求めなさい。

(４)　実験２のⅢについて，ペトリ皿に残っていた白い固体をスケッチしたものとして最も適切なものを，次のア～エの中から１つ選びなさい。

ア　　イ　　ウ　　エ

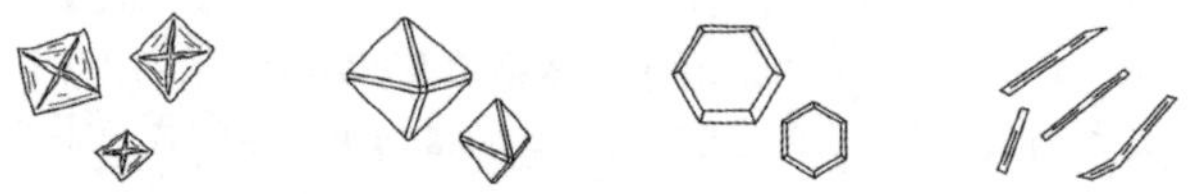

(1)		(2)	
(3)	cm^3	(4)	

（5） 次の文は，実験1と実験2のⅡについて述べたものである。下の①,②の問いに答えなさい。

> 実験1と実験2のⅡでは，酸の水溶液にアルカリの水溶液を加えると，たがいの性質を打ち消し合う［ X ］が起きた。また，酸の水溶液の［ Y ］イオンとアルカリの水溶液の［ Z ］イオンが結びついて，塩ができた。

① X～Zにあてはまることばの組み合わせとして最も適切なものを，右のア～エの中から1つ選びなさい。

	X	Y	Z
ア	還元	陽	陰
イ	還元	陰	陽
ウ	中和	陽	陰
エ	中和	陰	陽

② 下線部について，たがいの性質を打ち消し合ったのは，水溶液中の水素イオンと，水酸化物イオンが結びつく反応が起こったためである。この反応を，イオン式を用いて表しなさい。

(5)	①		②	

電流とその利用

■平成26年度問題

9 次の実験について，（1）～（4）の問いに答えなさい。ただし，実験で用いた電熱線の抵抗はすべて16Ωで，実験中に電熱線の抵抗は変わらないものとする。

実験1 図1のように，1つの電熱線に手回し発電機と電流計をつなぎ，手回し発電機のハンドルを一定の速さで回転させて，1秒間あたりのハンドルの回転数と回路に流れる電流の大きさの関係を調べた。グラフの**ウ**の線は，このときの結果を示している。

実験2 実験1の電熱線を，図2のように2つの電熱線をつないだものにかえて，実験1と同じように実験を行った。

実験3 実験1の電熱線を，図3のように2つの電熱線をつないだものにかえて，実験1と同じように実験を行った。

図1

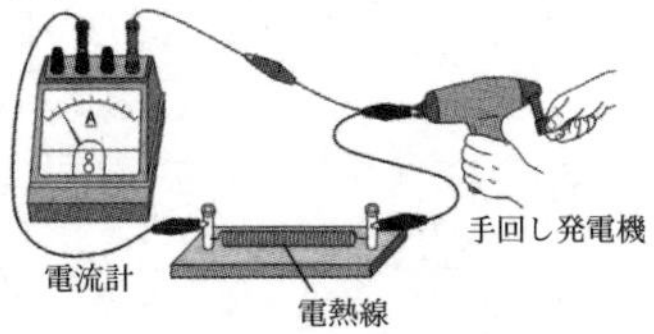

図2

図3

グラフ

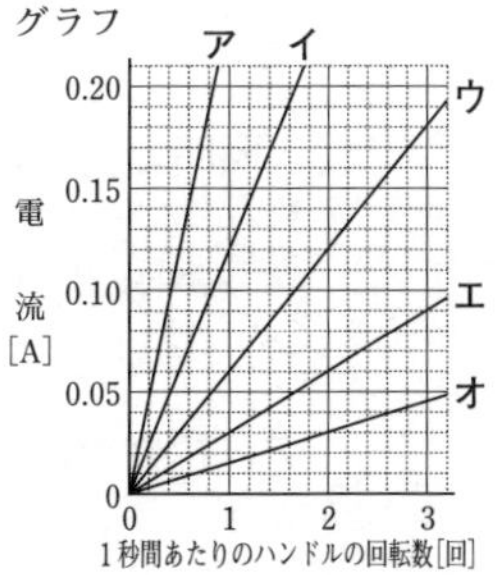

（1） 実験1で，1秒間あたりのハンドルの回転数が2回のとき，電熱線に加わる電圧の大きさは何Vか。小数第2位を四捨五入し，小数第1位まで求めなさい。

（2） 実験2の結果はどのようになるか。グラフの**ア**～**オ**の中から1つ選びなさい。

（3） 次の文は，実験1～3において，手回し発電機の1秒間あたりのハンドルの回転数が同じ場合について考察したものである。①，②にあてはまるものは何か。①は下の**ア**～**エ**の中から，②は下の**オ**～**コ**の中からそれぞれ1つずつ選びなさい。

> 実験3における2つの電熱線の消費電力の和は，実験2における2つの電熱線の消費電力の和の［ ① ］である。また，実験1～3を，ハンドルを回す力の大きさが小さい順に並べると［ ② ］の順になる。

ア $\frac{1}{4}$　**イ** $\frac{1}{2}$　**ウ** 2倍　**エ** 4倍

オ 実験1・実験2・実験3　**カ** 実験2・実験1・実験3

キ 実験3・実験1・実験2　**ク** 実験1・実験3・実験2

ケ 実験2・実験3・実験1　**コ** 実験3・実験2・実験1

（4） 実験1の電熱線を，4つの電熱線をつないだものにかえて，実験1と同じように実験を行うとき，実験1と同じ結果になるようにするには，4つの電熱線をどのようにつなげばよいか。例にならって書きなさい。ただし，4つの電熱線すべてに電流が流れるようにつなぐものとする。

例

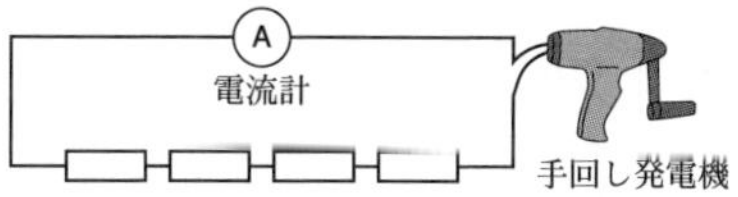

(1)		V	(4)	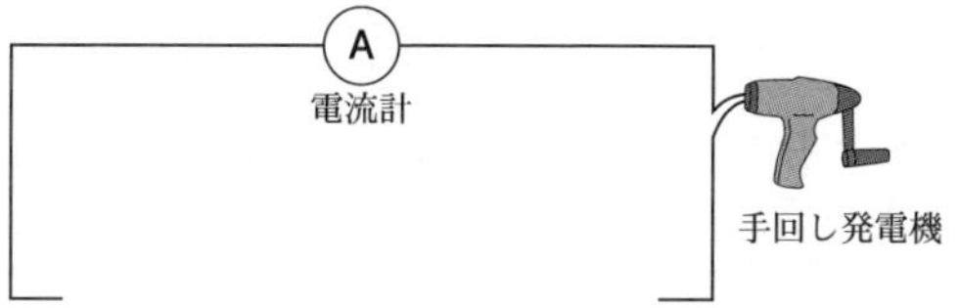
(2)				
(3)	①			
	②			

■平成27年度問題

8 次の実験について，（1）～（5）の問いに答えなさい。ただし，実験で用いた電熱線の抵抗はすべて同じで，実験中に電熱線の抵抗は変わらないものとする。

実験１
　図１のように，板に通した直線状の導線Xに，矢印の向きに電流を流した。このとき，板のA～Dの点に置いた磁針の向きを調べた。

実験２
　図２のように，板に通したコイルYに，矢印の向きに電流を流した。このとき，板のSとTの点に置いた磁針の向きを調べた。

実験３
　図３のような回路をつくり，スイッチを入れたときのコイルZの振れ方を調べた。

図１
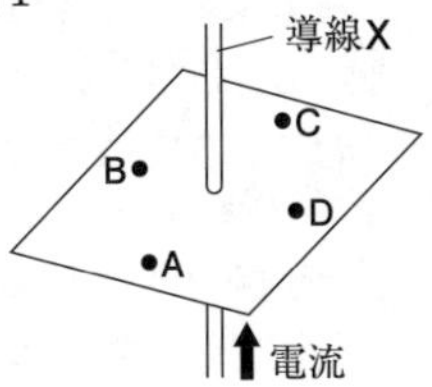

図２
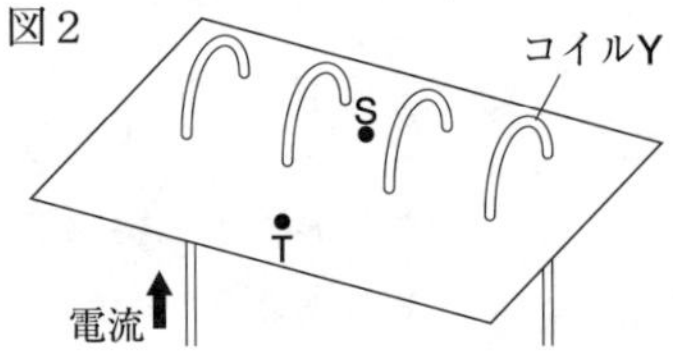

図３
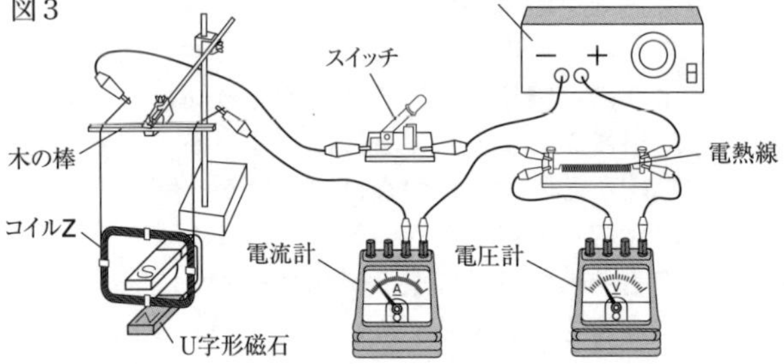

（1）図４は，実験１で，A～Dの点のいずれかに置いた磁針と，図１の板を，Aの点を手前にして真上から見たものを示している。図４の磁針は，どの点に置いたものか。A～Dの中から１つ選びなさい。

図４
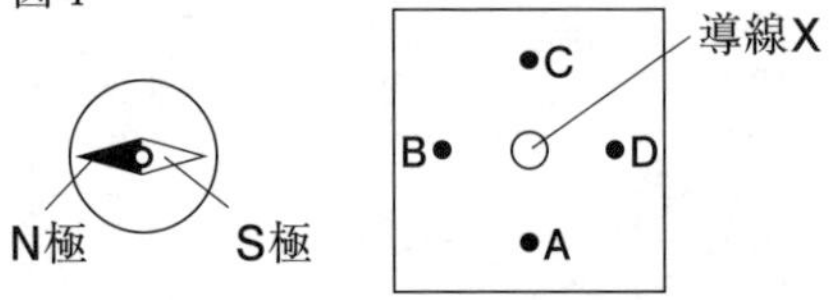

（2）次のア～エは，実験２で，図２の板を，Tの点に置いた磁針を手前にして真上から見たときの模式図である。SとTの点に置いた磁針の向きの組み合わせが正しいものはどれか。ア～エの中から１つ選びなさい。

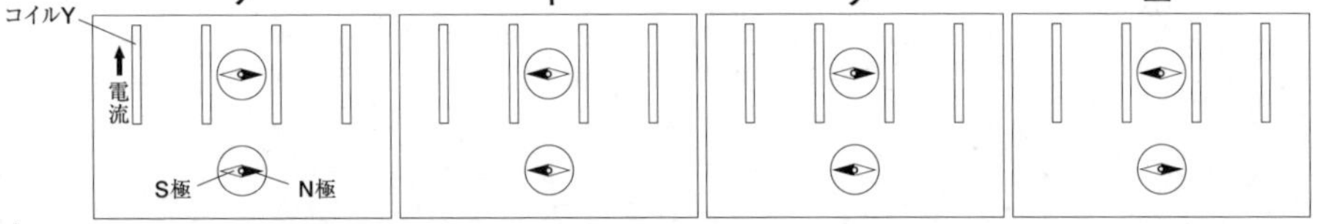

（3）図５は，実験３を行ったときの電流計のようすである。このとき，電圧計の値は6.0Vであった。電熱線の抵抗は何Ωか。求めなさい。

図５
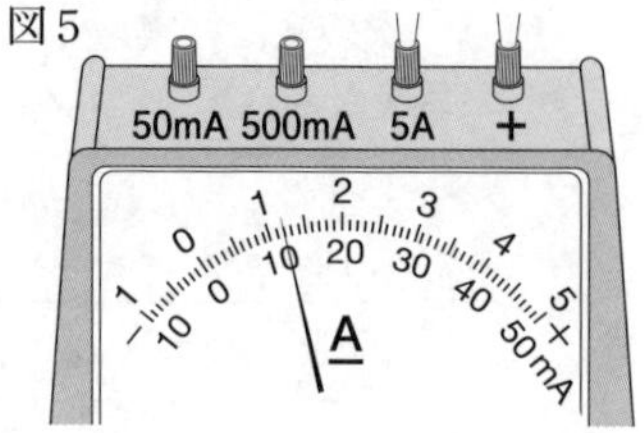

（4）実験３を行ったとき，コイルZに流れた電流の向き（➡）と，コイルZが振れた向き（⇒）の組み合わせが正しいものはどれか。次のア～エの中から１つ選びなさい。

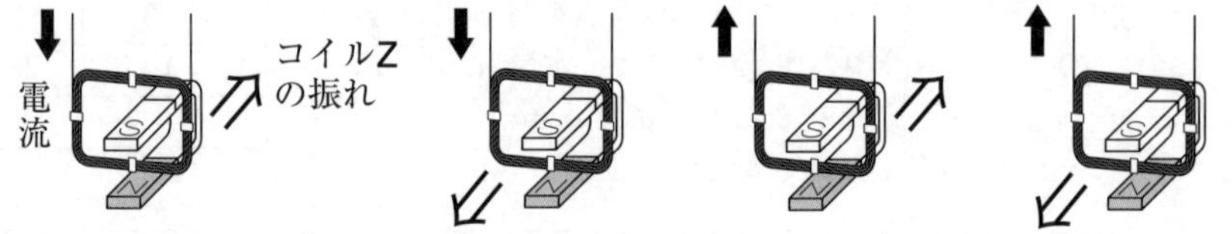

（5）次のア～エのように，電熱線の組み合わせをつくり，実験３の電熱線にかえて，実験３をそれぞれ繰り返した。ア～エをコイルZの振れの大きさが**小さい順に左から並べる**とどのようになるか。書きなさい。なお，ア～エのそれぞれについて，すべての電熱線に電流が流れるようにつなぎ，実験中の電圧計の値はすべて6.0Vであった。

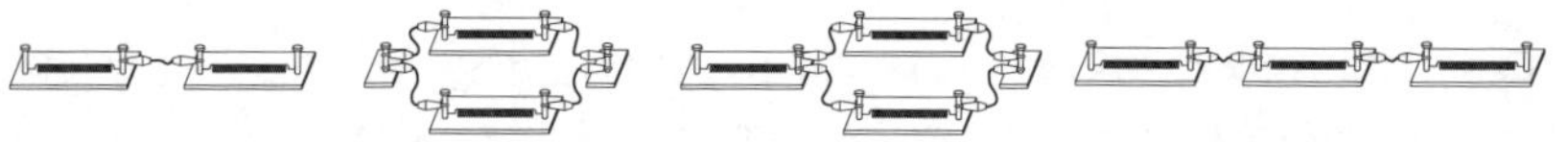

(1)		(2)		(3)	Ω	(4)	
(5)	→		→		→		

■平成29年度問題

1（4）　次の文の［　　］にあてはまることばは何か。次のア～ウの中から１つ選びなさい。

> 照明器具には，白熱電球や蛍光灯，LED（発光ダイオード）電球などが使われている。40W型の白熱電球と，それと同じ程度の明るさの蛍光灯やLED電球について，それぞれの消費電力を比較すると，［　　］の消費電力が最も小さい。

ア　白熱電球　　イ　蛍光灯　　ウ　LED電球

(4)	

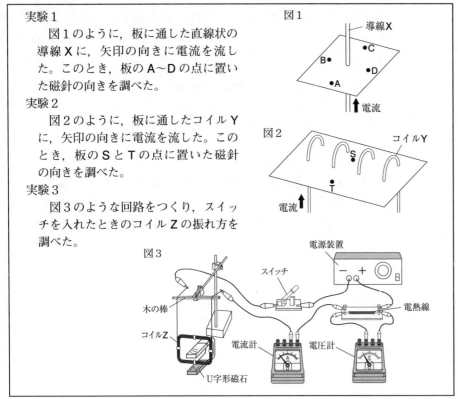

■平成29年度問題

8　次の実験について，(1)～(4) の問いに答えなさい。

> 実験1
> 　図1のように放電管に誘導コイルと電流計をつなぎ，高い電圧を加え，管内の空気を真空ポンプで抜いていくと，管内が光り始め，電流が流れ始めた。
>
> 図1
>
> 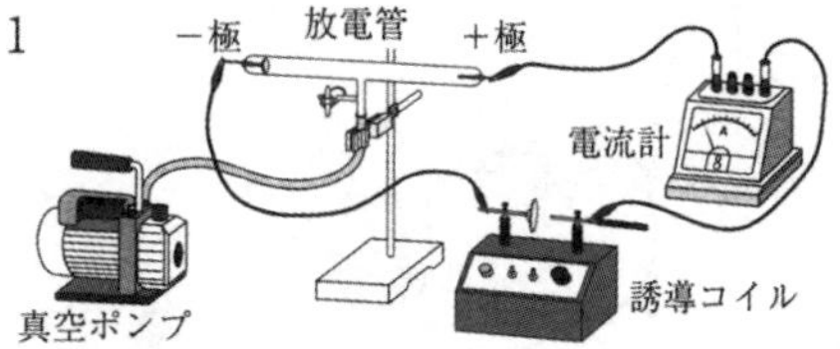
>
>
> 実験2
> 　実験1の放電管を，蛍光板の入った図2のような放電管につなぎかえて高い電圧を加えると，蛍光板上にa明るい光の線が観察できた。
>
> 図2
>
> 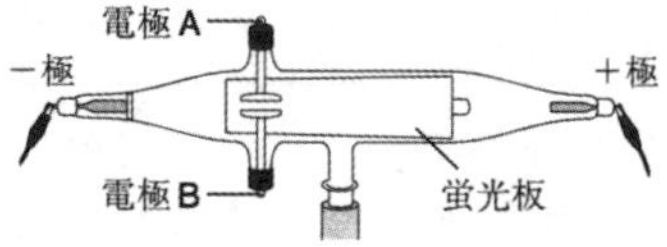
>

(1)　実験1について，管内で見られた現象を何というか。**漢字4字**で書きなさい。

(2)　実験2について，次の①,②の問いに答えなさい。

①　蛍光板を光らせたものの名称を何というか。次の**ア**～**エ**の中から1つ選びなさい。

ア　静電気　　**イ**　アルファ線　　**ウ**　陰極線　　**エ**　磁力線

②　次の**ア**～**ウ**は，蛍光板を光らせたものの性質について述べたものである。**誤っているもの**はどれか。**ア**～**ウ**の中から1つ選びなさい。

ア　＋極から出て－極へ向かう。　　**イ**　小さい粒子の流れである。

ウ　直進する。

(3)　次の**ア**～**エ**は，実験2の状態で図2の電極AB間に電圧を加えたときの下線部aの変化について説明したものである。正しいものはどれか。**ア**～**エ**の中から1つ選びなさい。

ア　電極Aを＋極，電極Bを－極にしたとき，下側に曲がった。

イ　電極Aを＋極，電極Bを－極にしたとき，変化が見られなかった。

ウ　電極Bを＋極，電極Aを－極にしたとき，下側に曲がった。

エ　電極Bを＋極，電極Aを－極にしたとき，変化が見られなかった。

(4)　実験2の状態で図3のように**U字形磁石を近づけたときに下線部aに生じる変化と最も関係が深い現象**を，次の**ア**～**エ**の中から1つ選びなさい。

ア　ドアノブに手を近づけると，火花が見えた。

イ　扇風機の電源を入れると，モーターが作動してはねが回った。

ウ　電熱線に電流を流すと，熱が発生して赤くなった。

エ　光が空気中から水に入射すると，屈折して進んだ。

図3

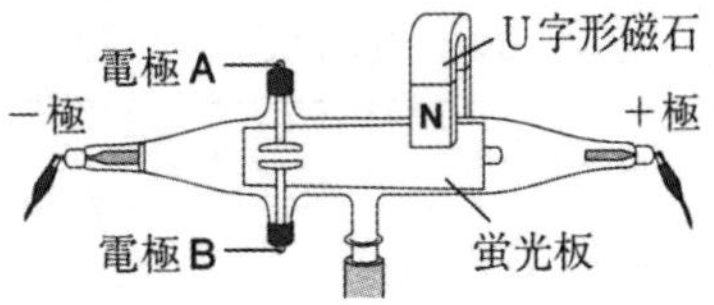

(1)		(2)	①	
(3)			②	
(4)				

■平成30年度問題

8　次の実験について，(1)～(3) の問いに答えなさい。

> 実験
> Ⅰ　図1のように，電圧1.5Vの乾電池，抵抗の大きさがわからない抵抗器**a**と抵抗の大きさが30Ωの抵抗器**b**，電流計，スイッチを用いて回路をつくり，回路に流れる電流の大きさを測定したところ30.0mAの電流が流れていることがわかった。
> Ⅱ　図2のように，電圧1.5Vの乾電池，抵抗の大きさが30Ωの抵抗器**b**，抵抗の大きさが15Ωの抵抗器**c**，スイッチを用いて回路をつくり，電流を流した。

図1

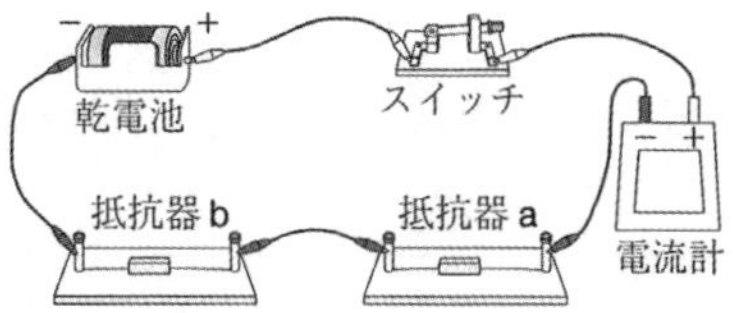

図2

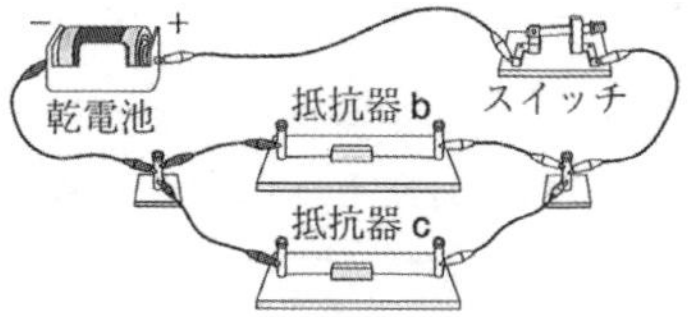

(1)　実験のⅠについて，次の①,②の問いに答えなさい。

①　図1の中の電流計のようすが正しく示されているものを，次の**ア**～**ウ**の中から1つ選びなさい。

ア

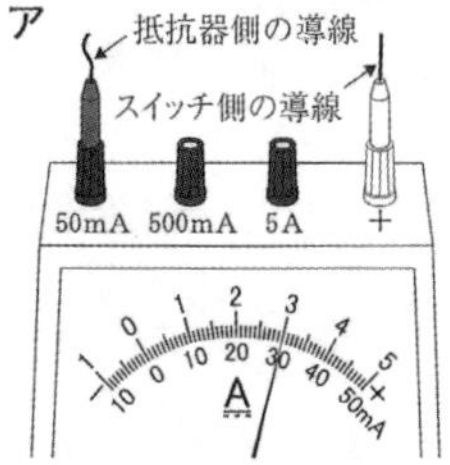

イ

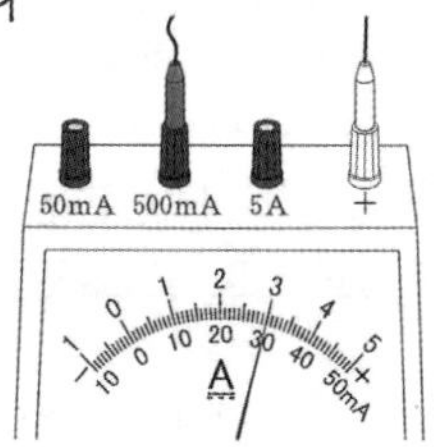

ウ

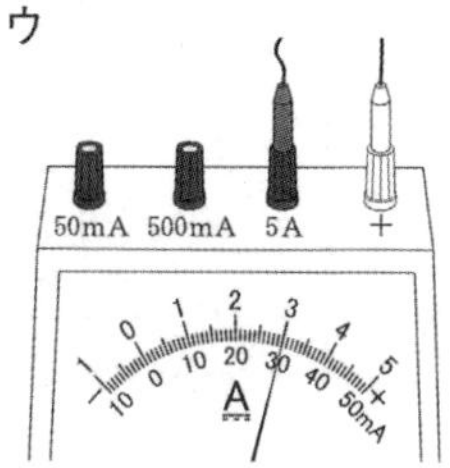

②　抵抗器**a**の抵抗の大きさは何Ωか。求めなさい。

(1)	①		②	Ω

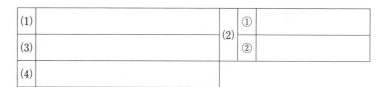

（2） 次のア～エは，実験のⅡの回路の特徴を述べたものである。正しいものはどれか。ア～エの中から1つ選びなさい。

ア　各抵抗器に流れこむ電流の大きさの和は，各抵抗器から流れ出る電流の大きさの和より大きい。
イ　回路全体に流れる電流の大きさは，各抵抗器を流れるそれぞれの電流の大きさより小さい。
ウ　回路全体の抵抗の大きさは，各抵抗器の抵抗の大きさよりも大きい。
エ　各抵抗器に加わる電圧の大きさは，乾電池の電圧の大きさに等しい。

（3） 次の文は，実験での消費電力について述べたものである。①,②にあてはまる数値を，下のア～オの中からそれぞれ1つずつ選びなさい。

抵抗器bの消費電力は，実験のⅠでは［①］Wであり，実験のⅡでは［②］Wである。

ア　0　　イ　0.018　　ウ　0.027　　エ　0.075　　オ　0.15

(2)				
(3)	①		②	

■平成31年度問題

9　次の実験について，（1）～（4）の問いに答えなさい。ただし，摩擦や空気の抵抗は考えないものとし，糸はのび縮みしないものとする。

実験1
図1のように，コイルと電熱線，検流計，スイッチを用いて回路をつくり，磁石に糸を取り付けて，磁石のS極がコイルの中心の真上となるようにスタンドを固定した。糸がたるまないように磁石をある高さまで持ち上げてはなしたところ，磁石はコイルの真上を通過し，ふりこのように運動した。検流計の針は，磁石がコイルに近づいてくるとき，0の位置から＋極側にふれ，回路にa電流が流れたことが確認できた。また，bしだいに磁石のふれは小さくなっていった。

図1

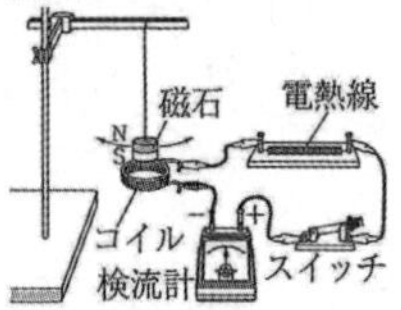

実験2
Ⅰ　実験1と同じ回路をつくり，図2のように，薄いプラスチック板でできた斜面の裏にコイルを取り付けた。斜面の最も高い位置にN極を上面にして磁石を静止させ，静かに手をはなし，点線にそって斜面をすべらせた。コイルの真上を通過していったとき，回路に電流が流れた。ただし，検流計の針ははじめ0の位置をさしていた。

Ⅱ　図2の装置で，Ⅰと同様に磁石を静止させ，スイッチを切って磁石をすべらせたときと，スイッチを入れて磁石をすべらせたときの，コイルを通過した直後の速さを簡易速度計を用いて調べた。

図2

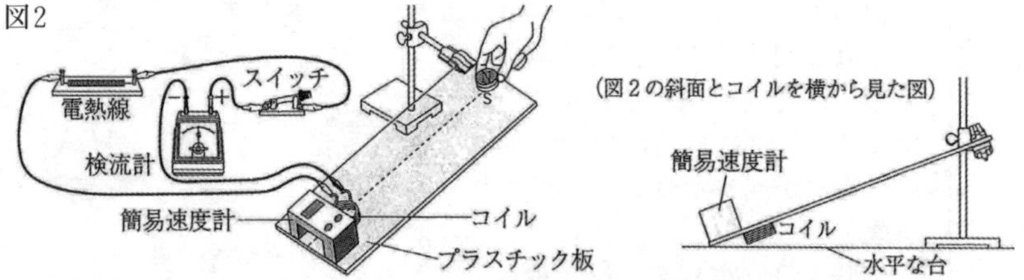

（1） 下線部aについて，このとき流れた電流は，コイル内部の磁界が変化し，その変化にともない流れたものである。このような電流を何というか。書きなさい。

（2） 下線部bについて，しだいにふれが小さくなっていったのはなぜか。エネルギーの移り変わりに着目し，「**力学的エネルギーが,**」という書き出しに続けて書きなさい。

（3） 実験2のⅠについて，磁石がコイルの真上を通過していったときの検流計の針のふれとして正しいものを，次のア～オの中から1つ選びなさい。

ア　＋極側にふれ，0の位置に戻り，そのまま静止し続けた。
イ　－極側にふれ，0の位置に戻り，そのまま静止し続けた。
ウ　＋極側にふれ，0の位置を通過し，－極側にふれて0の位置に戻った。
エ　－極側にふれ，0の位置を通過し，＋極側にふれて0の位置に戻った。
オ　ふれなかった。

（4） 実験2について，次の①,②の問いに答えなさい。

① 磁石がコイルを通過した直後の速さを，スイッチを切ったときをv_1，入れたときをv_2として比べると，これらの関係はどのようになるか。次のア～ウの中から1つ選びなさい。

ア　$v_1 > v_2$　　イ　$v_1 < v_2$　　ウ　$v_1 = v_2$

② 回路に流れる電流の大きさを大きくするための操作として正しいものを，次のア～オの中から**2つ**選びなさい。

ア　磁石の強さがより強い磁石にかえる。　　イ　磁石のS極を上面にする。
ウ　コイルの巻き数を減らす。　　エ　水平な台と斜面のなす角度を大きくする。
オ　コイルの取り付け位置を斜面の裏の高い方向に移動する。

(1)		(3)		
(2)	**力学的エネルギーが,**			
(4)	①	②		

運動とエネルギー

■平成25年度問題

9 次の実験について，（1）～（4）の問いに答えなさい。ただし，糸はのびないものとし，ばねと糸および滑車の重さは考えないものとする。また，摩擦や空気の抵抗も考えないものとする。

実験1

Ⅰ　同じ高さhに静止させた質量の等しい物体**A**, **B**を，定滑車を用いて高さHまで引き上げた。図1は物体**A**を真上に，図2は物体**B**をなめらかな斜面にそって引き上げた様子を表している。

図1

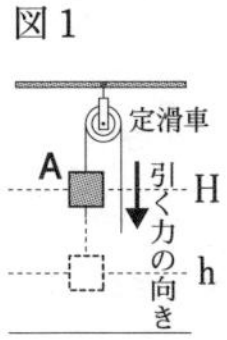

図2

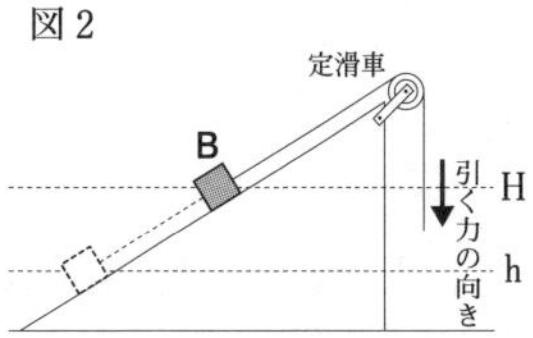

Ⅱ　物体**A**，**B**を高さHで静止させた状態から，物体**A**，**B**を引く糸を同時にはなして，物体**A**，**B**のもつエネルギーについて考察した。

実験2

図3のように，ばねと動滑車および糸を用いて，質量160 gの円柱状のおもりをつるした。次に，ばねが振動しないように，水を入れたビーカーを下からゆっくりと持ち上げると，おもりは傾くことなく，徐々に水に沈んだ。なお，図3のxは，水面からおもりの底面までの距離を表している。また，グラフ1は，ばねののびとばねにはたらく力の大きさの関係を示している。

結　果

ばねののびとxの関係は，グラフ2のようになった。

グラフ1

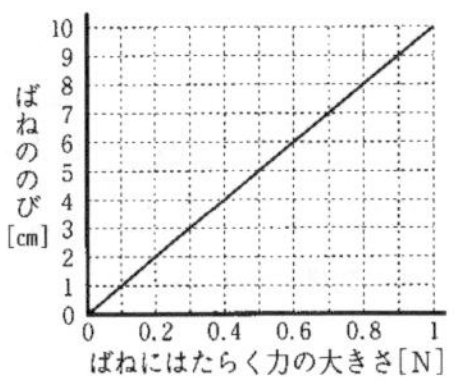

グラフ2

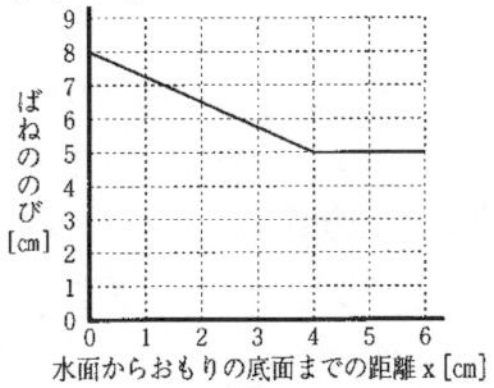

図3

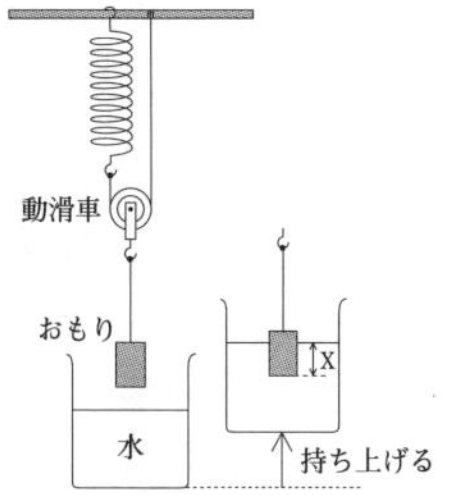

（1）　実験1のⅠで，物体**A**, **B**を引く力がした仕事の大きさをそれぞれW_1, W_2とする。W_1とW_2の関係について正しく説明しているものはどれか。次の**ア**～**ウ**の中から1つ選びなさい。

ア　W_1とW_2は等しい　　**イ**　W_1はW_2より大きい　　**ウ**　W_1はW_2より小さい

（2）　実験1のⅡで，物体**A**が高さhを通過する時刻における物体**A**，**B**の運動エネルギーをそれぞれK_1，K_2とする。次の文は，K_1とK_2の関係について述べたものである。①，②にあてはまるものは何か。①はあてはまることばを書き，②は下の**ア**～**オ**の中から1つ選びなさい。

糸をはなす直前の物体**A**と物体**B**の［①］エネルギーは等しく，糸を同時にはなした後の物体**A**と物体**B**の［①］エネルギーはそれぞれ一定に保たれる。また，物体**A**が高さhを通過する時刻における物体**A**, **B**の位置エネルギーは，［②］。

ア　物体**A**，**B**ともに等しいので，K_1とK_2は等しい
イ　物体**A**の方が物体**B**より小さいので，K_1はK_2より大きい
ウ　物体**A**の方が物体**B**より小さいので，K_1はK_2より小さい
エ　物体**A**の方が物体**B**より大きいので，K_1はK_2より大きい
オ　物体**A**の方が物体**B**より大きいので，K_1はK_2より小さい

（3）　次の文は，実験2の結果からわかることをまとめたものである。①，②にあてはまるものは何か。下の**ア**～**エ**の中からそれぞれ1つずつ選びなさい。

おもりにはたらく浮力の大きさは，xが4 cm以下では［①］が，xが4 cm以上になると［②］。

ア　xに比例する　**イ**　xに反比例する　**ウ**　xに関係なく一定である　**エ**　0《ゼロ》である

（4）　実験2で，おもりの半分が水に沈んでいるとき，おもりにはたらく浮力の大きさはいくらか。求めなさい。ただし，100 gの物体にはたらく重力の大きさを1 Nとする。

(1)		(2)	①		②	
(3)	①		②		(4)	N

■平成26年度問題

8 次の実験について，（1）～（3）の問いに答えなさい。ただし，斜面と水平面はなめらかにつながっており，摩擦や空気の抵抗は考えないものとする。

実験1

図1のように，水平面に斜面をつなぎ，斜面上の台車の運動を，1秒間に50打点する記録タイマーを用いて記録できるようにした。次に，斜面上に静止させた台車を静かにはなし，台車の運動を調べた。

図1

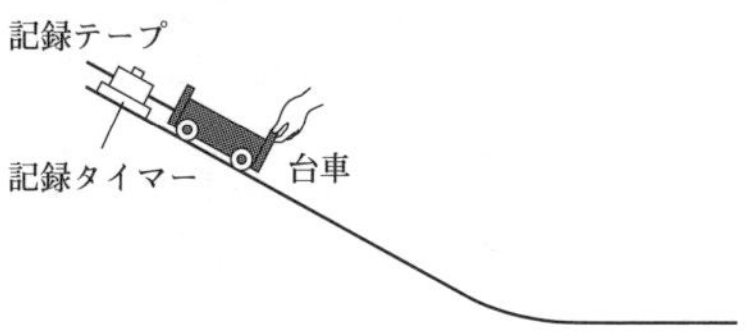

実験2

図2のように，レールを用いて，同じ傾きの斜面と水平面を組み合わせて，実験台上の点**C**につながるように3つの経路Ⅰ～Ⅲを作った。なお，点**A**の高さはどの経路も同じで，水平面**BC**，**DE**，**FG**の長さはそれぞれ等しく，**FG**の高さが**DE**よりも高くなるようにした。次に，各経路において，小球を点**A**に置いて静かに手をはなすと，小球はレールからはなれることなく運動した。このとき，手をはなしてから小球が点**C**に達するまでの時間を調べた。

図2

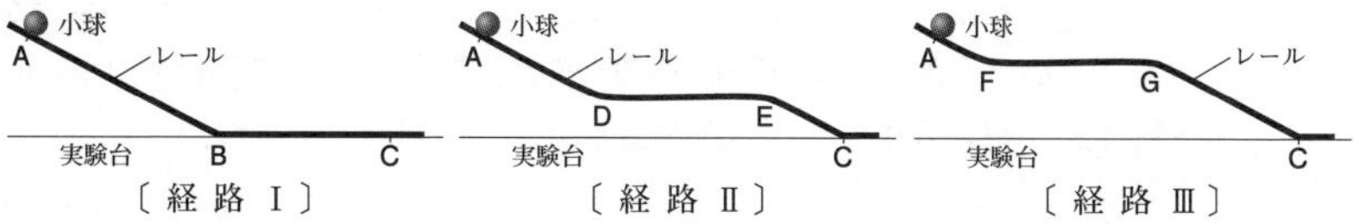

（1） 図３は，実験１で，斜面上の台車の運動を記録した記録テープである。運動をはじめてから0.1秒間の平均の速さは何 cm/s か。求めなさい。

図３

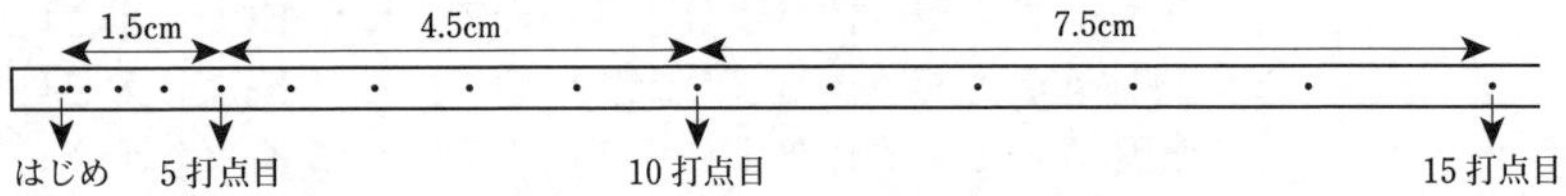

（2） 次の文は，実験１で，水平面上の台車の運動について考察したものである。①，②にあてはまるものは何か。①は下の**ア**～**オ**の中から１つ選び，②はあてはまる運動の名称を書きなさい。

> 水平面上では，［ ① ］ことから，台車は［ ② ］を続ける。

ア　台車にはたらく力の合力は上向きである
イ　台車にはたらく力の合力は右向きである
ウ　台車にはたらく力の合力は下向きである
エ　台車にはたらく力の合力は左向きである
オ　台車にはたらく力はつり合っている

（3） 次の文は，図３に示した台車の運動を参考にして，実験２の小球の運動について考察したものである。①～③にあてはまるものは何か。①と③は下の**ア**～**エ**の中から，②は**オ**～**キ**の中からそれぞれ１つずつ選びなさい。

> 小球が点**C**に達するまでに水平面上を運動している時間は，［ ① ］。また，小球が斜面上を運動しているとき，小球の速さが変化する割合が② ｛**オ**　だんだん大きくなる　**カ**　だんだん小さくなる　**キ**　一定である｝ことから，小球が斜面上を運動している時間は，［ ③ ］。これらのことから，手をはなしてから小球が点**C**に達するまでの時間は，各経路においてそれぞれ異なることになる。

ア　経路Ⅰが最も短い　　**イ**　経路Ⅱが最も短い
ウ　経路Ⅲが最も短い　　**エ**　どの経路も同じである

(1)	cm/s	(2)	①		②	
(3)	①		②		③	

■平成28年度問題

1　（4） 次の文の［　　］にあてはまることばは何か。**漢字３字**で書きなさい。

> ［　　］には，アルファ線，ベータ線，ガンマ線，エックス線などの種類があり，物体を通りぬける性質により医療検査や物体内部の検査に利用されている。一方，生物に悪い影響をあたえる場合があるので，注意してとりあつかう必要がある。

(4)	

■平成28年度問題

9　次の実験について，（1）～（3）の問いに答えなさい。ただし，摩擦や空気の抵抗は考えないものとする。

> 水平面に対して30°の傾きで固定した斜面を用いて，次の実験を行った。
>
> **実験１**　図１のように，斜面上の物体**A**の運動を，１秒間に50打点する記録タイマーを用いて記録できるようにした。このとき，斜面上に静止した物体**A**は，水平面から斜面に沿って100cmの位置にあった。次に，物体**A**を静かにはなし，物体**A**の運動を調べた。
>
> **実験２**　図２のように，ばねばかりと糸でつないだ物体**A**を，斜面に沿ってゆっくりと100cm 引き上げた。グラフは，このとき用いたばねばかりのばねののびと，ばねにはたらく力の大きさの関係を表している。
>
> 図１
>
> 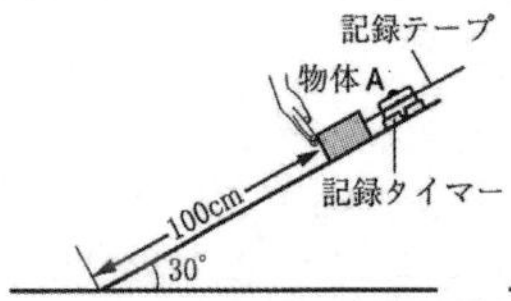
>
>
> 図２
>
> 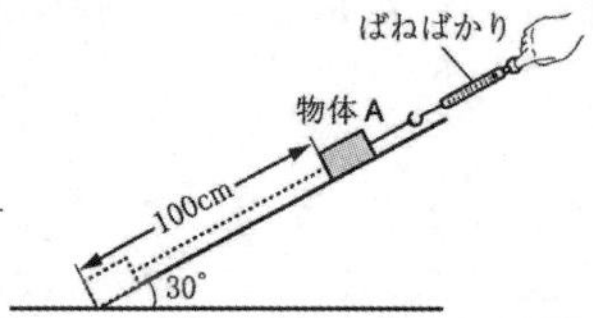
>
>
> グラフ
>
> 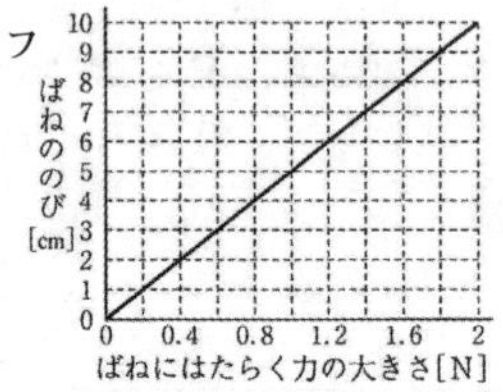
>

（1） 図3は，実験1で，物体**A**の運動を記録した記録テープである。はじめの点から５打点ごとに区切り，それぞれの区間を**P**，**Q**，**R**とした。下の文は，実験１，２からわかったことをまとめたものである。①，②にあてはまる数字は何か。書きなさい。

図３

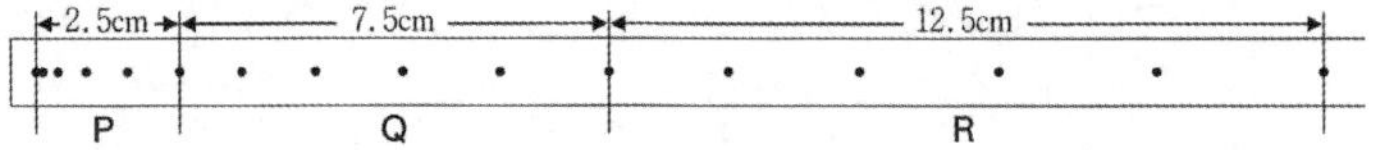

> 図３から，物体**A**の運動は，**P**における平均の速さが［ ① ］cm/sであり，**Q**における平均の速さは，**P**における平均の速さよりも［ ② ］cm/s速くなっている。また，**R**における平均の速さは，**Q**における平均の速さよりも［ ② ］cm/s速くなっている。さらに，実験２では，ばねばかりのばねののびは，つねに同じであった。
>
> これらのことから，物体**A**にはたらく重力の斜面に沿った方向の分力の大きさは，斜面上での物体**A**の位置によらず，一定であるといえる。

（2） 実験１において，物体**A**が水平面に達したのは，手をはなしてから何秒後か。次の**ア**～**オ**の中から最も適当なものを1つ選びなさい。

ア　0.5秒以上0.6秒未満　**イ**　0.6秒以上0.7秒未満　**ウ**　0.7秒以上0.8秒未満
エ　0.8秒以上0.9秒未満　**オ**　0.9秒以上1.0秒未満

（3） 実験２において，ばねばかりのばねののびは，つねに7cmであった。次の①，②の問いに答えなさい。ただし，糸の重さは考えないものとする。

①　物体**A**を引く力がした仕事の大きさは何Jか。求めなさい。
②　物体**A**にはたらく重力の大きさは何Nか。求めなさい。

(1)	①		②		(2)	
(3)	①	J	②	N		

■平成29年度問題

9　次の実験について，(1)～(4) の問いに答えなさい。ただし，空気の抵抗，小球とレールの間の摩擦は考えないものとするが，木片には一定の大きさの摩擦力がはたらくものとする。

実　験　水平な台の上に図のような装置を作成し，質量の異なる小球A，Bを，それぞれ水平な台からの高さが，10cm，20cm，30cmとなるところから静かにはなして水平部分に置いた木片に当て，木片が水平なレールの上を動いた距離を調べた。

結　果　小球が衝突した後，木片は移動しやがて静止した。

	小球A			小球B		
小球の質量[g]	67			36		
小球のはじめの高さ[cm]	10	20	30	10	20	30
木片が動いた距離[cm]	29.0	58.0	87.0	15.6	31.2	46.8

図

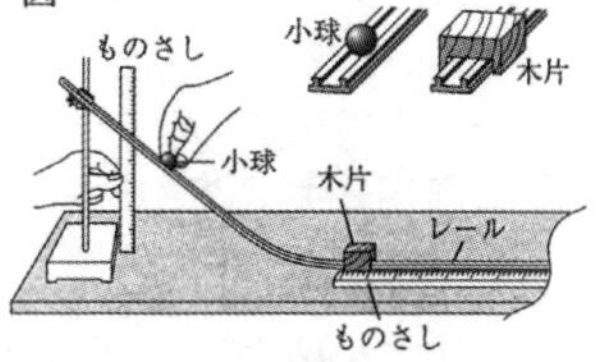

(1)　次の文は，力学的エネルギーについて述べたものである。①，②にあてはまることばは何か。書きなさい。

摩擦や空気抵抗がない斜面上の小球の運動では，小球のもつ力学的エネルギーは一定に保たれる。力学的エネルギーとは［　①　］と［　②　］の和であり，小球が斜面を下るとき，次第に［　①　］が小さくなり，［　②　］が大きくなる。

(2)　次の**ア**～**エ**は，木片が水平なレールの上を動く間に重力がした仕事について述べたものである。正しいものはどれか。**ア**～**エ**の中から1つ選びなさい。

ア　重力の向きと木片の動く向きは同じで，仕事は0Jとなる。
イ　重力の向きと木片の動く向きは垂直で，仕事は0Jとなる。
ウ　重力の向きと木片の動く向きは同じで，仕事は重力の大きさと木片が水平に動いた距離の積となる。
エ　重力の向きと木片の動く向きは垂直で，仕事は重力の大きさと木片が水平に動いた距離の積となる。

(3)　次の文は，木片が動いた距離と仕事の関係についてまとめたものである。①～④にあてはまることばの組み合わせはどのようになるか。次の**ア**～**カ**の中から1つ選びなさい。

	①	②	③	④
ア	低い	小さい	小さく	大きい
イ	低い	小さい	大きく	小さい
ウ	低い	大きい	小さく	小さい
エ	高い	大きい	大きく	大きい
オ	高い	大きい	大きく	小さい
カ	高い	小さい	大きく	大きい

小球のはじめの高さが［　①　］ほど，また，小球の質量が［　②　］ほど，木片が動いた距離は［　③　］，木片に対して摩擦力がした仕事が［　④　］ことがわかる。

(4)　木片が得た力学的エネルギーは，木片が摩擦力に逆らって動くとき発生する熱エネルギーに変換される。次の**ア**～**エ**を，発生する熱エネルギーの**大きい順に左から並べて**書きなさい。ただし，木片が動く間，音や振動のエネルギーは考えないものとする。

ア　小球Aを高さ10cmからはなしたとき　　**イ**　小球Bを高さ30cmからはなしたとき
ウ　小球Aを高さ20cmからはなしたとき　　**エ**　小球Bを高さ10cmからはなしたとき

(1)	①		②		(2)		(3)	
(4)	→ → →							

■令和２年度問題

8　水平面上および斜面上での，台車にはたらく力と台車の運動について調べるため，台車と記録タイマー，記録テープを用いて，次の実験を行った。(1)～(5) の問いに答えなさい。

実験1　図1のように，水平面上に記録テープをつけた台車を置き，手で押すと，台車は図1の右向きに進み，その後，車止めに衝突しはねかえった。図2は，台車が手から離れたあとから車止めに衝突する直前までの運動について，記録テープを0.1秒間の運動の記録ごとに切り，左から順番にはりつけたものである。図2から，台車は等速直線運動をしていなかったという結果が得られた。

実験2　実験1と同じ台車と，実験1の水平面と材質や表面の状態が同じである斜面A，斜面Bを用意し，図3のように，斜面Aの傾きをBよりも大きくして実験を行った。斜面A上に記録テープをつけた台車を置き，手で支え静止させた。その後，手を離すと台車は斜面A，B上を下った。図4は，台車が動き出した直後からの運動について，記録テープを0.1秒間の運動の記録ごとに切り，左から順番にはりつけたものである。図4のXで示した範囲の記録テープ4枚は台車が斜面B上を運動しているときのものであり，同じ長さであった。

図1

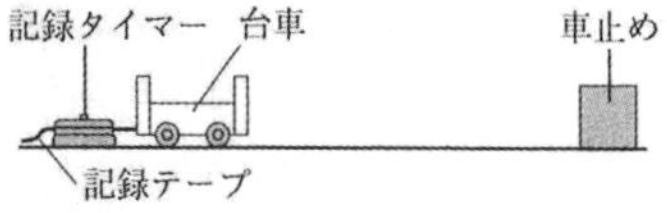

図2

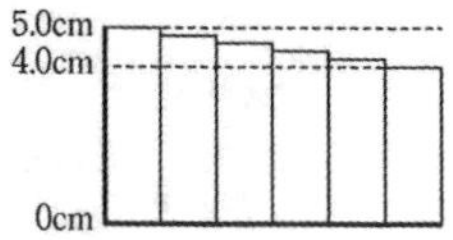

図3

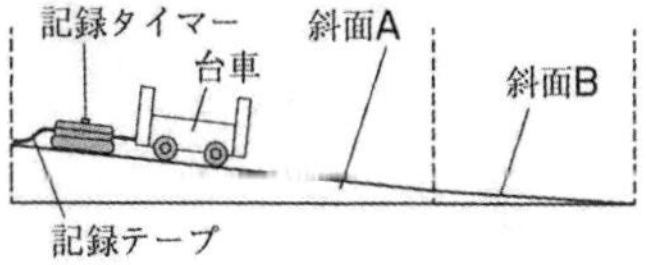

図4

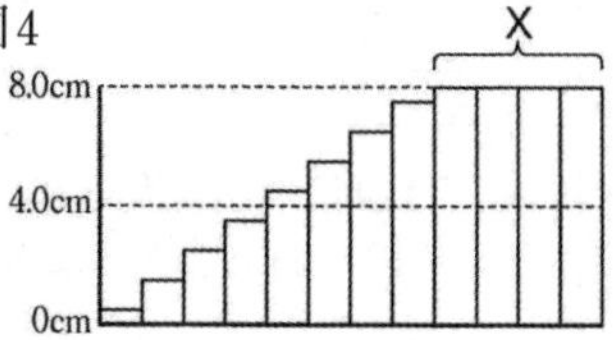

(1)　実験1について，台車が車止めと衝突したときに，車止めが台車から受ける力の大きさをF_1，台車が車止めから受ける力の大きさをF_2とする。F_1，F_2の関係について述べた文として正しいものを，次の**ア**～**ウ**の中から1つ選びなさい。

ア　F_1よりF_2の方が大きい。　　**イ**　F_1よりF_2の方が小さい。
ウ　F_1とF_2は同じである。

(2)　下線部について，車止めに衝突する直前までの間の台車にはたらく力の合力について述べた文として正しいものを，次の**ア**～**エ**の中から1つ選びなさい。

ア　右向きに進んでいるので，合力は運動の向きと同じ向きである。
イ　速さがだんだんおそくなっているので，合力は運動の向きと逆向きである。
ウ　水平面上を運動しているので，合力は0Nである。
エ　摩擦力と重力がはたらいているので，合力は左下を向いている。

(3)　実験2について，台車が斜面B上を運動しているときの速さは何cm/sか。求めなさい。

(1)		(2)		(3)	cm/s

（4） 図5は斜面A上で台車が運動しているときの台車にかかる重力Wと，重力Wを斜面方向に分解した力Pと斜面と垂直な方向に分解した力Qを矢印で表したものである。台車が斜面A上から斜面B上へ移ったとき，P，Qの大きさがそれぞれどのようになるかを示した組み合わせとして正しいものを，次のア～カの中から1つ選びなさい。

図5

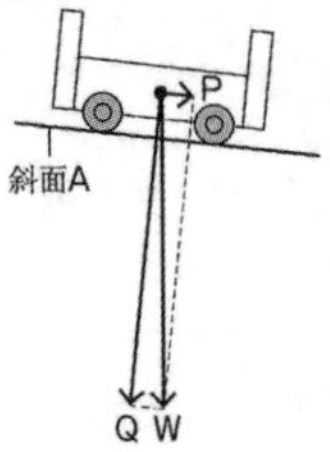

	Pの大きさ	Qの大きさ
ア	小さくなる	大きくなる
イ	小さくなる	小さくなる
ウ	小さくなる	変化しない
エ	変化しない	大きくなる
オ	変化しない	小さくなる
カ	変化しない	変化しない

（5） 次の文は，物体にはたらく力と運動の関係について説明したものである。①,②にあてはまることばを，それぞれ書きなさい。

物体にはたらいている力が［ ① ］とき，動いている物体は等速直線運動をし，静止している物体は静止し続ける。これを［ ② ］の法則という。
実験2においては，図4のXが示すように，台車は斜面B上を同じ速さで下っている。このとき，運動の向きにはたらいている力と，それと逆向きにはたらいている力が［ ① ］。

(4)		(5) ①		②	

■令和３年度問題

8 次の実験について，(1)～(5)の問いに答えなさい。ただし，ひも，定滑車，動滑車，ばねばかりの質量，ひものび，ひもと滑車の間の摩擦は考えないものとする。

実験

仕事について調べるために，次のⅠ～Ⅲを行った。水平な床に置いたおもりを真上に引き上げるとき，ばねばかりは常に一定の値を示していた。ただし，Ⅰ～Ⅲは，すべて一定の同じ速さで手を動かしたものとする。

Ⅰ 図1のように，a<u>おもりにはたらく重力に逆らって</u>，b<u>おもりを5.0cm引き上げた</u>。おもりを引き上げるときに手が加えた力の大きさを，ばねばかりを使って調べた。また，おもりが動き始めてから5.0cm引き上げるまでに手を動かした距離を，ものさしを使って調べた。

Ⅱ 図2のように，定滑車を2個使って，Ⅰと同じおもりを5.0cm引き上げた。このとき手が加えた力の大きさと手を動かした距離を，Ⅰと同じように調べた。

Ⅲ 図3のように，動滑車を使って，Ⅰと同じおもりを5.0cm引き上げた。このとき手が加えた力の大きさと手を動かした距離を，Ⅰと同じように調べた。

図１

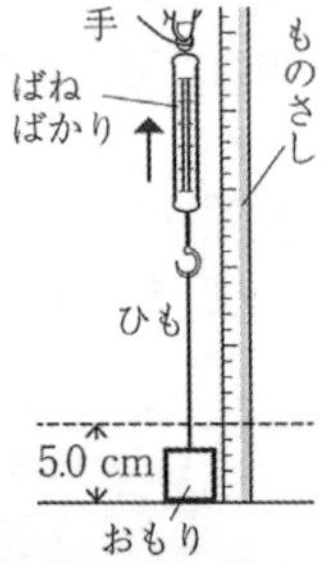

図２

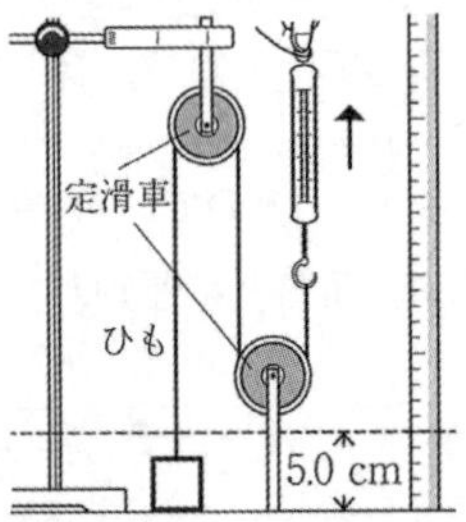

図３

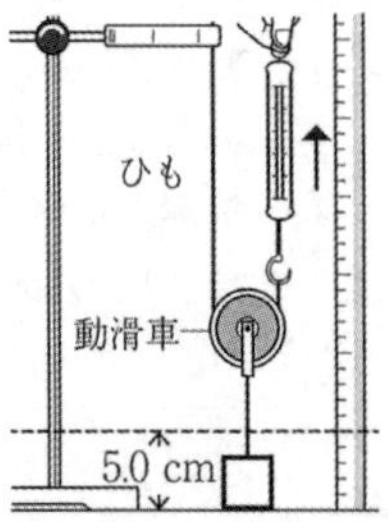

結果

	手が加えた力の大きさ［N］	手を動かした距離［cm］
Ⅰ	3.0	5.0
Ⅱ	3.0	5.0
Ⅲ	1.5	10.0

（1） 下線部aについて，方眼の1目盛りを1Nとして，おもりにはたらく重力を表す力の矢印をかきなさい。ただし，おもりは立方体で，一様な物質からできているものとする。

（2） 次の文は，下線部bについて述べたものである。［ ］にあてはまることばを，**漢字2字**で書きなさい。

おもりが5.0cmの高さに引き上げられて静止したとき，おもりがもつ［ ］エネルギーは，引き上げる前よりも大きくなったといえる。

（3） 次の文は，実験の結果からわかったことについて述べたものである。［ ］にあてはまる適切なことばを，**仕事**ということばを用いて書きなさい。

動滑車を使うと，小さい力でおもりを引き上げることができるが，［ ］。

（4） Ⅰ～Ⅲで，おもりを5.0cm引き上げたときの仕事率をそれぞれP_1，P_2，P_3とすると，これらの関係はどのようになるか。次のア～カの中から1つ選びなさい。

ア $P_1=P_2$，$P_1>P_3$　イ $P_1>P_2>P_3$　ウ $P_1=P_2=P_3$
エ $P_1=P_2$，$P_1<P_3$　オ $P_1<P_2<P_3$　カ $P_2=P_3$，$P_1>P_2$

（5） 図4のように定滑車と動滑車を組み合わせて質量15kgのおもりを引き上げることにした。ひもの端を一定の速さで真下に1.0m引いたとき，ひもを引く力がした仕事の大きさは何Jか。求めなさい。ただし，質量100gの物体にはたらく重力の大きさを1Nとする。

図４

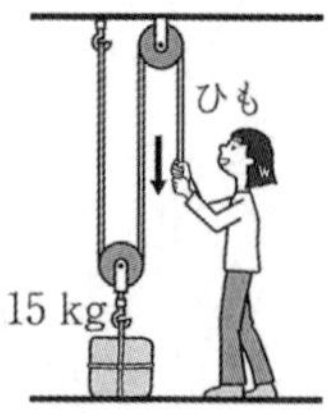

(1)

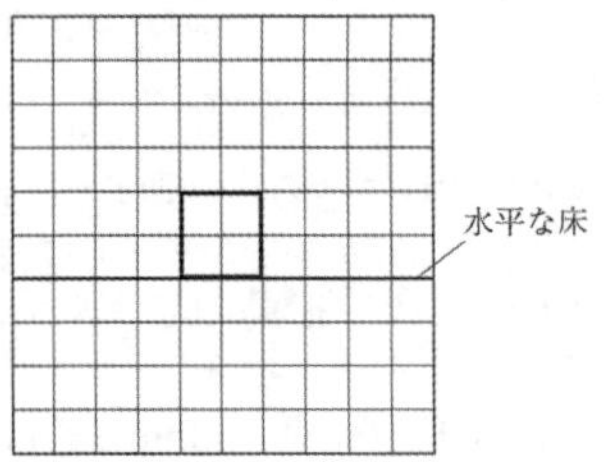

(2)	
(3)	
(4)	
(5)	J

植物の生活と種類

■平成25年度問題

2　オオカナダモを用いて次の実験を行った。(1)～(3)の問いに答えなさい。

実験

Ⅰ　三角フラスコの水を沸騰させ，水中にとけている気体を追い出してから，ふたをしてさました。

Ⅱ　Ⅰの水に青色のBTB溶液を加えてから，二酸化炭素をふきこんで水溶液の色を緑色にした。

Ⅲ　試験管A～Eそれぞれに，同じくらいの大きさのオオカナダモとⅡの水溶液を入れた。また，試験管FにはⅡの水溶液だけを入れ，試験管A～Fにゴムせんをした。その後，図のように，試験管A～Fを水の入ったビーカーに入れてスタンドに固定し，暗室に置いた。

Ⅳ　試験管A，B，Fを入れたビーカーの水温を25℃に，試験管C，D，Eを入れたビーカーの水温を15℃に保った。次に，試験管A，C，Fには強い光を，試験管B，Dには弱い光を当てた。一方，試験管Eには光を当てなかった。この後，十分に時間がたってから，水溶液の色の変化と発生した気泡の量を調べた。

図

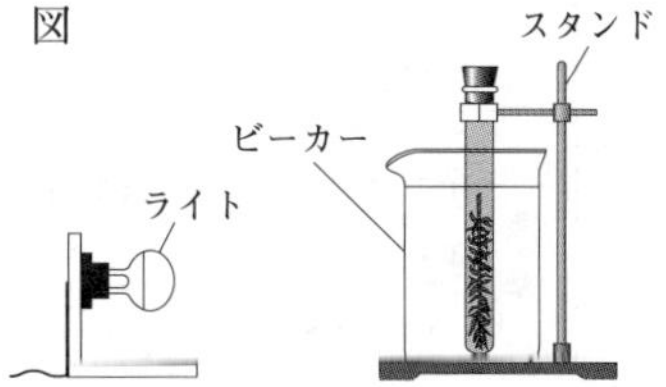

結果

	試験管A	試験管B	試験管C	試験管D	試験管E	試験管F
オオカナダモ	あり	あり	あり	あり	あり	なし
光の強さ	強い	弱い	強い	弱い	光なし	強い
水温（℃）	25	25	15	15	15	25
水溶液の色	青色	うすい青色	うすい青色	緑色	黄色	緑色
気泡の量	多い	少ない	少ない	ほとんど発生しない	発生しない	発生しない

(1)　オオカナダモの葉の細胞には見られるが，動物の細胞には見られないものは何か。次の**ア～オ**の中から**すべて**選びなさい。

ア　細胞膜　　**イ**　細胞壁　　**ウ**　細胞質　　**エ**　核　　**オ**　葉緑体

(2)　次の文の①，②にあてはまるものは何か。①は気体の名称を，②は試薬名を書きなさい。

発生した気泡を集め，線香の火を近づけると激しく燃えた。このことから，発生した気泡には［　①　］が多くふくまれていることがわかる。
また，試験管Aのオオカナダモの葉を脱色して［　②　］を数滴たらすと青紫色になった。このことから，葉にデンプンがあることがわかる。

(3)　次の**ア～エ**は，実験の結果について述べたものである。**誤っているもの**はどれか。**ア～エ**の中から1つ選びなさい。

ア　水温が15℃，25℃のどちらの場合も，光が強い方が水溶液中の二酸化炭素の量は少ない。

イ　光の強さが同じ場合，水温が15℃より25℃のときの方が水溶液中の二酸化炭素の量は少ない。

ウ　試験管A～Cの水溶液はアルカリ性，試験管Eの水溶液は酸性である。

エ　試験管A～Eの水溶液の色は光の強さのみに関係し，水温には無関係である。

(1)		(2)	①		②		(3)	

■平成29年度問題

2　次の観察について，(1)，(2)の問いに答えなさい。

観察

Ⅰ　図1のように、ツバキの葉の一部を切りとり，うすい切片をつくった。

Ⅱ　切片のプレパラートをつくり，顕微鏡を用いて葉の断面を観察した。

Ⅲ　観察した葉の断面のつくりをスケッチしたところ，図2のようになった。

図1

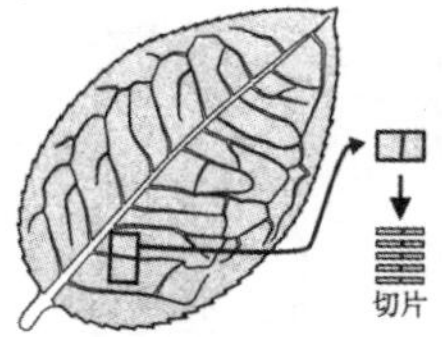

図2

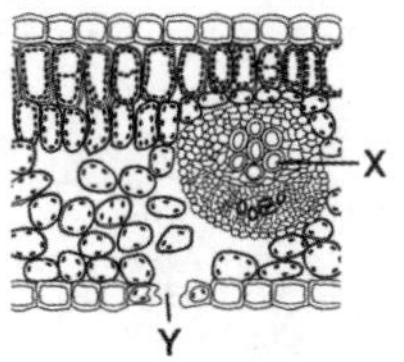

(1)　観察のⅡについて，次の①，②の問いに答えなさい。

①　次の**ア　エ**は，観察に用いる顕微鏡のレンズを示した模式図である。低倍率で観察するときに用いる対物レンズはどれか。**ア～エ**の中から1つ選びなさい。

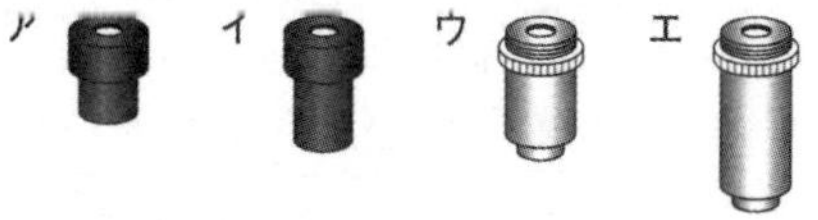

②　次の文は，観察に用いる顕微鏡の操作について述べたものである。**a**，**b**にあてはまることばの組み合わせはどのようになるか。次の**ア～エ**の中から1つ選びなさい。

ピントを合わせるときは，接眼レンズをのぞきながら，調節ねじを回して対物レンズとプレパラートを［　a　］ていき，観察したいものがはっきり見えるところでとめる。また，レボルバーを回して，低倍率から高倍率の対物レンズにすると，視野は［　b　］なるので，見やすくなるようにしぼりを調節する。

	a	b
ア	近づけ	明るく
イ	近づけ	暗く
ウ	遠ざけ	明るく
エ	遠ざけ	暗く

(2)　観察のⅢについて，次の①，②の問いに答えなさい。

①　図2の**X**は，植物のからだにおける物質の通り道である。**X**の名称と**X**を通る物質の組み合わせはどのようになるか。次の**ア～エ**の中から1つ選びなさい。

	名称	通る物質
ア	道管	根から吸収した水
イ	道管	葉でつくられた養分
ウ	師管	根から吸収した水
エ	師管	葉でつくられた養分

②　図2の**Y**では蒸散が行われている。蒸散とはどのようなことか。**根，水，水蒸気**ということばをすべて用いて書きなさい。

(1)	①		②		(2)	①	
(2)	②						

■平成30年度問題

2　次の観察について，(１)～(４) の問いに答えなさい。

観察１
　エンドウのからだのつくりを観察した。図１は，その花のつくりをスケッチしたものである。

観察２
　図２は，イヌワラビのからだのつくりを観察し，スケッチしたものである。

観察３
　図３と図４はそれぞれ，スギゴケとゼニゴケの雄株と雌株のからだのつくりを観察し，スケッチしたものである。

図１
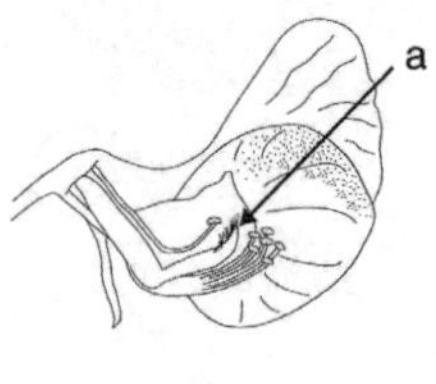

図２
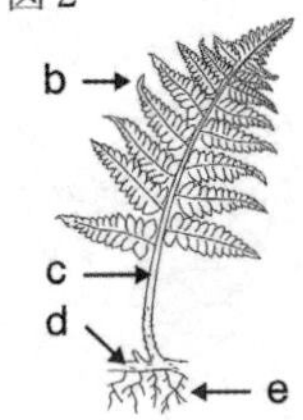

図３

図４
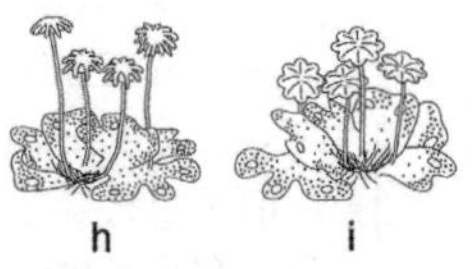

(１)　観察1について，次の①,②の問いに答えなさい。

①　図1のめしべの先端部分aは，花粉がつきやすくなっていた。先端部分aを何というか。書きなさい。

②　次の文の X にあてはまることばは何か。書きなさい。

　エンドウは，自然状態では X する。X とは，花粉が同じ個体のめしべについて受粉することをいう。

(２)　観察2について，図2のb～eを葉，茎，根に区別すると組み合わせはどのようになるか。次のア～エの中から1つ選びなさい。

	葉	茎	根
ア	b	c	d，e
イ	b	c，d	e
ウ	b，c	d	e
エ	b，c	d，e	該当なし

(３)　観察3について，図3と図4のf～iの中で雄株はどれか。下のア～エの中から，雄株の組み合わせとして正しいものを1つ選びなさい。

ア　fとh　　イ　fとi　　ウ　gとh　　エ　gとi

(４)　観察1～3をもとに，エンドウ，イヌワラビ，スギゴケとゼニゴケを図5のように2つの観点で分類した。観点①と②のそれぞれにあてはまるものを，次のア～カの中から1つずつ選びなさい。

ア　子葉は1枚か，2枚か
イ　維管束があるか，ないか
ウ　胚珠は子房の中にあるか，子房がなくてむき出しか
エ　花弁が分かれているか，くっついているか
オ　種子をつくるか，つくらないか
カ　葉脈は網目状か，平行か

図５
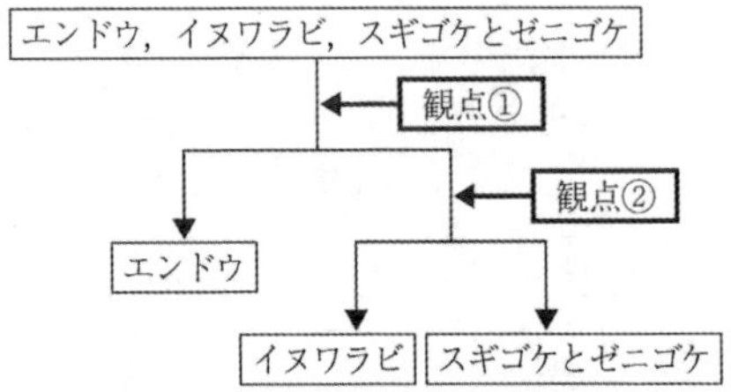

(1)	①				②			
(2)		(3)		(4)	①		②	

■平成31年度問題

2　次の実験について，(１)～(３) の問いに答えなさい。

実験１
　十分に光を当てたオオカナダモから葉をとり，図1のように，熱湯で温めたエタノールの中に5分間入れて，葉の緑色を脱色した。この葉をピンセットでよく水洗いしてスライドガラスにのせ，ヨウ素液をたらした。10分後にカバーガラスをかけ，顕微鏡で観察した。

図１
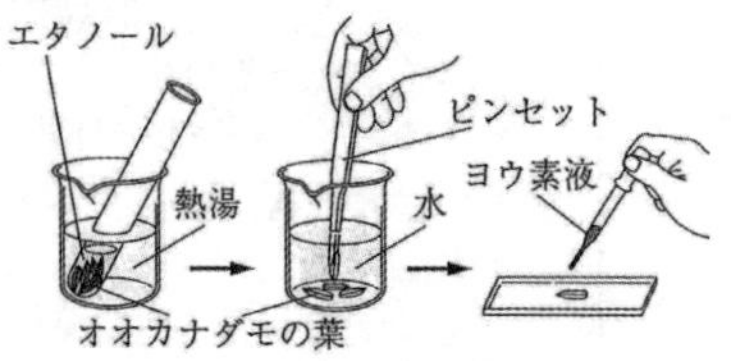

結果１
　葉の細胞には，ヨウ素液によって色が変化した小さな粒が多く観察できた。図2は観察した葉の細胞をスケッチしたものである。

図２
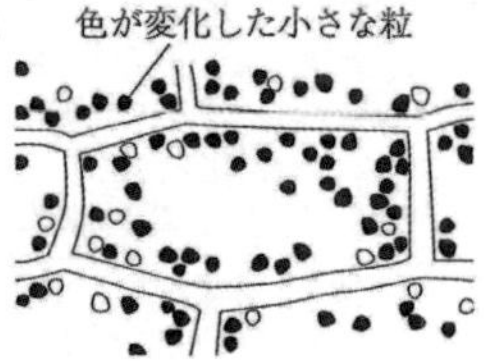

実験２
Ⅰ　青色のBTB溶液に呼気を吹き込んで緑色にし，これを3本の試験管A～Cに入れた。
Ⅱ　図3のように，試験管AとBにはオオカナダモを入れ，3本の試験管をゴム栓で密閉した。また，試験管Bは試験管に光が当たらないようにアルミニウムはくを巻いた。
Ⅲ　3本の試験管を十分に明るい場所に置き，30分後にBTB溶液の色を観察した。

図３
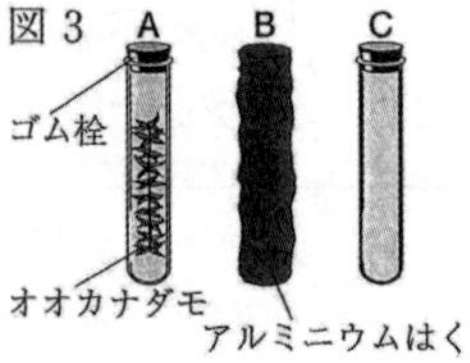

結果２

	試験管A	試験管B	試験管C
30分後のBTB溶液の色	青色	黄色	緑色

(１)　結果1の下線部について，次の①,②の問いに答えなさい。

①　色が変化した後の小さな粒の色と，その粒に含まれ色が変化した物質の組み合わせとして正しいものを，次のア～エの中から1つ選びなさい。

	色	物質
ア	赤色	DNA
イ	赤色	デンプン
ウ	青紫色	DNA
エ	青紫色	デンプン

②　この小さな粒を何というか。書きなさい。

(1)	①		②	

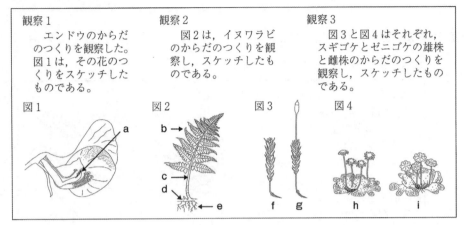

（2） 実験2について，試験管**C**を用意して実験を行った理由は何か。試験管**A**と試験管**C**を比較し，**光**，**オオカナダモ**という2つのことばを用いて，「**試験管Aの溶液の色の変化は，**」という書き出しに続けて書きなさい。

（3） 次の文は，結果2について考察したものである。**X**～**Z**にあてはまることばの組み合わせはどのようになるか。次の**ア**～**カ**の中から1つ選びなさい。

試験管**A**では，溶液中の二酸化炭素が［ X ］したため，溶液が［ Y ］性に変化したと考えられる。試験管**B**では，溶液中の二酸化炭素が［ Z ］したため，試験管**A**とは異なる結果になったと考えられる。

	X	Y	Z
ア	減少	酸	増加
イ	減少	中	増加
ウ	減少	アルカリ	増加
エ	増加	酸	減少
オ	増加	中	減少
カ	増加	アルカリ	減少

(2)	**試験管Aの溶液の色の変化は，**
(3)	

■平成27年度問題

1 （1） 次の文の［　］にあてはまることばは何か。下の**ア**～**エ**の中から適当なものを1つ選びなさい。

種子ではなく，胞子でふえ，維管束がない植物を［　］という。

ア コケ植物　**イ** 裸子植物　**ウ** 被子植物　**エ** シダ植物

(1)	

■令和3年度問題

1 植物の蒸散について調べるために，次の観察と実験を行った。（1）～（4）の問いに答えなさい。

観察

ホウセンカの葉の表側と裏側の表皮をはぎとり，顕微鏡で観察した。図1は，葉の両側の表皮で観察されたつくりの一部をスケッチしたものである。**X**は2つの細胞に囲まれたすきまを示している。

図1

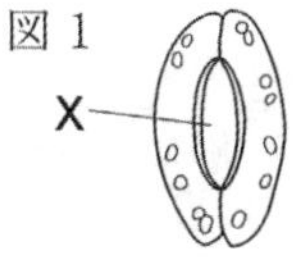

実験1

図2のように，透明なプラスチックの板と［ Y ］を両面テープではり合わせたものを用意し，［ Y ］が内側になるようにして鉢植えのホウセンカの葉をはさんだ。葉の両側に接した［ Y ］の色を3分おきに調べた。

図2

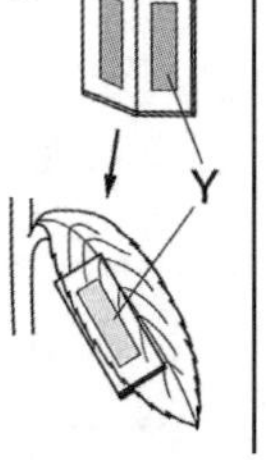

結果1

	はさむ前	3分後	6分後	9分後
葉の表側	青色	うすい青色	うすい桃色	桃色
葉の裏側	青色	桃色	桃色	桃色

図3

実験2

Ⅰ 葉の大きさと枚数をそろえた5本のホウセンカ**A**～**E**に，次の処理をした。

A 葉の表側にワセリンをぬる。
B 葉の裏側にワセリンをぬる。　**C** 葉の両側にワセリンをぬる。
D 葉にワセリンをぬらない。　**E** 葉を全てとり除く。

Ⅱ 処理したホウセンカを同じ長さに切り，水が入ったメスシリンダーにさして，図3のように水面を油でおおった。その後，光が当たる風通しのよい場所に5時間置き，水の減少量を調べた。

結果2

	A	**B**	**C**	**D**	**E**
水の減少量［cm^3］	4.3	2.1	1.0	5.4	1.0

（1） 蒸散は主に図1の**X**で起こる。**X**を何というか。書きなさい。

（2） 実験1について，**Y**は蒸散によって放出された水にふれると青色から桃色に変化する。**Y**は何か。次の**ア**～**エ**の中から1つ選びなさい。

ア 塩化コバルト紙　**イ** 万能pH試験紙
ウ リトマス紙　**エ** 示温インクをしみこませたろ紙

（3） 下線部について，水面を油でおおった理由を書きなさい。

（4） 次の文は，実験2について考察したものである。下の①，②の問いに答えなさい。

この植物では，蒸散を［ P ］ときの方が水の減少量が多かった。水の減少量と蒸散量が等しいものとすると，葉の［ Q ］側の方が蒸散量が多く，この植物の葉の裏側の蒸散量は表側の蒸散量の［ R ］倍であると考えられる。また，葉を全てとり除いて切り口がむき出しになっている**E**の水の減少量は，**C**の水の減少量と同じであった。これらのことから，［ S ］が主な原動力となって［ T ］が起こると考えられる。

① **P**，**Q**，**S**，**T**にあてはまることばの組み合わせとして最も適切なものを，右の**ア**～**ク**の中から1つ選びなさい。

② **R**にあてはまる数値を求めなさい。

	P	Q	S	T
ア	おさえた	表	蒸散	吸水
イ	おさえた	表	吸水	蒸散
ウ	おさえた	裏	蒸散	吸水
エ	おさえた	裏	吸水	蒸散
オ	おさえなかった	表	蒸散	吸水
カ	おさえなかった	表	吸水	蒸散
キ	おさえなかった	裏	蒸散	吸水
ク	おさえなかった	裏	吸水	蒸散

(1)		(2)		
(3)				
(4) ①		②		倍

大地の変化

■平成25年度問題

4 図１は，同じ標高の観測点A～Dにおける地震X～Zのゆれの記録である。ただし，地震X～Zの震央は同じで，グラフの横軸は時刻，縦軸はゆれの大きさを表している。また，図２は，観測点A～Dの位置を示したもので，A，B，Cは北から南に直線状に並んでおり，DはBの真東にある。（1）～（5）の問いに答えなさい。

図１

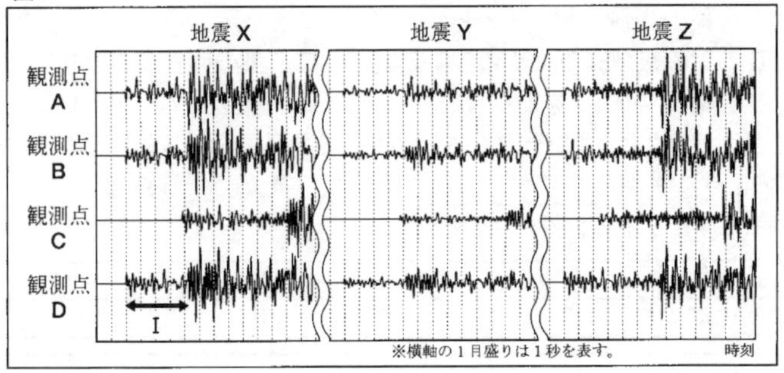

図２

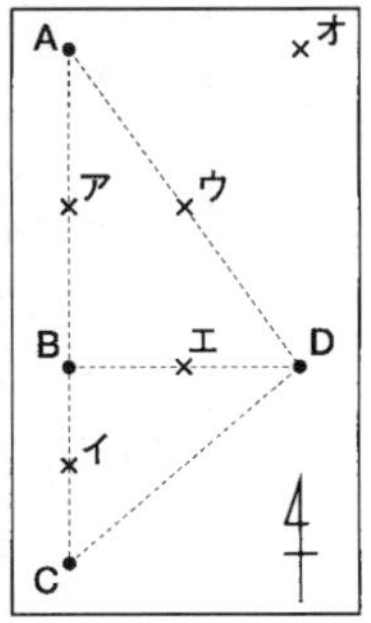

（1） 図１のIは，P波が到着してからS波が到着するまでの時間を示している。この時間を何というか。書きなさい。

（2） 次の文は，現在，日本で使われている震度について述べたものである。①，②にあてはまるものは何か。それぞれあてはまる**数字**を書きなさい。

> 地震のゆれの大きさは，人がゆれを感じない震度０から最大の震度［①］までの［②］段階で表す。

（3） 地震X～Zの震央を推測するとどこになるか。図２の×印で示した**ア**～**オ**の中から最も適当なものを１つ選びなさい。

（4） 地震Xと地震Yの記録は，すべての観測点で，P波が到着してからS波が到着するまでの時間はほぼ等しいが，ゆれの大きさが異なることを示している。地震Xと地震Yで大きな違いがあるものは何か。次の**ア**～**オ**の中から最も適当なものを１つ選びなさい。

ア 震源の深さ　**イ** P波とS波の速さの比　**ウ** P波の速さ
エ S波の速さ　**オ** マグニチュード

（5） P波の到着時刻は，観測点Bより観測点Cの方が遅く，地震Xの場合は3.8秒後，地震Zの場合は2.3秒後であった。次の文は，地震Xと地震Zの震央が同じであることをふまえて，P波の到着時刻の差が異なる理由をまとめたものである。①，②にあてはまるものは何か。①はあてはまることばを書き，②は**ア**，**イ**のどちらかを選びなさい。

> 地震Xは地震Zより［①］ので，観測点Bの震源からの距離と観測点Cの震源からの距離の差が②｛**ア** 大きい **イ** 小さい｝から。

(1)		(2)	①		②	
(3)		(4)		(5) ①		②

■平成26年度問題

5 次の観察について，(1)，(2)の問いに答えなさい。

図１

（1） 東西方向に広がるがけに見られる地層を観察した。図１は，このときのスケッチである。次の①，②の問いに答えなさい。

① 地層を観察するときの方法や注意点として，**誤っているもの**はどれか。次の**ア**～**エ**の中から１つ選びなさい。

ア がけにはすぐに近寄らず，観察場所での事故にじゅうぶん注意する。
イ 岩石ハンマーを使うときは，保護眼鏡をつけ，岩石の破片に注意する。
ウ 化石を見つけたら必ず採集し，そのときのようすも記録する。
エ 地層をつくっている粒の大きさ，色，形，重なり方を記録する。

② 次の文は，観察した地層についてまとめたものである。Ⅰ，Ⅱにあてはまるものは何か。Ⅰは下の**ア**～**エ**の中から最も適当なものを１つ選び，Ⅱはあてはまることばを書きなさい。

> 図１の地層の曲がりは［Ⅰ］大きな力によりできたものである。このような地層の曲がりを［Ⅱ］という。

ア 東西方向から押し縮める　**イ** 東西方向にひっぱる
ウ 南北方向から押し縮める　**エ** 南北方向にひっぱる

（2） ある地域において，ボーリングによる地質調査が行われた。図２は，この地域の地形を表したもので，A～Eは調査が行われた地点を示している。なお，実線は等高線，数字は標高[m]である。図３は，この調査により作成したA～D地点の地層の柱状図である。次の①，②の問いに答えなさい。ただし，この地域の地層は，ずれたりせず，同じ厚さ，同じ角度で，ある一定方向に傾いているものとする。

図２

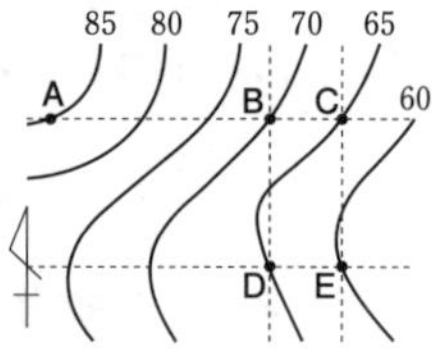

点線は，南北および東西方向を表している。

① 図３に示した砂岩の層からアンモナイトの化石が見つかった。アンモナイトが最も栄えていた地質年代に栄えていた生物は何か。次の**ア**～**エ**の中から１つ選びなさい。

ア ナウマンゾウ　**イ** サンヨウチュウ
ウ ティラノサウルス　**エ** フズリナ

図３

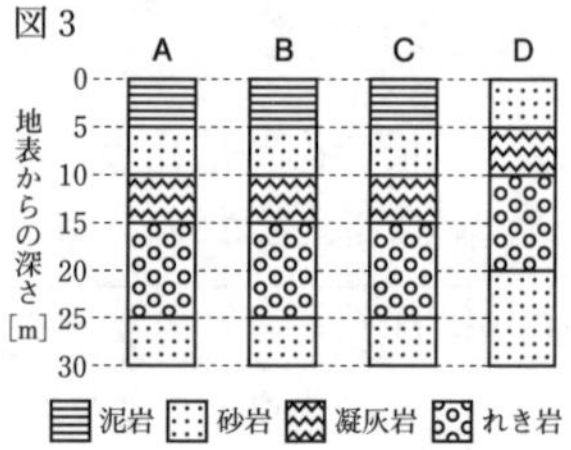

② 表は，A～D地点における凝灰岩の層とれき岩の層の境界面の標高についてまとめたものである。表の(　　)にあてはまる数字は何か。書きなさい。また，図２のE地点で行われた調査において，地表からの深さが12mのところで得られた岩石は何か。次の**ア**～**エ**の中から１つ選びなさい。

ア 泥岩　**イ** 砂岩　**ウ** 凝灰岩　**エ** れき岩

表

地点	境界面の標高[m]
A	70
B	55
C	(　　)
D	55

(1) ①		② Ⅰ		Ⅱ	
(2) ①		② 境界面の標高[m]		岩石	

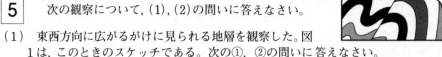

■平成28年度問題

5　次の文は，プレートの運動と地震の発生について述べたものである。(1)～(3)の問いに答えなさい。

> 地球の表面は，プレートとよばれる厚さ約100kmの板状の岩石におおわれている。日本列島周辺には主に4枚のプレートが存在し，aそれぞれがゆっくりと運動している。そのため，プレートとプレートの境目の周辺にはさまざまな力がはたらく。その力が加わり続けるので，地下の岩石は変形し，やがてb岩石が破壊され，割れてずれが生じる。このとき，地震が発生する。

(1)　下線部aについて，図1は，日本列島周辺のプレートの模式図であり，cはプレート上のある地点を示している。次の①,②の問いに答えなさい。

図1

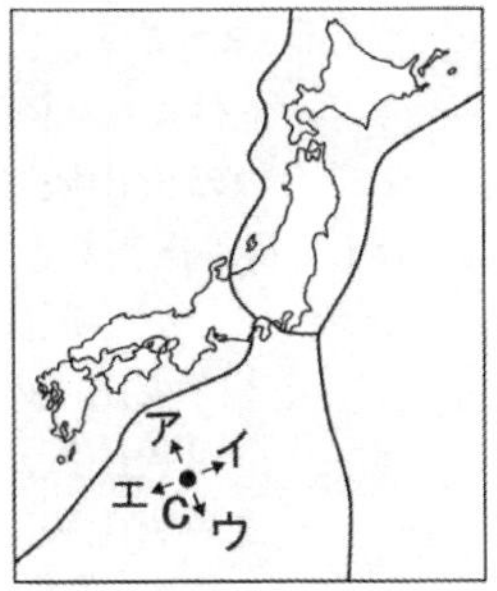

①　地点cが位置するプレートの名称は何か。次のア～エの中から1つ選びなさい。

　ア　北アメリカ（北米）プレート
　イ　太平洋プレート
　ウ　フィリピン海プレート
　エ　ユーラシアプレート

②　地点cは，プレートの運動によって，図1の位置からどの方向に移動すると考えられるか。図のア～エの中から最も適当なものを1つ選びなさい。

(2)　下線部bについて，このとき生じたずれを何というか。書きなさい。

(3)　表は，震源が異なる地震A，Bを，それぞれ観測点X，Yで観測した結果を示している。図2は，震央と震源，観測点の関係を示した模式図である。次の①,②の問いに答えなさい。

表

	マグニチュード	観測点Xでの震度	観測点Yでの震度
地震A	1.8	1	2
地震B	4.8	3	2

①　地震Bのエネルギーは，地震Aのエネルギーの約何倍か。次のア～エの中から最も適当なものを1つ選びなさい。

　ア　約3倍　　イ　約96倍　　ウ　約1000倍　　エ　約32000倍

②　地震Bについて，観測点Xから震源までの距離が50km，観測点Xから震央までの距離が30kmであった。観測点Yから震源までの距離が80kmであったとき，観測点Yから震央までの距離は何kmか。小数第1位を四捨五入し，整数で求めなさい。ただし，$\sqrt{3}=1.73$とし，震央，観測点X，観測点Yは同じ標高に位置しているものとする。

図2

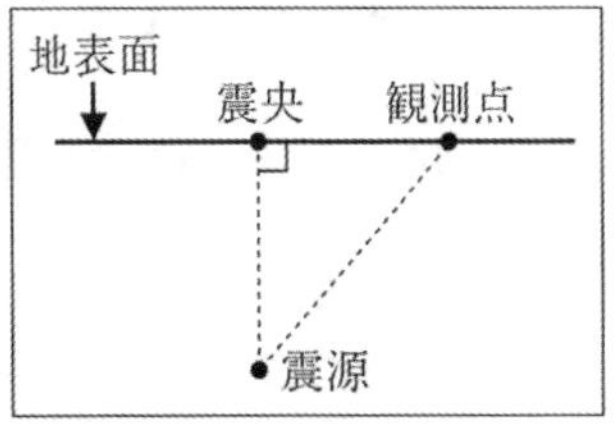

(1)	①		②		(2)	
(3)	①		②	km		

■平成29年度問題

4　河原で採取した色の異なる2つの岩石X，Yを観察した。(1)～(3)の問いに答えなさい。

> 岩石X，Yをハンマーで割り，割れた面を歯ブラシでこすってきれいにした。図1と図2は，それぞれの岩石について割れた面をルーペで観察したときのスケッチである。
>
> 観　察
>
> Ⅰ　岩石X，Yは，鉱物の種類とその形などから，マグマが冷えて固まった岩石であることがわかった。
>
> Ⅱ　岩石Xには，図1のように無色透明で，不規則に割れる鉱物Aと，黒色で薄くはがれる鉱物Bが見られた。また，つくりから，岩石Xは花こう岩であることがわかった。
>
> Ⅲ　岩石Yには，図2のように石基の間に比較的大きな緑褐色の鉱物Cが散らばっていた。また，岩石Xの花こう岩に比べると，全体的に黒っぽく，有色鉱物の割合が多かった。

図1

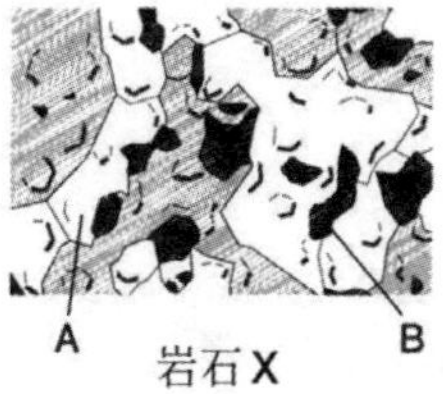

岩石X

図2

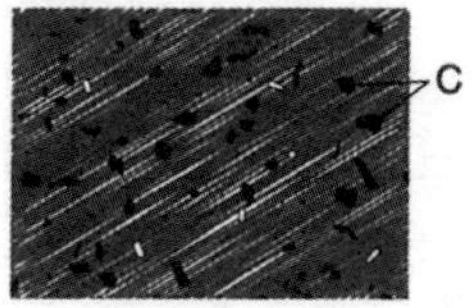

岩石Y

(1)　観察のⅠについて，次の①,②の問いに答えなさい。

①　岩石X，Yのように，マグマが冷えて固まった岩石を何というか。書きなさい。

②　マグマが冷えて固まった岩石に**あてはまらないもの**を，次のア～エの中から1つ選びなさい。

　ア　安山岩　　イ　石灰岩　　ウ　流紋岩　　エ　閃緑岩

(2)　観察のⅡについて，鉱物Aと鉱物Bの名称の組み合わせはどのようになるか。次のア～カの中から最も適当なものを1つ選びなさい。

	鉱物A	鉱物B
ア	カンラン石	黒雲母
イ	黒雲母	カンラン石
ウ	カンラン石	石英
エ	石英	カンラン石
オ	黒雲母	石英
カ	石英	黒雲母

(3)　観察のⅢについて，次の①,②の問いに答えなさい。

①　鉱物Cのような比較的大きな鉱物を，石基に対して何というか。書きなさい。

②　次の文は，岩石Yについて説明したものである。a～cにあてはまることばの組み合わせはどのようになるか。次のア～カの中から1つ選びなさい。

	a	b	c
ア	三原山	なだらかな	玄武岩
イ	三原山	盛り上がった	玄武岩
ウ	三原山	なだらかな	はんれい岩
エ	雲仙普賢岳	なだらかな	はんれい岩
オ	雲仙普賢岳	盛り上がった	はんれい岩
カ	雲仙普賢岳	盛り上がった	玄武岩

この岩石は，［ a ］のような［ b ］火山をつくったマグマが冷えて固まった［ c ］である。

(1)	①		②		(2)	
(3)	①		②			

■平成30年度問題

1　次の問いに答えなさい。

（3）　太郎さんは理科の授業で川に野外観察に出かけ，全体が茶色で表面がなめらかな岩石を拾い，ルーペで観察したが粒のようなものはみられなかった。この岩石を学校に運び，硬さを調べるために鉄のくぎで引っかいたが傷はつかず，岩石用ハンマーでたたいたところ，火花が出てはね返された。また，うすい塩酸をかけても変化がみられなかった。これらの特徴から考えられる岩石とは何か。次の**ア**～**エ**の中から最も適当なものを１つ選びなさい。

ア　安山岩　　**イ**　チャート
ウ　石灰岩　　**エ**　花こう岩

(3)	

■平成31年度問題

4　次の文は，地層の観察の記録である。（1）～（3）の問いに答えなさい。ただし，観察した地域の地層には，地層の逆転はないことが確認されている。

観察の記録

あるがけにおいて，地層のようすや特徴，重なり方を調べた。

図1は，このがけにおける地層のようすをスケッチしたものである。

図 1

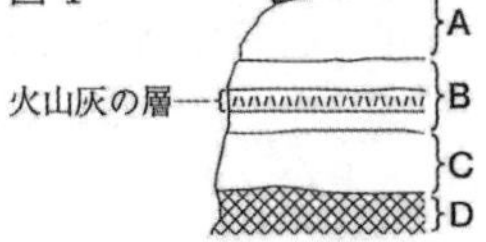

図 2

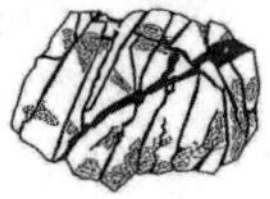

Aは，れき岩からなっていた。

Bは，砂岩からなっていて，火山灰の層が地層の間にふくまれていた。

Cは，泥岩からなっていた。

Dは，図2のように表面にひび割れが多く見られる花こう岩からなっていた。花こう岩の表面はもろくなっていて，ハンマーでたたくとぼろぼろとくずれた。

（1）　次の文は，**A**～**C**について述べたものである。①，②にあてはまることばの組み合わせとして適当なものを，次の**ア**～**カ**の中から1つ選びなさい。

堆積した当時の環境を推定するために，粒の［　①　］で区分されるれき，砂，泥からなる地層の重なりに注目した。観察の結果から，これらの地層が堆積した当時，この地域の海の深さはしだいに［　②　］いったと考えられる。

	①	②
ア	色	浅くなって
イ	色	深くなって
ウ	形	浅くなって
エ	形	深くなって
オ	大きさ	浅くなって
カ	大きさ	深くなって

(1)	

（2）　次の文は，**D**の特徴について考察したものである。①，②にあてはまるものは何か。①は**ア**，**イ**のどちらかを選び，②はことばを書きなさい。

この地域では，夜になると気温が低下し，岩石の表面にあるすき間にしみ込んだ水が氷になることが確認されている。**D**の岩石の表面にひび割れが多く見られたのは，水が氷に状態変化するときに水の体積が① ｛**ア**　小さくなる　**イ**　大きくなる｝ ので，**D**の岩石のすき間には長い年月にわたって力が加わるなどして，岩石がもろくなる現象である［　②　］が起こったためと考えられる。

（3）　下線部に関して，火山灰の層は大地の歴史を調べるのに役立つ。図3は観察場所からそれぞれ離れた4地点の柱状図である。**a**～**d**は，それぞれ別の噴火により堆積した火山灰の層で，それぞれが区別できる。次の①，②の問いに答えなさい。

図 3

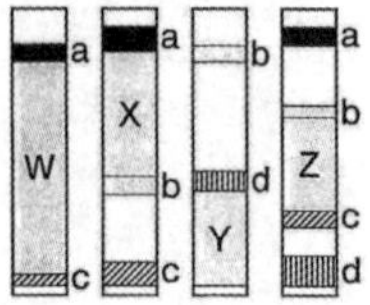

①　2つの火山灰の層を区別するための手がかりとなることとして最も適当なものを，次の**ア**～**エ**の中から1つ選びなさい。

ア　火山灰にふくまれる示相化石が噴火によって異なること。
イ　火山灰の層の厚さが堆積する場所によって異なること。
ウ　火山灰が噴火当時の大気の成分をふくんでいること。
エ　火山灰にふくまれる鉱物の種類や形が噴火によって異なること。

②　図3の柱状図について，地層**W**～**Z**の堆積した時期の新旧について述べたものとして，図3から判断して正しいと考えられるものを，次の**ア**～**エ**の中から1つ選びなさい。ただし，地層の逆転はないものとする。

ア　地層**W**は地層**X**より新しい。　　**イ**　地層**W**は地層**Z**より古い。
ウ　地層**W**は地層**Y**より新しい。　　**エ**　地層**Z**は地層**Y**より古い。

(2)	①		②		(3)	①		②	

■令和３年度問題

3　次の文は，ある地震の観測についてまとめたものである。（1）～（5）の問いに答えなさい。

ある場所で発生した地震を，標高が同じ**A**，**B**，**C**地点で観測した。

図は，**A**～**C**地点の地震計が記録した波形を，震源からの距離を縦軸にとって並べたもので，横軸は地震発生前後の時刻を表している。3地点それぞれの波形に，初期微動が始まった時刻を○で，主要動が始まった時刻を●で示し，それらの時刻を表にまとめた。

図

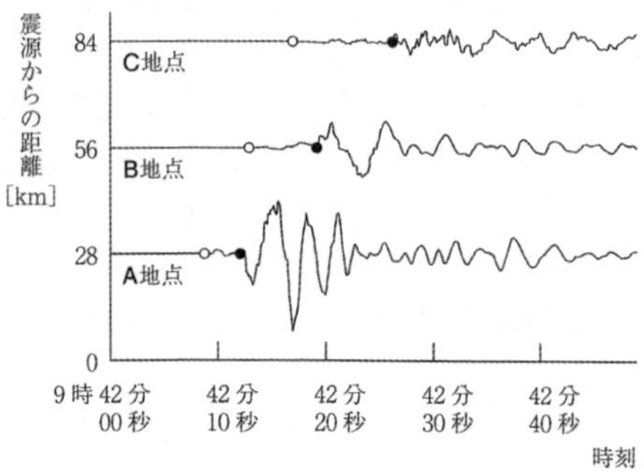

表

	A地点	B地点	C地点
初期微動が始まった時刻	9時42分09秒	9時42分13秒	9時42分17秒
主要動が始まった時刻	9時42分12秒	9時42分19秒	9時42分26秒

(1) 地震のゆれが発生するときにできる，地下の岩盤に生じるずれを何というか。**漢字2字**で書きなさい。

(2) 震度について述べた文として最も適切なものを，次の**ア～カ**の中から1つ選びなさい。

ア 地震のエネルギーの大きさを表し，震源が浅い地震ほど大きくなることが多い。

イ 地震のエネルギーの大きさを表し，震源からの距離に比例して小さくなることが多い。

ウ 地震によるゆれの大きさを表し，震源が深い地震ほど大きくなることが多い。

エ 地震によるゆれの大きさを表し，震央を中心とした同心円状の分布となることが多い。

オ 気象庁がまとめた世界共通の階級で，観測点の地震計の記録から計算される。

カ 気象庁がまとめた世界共通の階級で，地震による被害の大きさをもとに決められる。

(3) 地震の発生がきっかけとなって起こる現象として**あてはまらないもの**を，次の**ア～オ**の中から1つ選びなさい。

ア 地盤の隆起　**イ** 高潮　**ウ** がけくずれ

エ 液状化現象　**オ** 津波

(4) 次の文は，図や表からわかることをまとめたものである。□にあてはまることばとして最も適切なものを，下の**ア～オ**の中から1つ選びなさい。

> 震源から観測点までの距離が大きくなると，その観測点における□なる。

ア 地震計の記録のふれはばの最大値は大きく

イ マグニチュードは大きく　**ウ** 初期微動が始まる時刻は早く

エ 主要動が始まる時刻は早く　**オ** 初期微動継続時間は長く

(5) この地震が発生した時刻として最も適切なものを，次の**ア～カ**の中から1つ選びなさい。ただし，地震の波が伝わる速さは一定であるとする。

ア 9時42分04秒　**イ** 9時42分05秒　**ウ** 9時42分06秒

エ 9時42分07秒　**オ** 9時42分08秒　**カ** 9時42分09秒

(1)							
(2)		(3)		(4)		(5)	

動物の生活と種類

■平成25年度問題

3 図1はヒトの血液の循環経路を表した模式図で，**X～Z**は小腸，じん臓，肝臓のいずれかの器官を，**a**，**b**は血管を示している。図2は**Y**の内側のかべにあるひだの表面にたくさん見られる突起を表した模式図である。(1)～(3)の問いに答えなさい。

図1

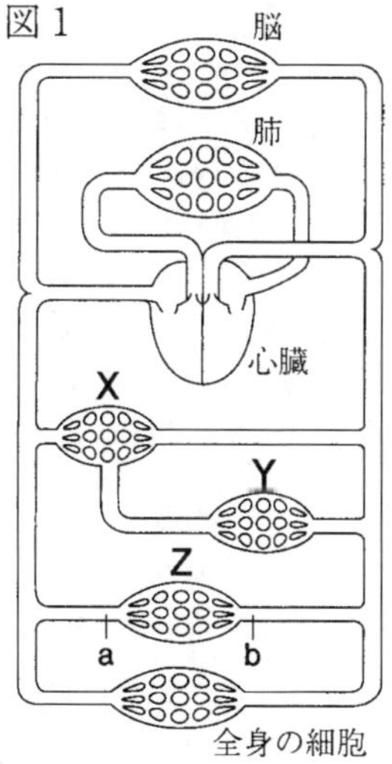

(1) **X**では，ある有機物が分解されてできたアンモニアが無害な尿素に変えられる。ある有機物とは何か。次の**ア～ウ**の中から1つ選びなさい。

ア 炭水化物

イ タンパク質

ウ 脂肪

(2) **Y**について，次の①，②の問いに答えなさい。

① ブドウ糖やアミノ酸は，図2の突起で吸収されて毛細血管に入る。この突起を何というか。書きなさい。

② 次の文の□にあてはまることばを書きなさい。

> 消化によってできた養分のうち，脂肪酸と□は，図2の突起で吸収されたのち，再び脂肪になってリンパ管に入る。

(3) **Z**は，血液中の塩分や水分の量を調節する器官である。次の①，②の問いに答えなさい。

① この器官の名称は何か。書きなさい。

② 血管**a**，**b**の中を，血液はどの向きに流れるか。次の**ア**，**イ**のどちらかを選びなさい。

ア 血管**a**から**Z**に入り血管**b**へ

イ 血管**b**から**Z**に入り血管**a**へ

図2

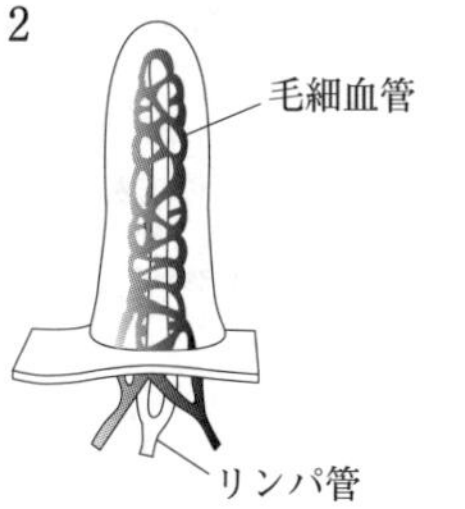

(1)		(2)	①		②	
(3)	①		②			

■平成27年度問題

2　ヒトは，さまざまな刺激に対して反応している。次の反応について，(1)・(3)の問いに答えなさい。

> **反応1**　うす暗い場所から明るい場所に移動したり，反対に，明るい場所からうす暗い場所に移動したりすると，目のようすが変化した。
>
> **反応2**　校庭を歩いているとボールが転がってきたのが見えたので，すぐにうでをのばして手でボールを止めようとした。

(1)　図1は，反応1で，変化した目のようすの模式図である。図1の **A**，**B** は，それぞれの場所にいるときの目のようすであり，図1の **Q** は変化した部分である。次の文は，反応1の目のようすについて述べたものである。①，②にあてはまるものは何か。①は **A**, **B** のどちらかを選び，②はあてはまることばを書きなさい。

図1

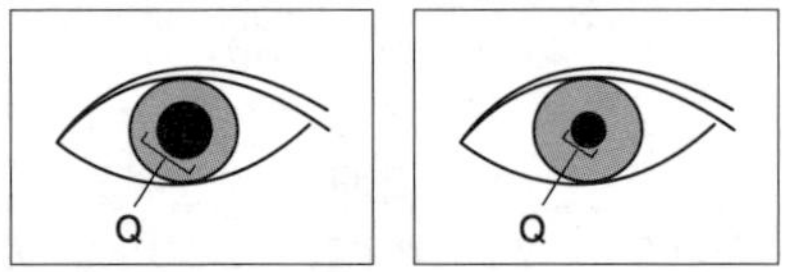

> 明るい場所にいるときの目のようすは，図1の［①］である。図1の **Q** の部分は，［②］という。［②］の大きさが変化することで，外から目に入る光の量を調節する。

(3)　図2は，反応2で，うでをのばすときにはたらく骨と2つの筋肉 **X**，**Y** の位置を示した模式図である。次の文は，うでをのばすしくみについて述べたものである。①～③にあてはまることばの組み合わせはどのようになるか。下の **ア**～**ク** の中から1つ選びなさい。

> 筋肉 **X**，**Y** のそれぞれの両端が，［①］になっていて，骨と骨とのつなぎ目である［②］をまたいで，別々の骨についている。うでをのばすときには，［③］。

図2

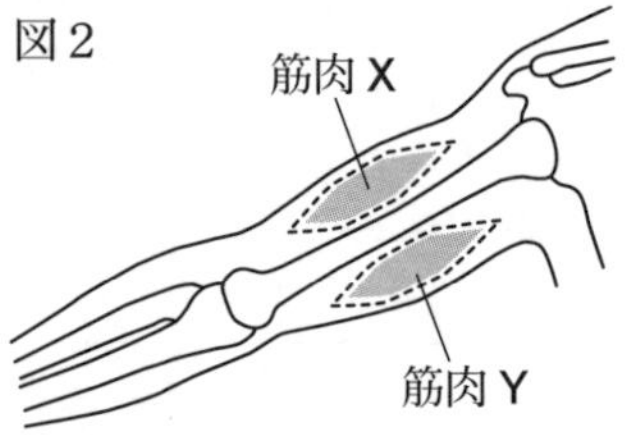

	①	②	③
ア	関節	けん	筋肉Xが縮み，筋肉Yはゆるむ
イ	関節	けん	筋肉Xがゆるみ，筋肉Yは縮む
ウ	関節	けん	筋肉X，Yの両方が縮む
エ	関節	けん	筋肉X，Yの両方がゆるむ
オ	けん	関節	筋肉Xが縮み，筋肉Yはゆるむ
カ	けん	関節	筋肉Xがゆるみ，筋肉Yは縮む
キ	けん	関節	筋肉X，Yの両方が縮む
ク	けん	関節	筋肉X，Yの両方がゆるむ

(1)	①		②		(3)	

■平成28年度問題

3　次の文は，ヒトの血液とその循環について述べたものである。(1)～(4)の問いに答えなさい。

> 血液は，酸素や養分などを運ぶはたらきをする成分や，a<u>からだを守るはたらきをする成分</u>などからなり，血管を通って全身を循環する。心臓から送り出された血液が流れる血管を動脈という。動脈は，枝分かれをくり返し，b<u>器官やからだの末端で網の目のような細い血管</u>になる。細い血管は，集まって静脈となり，しだいに太くなる。血液は，静脈を通って心臓にもどる。c<u>静脈は，動脈よりもかべがうすく，ところどころに弁がある</u>。心臓は，血液を循環させるポンプのようなはたらきをし，d<u>はく動によって血液を送り出している</u>。

(1)　次の文は，下線部aについて説明したものである。①，②にあてはまることばの組み合わせはどのようになるか。次の **ア**～**カ** の中から1つ選びなさい。

> ［①］は，出血したときに血液を固める。また，［②］は，からだの外から入った細菌などの異物をとりこむ。

	①	②
ア	血小板	白血球
イ	血小板	血しょう
ウ	白血球	血小板
エ	白血球	血しょう
オ	血しょう	血小板
カ	血しょう	白血球

(2)　下線部bについて，この血管を何というか。**漢字4字**で書きなさい。

(3)　下線部cについて，弁はどのようなはたらきをするか。「**血液が,**」という書き出しに続けて書きなさい。

(4)　下線部dについて，次の実験を行った。次の①，②の問いに答えなさい。

> 実験
>
> 静かにしている状態の成人が，いすに腰をかけて自分の心臓の15秒間のはく動数を測定した。測定は3回行った。
>
> 結　果
>
> | 1回目 | 2回目 | 3回目 |
> |---|---|---|
> | 15回 | 17回 | 16回 |

①　図は，からだの正面から見たときの心臓の模式図である。心臓から肺以外の全身へ送り出される血液が通る血管はどれか。図の **ア**～**エ** の中から1つ選びなさい。

図

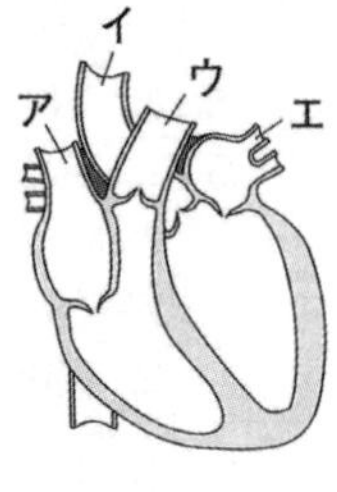

②　結果をもとに考えると，静かにしている状態の成人の心臓が，1時間あたりに送り出す血液の量は約何Lか。次の **ア**～**オ** の中から最も適当なものを1つ選びなさい。ただし，静かにしている状態の成人の心臓は，1回のはく動で約70mLの血液を送り出すものとする。

ア　約10L　　**イ**　約40L　　**ウ**　約70L　　**エ**　約110L　　**オ**　約270L

(1)		(2)		(4)	①		②	
(3)	**血液が,**							

■平成29年度問題

3　ある水族館を訪ね，次のA～Eの動物を観察した。(1)～(4)の問いに答えなさい。

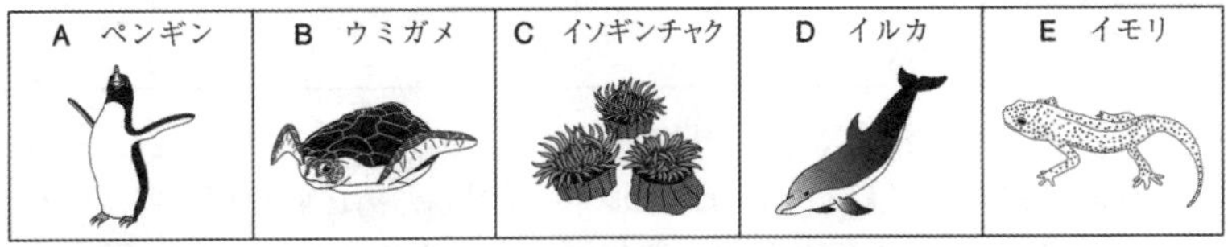

(1)　観察した動物の中で，**背骨があり，えらで呼吸する時期がない**動物の組み合わせを，次の**ア**～**カ**の中から1つ選びなさい。

ア　AとBとC　　**イ**　BとCとD　　**ウ**　AとBとE
エ　AとBとD　　**オ**　BとDとE　　**カ**　CとDとE

(2)　次の**ア**～**エ**は，Bのからだの表面のようすと卵のうみ方について説明したものである。正しいものはどれか。**ア**～**エ**の中から1つ選びなさい。

ア　からだの表面はうろこでおおわれており，水中にかたい殻をもたない卵をうむ。
イ　からだの表面はうろこでおおわれており，陸上にじょうぶで弾力のある殻をもつ卵をうむ。
ウ　からだの表面はしめった皮ふでおおわれており，水中にかたい殻をもたない卵をうむ。
エ　からだの表面はしめった皮ふでおおわれており，陸上にじょうぶで弾力のある殻をもつ卵をうむ。

(3)　Cは無性生殖によってもふえる。無性生殖における親と子のように，起源が同じで，同一の遺伝子をもつ個体の集まりを何というか。書きなさい。

(4)　次の文は，Eの生殖と発生について述べたものである。下の①，②の問いに答えなさい。

生殖細胞である卵《らん》と精子《せいし》は，［ P ］とよばれる細胞分裂でつくられる。その卵と精子が受精し，受精卵ができる。受精卵が細胞分裂を始めてから，自分で食物をとることができる個体となる前までを$_Q$胚とよぶ。

①　［ P ］にあてはまることばは何か。書きなさい。

②　下線部Qについて，胚の細胞の染色体の数は24本である。Eの**精子，受精卵，皮ふ**の細胞の染色体の数を表すグラフとして最も適当なものを，次の**ア**～**カ**の中から1つ選びなさい。

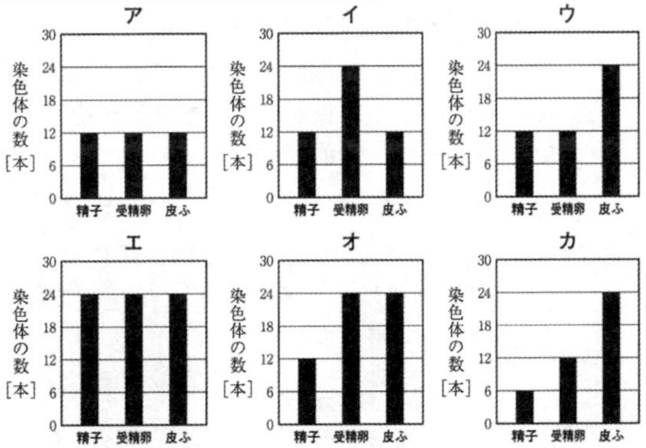

(1)		(2)		(3)	
(4)	①		②		

■平成30年度問題

3　次の文は，自然のなかの生物についてまとめたものである。次の問いに答えなさい。

$_a$生物どうしは食べる，食べられるという関係でつながり，動物は食物を食べ，$_b$消化・吸収することによって有機物を体内へとりこみ，$_c$呼吸によってエネルギーをとり出している。$_d$ある地域における食べる生物と食べられる生物の数量の割合は，一時的な増減はあっても，長期的に見れば，ほぼ一定に保たれ，つり合っている。

(2)　下線部bについて，次の文は，ヒトの消化・吸収を説明したものである。①，②にあてはまることばは何か。それぞれ**漢字2字**で書きなさい。

消化とは，食物が歯でかみくだかれたり，消化管の運動で細かくされ，アミラーゼなどの消化［ ① ］のはたらきで吸収されやすい物質になる一連の流れのことである。消化によって吸収されやすい物質に変化したものの多くは，［ ② ］の壁にある柔毛から吸収される。

(3)　下線部cについて，ヒトの鼻や口から吸い込まれた空気は，気管を通って肺に入る。気管は枝分かれして気管支となり，その先には小さな袋がたくさんある。この小さな袋を何というか。書きなさい。

(2)	①		②	
(3)				

■平成31年度問題

1　次の問いに答えなさい。

(1)　次の文のXにあてはまることばは何か。書きなさい。

ヒトの血液の成分である［ X ］は毛細血管からしみ出て組織液となる。組織液には，［ X ］にとけて運ばれてきた養分や赤血球により運ばれてきた酸素がふくまれる。

(1)	

■平成31年度問題

3 次の文は，理科の学習で，博物館を見学したある生徒の記録である。(1)～(2)の問いに答えなさい。

「生物の変遷と進化」コーナー

図1のような a 様々なセキツイ動物の前あしの骨格の模型が展示されていて，前あしの骨格を比べやすいように，模型には糸がとりつけられていた。

b 図2のようなセキツイ動物の復元図が展示されていた。このセキツイ動物は約1億5000万年前の地層から化石として発見されたものだった。

図1

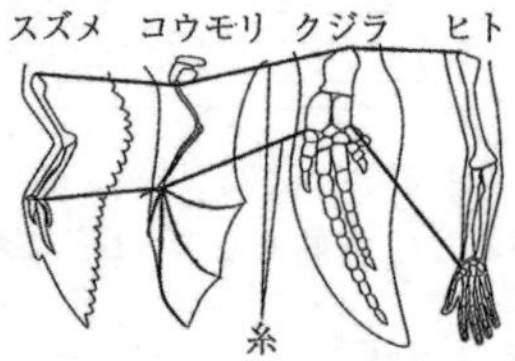

図2

「遺伝子研究の歴史」コーナー

メンデルが行った実験について，「メンデルは，エンドウのもつ形や色などの形質に着目して，形質が異なる純系の親を交配し，多数の子を得た。子はすべて同じ形質だった。さらに，その種子を育て自家受粉させて得た孫の形質とその個体数の比を調べた。」と紹介されていた。

(1) 下線部aについて，次の文は，生徒が調べたことをまとめたものである。［　　］にあてはまることばは何か。書きなさい。

様々なセキツイ動物の前あしは，はたらきや形は異なるが，その骨格の基本的なつくりは共通していた。このことから，これらはもとは同じ器官であったと考えられるので［　　］器官であるといえる。

(2) 下線部bについて，次の①，②の問いに答えなさい。

① 次の文は，このセキツイ動物の特徴について生徒が調べたことをまとめたものである。A，Bにあてはまることばの組み合わせとして適当なものを，次のア～カの中から1つ選びなさい。

羽毛やつばさがあるなど現在の［ A ］類の特徴を示していた。一方，つばさの中ほどには，3本のつめがあり口には歯をもつなど現在の［ B ］類の特徴も示していた。

	A	B
ア	両生	ハチュウ
イ	両生	鳥
ウ	ハチュウ	両生
エ	ハチュウ	鳥
オ	鳥	両生
カ	鳥	ハチュウ

② このセキツイ動物の名称は何か。書きなさい。

(1)		(2)	①		②	

■令和２年度問題

2 次の文は，ヒトのからだのはたらきについて述べたものである。(1)～(5)の問いに答えなさい。

筋肉による運動や a 体温の維持など，からだのさまざまなはたらきにはエネルギーが必要であり，そのエネルギーを得るためヒトは食物をとっている。

食物は，消化管の運動や消化酵素のはたらきによって吸収されやすい物質になり，養分として b 小腸のかべから吸収される。養分は，c 血液によって全身の細胞に運ばれ，d 細胞の活動に使われる。

細胞の活動によって，二酸化炭素やアンモニアなどの物質ができる。これらの e 排出には，さまざまな器官が関わっている。

(1) 下線部aについて，グラフは，気温とセキツイ動物の体温との関係を表したものである。これについて述べた次の文の［　　］にあてはまることばを書きなさい。

グラフ

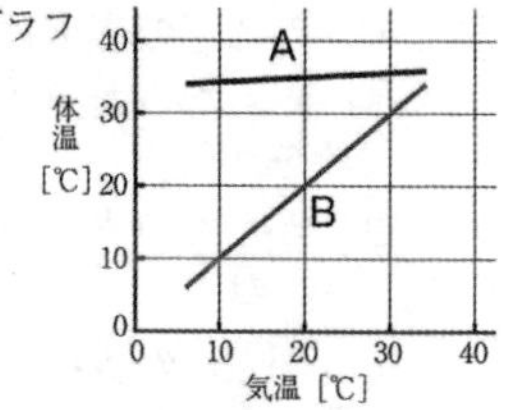

生物が生息している環境の温度は，昼と夜，季節などによって，大きく変化する。セキツイ動物には，気温に対しAのような体温を表す動物と，Bのような体温を表す動物がいる。Aのような動物は，［　　］動物とよばれる。

(2) 下線部bについて，図は，小腸のかべの断面の模式図である。小腸のかべが，効率よく養分を吸収することができる理由を，「**ひだや柔毛があることで，**」という書き出しに続けて書きなさい。

図

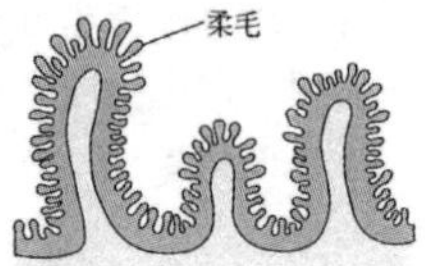

(3) 下線部cについて，ヒトの血液の成分について述べた文として正しいものを，次のア～エの中から1つ選びなさい。

ア 赤血球は，毛細血管のかべを通りぬけられない。
イ 白血球は，中央がくぼんだ円盤形をしている。
ウ 血小板は，赤血球よりも大きい。
エ 血しょうは，ヘモグロビンをふくんでいる。

(4) 下線部dについて，次の文は，細胞による呼吸について述べたものである。［　　］にあてはまる適切なことばを，**エネルギー**，**酸素**，**養分**という3つのことばを用いて書きなさい。

ひとつひとつの細胞では，［　　　　］。このとき，二酸化炭素と水ができる。細胞のこのような活動を，細胞による呼吸という。

（5） 下線部eについて，次の文は，アンモニアが体外へ排出される過程について述べたものである。①，②にあてはまることばの組み合わせとして正しいものを，次の**ア**〜**カ**の中から１つ選びなさい。

蓄積すると細胞のはたらきにとって有害なアンモニアは，血液によって運ばれ，［ ① ］で無害な尿素に変えられる。血液中の尿素は，［ ② ］でとり除かれ，尿の一部として体外へ排出される。

	①	②
ア	じん臓	ぼうこう
イ	じん臓	肝臓
ウ	ぼうこう	じん臓
エ	ぼうこう	肝臓
オ	肝臓	じん臓
カ	肝臓	ぼうこう

(1)	
(2)	ひだや柔毛があることで,
(3)	
(5)	
(4)	

■令和３年度問題

2 次の文は，調理実習での先生と生徒の会話の一部である。（1）〜（5）の問いに答えなさい。

先生　今日は肉じゃがを作ります。まず，a手元をよく見て材料を切りましょう。
生徒　はい。先生，切り終わりました。
先生　では，切った材料を鍋に入れていためます。その後，水と調味料を加えましょう。鍋からぐつぐつというb音が聞こえてきたら，弱火にしてください。
生徒　わかりました。あ，熱い！
先生　大丈夫ですか。
生徒　鍋に触ってしまいました。でも，cとっさに手を引っ込めていたので，大丈夫です。
先生　気をつけてくださいね。念のため，手を十分に冷やした後に，d戸棚の奥から器を取り出して盛り付けの準備をしましょう。

（1） 感覚器官で受けとられた外界からの刺激は，感覚神経に伝えられる。感覚神経や運動神経のように，中枢神経から枝分かれして全身に広がる神経を何というか。書きなさい。

(1)	

（2） 下線部aについて，次の文は，ヒトの目のつき方と視覚の特徴について述べたものである。［　　］にあてはまる適切なことばを，下の**ア**〜**エ**の中から1つ選びなさい。

ヒトの目は前向きについているため，シマウマのように目が横向きについている動物と比べて，［　　　　］。

ア　視野は広いが，立体的に見える範囲はせまい
イ　視野も，立体的に見える範囲も広い
ウ　視野はせまいが，立体的に見える範囲は広い
エ　視野も，立体的に見える範囲もせまい

図１

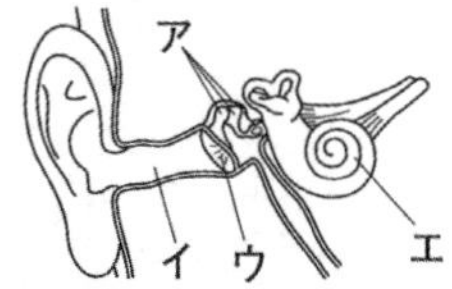

（3） 下線部bについて，図1は，耳の構造の模式図である。音の刺激を電気的な信号として感覚神経に伝える部分はどこか。図1の**ア**〜**エ**の中から1つ選びなさい。

（4） 下線部cについて，次の文は，無意識のうちに起こる反応での，信号の伝わり方について述べたものである。［　　］にあてはまる適切なことばを，**運動神経**，**脳**という２つのことばを用いて書きなさい。

刺激を受けとると，信号は感覚神経からせきずいに伝わる。無意識のうちに起こる反応では，信号は［　　　　］運動器官に伝わり，反応が起こる。

（5） 下線部dについて，図２は，うでをのばす運動に関係する筋肉X，Yとその周辺の骨の模式図である。次の文は，ヒトがうでをのばすしくみについて述べたものである。①，②にあてはまることばの組み合わせとして最も適切なものを，下の**ア**〜**カ**の中から１つ選びなさい。

図２

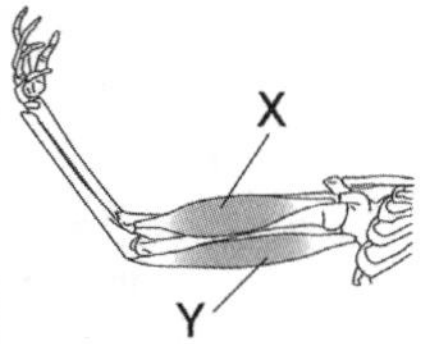

筋肉は，［ ① ］。そのため，うでをのばすときには，図2の［ ② ］。

	①	②
ア	縮むことはできるが，自らのびることはできない	Xが縮み，Yがのばされる
イ	縮むことはできるが，自らのびることはできない	Yが縮み，Xがのばされる
ウ	のびることはできるが，自ら縮むことはできない	Xがのび，Yが縮められる
エ	のびることはできるが，自ら縮むことはできない	Yがのび，Xが縮められる
オ	自らのびることも縮むこともできる	Xが縮み，Yがのびる
カ	自らのびることも縮むこともできる	Yが縮み，Xがのびる

(2)		(3)	
(4)			
(5)			

細胞と生殖

■平成26年度問題

2　次の観察について，(1) ～ (3) の問いに答えなさい。

観　察

図1のように，同じ長さのタマネギの根P，Qを用意し，それぞれの先端から2mm間隔で印をつけ，それぞれA～C，D～Fとした。

Ⅰ　根Pを切りとり，うすい塩酸の入った試験管に入れて60℃の湯で1分間あたためてから，顕微鏡を用いてA～Cの各部分の細胞を観察した。

Ⅱ　根Qは，翌日まで水につけてから，D～Fの位置の変化を調べた。次に，根Qを切りとり，Ⅰと同じようにして，D～Fの各部分の細胞を観察した。

図1

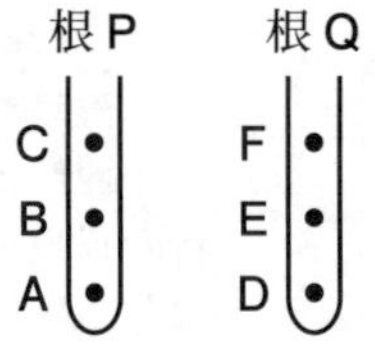

（1）　観察のⅠの下線部の処理には，細胞分裂を止めることのほかにどのような目的があるか。書きなさい。

（2）　次の文は，観察のⅠにおいて，顕微鏡の倍率を低倍率から高倍率にするときの操作についてまとめたものである。①～③にあてはまることばの組み合わせはどのようになるか。次のア～エの中から1つ選びなさい。

［　①　］を回して，高倍率の対物レンズにする。次に，［　②　］を調節して，観察したいものが最もはっきり見えるようにする。
このとき，低倍率のときに比べて，対物レンズとプレパラートの間の距離が［　③　］なり，視野がせまくなる。

	①	②	③
ア	しぼり	レボルバー	近く
イ	しぼり	レボルバー	遠く
ウ	レボルバー	しぼり	近く
エ	レボルバー	しぼり	遠く

（3）　観察のⅠにおいて，Aの部分に細胞分裂をしている細胞が見られた。図2のア～カは，このときに見られた細胞のスケッチである。アを最初にして，イ～カを細胞分裂が進む順に並べるとどのようになるか。書きなさい。

図2

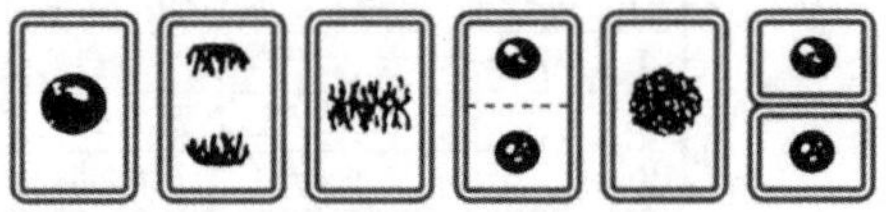

(1)			
(2)		(3)	ア→（　）→（　）→（　）→（　）→（　）

■平成27年度問題

3　次の文は，メンデルの実験について述べたものである。（1）～（4）の問いに答えなさい。ただし，エンドウの種子について，子葉の色を黄色にする遺伝子をY，緑色にする遺伝子をyとする。

19世紀にオーストリアのメンデルは，エンドウのさまざまな対立形質に注目してかけ合わせ実験を行い，形質がどのように遺伝していくかを調べた。

実験1　エンドウの子葉には，黄色と緑色がある。a 子葉が黄色の純系の種子と子葉が緑色の純系の種子をまいて育て，子葉が黄色の種子をつくる純系のエンドウのめしべに，b 子葉が緑色の種子をつくる純系のエンドウの花粉をかけ合わせて種子をつくった。

結果1　子としてできた種子の子葉は，すべて黄色になった。

実験2　実験1で，子としてできた種子をまいて育て，自家受粉させて種子をつくった。

結果2　孫としてできた種子の子葉には，表のように黄色と緑色の個体が現れた。

	子葉の色	
孫としてできた種子	黄色	6022個
	緑色	2001個

（1）　実験1について，次の①，②の問いに答えなさい。

①　下線部aについて，この種子がもつ遺伝子の組み合わせを表すとどのようになるか。下のア～オの中から1つ選びなさい。

②　下線部bについて，この花粉からのびた花粉管の中にある精細胞がもつ遺伝子を表すとどのようになるか。次のア～オの中から1つ選びなさい。

ア　Y　　イ　y　　ウ　YY　　エ　yy　　オ　Yy

（2）次の文は，結果1をもとに，遺伝の規則性について説明したものである。［　　］にあてはまることばは何か。書きなさい。

異なる対立形質をもつ純系の親どうしをかけ合わせたとき，子にはどちらか一方の親の形質だけが現れる。このとき，子に現れる形質を［　　］の形質という。

（3）結果2について，次の①，②の問いに答えなさい。

①　孫としてできた種子に現われた子葉の色について，子葉が黄色と緑色の個体数の比を，最も簡単な整数比で表すとどのようになるか。次のア～エの中から1つ選びなさい。

ア　黄色：緑色＝2：1　　イ　黄色：緑色＝1：2
ウ　黄色：緑色＝3：1　　エ　黄色：緑色＝1：1

②　孫としてできたそれぞれの種子がもつ遺伝子の組み合わせの数の比を，最も簡単な整数比で表すとどのようになるか。次のア～カの中から1つ選びなさい。

ア　YY：yy＝3：1　　イ　YY：Yy＝3：1
ウ　Yy：yy＝3：1　　エ　YY：Yy：yy＝2：1：1
オ　YY：Yy：yy＝1：2：1　　カ　YY：Yy：yy＝1：1：2

（4）次の文は，結果1，2からわかった法則についてまとめたものである。［　　］にあてはまることばは何か。書きなさい。

親の形質のうち子としてできた種子に現れない形質が，孫としてできた種子に現れることがある。これは，親の形質を決めている遺伝子が対になっていて，その遺伝子が分かれて別々の生殖細胞に入るためである。このような遺伝子の伝わり方の規則性を［　　］の法則という。

(1)	①		②		(2)	
(3)	①		②		(4)	

■平成30年度問題

1 次の問いに答えなさい。

（1） 受精卵が胚になり，個体としてのからだのつくりが完成していく過程を何というか。書きなさい。

(1)	

■平成31年度問題

3 次の文は，理科の学習で，博物館を見学したある生徒の記録である。次の問いに答えなさい。

「生物の変遷と進化」コーナー

図1のようなa様々なセキツイ動物の前あしの骨格の模型が展示されていて，前あしの骨格を比べやすいように，模型には糸がとりつけられていた。

b図2のようなセキツイ動物の復元図が展示されていた。このセキツイ動物は約1億5000万年前の地層から化石として発見されたものだった。

図 1

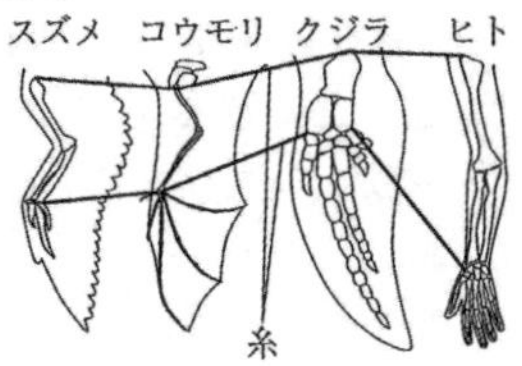

図 2

「遺伝子研究の歴史」コーナー

メンデルが行った実験について，「メンデルは，エンドウのもつ形や色などの形質に着目して，形質が異なる純系の親を交配し，多数の子を得た。子はすべて同じ形質だった。さらに，その種子を育て自家受粉させて得た孫の形質とその個体数の比を調べた。」と紹介されていた。

（3） 表は，メンデルが行った実験の結果の一部である。次の①,②の問いに答えなさい。

表

形質	親の形質の組み合わせ		子の形質	孫の形質と個体数	
種子の形	しわ	丸	（ X ）	しわ 1850	丸 5474
さやの色	黄	緑	（ Y ）	黄 152	緑 428

① 表のX，Yにあてはまる形質の組み合わせとして最も適当なものを，次のア～エの中から1つ選びなさい。

	X	Y
ア	丸	黄
イ	丸	緑
ウ	しわ	黄
エ	しわ	緑

② 孫の代を自家受粉してできる「ひ孫の代」における黄と緑の個体数の比を，最も簡単な整数比で表すとどのようになるか。次のア～カの中から最も適当なものを1つ選びなさい。

ア 黄：緑＝3：1　イ 黄：緑＝4：3　ウ 黄：緑＝5：3
エ 黄：緑＝1：3　オ 黄：緑＝3：4　カ 黄：緑＝3：5

(3)	①		②	

■令和２年度問題

1 次の観察について，（1）～（4）の問いに答えなさい。

観察

Ⅰ 図1のように，水を満たしたビーカーの上にタマネギを置いて発根させ，根のようすを観察した。

Ⅱ 図2のように，1本の根について，根が約2cmの長さにのびたところで，根もと，根もとから1cm，根もとから2cmの3つの場所にペンで印をつけ，それぞれa，b，cとした。

印をつけた根が約4cmの長さにのびたところで，再び各部分の長さを調べると，aとbの間は1cm，aとcの間は4cmになっていた。

図1

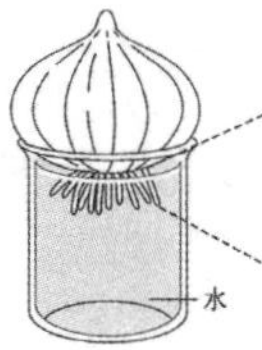

図2

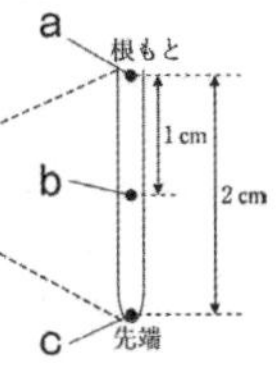

Ⅲ Ⅱの根を切り取り，塩酸処理を行った後，a，b，cそれぞれについて，印をつけた部分を含むように2mmの長さに輪切りにし，別々のスライドガラスにのせて染色液をたらした。数分後，カバーガラスをかけ，ろ紙をのせて押しつぶし，プレパラートを作成した。それぞれのプレパラートを，顕微鏡を用いて400倍で観察したところ，視野全体にすき間なく細胞が広がっていた。視野の中の細胞の数を数えたところ，表のようになった。

また，cの部分を含んだプレパラートでのみ，ひものような染色体が観察された。

表

	a	b	c
細胞の数	13	15	63

（1） 次の文は，Ⅰについて述べたものである。A，Bにあてはまることばを，それぞれ書きなさい。

図1のように，タマネギからはたくさんの細い根が出ていた。このような根を［ A ］といい，この根の特徴から，タマネギは被子植物の［ B ］類に分類される。

（2） 顕微鏡の使い方について述べた文として正しいものを，次のア～エの中から1つ選びなさい。

ア 観察するときには，顕微鏡をできるだけ直射日光のあたる明るいところに置く。
イ 観察したいものをさがすときには，視野のせまい高倍率の対物レンズを使う。
ウ 視野の右上にある細胞を視野の中央に移動させるときには，プレパラートを右上方向に移動させる。
エ ピントを合わせるときには，接眼レンズをのぞきながらプレパラートと対物レンズを近づけていく。

(1)	A		B	
(2)				

（3） 下線部について，図3は細胞分裂の過程のさまざまな細胞のようすを模式的に示したものである。次の①，②の問いに答えなさい。

図3

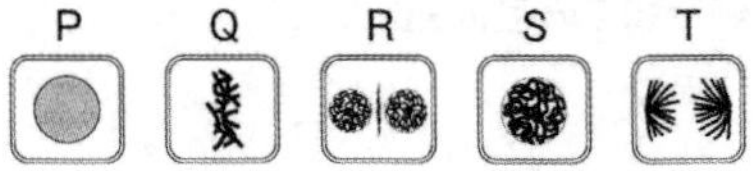

① 図3のP～Tを，Pを1番目として細胞分裂の順に並べ替えたとき，3番目となるものはどれか。Q～Tの中から1つ選びなさい。

② 染色体の複製が行われているのはどの細胞か。P～Tの中から1つ選びなさい。

（4） 次の文は，観察からわかったことについて述べたものである。X～Zにあてはまることばの組み合わせとして最も適切なものを，次のア～クの中から1つ選びなさい。

印をつけた根は［X］の間がのびていた。aとbの部分の細胞の大きさはほとんど同じだが，aとbの部分の細胞に比べてcの部分の細胞は［Y］ことがわかった。また，cの部分では，ひものような染色体が観察された。

以上のことから，根は，［Z］に近い部分で細胞分裂が起こり，その細胞が大きくなっていくことで，根が長くなることがわかった。

	X	Y	Z
ア	aとb	大きい	根もと
イ	aとb	大きい	先端
ウ	aとb	小さい	根もと
エ	aとb	小さい	先端
オ	bとc	大きい	根もと
カ	bとc	大きい	先端
キ	bとc	小さい	根もと
ク	bとc	小さい	先端

(3)	①		②		(4)	

天気とその変化

■平成27年度問題

4 次の文は，大気の動きについて述べたものである。次の（1）～（3）の問いに答えなさい。

地球の大気の厚さは約400～800kmであるが，天気の変化に影響をあたえる大気の動きは，地表から高さ約［a］kmまでの範囲で起こる。大気は，赤道付近ではあたたかく，極付近では冷たい。この温度差などにより，地球規模で大気は動く。b 日本の天気にも影響をあたえる偏西風は地球規模の大気の動きである。大気の温度差は大陸と海洋のあたたまり方のちがいでも生じる。日本列島はユーラシア大陸と太平洋にはさまれているため，c 季節によって，特徴的な気圧配置となり，季節風がふく。

（1） 上の文の［a］にあてはまる数字は何か。次のア～エの中から最も適当なものを1つ選びなさい。

ア 1　イ 10　ウ 100　エ 300

(1)	

（2） 次の文は，下線部bについて説明したものである。①，②にあてはまることばの組み合わせはどのようになるか。次のア～カの中から1つ選びなさい。

［①］地域に位置する日本列島の上空では，偏西風が，おおむね［②］にふいている。このことから，日本の天気は，［②］に変わることが多い。

	①	②
ア	高緯度	西から東
イ	高緯度	東から西
ウ	中緯度	西から東
エ	中緯度	東から西
オ	低緯度	西から東
カ	低緯度	東から西

（3） 図は，下線部cについて，日本付近の特徴的な冬の気圧配置を示した模式図である。次の①～③の問いに答えなさい。

① 図の高気圧を中心に発達し，日本の冬の天気に影響をあたえる気団を何気団というか。書きなさい。

② 図の気圧配置を何型というか。**漢字4字**で書きなさい。

③ 次の文は，図の高気圧が成長する理由と季節風について説明したものである。Ⅰ～Ⅲにあてはまることばの組み合わせはどのようになるか。次のア～クの中から1つ選びなさい。

冬の時期に，北半球の赤道付近をのぞいた地域は，昼の長さが短くなるため，図のユーラシア大陸の北部は，気温が下がる。大陸は海洋と比べて［Ⅰ］ので，図のユーラシア大陸上で［Ⅱ］気流が発生し，高気圧が成長する。図の気圧配置では，高気圧と低気圧の間に等圧線が南北方向にならぶため，おおむね［Ⅲ］の季節風がふく。

図

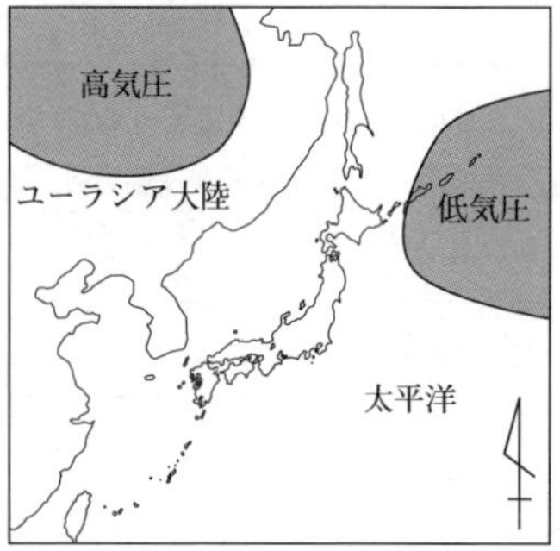

	Ⅰ	Ⅱ	Ⅲ
ア	あたたまりにくく，冷えにくい	上昇	北西
イ	あたたまりにくく，冷えにくい	上昇	南東
ウ	あたたまりにくく，冷えにくい	下降	北西
エ	あたたまりにくく，冷えにくい	下降	南東
オ	あたたまりやすく，冷えやすい	上昇	北西
カ	あたたまりやすく，冷えやすい	上昇	南東
キ	あたたまりやすく，冷えやすい	下降	北西
ク	あたたまりやすく，冷えやすい	下降	南東

(2)		(3)	①	気団
(3)	② 型		③	

■平成28年度問題

4 次の文は，山で気象観測を行ったようすについて述べたものである。(1)～(3)の問いに答えなさい。

> 登りはじめてから山頂に到着するまでの天気は晴れであり，a ふもとから山頂に向かって，斜面に沿うように空気が流れていた。山頂に到着してしばらくすると，雲が発生した。山頂から下りる前に，水の入ったペットボトルを空《から》にし，ふたをしっかりとしめて持ち帰った。
> ふもとにもどってくると，b 持ち帰ったペットボトルが，少しつぶれていた。ふもとでは，空気の流れはなかった。このときの気温と湿度を測定するために，ふもとに設置されている乾湿計の目盛りを読みとった。気温と湿度の測定を終えてしばらく休んでいると，c 周囲に霧が発生した。

(1) 次の文は，下線部**a**について，雲が発生するしくみを説明したものである。①，②にあてはまるものは何か。①は下の**ア～エ**の中から1つ選び，②はあてはまることばを書きなさい。

> Ⅰ 空気のかたまりが上昇する。
> Ⅱ 上昇した空気のかたまりの ① 。
> Ⅲ さらに空気のかたまりが上昇を続けると，その温度はやがて ② に達する。
> Ⅳ 空気のかたまりにふくまれている水蒸気が水滴となって，雲の粒として目に見えるようになる。

ア 温度が上がり，ふくまれている水蒸気の量と飽和水蒸気量は，大きくなる
イ 温度が上がり，ふくまれている水蒸気の量は変わらないが，飽和水蒸気量は大きくなる
ウ 温度が下がり，ふくまれている水蒸気の量と飽和水蒸気量は，小さくなる
エ 温度が下がり，ふくまれている水蒸気の量は変わらないが，飽和水蒸気量は小さくなる

(2) 次の文は，下線部**b**について説明したものである。①，②にあてはまることばの組み合わせはどのようになるか。次の**ア～エ**の中から1つ選びなさい。

> 山頂よりも，ふもとでの気圧が ① ので，密閉されたペットボトルの中の空気の体積が ② する。

	①	②
ア	高い	増加
イ	高い	減少
ウ	低い	増加
エ	低い	減少

(3) 図は，ふもとにもどったときに読みとった乾湿計の目盛りを拡大したものである。表は湿度表の一部を示し，グラフは気温と飽和水蒸気量の関係を表したものである。下線部**c**について，このときのふもとの気温は約何℃か。次の**ア～オ**の中から最も適当なものを1つ選びなさい。

図

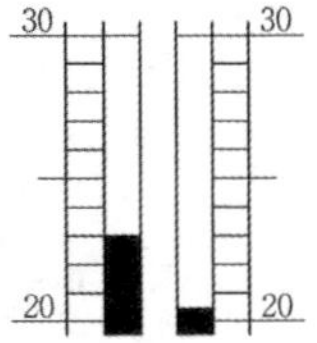

ア 約15℃　**イ** 約17℃　**ウ** 約19℃　**エ** 約21℃　**オ** 約23℃

表

		乾球と湿球の示す温度の差［℃］				
		0.5	1.0	1.5	2.0	2.5
乾球の示す温度［℃］	25	96	92	88	84	80
	24	96	91	87	83	79
	23	96	91	87	83	79
	22	95	91	87	82	78
	21	95	91	86	82	77
	20	95	91	86	81	77

グラフ

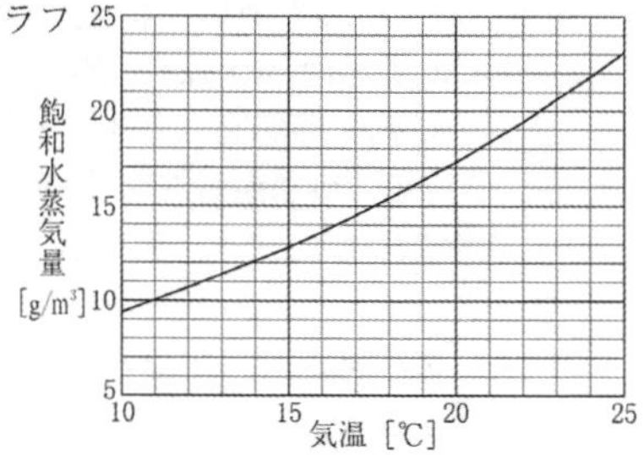

(1)	①		②	
(2)			(3)	

■平成29年度問題

1 (2) 図は，ある日の天気図である。等圧線**A**が示す気圧は，何hPaか。書きなさい。

図

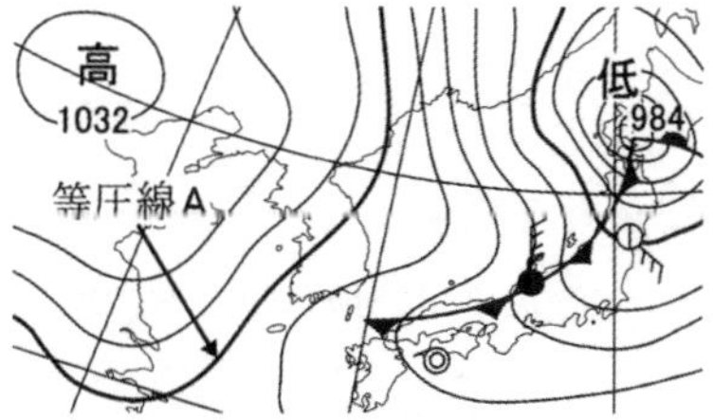

(2)	hPa

■平成30年度問題

4 図は，ある年の3月12日9時の天気図である。また，グラフはその年の3月12日1時から13日24時までの福島市での気温，気圧の変化を示したものである。次の(1)～(4)の問いに答えなさい。

図

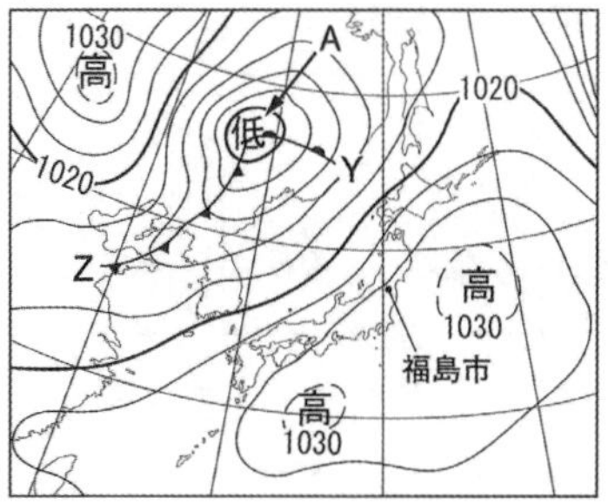

グラフ

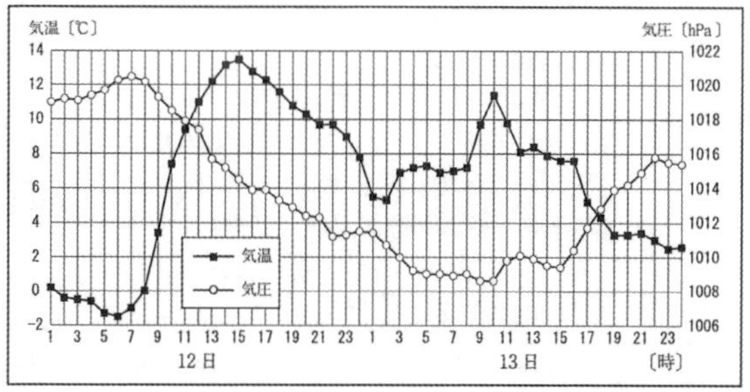

(1) **A**の低気圧は，中緯度帯で発生し，前線をともなう低気圧である。このような低気圧を何というか。書きなさい。

(1)	

（2） Yのような前線の付近では，底面が暗く，雨や雪を降らせる厚い雲が見られる。この雲を何というか。次の**ア**～**エ**の中から1つ選びなさい。

ア 乱層雲　**イ** 巻層雲　**ウ** 積雲　**エ** 積乱雲

（3） Zのような前線では，暖気と寒気がどのように動きながら進んでいくか。**暖気**，**寒気**ということばを用いて，「**Zのような前線では，**」という書き出しに続けて書きなさい。

（4） Zの前線は，福島市を13日24時までに通過した。通過したと考えられる時間帯として最も適当なものを，次の**ア**～**カ**の中から1つ選びなさい。

ア 12日9時から11時　**イ** 12日14時から16時
ウ 13日3時から5時　**エ** 13日6時から8時
オ 13日9時から11時　**カ** 13日17時から19時

(2)	
(3)	**Zのような前線では，**
(4)	

■平成31年度問題

5 次の文は，地球上の水の循環について述べたものである。（1）～（4）の問いに答えなさい。

地球表面の約[X]%は海でおおわれており，地球に存在する水の量のうち海水は約[Y]%を占め，残りは陸地に存在する。陸地に最も多く存在する水は氷河であり，2番目は地下水である。

図は水の循環を模式的に表したものである。a大気中の水は主に海からの蒸発によって供給されている。年間蒸発量は海で425兆t，陸地で71兆tである。蒸発した水は上空で冷却され，水滴や氷の粒となり，雲ができる。雲の一部は，雨や雪となって陸地や海へもどる。年間降水量は海で385兆t，陸地で111兆tである。陸地に降った雪の一部は氷河となり，水の一部は蒸発して大気にもどるが，残りの雪や雨は河川などの流水となって[Z]兆tが海に流れ込んでいく。

このように地球上の水は絶えず海と陸地と大気の間をバランスを保って循環し，氷河として陸地にとどまっているように見える水も，長い時間をかけて循環している。しかし，近年の人間の活動がb水の循環などの自然環境の変化にかかわっている。

図
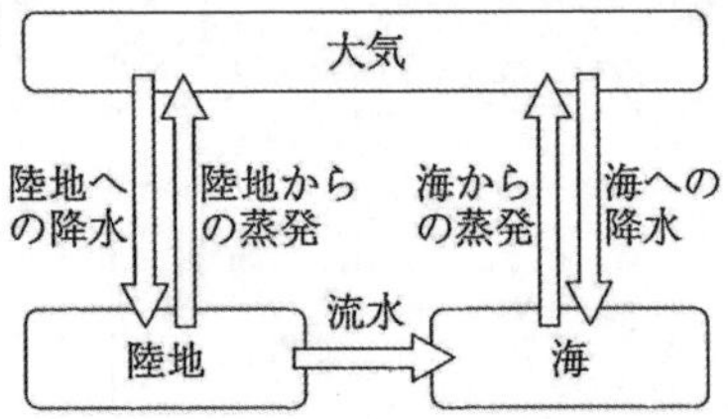

（1） 図のような地球の水の循環をもたらす主なエネルギーは，何からもたらされるのか。書きなさい。

（2） 下線部aについて，大気中の水は大きな大気の流れによって運ばれていく。その流れの1つである中緯度に吹く偏西風の説明として正しいものを，次の**ア**～**オ**の中から1つ選びなさい。

ア 北半球では西風で，南半球では東風である。
イ 北半球では東風で，南半球では西風である。
ウ 北半球，南半球ともに西風である。
エ 北半球，南半球ともに東風である。
オ 北半球，南半球とも季節によって風向が変わる。

（3） 前の文について，次の①，②の問いに答えなさい。

① X，Yにあてはまる数値の組み合わせとして正しいものを，右の**ア**～**カ**の中から1つ選びなさい。

	X	Y
ア	30	70
イ	30	97
ウ	70	30
エ	70	97
オ	97	30
カ	97	70

② 大気，海，陸地に存在している水の割合がそれぞれ長期にわたって変化しないものとして，Zにあてはまる数値を書きなさい。

（4） 下線部bについて，現在より地球が温暖化した場合，海面が上昇して標高の低い地域は水没する可能性がある。海面が上昇する主な原因を，図の水の循環をもとに**陸地**，**流水**という2つのことばを用いて，「**気温の上昇によって，**」という書き出しに続けて書きなさい。

(1)			(2)	
(3)	①		②	
(4)	**気温の上昇によって，**			

■令和2年度問題

3 次の文は，生徒と先生の会話の一部である。（1）～（5）の問いに答えなさい。

生徒　海岸付近の風のふき方について調べるため，夏休みに気象観測を行いました。気象観測は，よく晴れたおだやかな日に，東に海が広がる海岸で行い，観測データを表にまとめました。表から，この日の風向は6時から8時の間と，[X]の間に大きく変化したことがわかりました。

表

時	天気	風向	風力
6	快晴	北北西	1
8	快晴	東	1
10	晴れ	東	2
12	晴れ	東南東	2
14	晴れ	東南東	1
16	晴れ	東南東	1
18	曇り	西南西	1
20	晴れ	南西	1

先生　よいところに気がつきましたね。海の近くでは1日のうちで海風と陸風が入れかわる現象が起こることが知られています。風向きはなぜ変化するのでしょう。太陽の光が当たる日中には，陸上と海上では，どのようなちがいが生じると思いますか。

生徒　はい。水には岩石と比べて[Y]性質があります。そのため，太陽の光が当たる日中には，陸と海には温度の差ができるので，陸上と海上にも気温の差ができると思います。

先生　そうです。それぞれの気温を比べてみると，日中には ① の気温の方が高くなりますね。気温の変化は，空気の動きや気圧にどう影響すると思いますか。

生徒　ええと，空気があたためられると膨張して密度が小さくなり， ② 気流が発生するので，その場所の気圧は低くなっていると思います。反対に，空気が冷やされると収縮して密度が大きくなり， ③ 気流が発生するので，気圧は高くなっていると思います。

　あ，そうか。日中に私が観測した東寄りの風は，気圧が高くなった海から気圧が低くなった陸上へ向かってふいた風だったのですね。

先生　そのとおりです。気圧の差が生じて風がふくということをよくとらえましたね。では，夜にふく風についてはどのように考えられますか。

生徒　はい。夜には水の Y 性質によって， ④ の気温の方が高くなるので，日中とは反対に，陸から海へ向かって風がふくと思います。

先生　そうです。これらの風を海陸風といいます。実は，同じような現象は，より広範囲の大陸と海洋の間でも起こることが知られています。

（1）　表の10時の観測データを天気図記号で表したものを，次の**ア**～**ク**の中から1つ選びなさい。

（2）　文中の**X**にあてはまるものを，次の**ア**～**ウ**の中から1つ選びなさい。

ア　10時から12時　　**イ**　16時から18時　　**ウ**　18時から20時

（3）　文中の**Y**にあてはまることばを，次の**ア**～**エ**の中から1つ選びなさい。

ア　あたたまりやすく冷えやすい
イ　あたたまりやすく冷えにくい
ウ　あたたまりにくく冷えやすい
エ　あたたまりにくく冷えにくい

	①	②	③	④
ア	陸上	上昇	下降	海上
イ	陸上	下降	上昇	海上
ウ	海上	上昇	下降	陸上
エ	海上	下降	上昇	陸上

（4）　文中の①～④にあてはまることばの組み合わせとして正しいものを，次の**ア**～**エ**の中から1つ選びなさい。

（5）　下線部について，次の文は，日本付近で，冬に北西の季節風がふくしくみを説明したものである。　　　にあてはまる適切なことばを，**気温**，**気圧**という2つのことばを用いて書きなさい。

　冬になると，ユーラシア大陸上では太平洋上と比べて　　　　　。その結果，ユーラシア大陸から太平洋へ向かって北西の季節風がふく。

(1)		(2)		(3)		(4)	
(5)							

地球と宇宙

■平成25年度問題

5　福島県のある場所で，天体望遠鏡を用いて次の観察を行った。（1）～（4）の問いに答えなさい。

観察1
　金星を観察できる時刻と方位の関係を確かめながら，金星の満ち欠けの様子を観察した。

観察2
　金星が太陽の前を通過するときに，図1のように，望遠鏡に太陽投影板としゃ光板をとり付けて太陽を観察した。このとき，望遠鏡の赤道儀の極軸を，地球の自転軸と平行になるように，北極星の方向に向けて観察した。

図1

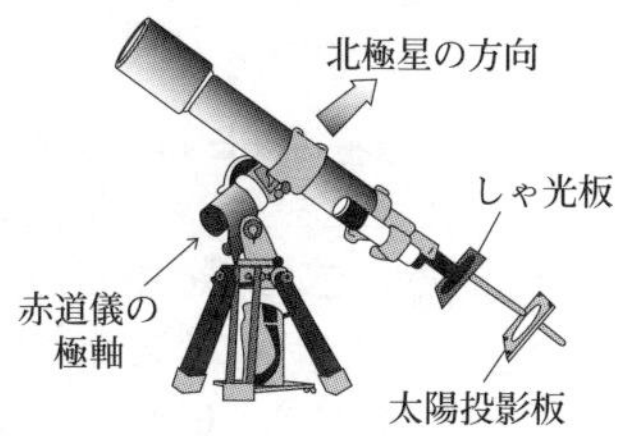

観察2の結果
　Ⅰ　金星の像は，太陽の像の前を東から西へ移動した。
　Ⅱ　金星の像の直径は，太陽の像の直径の約$\frac{1}{33}$倍であった。

（1）　観察1の結果として，正しいものはどれか。次の**ア**～**オ**の中から1つ選びなさい。

ア　表面には，月のように多くのクレーターが見える。
イ　みかけの大きさは，欠け方が小さいときほど大きい。
ウ　季節によっては，真夜中に見えるときがある。
エ　夕方に観察できるときには，西の空に見える。
オ　常に，半円よりも円に近い形に見える。

（2）　次の文は，観察2において，下線部の操作を行う理由をまとめたものである。　　　にあてはまるものは何か。下の**ア**～**エ**の中から1つ選びなさい。

　観察するときに，望遠鏡を太陽の　　　に合わせて動かすことができるようにするため。

ア　自転　　**イ**　公転　　**ウ**　日周運動　　**エ**　年周運動

（3）　次の文は，観察2において，あらかじめ確認することをまとめたものである。①，②にあてはまるものは何か。それぞれ**ア**，**イ**のどちらかを選びなさい。

　太陽投影板を接眼レンズから離すと，太陽の像は ①｛**ア**　大きく　**イ**　小さく｝なる。また，望遠鏡を固定して観察したとき，太陽の像が投影板から外れていく方向を ②｛**ア**　東　**イ**　西｝とする。

（4）　観察2の結果Ⅰからわかることは何か。次の**ア**～**オ**の中から1つ選びなさい。

ア　地球の公転周期は，金星の公転周期より長い。
イ　地球の公転周期は，金星の公転周期より短い。
ウ　地球の公転周期は，金星の自転周期より短い。
エ　地球の自転周期は，金星の公転周期より長い。
オ　地球の自転周期は，金星の自転周期より長い。

(1)		(2)		(3)	①		②		(4)	

■平成27年度問題

5 次の表は，太陽系の惑星の特徴をまとめたものである。（1）～（3）の問いに答えなさい。

表

	惑星A	惑星B	地球	惑星C	惑星D	惑星E	惑星F	惑星G
太陽からの距離	0.39	0.72	1.00	1.52	5.20	9.55	19.22	30.11
密 度［g/cm^3］	5.43	5.24	5.51	3.93	1.33	0.69	1.27	1.64
質 量	0.06	0.82	1.00	0.11	317.83	95.16	14.54	17.15

（注）太陽からの距離，質量は地球を１としたときの値で示している。（理科年表平成27年版により作成）

（1）惑星A～Eは，公転軌道の位置によって，いつも観察できるとは限らない。しかし，観察できる時期には，１等星よりも明るく，肉眼でも見ることができる。これらの惑星が，福島県から観察できたときの見え方について，次の①，②の問いに答えなさい。

① 惑星A～Eが，自ら光を出さないのに，明るく見える理由を説明するとどのようになるか。**太陽**ということばを用いて書きなさい。

② 惑星A～Eの中で，真夜中に観察することができるものはどれか。次のア～オの中から**すべて**選びなさい。

ア 惑星A　イ 惑星B　ウ 惑星C　エ 惑星D　オ 惑星E

（2）惑星A～Gは，地球型惑星と，それ以外の惑星の２つに大きく分けられる。表のどの惑星とどの惑星の間で分けられるか。次のア～エの中から１つ選びなさい。

ア 惑星Bと地球の間　イ 地球と惑星Cの間
ウ 惑星Cと惑星Dの間　エ 惑星Dと惑星Eの間

（3）惑星Dについて，次の①，②の問いに答えなさい。

① 惑星Dの名称は何か。書きなさい。

② 惑星Dの体積は，表をもとに考えたとき，地球の体積の約何倍か。次のア～オの中から最も適当なものを１つ選びなさい。

ア 約8倍　イ 約80倍　ウ 約130倍　エ 約230倍　オ 約1300倍

(1)	①			②	
(2)		(3)	①	②	

■平成28年度問題

1（2） 次の文の［　　］にあてはまることばは何か。書きなさい。

地球から見た太陽は，地球が太陽のまわりを公転することによって，天球上を移動していくように見える。このときの天球上の太陽の通り道を［　　］という。

(2)	

■平成29年度問題

5 日本の北緯35度のある地点で，太陽の1日の動きを観察し，透明半球を天球と仮定して記録した。（1）～（5）の問いに答えなさい。ただし，地軸は地球の公転面に対して垂直な方向から約23.4度傾いているものとする。

図のように，紙に透明半球と同じ半径の円と，円の中心の点Eを通り直角に交わる線ACと線BDをかき，透明半球の下面にはった。透明半球上に，点A，天頂，点Cを結んだ点線Xを引いた後に，点Aを北，点Bを西，点Cを南，点Dを東の方位に合わせて日当たりのよい水平な場所に置いた。

観　察　夏至の日に，午前7時から午後5時まで，1時間ごとに太陽の位置を透明半球上にサインペンを用いて点で記録し，その時刻を記入した。記録した点をなめらかな曲線で結び，それを透明半球のふちまでのばした。

結　果　日の出の時刻の太陽の位置は，点Dより北側になった。
透明半球上にかいた曲線の長さは，午前10時の位置から午前11時の位置までが3.00cm，午前11時の位置から記録した曲線と点線Xが交わる位置までが2.25cmであった。ただし，午前11時の位置は点線Xの東側だった。

図

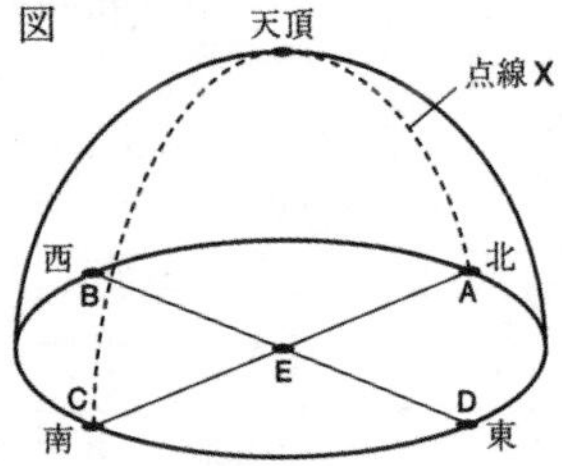

（1） 点線Xは，天球上の何を表しているか。書きなさい。

（2） 太陽の位置を透明半球上にサインペンで記録するときに，サインペンの先のかげをどこに合わせるとよいか。図の点A～Eの中から1つ選びなさい。

（3） この日，観察した地点で太陽が南中した時刻は何時何分か。次のア～カの中から最も適当なものを1つ選びなさい。

ア 午前11時35分　イ 午前11時45分　ウ 午前11時55分
エ 午後0時5分　オ 午後0時15分　カ 午後0時25分

（4） 観察から，太陽は，透明半球上を東から西へ動いていることがわかった。この動きが起こる理由は何か。**地軸，自転**という2つのことばを用いて，「**地球が，**」という書き出しに続けて書きなさい。

(1)		(2)	点	(3)	
(4)	**地球が，**				

（５） 季節による太陽の１日の動きの違いを比較するために，９月１日，11月１日，冬至の日に，同じ地点で同様の観察を行った。その結果として**誤っているもの**を，次の**ア**～**カ**の中から１つ選びなさい。

ア 夏至の日，９月１日，11月１日，冬至の日に，それぞれ記録した４本の線は透明半球上で交差しない。

イ ９月１日では，日の出の時刻の太陽の位置は，点**D**よりも北側になる。

ウ 11月１日では，日の出の時刻の太陽の位置は，点**D**よりも南側になる。

エ ９月１日では，透明半球上の午前10時と午前11時の太陽の位置の間は3.00cmよりも長くなる。

オ 11月１日では，透明半球上の午前10時と午前11時の太陽の位置の間は3.00cmよりも長くなる。

カ 冬至の日では，透明半球上の午前10時と午前11時の太陽の位置の間は3.00cmよりも長くなる。

(5)	

■平成30年度問題

5 次の文について，（１）～（５）の問いに答えなさい。

図１は，黄道とその付近の星座を示したものである。それぞれの星座の下に書かれている月は，太陽がその星座の方向にあるおおよその時期を示している。ある地点で星座を観察すると，同じ時刻に見える星座の位置は，［ ① ］へと一日に約［ ② ］動き，季節とともに見える星座が変わっていく。また，太陽は，黄道上を［ ③ ］へと移動していく。これらの星座と太陽の動きは，地球の公転による見かけの動きである。これを天体の［ ④ ］運動という。黄道は，地球の公転面を［ ⑤ ］上に延長したものと同じである。

図１

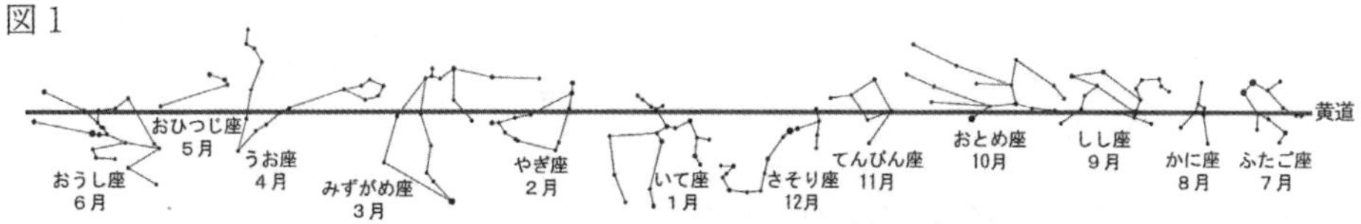

（１） 文中の①～③にあてはまることばと数字の組み合わせはどのようになるか。次の**ア**～**ク**の中から１つ選びなさい。

	①	②	③
ア	西から東	1°	西から東
イ	西から東	1°	東から西
ウ	東から西	1°	西から東
エ	東から西	1°	東から西
オ	西から東	30°	西から東
カ	西から東	30°	東から西
キ	東から西	30°	西から東
ク	東から西	30°	東から西

（２） 文中の④にあてはまることばは何か。書きなさい。

（３） 文中の⑤にあてはまることばは何か。**漢字２字**で書きなさい。

（４） 図１から考えると，４月15日の午前０時頃に南中する星座は何か。次の**ア**～**オ**の中から最も適当なものを１つ選びなさい。

ア うお座　**イ** おうし座　**ウ** かに座
エ おとめ座　**オ** さそり座

（５） 図２は，福島県のある場所でいて座を観察したとき，いて座が矢印の向きに移動して，点**A**の付近に沈もうとしているのを示した図である。点**A**の方向を説明している最も適当なものを，次の**ア**～**オ**の中から１つ選びなさい。

図２

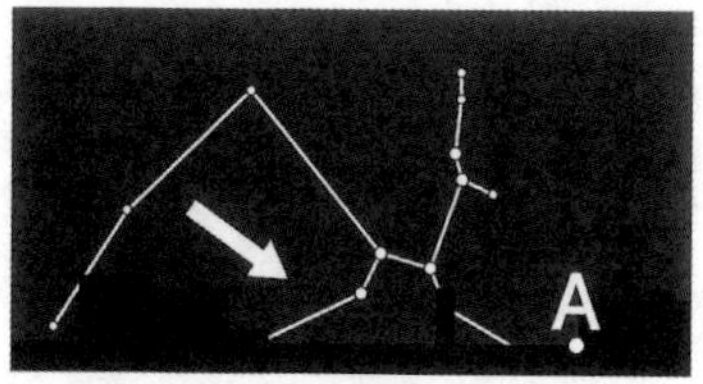

ア 方位磁針のＮ極が指す方向　**イ** 方位磁針のＳ極が指す方向
ウ 夏至の日に太陽が沈む方向　**エ** 秋分の日に太陽が沈む方向
オ 冬至の日に太陽が沈む方向

(1)		(2)		(3)	
(4)		(5)			

■令和２年度問題

4 福島県のある場所で，日の出前に南東の空を観察した。（１）～（５）の問いに答えなさい。

午前６時に南東の空を観察すると，明るくかがやく天体**A**，天体**B**，天体**C**が見えた。図は，このときのそれぞれの天体の位置をスケッチしたものである。

また，天体**A**を天体望遠鏡で観察すると，a<u>ちょうど半分が欠けて見えた</u>。

その後も，b<u>空が明るくなるまで観察を続けた</u>。

それぞれの天体についてコンピュータソフトで調べると，天体**A**は金星，天体**B**は木星であり，天体**C**はアンタレスと呼ばれる恒星であることがわかった。

図

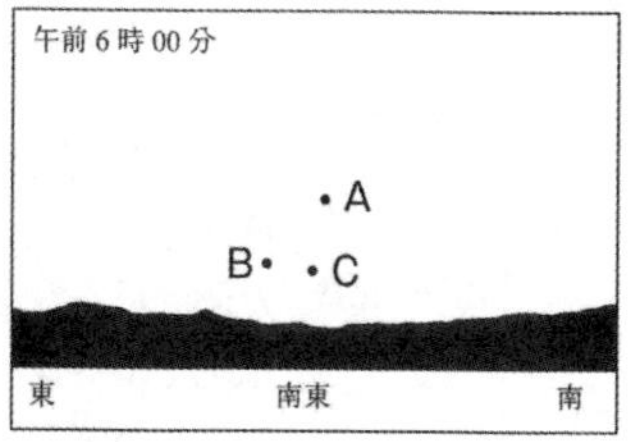

（１） 金星や木星は，恒星のまわりを回っていて，自ら光を出さず，ある程度の質量と大きさをもった天体である。このような天体を何というか。書きなさい。

（２） 次の表は，金星，火星，木星，土星の特徴をまとめたものである。木星の特徴を表したものとして最も適切なものを，次の**ア**～**エ**の中から１つ選びなさい。

表

	密度［g/cm^3］	主な成分	公転の周期［年］	環の有無
ア	0.7	水素とヘリウム	29.5	有
イ	1.3	水素とヘリウム	11.9	有
ウ	3.9	岩石と金属	1.9	無
エ	5.2	岩石と金属	0.6	無

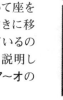

（3） 下線部aについて，このときの天体Aの見え方の模式図として最も適切なものを，次のア～オの中から1つ選びなさい。ただし，ア～オは，肉眼で観察したときの向きで表したものである。

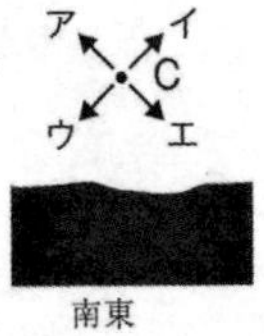

（4） 下線部bについて，観察を続けると天体Cはどの方向に移動して見えるか。最も適切なものを，次のア～エの中から1つ選びなさい。

（5） 次の文は，観察した日以降の金星の見え方について述べたものである。①,②にあてはまることばの組み合わせとして最も適切なものを，次のア～カの中から1つ選びなさい。

15日おきに，天体望遠鏡を使って日の出前に見える金星を観察すると，見える金星の形は［ ① ］いき，見かけの金星の大きさは［ ② ］。

	①	②
ア	欠けて	大きくなっていく
イ	欠けて	変わらない
ウ	欠けて	小さくなっていく
エ	満ちて	大きくなっていく
オ	満ちて	変わらない
カ	満ちて	小さくなっていく

(1)							
(2)		(3)		(4)		(5)	

■令和３年度問題

4 次の文は，生徒と先生の会話の一部である。（1）～（5）の問いに答えなさい。

生徒が撮影した写真

生徒　先生，岩手県の陸前高田市で［ X ］のようすを撮影しました。

先生　太陽の一部がかくされていることがよくわかる，すばらしい写真ですね。福島市では天気が悪く，見ることができませんでした。どのようにして撮影したのですか。

生徒　太陽の光は非常に強いので，太陽を直接見ないように注意しながら，雲がかかったときに撮影しました。ほかの天体とちがってずいぶん大きく見えるので，デジタルカメラで撮影しました。

先生　確かに太陽は大きく見えますね。実際の太陽の大きさはどれくらいか覚えていますか。

生徒　地球よりずっと大きいですよね。授業で太陽系のスケールモデルをつくったときに，a太陽と地球の大きさを比べたので覚えています。

先生　ところで，［ X ］は地球と太陽と月がどのような位置関係のときに起こりますか。

生徒　［ Y ］の順で一直線に並んでいるときに起こると思います。ということは，このときの月は，［ Z ］だったということになりますか。

先生　そのとおりです。そういえば，この日は夏至の日でもありましたね。実は，b夏至の日の太陽の南中高度から，その場所の緯度を求めることができますよ。

生徒　そうなのですか。緯度によっても太陽の南中高度がちがうのですね。ということは，陸前高田市と福島市では，c昼の長さもちがうのでしょうか。

先生　どうでしょうか。考えてみましょう。

（1） 文中のXにあてはまることばを**漢字2字**で書きなさい。

（2） 文中のY，Zにあてはまることばの組み合わせとして最も適切なものを，右のア～カの中から1つ選びなさい。

	Y	Z
ア	地球，太陽，月	満月
イ	地球，太陽，月	新月
ウ	太陽，地球，月	満月
エ	太陽，地球，月	新月
オ	太陽，月，地球	満月
カ	太陽，月，地球	新月

（3） 下線部aについて，太陽の直径を約2mとしたとき，地球の直径を表すものとして最も適切なものを，次のア～カの中から1つ選びなさい。

ア　バスケットボールの直径（23.2cm）　イ　野球ボールの直径（7.2cm）
ウ　卓球ボールの直径（4.0cm）　エ　1円玉の直径（2.0cm）
オ　5円玉の穴の直径（0.5cm）　カ　メダカの卵の直径（0.1cm）

（4） 下線部bについて，生徒が写真を撮影した場所における夏至の日の太陽の南中高度は74.3°であった。撮影した場所の緯度を求めなさい。ただし，地球は公転面に対して垂直な方向から地軸を23.4°傾けて公転しているとする。

（5） 下線部cについて，次の文は，日本列島付近の緯度の異なる2地点における昼の長さについて述べたものである。①,②にあてはまることばの組み合わせとして最も適切なものを，右のア～クの中から1つ選びなさい。

緯度の低い場所と比べて，緯度の高い場所における夏至の日の昼の長さは［ ① ］。
また，緯度の低い場所と比べて，緯度の高い場所における秋分の日の昼の長さは［ ② ］。

	①	②
ア	長い	長い
イ	長い	短い
ウ	長い	変わらない
エ	短い	長い
オ	短い	短い
カ	短い	変わらない
キ	変わらない	長い
ク	変わらない	短い

(1)		(2)		(3)	
(4)	北緯　　　度	(5)			

生物界のつながり

■平成26年度問題

3　次の文は，生物と環境についてまとめたものである。(1) ～ (4) の問いに答えなさい。

> a 炭素が生物のからだや大気中などで形を変えながら循環しているように，物質は自然界においてさまざまな形で循環している。また，b 生物は，生物どうしや空気，水，土などの生物以外の環境とかかわり合うとともに，互いにつり合いを保ちながら生きている。
>
> しかし，人間は，物質やエネルギーなどの資源を利用し，科学技術を進歩させて便利で豊かな生活を手にしてきた一方，生物や環境に悪影響をおよぼしてきた。今後は，環境保全につながる科学技術の研究や c 環境への影響が少ない再生可能なエネルギー資源の開発を進めながら「[d] な社会」をつくることが重要である。

(1)　図は，下線部 a について，生産者，消費者 A～G，分解者の間における炭素の循環の一部を示したものである。次の①，②の問いに答えなさい。

図

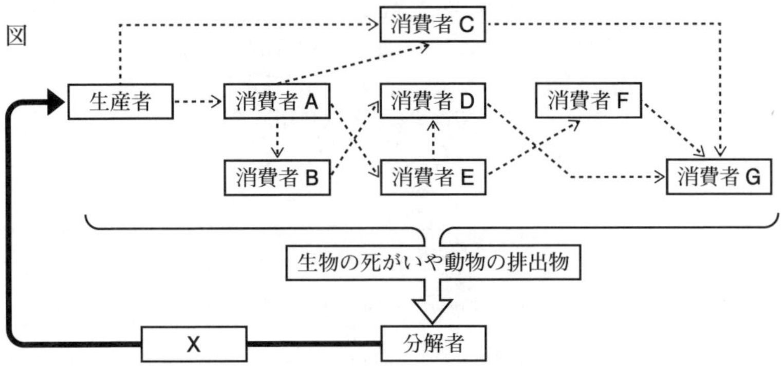

① 図の矢印（┈┈→）は，生物どうしの「食べる，食べられる」という関係を示している。この関係が網の目のようにつながっていることを何というか。書きなさい。

② 図の分解者について，次のⅠ，Ⅱの問いに答えなさい。

Ⅰ　分解者は，生物の死がいや動物の排出物に含まれる有機物から生きるためのエネルギーをとり出している。この有機物にあてはまるものは何か。あとのア～コの中から**すべて**選びなさい。

Ⅱ　X は，分解者が放出する無機物で，生産者が有機物を合成するときに利用するものを示している。X にあてはまるものは何か。次のア～コの中から1つ選びなさい。

ア　炭水化物　　イ　カルシウム　　ウ　水　　エ　脂肪
オ　鉄　　カ　アンモニア　　キ　タンパク質　　ク　酸素
ケ　二酸化炭素　　コ　窒素

(2)　下線部 b について，ある地域に生息するすべての生物と生物以外の環境を1つのまとまりとしてとらえたものを何というか。書きなさい。

(3)　下線部 c の例として，作物などから微生物を使って発生させたアルコールやメタンなどを利用した発電がある。この発電を何というか。書きなさい。

(4)　上の文の「[d] な社会」は，今の生活を維持しながら，豊かな自然，限りある資源を次の世代に引きついでいこうとするものである。[d] にあてはまることばは何か。**漢字４字**で書きなさい。

(1)	①		②	Ⅰ		Ⅱ	
(2)			(3)		発電	(4)	

■平成28年度問題

2　次の観察と実験を行った。(1)～(3) の問いに答えなさい。

観察

福島県内のある中学校で，5月下旬の晴天の日に，校庭と校舎の周辺で生物の観察を行った。表は，観察することができた植物と動物を示している。

表

植　物		動　物	
イチョウ	ハコベ	トカゲ	カエル
スズメノカタビラ	ナズナ	アリ	マイマイ
スギナ	ツツジ	ムカデ	クモ

実験

分解者のはたらきについて調べるために，ツツジが植えてある場所のやわらかく，しめった土を採取し，図のような実験を行った。

Ⅰ　採取した土を，水の入ったビーカーに入れてよくかき混ぜ，しばらく放置し，上ずみ液をつくった。その上ずみ液をすくいとって2等分し，それぞれ別のビーカー X，Y に入れた。ビーカー Y に入れた上ずみ液は，数分間沸とうさせてから，じゅうぶんに冷ましておいた。

Ⅱ　ビーカー X，Y の両方に同量のうすいデンプン溶液を加えて，アルミニウムはくでふたをした。

Ⅲ　3日後，ビーカー X，Y の溶液をそれぞれ試験管にとり，ヨウ素液を加えて，溶液の色の変化を調べた。

図

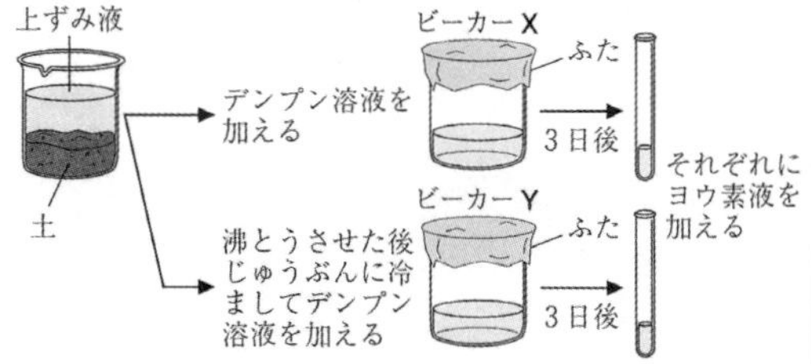

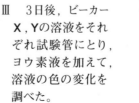

（1） 観察について，次の①～③の問いに答えなさい。

① 表の植物の中で，葉脈が網目状になっていて，花弁が1つにつながっているものはどれか。適当なものを1つ書きなさい。

② 表の動物の中で，からだに節がなく，内臓部分が外とう膜でおおわれているものはどれか。適当なものを1つ書きなさい。

③ 表の植物の多くは，日当たりのよい場所で観察することができた。次の文は，光がじゅうぶんに当たるときに，植物の葉の細胞で行われていることについてまとめたものである。**a**，**b** にあてはまることばの組み合わせはどのようになるか。次の**ア～エ**の中から1つ選びなさい。

植物は，光がじゅうぶんに当たるとき，［ **a** ］を行っており，出している［ **b** ］の量よりも,とり入れる［ **b** ］の量のほうが多くなる。

	a	b
ア	光合成のみ	酸素
イ	光合成のみ	二酸化炭素
ウ	光合成と呼吸	酸素
エ	光合成と呼吸	二酸化炭素

（2） 下線部について，**分解者にあてはまらない生物**を，次の**ア～オ**の中から1つ選びなさい。

ア ミミズ　**イ** 乳酸菌　**ウ** ゼニゴケ　**エ** シイタケ　**オ** 大腸菌

（3） 次の文は，実験の結果についてまとめたものである。①～③にあてはまることばの組み合わせはどのようになるか。次の**ア～カ**の中から1つ選びなさい。

［ ① ］の溶液が，青紫色に変化した。これは，［ ① ］の溶液では分解者が［ ② ］おり，デンプンが［ ③ ］ためだと考えられる。

	①	②	③
ア	ビーカーX	生きて	残っている
イ	ビーカーX	生きて	残っていない
ウ	ビーカーX	死滅して	残っている
エ	ビーカーY	生きて	残っている
オ	ビーカーY	死滅して	残っている
カ	ビーカーY	死滅して	残っていない

(1)	①		②		
	③		(2)		(3)

■平成30年度問題

3 次の文は，自然のなかの生物についてまとめたものである。（1），（4）の問いに答えなさい。

a生物どうしは食べる，食べられるという関係でつながり，動物は食物を食べ，b消化・吸収することによって有機物を体内へとりこみ，c呼吸によってエネルギーをとり出している。dある地域における食べる生物と食べられる生物の数量の割合は，一時的な増減はあっても，長期的に見れば，ほぼ一定に保たれ，つり合っている。

（1） 下線部**a**について，図1はある農地での食物連鎖を示しており，矢印は食べられる生物から食べる生物に向けてある。**A～C**にあてはまる生物として最も適当な組み合わせはどのようになるか。次の**ア～エ**の中から1つ選びなさい。

図1　A → B → C

	A	B	C
ア	カエル	ダンゴムシ	インゲンマメ
イ	ナナホシテントウ	アブラムシ	カマキリ
ウ	バッタ	モズ	イヌワシ
エ	コオロギ	ムクドリ	ウサギ

（4） 下線部**d**について，いっぱんに食べる生物の数量よりも食べられる生物の数量の方が多く，植物を最下層とし草食動物，肉食動物の順に積み重ねると，図2のような模式図として表すことができる。図3は，何らかの原因で植物の数量がふえた後，再びつり合いのとれた状態にもどる過程の一部についてまとめたものである。図3の①～③にあてはまることばの組み合わせはどのようになるか。次の**ア～ク**の中から1つ選びなさい。

図2

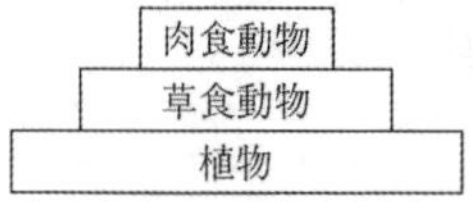

つり合いのとれた状態を表している。なお，横幅の大小は，生物の数量の大小を表している。

図3

何らかの原因で，植物がふえた。
↓
草食動物がふえる。
↓
植物はへり，肉食動物は［ ① ］。
↓
草食動物が［ ② ］。
↓
肉食動物が［ ③ ］。
↓
つり合いのとれた状態にもどる。

	①	②	③
ア	ふえる	ふえる	ふえる
イ	ふえる	ふえる	へる
ウ	ふえる	へる	ふえる
エ	ふえる	へる	へる
オ	へる	ふえる	ふえる
カ	へる	ふえる	へる
キ	へる	へる	ふえる
ク	へる	へる	へる

(1)		(4)	

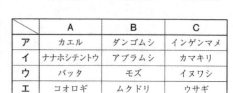

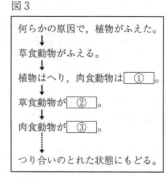

公 立 高 校 入 試 出 題 単 元

過去９年間
(平成25年〜令和3年迄)

英　語

適語選択・並べかえ

- ■ 平成25年 2
- ■ 平成26年 2
- ■ 平成27年 2
- ■ 平成28年 2
- ■ 平成29年 2
- ■ 平成30年 2
- ■ 平成31年 2
- ■ 令和２年 2
- ■ 令和３年 2

対話文 (グラフや表の資料より)

- ■ 平成25年 4 (空所補充・英質英答・抜き出し・内容把握)
- ■ 平成27年 4 (適語選択・空所補充・内容把握)
- ■ 平成28年 4 (空所補充・内容把握・内容真偽・英質英答)
- ■ 平成29年 4 (空所補充・内容真偽・英質英答)
- ■ 平成30年 4 (適語選択・内容把握・内容真偽)
- ■ 平成31年 4 (適語選択・内容把握)
- ■ 令和２年 4 (内容把握・適語選択補充)
- ■ 令和３年 4 (内容把握・適語選択・内容真偽)

リスニング

- ■ 令和２年 1
- ■ 令和３年 1

適語補充・英作文

- ■ 平成25年 3 (空所補充・5語以上)
- ■ 平成26年 3 (空所補充・英作文)
- ■ 平成27年 3 (空所補充・英作文)
- ■ 平成28年 3 (空所補充・英作文)
- ■ 平成29年 3 (空所補充・英作文)
- ■ 平成30年 3 (空所補充・10語以上)
- ■ 平成31年 3 (空所補充・10語以上)
- ■ 令和２年 3 (空所補充・英作文)
- ■ 令和３年 3 (空所補充・英作文)

英文把握問題

- ■ 平成25年 5 (空所補充・内容把握)
- ■ 平成26年 5 (内容理解・空所補充・内容把握)
- ■ 平成27年 5 (内容把握・並び替え・英質英答)
- ■ 平成28年 5 (内容把握・並び替え・内容真偽・空所補充)
- ■ 平成29年 5 (空所補充・内容把握・内容真偽)
- ■ 平成30年 5 (内容把握・適語選択・空所補充・内容真偽)
- ■ 平成31年 5 (適語選択・内容把握・英質英答)
- ■ 令和２年 5 (適語補充・内容真偽・空欄補充)
- ■ 令和３年 5 (適語適文選択・内容真偽・内容把握)

適語選択・並べかえ

■平成25年度問題

2　次の（1），（2）の問いに答えなさい。

（1）　次の①～③は，それぞれAとBとの対話です。（　　）に入る最も適当なものを，ア～エの中からそれぞれ一つずつ選びなさい。

①〔*After school*〕

A：　Hi. Let's play baseball.

B：　Sorry, I can't. I have to (　　) care of my sister. She has a fever.

ア　look　　イ　take　　ウ　see　　エ　go

②〔*At a shop*〕

A：　This coat is really good. But it's too small. Do you have a bigger (　　)?

B：　Yes. How about this?

ア　one　　イ　that　　ウ　it　　エ　any

③〔*In a classroom*〕

A：　My family is going to Kanazawa during the "Golden Week" holidays.

B：　(　　) I hear it's a good place.

ア　That's too bad.　　イ　Yes, please.

ウ　Lucky you.　　エ　You're welcome.

（2）　次の①，②は，それぞれAとBとの対話です。（　　）内の語を正しく並べかえて，それぞれの文を完成しなさい。ただし，文頭に来る語も小文字にしてあります。

①〔*In an English class*〕

A：　We'll go to Kyoto on a school trip next month.

(you / there / been / have / ever)?

B：　Yes. I enjoyed visiting some old temples and shrines last winter.

②〔*At a friend's house*〕

A：　You have a lot of books. What's your favorite book?

B：　Well, I like Natsume Soseki. (him / written / book / by / this) is the most interesting to me.

(1)	①		②		③	
(2)	①	(　　　　　　　　)?				
	②	(　　　　　　　　) is the most interesting to me.				

■平成26年度問題

2　次の（1），（2）の問いに答えなさい。

（1）　次の①～③は，それぞれAとBとの対話です。（　　）に入る最も適当なものを，ア～エの中からそれぞれ一つずつ選びなさい。

①〔*In a classroom*〕

A：　Do you know whose notebook this is?

B：　I've seen it on Keiko's desk before. So maybe it's (　　).

ア　she　　イ　she's　　ウ　her　　エ　hers

②〔*After school*〕

A：　I want to play basketball well like you. What is important to be a good basketball player?

B：　I think it's important to keep (　　) basketball very hard every day.

ア　practice　　イ　practicing　　ウ　practiced　　エ　to practice

③〔*At home*〕

A：　Look, Judy. I made this chocolate cake. (　　)

B：　Yes, please. It looks delicious.

ア　Can you give me some?　　イ　Did you buy it for me?

ウ　Would you like some?　　エ　Will you tell me how to make it?

（2）　次の①，②は，それぞれAとBとの対話です。（　　）内の語を正しく並べかえて，それぞれの文を完成しなさい。ただし，文頭に来る語も小文字にしてあります。

①〔*At school*〕

A：　(there / many / are / how / in / teachers) this school?

B：　About twenty.

②〔*In an English class*〕

A：　What are you going to do during the summer vacation?

B：　I'm going to stay in Okinawa with my family for three days.

I'm (forward / in / swimming / to / the sea / looking).

(1)	①		②		③	
(2)	①	________________ this school?				
	②	I'm ________________.				

■平成27年度問題

2　次の（1）～（3）の問いに答えなさい。

（1）次の①～③は，それぞれAとBとの対話です。（　　）に入る最も適当なものを，ア～エの中からそれぞれ一つずつ選びなさい。

①〔*After school*〕

A：Does your sister work in Kyoto?

B：Yes. She is a teacher. She (　　) math at high school now.

ア teach　イ teaching　ウ teaches　エ taught

②〔*In an English class*〕

A：I have a question about Canada. Is the language (　　) English?

B：Yes, but some people speak other languages, too.

ア their using　イ using there　ウ these used　エ used there

③〔*At school*〕

A：I have a headache, and I feel cold.

B：That's too bad. (　　)

ア You should talk to a teacher.　イ I'll take it.

ウ You are in the hospital.　エ I'll go to bed early.

（2）次は，AとBとの対話です。（　　）内の語句を正しく並べかえて，文を完成させなさい。ただし，文頭に来る語は大文字で書き始めなさい。

〔*At home*〕

A：(a picture book / bought / about / I / Tom) cars.

B：That's wonderful. It'll be a nice birthday present for him.

（3）次は，AとBとの対話です。[1]～[3]に，ⓐ～ⓒの英文を対話が成り立つように当てはめたとき，その組み合わせとして最も適当なものを，ア～エの中から一つ選びなさい。

〔*At a party*〕

A：This cake is so good. [1]

B：Of course. [2]

A：Thank you. [3]

B：No, my sister did.

ⓐ Did you make it?

ⓑ May I have more?

ⓒ Here you are.

ア ([1]－ⓐ, [2]－ⓒ, [3]－ⓑ)

イ ([1]－ⓑ, [2]－ⓐ, [3]－ⓒ)

ウ ([1]－ⓑ, [2]－ⓒ, [3]－ⓐ)

エ ([1]－ⓒ, [2]－ⓑ, [3]－ⓐ)

(1)	①		②		③		(3)	
(2)	(							) cars.

■平成28年度問題

2　次の（1）～（3）の問いに答えなさい。

（1）次の①～③は，それぞれAとBとの対話です。（　　）に入る最も適当なものを，ア～エの中からそれぞれ一つずつ選びなさい。

①〔*At school*〕

A：Are you free on Sunday? Why don't we go shopping?

B：Sorry, I'll go and see a movie with my brother. Let's go on (　　) day.

ア all　イ else　ウ every　エ another

②〔*In an English class*〕

A：What's your plan during this vacation?

B：I'll go to Hokkaido (　　) with my family.

ア ski　イ to ski　ウ skied　エ is skiing

③〔*In front of the station*〕

A：Excuse me. (　　)

B：Oh, take that bus. It will leave soon.

ア Which bus goes to the library?　イ Which bus go to the library?

ウ Which does bus go to the library?　エ Which do buses go to the library?

(1)	①	
	②	
	③	

（2）次は，AとBとの対話です。（　　）内の語句を正しく並べかえて，文を完成させなさい。

〔*After school*〕

A：Mr. Brown, I hear you have been to many countries. What is your favorite country?

B：Well, (visited / the best / I / country / have) is Japan.

(2)	Well, (　　　　　　　　　　　　) is Japan.

（3）次は，健（Ken）とリサ（Lisa）の母親との対話です。[1]～[3]に，ⓐ～ⓒの英文を対話が成り立つようにあてはめたとき，その組み合わせとして最も適当なものを，ア～エの中から一つ選びなさい。

(3)	

〔*On the phone*〕

Ken：Hello, this is Ken. May I speak to Lisa, please?

Lisa's mother：Sorry. [1]

Ken：I see. [2] Can I call her again later?

Lisa's mother：[3] Is that OK?

Ken：No problem.

ⓐ I have something to tell her.

ⓑ She's not here now.

ⓒ She'll be home before dinner.

ア ([1]－ⓐ, [2]－ⓒ, [3]－ⓑ)　イ ([1]－ⓑ, [2]－ⓐ, [3]－ⓒ)

ウ ([1]－ⓑ, [2]－ⓒ, [3]－ⓐ)　エ ([1]－ⓒ, [2]－ⓐ, [3]－ⓑ)

■平成29年度問題

2　次の（1）～（3）の問いに答えなさい。

（1）次の①～③は，それぞれAとBとの対話です。（　　）に入る最も適当なものを，**ア～エ**の中からそれぞれ一つずつ選びなさい。

①〔***In a park***〕

A：　It's very cold. There are a lot of clouds in the sky.

B：　Yes, I think we can see the first （　　） in this winter.

ア　sun　　**イ**　time　　**ウ**　vacation　　**エ**　snow

②〔***After school***〕

A：　Who's this woman in this picture ?

B：　This is my sister （　　） in China.

ア　to work　　**イ**　works　　**ウ**　working　　**エ**　worked

③〔***In a town***〕

A：　Excuse me. Could you tell me （　　）?

B：　Sure. Go down this street and turn left at the hospital. You can see it on your right.

ア　what to buy at the shop　　**イ**　how to get to the museum

ウ　where to get off the train　　**エ**　what to see in the museum

（2）次は，エミリー（Emily）と明（Akira）との対話です。（　　）内の話を正しく並べかえて，文を完成させなさい。

〔***At Akira's house***〕

Emily：　What are your grandmother and father doing?

Akira：　They are making *mochi*. It's made （and / eaten / rice / by / of） many people during New Year's holidays.

（3）次は，マイク（Mike）と父親との対話です。［1］～［4］に入る最も適当なものを，**ア～エ**の中からそれぞれ一つずつ選びなさい。

〔***In the kitchen***〕

Mike：I'm hungry. ［1］

Mike's father：［2］

Mike：［3］

Mike's father：［4］

But you shouldn't eat too much.

Mike：All right.

ア　Wait. I'm making a big dinner for us.

イ　You can have some cookies now.

ウ　I know that, but I can't wait too long.

エ　Can I get something to eat?

(1)	①		②		③			
(2)								
(3)	1		2		3		4	

■平成30年度問題

2　次の（1）～（3）の問いに答えなさい。

（1）次の①～③は，それぞれAとBの対話です。（　　）に入る最も適当なものを，**ア～エ**の中からそれぞれ一つずつ選びなさい。

①〔***At home***〕

A：　What should we do for our father's birthday?

B：　Well, how about buying （　　） some books?

ア　he　　**イ**　him　　**ウ**　we　　**エ**　us

②〔***In a classroom***〕

A：　Her English speech was very nice.

B：　Yes. Her interesting story （　　） our attention.

ア　talked　　**イ**　heard　　**ウ**　shared　　**エ**　attracted

③〔***After school***〕

A：　We will have our school trip this Friday. （　　）

B：　I checked it on TV.　It will be good in Aizu.

ア　What will you want to be?　　**イ**　What did you do there?

ウ　How will the weather be?　　**エ**　How did you go there?

（2）次は，AとBの対話です。（　　）内の語を正しく並べかえて，文を完成させなさい。

〔***In a park***〕

A : It is getting dark. Do you （is / what / it / time / know） now?

B : Yes. It will be six o'clock soon.

（3）次は，AとBの対話です。［1］～［4］に入る最も適当なものを，**ア～エ**の中からそれぞれ一つずつ選びなさい。

〔***In a town***〕

A : Many people are waiting. ［1］

B : ［2］

A : ［3］

B : ［4］

A : That will be good.

ア　OK. We can eat it in the park.

イ　We don't have time to wait for a long time.

ウ　I'm sure this restaurant is very good. Let's try.

エ　That's right.　Why don't we buy something for lunch at that shop?

(1)	①		②		③			
(2)	Do you （　　　　　　　　　　　　） now?							
(3)	1		2		3		4	

■平成31年度問題

2 次の（１）～（３）の問いに答えなさい。

（１）次の①～③は，それぞれAとBの対話です。（　　）に入る最も適当なものを，ア～エの中からそれぞれ一つずつ選びなさい。

①〔*In a park*〕
A：Hey, look. The boy over there is running very fast. Do you know him?
B：Yes, he is my classmate. He runs faster (　　) any other boy in my class.

ア of　　イ in　　ウ than　　エ as

②〔*At school*〕
A：Oh, you are already here this morning. Why is that?
B：Well, I come to school (　　) on a rainy day.

ア by bus　　イ at twelve　　ウ with my dog　　エ on Sunday

③〔*In a classroom*〕
A：I forgot to bring my pencil case.
B：(　　) You can use my pencil.

ア You must not use your dictionary.　　イ You don't have to worry about that.
ウ You have to look for it.　　エ You must get home early.

（２）次は，AとBの対話です。（　　）内の語句を正しく並べかえて，文を完成させなさい。

〔*In a library*〕
A : Do you know who wrote *Botchan*?
B : Yes, of course. Natsume Soseki did. I think（are / by / the books / him / written）very popular among many people.

（３）次は，AとBの対話です。 1 ～ 4 に入る最も適当なものを，ア～エの中からそれぞれ一つずつ選びなさい。

〔*At home*〕
A：Can I go to a movie tomorrow?
B： 1
A： 2
B：OK. 3
A：I'm not sure. Maybe about six o'clock.
B：All right. 4

ア When will you get home?
イ My friends, Erika and Harry.
ウ But you should call me if you are late.
エ Who will go with you?

(1)	①		②		③	
(2)	I think (________________) very popular among many people.					

(3)	1		2		3		4	

■令和２年度問題

2 次の（１）～（３）の問いに答えなさい。

（１）次の①～③は，それぞれAとBの対話です。（　　）に入る最も適当なものを，ア～エの中からそれぞれ一つずつ選びなさい。

①〔*On the way to school*〕
A：It's warm today, too.
B：The weather (　　) warm since Monday.

ア will be　　イ has been　　ウ are　　エ was

②〔*On a sports day*〕
A：Our class won first place in the relay.
B：Wow! I'm glad (　　) the news.

ア to hear　　イ to lose　　ウ hearing　　エ losing

③〔*In a classroom*〕
A：This is a nice picture!　There are beautiful mountains in it. (　　)
B：Maybe Ms. Baker did. She likes to climb mountains.

ア Who brought it here?　　イ When was it taken?
ウ Do you like mountains?　　エ What is it like?

（２）次は，AとBの対話です。（　　）内の語を正しく並べかえて，文を完成させなさい。

〔*After school*〕
A : We'll have tests next Friday. I'm worried about math.
B : Me, too. But we still have enough（for / time / it / prepare / to）.

（３）次は，AとBの対話です。 1 ～ 4 に入る最も適当なものを，ア～エの中からそれぞれ一つずつ選びなさい。

〔*At home*〕
A：You look tired. 1
B：I did a lot of homework. 2
A：It seems hard. 3
B：No, not yet.
A： 4
B：Yes, please.

ア Would you like some sweets to relax?
イ And it took lots of time.
ウ Have you finished all of it?
エ What's wrong?

(1)	①		②		③	
(2)	But we still have enough (________________).					

(3)	1		2		3		4	

■令和３年度問題

2　次の（１）～（３）の問いに答えなさい。

（１）　次の①～③は，それぞれAとBの対話です。（　　）に入る最も適当なものを，**ア～エ**の中からそれぞれ一つずつ選びなさい。

①〔*After school*〕

A：You started learning the piano, right? When do you have piano lessons?

B：Well, I have piano lessons (　　) weekends.

ア　with　　**イ**　for　　**ウ**　on　　**エ**　under

②〔*In a classroom*〕

A：My father will take me to the zoo this Saturday. Would you like to come with us?

B：I'd love to, but I can't. I (　　) my homework.

ア　have to do　　**イ**　have done

ウ　have to play　　**エ**　have played

③〔*At lunchtime*〕

A：Hey, Mike. Our baseball team got the trophy.

B：Really? (　　) Tell me more about it.

ア　Guess what!　　**イ**　You are welcome.

ウ　I'm sorry to buy that.　　**エ**　What a surprise!

（２）　次は，AとBの対話です。（　　）内の語を正しく並べかえて，文を完成させなさい。

〔*At a teachers' room*〕

A : What is your plan for the farewell party for Alex?

B : First, we'll sing a song for him. After that, we'll (some / to / give / him / presents).

(1)	①		②		③	
(2)	After that, we'll (　　　).					

（３）　次は，AとBの対話です。[1]～[4]に入る最も適当なものを，**ア～エ**の中からそれぞれ一つずつ選びなさい。

〔*On the phone*〕

A：Have you finished the report for our English class?

B：Yes, I have. But it was really difficult. [1]

A：Not yet. [2]

B：OK. [3]

A：Well, I can't choose a country to write about.

B：OK. [4]

(3)	1		2	
	3		4	

ア　How can I help you?
イ　Can you help me with my report?
ウ　How about you?
エ　Let's choose it together.

適語補充・英作文

■平成25年度問題

3　次のⅠとⅡは，英語の授業でShow and Tellのスピーチをするために，香織が朝河貫一《あさかわかんいち》（Asakawa Kan'ichi）について書いたものの一部です。Ⅰはスピーチの原稿を作るためのメモで，Ⅱはそれをもとに書いたスピーチの発表原稿です。（1），（2）の問いに答えなさい。

Ⅰ

<朝河貫一　1873～1948>　現在の二本松市出身
・留学したかったので，学生時代に英語を一生懸命勉強した。
・22歳でアメリカに渡り，その後そこで暮らした。

○　世界で尊敬されている歴史学者である。
○　日本とアメリカの間の平和を願った人として知られている。

Ⅱ

I'm going to tell you about Asakawa Kan'ichi.
He was born in Nihonmatsu in 1873. He studied English very hard *in his school days [①] he wanted to study abroad. He went to America [②] he was 22 years old, and he lived there for the rest of his life.

He is a *world-respected historian. [③] between Japan and America.

〔注：in ～ school days　～の学生時代に
world-respected historian　世界で尊敬されている歴史学者〕

（1）[①]と[②]に入る適当な英語を，それぞれ**１語**で書きなさい。

（2）[③]にメモの内容を表す英語を書き，文を完成させなさい。

(1)	①		②	
(2)	between Japan and America.			

■平成26年度問題

3　次のⅠとⅡは，英語の授業でShow and Tellのスピーチをするために，勝（Masaru）が準備したものです。Ⅰはスピーチの原稿を作るためのメモで，Ⅱはそれをもとに書いたスピーチの発表原稿です。(1)，(2)の問いに答えなさい。

Ⅰ

テーマ：私の好きな本
・先週，駅前にある図書館に行った。
・司書のおかげで読みたい本を借りることができた。
・本にはカナダについての美しい写真がたくさん載っていた。

司書の助言：あなたは必要な本を探すためにコンピュータを使うことができますよ。

Ⅱ

Hello, everyone. These are very interesting books. Last week I went to the library [①] the station because I wanted to do my homework. I wanted to read some books about Canada, but I didn't know where they were. So I *asked a *librarian for advice. She said to me, "[A]." [②] her, I was able to *borrow some books about Canada. These books helped me with my homework. We can see many beautiful pictures about Canada. So I love these books. Thank you.

〔注：ask ～ for advice　～に助言を求める
librarian　司書　　borrow ～　～を借りる〕

（1）[①]と[②]に入る適当な英語を，①については**3語**で，②については**2語**で書きなさい。

（2）[A]に司書の助言の内容を表す英語を**1文**で書きなさい。

(1)	①		②	
(2)				.

■平成27年度問題

3　次のⅠとⅡは，英語の授業で職場体験についてのレポートを作成するために，友美（Tomomi）が書いたものです。Ⅰはレポートを作成するためのメモで，Ⅱはそれをもとに書いた英文です。(1)，(2)の問いに答えなさい。

Ⅰ

・最初は，緊張していて，子どもたちと遊ぶのが難しかった。
・親切な先生たちが何をしたらよいか教えてくれた。
・最後の日，子どもたちにまた来てほしいと言われた。
・とても疲れていたが，彼らと楽しい時間をわかち合った。…A

Ⅱ

I visited a *kindergarten for three days in July. There were twenty children in my class. At first, I was *nervous, and it was difficult to play with the children. But the teachers were very kind, and they told me [①]. When I played the piano for the children, they enjoyed singing and dancing. On the last day, they said to me, "Please come again!" I was very happy because they liked me very much. [②]

〔注：kindergarten　幼稚園　　nervous　緊張して〕

（1）[①]に入る適当な**英語3語**を書きなさい。

（2）[②]にメモのAの内容を表す**英語**を**1文**で書きなさい。

(1)	
(2)	

■平成28年度問題

3 次のⅠとⅡは，中学校3年間の思い出についてのレポートを作成するために，正(Tadashi）が書いたものです。Ⅰはレポートを作成するためのメモで，Ⅱはそれをもとに書いた英文です。(1)，(2）の問いに答えなさい。

Ⅰ

・キャプテンの仕事の多くは大変だったが，部員のみんなが助けてくれた。
・キャプテンとして全力を尽くせたことで，私は強くなった。
・部員がつらい時は，いつも励ました。
・お互いに助け合うことが大切だということを学んだ。…A

Ⅱ

I was the *captain of the baseball team at my school. As the captain, I had a lot of things to do. Many of those things were very hard for me, so I sometimes wanted to *quit the team. But my team members helped me a lot. Thanks to them, I could *do my best as the captain. That made ［　①　］. When my team members had a hard time, I always encouraged them. ［　②　］

〔 注：captain　キャプテン　　quit～　～をやめる　　do one's best　全力を尽くす 〕

(1) ［　①　］に入る適当な**英語2語**を書きなさい。

(2) ［　②　］にメモのAの内容を表す**英語**を**1文**で書きなさい。

(1)	
(2)	

■平成29年度問題

3 次のⅠとⅡは，帰国するスミス先生（Mr. Smith）へ感謝の気持ちを伝えるために，健（Ken）が英語の授業で書いたものです。Ⅰは手紙を書くためのメモで，Ⅱはそれをもとに書いた手紙です。(1)，(2）の問いに答えなさい。

Ⅰ

・スミス先生が「スピーチコンテストに参加してはどうか」と勧めてくれた。
・先生のおかげでコンテストでは上手にスピーチができて，自信を持てるようになった。
・今まで経験したことのない多くのことをやってみるつもりだ。…A
・スミス先生と過ごした日々を忘れない。

Ⅱ

Dear Mr. Smith,
Thank you for helping me a lot. Do you remember the English speech contest? One day, you asked me, "Why ［　①　］ the speech contest?" After that, I started practicing.
You told me some ways to make my speech better. I was able to make my speech well at the contest. That gave me *confidence.
［　②　］ I will never forget the days with you.

Best wishes,
Ken

〔 注：confidence　自信 〕

(1) ［　①　］に入る適当な**英語3語**を書きなさい。

(2) ［　②　］にメモのAの内容を表す**英語**を**1文**で書きなさい。

(1)	
(2)	

■平成30年度問題

3　由衣（Yui）は，下校途中に外国人の男性を見かけました。Ⅰは男性が持っているパンフレットの一部で，Ⅱは由衣とその男性の対話です。(1)，(2) の問いに答えなさい。

Ⅰ

VINCENT VAN GOGH

ゴッホ展

ゴッホ作の有名絵画がやって来る！

2018年1月20日（土）～3月25日（日）開館時間9:30～18:00（入館は17:30まで）

休館日 毎週月曜日

このパンフレットを美術館に持参すると，特別ポスターがもらえます。

Ⅱ

Yui : Excuse me. Can I help you?
Man: Yes, thank you. Look at this pamphlet.
Yui : Oh, you are going to see some famous pictures [①] Vincent van Gogh!
Man: Yes! But I don't understand Japanese. Is there anything that I must know in this pamphlet?
Yui : You should keep the pamphlet. [②]
Man: Oh, really? I want it as a present for my family! Thank you very much.

(1)　[①] に入る適当な**英語2語**を書きなさい。

(2)　[②] に入る適当な**英語**を**10語以上**の**1文**で書きなさい。

(1)	
(2)	

■平成31年度問題

3　茜（Akane）はニューヨークのウィルソン家にホームステイする予定で，ホストファミリーに初めてメールを書きました。Ⅰはメールを書くためのメモで，Ⅱはそれをもとに送ったメールです。(1)，(2) の問いに答えなさい。

Ⅰ

ホストファミリーに絶対伝えること！

- 受け入れてくれたことへの感謝！
- ホームステイにワクワクしている
- 家族の写真を送ってほしい
- 私の町の有名な料理を食べてもらいたい

Ⅱ

Dear Mr. and Mrs. Wilson ,
Hello, I am Akane. Thank you for accepting me this summer. I am a high school student in Fukushima. I am a member of the volleyball team. I have never been to New York and I [①] about this homestay. Before my homestay, may I ask you a favor? Could you send me some photographs of your family? I will buy some gifts for everyone in your family. Do you like Japanese food? [②] I am sure you will like it!

(1)　[①] に入る適当な**英語2語**を書きなさい。

(2)　[②] に入る適当な**英語**を**10語以上**の**1文**で書きなさい。

(1)	
(2)	

■令和２年度問題

3 佳奈（Kana）は英語の授業で「身近なものの魅力」をテーマにレポートを書くことになりました。Ⅰはレポートを書くためのメモで，Ⅱはそれをもとにまとめたレポートです。（1），（2）の問いに答えなさい。

Ⅰ

今，自転車が人々の注目を集めている → ・自転車を使えば，訪れたい場所まで早く到着できる。
・自転車に乗ることは，エネルギーを節約する１つの方法だ → 危険もあるが役に立つ乗り物なので，もっと多くの人が使うべきだ

Ⅱ

In Japan, bikes are now attracting people's attention. There are two reasons. First, if you use bikes, you can ［①］ the places you want to visit quickly. Second, ［②］. Bikes are sometimes dangerous, but if you ride them carefully, they are helpful. I think more people should use bikes.

（1） ［①］ に入る適当な**英語２語**を書きなさい。

（2） ［②］ にメモの内容を表す英語を書き，文を完成させなさい。

(1)	
(2)	Second, ＿＿＿＿＿＿＿＿＿＿＿＿ .

■令和３年度問題

3 健二（Kenji）は英語の授業で，インターネットを使った買い物について調べて発表するという課題に取り組んでいます。Ⅰは準備のためのメモで，Ⅱはそれをもとに作成した発表原稿の一部です。（1），（2）の問いに答えなさい。

Ⅰ

導入：インターネットを使って買い物をする人の数が増えている。 → 展開：○お店に行かずに，好きな時に買い物ができる。
○価格を比較しやすい。
▲家に届くまで商品の実物を見ることができない。 → 結論：良い点も悪い点もあるが，インターネットを使った買い物は私たちの生活の一部になってきている。

Ⅱ

These days, the ［①］ people who use the Internet to buy things is increasing. We can buy things at any time without going to stores. Also, we can compare prices easily. But we can't see our goods until they arrive. There are not only good points but also bad points. But ［②］ .

（1） ［①］ に入る適当な**英語２語**を書きなさい。

（2） ［②］ に入る適当な**英語**を書き，文を完成させなさい。

(1)	
(2)	But ＿＿＿＿＿＿＿＿＿＿＿＿ .

対話文（グラフや表の資料より）

■平成25年度問題

4 佐藤先生（Mr. Sato）の英語の授業で，自分たちの住む地域の小学生，中学生，高校生を対象としたアンケート調査の結果について，グループで話し合うことになりました。そのときの佐藤先生と中学生との会話を読んで，（1）～（6）の問いに答えなさい。

Mr. Sato： How many books do you read every month? Today I'll show you the results of a *survey. Look at this graph. What do you think about it? Let's make *groups and talk about the graph in English.

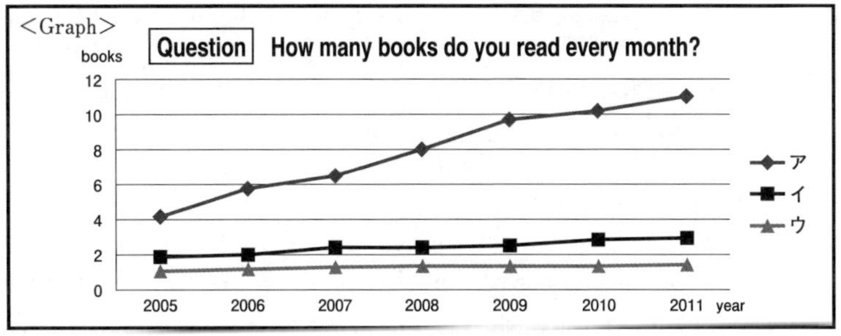

(*After a while, Mr. Sato comes to the group of Yuya, Kenta, and Mami.)

Mr. Sato： Yuya, what have you *found from this graph?
Yuya： I'm very surprised to find that *elementary school students read many books.
Mami： Elementary school students read more books than junior high school students and high school students.
Kenta： High school students don't read more books than junior high school students.
Mr. Sato： That's right. What do you think about that, Yuya?
Yuya： In my opinion, elementary school students choose easy books, so they can read many books.
Kenta： I see. But the books they choose may be difficult for them.
Mami： I have another idea. Many Junior high school students and high school students have club *activities, and they have to study, so they don't have time to read.
Yuya： That's true. I play basketball every day, so I don't have time to read after school. I didn't read any books last month.
Kenta： I'm in the tennis club. I was very busy but I read five books last month. I like reading very much. It's not difficult for me to find time for reading.
Mami： I like reading books, but I read only two books last month. Finding time for reading isn't easy for me.
Yuya： Look at the graph again. Only elementary school students read much more books than before. *Actually, in the graph, I find that they read about four books in 2005, about [A] books in 2008, and about eleven books in 2011.
Mr. Sato： That's interesting. What's the *reason for it?
Yuya： Let's see. I have no idea.
Mami： I think elementary school students have the *chance to read more books. In my elementary school, my teacher read many kinds of books to my class. Thanks to him, we got interested in reading. Yuya, we can do something to read more books, too.
Yuya： I don't know what to do. I don't have time for reading.
Kenta： I read before class in my elementary school. I still do it. It's my habit now.
Mami： Having time for reading every morning is a good idea. I can do it, too. How about you, Yuya?
Yuya： I want to try it, but it's difficult for me to find interesting books. [B]
Kenta： Why don't you go to the school library? You can choose interesting books from many kinds of books there. You can know a lot about books through the *bulletin board and *newsletters, too.
Mami： Of course, the Internet is very useful. I often find a lot of interesting books in bookstores.
Yuya： Well, the school library, the Internet, and bookstores help me.
Mr. Sato： Yuya, you have ways to *solve your problems now. You should try them.

（注：survey 調査 group(s) グループ after a while しばらくして found findの過去分詞
elementary school 小学校 activities 活動 actually 実際に reason 理由
chance 機会 bulletin board 掲示板 newsletters 会報 solve～ ～を解決する）

（1） 中学生を対象としたアンケート調査の結果を表しているものを，グラフ中のア～ウの中から一つ選びなさい。

（2） [A] に入る最も適当な数字を，**英語のつづり**で書きなさい。

（3） 次の質問に英語で答えなさい。ただし，**9語以上**で書きなさい。
What did Mami's teacher do in her elementary school?

（4） [B] に入る最も適当な文を，ア～エの中から一つ選びなさい。
ア I don't know how.　　イ I don't have to study.
ウ I don't think about reading.　　エ I don't like your idea.

（5） 本文やグラフの内容に合っているものを，ア～エの中から一つ選びなさい。
ア Junior high school students read much more books in 2005 than in 2011.
イ Elementary school students read as many books as high school students.
ウ Kenta was very busy but he read the most books in his group last month.
エ Yuya found that only high school students read much more books than before.

（6） 次の英文は，裕也（Yuya）がグループで話し合ったときの感想について書いたものです。[C] ～ [E] に入る最も適当な英語を，本文中からそのまま抜き出して書きなさい。ただし，[C] については**2語**，[D] については**5語**，[E] については**1語**で書きなさい。

I enjoyed talking about the graph with Mami and Kenta in English. I was surprised to see the results and found my problems about reading. I don't have time to read and I can't find [C]. But I have ways to solve these problems. I should have [D]. I should use the school library, the Internet, and bookstores which [E] me, too. By doing these things, I can read more books.

(1)		(2)		(4)		(5)	
(3)							
(6)	C			E			
	D						

■平成27年度問題

4 中学生の健悟(Kengo)と里佐(Lisa)が，放課後にジョーンズ先生(Mr. Jones)と話をしています。三人の会話を読んで，(1)～(5)の問いに答えなさい。

Mr. Jones :Hi, Kengo! Hi, Lisa! What are you doing?
Lisa : Hi, Mr. Jones. Do you know we have a school festival in October?
Mr. Jones :Yes. I'm looking forward to it.
Kengo : We are talking about the *symbol for the festival.
Mr. Jones :Really?
Kengo : Yes, it is used on many things, for example, *pamphlets and class *flags. We want to make the best symbol!
Lisa : Please look at the three symbols on the desk. We *designed them. Can you tell us what you think?

Mr. Jones :Sure.
Kengo : First, please look at this one.
Mr. Jones :S and F?
Kengo : That's right. The *main theme of the festival is "Strong Friendship." I wanted to *express it.
Mr. Jones :It's easy to understand the main theme from your symbol.
Kengo : Thank you.
Lisa : I think that it is too simple for the festival. What do you think of this one? I designed it.
Mr. Jones :Three hands and a star?
Lisa : Yes, the star means the pleasure of the festival, and the hands mean strong friendship. We will be happy if we have strong friendship. We have many events like a music concert in the festival. I wanted to express them, too.
Mr. Jones :It's a good design for the festival. Kengo, what do you think about it?
Kengo : The symbol is used on many things, so it should be simple. I think it's difficult to use Lisa's symbol. How about this one? There are three stars in the symbol. They're the three grades in this school. Also, there are two *circles. They're the boys and the girls. I want all the students to have strong friendship. I wanted to express it in this symbol.
Mr. Jones :You thought a lot about it.
Kengo : Mr. Jones, which one is the best for the festival?
Mr. Jones :Well, it's difficult to decide. Kengo, it's easy to use your symbols on many things. Lisa's symbol expresses the festival well. I like each symbol. But there is <u>one problem</u>.
Kengo : Problem?
Mr. Jones :Both of you expressed "Strong Friendship" well. But did you work together to make the symbols? For strong friendship, I think working together is very important.
Lisa : Oh, you're right. We *forgot the most important thing!
Kengo : Yes, our main theme is "Strong Friendship ," but we didn't work together.

Mr. Jones :If you work together, you can make the best symbol!
Lisa : Yes, thank you, Mr. Jones.
Mr. Jones :You're welcome. I hope the symbol you make will give all the students the *power to work together.
Kengo : I hope so. We will make a new one and show it to you!

〔注：symbol シンボルマーク　pamphlets パンフレット　flags 旗
design～ ～をデザインする　main theme メインテーマ　express～ ～を表現する
circles 円　forgot forgetの過去形　power 力〕

(1) A～Cのシンボルマークはそれぞれだれがデザインしたものですか。その組み合わせとして最も適当なものを，ア～エの中から一つ選びなさい。

ア A：Kengo B：Kengo C：Lisa　イ A：Lisa B：Kengo C：Lisa
ウ A：Kengo B：Lisa C：Kengo　エ A：Lisa B：Lisa C：Kengo

(2) 本文やシンボルマークの内容に合うように，次の①と②の英文の ______ に入る最も適当なものを，ア～エの中からそれぞれ一つずつ選びなさい。

① There are three ______ in the symbol C.
ア stars　イ festivals　ウ hands　エ circles

② Kengo thinks that ______.
ア Lisa's symbol is too simple　イ Lisa's symbol is the best
ウ using Lisa's symbol is useful　エ using Lisa's symbol is difficult

(3) 次の英文は，下線部の内容を示したものです。 ______ に入る適当な**英語４語**を書き，文を完成させなさい。

Kengo and Lisa wanted to express "Strong Friendship," but ______.

(4) 本文の内容に合っているものを，ア～エの中から一つ選びなさい。

ア Kengo and Lisa want Mr. Jones to make a symbol for the festival.
イ Mr. Jones thinks that Lisa's symbol expresses the festival well.
ウ It is not difficult for Mr. Jones to choose the best symbol for the festival.
エ Mr. Jones likes Kengo's symbols very much, but he doesn't like Lisa's symbol.

(5) 次の週，健悟と里佐は新しいシンボルマークをデザインしました。職員室にジョーンズ先生が不在だったため，二人は先生の机の上に，次の新しいシンボルマークのコピーとメッセージを残しました。 A ， B に適当な**英語**を入れてメッセージを完成させなさい。ただし， A については**英語1語**で， B については**英語3語**で書きなさい。

Hello, Mr. Jones. Thank you for your time last week. After that, we made a new symbol. S and F mean "Strong Friendship." The big star means the pleasure of the festival. Kengo used three stars to express three ____A____ before, but we used three flowers this time. *As you said last week, we hope that all the students will ________B________ to work together from this symbol. Let's talk about it later.

Kengo and Lisa

〔注：as～ ～ように〕

(1)		(2)	①		②	
(3)					(4)	
(5)	A		B			

■平成28年度問題

4　放送委員の彩（Aya）と次郎（Jiro）が，昼の放送の企画で，留学生のマックス（Max）とホワイト先生（Ms. White）を招いて話をしています。四人の会話を読んで，（1）～（5）の問いに答えなさい。

Jiro：　Hello, everyone. Today, we have a *guest, Max, from Canada.

Max：　Hi, I'm Max. I'm going to stay in Japan for six months.

Aya：　Max, please enjoy your stay. We also have Ms. White. Thank you for coming, Ms. White.

Ms. White：　You're welcome. I heard Aya and Jiro did a *survey last week.

Jiro：　Yes. We asked the students of our school, "What do you want to ask Max?" Please look at the *results. We're going to ask some questions from the survey today.

Survey Results	
・(　　　A　　　)	55
・Why did you come to Japan?	34
・(　　　B　　　)	34
・(　　　C　　　)	21
・Can you tell me about your school in Canada?	10
・Other questions	6

Aya：　Max, more than 50 students want to know about your *hometown. Could you tell us about it?

Max：　OK. My hometown is a small city in Canada. It has beautiful nature. There is a big river through it. You can swim there in summer. When it gets very cold in winter, you can walk on the river.

Aya：　On the river?

Max：　Yes. The river is *frozen in winter. Some people even play *ice hockey there.

Jiro：　Ice hockey on the river? That's exciting!

Ms. White：　That sounds interesting. OK，Aya，what's the next question?

Aya：　Let's see. How about this? Why did you come to Japan?

Max：　Well, there are also 34 students who want to know what I want to do in Japan. So，I'll tell you about that question, too. The two questions are *connected.

Jiro：　Yes. Please tell us about them.

Max：　In Canada, I have a friend who came to this school last year. He told me about this school and the *judo* club. I've wanted to come here since then.

Jiro：　Oh，are you interested in *judo*?

Max：　Yes. Actually, I have practiced it in Canada for five years. So, I want to join the *judo* club and practice with Japanese students. Also, I want to study Japanese.

Ms. White：　Great. Max, I hope you'll experience many things in Japan.

Aya：　Let's talk about the next question, Max. There are about 20 students who want to ask, "Do you worry about anything?"

Jiro：　Some of my friends also say that they want to help you if you worry about anything.

Max：　Oh, they are very kind! I'm glad to hear that. In fact, I worry about <u>one thing</u>. I have been in Japan for five days. When I meet people around me, I always say "Hello." But I don't know what to do after that. What should I do? I want to talk with them more.

Aya：　I understand. Japanese students worry about that, too.

Ms. White：　Max, I also had that problem before, but I *solved it. I found one interesting *topic every morning. Then I talked about it with people around me. That helped me a lot. Why don't you try it?

Max：　Thank you very much, Ms. White. I'll try.

（注：guest　ゲスト　　survey　アンケート調査　　results　結果　　hometown　故郷
frozen　凍って　　ice hockey　アイスホッケー　　connected　関連して
solve ～　～を解決する　　topic　話題）

（1）　アンケート調査結果の**A**～**C**に入る最も適当な質問の組み合わせを，**ア**～**エ**の中から一つ選びなさい。

ア　**A**：What are you interested in?　**B**：Can you tell me about your hometown?　**C**：Do you worry about anything?

イ　**A**：Can you tell me about your school?　**B**：What are you interested in?　**C**：What do you want to do in Japan?

ウ　**A**：Can you tell me about your hometown?　**B**：What are you interested in?　**C**：Can you tell me about your school?

エ　**A**：Can you tell me about your hometown?　**B**：What do you want to do in Japan?　**C**：Do you worry about anything?

（2）　本文やアンケート調査結果の内容に合うように，次の①と②の英文の□に入る最も適当なものを，**ア**～**エ**の中からそれぞれ一つずつ選びなさい。

①　There are □ students who want to know about Max's school in Canada.

ア　34　　**イ**　21　　**ウ**　10　　**エ**　6

②　Max wants to □ in Japan.

ア　swim in the river with his friends　　**イ**　practice *judo* with Japanese students

ウ　play ice hockey with other students　　**エ**　solve the problems of other people

（3）　次の英文は，下線部の内容を示したものです。□に入る適当な**英語4語**を書き，文を完成させなさい。

Max doesn't know □ after he says "Hello."

（4）　本文の内容に合っているものを，**ア**～**エ**の中から一つ選びなさい。

ア　Max came to Japan because his teacher in Canada told him about Japan.

イ　Aya and Jiro decided to practice *judo* together because Max told them about it.

ウ　Max feels happy because there are kind students who want to help him.

エ　Aya and Jiro give Max their favorite topics because they like Ms. White's idea.

(1)		(2) ①		②	
(3)				(4)	

（5）　本文の内容に合うように，次の①と②のQuestionに**英語**で答えなさい。ただし，答えはAnswerの下線部に適当な**英語**を書きなさい。

①　Question：　How long is Max going to stay in Japan?

Answer　：　For ＿＿＿＿＿＿＿＿＿＿＿＿.

②　Question：　What does Ms. White tell Max to do to talk more with people around him?

Answer　：　She tells him to ＿＿＿＿＿＿＿＿＿＿＿＿＿＿＿＿ with them.

■平成29年度問題

4 学級委員の広大（Kodai）と芽衣（Mei）が，留学生のサラ（Sarah）と話をしています。三人の会話を読んで，（1）～（5）の問いに答えなさい。

Kodai：Sarah, which *recreation activity do you want to do?
Mei：Kodai, wait. Sarah came from London only a month ago. Sarah, students from Sydney visit our school every year and do one activity together. They'll come next week.
Kodai：Mei and I have asked other students in our class the question, and you are the last student. Look at this paper and choose two activities from the three.
Sarah：OK. Oh, all three activities look like fun!
Mei：Here are two *stickers. The yellow one is for your first choice and the blue one is for your second choice. Please put the stickers on the paper.
Sarah：Let's see. I've decided. This and this.
Kodai：Thank you. Sarah, could you help us? Let's look at the *result and decide the activity!
Sarah：Sure. Well, the most popular activity in the first choice is sports.
Kodai：Yes! Playing sports got 16 yellow stickers.

Which recreation activity do you want to do?

	First Choice	Second Choice
Sports	○○○○○ ○○○○○ ○○○○○ ○	●●●●● ●● ●●●●●
Traditional Japanese Games	○○○○○ ○○ ○○○○○	●●●●● ●●●●● ●●●●● ●●●●
Cooking	○○○○○ ○○ ○○○○○	●●●●● ●●●●

○…yellow sticker
●…blue sticker

Sarah：My first choice is sports, too. When I came to Japan, I made friends by playing tennis. We should play sports with students from Sydney.
Kodai：[A]. The students who don't speak English well can have fun with them by playing sports, I think.
Mei：Kodai. Look at the second choice, too. Playing traditional Japanese games is the most popular in the second choice.
Sarah：You're right, Mei. There are 19 blue stickers there.
Mei：We should think about both of the first and the second choices.
Kodai：OK, I understand.
Sarah：I have an idea. Let's make a *table and write the *scores in it to compare different ideas. Look. I mean a table like this.

	Score
Sports	
Traditional Japanese Games	
Cooking	

Mei：OK. I've made one. Look at my table.
Sarah：Let's see. In your table, the score of the traditional Japanese games is 31. Did you *add the number in the second choice to the number in the first choice?
Mei：You are right. I added 19 blue stickers to 12 yellow stickers.
Sarah：Mei, can you give us an example of the games?
Mei：Yes. For example, *kendama*. We can show the students from Sydney how to play.
Sarah：Good. What do you think, Kodai? Oh, did you make another table?
Kodai：Yes. I understand Mei's idea. But, in fact, [B]. I think the first choice is more important than the second choice. Her table doesn't show that. Look. This table shows my different idea.
Sarah：Well, in your table, you give 44 *points to sports. I understand what you mean. Do you give two points to a yellow sticker?
Kodai：Yes! And a blue sticker gets one point.
Sarah：Great, Kodai. What do you think, Mei?
Mei：I like his idea. But, actually, I am *confused.
Kodai：Confused? Why?
Mei：Well, both of our tables have only a small *difference in the scores. Will everyone *be satisfied with our way to decide?
Kodai：I see. Mei, let's show the result and our tables to everyone.
Sarah：That's nice. I think it is really necessary to talk a lot together.
Mei：Right. Let's share our ideas with everyone and get better ideas!

〔注：recreation activity　レクリエーション活動　stickers　シール　result　結果
table　表　scores　得点　add ～ to…　～を…に加える　points　点
confused　混乱した　difference　差　be satisfied with ～　～に満足している〕

（1）[A]と[B]に入る英語の組み合わせとして最も適当なものを，ア～エの中から一つ選びなさい。

ア　A：I agree　B：I agree　イ　A：I agree　B：I don't agree
ウ　A：I don't agree　B：I agree　エ　A：I don't agree　B：I don't agree

（2）下線部が示す表として最も適当なものを，ア～エの中から一つ選びなさい。

ア

	Score
Sports	16
Traditional Japanese Games	12
Cooking	12

イ

	Score
Sports	12
Traditional Japanese Games	31
Cooking	19

ウ

	Score
Sports	28
Traditional Japanese Games	31
Cooking	21

エ

	Score
Sports	44
Traditional Japanese Games	43
Cooking	33

（3）次の英文は，本文中のレクリエーション活動に関する希望調査の結果を見てわかることを示したものです。[　　]に入る適当な**英語3語**を書き，文を完成させなさい。

In the first choice, cooking is [　　] traditional Japanese games.

（4）本文の内容に合っているものを，ア～エの中から一つ選びなさい。

ア　Kodai and Mei asked Sarah about a recreation activity after they asked other students in their class.

イ　Kodai told Mei to think about the second choice because sports got 12 points in the second choice.

ウ　Sarah showed Kodai and Mei a table to compare different ideas after Mei talked about *kendama*.

エ　Mei was confused because the scores of sports in Mei's table and Kodai's table weren't different.

(1)		(2)	
(3)		(4)	

（5）本文の内容に合うように，次の①と②のQuestionに**英語**で答えなさい。ただし，答えはAnswerの下線部に適当な**英語**を書きなさい。

① Question：Why did Sarah choose sports in her first choice?

Answer：Because ____________________ when she came to Japan.

② Question：How does Kodai show the first choice is more important than the second one in his table?

Answer：He ____________________ to a blue sticker.

■平成30年度問題

4 放課後，亜子 (Ako)とケビン(Kevin)が先輩の沙耶(Saya)と真(Makoto)と話をしています。四人の会話を読んで，（１）～（５）の問いに答えなさい。

Kevin: Excuse me. What are you doing?
Makoto: Oh, Kevin, Ako, how are you? We have to make a presentation in an English lesson next week. So we are preparing for it.
Ako: Presentation in English? That's great!
Saya: It's difficult, but also interesting.
Ako: Well, what are you going to make a presentation about?
Makoto: Have you ever heard of *food loss?
Kevin: I've heard of it, but I don't know it well.
Saya: Food that can still be eaten is thrown away. It is called food loss.
Makoto: In fact, it is a big problem. There are many hungry people in the world. However, a lot of food is thrown away in many countries.
Saya: Makoto and I did a *survey to know about food loss around us. We got answers from 80 families and made a *graph. Look.

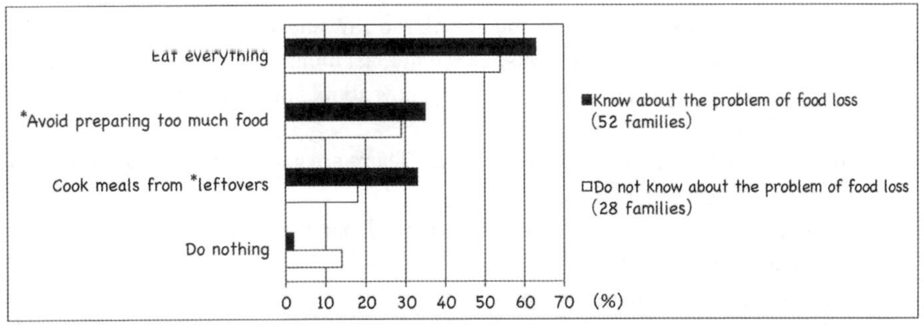

Makoto: First, we asked them, "Does your family know about the problem of food loss?"
Ako: Well, 52 families know about the problem, and 28 families do not know about it, right?
Saya: Right. On the graph, black *bars show families that know about the problem, and white ones show families that do not know about it.
Makoto: Then we asked them, "Does your family do anything to avoid *discarding food that can still be eaten?" To get the answers, we showed them four things and asked them to choose all that *applied to them.
Saya: Do you understand "Eat everything,"Kevin?
Kevin: Yes, I do. Families that eat everything don't have leftovers, right?
Makoto: Right. 63% of families that know about the problem eat everything.
Ako: What does "Avoid preparing too much food" mean?
Saya: Well, it means that families prepare a *proper amount of food.
Kevin: Oh, OK. When my grandfather and I cooked dinner, we made too much food and had a lot of leftovers. We didn't avoid preparing too much food at that time, right?
Saya: That's right.
Makoto: 35% of families that know about the problem avoid preparing too much food.
Ako: But I think the differences between the black and white bars are not so big. Among families that don't know about the problem of food loss, 54% of them eat everything, and 29% of them avoid preparing too much food.
Saya: Ako, [　　], but look at "Do nothing." This shows families that do nothing to *reduce food loss at home.
Ako: Oh, among families that know about the problem, only 2% of them do nothing.
Makoto: You're right. It shows knowing about the problem of food loss encourages people to do something to reduce food loss.
Saya: That is the most important thing I want to say in our presentation. Also, do you know *half of food loss in Japan happens at home?
Kevin: Really? Half of food loss?
Makoto: Yes, so we really need to do something at home. Ako, Kevin, what can you do at home?
Kevin: To avoid preparing too much food, I will think carefully about a proper amount of food first. Then I will cook a meal.
Ako: I want to make a new dish from leftovers with my mother.
Saya: Very good! We want to talk about your ideas in our presentation. Food loss is a really big problem. But let's try to make a difference!

〔注：food loss　フードロス　survey　アンケート調査　graph　グラフ
avoid～ing　～することを避ける　leftovers　食べ残し　bars　棒
discarding～　～を捨てること　applied to～　～に当てはまった
proper amount　適切な量　reduce～　～を減らす　half　半分〕

（１）本文やアンケート調査結果の内容に合うように，次の①，②の英文の[　　]に入る最も適当なものを，**ア～エ**の中からそれぞれ一つずつ選びなさい。

① Among families that don't know about the problem of food loss, [　　]% of them cook meals from leftovers.

ア 63　**イ** 33　**ウ** 18　**エ** 2

② 35% of families that know about the problem of food loss [　　].

ア prepare a proper amount of food　**イ** make too much food
ウ do nothing to reduce food loss　**エ** eat too much food

（２）本文中の[　　]に入る英語として最も適当なものを，**ア～エ**の中から一つ選びなさい。

ア I see your point　**イ** I made it by mistake
ウ I'll take it　**エ** I did something

（３）次の英文は，本文の内容の一部を示したものです。本文の内容に合うように，[　　]に入る適当な**英語４語**を書き，文を完成させなさい。

Though there [　　] in the world, a lot of food is thrown away in many countries.

（4） 本文の内容に合っているものを，**ア～エ**の中から一つ選びなさい。

ア Ako understands that food loss is a big problem, and she'll say what to do at home in her presentation.

イ Saya says the differences between the black and white bars are not so big on the graph of the survey.

ウ Makoto asked 80 families to choose one thing that applied to them from four things on the survey.

エ Kevin made too much food and had a lot of leftovers when he cooked dinner with his grandfather.

（5） 次の英文は，沙耶と真が英語の授業で発表した内容の一部です。本文の内容に合うように，［ A ］，［ B ］に適当な**英語**を入れてそれぞれの文を完成させなさい。ただし，［ A ］については**英語2語**で，［ B ］については**英語1語**で書きなさい。

> Do you understand the problem of food loss now? The first thing we can do to reduce food loss is to ［ A ］ the problem. So I want you to talk about it at home! Then, what can we do at home? I'll give you some examples. You should cook a meal ［ B ］ you think carefully about a proper amount of food.
> Also, you can make a new dish from leftovers. Let's reduce food loss at home!

(1)	①		②		(2)		(3)	
(4)			(5)	A			B	

■平成31年度問題

4 放課後，中学生の輝（Teru）とひろ（Hiro）が，留学生のメアリー（Mary）と高校の修学旅行で訪ねたい場所について話をしています。三人の会話を読んで，（1）～（5）の問いに答えなさい。

Teru: In the next English class, we have to tell our classmates about a place we want to visit on our school trip. What place are you going to talk about?
Hiro: I'm going to talk about Taiwan.
Teru: Oh, Taiwan?
Mary: Hiro, why did you choose that place?
Hiro: My sister visited Taiwan on her school trip when she was a high school student. She always says she had a great time there.
Teru: Oh, really? I didn't know some high schools visit Taiwan on their school trips.
Hiro: In fact, many Japanese students go to foreign countries on their school trips. Popular places are Australia, *Guam, *Singapore and Taiwan. Mary and Teru, I have a question. Which place is the most popular of these four places?
Mary: I think Australia is the most popular.
Teru: Guam?
Hiro: The answer is Taiwan. Look at this table. I found it on the Internet.

Year / Place	2015		2016	
	The number of high schools	The number of high school students	The number of high schools	The number of high school students
Taiwan	224	36,356	262	41,878
Singapore	147	20,792	142	19,286
Australia	116	17,527	127	18,254
Guam	107	15,827	102	16,056

（全国修学旅行研究協会資料により作成）

Teru: Does that mean 107 Japanese high schools visited Guam on their school trips in 2015?
Hiro: You are right. In 2016, more than 250 Japanese high schools and more than 40,000 Japanese high school students went to Taiwan on their school trips.
Mary: Many Japanese students visit Taiwan! What did your sister do in Taiwan?
Hiro: She visited a high school there and joined some classes. She made a presentation about *Kimono*.
Teru: Did she do it in English?
Hiro: Of course. *Taiwanese students also study English at school like Japanese students. I think it is great to have a chance to use the language we learn at school. If we visit Taiwan, we can practice using English.
Mary: I think so, too. Does she keep in touch with the Taiwanese students?
Hiro: Yes. One of them came to my house to see her last month.
Teru: Having friends abroad sounds nice! Mary, how about you? What place are you going to talk about?
Mary: I'll talk about Kyoto. I'm interested in **Sado*. There are some museums about it in Kyoto.
Teru: Oh, I didn't know you like *Sado*.
Mary: I think it is one of the most interesting parts of Japanese culture. Do you know how to drink *powdered green tea in *Sado*?
Hiro: No, I don't. Please tell me how to do that.
Mary: I read a book about *Sado*. First, hold a *tea bowl with your *right hand and put it in your *left hand.
Teru: OK. Then, what should we do?
Mary: *Turn the bowl *clockwise with your right hand.
Hiro: Turn the bowl?
Mary: Yes. You have to do that because you should not drink the tea from the *front of a tea bowl. The front is the most important part of the bowl. After you finish drinking the tea, turn the bowl *counterclockwise until you see the front again.
Teru: Interesting! I want to try it.
Mary: Also, in Kyoto, you can enjoy many kinds of activities like making traditional *crafts. I think we need to have such experiences during our school days.
Teru: You're right. Well, we can learn a lot if we visit other places.
Hiro: Yes, I think so, too. I will travel around the world and experience many things myself!

〔注：Guam グアム　Singapore シンガポール　Taiwanese 台湾の
Sado 茶道　powdered green tea 抹茶　tea bowl 茶わん
right 右の　left 左の　turn～ ～を回す　clockwise 時計回りに
front 正面　counterclockwise 反時計回りに　crafts 工芸品〕

（1）本文や表の内容に合うように，次の①と②の英文の[　　]に入る最も適当なものを，**ア～エ**の中からそれぞれ一つずつ選びなさい。

① The number of Japanese high school students who visited [　　] became smaller between 2015 and 2016.

ア Taiwan　　**イ** Singapore　　**ウ** Australia　　**エ** Guam

② In 2016, [　　] Japanese high schools visited the place Hiro wants to visit.

ア 102　　**イ** 127　　**ウ** 142　　**エ** 262

（2） 次の英文は，本文の内容の一部を示したものです。本文の内容に合うように，[　　]に入る適当な**英語6語**を書き，文を完成させなさい。

Hiro thinks visiting Taiwan will give Japanese students [　　] they learn at school.

（3） 下線部の示す内容に合うように，次の**ア～エ**を行う順に左から並べて書きなさい。

ア

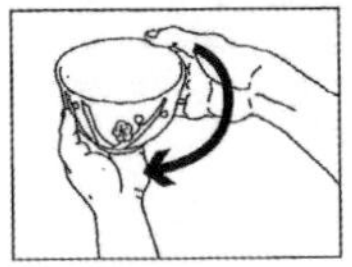

イ

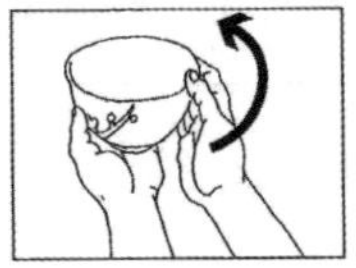

ウ

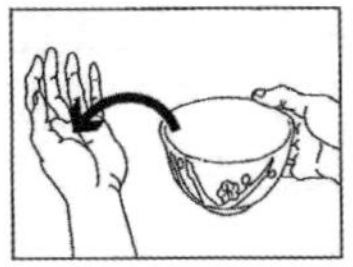

エ

（4） 本文の内容に合っているものを，**ア～エ**の中から一つ選びなさい。

ア Hiro's sister visited a high school in Taiwan and made a presentation about *Kimono* there.

イ Hiro keeps in touch with Taiwanese friends and one of them sometimes visits his house.

ウ Teru learned how to drink powdered green tea from Hiro's sister and made traditional crafts in Kyoto.

エ Mary says that she will travel around the world and experience many things in the future.

（5） 次の英文は，ひろとメアリーが英語の授業で発表した内容を聞いて，ある生徒が書いた感想の一部です。本文の内容に合うように，[A]，[B]に適当な**英語1語**を入れてそれぞれの文を完成させなさい。

Hiro talked about his sister's great experience in Taiwan. I want to go [A] like her and have friends outside Japan. I want to talk with them about a lot of things in English.

I like Mary's idea. I also think it is [B] for us to experience many kinds of activities during our school days. I want to visit other places and learn many things.

(1)	①		②		
(2)				(3)	→ → →
(4)		(5)	A	B	

■令和２年度問題

4 　聡（Satoshi）と広子（Hiroko）が，「私たちの町のためにできること」について留学生のベン（Ben）と一緒に，学校のパソコン室で話し合いをしています。三人の会話を読んで，（1）～（5）の問いに答えなさい。

Satoshi: I found an interesting *article on the Internet.

Hiroko: What is that about?

Satoshi: There are a lot of *foreigners living in the Tohoku *region, and the number of such people is increasing.

Hiroko: Really? I didn't know that.

Ben: Well, I lived in Akita Prefecture for one year. And last year, in 2019, I came to Fukushima Prefecture. I guess there are more foreigners here. Is that right?

Satoshi: Right. Look at this table in the article.

The Number of Foreigners in the Tohoku Region in 2018 and 2019

The Prefectures	2018	2019
Aomori	5,039	5,680
Iwate	6,550	7,130
Miyagi	20,099	21,183
Akita	3,760	3,931
Yamagata	6,646	7,258
Fukushima	12,784	14,047
Total	54,878	59,229

（総務省資料により作成）

Hiroko: Is this about the number of foreigners?

Satoshi: Yes. In 2019, the number of foreigners who lived in the six prefectures in the Tohoku region was 59,229. There were 3,931 foreigners in Akita Prefecture, and there were 14,047 here. The number of foreigners is increasing in all six prefectures. I'm surprised because I know the population of the Tohoku region is *decreasing.

Ben: I guess there are a lot of foreigners living in this town, too. Some tourists visit this town every year, too. Hiroko, Satoshi, why don't you talk about what you can do for foreigners in your town in your presentation?

Hiroko: Sounds nice! Then, what can we do for them? Satoshi, do you have any ideas?

Satoshi: I think foreigners may have some problems in Japan, especially when they first come here.

Hiroko: Ben, did you or your family have any problems?

Ben: Of course, yes. We had some problems about language and culture. My father also said that some map *symbols in Japan *confused him.

Hiroko: Map symbols? What do you mean?

Ben: For example, the Japanese symbol for a hotel confused him. The symbol usually means a bus stop in my country, *Germany. If some people who speak English see the symbol or the *letter "H," they may believe it means a hospital because the word *starts with the same letter, too.
(He looked for the symbol on the Internet.)
Look. This is the symbol.

Hiroko: Oh, I see! Even some Japanese people may believe it means a hospital, too.
Satoshi: I agree. We should have a new symbol foreigners can understand more easily.
Ben: You already have! I'll show it now.
(He looked for the new symbol on the Internet.)
This is the symbol for a hotel, especially for foreigners.
Hiroko: This shows that a man is sleeping on a bed. I'm sure people can understand this symbol more easily.
Ben: Right. We have a lot of problems in Japan because our Japanese is not good. Symbols that we can easily understand help us a lot.
Hiroko: I understand even map symbols can help them. Satoshi, is there anything we can do with such symbols?
Satoshi: Let's see. Why don't we make a tourist map of our town with the map symbols? If we can make a good one, our town will be friendly to foreigners! This is one of the things we can do for our town.
Ben: I think this is a good idea because I've never seen such a map of this town before. I'm sure it will help both foreigners living here and tourists coming here! Of course, it will help me, too!
Satoshi: Hiroko, let's talk about this idea in our presentation!
Hiroko: Great!

注：article　記事　　foreigners　外国人　　region　地方
decreasing　減少している　　symbols　記号
confused～　～を混乱させた　　Germany　ドイツ　　letter　文字
starts with ～　～から始まる

（１）本文や表の内容に合うように，次の①と②の英文の［　］に入る最も適当なものを，ア～エの中からそれぞれ一つずつ選びなさい。

① ［　］ had more foreigners than Fukushima Prefecture in 2019.
ア Aomori Prefecture　　イ Iwate Prefecture
ウ Miyagi Prefecture　　エ Akita Prefecture

② Ben lived for one year in the prefecture that had ［　］ foreigners in 2018.
ア 12,784　イ 6,646　ウ 6,550　エ 3,760

（２） 下線部の内容を表しているものを，ア～エの中から一つ選びなさい。

ア

イ

ウ
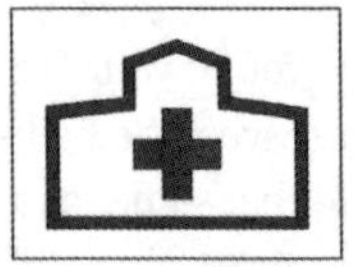
エ

（３） 次の英文は，本文の内容の一部を示したものです。本文の内容に合うように，［　］に入る適当な**英語５語**を書き，文を完成させなさい。

When Ben's family began to live in Japan, they had some ［　］.

（４） 本文の内容に合っているものを，ア～エの中から一つ選びなさい。

ア Hiroko found something interesting in a newspaper and shared it with Satoshi.
イ Satoshi did not know that the number of people in the Tohoku region was decreasing.
ウ Ben's father found it was difficult to understand a map symbol used in Japan.
エ Ben wants to make a new symbol for foreigners who will visit Akita Prefecture.

（５） 次の英文は，聡と広子の発表を聞いたある生徒が書いた感想の一部です。本文の内容に合うように，［ A ］，［ B ］に適当な**英語１語**を入れてそれぞれの文を完成させなさい。

I didn't know that ［ A ］ than 14,000 foreigners lived in Fukushima Prefecture in 2019. I want to do something for them because I want them to love Fukushima Prefecture and my town. Satoshi said in the presentation, "Good tourist maps will make our town ［ B ］ to foreigners." I thought that was a great message.

(1)	①		②		(2)	
(3)						
(4)		(5)	A		B	

■令和３年度問題

4 放課後，高校生の健（Ken）と優子（Yuko）が，アメリカ合衆国からの留学生リー（Lee）と話をしています。三人の会話を読んで，（１）～（５）の問いに答えなさい。

Lee: We had an evacuation drill at our school last week. It was a unique experience for me. But do you think the drill is important?
Ken: Yes. It gives us a chance to learn how to protect *ourselves in an emergency.
Yuko: I agree. It's important to prepare for disasters, right? Lee, why did you ask such a question?
Lee: Well, Japanese students have evacuation drills at school. But have you talked about what to do in an emergency with your family members?
Ken: With my family members? No.
Yuko: Well, a few months ago, I talked with my mother about where to go when a disaster happens. We checked the emergency food at home, too.
Lee: Great! Yuko, Ken, please look at this table. I found this yesterday. It shows *what percentage of Japanese people in each *age group in 2017 said "Yes," "No," or "I don't know" to this question. When I saw this, I thought more Japanese people should talk with their family members or friends to prepare for an emergency.

Did you discuss what to do in an emergency with your family members or friends *in the past one or two years?			
Age Group	Yes (%)	No (%)	I don't know (%)
18 – 29	53.6	45.2	1.2
30 – 39	66.3	33.7	0.0
40 – 49	69.3	29.6	1.1
50 – 59	58.6	40.7	0.8
60 – 69	54.6	45.1	0.3
70 or *above	49.4	50.2	0.4
*Average	57.7	41.7	0.6

（内閣府資料により作成）

Ken: Wow! People in Japan talked a lot with their family members!

Yuko: You think so, Ken? I think people didn't talk much about this.

Lee: I agree with Yuko. Only 57.7 percent of people in Japan discussed this.

Yuko: Ken, look at this group. Many people around my mother's age discussed this.

Ken: How old is your mother?

Yuko: She is 45.

Ken: Oh, my mother is almost the same age!

Lee: I think some people around that age *are raising children. They need to protect not only themselves but also their children in an emergency. I think, *as a result, they have more chances to talk about this with their family members.

Yuko: They may be the people who are the most interested in this.

Ken: You may be right. Now look at this group. The oldest group didn't talk much about what to do with people around them.

Lee: Why? I think they are interested, too.

Yuko: I don't know, but we learned in class that *more and more elderly people in Japan live alone now. *Even if they want to talk, some of them don't have anyone around them. That may be one of the reasons.

Lee: I think they are the people who especially need help in an emergency. But maybe elderly people living alone don't have a chance to learn how to protect themselves or ask someone for help.

Yuko: I think that's a problem. I also think we are missing important chances.

Ken: [　　　　]

Yuko: Well, elderly people know a lot about the disasters that happened a long time ago in this town. But young people don't have a chance to listen to them. If younger generations hear their stories, they will know that it's important to prepare for disasters.

Lee: Nice idea!

Yuko: My grandmother lives alone in this town. I have never asked her about the disasters in the past. I will visit her tonight and ask her some questions.

Ken: Please* share the story with us and our classmates later.

Yuko: Of course!

注：ourselves　私たち自身　　what percentage of ～　～の何パーセントが　　age　年齢
in the past one or two years　過去1，2年に　　above　それ以上　　Average　平均
are raising ～　～を育てている　　as a result　結果として　　more and more～　ますます多くの～が　　Even if～　たとえ～だとしても　　share～　～を共有する

（1）本文や表の内容に合うように，次の①と②の英文の[　　　　]に入る最も適当なものを，**ア～エ**の中からそれぞれ一つずつ選びなさい。

① The age group of [　　　　] had the lowest percentage of "Yes" in the table.

ア　18-29　　**イ**　30-39　　**ウ**　60-69　　**エ**　70 or above

② [　　　　] percent of the people around Yuko's mother's age discussed what to do in an emergency.

ア　29.6　　**イ**　57.7　　**ウ**　66.3　　**エ**　69.3

（2）本文中の[　　　　]に入る英文として最も適当なものを，**ア～エ**の中から一つ選びなさい。

ア　What help do you want?　　**イ**　What do you mean?

ウ　What are you doing here?　　**エ**　What do you think about living alone?

（3）次の英文は，本文の内容の一部を示したものです。本文の内容に合うように，[　　　　]に入る適当な**英語4語**を書き，文を完成させなさい。

Yuko says if younger generations [　　　　], they will know that it's important to prepare for disasters.

（4）本文の内容に合っているものを，**ア～エ**の中から一つ選びなさい。

ア　Ken says an evacuation drill is a chance to learn how to protect ourselves in an emergency.

イ　Yuko is surprised because Japanese people talked a lot about what to do with their family members.

ウ　Lee is surprised because a lot of elderly people in the United States live alone now.

エ　Yuko and Ken say that some of their classmates will be happy to hear Lee's story.

（5）次の英文は，優子が祖母を訪ねて話を聞いた後に，健とリーに伝えた内容の一部です。本文の内容に合うように，[A]，[B]に適当な**英語1語**を入れてそれぞれの文を完成させなさい。

I learned from my grandmother that there are many things we can do to [A] for disasters. For example, I learned that I should decide how to keep in touch with my family members in an emergency. Before leaving her house, she said, "In [B] of a disaster, try to protect yourself and your family members first. Then, if you are in a safe place, try to find something you can do for other people."

(1)	①		②		(2)	
(3)						
(4)		(5)	A		B	

英文把握問題

■平成25年度問題

5　次の英文は，高校生の順子（Junko）が学校生活で体験したことについて書いたものです。これを読んで，（1）～（6）の問いに答えなさい。

One day, I found some *plastic bottles near the school gate and *picked them up. Then, Ms. Sasaki, a teacher of our school, came to help me and said, “Why are these plastic bottles here? If we collect clean plastic bottles, we can *change them into useful things by *recycling. ［　①　］, some bags, pens, and jackets *are made from plastic bottles. You are one of the *student council members. What do you think?”

That night, I talked with my family about plastic bottles. My mother said, “I use clean plastic bottles for *vases.” My brother said, “Some of my friends made a Christmas tree with plastic bottles.” Then I got an idea and said, “We should make a *symbol of recycling with clean plastic bottles for the school festival. If we take them to the recycling *plant after the festival, the students will understand the *importance of recycling.” My father said, “Why don’t you tell your idea to the student council?”

The next day, I talked with the other members about my idea. Chikako said, “It’s a good idea. What shall we make?” Keiko said, “How about making a plastic bottle *arch?” Tatsuya said, “That’s great, but we need a lot of plastic bottles. How can we collect them? We’ve never tried it before.” Hideki said, “［　②　］, they will bring many plastic bottles.” We all agreed.

Our plastic bottle plan started. We learned a lot about recycling from Ms. Sasaki. We made the recycling boxes for the plan and *put them in all the classrooms. Hideki and I explained about the purpose of the plan in the student *meeting. Keiko and Chikako showed each class bags, pens, and jackets made from plastic bottles. Tatsuya and the other members *asked the students to put clean plastic bottles into the recycling boxes. We thought about what to do and worked together. So many students got interested in the plan and we collected many plastic bottles.

The school festival came. At the school gate, many people saw the beautiful plastic bottle arch. They were impressed. Ms. Sasaki looked up and said with a smile, “The plan is wonderful. This arch is a symbol of recycling and your *cooperation.” After the festival, we took the plastic bottles to the recycling plant.

We finished the plan.The students have learned the importance of recycling through the plan and still put clean plastic bottles into the recycling boxes. We always feel ［　③　］ to see that.

I’ve learned ④two important things from the plan. It’s important to change our view of things around us. It’s also important to share new ideas and work together. I think these things will make our school life much better.

（注：plastic bottles　ペットボトル　pick～up　～を拾う　change～into…　～を…に変える
recycling　リサイクル　are made from～　～で作られている　student council　生徒会
vases　花びん　symbol　象徴　plant　工場　importance　大切さ　arch　アーチ(弓形の門)
put　putの過去形　meeting　集会　ask～to…　～に…するように頼む　cooperation　協力）

（1）［　①　］に入る最も適当なものを，**ア～エ**の中から一つ選びなさい。

ア　For example　**イ**　By garbage　**ウ**　Since then　**エ**　Without it

（2）［　②　］に入る最も適当なものを，**ア～エ**の中から一つ選びなさい。

ア　If the students take many plastic bottles to the recycling plant
イ　If the students pick up a few plastic bottles near the school gate
ウ　If the students make a Christmas tree with clean plastic bottles
エ　If the students understand the purpose of making a plastic bottle arch

（3）生徒会が行ったことはどのようなことか。最も適当なものを，**ア～エ**の中から一つ選びなさい。

ア　They learned a lot about recycling from Junko’s mother.
イ　They put the recycling boxes for the plan in each classroom.
ウ　They showed each class clean plastic bottles for vases.
エ　They asked the students to collect bags, pens, and jackets.

（4）［　③　］に入る最も適当な語を，**ア～エ**の中から一つ選びなさい。

ア　angry　**イ**　sorry　**ウ**　glad　**エ**　sad

（5）次の**ア～オ**の出来事を，起こった順に左から並べて書きなさい。

ア　A lot of people saw the plastic bottle arch at the school gate.
イ　Ms. Sasaki asked Junko why some plastic bottles were near the school gate.
ウ　Hideki and Junko talked about the plan in the student meeting.
エ　Tatsuya asked the school council how to collect many plastic bottles.
オ　Junko’s father told her to talk with the student council about her idea.

（6）下線部④について，具体的な内容を**45字程度**の日本語で説明しなさい。

(1)		(2)		(3)		(4)	
(5)	→　→　→　→						
(6)	35　40　45						

5 次の英文は，ロンドンに留学中である高校生の亜矢（Aya）が，日本の高校で英語を習ったスミス先生（Mr. Smith）に書いた手紙です。これを読んで，(1)～(4) の問いに答えなさい。

October 6

Dear Mr. Smith,

How are you? I left Japan in September and one month has already passed. My *host family is very nice. They speak to me slowly and *try to understand me. At school, I still can't understand classes very well. But my teachers always help me. I enjoy studying and playing sports with my friends. So I am OK at home and at school. But in the city, I often have some trouble with English.

Last week, I went to a *bookstore near my house. When I bought a book, the clerk spoke to me. He said a few words very fast, and I could not understand him. I said to him, "Pardon?" He said the *same words again and showed me a bag. But I still could not *catch each word. ① So I said nothing and only *smiled. After I got home, I told my host mother about this. *According to her, clerks usually say "Do you need a bag?" when we buy things. But they sometimes say "Need a bag?" in a *casual way. Then, I learned how to practice English from her. She said, "When you hear words you cannot catch, you should *ask the person to write the words in your notebook. Then, you can read the words in the notebook *aloud many times. By doing this, you will *get used to saying the words and listening to them." I tried her idea the next day. She was right. So I understand that [　　　].

Today, I went to a store in the city. When I was walking on the street, a foreign person asked me, "Where is the station?" It was difficult for me to tell him the way, but I did so with a map I had and with *gestures. I smiled, and was happy to have communication with him. In fact, ② I was very surprised when he asked me the way. I didn't think people asked foreign people like me the way in London. But it is *natural for foreign people to have communication in English because many people from different countries live here together.

I still have some trouble with language in London. But it is necessary and interesting to have communication in my life. It is important to use words I've learned and to use other ways like gestures. These two things will make communication better.

I will write a letter to you again. I hope you enjoy life in Japan.

Best wishes,

Aya

（注：host～　ホームステイ先の～　try to～　～しようとする　bookstore　本屋
same～　同じ～　catch～　～を聞き取る　smile　ほほえむ
according to～　～によれば　casual　打ち解けた　ask～to…　～に…するように頼む
aloud　大きな声で　get used to～　～に慣れる　gesture　身振り　natural　当然の）

（1）　下線部①について，亜矢の心情の説明として最も適当なものを，**ア～エ**の中から一つ選びなさい。

ア　Aya was glad because she was able to buy a book she liked.
イ　Aya was excited because she wanted to talk with the clerk.
ウ　Aya wasn't sad because she was able to get the bag she wanted.
エ　Aya wasn't happy because she could not catch the clerk's words.

（2）　本文中の[　　　]に入る最も適当なものを，**ア～エ**の中から一つ選びなさい。

ア　it is very difficult for me to remember the person who said the words
イ　it is very difficult for me to read the words I wrote in my notebook
ウ　it is very useful for me to make a notebook with the words I can't catch
エ　it is very useful for me to ask people to read the words in my notebook many times

（3）　下線部②について，その理由を**35字程度**の日本語で書きなさい。

（4）　次の英文は，スミス先生が亜矢に書いた手紙です。亜矢の手紙の内容に合うように，[A]，[B]，[C]に適当な英語を入れてそれぞれの文を完成しなさい。ただし，[A]については**英語２語**で，[B]，[C]については**英語３語**で書きなさい。

November 5

Dear Aya,

Thank you for your letter. It's already November, so it is getting colder in Japan. Is it cold in London? When you went to London two [A], you worried about your stay there. But I am glad to know your host family is nice. I am also happy to know you enjoy your school life when you [B] sports with your friends. In the city, you have some trouble. I understand you because I also have such trouble in Japan.

In my classes, I talked about the important things in your letter. If you use words you've learned and use other ways like gestures, communication [C]. Many students were impressed because you learned a lot.

I hope you have a great time in London.

Best wishes,

Smith

(1)		(2)	

(3)	（35字程度の解答欄：30, 35, 40）

(4)	A		B		C	

■平成27年度問題

5　次の英文は，涼（Ryo）が書いたスピーチの原稿です。これを読んで，（1）～（5）の問いに答えなさい。

My grandmother is 65 years old. She is very kind to everyone. When I was a little boy, she took care of me. She read books and sang songs with me. I liked spending time with her.

My life [　　　] a lot after I entered junior high school. I joined the tennis club, and I practiced tennis for a long time after school every day. I had a lot of homework, too. So I didn't spend much time with my grandmother. One day, when I was studying hard for the test, she came to my room and asked me, "Ryo, I bought a computer. Can you teach me how to use it?" ①I got angry. I said to her, "I can't! I'm busy now!" She looked sad and left my room.

A few days later, I heard something from her room. When I entered her room, her phone was *ringing on the table. I didn't *answer the phone, but I found an album on the table. My name was on it. When I opened it, there were many pictures of me. Then, I found a lot of letters in the album, too. I read one of them. "I enjoyed reading the book with you. You read it with me many times. Thank you!" I wrote it when I was a small boy. She had a lot of pictures and old letters from me. I was moved by ②that.

Then my grandmother came into the room. I said, "I saw your album. I am very surprised." She opened a * drawer and showed me some other albums. There were a lot of pictures of my family in them. She said with a smile, "All of these are my treasures." I said to her, "I always think only about myself, but you think about me and my family. I told you something that made you sad a few days ago. I'm sorry." She said, "No problem, Ryo. I'm sorry, too. I'll talk to you when you are not busy. In fact, your parents gave me many pictures of you . They *keep your important things, and they think about you, too. *Maybe you don't know it, but there are some people who always love and help you. Please remember that!"

There are some people who always think about me. I often forget it, but I understand that I am *supported by them. I have learned that I should think about others. So I have decided to do one thing. I will love and help people around me in the future.

〔注：ring　鳴る　　answer～　～に出る　　drawer　引き出し
　　keep～　～をとっておく　　maybe　たぶん　　support～　～を支える〕

（1）　本文中の[　　　]に入る最も適当な語を，ア～エの中から一つ選びなさい。
　ア　made　　イ　changed　　ウ　took　　エ　enjoyed

（2）　下線部①の理由として最も適当なものを，ア～エの中から一つ選びなさい。
　ア　Because Ryo's grandmother talked to him when he was studying.
　イ　Because Ryo's grandmother told him to study hard for the test.
　ウ　Because Ryo's grandmother didn't teach him how to use a computer.
　エ　Because Ryo's grandmother didn't help him with his homework.

（3）　下線部②の示す内容を **30字程度の日本語**で書きなさい。

（4）　次のア～オの出来事を，**起こった順に左から並べて**書きなさい。
　ア　Ryo found an album in his grandmother's room.
　イ　Ryo's grandmother looked sad and left his room.
　ウ　Ryo joined the tennis club when he entered junior high school.
　エ　Ryo's grandmother showed him some different albums.
　オ　Ryo said to his grandmother, "I'm sorry."

（5）　本文の内容に合うように，次の①と②の Question に**英語**で答えなさい。ただし，答えは Answer の下線部に適当な**英語**を書きなさい。
　①　Question:　What did Ryo's parents give his grandmother?
　　　Answer :　They ______________________ .
　②　Question:　What does Ryo want to be in the future?
　　　Answer:　He wants to be a person ______________________ .

(1)		(2)	
(3)	(25) (30) (35)	(4)	→ → → →
(5)	①	They ______________________.	
	②	He wants to be a person ______________________ ______________________.	

■平成28年度問題

5 　次の英文は，博人（Hiroto）が書いたスピーチの原稿です。これを読んで，（1）～（6）の問いに答えなさい。

Do you often think you know about something that you haven't experienced *directly? I want to talk about this today.

I went to London during this summer vacation with my family. This was my first trip to a foreign country, so I was looking forward to ①it. I wanted to know about London, so I *searched for information about it on the Internet. I was able to see many famous things on the Internet before the trip.

In London, we went to some popular places, for example, *Buckingham Palace and *Tower Bridge. I already saw them on the Internet, but they looked bigger and more beautiful to me when I saw them directly. I was moved! When I walked around, I saw a lot of people from different countries, too. Then, we went to a restaurant to eat *local dishes. They were very new to me, but I enjoyed them. When we finished our dinner and left the restaurant at about nine in the evening, I found ②one strange thing. It was not dark *outside! I was very surprised. In Fukushima, it is dark at nine in July, but it is not in London! This was the most interesting thing to me. I enjoyed this trip very much because I was able to discover new things.

After the summer vacation, I told my classmates about my trip to London in an English class. Many of them liked my story and I was glad. After school, one of my classmates came to me and said, "I really enjoyed your story. I love *Harry Potter, and I'm very interested in London. Can you tell me more about your trip?" In fact, ③I was surprised when she came to talk to me. Before that, we didn't talk, and I thought she was not interested in foreign countries. But that was not right. She knew a lot about London. We talked about my trip and Harry Potter. When we were talking, she said to me, "Traveling abroad is a good way to study, but I have never been to a foreign country. I was glad to talk with you." I discovered new things about her on that day.

You can get information about many things on TV and the Internet, and you often think you know about people around you before talking to them. But you can discover new things when you experience something directly. I want to remember this idea and experience a lot of things in the future.

注：directly　直接に　　search for ～　～を検索する
Buckingham Palace　バッキンガム宮殿（ロンドンにある宮殿）
Tower Bridge タワーブリッジ（ロンドンにあるテムズ川にかかる橋）
local dishes　その土地の料理　　outside　外で
Harry Potter　ハリー・ポッター（英国人作家の小説に登場する主人公）

（1）　下線部①の示す内容として最も適当なものを，**ア～エ**の中から一つ選びなさい。

ア　my family　　**イ**　my first trip　　**ウ**　information　　**エ**　the Internet

（2）　下線部②の示す内容を**25字程度**の**日本語**で書きなさい。

（3）　下線部③の理由として最も適当なものを，**ア～エ**の中から一つ選びなさい。

ア　One of Hiroto's classmates asked him about his trip, but he didn't talk to her before.

イ　One of Hiroto's classmates liked his story very much because she often traveled abroad.

ウ　One of Hiroto's classmates didn't talk to him, and she was not interested in foreign countries.

エ　One of Hiroto's classmates was encouraged by his story, but she couldn't ask him about London.

（4）　次の**ア～エ**の出来事を，**起こった順に左から並べて**書きなさい。

ア　Hiroto told his classmates about his trip to London in an English class.

イ　Hiroto saw many things about London on the Internet before the trip to London.

ウ　Hiroto talked about his trip to London with one of his classmates after school.

エ　Hiroto and his family visited some places and had local dishes in London.

（5）　本文の内容に合っているものを，**ア～エ**の中から一つ選びなさい。

ア　Hiroto wanted to search for information about London before the trip, but he could not.

イ　When Hiroto had local dishes in London for the first time, he asked people from different countries about them.

ウ　Hiroto went to talk with one of his classmates because he wanted to know about Harry Potter.

エ　When Hiroto talked to one of his classmates after school, he found that she knew many things about London.

（6）　次の英文は，博人のスピーチのあとに，ある生徒が書いた感想です。［A］，［B］に適当な**英語**を入れてそれぞれの文を完成させなさい。ただし，［A］については**英語1語**で，［B］については**英語3語**で書きなさい。

> I enjoyed Hiroto's speech. I agree with him. If I see Buckingham Palace and Tower Bridge with my own ［A］, I will be moved, too. *As he said in his speech, I also think that we can discover new things ［B］ directly. So I want to visit many places and talk to a lot of people in the future.

〔 注：as ～　～のように 〕

(1)	
(2)	（20 / 25 / 30）
(3)	
(4)	→ → →
(5)	
(6)	A　　　B

■平成29年度問題

5 次の英文は，カナダでホームステイをした咲（Saki）が，ホストシスターのメアリー（Mary）と体験したことについて書いたものです。これを読んで，（1）～（6）の問いに答えなさい。

This summer, I had a good time in the city of *Dauphin, Canada. One day, Mary and I took a bus to go to a festival. When we got off the bus, we saw many people at a large gate of the festival. The festival was very big. Some people were playing some traditional music. Some people were dancing with their friends. Then, I found *signs of *BITAEMO* at the gate, on the street, and at food shops. I asked Mary, "What does *BITAEMO* mean?" She said, "［　　　］." She *continued, "Everyone in the festival is glad that you are here!" "Is it English?" I asked. "No, it's *Ukrainian." said Mary. I said, "Why is Ukrainian used? I don't know Dauphin well, but I think that people in Dauphin cannot speak Ukrainian." Mary said, "Long ago, people from different countries came to live in Dauphin. Some of them were from *Ukraine. Then, ① <u>the language came to Dauphin</u>."

I enjoyed the music and the food on that day. At a food shop, Mary said, "Saki, you should eat some traditional food like *varenyky and *holubtsi. Let's buy both of them, and we can share." I had them, and both of them were really good. During our lunch, Mary said, "Actually, my grandfather's parents *spoke Ukrainian in Ukraine. They came to Canada to work on a farm. Then my grandfather was born in Dauphin. When he was a child, he spoke Ukrainian at home and learned English at school. When he was 25 years old, he *got married. His *wife came from *England, and they always spoke English. My grandfather stopped speaking Ukrainian at home. So my father doesn't speak Ukrainian. Also, my mother only speaks English."

Then, Mary told me, "In fact, I can speak Ukrainian." I was surprised and asked her, "Why do you know the language?" Mary said, "I learn it at school. My sister Emma studies it, too. When I speak Ukrainian to my grandfather, he becomes happy because he can speak Ukrainian at home again. He sometimes talks about his good *memories in Ukrainian. He tells me stories about his parents and his old friends. Those stories are old to him, but I have never heard of them. I don't think I can hear such stories from him if I speak to him only in English."

Before my stay in Canada, I thought we needed to study foreign languages to meet new people in other countries, but now I find there are other reasons. For example, Mary studies a foreign language and she uses it at home to know more about her grandfather. There are such people in the world. I didn't think of ② <u>that</u> before. I have learned there are different purposes for studying a foreign language in the world. I have learned it from Mary, my good friend in Canada. Now I want to learn more about people in different countries to understand the world better.

注：Dauphin　ドーフィン　　signs　看板　　continued～　～を続けた
Ukrainian　ウクライナ語　　Ukraine　ウクライナ　　varenyky　ヴァレーニキ（料理名）
holubtsi　ホルブツィ（料理名）　　spoke　speakの過去形　　got married　結婚した
wife　妻　　England　イングランド　　memories　思い出

（1）［　　　］に入る英語として最も適当なものを，**ア～エ**の中から一つ選びなさい。

ア Communication　**イ** Information　**ウ** Don't enter　**エ** Welcome

（2）下線部①の理由を**25字程度**の**日本語**で書きなさい。

（3）本文の内容に合うように，次の**ア～エ**を起こった順に左から並べて書きなさい。

ア Mary's grandfather stopped speaking Ukrainian at home after he began to live with his wife.

イ Mary's grandfather spoke Ukrainian at home again after Mary learned it at school.

ウ The parents of Mary's grandfather came to live in Canada from Ukraine for work.

エ Mary's grandfather spoke Ukrainian with his parents at home and learned English at school.

（4）下線部②が示す内容として最も適当なものを，**ア～エ**の中から一つ選びなさい。

ア Some people study a foreign language, so they can travel abroad to meet new people.

イ Some people learn a foreign language, so they can learn something about their families.

ウ Some people can understand problems in their countries when they visit different countries.

エ Some people can help many people from other countries if they can speak other languages.

（5）本文の内容に合っているものを，**ア～エ**の中から一つ選びなさい。

ア Mary liked varenyky and holubtsi very much, so she made both of them for Saki and Emma at home.

イ Saki went to a festival with Mary in Ukraine, and she found that keeping traditions was important.

ウ Mary was glad because Saki studied Ukrainian to learn more about people in different countries.

エ Saki didn't know Dauphin well, but she enjoyed traditional music and food at the festival.

（6）次の英文は，咲の体験文を読んで，ある生徒が書いた感想です。［ A ］，［ B ］に適当な**英語**を入れてそれぞれの文を完成させなさい。ただし，［ A ］については**英語1語**で，［ B ］については**英語2語**で書きなさい。

Saki's memories in Dauphin are very interesting. Mary can speak the language which her［ A ］don't speak. I think Mary's grandfather is very happy because he can tell her about his old memories in Ukrainian. Those stories are old to him, but they are［ B ］Mary. Like Saki, I want to go adroad and to learn more about people in other countries. I am sure it will be exciting.

(1)			
(2)	20　25　30		
(3)	→　→　→		
(4)		(5)	
(6)	A	B	

■平成30年度問題

5 次の英文は、学（Manabu）が，オーストラリアでボブ（Bob）と体験したことについて書いたものです。これを読んで，（1）～（6）の問いに答えなさい。

This spring, I went to the city of *Melbourne, Australia, to see Bob. He is a university student, and he is the child of ①my father's brother. Bob visited Japan a few times, but this was my first trip to the city. On the first day, we enjoyed talking about many things like our schools and friends.

On the second day, Bob guided me around the city. We visited famous places like *Eureka Tower. The tower is the tallest in Melbourne, and we went to the *viewing platform of the tower. The view from the viewing platform was wonderful! I was impressed. When we talked about Melbourne there, he told me about "②Participate Melbourne." He said, "It *consists of *projects that make the city great. People join them to *improve Melbourne together. For example, in some projects, people try to make streets and parks better for everyone. To complete a project, the city usually makes a *draft and hears people's opinions about it first. There are many kinds of projects, and I also joined some of them. The experience taught me a lot." I was curious about that. "Could you tell me more?" I asked. Then he told me, "Now the city has made a draft about the park near my house, and wants to hear our opinions about it. Tomorrow I will talk about it with my friends who joined projects together before. Do you want to come? I'm sure you will learn something."

The next day, Bob and I went to a coffee shop to meet his friends. ③I was surprised. There were people of various *ages. They started talking about *playground equipment in the park first. Bob said, "The city should have playground equipment there. Children can enjoy the park more." I agreed with him. Then a woman who came with her children said, "Playground equipment is often dangerous for children, so we should think about how to make the park safe." An elderly man said, "It is easy to have playground equipment there. But it is hard to *maintain it." The others also *exchanged their opinions about playground equipment. After that, they discussed an environment for plants and safe roads for *cyclists in the park. Sometimes they argued, but they respected different opinions. On our way home, Bob said to me, "It's really great to talk with them. We improved our idea about the park. I'm going to talk with them again next week. Our idea will get much better. We will give our idea to the city in the end." I thought exchanging opinions a lot was necessary to get a better idea.

I knew it was useful to discuss things with people in different conditions. But I didn't like it because it was difficult and took a lot of time. However, I need to discuss things a lot with such people to improve an idea. I will keep that in my mind in the future.

〔注：Melbourne　メルボルン　　Eureka Tower　ユーレカタワー
viewing platform　展望台　　consists of～　～から成る　　projects　プロジェクト
improve～　～を改善する　　draft　検討を加えるための最初の案　　ages　年代
playground equipment　遊具　　maintain～　～を維持する
exchanged～　～を交換した　　cyclists　自転車に乗る人〕

（1）　下線部①を示す英語として最も適当なものを，**ア～エ**の中から一つ選びなさい。

ア　uncle　　**イ**　aunt　　**ウ**　wife　　**エ**　husband

（2）　次の英文は、下線部②について示したものです。本文の内容に合うように，[　　　]に入る適当な**英語**を**6語以上**で書き，文を完成させなさい。

People try to improve Melbourne together by [　　　　　　] great.

（3）　下線部③の理由として最も適当なものを，**ア～エ**の中から一つ選びなさい。

ア　Playground equipment in the park near Bob's house was dangerous for children.

イ　Some of Bob's friends Manabu met were a woman with her children and an old man.

ウ　In the park, Bob's friends sometimes argued, but they respected different opinions.

エ　The city made a draft about the park near Bob's house and heard opinions about it.

（4）　本文の内容に合うように次の**ア～エ**を起こった順に左から並べて書きなさい。

ア　Bob told his idea about playground equipment in the park to his friends.

イ　Bob's friends talked about an environment for plants and safe roads for cyclists.

ウ　Bob told Manabu about his experience of "Participate Melbourne" at the viewing platform.

エ　Manabu and Bob enjoyed talking about many things like their schools and friends.

（5）　本文の内容に合っているものを，**ア～エ**の中から一つ選びなさい。

ア　Manabu visited Melbourne a few times and joined some projects with Bob.

イ　Bob and his friends will give their idea about the park to the city in the end.

ウ　Manabu is going to talk with Bob's friends again to get a better idea.

エ　Manabu thought exchanging opinions wasn't useful because it was hard.

（6）　本文の内容に合うように，次の①と②のQuestionに**英語**で答えなさい。ただし，答えは　Answerの下線部に適当な**英語**を書きなさい。

①　Question：　Why was Manabu impressed at the viewing platform of Eureka Tower?
　　Answer　：　Because he ＿＿＿＿＿＿＿＿ from the viewing platform.

②　Question：　What will Manabu keep in his mind in the future?
　　Answer　：　It's necessary to ＿＿＿＿＿＿＿＿ to make an idea better.

(1)		(2)			
(3)		(4)	→ → →	(5)	
(6)	①	Because he ＿＿＿＿＿＿＿＿ from the viewing platform.			
	②	It's necessary to ＿＿＿＿＿＿＿＿ to make an idea better.			

5 次の英文は，留学生のジュリア（Julia）が書いたスピーチの原稿です。これを読んで，（1）～（6）の問いに答えなさい。

What is your favorite thing? Is it a present your family gave you? Is it a song that makes you happy? For my family members in Brazil, it is coffee. I love coffee, too, and I thought I knew many things about it. One day, however, when my teacher asked me to write about my favorite thing, I found I did not know much about coffee. Then I decided to read some books to learn more about it. Today, I will [A] some information with you.

First, have you ever seen coffee trees? People in many parts of the world, such as Europe, the United States, Canada and Japan, drink coffee. However, in most of those countries, you cannot find coffee trees. Do you know why? Because they don't have a good *climate for coffee trees. The trees need warm temperatures *all year round and both a *dry season and a rainy season in a year. Brazil has a very good climate for coffee trees, so you can see many coffee trees in my country. Of course, you can find them in other parts of the world, too. There are many coffee trees in South American countries and in some *African countries. You can find them in some countries in Asia like *Vietnam. One book I found at a library says that about 70 countries produce coffee *beans.

Second, I will talk about coffee beans. I think many people who love drinking coffee have never seen the *fruit of coffee trees. It is green at first, but it becomes red later. It looks like a *cherry, so people call the fruit a coffee cherry. There are two small *seeds in the cherry. The seeds become coffee beans. Do you think that the seeds are originally *brown? Many people think so. Actually, <u>that</u> is not true. The seeds are green at first! Don't you think that is interesting?

Do you know there is a big coffee festival in Hawaii every November? It is called "*Kona Coffee *Cultural Festival." This is the oldest and one of the most successful food festivals in Hawaii. You can experience many things during the festival. For example, you can *pick coffee cherries on a farm. [B] If you are interested in making coffee, you can learn how to make delicious coffee. I hope I can visit the festival someday!

Coffee is my favorite thing, but I didn't know much about it. Now I love coffee *all the more because I have learned something new about it. If you have something you like, why don't you read some books and try to learn more about it? I am sure you will find something new. I am also sure you will like it all the more.

（注：climate 気候　all year round 一年中　dry 乾いた　African アフリカの
Vietnam ベトナム　beans 豆　fruit 果実　cherry サクランボ
seeds 種子　brown 茶色の　Kona coffee コナコーヒー（ハワイ産コーヒーの一種）
cultural 文化の　pick～ ～を摘む　all the more ますます）

（1） [A] に入る英語として最も適当なものを，**ア～エ**の中から一つ選びなさい。

ア encourage　**イ** love　**ウ** listen　**エ** share

（2） 下線部の内容を示した英文として最も適当なものを，**ア～エ**の中から一つ選びなさい。

ア There are two small seeds in a coffee cherry.
イ Coffee seeds become coffee beans.
ウ Coffee seeds are originally brown.
エ Coffee seeds are green at first.

（3） [B] に入る英文として最も適当なものを，**ア～エ**の中から一つ選びなさい。

ア You can hear about the history of Kona coffee.
イ I had a great time at this traditional festival last year.
ウ You can read about Hawaiian culture in my country.
エ Tourists visit Hawaii in December to join the festival.

（4） 本文の内容に合っているものを，**ア～エ**の中から一つ選びなさい。

ア Julia knew many things about coffee when her teacher asked her to write about it.
イ You cannot find coffee trees in South American countries and African countries.
ウ One book Julia found says that more than 100 countries produce coffee beans.
エ The fruit of coffee trees is called a coffee cherry because of its shape and color.

（5） 本文の内容に合うように，次の①と②のQuestionに**英語**で答えなさい。ただし，答えはAnswerの下線部に適当な**英語**を書きなさい。

① Question： What do coffee trees need all year round?
Answer ： Julia says they ______________________ all year round.

② Question： Why does Julia love coffee all the more?
Answer ： Because she ______________________ .

（6） 次は，ジュリアのスピーチを聞いた後の太郎（Taro）とジュリアの対話です。下線部に適当な**英語**を**1文**で書きなさい。

Taro: Thank you for telling us an interesting story about coffee. May I ask you one question about the festival?
Julia: Sure. What is that?
Taro: ______________________________
Julia: Well, maybe for ten days.
Taro: Oh, the festival is very long! I hope you can visit it someday.
Julia: Thanks, Taro!

(1)		(2)		(3)		(4)	
(5)	①	Julia says they ______________________ all year round.					
	②	Because she ______________________ .					
(6)	______________________						

■令和２年度問題

5　次の英文は，絵美(Emi)が書いたスピーチの原稿です。これを読んで，(１)～(６)の問いに答えなさい。

"Can we make a better world?" If we hear this question, some of us may say, "No." Today, I'm going to tell you, "Yes, we can."

Last summer, I went to *Bali to see Becky, my friend living there. One day, Becky and I went shopping at a supermarket. There I found the supermarket didn't give us any plastic bags. Customers were using their own *reusable bags. I asked Becky about that. She told me about "*Bye Bye Plastic Bags." It is a movement that two young sisters living in Bali started in 2013.

At that time in Bali, a lot of plastic bags were thrown away, and *polluted the beaches. The sisters wanted to see the beautiful beaches again. They asked themselves, "What can we do now to make a difference?" First, they made a small team. They asked other children on the *island to [A] their team. They thought it was important to make their team bigger and do something together. Then, they started cleaning some beaches with the team members. When their movement started like this, they were only 10 and 12 years old!

Can you imagine what happened after that? Soon their movement started to spread all over the island. Not only children but also *adults started helping the team. The team members made special reusable bags and gave them to people on the island. They also made special *stickers to give the shops and the restaurants that decided to stop giving plastic bags. They went to the *airport to get a lot of *signatures from people who were there. Their movement got bigger and bigger. Finally, they had a chance to meet the *governor. He *promised to make a rule to stop using plastic bags in Bali *by 2018. I was impressed because [B]. I was also impressed because such young sisters could do that.

My school life started again in Japan. One morning, when I was walking to school with my friend, Mari, there were two paper cups thrown away on the street. At first, I thought, "If I don't pick them up, someone else will do it." But then I remembered the two sisters. So I picked one up. When I did that, Mari picked the other one up. I was happy about that and said, "Thanks, Mari!" Mari said, "I wanted to *look away from them, but you picked one up. I thought I should do it, too. Thanks, Emi." I was happy because I could make a little difference.

You may think these *actions are too small to change the world for the better. But if we work together for the same goal, I believe we can make a difference in the end. You may think we are still too young. But we can learn from the two sisters that it's not a big problem. Make a small team and do something small now!

注：Bali　（インドネシアの）バリ島　　reusable bags　エコバッグ
Bye Bye Plastic Bags　（バリ島の）レジ袋廃止運動　　polluted～　～を汚染した
island　島　　adults　大人　　stickers　シール　　airport　空港
signatures　署名　　governor　知事　　promised to～　～することを約束した
by～　～までに　　look away from～　～から目をそらす　　actions　行動

(１)　[A] に入る英語として最も適当なものを，**ア～エ**の中から一つ選びなさい。

ア　look　　**イ**　join　　**ウ**　go　　**エ**　think

(２)　[B] に入る英文として最も適当なものを，**ア～エ**の中から一つ選びなさい。

ア　their classmates went shopping with Emi
イ　their reusable bags and stickers were very cheap
ウ　their movement was not spreading to other countries
エ　their small actions made a big difference

(３)　下線部の内容を示した英文として最も適当なものを，**ア～エ**の中から一つ選びなさい。

ア　Young people should make a big team to do something.
イ　Young people are too busy to do something for Bye Bye Plastic Bags.
ウ　It is difficult for young people to solve problems around them.
エ　Even young people can make a better world.

(４)　本文の内容に合っているものを，**ア～エ**の中から一つ選びなさい。

ア　Becky didn't know much about Bye Bye Plastic Bags, so Emi told her about it.
イ　Only children in Bali were interested in the movement Becky's two sisters started.
ウ　Emi was happy when Mari picked up one of the paper cups thrown away on the street.
エ　People in Bali learned how to make Bali beautiful from the efforts of Emi and Becky.

(５)　本文の内容に合うように，次の①と②のQuestionに答えなさい。ただし，答えはAnswerの下線部に適当な**英語**を書きなさい。

①　Question：　What shops and restaurants did the sisters and their team give stickers to?
Answer　：　They gave them to the shops and the restaurants ＿＿＿＿＿＿ .

②　Question：　How can we change the world for the better?
Answer　：　Emi thinks we can do it by ＿＿＿＿＿＿＿＿＿＿ .

(６)　次は，絵美のスピーチを聞いた後の次郎（Jiro）と絵美の対話です。下線部に適当な**英語**を**１文**で書きなさい。

Jiro:　Thank you for your great speech, Emi. Can I ask you one question about the sisters?
Emi:　Sure. What is that?
Jiro:　＿＿＿＿＿＿＿＿＿＿＿＿＿＿＿＿
Emi:　Well, almost 1,000 signatures.
Jiro:　1,000! A lot of people visit the airport every day. So it was a great idea to do that there!

(1)		(2)		(3)		(4)	
(5)	①						
	②						
(6)							

■令和３年度問題

5　次の英文は，大和（Yamato）が書いたスピーチの原稿です。これを読んで，(1)～(6) の問いに答えなさい。

Do you have anything special? All of you may have your own interesting stories about your own special things. For me, it's about *datemaki*.

Datemaki is a kind of egg dish. Some people say that the name comes from *Date Masamune because he loved it. But I don't know *whether this is true. *Anyway, you may see it with other **osechi* dishes, such as **kurikinton*. [　A　] For example, people say that *datemaki* is a *symbol of *intelligence because it looks like *a rolled book. To pray for *success in their studies, some students may eat it. You can find *datemaki* in many places, but my *datemaki* is a little different and special to me.

In my home, my mother cooks *osechi* dishes every New Year's Eve. She is a good cook and all her dishes are delicious. But I don't want to eat *osechi* dishes every day during the New Year's holidays. I want to eat other dishes because there are only a few things I like to eat in *osechi* boxes. One of them is *datemaki*. My mother can cook it well, but she doesn't cook it. My father cooks it. Though he is not a good cook, his *datemaki* tastes great! I love it. On my fifth birthday, I ate it for the first time.

My mother bakes a cake on my birthday every year. I always look forward to it. But she couldn't bake it on my fifth birthday. She was not feeling good on that day. I was [　B　] about her and very sad. My father held me tightly and said, "Your mother will get well soon. Don't worry, Yamato. Happy birthday! Let's enjoy your birthday party! " I will never forget this birthday. I couldn't eat my mother's cake, but I could eat my father's *datemaki*. It didn't look good, but it was delicious. I could feel his *love in it. I don't know why he cooked *datemaki* then. But that's not important. He cooked it for me instead of a birthday cake *with all his heart. That was enough. Since then, it has been my favorite. I can always feel his love when I eat it.

On my fifteenth birthday, my father taught me how to cook *datemaki*. He said, "Your grandfather often cooked *datemaki* for me. I loved it. I learned how to cook it from him. He wanted me to pass on the recipe to my future child. I want you to do so, too. To us, *datemaki* is special. Now I will tell you one important thing. Put your *hope into your *datemaki*. When I cook *datemaki* for you, I always hope you will be happy. " Now I understand why my father's *datemaki* is special to me.

I will cook *datemaki* and help my mother this New Year's Eve. I want to surprise my father. Now I'm trying to make my *datemaki* *even better. Like my father, I want to cook my *datemaki* for my future family and pass on the recipe!

注　Date Masamune　伊達政宗（戦国武将の一人）　whether～　～かどうか
Anyway　とにかく　*osechi* dishes　おせち料理（正月などに作られる料理）
kurikinton　栗きんとん（おせち料理の一品）　symbol　象徴　intelligence　知性
a rolled book　巻物（書画などを軸につけて巻いたもの）
success in their studies　学業成就　love　愛　with all his heart　心をこめて
hope　願い　even　さらに

(1)　[　A　] に入る英文として最も適当なものを，**ア～エ**の中から一つ選びなさい。

ア　Most people buy *osechi* dishes at department stores.
イ　Each dish in *osechi* boxes means something to us.
ウ　*Osechi* dishes are popular as Japanese traditional food.
エ　Everyone knows where *kurikinton* comes from.

(2)　[　B　] に入る英語として最も適当なものを，**ア～エ**の中から一つ選びなさい。

ア　impressed　**イ**　worried　**ウ**　boring　**エ**　amazing

(3)　下線部の内容を示した英文として最も適当なものを，**ア～エ**の中から一つ選びなさい。

ア　Yamato understands that his father's *datemaki* is unique because his father puts his hope into it .
イ　Yamato understands that his father should make his *datemaki* better because it doesn't look good.
ウ　Yamato understands that his father's *datemaki* is very good because his father is a good cook.
エ　Yamato understands that his father wants to cook his own *datemaki* because it looks unique.

(4)　本文の内容に合っているものを，**ア～エ**の中から一つ選びなさい。

ア　Yamato's grandfather said that Date Masamune named the egg dish *datemaki* because he loved it.
イ　Yamato's mother was so busy that she couldn't bake a cake on Yamato's fifth birthday.
ウ　Yamato's father cooked *datemaki* on Yamato's fifth birthday instead of the cake Yamato's mother usually baked.
エ　Yamato learned how to cook *datemaki* from his grandfather when Yamato became fifteen years old.

(5)　本文の内容に合うように，次の①と②のQuestionに答えなさい。ただし，答えはAnswerの下線部に適当な**英語**を書きなさい。

①　Question：　Why does Yamato want to eat other dishes during the New Year's holidays?
　　Answer　：　Because Yamato likes to eat ＿＿＿＿＿＿＿＿ in *osechi* boxes.

②　Question：　What does Yamato's father want Yamato to do?
　　Answer　：　Yamato's father ＿＿＿＿＿＿＿＿ to his future child.

(6)　次は，大和のスピーチを聞いた後の咲良（Sakura）と大和の対話です。下線部に適当な**英語**を**１文**で書きなさい。

Sakura : Thank you very much, Yamato. Your speech was very good. Can I ask you a question?
Yamato : Of course. What's your question?
Sakura : Your mother can cook *datemaki*, right? ＿＿＿＿＿＿＿＿
Yamato : No, I don't know why. Maybe she knows my father's *datemaki* is special to me. So she doesn't.
Sakura : Oh, I see.

(1)		(2)		(3)		(4)	
(5)	①			②			
(6)							

リスニング （※H25～H31は省略しております。）

■令和２年度問題

1　これは放送による問題です。問題は**放送問題1**から**放送問題3**まであります。

放送問題1　明子（Akiko）とラリー（Larry）の対話を聞いて，質問の答えとして最も適当なものを，**ア～エ**の中からそれぞれ一つずつ選びなさい。

Akiko: Hi, Larry.
Larry: Hi, Akiko. How did you come to this public library?
Akiko: By bus.
Larry: Thank you for coming. I really need your help. I want to borrow some books about cooking today, but I don't know how to do it in Japan.
Akiko: OK, but do you cook?
Larry: I often cooked for my family in my country. Now I want to learn how to cook Japanese food because my father will come to see me on May 21. I want to cook a Japanese dish for him.
Akiko: My mother can teach you how to cook Japanese food. Would you like to cook together in my house?
Larry: Sounds good!
Akiko: Do you have any plans for this Sunday?
Larry: I will go to the baseball stadium with my host family. How about next Sunday?
Akiko: OK. Let's meet in front of our school at ten. Then we can start cooking at ten thirty.
Larry: All right.

Question **No.1**： How did Akiko come to the public library?
Question **No.2**： What did Larry often do in his country?
Question **No.3**： When will Larry's father come to see him?
Question **No.4**： Where will Larry go this Sunday?
Question **No.5**： What time will Akiko and Larry meet?

No. 1　ア　イ　ウ　エ

No. 2　ア　イ　ウ　エ

No. 3　ア　イ　ウ　エ

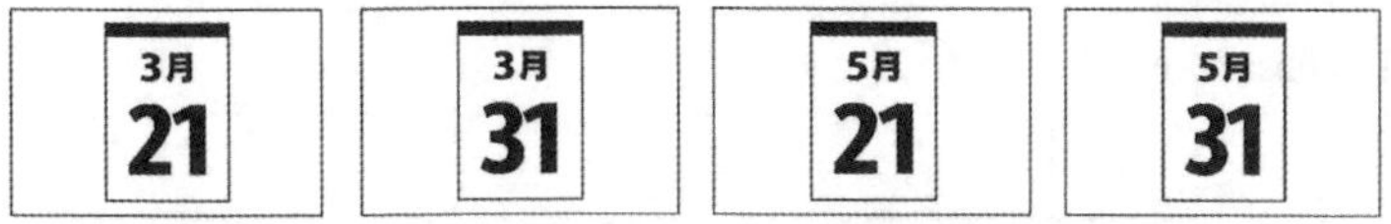

No. 4　ア　イ　ウ　エ

No. 5　ア　イ　ウ　エ

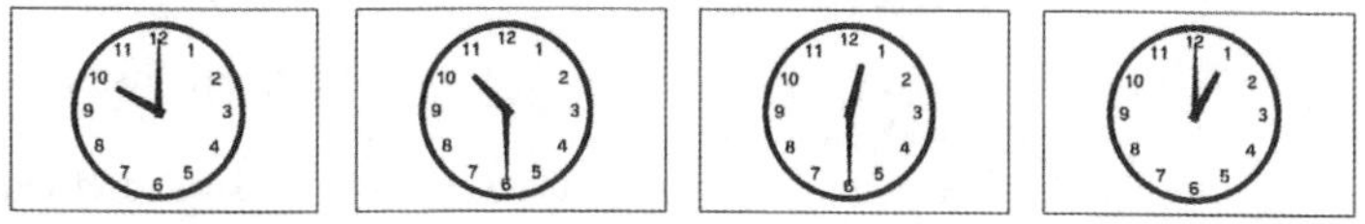

放送問題2　二人の対話の最後の応答部分でチャイムが鳴ります。そのチャイムの部分に入る最も適当なものを，**ア～エ**の中からそれぞれ一つずつ選びなさい。

No.1　Man : Show me your passport, please.
Girl : OK.
Man : What's the purpose of your visit?
Girl : (チャイム)
ア　For five days.　　イ　Every summer.
ウ　On a sunny day.　　エ　Sightseeing.

No.2　Girl : Please tell me the way to the station.
Boy : Oh, I'm going there, too.
Girl : Really? Can I go with you?
Boy : (チャイム)
ア　OK. I went to school yesterday.
イ　Sure. Let's go together.
ウ　Of course.　I go to the park every day.
エ　Yes. I will play tennis tomorrow.

放送問題3　ひかり（Hikari）が英語の授業で話した内容を聞きながら，①～⑤の英文の空欄に入る最も適当な**英語1語**を書きなさい。

My grandmother made a cushion for me and it is my favorite cushion. I have used it since I was eight years old. When I feel sad, I always hold it in my arms. I can relax and hear her tender voice. She often says, "We are all different. Just be yourself." She will become sixty years old this spring.　I'm making a cushion for her now. I will give it to her as a birthday present.

① Hikari's grandmother made a cushion and it is Hikari's (　　) cushion.
② Hikari has used her cushion since she was (　　) years old.
③ Hikari always (　　) the cushion in her arms when she feels sad.
④ Hikari's grandmother says to Hikari, "Just be (　　)."
⑤ Hikari will give her grandmother a cushion as a (　　) present.

放送問題1	No.1		No.2		No.3		No.4	
	No.5							
放送問題2	No.1		No.2					
放送問題3	①				②			
	③				④			
	⑤							

■令和３年度問題

1

これは放送による問題です。問題は**放送問題1**から**放送問題3**まであります。

放送問題1 翔太（Shota）とジュディ（Judy）の対話を聞いて，質問の答えとして最も適当なものを，**ア～エ**の中からそれぞれ一つずつ選びなさい。

Shota: Hi, Judy. We're going to have a Show and Tell activity tomorrow. Do you have a picture with you now?
Judy: Yes, here's one. Look! You can see a beautiful beach and a lot of buildings along the beach.
Shota: It's a wonderful view!
Judy: How about yours?
Shota: This is a picture of my favorite park. There are a lot of big trees and I like to walk between the trees.
Judy: It looks beautiful. Is it around here? Can we go there by bike?
Shota: No, it's too far from here. We always go there by car.
Judy: I see. I want to go there someday.
Shota: You should. I think spring is the best season because you can see the cherry trees.
Judy: Wow! I've wanted to see beautiful cherry trees since I came to Japan.
Shota: Is that so? Please enjoy them next spring.
Judy: I will.
Shota: Oh, it's already 3:25. My club will start in five minutes.
Judy: Oh, OK. Have fun.
Shota: Thanks. See you tomorrow.
Judy: See you.

Question **No.1**： What picture does Judy have?
Question **No.2**： What does Shota like to do in the park?
Question **No.3**： How does Shota go to the park?
Question **No.4**： What will Judy enjoy next spring?
Question **No.5**： What time will Shota's club start?

No. 1　ア　イ　ウ　エ

No. 2　ア　イ　ウ　エ

No. 3　ア　イ　ウ　エ

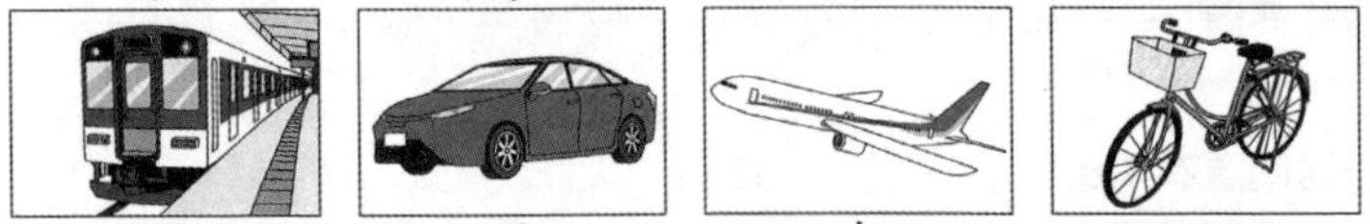

No. 4　ア　イ　ウ　エ

No. 5　ア　イ　ウ　エ

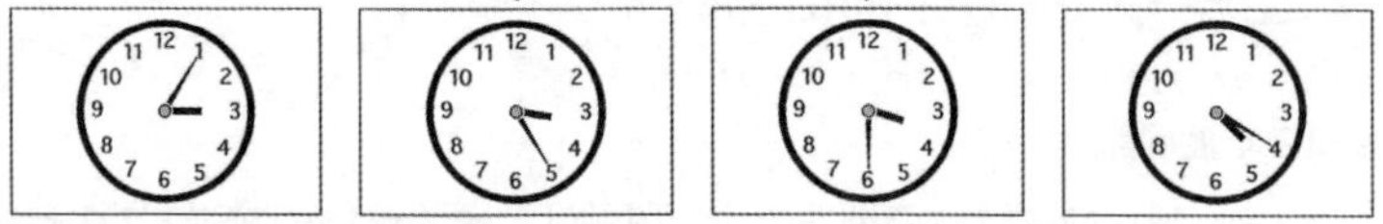

放送問題2 二人の対話の最後の応答部分でチャイムが鳴ります。そのチャイムの部分に入る最も適当なものを，**ア～エ**の中からそれぞれ一つずつ選びなさい。

No.1 Woman : Hello. May I help you?
Boy : Yes, please. I'm looking for a T-shirt.
Woman : How about this green one?
Boy : （チャイム）

ア I'm just looking.
イ I'll take both.
ウ Shall I show you a smaller one?
エ It looks nice.

No.2 Boy : Are you free tomorrow?
Girl : Yes. I don't have any plans.
Boy : Great! Shall we study at my classroom after school?
Girl : （チャイム）

ア Sure. Can you teach me math then?
イ Good idea. But I have other plans.
ウ No. Today, I'm going to clean my room.
エ I'm sorry. I'm busy now.

放送問題3 渉（Wataru）が英語の授業で発表した内容を聞きながら，①～⑤の英文の空欄に入る最も適当な**英語1語**を書きなさい。

I belonged to the tennis club for three years. Though I practiced tennis very hard, I couldn't win most of my games. I once thought I didn't want to play anymore. At that time, one of my teammates said to me with a smile, "You're doing your best." The kind message from my teammate helped me to start playing again. In my school life, I was able to make lots of friends and I will remember them forever.

① Though Wataru practiced tennis very hard, he couldn't (　　) most of his games.
② Wataru (　　) thought he didn't want to play anymore.
③ Wataru's teammate said to him with a (　　), "You're doing your best."
④ The kind (　　) from his teammate helped Wataru to start playing again.
⑤ Wataru was able to make lots of friends and he will (　　) them forever.

放送問題1	No.1		No.2		No.3		No.4	
	No.5							
放送問題2	No.1		No.2					
放送問題3	①			②				
	③			④				
	⑤							

公 立 高 校 入 試 出 題 単 元

過去９年間
（平成25年～令和3年迄）

社　　会

世界地理

■ 平成26年 [1]（時差・人工・気候・産業・各国の特徴）
■ 平成28年 [1]（地図・貿易・人口）
■ 平成29年 [1]（地図・気候・地誌・産業）
■ 平成30年 [1]（大陸・気候・貿易・畜産・時差）
■ 平成31年 [1]（地形・気候・工業・資料読み取り）
■ 令和２年 [1]（地形・気候・表読み取り・宗教・貿易）
■ 令和３年 [1]（国の特徴・宗教・表読み取り）

日本地理

■ 平成25年 [2]（海流・漁業・農業）
■ 平成26年 [2]（東北地方の産業）
■ 平成28年 [2]（標準時・地形・気候・産業・景観・人口）
■ 平成29年 [2]（北海道の地形・気候・産業）
■ 平成30年 [2]（山脈・農業・産業・貿易）
■ 平成31年 [2]（地形・気候・地形図・農業・工業）
■ 令和２年 [2]（緯度・気候・地形図・農業）
■ 令和３年 [2]（県の特徴・地形図・人口）

歴史

■ 平成25年 [4]（室町～現代）
■ 平成26年 [3]（古代～近世）
■ 平成27年 [4]（古代～近世）
■ 平成28年 [4]（中世～近世）
■ 平成29年 [4]（歴史上の法令）
■ 平成30年 [4]（福島にゆかりのある人物、出来事）
■ 平成31年 [3]（奈良～現代）　[4]（郷土の歴史）
■ 令和２年 [3]（日本と海外のつながり）　[4]（工業・政治）
■ 令和３年 [3]（主な出来事）　[4]（近現代の政治）

政治

■ 平成25年 [5]（憲法・選挙・地方自治）
■ 平成26年 [5]（憲法・基本的人権・選挙）
■ 平成27年 [6]（憲法・労働基準法・環境・地方自治・司法）
■ 平成28年 [6]（国会・憲法・権利・選挙）
■ 平成29年 [6]（内閣・国会・税）
■ 平成30年 [6]（憲法・選挙・裁判）
■ 平成31年 [6]（国会・選挙・憲法）
■ 令和２年 [6]（民主主義・国会・選挙）
■ 令和３年 [6]（政治と人権）

経済

■ 平成25年 [6]（経済・雇用・企業・社会保障・日銀）
■ 平成27年 [5]（景気変動・金融・資料読み取り）
■ 平成28年 [5]（社会保障・税・地方）
■ 平成30年 [5]（企業・税・為替）
■ 令和２年 [5]（消費・企業・景気・公害）

生活と国際社会

■ 平成26年 [6]（国際連合・条約・貿易・雇用）
■ 平成29年 [5]（憲法・共生社会・国連・環境）
■ 平成31年 [5]（人口・貿易・社会保障）
■ 令和３年 [5]（労働と社会保障）

世界地理

■平成26年度問題

1　次の地図のA〜Dは国を，P，Qは都市を，Xは経線を示している。（1）〜（6）の問いに答えなさい。

（1）地図に ▨ で示した山脈の名称は何か。書きなさい。

（2）次の①，②の問いに答えなさい。

① 都市PはA国の首都である。都市Pを通り，経度の基準となっている経線Xを何というか。**漢字5字**で書きなさい。

② A国が1月1日午後11時のとき，ルーマニアは何月何日の何時か。**午前，午後を明らかにして**書きなさい。ただし，ルーマニアの標準時は東経30度の経線を基準として決められている。

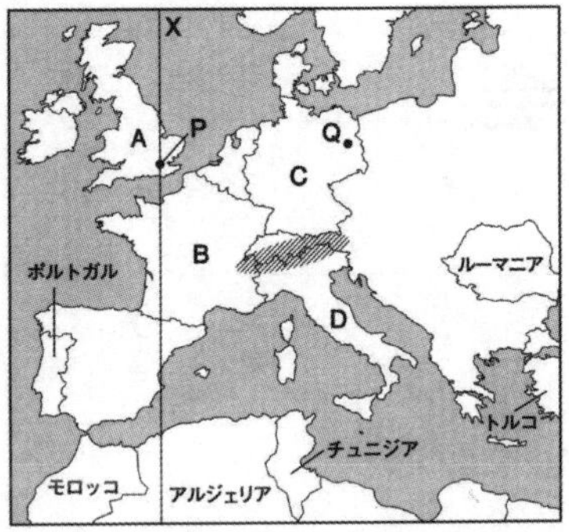

（3）右のグラフⅠは，B国の外国人労働力人口の内訳をあらわしている。このグラフについてまとめた次の文の［Y］，［Z］にあてはまる語句を，それぞれ書きなさい。

> B国の外国人労働力人口の内訳を見ると，EU加盟国を除けば，［Y］大陸の北部に位置する国の割合が高くなっている。その理由は，これらの国々がかつてB国の［Z］だったため，独立した現在でも結びつきが強いからである。

グラフⅠ　B国の外国人労働力人口の内訳

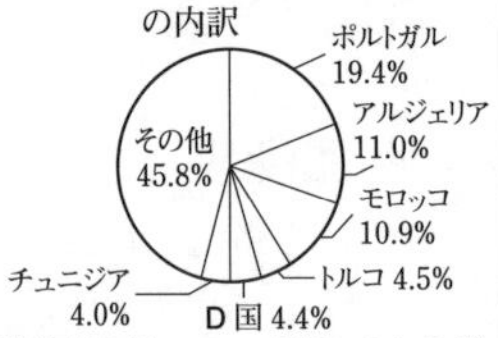

（世界国勢図会2013/14年版により作成）

（4）右のグラフⅡは，C国の首都である都市Qの気温と降水量の月別平年値をあらわしている。この都市の気候の特徴を，次の**二つの語句**を用いて説明しなさい。

高緯度　　一年

グラフⅡ　都市Qの気温と降水量の月別平年値

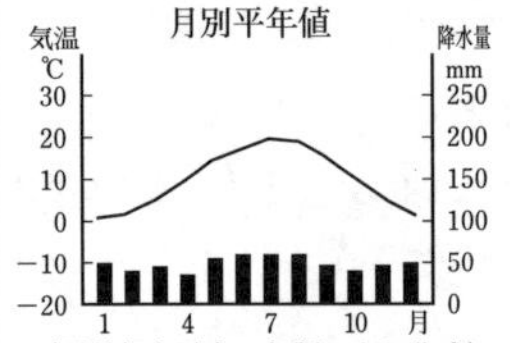

（理科年表平成25年版により作成）

（5）右の表は，A〜D国の小麦，ぶどう，肉類，漁業の生産量をあらわしている。D国にあてはまるものを，**ア〜エ**の中から一つ選びなさい。

表　A〜Dの国の小麦，ぶどう，肉類，漁業の生産量

	小麦(千t)	ぶどう(千t)	肉類(千t)	漁業(千t)
ア	38037	6591	5695	454
イ	6622	7116	4178	218
ウ	22800	1251	8359	234
エ	15257	1	3600	605

（世界国勢図会2013/14年版などにより作成）

（6）ヨーロッパの国々は，EUを組織して結びつきを強めている。また，東南アジアの国々は，ASEANを組織して協力を進めている。次のグラフⅢは，EU，ASEAN，アメリカ，ブラジル，オーストラリアの人口，面積，国内総生産をあらわしている。EUとASEANにあてはまるものを，**ア〜オ**の中からそれぞれ一つずつ選びなさい。

グラフⅢ　EU，ASEAN，アメリカ，ブラジル，オーストラリアの人口，面積，国内総生産

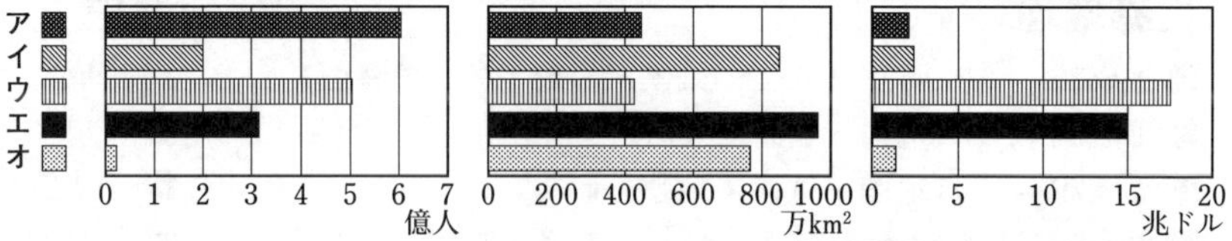

（世界国勢図会2013/14年版により作成）

(1)	山脈			
(2)	①		②	
(3)	Y		Z	
(4)			(5)	
(6)	E U		ASEAN	

■平成28年度問題

1　次の地図Ⅰは，緯線と経線が直角に交わった地図，地図Ⅱは，東京からの距離と方位が正しくあらわされた地図である。また，地図ⅠのＡ～Ｄは国を，地図Ⅰと地図Ⅱのｓ～ｖは，それぞれ同じ都市を示している。（１）～（４）の問いに答えなさい。

地図Ⅰ

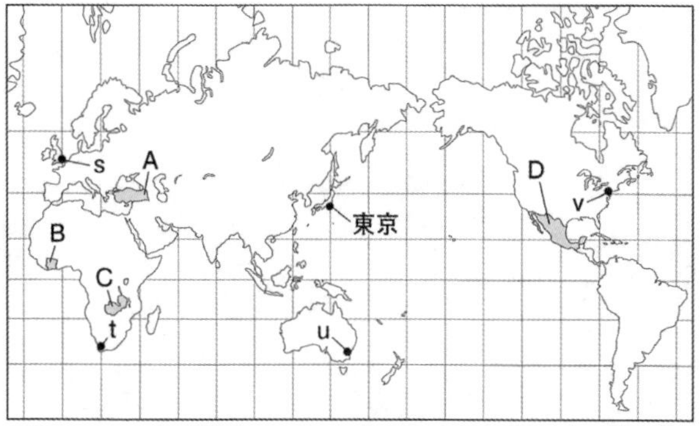

地図Ⅱ

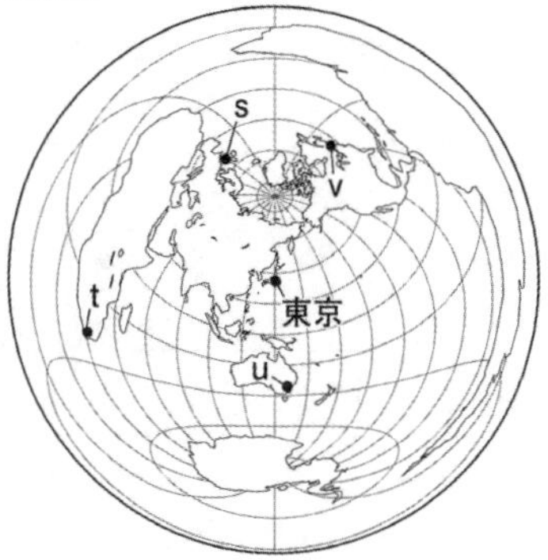

（１）　地図Ⅰと地図Ⅱを参考にして，次の①～④の問いに答えなさい。

①　ｓ～ｖの都市のうち，新年を最初にむかえるものはどれか。一つ選びなさい。

②　東京から見て，Ａ国はどの方位にあるか。最も適当なものを，次のア～エの中から一つ選びなさい。

ア　東　　**イ**　北東　　**ウ**　西　　**エ**　北西

③　ｓ～ｖ の都市のうち，東京からの距離が最も遠いものはどれか。一つ選びなさい。

④　ｓ～ｖの都市が共通して属する気候帯は何か。書きなさい。

（２）　右の表は，Ｂ国の輸出品と各輸出品の輸出総額に占める割合をあらわしている。 表をもとに資料を作成するとき，最も適しているものを，次のア～エの中から一つ選びなさい。

ア　円グラフ　　**イ**　折れ線グラフ
ウ　ドットマップ　　**エ**　階級区分図

表　Ｂ国の輸出品と各輸出品の輸出総額に占める割合

輸出品	割合(%)
カカオ豆	21.4
石油製品	17.5
原油	11.6
天然ゴム	7.4
金(非貨幣用)	5.9
その他	36.2

（世界国勢図会2015/16年版により作成）

(1)	①		②		③	
	④				(2)	

（３）　右のグラフⅠは，世界の銅価格，Ｃ国の総輸出額と銅の輸出額の推移をあらわしている。グラフⅠを参考にして，Ｃ国の輸出の特徴を，次の**二つの語句**を用いて，「**Ｃ国の輸出は，**」の書き出しに続けて書きなさい。

依存　　銅価格

グラフⅠ　世界の銅価格，Ｃ国の総輸出額と銅の輸出額の推移

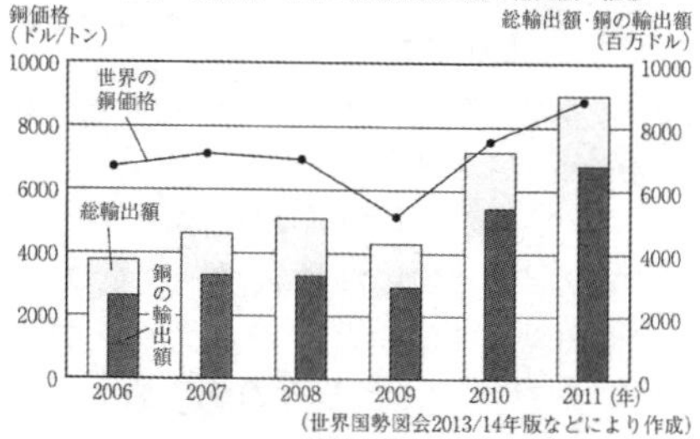

（世界国勢図会2013/14年版などにより作成）

（４）　右のグラフⅡは，Ｄ国と日本の人口ピラミッドである。グラフⅡを参考にして，日本と比較したときのＤ国の人口の特徴を，次の**二つの語句**を用いて書きなさい。

出生率　少子化

グラフⅡ　Ｄ国と日本の人口ピラミッド

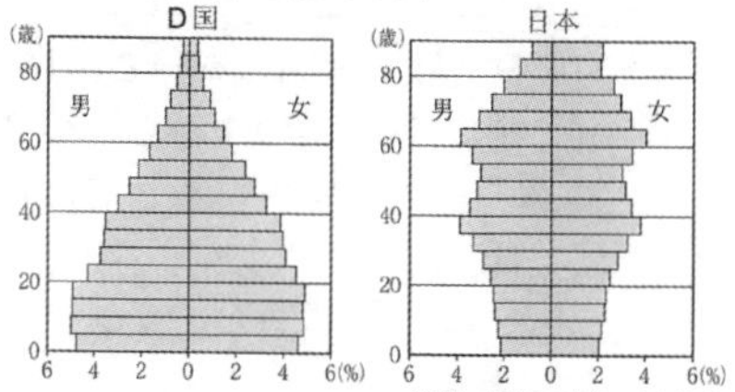

（世界の統計2012年版により作成）

(3)	Ｃ国の輸出は，
(4)	

■平成29年度問題

1　次の地図は，緯線と経線がそれぞれ等間隔に引かれ，それらが直角に交わる地図である。また，地図のＡ～Ｄは国を示している。（１）～（５）の問いに答えなさい。

地図

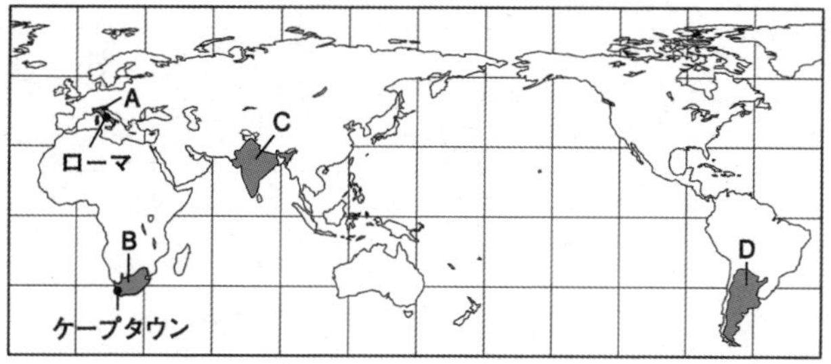

グラフ
ローマとケープタウンの雨温図

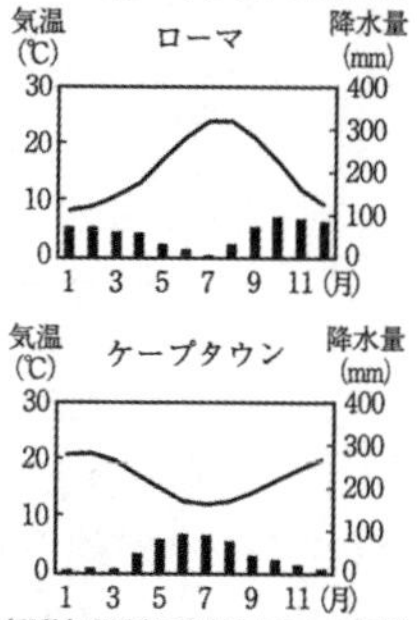

（理科年表平成29年版などにより作成）

（１）　地図の経線は，何度ごとに引かれているか。数字で書きなさい。

（２）　地図のＡ～Ｄ国について述べた文として正しいものを，次のア～エの中から一つ選びなさい。

ア　四つの国の中で赤道が通っている国は，一つだけである。
イ　四つの国の中で位置が西経であらわされる国は，一つだけである。
ウ　四つの国は，すべて別々の大陸に位置している。
エ　四つの国の中で大西洋に面している国は，一つだけである。

(1)	度	(2)	

（3） 前のグラフは，ローマとケープタウンの雨温図である。次の ①，② の問いに答えなさい。

① ローマとケープタウンに共通する気候名は何か。次の**ア**～**エ**の中から一つ選びなさい。

ア 西岸海洋性気候　　**イ** 温暖湿潤気候
ウ 地中海性気候　　**エ** 亜寒帯（冷帯）気候

② ローマとケープタウンに共通する降水量の特徴を，次の**二つの語句**を用いて，「**どちらの都市も**」の書き出しに続けて書きなさい。

乾燥　　**冬**

（4） 次の文は，地図の**A**～**D**国について述べたものである。**C**国にあてはまるものを，次の**ア**～**エ**の中から一つ選びなさい。

ア 自然環境をいかして古くから小麦，ぶどうやオリーブなどの生産が盛んである。

イ スペイン語が広く話されており，農牧業に加えて近年は工業化も進められている。

ウ かつての人種隔離政策は廃止されたが，人種の違いによる経済的な格差は残っている。

エ 北部の国境付近は造山帯に位置しており，8000ｍ級の山々からなる山脈がある。

（5） 次の表は，地図の**A**～**D**国の人口，国内総生産，産業活動別国内総生産の割合をあらわしている。また，表の**ア**～**エ**は，地図の**A**～**D**国のいずれかである。次の①，②の問いに答えなさい。

表　**A**～**D**国の人口，国内総生産，産業活動別国内総生産の割合（2014年）

	人口（万人）	国内総生産（百万ドル）	産業活動別国内総生産の割合（%） 第一次産業	第二次産業	第三次産業
ア	129529	2054941	17.0	30.0	53.0
イ	5397	349819	2.5	29.5	68.0
ウ	5979	2141161	2.2	23.5	74.3
エ	4298	543490	8.2	28.8	63.0

（世界国勢図会2016/2017年版などにより作成）

① 一人あたりの国内総生産が最も少ない国を，表の**ア**～**エ**の中から一つ選びなさい。

② 地図の**D**国にあてはまるものを，表の**ア**～**エ**の中から一つ選びなさい。また，その**国名**を書きなさい。

(3)	①		(4)				
	②	**どちらの都市も**					
(5)	①		②	符号		国名	

■**平成30年度問題**

1 次の地図Ⅰは北半球を，地図Ⅱは南半球をあらわした地図である。地図の中心から引かれている直線**u**～**z**は，等しい経度の間隔で示した経線である。また，**A**～**D**は国を，◆は**A**～**D**国のそれぞれの首都を，**E**は大陸を示している。（1）～（6）の問いに答えなさい。

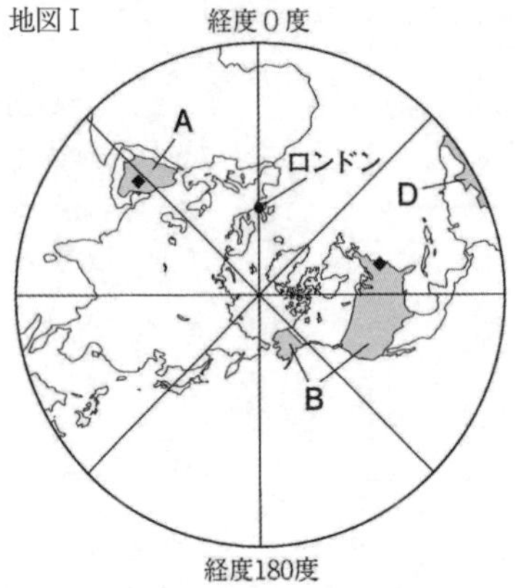

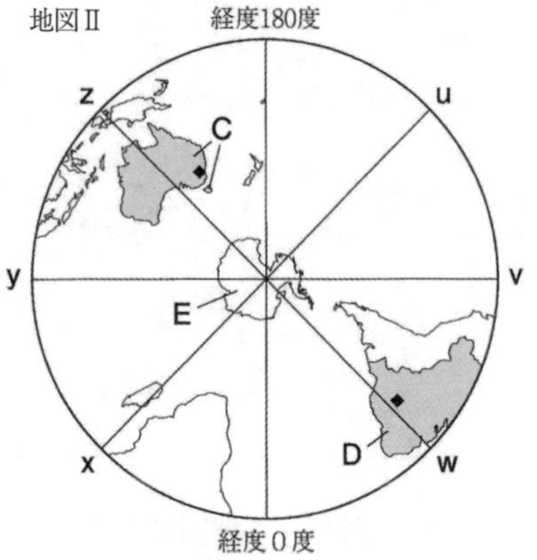

（1） 地図Ⅱの**E**の大陸名を書きなさい。

（2） 次の説明文ⅰ～ⅲのすべてにあてはまる国を，**A**～**D**の中から一つ選びなさい。

> ⅰ　この国は，ヨーロッパの国の植民地となったことがあるため，おもに使われている言語はその影響を受けている。
> ⅱ　この国では，大豆などの農産物生産量が多く，自動車や航空機などの製造もさかんである。
> ⅲ　この国の北部には，西から東に国土を貫いて大西洋に注ぐ大きな河川が流れており，その川沿いには，伝統的な高床式の住居が見られる。

（3） 次の雨温図は，**A**～**D**国のいずれかの首都の気温と降水量をあらわしている。**B**国の首都のものを，**ア**～**エ**の中から一つ選びなさい。

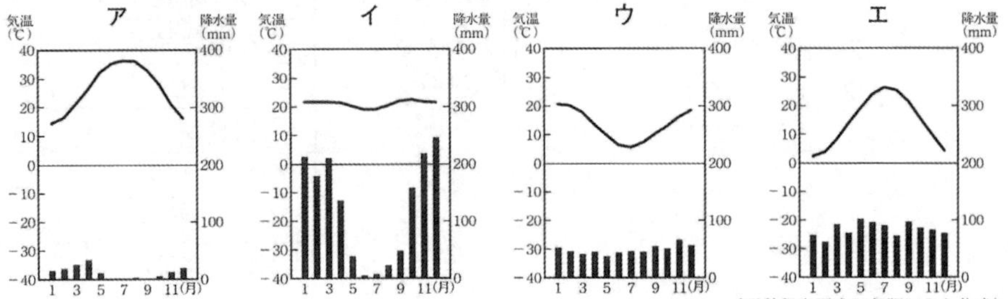

（理科年表平成30年版により作成）

(1)	大陸	(2)		(3)	

（4） 次の表は，日本における**A～D**国からの輸入品とその金額および輸入総額をあらわしている。**C**国にあてはまるものを，表の**ア～エ**の中から一つ選びなさい。

表　日本における**A～D**国からの輸入品とその金額および輸入総額（2016年）

	ア		イ		ウ		エ	
	輸入品	金額(億円)	輸入品	金額(億円)	輸入品	金額(億円)	輸入品	金額(億円)
第1位	石炭	10775	原油	19534	鉄鉱石	2407	機械類	22368
第2位	液化天然ガス	9203	石油製品	501	肉類	875	航空機類	5270
第3位	鉄鉱石	4356	液化石油ガス	442	とうもろこし	818	医薬品	4061
第4位	肉類	1906	有機化合物	282	コーヒー	538	科学光学機器	3976
第5位	銅鉱	1182	アルミニウム	210	有機化合物	446	肉類	3511
	輸入総額	33211	輸入総額	21249	輸入総額	7341	輸入総額	73221

（日本国勢図会 2017/18年版により作成）

（5） 次のグラフⅠは，**D**国の森林面積の推移を，グラフⅡは，**D**国の牛肉の生産量の推移をあらわしている。グラフⅠのように**D**国の森林面積が変化してきた理由を，グラフⅡと関連させて書きなさい。

グラフⅠ　**D**国の森林面積の推移

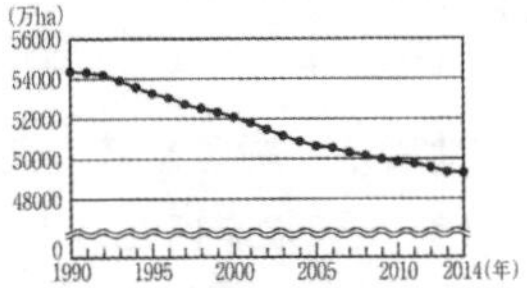

（国連食糧農業機関資料により作成）

グラフⅡ　**D**国の牛肉の生産量の推移

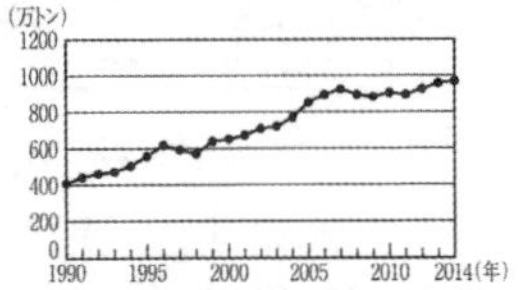

（国連食糧農業機関資料により作成）

（6） 地図Ⅰのロンドンの時刻が3月15日午前0時のとき，3月14日午後9時の時刻となる経度を示す経線として最も適当なものを，地図Ⅱの**u**　**z**の中から　つ選びなさい。

(4)		(6)	
(5)			

■平成31年度問題

1　次の地図に引かれた直線**あ～お**は経線を示している。また，**A～E**は国を，**r～u**の ━━ は山脈を，**X**は大洋を示している。（1）～（7）の問いに答えなさい。

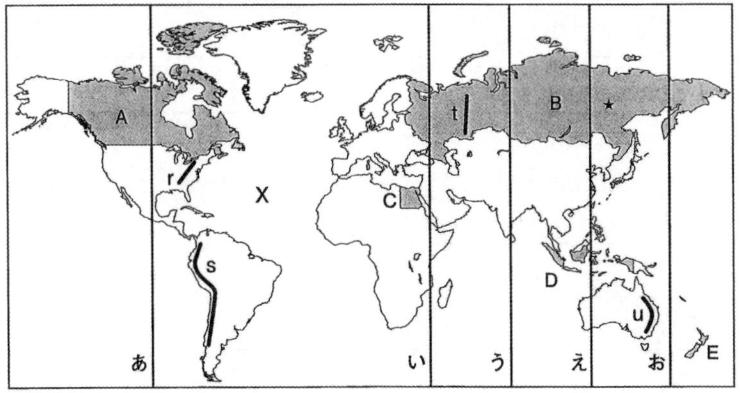

（1） 地図の**X**の大洋名を書きなさい。

(1)	

（2） 地図の**あ**は，西経100度の経線を示している。**あ**の経線に対して，地球の反対側を通る東経80度の経線として適当なものを，地図の**い～お**の中から一つ選びなさい。

（3） 地図で示した山脈のうち，**E**国の島々と同じ造山帯に属するものを，**r～u**の中から一つ選びなさい。

（4） 次の文は，地図の**A～E**国のいずれかの国について述べたものである。この文にあてはまる国を，**A～E**の中から一つ選びなさい。また，その**国名**を書きなさい。

> この国には，南から北に国土を貫いて海に注ぐ大きな河川が流れている。古代文明が栄えたころ，その河川の増水の時期を予測して農耕を行うために太陽暦がつくり出された。

（5） 地図の★で示した地点の気候と人々の暮らしについて説明した文として最も適当なものを，次の**ア～オ**の中から一つ選びなさい。

ア　年中高温多湿であり，木や竹でつくった風通しの良い住居が見られる。
イ　年中乾燥しており，たけの低い草原では羊などを飼育する遊牧が行われている。
ウ　年中寒冷であり，じゃがいもの栽培やアルパカなどの放牧が行われている。
エ　夏季は高温乾燥であり，オリーブなどの乾燥に強い作物の栽培が行われている。
オ　冬季は寒冷であり，暖房の熱で凍土がとけないように，高床の建物が見られる。

（6） 次の表Ⅰは，地図の**A～E**国の一人あたりの国内総生産とおもな輸出品および輸出総額をあらわしている。**D**国にあてはまるものを，表Ⅰの**ア～オ**の中から一つ選びなさい。

表Ⅰ　**A～E**国の一人あたりの国内総生産とおもな輸出品および輸出総額（2015年）

		ア	イ	ウ	エ	オ
一人あたりの国内総生産（ドル）		9243	3452	43206	3346	38294
おもな輸出品	第1位	原油	野菜・果実	自動車	石炭	酪農品
	第2位	石油製品	原油	原油	パーム油	肉類
	第3位	天然ガス	機械類	機械類	機械類	野菜・果実
	第4位	鉄鋼	石油製品	金（非貨幣用）	衣類	木材
	第5位	機械類	繊維品	石油製品	液化天然ガス	機械類
輸出総額（百万ドル）		343908	21967	408804	150366	34357

（世界国勢図会2017/18年版により作成）

（7） 右の表Ⅱは，**E**国と日本のエネルギー供給の割合をあらわしている。日本と比べた，**E**国のエネルギー供給の割合の特徴を，表Ⅱを参考にして，次の**二つの語句**を用いて，「**日本と比べて，E国は，**」の書き出しに続けて書きなさい。

化石燃料　　再生可能

表Ⅱ　**E**国と日本のエネルギー供給の割合（2015年）
（石油換算）

	E国（%）	日本（%）
石炭	6.6	27.3
石油	32.8	42.9
天然ガス	19.8	23.3
原子力	0.0	0.6
水力	10.2	1.7
地熱・太陽光・風力	24.9	1.5
バイオ燃料と廃棄物	5.7	2.7
その他	0.0	0.0

（世界国勢図会2018/19年版により作成）

(2)		(3)		(4)	符合		国名		(5)	
(6)		(7)	**日本と比べて，E国は，**							

■令和2年度問題

1　右の地図ⅠのXは海洋を，A～Dは国を示している。(1)～(6) の問いに答えなさい。

(1)　地図ⅠのXの海洋名を**漢字3字**で書きなさい。

(2)　次の雨温図は，地図Ⅰのロンドン，モスクワ，トンブクトゥ，ケープタウンのいずれかの都市の気温と降水量を表している。ロンドンにあてはまるものを，ア～エの中から一つ選びなさい。

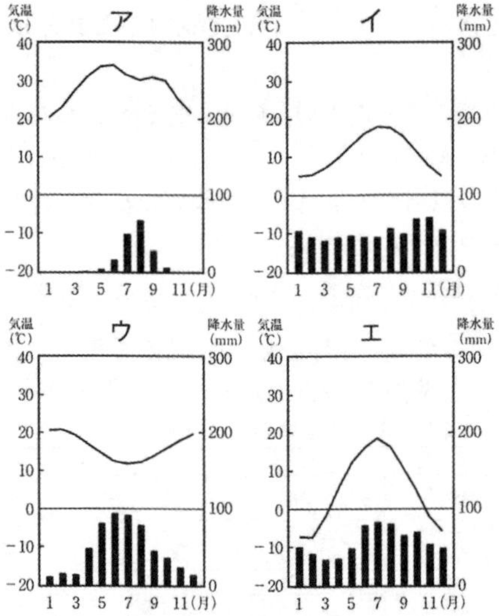

(気象庁資料により作成)

地図Ⅰ

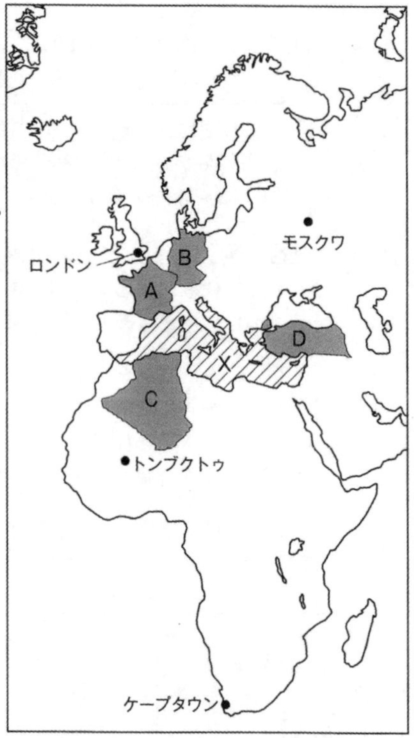

(3)　1993年に発足したEUに関して，次の①,②の問いに答えなさい。

①　地図ⅠのA国，B国では，EUの共通通貨が導入されている。この通貨を何というか。書きなさい。

②　次の地図Ⅱは，地図Ⅰの一部であり，バルト海沿岸のEU加盟国を ▬ で表したものである。また表Ⅰは，これらの国の一人あたりの国民総所得の変化を表しており，2000年以前からの加盟国をPグループ，2001年以降に加盟した図をQグループとしている。Qグループの2017年の一人あたりの国民総所得と，Qグループの2005年からのその増加率について，「**Pグループに比べ，Qグループは，**」の書き出しに続けて書きなさい。

(1)		(2)	

地図Ⅱ

表Ⅰ　バルト海沿岸のEU加盟国の一人あたりの国民総所得の変化

グループ	国名	一人あたりの国民総所得	
		2005年(ドル)	2017年(ドル)
P	デンマーク	48650	57963
	B国	34980	45923
	スウェーデン	42060	54810
	フィンランド	38550	46210
Q	エストニア	9700	19390
	ラトビア	6760	15517
	リトアニア	7250	15791
	ポーランド	7270	13226

(世界国勢図会2019/20年版などにより作成)

(4)　アフリカ州の国や地域が，紛争や貧困問題の解決策を協力して考えるために，2002年に発足させた地域機構を何というか。書きなさい。

(5)　地図ⅠのC国，D国において，最も多くの人々が信仰している宗教として適当なものを，次のア～エの中から一つ選びなさい。

ア　イスラム教　　**イ**　キリスト教　　**ウ**　ヒンドゥー教　　**エ**　仏教

(6)　次の表Ⅱは，地図ⅠのA～D国の輸出総額，輸出上位3品目と輸出総額に占める割合および輸出相手国上位5か国を表している。D国にあてはまるものを，表Ⅱのア～エの中から一つ選びなさい。また，その**国名**を書きなさい。

表Ⅱ　A～D国の輸出総額，輸出上位3品目と輸出総額に占める割合および輸出相手国上位5か国 (2017年)

	輸出総額(百万ドル)	輸出上位3品目と輸出総額に占める割合(%)	輸出相手国上位5か国				
			第1位	第2位	第3位	第4位	第5位
ア	35191	原油(36.1)，天然ガス(20.3)，石油製品(19.9)	イタリア	A国	スペイン	アメリカ	ブラジル
イ	157055	自動車(14.9)，機械類(13.9)，衣類(9.6)	B国	イギリス	アラブ首長国連邦	イラク	アメリカ
ウ	523385	機械類(19.8)，航空機(9.8)，自動車(9.5)	B国	スペイン	イタリア	アメリカ	ベルギー
エ	1450215	機械類(27.3)，自動車(17.4)，医薬品(5.9)	アメリカ	A国	中国	イギリス	オランダ

(世界国勢図会2019/20年版などにより作成)

(3)	①			
	②	Pグループに比べ,Qグループは,		
(4)			(5)	
(6)	符合		国名	

■令和3年度問題

1 次の地図ⅠのA～Dは国を，直線Xは本初子午線を，直線Yは180度の経線を示している。(1)～(5) の問いに答えなさい。

地図Ⅰ

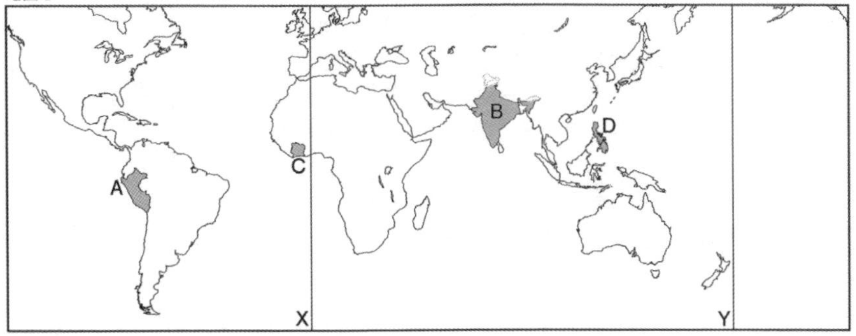

(1) 地図ⅠのA国を通る経度として適当なものを，次のア～エの中から一つ選びなさい。

ア 東経75度　**イ** 東経135度　**ウ** 西経75度　**エ** 西経135度

(2) 右の地図Ⅱは，地図ⅠのB国とその周辺の年間降水量を示している。次の①，②の問いに答えなさい。

① 次の文は，B国の気候と農作物の関係について説明したものである。Sにあてはまる語句として適当なものを，下のア～エの中から一つ選びなさい。また，Tにあてはまる農作物の名前を書きなさい。

地図Ⅱ

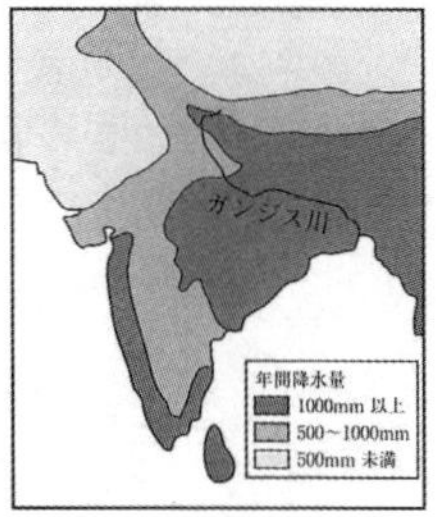

B国では， S の影響を受けた雨季が見られ，ガンジス川下流域は年間降水量が多く主食となる T の栽培が盛んである。

ア 海からふく季節風　**イ** 海からふく偏西風
ウ 陸からふく季節風　**エ** 陸からふく偏西風

② 右の写真は，ガンジス川で身を清める人々の様子を撮影したものである。B国において，最も多くの人々が信仰している宗教として適当なものを，次のア～エの中から一つ選びなさい。

写真

ア キリスト教　**イ** ヒンドゥー教　**ウ** イスラム教　**エ** 仏教

(1)						
(2)	①	S		T		②	

(3) 次の表は，地図ⅠのA～D国の輸出上位5品目と輸出総額に占める割合及び輸出総額を表している。C国にあてはまるものを，表のア～エの中から一つ選びなさい。

表　A～D国の輸出上位5品目と輸出総額に占める割合及び輸出総額（2018年）

	第1位	第2位	第3位	第4位	第5位	輸出総額（百万ドル）
ア	銅鉱 27.2%	金 14.7%	野菜・果実 9.1%	石油製品 6.3%	銅 4.7%	47894
イ	機械類 63.0%	野菜・果実 3.8%	精密機械 3.4%	銅 1.9%	金 1.9%	67488
ウ	石油製品 14.9%	機械類 10.4%	ダイヤモンド 7.9%	繊維品 5.6%	自動車 5.4%	322492
エ	カカオ豆 27.5%	野菜・果実 11.8%	石油製品 8.5%	金 6.8%	天然ゴム 6.4%	11821

（世界国勢図会 2020/21 年版により作成）

(4) 次の説明文ⅰ～ⅲのすべてにあてはまる国を，A～Dの中から一つ選びなさい。また，その**国名**を書きなさい。

ⅰ 地震や火山活動が活発な造山帯に属する大きな山脈がある。
ⅱ 様々な種類のじゃがいもが栽培され，この国の人々にとって欠かせない食材となっている。
ⅲ かつてインカ帝国が栄え，その遺跡のひとつであるマチュピチュ遺跡がある。

(5) 右の地図Ⅲは，地図ⅠのD国とその周辺を拡大したものである。Zは半島を，▒はある組織の加盟国を示している。次の①，②の問いに答えなさい。

① Zの半島名を書きなさい。

② ▒で示した国が加盟している組織の略称を，**アルファベット5字**で書きなさい。

地図Ⅲ

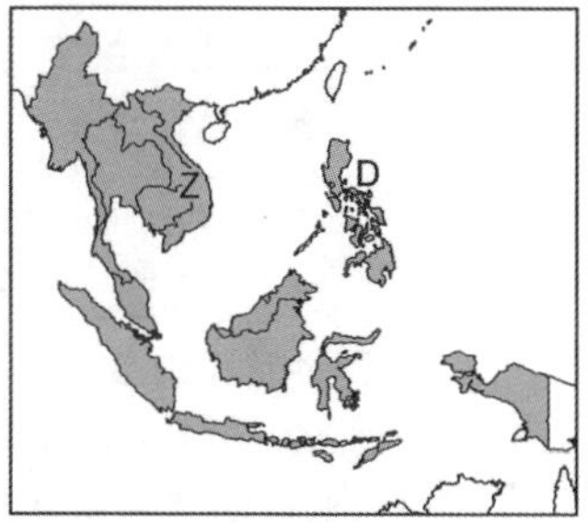

(3)		(4) 符号		国名	
(5) ①	半島	②			

日本地理

■平成25年度問題

2　次の地図を見て，（1）～（2）の問いに答えなさい。

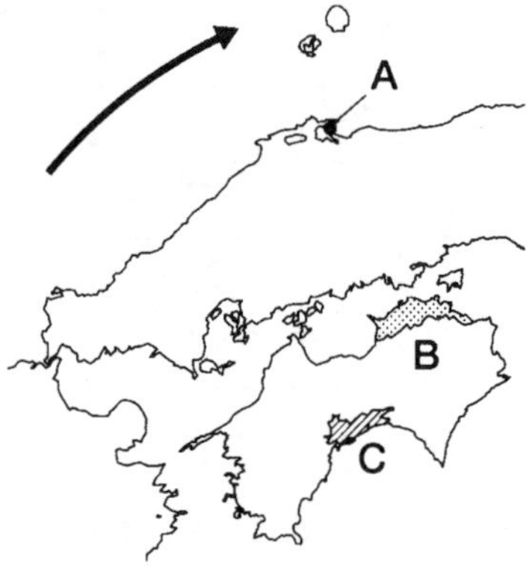

（1）　中国・四国地方の水産業について，次の①～③の問いに答えなさい。

①　地図中に➡で示した海流の名称と種類の組み合わせとして適当なものを，次のア～エの中から一つ選びなさい。

ア　対馬海流，寒流

イ　対馬海流，暖流

ウ　リマン海流，寒流

エ　リマン海流，暖流

②　地図中のAは，魚介類の水あげ量が全国有数の港である。この港の名称を，次のア～エの中から一つ選びなさい。

ア　焼津港　　イ　銚子港　　ウ　八戸港　　エ　境港

③　瀬戸内地域では，育てる漁業がさかんである。このうち，魚，貝，海藻《かいそう》などを，網で区切った海などで，出荷するまで人工的に育てる漁業を何というか。書きなさい。

（2）　中国・四国地方の農業について，次の①，②の問いに答えなさい。

①　地図中のBは，讃岐平野を示している。次の文の［　※　］にあてはまる，気候の特色をあらわすことばを書きなさい。

> 讃岐平野では，農業用水などを供給するための，ため池が多くみられる。その理由として，一年を通して［　※　］という特色があることや，大きな河川がないことなどがあげられる。

②　地図中のCは，高知平野を示している。ここでは野菜などの促成栽培がさかんであり，時期を早めて市場に出荷している。出荷時期を早める理由を，**価格**という語句を用いて，「**市場での供給量が**」の書き出しに続けて書きなさい。

(1)	①		②		③	
(2)	①					
	②	**市場での供給量が**				

■平成26年度問題

2　次の地図のA～Eは県を示している。（1）～（5）の問いに答えなさい。

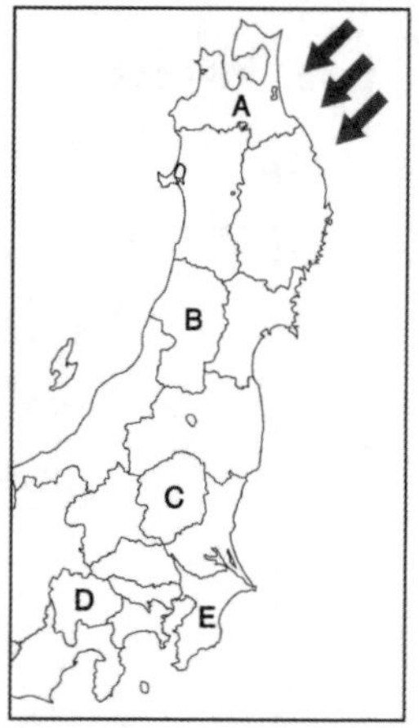

（1）　地図中の⬅は，北海道から東北地方の太平洋岸にかけて北東方向からふく，冷たい湿った風を示している。これは，冷夏の原因になることがある。この風を何というか。書きなさい。

（2）　東北地方を代表する伝統的な祭りについて，A県に最も関係のあるものを，次のア～エの中から一つ選びなさい。

ア　さんさ踊《おど》り　　イ　ねぶた祭《まつり》

ウ　竿燈《かんとう》まつり　　エ　花笠《はながさ》まつり

(1)	
(2)	

（3）　右のグラフⅠは，B，C，E県の第1次，第2次，第3次産業別の就業者の割合をあらわしている。B県にあてはまるグラフをア～ウの中から一つ選びなさい。

グラフⅠ　B, C, E県の第1次, 第2次, 第3次, 産業別の就業者の割合

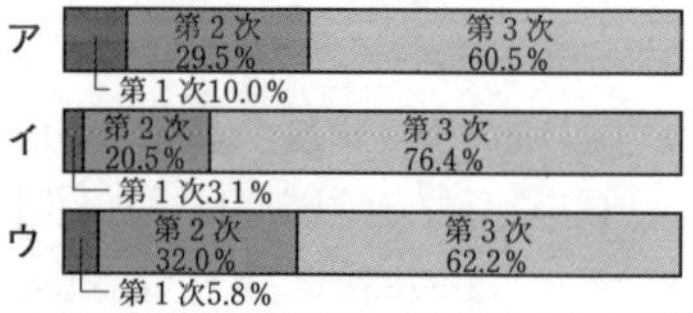

（データでみる県勢2013年版により作成）

（4）　右の表Ⅰは，A～E県の米とねぎの収穫量，乳用牛の飼養頭数，森林面積をあらわしている。C県にあてはまるものを，ア～オの中から一つ選びなさい。

表Ⅰ　A～E県の米とねぎの収穫量，乳用牛の飼養頭数，森林面積

	米(t)	ねぎ(t)	乳用牛(頭)	森林面積(千 ha)
ア	322000	68700	37300	160
イ	392200	10400	13200	643
ウ	280500	14700	13400	615
エ	351400	11200	53000	341
オ	28800	1320	3750	347

（データでみる県勢2013年版により作成）

（5）　果実の生産に関して，次の①，②の問いに答えなさい。

①　D県の県庁がある盆地には，川が山間部から平地に出たところに土砂が堆積して形成された地形が多く見られ，水はけがよいため主に果樹園として利用されている。この地形を何というか。書きなさい。

②　右の表Ⅱは，りんご，なし，ぶどう，もも，洋なしの収穫量上位3県をあらわしている。**なし**にあてはまるものを，ア～オの中から一つ選びなさい。

表Ⅱ　りんご，なし，ぶどう，もも，洋なしの収穫量上位3県

	ア	イ	ウ	エ	オ
1位	B県	D県	E県	D県	A県
2位	新潟県	長野県	茨城県	福島県	長野県
3位	長野県	B県	C県	長野県	岩手県

（データでみる県勢2013年版により作成）

(3)		(4)		(5)	①		②	

■平成28年度問題

2 次の地図の**A**～**D**は府県を示している。(1)～(6)の問いに答えなさい。

(1) 日本の標準時子午線が通る府県を，地図の**A**～**D**の中から一つ選びなさい。

(2) 地図に◯で示した地域にみられる，小さな岬と湾がくり返す複雑に入り組んだ海岸を何というか。書きなさい。

(3) 下の**ア**～**ウ**のグラフは，地図の **s**～**u** の各地点の月別の降水量をあらわしたものである。**u** の地点のものはどれか，**ア**～**ウ**の中から一つ選びなさい。

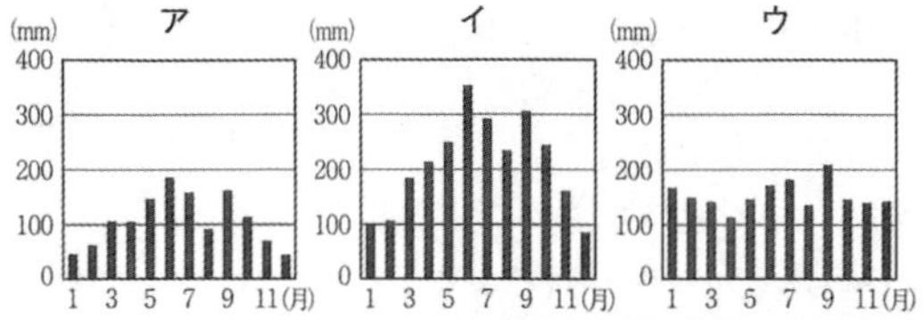

(理科年表平成28年版などにより作成)

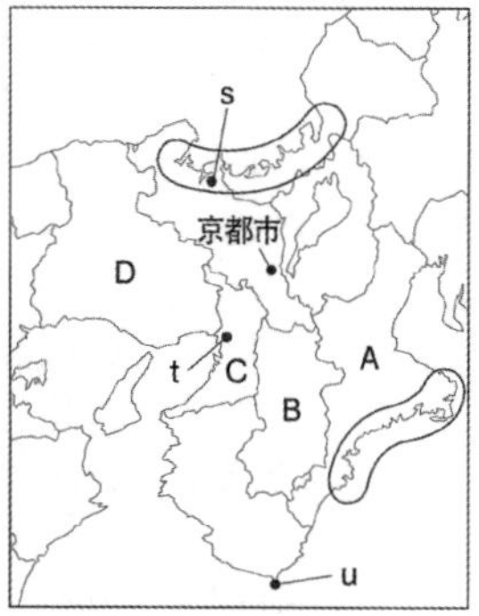

(4) 右の表は，**A**～**D**の府県の農業産出額，海面漁業生産額，製造品出荷額，小売業販売額をあらわしている。**A**の府県にあてはまるものを，表の**ア**～**エ**の中から一つ選びなさい。

表　**A**～**D**の府県の農業産出額，海面漁業生産額，製造品出荷額，小売業販売額

	農業産出額（億円）	海面漁業生産額（億円）	製造品出荷額（億円）	小売業販売額（億円）
ア	437	0	17750	10310
イ	1122	490	101721	16500
ウ	344	41	162386	81488
エ	1522	479	144212	45091

（データでみる県勢2015年版により作成）

(5) 右の二つの写真は，地図の京都市の伝統的町並みが残る地域で，同じ場所を1999年と2011年に撮影したものである。二つの写真を比較し，読み取れる景観の変化とその理由を，次の**二つの語句**を用いて，書きなさい。

写真

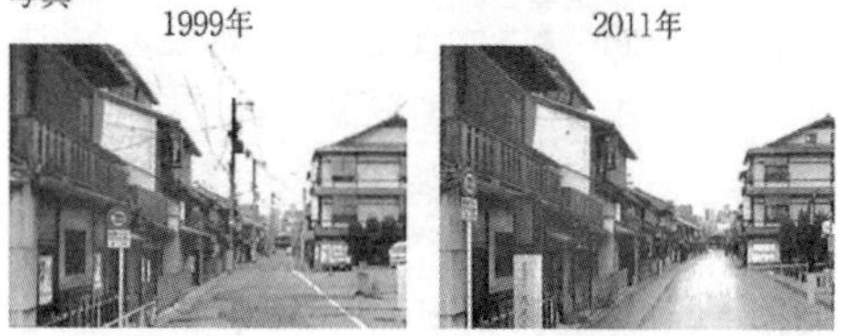

（京都市景観白書より）

歴史的景観　　**電柱**

(6) **C**の府県に建設された千里ニュータウンについて，次の①，②の問いに答えなさい。

① 次の文は，千里ニュータウンが建設された理由について述べたものである。**X**，**Y**にあてはまる語句の組み合わせとして適当なものを，下の**ア**～**エ**の中から一つ選びなさい。

> **C**の府県に，千里ニュータウンが建設された理由は，都市の **X** での **Y** を解消するためである。

ア **X**－中心部　**Y**－過密　　**イ** **X**－中心部　**Y**－過疎
ウ **X**－郊外　**Y**－過密　　**エ** **X**－郊外　**Y**－過疎

② 右のグラフⅠは，千里ニュータウンの世帯数と1世帯あたりの人数の推移をあらわしたものである。グラフⅠを参考にして，千里ニュータウンの人口の推移として適当なものを，下の**ア**～**ウ**の中から一つ選びなさい。

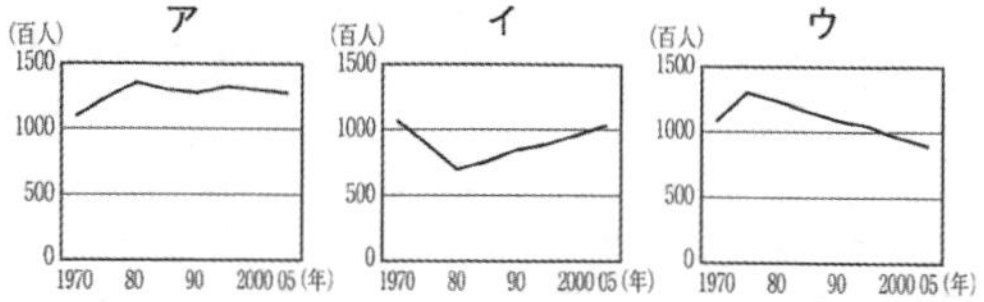

グラフⅠ　千里ニュータウンの世帯数と1世帯あたりの人数の推移

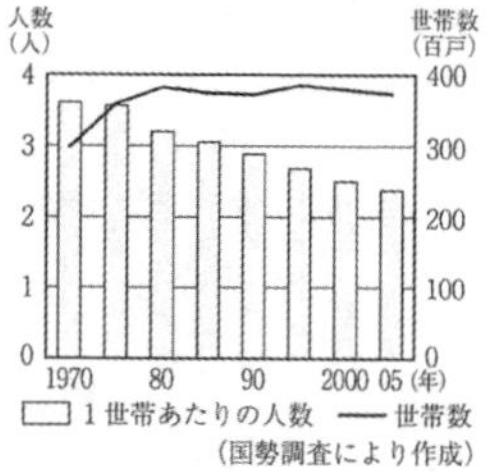

（国勢調査により作成）

(1)		(2)	
(3)		(4)	
(5)			
(6) ①		②	

■平成29年度問題

2 次の地図Ⅰの**A**～**D**は，北海道の都市を示している。また，地図Ⅱは，札幌市の一部を示した2万5千分の1地形図である。(1)～(6)の問いに答えなさい。

地図Ⅰ

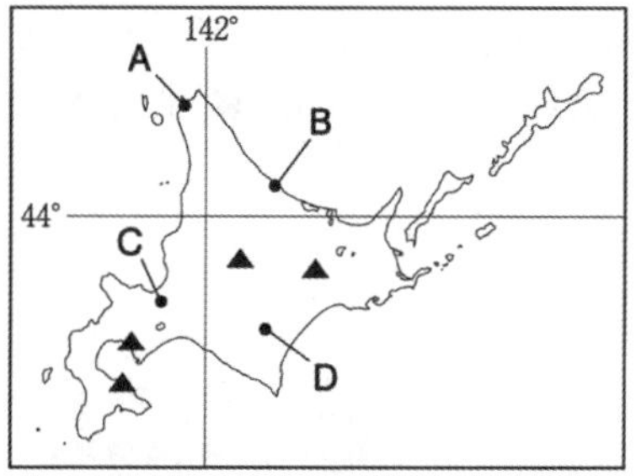

地図Ⅱ

（国土地理院2万5千分の1地形図「札幌」により作成）

(1) 北海道の道庁所在地である札幌市は，おおよそ北緯43度，東経141度に位置している。札幌市の位置を，地図Ⅰの**A**～**D**の中から一つ選びなさい。

(2) 地図Ⅱに関して，次の①，②の問いに答えなさい。

① 中心部では，ごばん目状に土地が区画されている。この区画が最初に行われたころの北海道でのできごととして適当なものを，次の**ア**～**エ**の中から一つ選びなさい。

ア 松前藩がアイヌの人たちと交易を行った。
イ 開拓使が置かれ，屯田兵が北方の警備を行った。
ウ 札幌で冬季オリンピックが開催された。
エ 知床がユネスコの世界遺産に登録された。

② 地図Ⅱの点線（━ ━ ━）で囲んだ部分は，縦2cm，横3cmの長方形である。この長方形が示す実際の土地の面積は何㎡か。求めなさい。

(1)		(2) ①		②	㎡

（3） 次の文は，北海道の気候について述べたものである。 X ， Y にあてはまる語句の組み合わせとして適当なものを，下の**ア**～**エ**の中から一つ選びなさい。

> 北海道の気候は，ほぼ全域が X に属し，冬は寒さがきびしく，夏はすずしい日が多いという特色がある。また，南北にのびる山地をはさんで気候の特色が異なり， Y では季節風や海流の影響により，冬に雪が多く降る。

ア X－亜寒帯（冷帯） Y－東部　　**イ** X－寒帯 Y－東部
ウ X－亜寒帯（冷帯） Y－西部　　**エ** X－寒帯 Y－西部

（4） 地図Ⅰの▲は，2000年以降に噴火したおもな火山を示している。火山には，その爆発や噴火による陥没《かんぼつ》などで大きなくぼ地ができることがある。このくぼ地を何というか。書きなさい。

（5） 右の表は，全国の耕地面積と総農家数について，北海道および，北海道を除いた都府県の合計を，それぞれあらわしたものである。北海道の農業の特色を，表を参考にして書きなさい。

表　全国の耕地面積と総農家数（2015年）

	耕地面積(ha)	総農家数(戸)
北海道	1147000	44433
北海道を除いた都府県の合計	3349000	2110649

（農林水産統計により作成）

（6） 次のグラフは，2015年度に北海道を訪れた観光客数の3か月ごとの変化をあらわしている。グラフを参考にして，海外から訪れた観光客の国・地域の割合の傾向と，訪問時期の特徴を答えなさい。ただし，「**東アジア**」という語句を用いて，「**北海道を訪れた海外からの観光客は,**」の書き出しに続けて書きなさい。

グラフ　北海道を訪れた観光客数の3か月ごとの変化（2015年度）

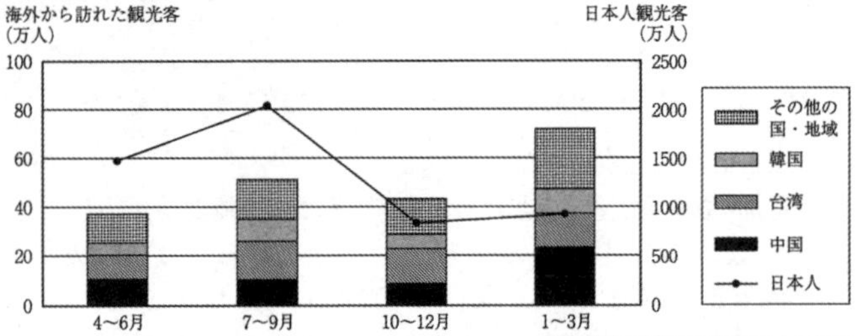

（北海道経済部観光局資料により作成）

(3)		(4)	
(5)			
(6)	**北海道を訪れた海外からの観光客は,**		

■平成30年度問題

2 次の地図のA～Eは県を示している。（1）～（6）の問いに答えなさい。

地図

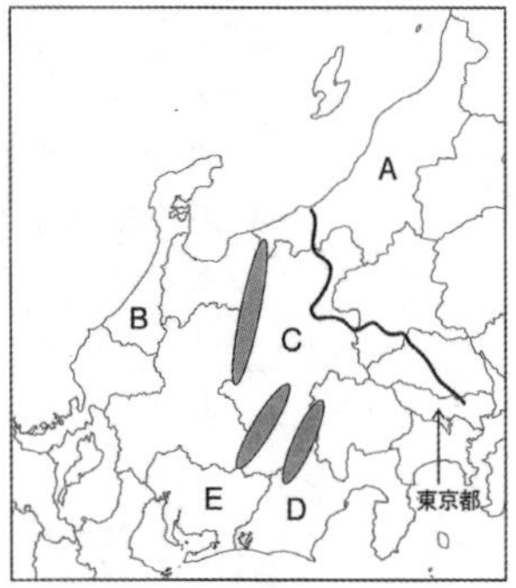

（1） 地図に⬬で示した「日本の屋根」とも呼ばれる，標高3000m前後の三つの山脈をまとめて何というか，書きなさい。

（2） 地図中の ── は，A県と東京都を結ぶ高速道路のルートを示している。このルートの高速道路が通っている都県に存在する史跡として適当なものを，次の**ア**～**エ**の中から一つ選びなさい。

ア 足尾銅山跡　　**イ** 石見銀山遺跡
ウ 旧富岡製糸場　　**エ** 安土城跡

（3） 次の文は，B県の産業について述べたものである。 X ， Y にあてはまる語句の組み合わせとして最も適当なものを，下の**ア**～**エ**の中から一つ選びなさい。

> B県では，農家の副業などから発達した X 産業が見られる。特に， Y は，伝統的工芸品として全国に知られている。

ア X－地場 Y－加賀友禅　　**イ** X－地場 Y－西陣織
ウ X－先端技術 Y－加賀友禅　　**エ** X－先端技術 Y－西陣織

（4） 表Ⅰは，A～E県の米，野菜，果実，*花きの農業産出額をあらわしている。C県にあてはまるものを，表Ⅰの**ア**～**オ**の中から一つ選びなさい。

*花き…観賞用に栽培された草花のこと。

表Ⅰ　A～E県の米，野菜，果実，花きの農業産出額（2014年）

	米（億円）	野菜（億円）	果実（億円）	花き（億円）
ア	1296	383	88	96
イ	173	598	283	175
ウ	236	90	24	7
エ	402	837	544	144
オ	250	1011	175	557

（データでみる県勢2017年版により作成）

表Ⅱ　D県の県庁所在地の製造品出荷額（2014年）

製造品	出荷額(千億円)
電気機械	6.4
食料品	2.4
非鉄金属	1.4
その他	7.4
合計	17.6

（平成26年工業統計調査結果概況により作成）

（5） 表Ⅱは，D県の県庁所在地の製造品出荷額をあらわしている。表Ⅱを参考にして，次の条件ⅰ，ⅱに従い，右の帯グラフを完成させなさい。

D県の県庁所在地の製造品出荷額の割合

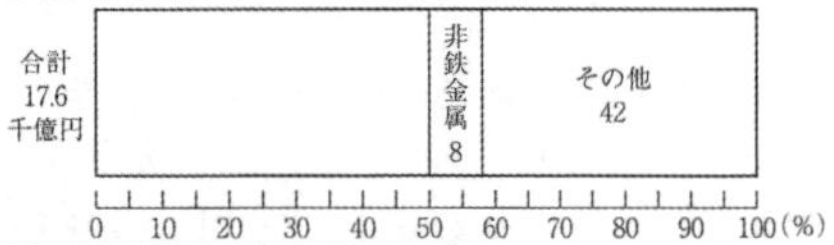

> ⅰ 製造品は，割合が高い順に左から並べて書く。
> ⅱ 割合は，百分率で小数第一位を四捨五入して書く。

（6） E県にある名古屋港について，次の①，②の問いに答えなさい。

① 右の表Ⅲは，名古屋港での取扱重量が多い輸出入貨物をあらわしている。かつての日本が依存してきた，このような輸出入貨物の特徴がみられる貿易を何というか。書きなさい。

表Ⅲ　名古屋港の輸出入貨物（2015年）

	輸出品	輸入品
第1位	完成自動車	液化天然ガス
第2位	自動車部品	鉄鉱石
第3位	産業機械	原油
第4位	鋼材	石炭

（データで見る名古屋港により作成）

② 下のグラフは，国内のおもな５港の貿易額をあらわしている。グラフをもとに，名古屋港のおおよその貿易黒字額と，５港の中での貿易黒字額の大きさの順位を書きなさい。

グラフ　国内のおもな５港の貿易額(2015年)

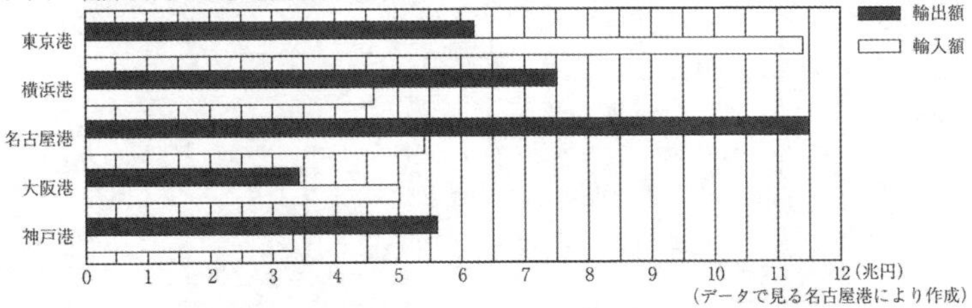

（データで見る名古屋港により作成）

(1)					
(2)		(3)		(4)	
(6)	①				
	②				

■平成31年度問題

2　次の地図Ⅰの**A**～**F**は県を，◆はそれぞれの県庁所在地を示している。また，地図Ⅱは，**A**～**F**県のいずれかの県庁所在地の２万５千分の１地形図の一部をあらわしている。(１)～(５) の問いに答えなさい。

地図Ⅰ

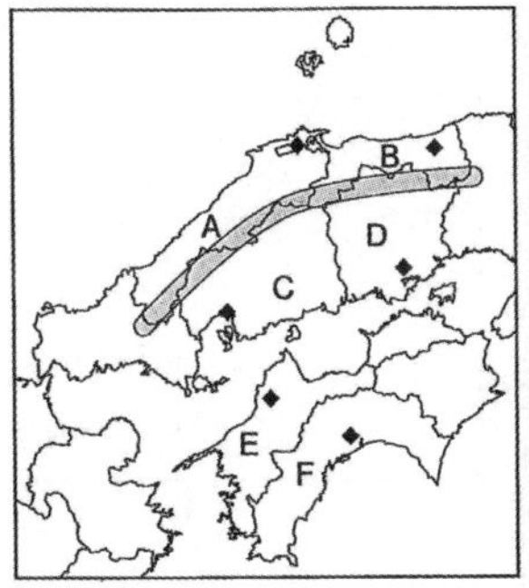

地図Ⅱ

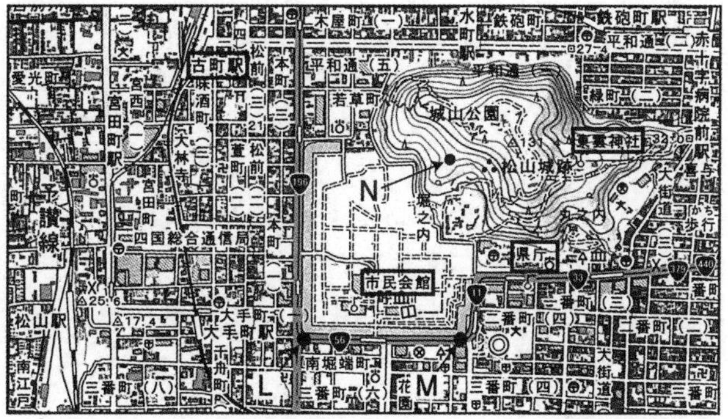

（国土地理院２万５千分の１地形図により作成）

(１) 地図Ⅰに　で示した山地名を書きなさい。

(２) 次のグラフⅠは，**B**，**D**，**F**県の県庁所在地の降水量をあらわしている。Ⓐ～Ⓤにあてはまる県の組み合わせとして適当なものを，下の**ア**～**カ**の中から一つ選びなさい。

グラフⅠ　**B**，**D**，**F**県の県庁所在地の降水量

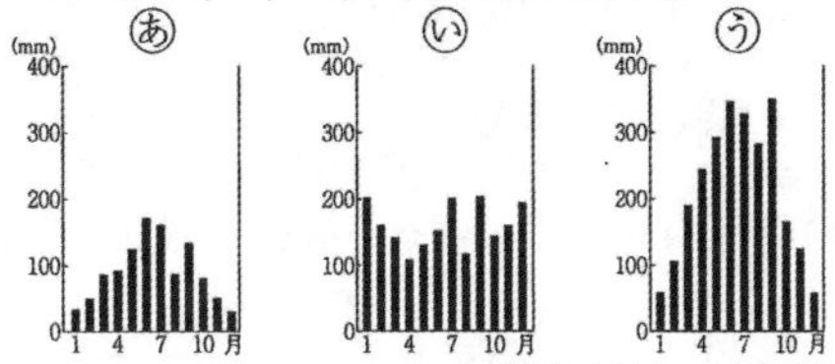

（理科年表2019により作成）

	ア	イ	ウ	エ	オ	カ
あ	B	B	D	D	F	F
い	D	F	B	F	B	D
う	F	D	F	B	D	B

(３) 地図Ⅱに関して，次の①～③の問いに答えなさい。

① 地図Ⅱは，どの県の県庁所在地をあらわしているか。**A**～**F**の中から一つ選びなさい。

② 地図Ⅱの地点**L**と地点**M**の間の道路の長さを測ると２cmであった。実際の距離は何mか。求めなさい。

③ 地図Ⅱから読み取れることとして最も適当なものを，次の**ア**～**エ**の中から一つ選びなさい。

ア 市民会館の周辺は，畑や果樹園が広がっている。
イ 古町駅を通っている鉄道は，JR線である。
ウ 県庁からみた東雲神社の方位は，西である。
エ 地点**N**の標高は，80mである。

(４) 右のグラフⅡは，**A**，**C**，**E**，**F**県の農業産出額の内訳をあらわしたものである。**F**県にあてはまるものを，グラフⅡの**ア**～**エ**の中から一つ選びなさい。

グラフⅡ　**A**，**C**，**E**，**F**県の農業産出額の内訳（2016年）

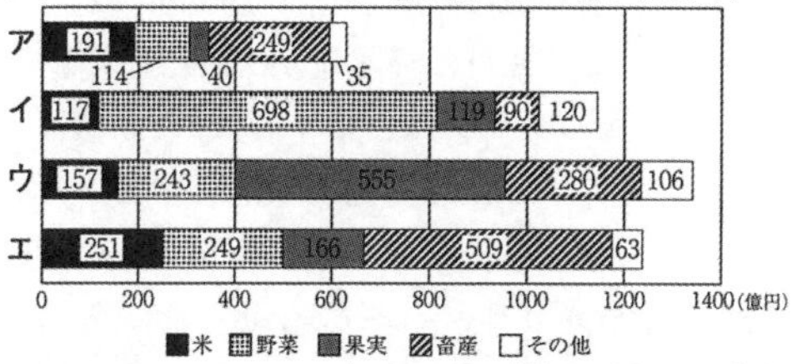

（データでみる県勢2019年版により作成）

(５) 次のグラフⅢは，**C**，**D**，**E**県の製造品出荷額等の内訳をあらわしている。**X**，**Y**にあてはまるものを，下の**ア**～**エ**の中から一つずつ選びなさい。

グラフⅢ　**C**，**D**，**E**県の製造品出荷額等の内訳（2016年）

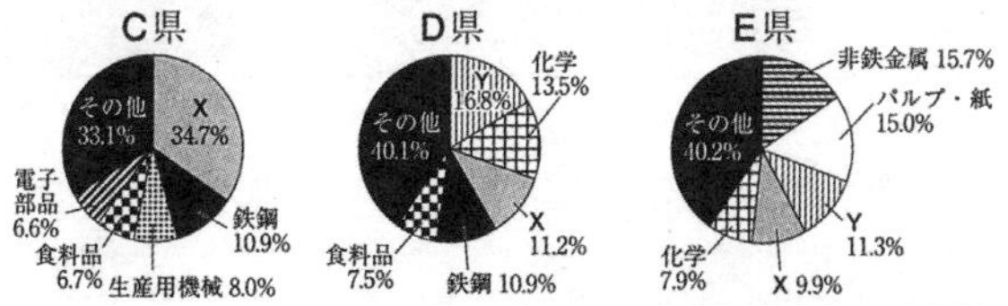

（データでみる県勢2019年版により作成）

ア 石油・石炭製品
イ 印刷
ウ 輸送用機械
エ 繊維

(1)	山地	(2)				
(3)	①		②	m	③	
(4)		(5)	X		Y	

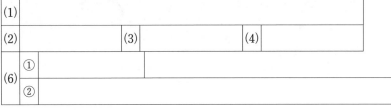

2 東北地方に関して，(1)～(4) の問いに答えなさい。

(1) 次の地図Ⅰは，東北地方とその周辺の地域における，緯線と気候の特徴を表したものである。次の①,②の問いに答えなさい。

① **a**，**b**は緯線を示している。**a**，**b**の緯度の組み合わせとして適当なものを，次の**ア**～**エ**の中から一つ選びなさい。

	a	b
ア	北緯 38 度	北緯 40 度
イ	北緯 40 度	北緯 38 度
ウ	北緯 40 度	北緯 42 度
エ	北緯 42 度	北緯 40 度

地図Ⅰ

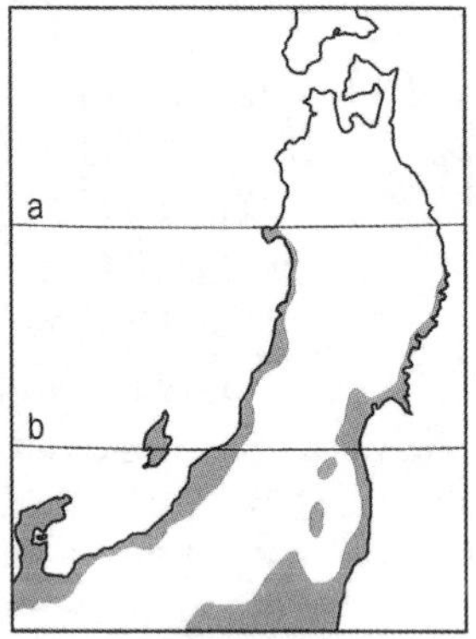

(気象庁資料などにより作成)

② ▬▬ で示した地域の気候の特徴として適当なものを，次の**ア**～**エ**の中から一つ選びなさい。

ア 1月の平均気温が 0 ℃以上である。
イ 8月の平均気温が 24℃未満である。
ウ 1月の降水量が 100mm 以上である。
エ 8月の降水量が 100mm 未満である。

(2) 次のグラフは，日本の人口·面積に占める各地方の割合を表しており，グラフの**ア**～**オ**は北海道，東北，中部，近畿，九州のいずれかである。東北にあてはまるものを，**ア**～**オ**の中から一つ選びなさい。

グラフ 日本の人口・面積に占める各地方の割合（2015 年）

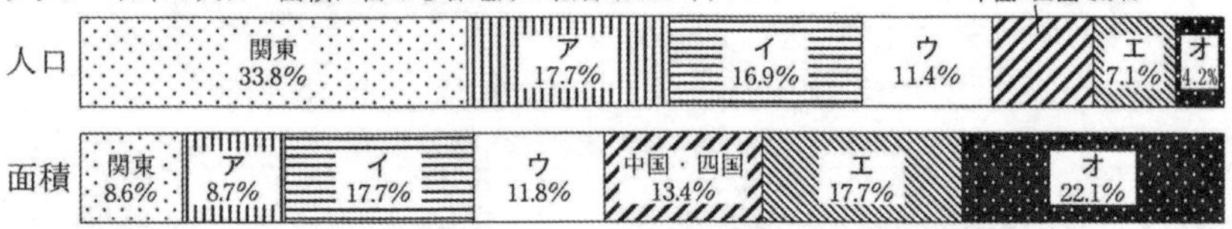

(総務省国勢調査資料により作成)

(3) 次の地図Ⅱは，東北地方の2万5千分の1地形図の一部である。次の①,②の問いに答えなさい。

① 地図Ⅱの三つの地点**Q**，**R**，**S**を，**標高の低い順**に左から並べて書きなさい。

② 次の文は，地図Ⅱの北上南部工業団地の立地について述べたものである。**X**にあてはまることばを，「**原料や製品**」という語句を用いて書きなさい。

> 北上南部工業団地は，北上金ケ崎ICという高速道路のインターチェンジ付近にあり，東側には国道も通っている。このことから，北上南部工業団地が立地する利点として， **X** ことがあげられる。

地図Ⅱ

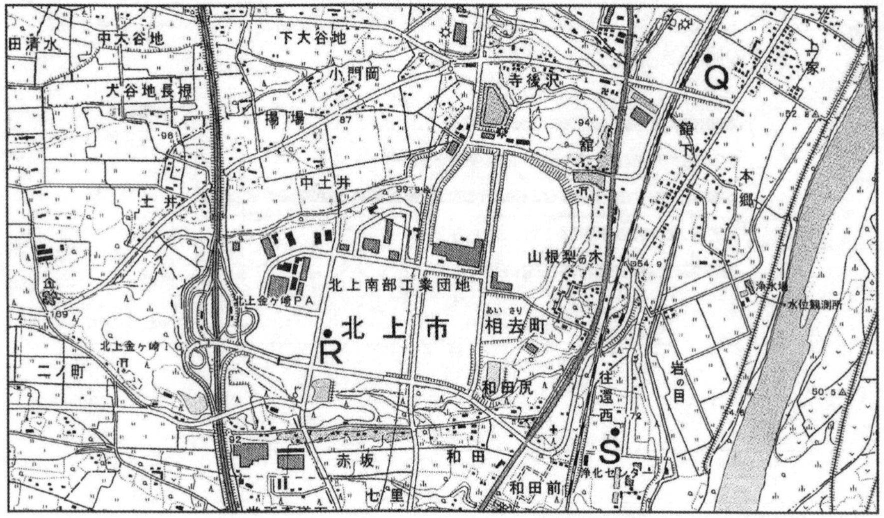

(国土地理院2万5千分の1地形図により作成)

(4) 次の表は，東北地方における県別の農産物栽培面積に占める農産物**Y**の割合を表している。下の①,②の問いに答えなさい。

表 東北地方における県別の農産物栽培面積に占める農産物Y の割合（2016年）

青森県	岩手県	宮城県	秋田県	山形県	福島県
18.1%	2.9%	1.4%	2.1%	9.6%	6.2%

(日本の統計 2019 年版により作成)

① 右の地図Ⅲは，上の表を参考にして主題図を作成している途中のものである。凡例《はんれい》にしたがって，残りの4県を塗り分け，主題図を完成させなさい。

② 農産物**Y**にあてはまるものを，次の**ア**～**エ**の中から一つ選びなさい。

ア 稲 **イ** 麦類 **ウ** 野菜 **エ** 果樹

地図Ⅲ

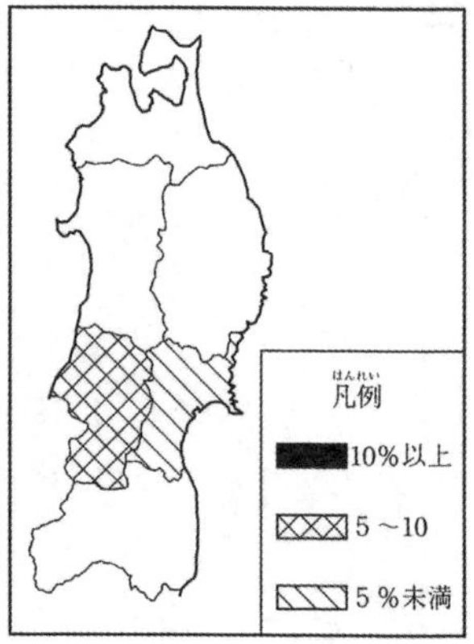

(1)	①		②		(2)	
(3)	①	→ →	②			
(4)	②					

■令和3年度問題

2 右の地図Ⅰは近畿地方を表している。(1)～(4)の問いに答えなさい。ただし，**A～D**は県を，**X**は山地を示している。

地図Ⅰ

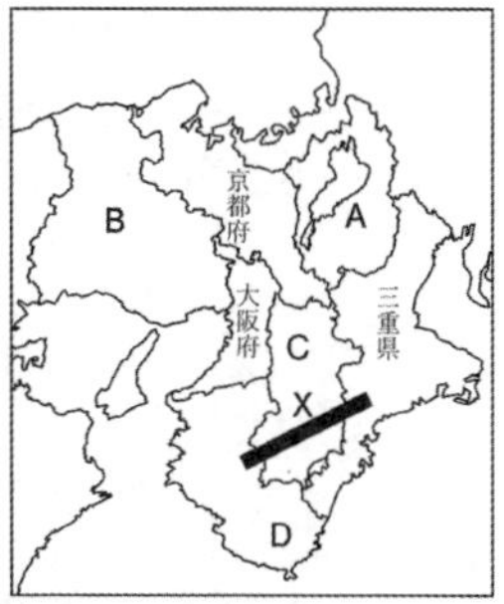

（1） 地図Ⅰの**X**について，次の①，②の問いに答えなさい。

① **X**の山地名を書きなさい。

② **X**の特産物として最も適当なものを，次の**ア～エ**の中から一つ選びなさい。

ア 吉野すぎ　**イ** 九条ねぎ
ウ 賀茂なす　**エ** 木曽ひのき

（2） 次のグラフ**P～R**は，近畿地方の各府県における農業産出額，工業生産額，商品販売額のいずれかを表している。**P～R**の組み合わせとして適当なものを，下の**ア～カ**の中から一つ選びなさい。

グラフ　近畿地方の各府県における農業産出額，工業生産額，商品販売額(2016年)

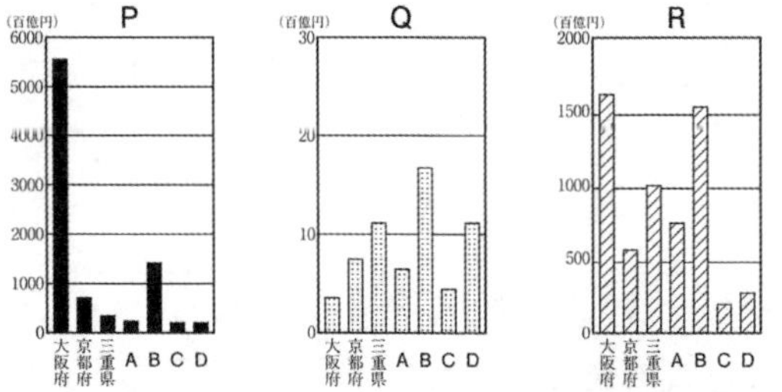

（日本国勢図会により作成）

	P	Q	R
ア	農業産出額	工業生産額	商品販売額
イ	農業産出額	商品販売額	工業生産額
ウ	商品販売額	工業生産額	農業産出額
エ	商品販売額	農業産出額	工業生産額
オ	工業生産額	商品販売額	農業産出額
カ	工業生産額	農業産出額	商品販売額

（3） 次の表は，地図Ⅰの**A～D**県及び三重県から，他の都道府県へ通勤・通学している人数と，その人数のうち大阪府，京都府へ通勤・通学している人数の占める割合を表している。次の①，②の問いに答えなさい。

① 表の**ア～エ**は，地図Ⅰの**A～D**県のいずれかを表している。**A**県にあてはまるものを選びなさい。

表　地図Ⅰの**A～D**県及び三重県から，他の都道府県へ通勤・通学している人数と，その人数のうち大阪府，京都府へ通勤・通学している人数の占める割合（2015年）

	他の都道府県へ通勤・通学している人数（人）	大阪府への割合（%）	京都府への割合（%）
ア	381168	86.8	5.3
イ	192546	79.9	10.7
ウ	36487	79.6	1.9
エ	94956	24.0	63.9
三重県	64787	10.2	1.6

（総務省平成27年国勢調査資料により作成）

② 三重県は、近畿地方以外の地方とのつながりが強いため，大阪府，京都府へ通勤・通学している人数の占める割合が低い。近畿地方に属さず，三重県から他の都道府県へ通勤・通学している人数に占める割合が最も大きい都道府県名を書きなさい。

（4） 下の地図Ⅱは，近畿地方のある府県における2万5千分の1地形図の一部である。次の①～③の問いに答えなさい。

① 地図Ⅱの**E**と**F**を結ぶ線の断面図として最も適当なものを，次の**ア～エ**の中から一つ選びなさい。

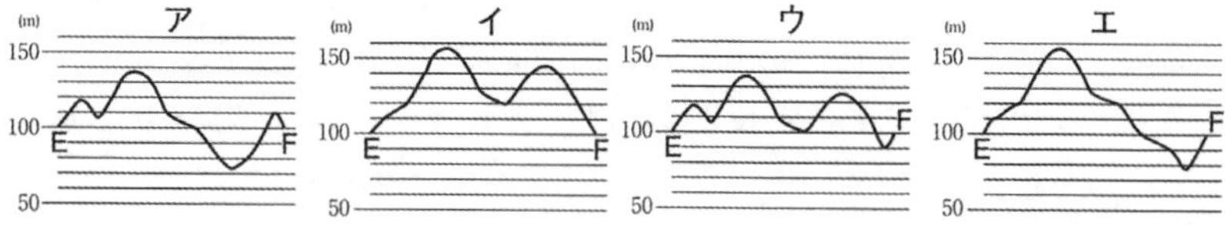

② 地図Ⅱに表されている地図記号として適当なものを，次の**ア～エ**の中から一つ選びなさい。

ア 老人ホーム　**イ** 図書館　**ウ** 小・中学校　**エ** 高等学校

③ 地図Ⅱを読み取ると，▥で示した**G**の水域は海ではないと判断できる。そのように判断できる理由を，地図Ⅱにおいて**G**の水域に最も近い三角点に示されている**標高を明らかにしながら**，**「海面の標高は」**の書き出しに続けて書きなさい。

地図Ⅱ

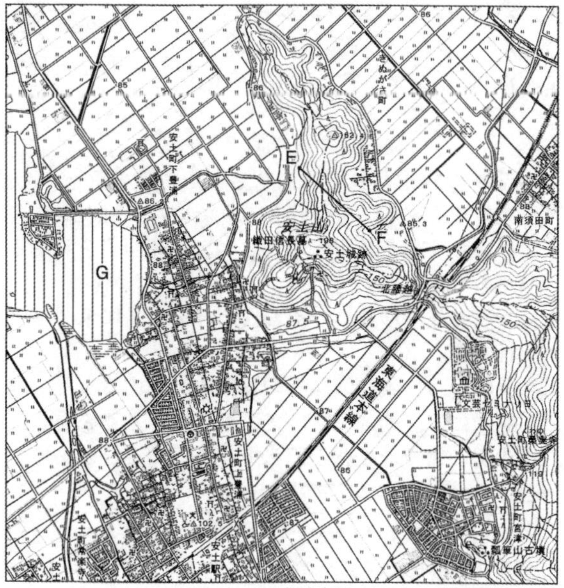

（国土地理院2万5千分の1地形図により作成）

(1)	① 山地	②		
(2)		(3)	①	②
(4)	①	②		
	③ 海面の標高は			

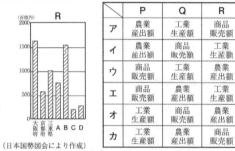

歴史

■平成25年度問題

4　次の年表Ⅰ「日本のおもなできごと」を見て，(1)～(7) の問いに答えなさい。

(1)　次の年表Ⅱは，年表ⅠのAの期間における「世界のおもなできごと」を示したものである。年表Ⅱの［ X ］と［ Y ］にあてはまる国の組み合わせとして適当なものを，下のア～エの中から一つ選びなさい。

年表Ⅱ

年	世界のおもなできごと
1492	［ X ］の援助を受けたコロンブスが大西洋を横断する
1498	［ Y ］のバスコ・ダ・ガマが喜望峰をまわってインドに到達する

年表Ⅰ

年	日本のおもなできごと	期間
1467	応仁の乱が起きる	↑ A
1543	種子島に鉄砲が伝わる	↓
1772	a 田沼意次が老中となる	↑ B
1858	日米修好通商条約が結ばれる	↓
1871	b 岩倉使節団が派遣される	
1920	c 国際連盟に加盟する	
1932	d 五・一五事件が起きる	
1946	日本国憲法が公布される	↑ C
1979	サミットが東京で開催される	↓

ア　X　スペイン，Y　イギリス
イ　X　スペイン，Y　ポルトガル
ウ　X　オランダ，Y　イギリス
エ　X　オランダ，Y　ポルトガル

(2)　下線部aの政策として適当なものを，次のア～エの中から一つ選びなさい。
ア　旗本や御家人の生活難を救うために，町人からの借金を帳消しにした。
イ　ぜいたく品を禁止するとともに，株仲間を解散させ，物価の引き下げをはかろうとした。
ウ　参勤交代をゆるめ，その代わりに大名に米を献上させるなど，財政再建を行った。
エ　長崎からの銅や海産物の輸出を奨励するなど，商業の発展を重視した。

(3)　Bの期間には，通商を求めて欧米の船が多く来航した。その背景の一つとして，次の文のような変化が欧米で起こったことがあげられる。このような変化を何というか。**漢字4字**で書きなさい。

> 蒸気機関が実用化され，工業製品が大量に生産されるようになった。このような生産のしくみの変化は，社会のようすも大きく変化させた。

(4)　右の写真は，下線部bに参加した政府の有力者を写したものである。この使節団に参加した人物について述べたものを，次のア～ウの中から一つ選びなさい。また，その人物名を書きなさい。

写真

ア　憲法制定に力を尽くし，初代内閣総理大臣となった。
イ　民撰議院設立の建白書を政府に提出し，立志社を結成した。
ウ　鹿児島の士族らにおされ西南戦争を指揮したが，敗れて自害した。

福 110 →

(5)　下線部cの設立時に常任理事国であった国を，次のア～エの中から一つ選びなさい。
ア　日本　　イ　ソ連　　ウ　ドイツ　　エ　アメリカ

(6)　下線部dに続き，1936年には二・二六事件が起こった。この二つの事件ののち，国内の政治はどのように変化したか。次の**二つの語句**を用いて書きなさい。

政党政治　　軍部

(7)　次のア～エは，Cの期間に起きたできごとである。年代の古い順に左から並べて書きなさい。
ア　日ソ共同宣言が発表される。　イ　サンフランシスコ平和条約が結ばれる。
ウ　日韓基本条約が結ばれる。　エ　日中共同声明が発表される。

(1)		(2)		(3)	
(4)	符　号		人物名		
(5)					
(6)					
(7)	→ → →				

■平成26年度問題

3　次の略年表を見て，(1)～(5) の問いに答えなさい。

年	おもなできごと	期間
630	第一回 a 遣唐使を送る	↑ A
794	都を京都（平安京）に移す	↕ B
939	藤原純友の乱が起こる	↕ C
1167	平清盛が太政大臣となる	↕ D
1392	南北朝が統一される	↕ E
1549	b キリスト教が伝わる	↕ F
1641	c 鎖国の体制が固まる	↓

(1)　下線部aの遣唐使は，この後もたびたび派遣され，多くのものや制度，思想などを日本に持ち帰った。これについて，次の①～③の問いに答えなさい。

①　遣唐使の派遣により，Aの期間に律令制度が取り入れられた。701年に完成した律令を何というか。**漢字**で書きなさい。

②　Aの期間に始められた班田収授法も，日本が唐から取り入れたものに含まれる。班田収授法による口分田の収授について述べた次の文の［ X ］にあてはまる数字と［ Y ］にあてはまる語句の組み合わせとして正しいものを，下のア～エの中から一つ選びなさい。

> ［ X ］年ごとにつくられる戸籍に登録された［ X ］歳以上のすべての人々に口分田が与えられた。口分田は，良民の男子には2段，女子にはその［ Y ］が与えられた。

ア　X　3，Y　2分の1　　イ　X　6，Y　2分の1
ウ　X　3，Y　3分の2　　エ　X　6，Y　3分の2

③　Bの期間に遣唐使とともに唐にわたり，帰国後，比叡山に延暦寺を建て天台宗を広めた人物は誰か。書きなさい。

（2） Dの期間に，宋にわたった栄西や道元によって伝えられ，鎌倉幕府に保護された仏教の一派を何というか。書きなさい。

（3） 下線部bについて，右の資料Ⅰは，日本にキリスト教を伝えたフランシスコ・ザビエルが鹿児島を訪れ布教したことを記念する碑である。ザビエルが所属する教団はアジアなどへの布教に力を入れ，信仰を広めようとした。どのような目的でこうした活動をしたか。**教団名を明らかにしながら**，次の**二つの語句**を用いて説明しなさい。

資料Ⅰ

宗教改革　　カトリック教会

(1)	①		②		③	
(2)						
(3)						

（4） 下線部cについて，右の資料Ⅱは，鎖国体制のもとで使用されたものである。どのような目的で用いられたか。その目的を書きなさい。

資料Ⅱ

（5） 下の資料Ⅲ，Ⅳは，それぞれ略年表のある時期に行われた海外貿易に関するものである。これについて，次の①，②の問いに答えなさい。

① 資料Ⅲの図は，日本と明《みん》との貿易で用いられた合《あ》い札《ふだ》の一部を示している。合い札の名称から，この貿易を何というか。書きなさい。

② 資料Ⅳは，朱印船貿易の際に商人などに与えられた朱印状である。これが用いられた時期はいつか。略年表中の期間 A～F の中から適当なものを一つ選びなさい。

資料Ⅲ　　拡大図

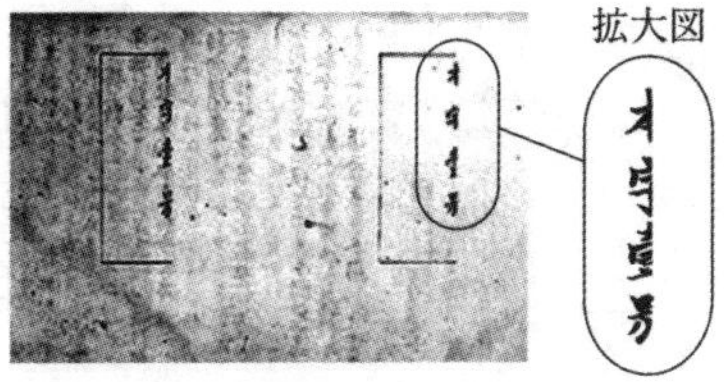

資料Ⅳ

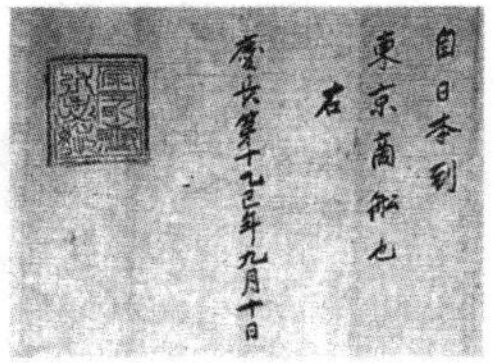

(4)				
(5)	①		②	

■平成27年度問題

4 次の年表を見て，（1）～（6）の問いに答えなさい。

年	おもなできごと	
645	a 中大兄皇子が中臣鎌足らとともに政治改革を始める	A
794	b 桓武天皇が平安京に都を移す	B
1185	源頼朝が守護と地頭の設置を朝廷より認められる	C
1338	足利尊氏が征夷大将軍に任命される	D
1603	徳川家康が征夷大将軍に任命される	E
1716	徳川吉宗が享保の改革を始める	F
1858	江戸幕府が c 日米修好通商条約を結ぶ	

（1） 下線部 a について述べた次の文の X ，Y にあてはまる語句の組み合わせとして適当なものを，下の**ア**～**エ**の中から一つ選びなさい。

> 7世紀はじめに中国を統一した X が朝鮮半島に進出すると，東アジアでは緊張が高まった。このような中で，中大兄皇子は勢いをふるっていた Y を倒し，天皇を中心とする中央集権国家をめざし，政治改革を始めた。

ア X－漢　Y－物部氏　　**イ** X－唐　Y－物部氏
ウ X－漢　Y－蘇我氏　　**エ** X－唐　Y－蘇我氏

（2） 下線部 b について述べた文として適当なものを，次の**ア**～**エ**の中から一つ選びなさい。

ア 坂上田村麻呂を征夷大将軍に任命し，東北地方に大軍を送って朝廷の支配を広げた。
イ 新たに開墾した土地を永久に私有することを認める墾田永年私財法を定めた。
ウ 戸籍に登録された6歳以上の男女に口分田を与える制度として，班田収授法を定めた。
エ 仏教の力で国家を守ろうと考え，国ごとに国分寺と国分尼寺をたてた。

（3） 右の資料は，奈良市の郊外にある岩にほられた碑文とその内容を書き出したものである。次の①，②の問いに答えなさい。

資料

正長元年ヨリサキ(前は)者
カンヘ(神戸)四カンカウ(郷)ニ
ヲヰメ(負い目)アルヘカラス

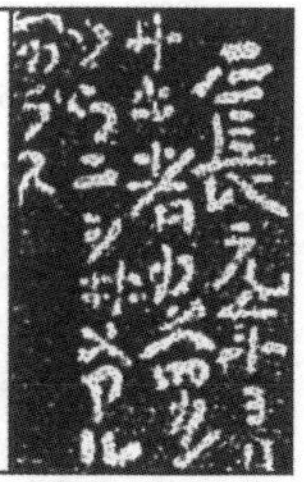

① この碑文は，正長《しょうちょう》元年に起きた土一揆と深く関わりをもっている。この土一揆が起こった期間として正しいものを，年表中のA～Dの中から一つ選びなさい。

② この碑文で宣言されている内容について述べた次の文の Z にあてはまることばを，**ヲヰメ（負い目）とは何かを明らかにして**，書きなさい。

神戸四か郷では，正長元年以前の Z ことを宣言している。

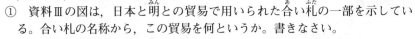

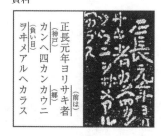

（4） Eの期間のできごととして適当なものを，次のア～エの中から一つ選びなさい。

ア　運慶らは，東大寺南大門の金剛力士像をつくった。
イ　狩野永徳は，唐獅子図屏風などの屏風絵やふすま絵をえがいた。
ウ　井原西鶴は，武士や町人の生活をもとにした小説をあらわした。
エ　奥州藤原氏は，平泉に中尊寺金色堂をたてた。

（5） 次の文は，Fの期間のできごとについて述べたものである。ア～エを年代の古い順に左から並べて書きなさい。

ア　老中の水野忠邦は，株仲間を解散させ，江戸に流入した人々を農村に帰らせた。
イ　老中の田沼意次は，商工業者による株仲間の営業権を認めて税を納めさせた。
ウ　老中の松平定信は，商品作物の栽培を制限し，ききんに備え米をたくわえさせた。
エ　大阪町奉行所の元役人の大塩平八郎は，人々の苦しい生活をみかねて乱を起こした。

（6） 右のグラフは，下線部cが結ばれた後の，1860年と1865年の日本の貿易相手国と貿易額の割合をあらわしている。1860年に比べ1865年のアメリカの貿易額の割合が大きく減少している理由について，**当時のアメリカで起きたできごとを明らかにして**書きなさい。

グラフ

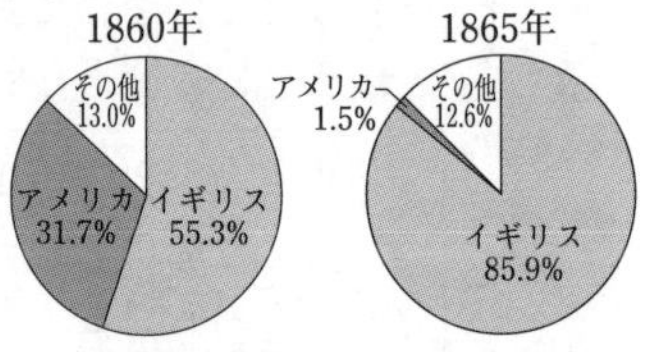

（近代日本経済史要覧により作成）

(1)		(2)	
(3)	①	②	
(4)		(5)	→ → →
(6)			

■平成28年度問題

4　次の年表と資料は，ある班が武士の歴史についてまとめたものの一部である。（1）～（5）の問いに答えなさい。

年	おもなできごと	
939	a 藤原純友の乱が起こる	
1167	平清盛が太政大臣に任命される	
1192	源頼朝が征夷大将軍に任命される	↕A
1378	足利義満により幕府が室町に移される	↕B
1467	応仁の乱が起こる	
1590	豊臣秀吉により全国が統一される	
1603	徳川家康により幕府が江戸に開かれる	
1867	大政奉還が行なわれる	
1877	b 西南戦争が起こる	

<鎌倉・室町幕府の政治の特色>
①経済　幕府は独自の貨幣を発行しなかったが，［　X　］ため，貨幣が広く流通していた。
②宗教　幕府は積極的に禅宗を保護した。

↓

<江戸幕府の政治の特色>
①経済　幕府は独自の貨幣を発行し，全国に流通させた。
②宗教　幕府は［　Y　］

（1） 下線部 a について，同じく10世紀に朝廷に対して反乱を起こした人物として適当なものを，次のア～エの中から一つ選びなさい。

ア　中臣鎌足　　イ　アテルイ　　ウ　藤原道長　　エ　平将門

（2） 次の文は，Aの期間に起こった蒙古襲来（元寇）が，鎌倉幕府の力の衰退につながった理由について述べたものである。［　W　］にあてはまる語句を書きなさい。

> 蒙古襲来（元寇）に際し，御恩と［　W　］の関係で結ばれていた御家人は，元軍と戦いその費用を負担したが，幕府は彼らに十分な領地を与えることができなかった。このことにより，幕府に対する不満が高まり，幕府の力の衰退につながっていった。

（3） Bの期間の文化の特色の一つに，公家と武家の文化が融合した点があげられる。右下の写真の建物の第一層にとり入れられた，平安時代に成立した貴族の住宅の様式を何というか。書きなさい。

写真

（4） 下の表は，日本と宋・明との主な輸出品と輸入品をあらわしたものである。［　X　］にあてはまることばを，下の表を参考にして，「**中国**」という語句を用いて書きなさい。

表

	日本の輸出品	日本の輸入品
宋	金，硫黄《いおう》，まき絵	銅銭，絹織物，陶磁器
明	銅，硫黄，刀剣	銅銭，生糸，書籍

（5） ［　Y　］にあてはまる文として最も適当なものを，次のア～エの中から一つ選びなさい。

ア　人々が仏教徒であることを寺院に証明させるなど，寺院を人々の支配に利用した。
イ　宣教師を積極的に保護する一方で，延暦寺などを焼き打ちにした。
ウ　仏教の力で国家を守ろうと考え，東大寺を建てたり鑑真を招いたりした。
エ　神道を重視するとともに，キリスト教を含む信教の自由を認めた。

(1)		(2)	
(3)			
(4)			
(5)			

■平成29年度問題

4 次のA～Eのカードは，日本の歴史上の法令についてある班がまとめたものの一部である。なお，カードは年代の古い順に左から並べてある。(1)～(6)の問いに答えなさい。

A 大宝律令	B 御成敗式目	C 刀狩令	D 武家諸法度	E 地租改正条例
朝廷は，大化の改新以後，政治の改革を進め，大宝律令にもとづいて全国を支配するしくみを定めた。	鎌倉幕府は，公平な裁判を行うための基準などとして御成敗式目を定め，御家人に示した。	豊臣政権は，百姓から武器を取り上げて一揆を防ぎ，耕作に専念させるために，刀狩令を出した。	江戸幕府は，武家諸法度を定め，大名の築城や結婚に規制を設けるなどして，大名の統制を行った。	明治政府は，国家財政を安定させるために，土地所有者に地券を発行し，地租改正条例を出した。

(1) カードAに関して，次の①，②の問いに答えなさい。

① 大化の改新で中臣鎌足らとともに蘇我氏をたおして政治改革を進め，のちに天智天皇として即位した人物は誰か。書きなさい。

② 次の文は，律令国家による地方の支配について述べたものである。［X］，［Y］にあてはまる語句の組み合わせとして適当なものを，次のア～エの中から一つ選びなさい。

> 地方は多くの国に区分され，国には［X］された［Y］と呼ばれる役人が置かれた。

ア X－中央から派遣 Y－守護　　イ X－地方豪族から任命 Y－守護
ウ X－中央から派遣 Y－国司　　エ X－地方豪族から任命 Y－国司

(2) カードAからカードBのできごとの間に，聖武天皇は大仏や国分寺・国分尼寺をつくる詔《みことのり》（天皇の命令）を出した。聖武天皇が政治を行っていたころの日本の仏教と関係の深いできごととして最も適当なものを，次のア～エの中から一つ選びなさい。

ア 唐から来日した鑑真が，日本の寺院や僧の制度を整えた。
イ 宋で学んだ栄西や道元が，座禅によって自らさとりを開く禅宗を伝えた。
ウ 時宗を開いた一遍が，踊念仏で民衆に念仏の教えを広めた。
エ 唐で学んだ空海が，山奥での修行や学問を重視する真言宗を広めた。

(3) カードBについて，次の文Ⅰ，Ⅱは，御成敗式目について説明したものである。正誤の組み合わせとして適当なものを，下のア～エの中から一つ選びなさい。

> Ⅰ 執権の北条時宗によって，定められたものである。
> Ⅱ 朝廷の律令にもとづいてつくられ，武士の慣習を改める基準となった。

ア Ⅰ－正 Ⅱ－正　　イ Ⅰ－正 Ⅱ－誤
ウ Ⅰ－誤 Ⅱ－正　　エ Ⅰ－誤 Ⅱ－誤

(4) カードCに関して，次の文は豊臣政権の政策について述べたものである。［Z］にあてはまる語句を書きなさい。

> 豊臣政権の刀狩令や太閤検地により，武士と百姓の身分を分ける［Z］が進んだ。

(5) カードDからカードEのできごとの間に出された法令に関して述べた次のア～エを，年代の古い順に左から並べて書きなさい。

ア 幕府は，開国を求めてペリーを派遣したアメリカと，日米和親条約を結んだ。
イ 世論を大切にして政治を行うことなど，新しい政治の方針を示す五箇条の御誓文が出された。
ウ アメリカが貿易を行うことを強く求めたため，幕府は日米修好通商条約を結んだ。
エ 日本の沿岸に外国船がさかんに現れるようになり，幕府は異国船（外国船）打払令を出した。

(6) カードEについて，右の資料は地券の模式図である。明治政府は江戸幕府の時代よりも歳入を安定させるために，地租改正によって，誰がどのようなかたちで納める税に変更したのか。資料の内容を参考にして，「**地価**」という語句を用いて，「**明治政府は，**」の書き出しに続けて書きなさい。

資料　地券の模式図

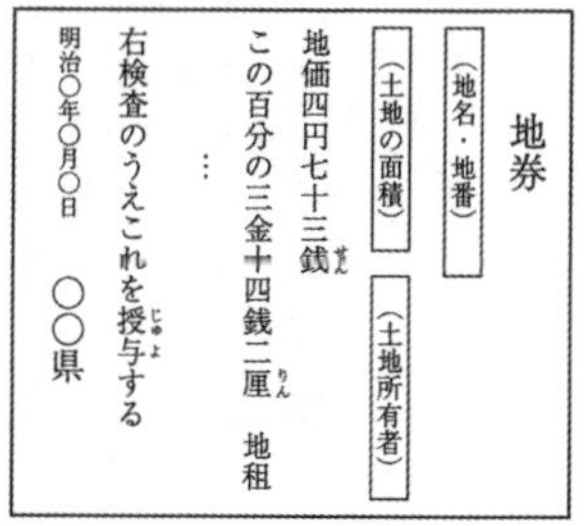

(1)	①		②		(2)
(3)		(4)		(5)	→ → →
(6)	明治政府は，				

■平成30年度問題

4 次のⅠ～Ⅲのカードは，福島県にゆかりのある人物や文化財，できごとについて，ある班が地域ごとにまとめたものの一部である。(1)～(3)の問いに答えなさい。

Ⅰ　会津	Ⅱ　中通り	Ⅲ　浜通り
会津地方は，古くから仏教がさかんで，僧の徳一《とくいつ》はa最澄と宗派の考えの違いから論争を展開したといわれる。この地方は，室町時代後半にはb戦国大名の蘆名《あしな》氏や伊達氏により治められた。	郡山市では，明治時代にc大久保利通が関わった安積《あさか》開拓事業が行われ，猪苗代湖から郡山の安積原野へ水が引かれた。また，大正時代には，中通りをはじめ，県内各地でd米価をめぐって民衆の不満が爆発する騒ぎが起きた。	いわき市にある国宝の白水阿弥陀堂は，e奥州藤原氏ゆかりの建物とされている。また，その近くには江戸時代に片寄平蔵《かたよせへいぞう》が石炭を発見した場所があり，のちにこの地域は常磐炭鉱として発展し，日本のfエネルギーや産業を支えた。

(1)　カードⅠに関して，次の①，②の問いに答えなさい。

① 下線部aについて，この人物に最も関係の深い宗派と寺院の組み合わせとして適当なものを，次のア～エの中から一つ選びなさい。

ア　天台宗－高野山金剛峯寺　　**イ**　天台宗－比叡山延暦寺
ウ　真言宗－高野山金剛峯寺　　**エ**　真言宗－比叡山延暦寺

② 下線部bに関して，日本で戦国大名が活躍したころに世界で起きたできごととして適当なものを，次のア～エの中から一つ選びなさい。

ア　ドイツのルターは，聖書にもとづく信仰をとなえて宗教改革をはじめた。
イ　アメリカでは，自由貿易や奴隷制をめぐる対立から南北戦争が起きた。
ウ　国王や大貴族中心の政治に対する民衆の不満が爆発し，フランス革命が起きた。
エ　アラビア半島では，ムハンマドがイスラム教をおこした。

(2)　カードⅡに関して，次の①～③の問いに答えなさい。

① 下線部cに関して，この人物が中心となって行った，日本の近代国家への改革について述べた次のア～エを，年代の古い順に左から並べて書きなさい。

ア　政府は，全国の藩主たちから天皇に土地と人民を返させる版籍奉還を行った。
イ　政府は，すべての藩を廃止して，かわりに府・県をおく廃藩置県を行った。
ウ　天皇を中心とする政治にもどすことを宣言する王政復古の大号令が出された。
エ　政府は，地租改正条例を公布し，地価の3％を地租として，土地所有者に現金で納めさせることにした。

② 下線部cに関して，この人物が中心的な役割を果たした政府は，外国人技術者を招き，西洋の知識や技術を取り入れて近代産業の育成を目ざす政策を推進した。この政策を何というか。**漢字4字**で書きなさい。

(1)	①		②	
(2)	①	→ → →	②	

③ 下線部dに関して，次の文は，この騒ぎが起きた原因について述べたものである。文の X にあてはまることばを，**日本が行ったこととその目的を明らかにしながら，「社会主義」という語句を用いて書きなさい。**

> 福島県をはじめ，日本の各地では商人の米の買い占めなどによる米価の高騰に対して，民衆が米の安売りを求める騒ぎが起こった。その原因の一つは，日本がアメリカなどとともに，ロシア革命の影響による X を行ったことである。

(3)　カードⅢに関して，次の①，②の問いに答えなさい。

① 下線部eについて，この一族の本拠地となった場所として適当なものを，下の地図のア～エの中から一つ選びなさい。

② 下線部fに関連して，下のグラフは，日本のエネルギー供給の推移をあらわしている。グラフYの期間に関する説明として最も適当なものを，次のア～エの中から一つ選びなさい。

ア　日本のエネルギー供給の中心は，石油から石炭へと変化した。
イ　日本のエネルギー供給が増加したのは，バブル景気が続き，経済が発展したためである。
ウ　日本のエネルギー供給の増加にともない，公害問題が起こり，その対策として環境庁が設置された。
エ　日本のエネルギー供給は増加したが，国民にはテレビなどの家庭電化製品は，ほとんど普及しなかった。

地図

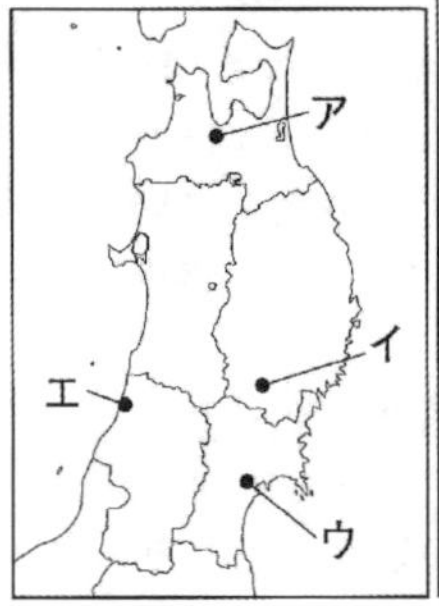

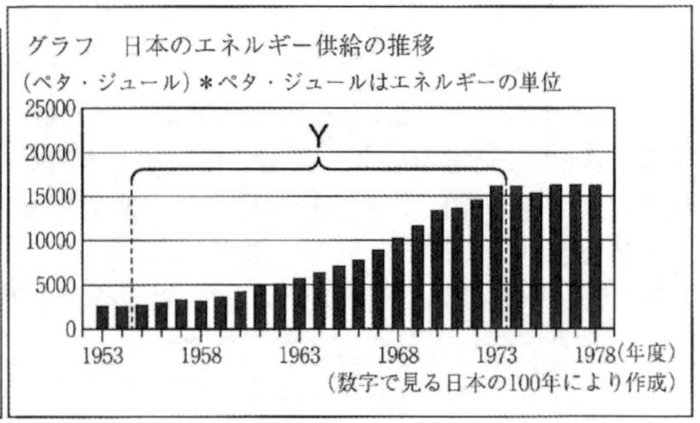

(数字で見る日本の100年により作成)

(2)	③			
(3)	①		②	

3　次の年表は,「日本と諸外国とのつながり」というテーマで, ある班がまとめたものの一部である。(1)~(6) の問いに答えなさい。

年	おもなできごと
607	小野妹子を隋に送る……………………A
894	遣唐使を停止する……………………B
1274	文永の役が起こる……………………C
1639	ポルトガル船の来航を禁止する……D
1876	日朝修好条規を結ぶ…………………E
1945	太平洋戦争が終わる…………………F
1956	国際連合に加盟する…………………G

地図

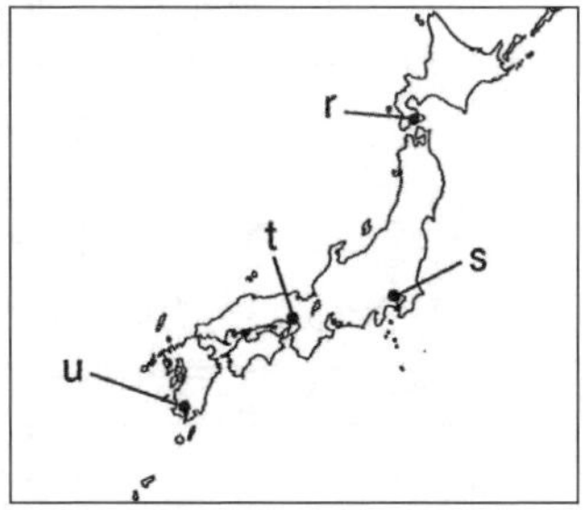

(1)　年表の**A**, **B**について, それぞれのできごとに関係の深い人物の組み合わせとして適当なものを, 次の**ア**~**エ**の中から一つ選びなさい。

ア　**A**—聖徳太子　**B**—藤原道長　　**イ**　**A**—聖徳太子　**B**—菅原道真
ウ　**A**—中臣鎌足　**B**—藤原道長　　**エ**　**A**—中臣鎌足　**B**—菅原道真

(2)　年表の**B**から**C**の間に, 平清盛が中国の宋との貿易に力を入れるために港を修築した。この港の場所として適当なものを, 上の地図の**r**~**u**の中から一つ選びなさい。

(3)　年表の**C**について, 次の文は, このできごとが起こるきっかけについて述べたものである。[X] にあてはまる語句を**漢字2字**で書きなさい。

> モンゴル帝国の都を大都 (現在の北京《ペキン》) に移し, 国号を元と定めたフビライは, 日本を従えようと, 使者を送ってきた。このとき, 将軍の補佐役を務める [X] という地位に就き, 政治の実権をにぎっていた北条時宗がフビライの要求を拒否したため, 元軍が九州北部に襲来した。

(4)　年表の**D**から**E**の間のできごとに関して, 次の①, ②の問いに答えなさい。

①　この時期に描かれたものとして適当なものを, 次の**ア**~**エ**の中から一つ選びなさい。

ア

イ

ウ

エ

②　この時期のできごとについて述べた次の**ア**~**エ**を, 年代の古い順に左から並べて書きなさい。

ア　幕府は, 平戸に設けられていたオランダ商館を長崎の出島に移した。
イ　ロシアと樺太・千島交換条約を結び, 日本とロシアの国境を確定した。
ウ　杉田玄白などがヨーロッパの解剖書を翻訳《ほんやく》した『解体新書』を出版した。
エ　日本の開国を求める, アメリカの大統領の国書を持参したペリーが浦賀に来航した。

(5)　年表の**F**から**G**の間のできごとに関して, 次の文は, 太平洋戦争後に日本で行われた改革について述べたものである。[Y] にあてはまる語句を**漢字2字**で書きなさい。

> GHQは, 日本の経済の民主化を進めるために, 三井, 三菱, 住友, 安田など, 様々な分野の企業をまとめて日本の産業や経済を支配してきた [Y] を解体した。

(6)　年表の**G**に関して, 日本は国際連合に加盟して, 諸外国とのつながりを深めていった。右の表は, 1956年から1960年にかけて国際連合に新たに加盟した国の数とおもな新加盟国をあらわしたものである。当時の国際連合で [Z] の新たな加盟国数が増えた理由を, 表と関連付けて答えなさい。ただし, [Z] に**あてはまる州の名称と**,「**植民地**」という**二つの語句**を用いて書きなさい。

表　1956年から1960年にかけて国際連合に新たに加盟した国の数とおもな新加盟国

年	新たに加盟した国の数		おもな新加盟国
	[Z]	その他の州	
1956	3	1	モロッコ, スーダン, チュニジア, 日本
1957	1	1	ガーナ, マレーシア
1958	1	0	ギニア
1959	0	0	
1960	16	1	コートジボワール, カメルーン, チャド, マリ, マダガスカル, ナイジェリア, コンゴ共和国, キプロスなど

(国際連合広報センター資料により作成)

(1)		(2)		(3)	
(4)	①		②	→ → →	
(5)					
(6)					

■平成31年度問題

4　次の文は，ある生徒が郷土の歴史についてまとめたレポートの一部である。（1）～（4）の問いに答えなさい。

> 2018年は a1868年（明治元年）から150年の節目の年でした。福島県内では「b戊辰戦争150周年」と題された催し物が各地で行われました。私は家族とともに，いわき，白河，二本松，会津若松など戊辰戦争と関連の深い場所に出かけました。また，そこにある資料館などで，古代から現代までの地域の歴史にも触れることで，改めて c郷土の歴史を学ぶことの大切さを感じました。次は，d日本が近代国家へと移りかわっていった時期のことについても勉強したいと思います。

（1）　下線部aに関して，次の①，②の問いに答えなさい。

①　元号を明治に改めた1868年は何世紀か。数字で書きなさい。

②　1868年に最も近い時期に世界で起きたできごととして適当なものを，次のア～エの中から一つ選びなさい。

ア　アヘン戦争　　**イ**　南北戦争
ウ　フランス革命　**エ**　ロシア革命

写真

（2）　下線部bに関して，右の写真は，この戦いの最後の舞台となった場所を写したものである。この場所がある現在の都道府県はどこか。書きなさい。

（3）　下線部cに関して，次の①，②の問いに答えなさい。

①　次の狂歌は江戸幕府の改革を風刺してよまれたものであり，下線部は幕府の老中として改革を行った人物をあらわしている。この人物は誰か。書きなさい。

狂歌　白河の清きに魚の住みかねて　もとのにごりの田沼恋しき

②　福島県に関わる歴史的なできごとについて述べた次のア～エを，年代の古い順に左から並べて書きなさい。

ア　県内の霊山《りょうぜん》や宇津峰《うづみね》は南朝方の拠点の一つとなり北朝方との戦いの場となったが，足利義満によって南北朝が統一された。

イ　現在の浜通り付近が石城国《いわきのくに》と呼ばれていたころ，神話や伝承，記録などをもとに記した歴史書の『日本書紀』が完成した。

ウ　伊達《だて》郡国見町の阿津賀志山《あつかしやま》の戦いでは，源義経をかくまった平泉の奥州藤原氏の軍と，それを滅ぼそうとした源頼朝の軍が戦った。

エ　会津をおさめていた上杉景勝《かげかつ》は，新たに神指城《こうざしじょう》を築こうとしたが，徳川家康の会津への出兵や関ヶ原の戦いにより築城を中断した。

（4）　下線部dに関して，次の①～③の問いに答えなさい。

①　この時期に政府の中心となった人物として，次のⅰ～ⅲのすべてにあてはまる人物は誰か。下のア～エの中から一つ選びなさい。

> ⅰ　内閣総理大臣に就任した。
> ⅱ　岩倉使節団に加わり，アメリカなどを視察した。
> ⅲ　立憲政友会の結成に中心的な役割を果たした。

ア　大隈重信　**イ**　木戸孝允　**ウ**　伊藤博文　**エ**　板垣退助

絵

②　次の文は，右の絵について述べたものである。［X］にあてはまる語句を**漢字2字**で書きなさい。

> この絵には，政府が外務卿《きょう》（大臣）の井上馨《かおる》を中心として行った［X］政策を象徴する場面が描かれている。

③　右の年表は，この時期に起きたおもなできごとをあらわしている。日本が近代化をおしすすめて法の整備や国家のしくみを整えようとした目的について，年表を参考にしながら，次の**二つの語句**を用いて書きなさい。

> **不平等　　対等な関係**

年	おもなできごと
1858	日米修好通商条約が結ばれる
1871	岩倉使節団が派遣される
1885	内閣制度ができる
1889	大日本帝国憲法が発布される
1890	第1回帝国議会が開かれる
1894	領事裁判権が撤廃される
1911	関税自主権が完全に回復される

(1)	①	世紀	②
(2)			
(3)	①		
	②	→　→　→	
(4)	①		
	②		
	③		

■令和2年度問題

3

次の年表は，日本の文化に関連するできごとについてまとめたものの一部である。(1)～(7) の問いに答えなさい。

年	おもなできごと	
607	聖徳太子が隋に使いを送る	A
1053	藤原頼通が X を建てる	B
1401	足利義満が明に使いを送る	C
1637	天草四郎を中心に島原・天草一揆が起こる	D
1859	幕府が神奈川（横浜）を開港する	E

資料

可良己呂武《からころむ》　須宗尓等里都伎《すそにとりつき》
奈苦古良乎《なくこらを》　意伎弖曽伎怒也《おきてそきぬや》
意母奈之尓志弖《おもなしにして》

(から衣《ころも》　すそに取りつき　泣く子らを
置きてぞ来《き》ぬや　母《おも》なしにして)

(1) 年表のAに関して，聖徳太子が，仏教や儒教の考え方を取り入れ，大王（天皇）の命令に従うことなどを定めた，役人の心構えを何というか。書きなさい。

(2) 上の資料は，年表のAからBの間によまれた和歌を表している。資料に関して，次の①，②の問いに答えなさい。

① この和歌では，漢字を使って一字一音で日本語を書き表している。このような表記方法が多く使用され，奈良時代に大伴家持《おおとものやかもち》によってまとめられたといわれる，現存する日本最古の和歌集は何か。書きなさい。

② この和歌は，唐や新羅からの攻撃に備えて九州北部に送られた兵士がよんだものである。このような九州地方の防備の目的で派遣された兵士のことを何というか。書きなさい。

(3) 年表のBについて，このころ浄土信仰がさかんになり，藤原頼通は，阿弥陀仏の住む極楽浄土をこの世に再現しようとしてXを建てた。Xにあてはまる建物の名称として適当なものを，次のア～エの中から一つ選びなさい。

ア 平等院鳳凰堂　　**イ** 慈照寺銀閣
ウ 姫路城天守　　**エ** 法隆寺金堂

(4) 年表のCに関して，次の文は，明との貿易について説明したものである。Yにあてはまる語句を書きなさい。

> 1404年，足利義満は，日本側の正式な貿易船に，明から与えられた Y という通交証明書を持たせて，朝貢のかたちでの貿易を始めた。そのため，この貿易は， Y 貿易といわれる。

(1)			
(2)	①		②
(3)		(4)	

(5) 年表のDに関して，幕府がこの一揆を鎮圧したあとの1639年に出した法令の内容として適当なものを，次のア～エの中から一つ選びなさい。

ア 安土の町は楽市としたので，いろいろな座は廃止し，さまざまな税や労役は免除する。

イ 本拠である朝倉館《やかた》のほか，国内に城を構えてはならない。領地のある者は全て一乗谷《いちじょうだに》に移住し，村には代官を置くようにせよ。

ウ 宣教師は今後，日本にいることはできないが，ポルトガルの貿易船は，商売のために来ているので，特別に許可せよ。

エ 今後ポルトガル船が日本に渡ってくることを禁止する。今後渡ってきた時はその船を壊し，乗員は即座に死罪にせよ。

(6) 年表のDからEの間に幕府が行ったことについて述べた次のア～エを，年代の古い順に左から並べて書きなさい。

ア 浦賀に来航したアメリカの東インド艦隊司令長官ペリーから，開国を求める大統領の国書を受け取った。

イ 外国船を打ちはらうとする幕府の方針を批判した，蘭学者の渡辺崋山らを処罰した。

ウ 享保の改革を進める中で，天文学や医学など日常生活に役立つ学問を奨励し，それまで禁止していた漢文に翻訳《ほんやく》されたヨーロッパの書物の輸入を認めた。

エ アヘン戦争で清がイギリスに敗れたことを知ると，外国船に燃料や水を与えて退去させる法令を出した。

(7) 年表のEに関して，次の①，②の問いに答えなさい。

① Eの前年に結ばれた条約によって，神奈川（横浜）など5港の開港と開港地に設けた居留地においてアメリカ人が自由な貿易を行うことが認められた。幕府がアメリカとの間で結んだこの条約は何か。書きなさい。

② 明治時代には，居留地や都市を中心にそれまでの伝統的な生活が欧米風に変化し始めた。これを文明開化と呼ぶ。この文明開化の様子が描かれたものとして適当なものを，次のア～エの中から一つ選びなさい。

ア

イ

ウ

エ

(5)		(6)	→ → →
(7)	①		②

■令和2年度問題

4　次のⅠ～Ⅳのカードは，近代から現代までの日本の歴史を，ある班がまとめたものの一部である。なお，カードは年代の古い順に左から並べてある。(1)～(4)の問いに答えなさい。

カードⅠ

これは，日清戦争の賠償金をもとに建設されたa官営工場の写真である。明治時代となり，欧米諸国にならってb近代的な国のしくみが整えられ，日本の産業はめざましく発展していった。

カードⅡ

これは，少年が差別とのたたかいを訴えている演説会の写真である。当時は大正デモクラシーの風潮があり，さまざまなc差別からの解放を求める運動や，d普通選挙の実現を求める運動が広がっていった。

カードⅢ

これは，e世界恐慌の影響による不況で仕事を失い，食事の提供を受ける人々の写真である。当時の日本では，経済の混乱や外交の困難に直面し，f政党政治が行きづまっていった。

カードⅣ

これは，東京オリンピックの開会式の写真である。このころの日本経済はg高度経済成長期にあたり，1968年には国民総生産が，資本主義国の中でアメリカに次ぐ第2位となった。

（1）　カードⅠに関して，次の①，②の問いに答えなさい。

①　下線部aについて，1901年に鉄鋼の生産を開始したこの官営工場の名称を書きなさい。

②　下線部bに関して，近代的な国のしくみが整えられていく過程で起きたできごとについて述べた次のア～エを，年代の古い順に左から並べて書きなさい。

ア　板垣退助らは，民撰議院設立建白書を政府に提出した。
イ　内閣制度がつくられ，初代の内閣総理大臣に伊藤博文が就任した。
ウ　政府は，国会開設の勅諭を出して，10年後に国会を開設することを約束した。
エ　天皇が国民に与えるというかたちで，大日本帝国憲法が発布された。

（2）　カードⅡに関して，次の①，②の問いに答えなさい。

①　下線部cに関して，部落解放をめざして1922年に結成された団体は何か。**漢字5字**で書きなさい。

②　下線部dについて，右の表は，衆議院議員選挙における，日本の人口に占める有権者の割合の変化を表している。1920年から1928年の間に有権者の割合が大きく変化したのは，選挙権をもつための資格に設けられていた，ある制限が廃止されたためである。廃止されたのは，どのような制限か。書きなさい。

表　衆議院議員選挙における，日本の人口に占める有権者の割合の変化

衆議院議員選挙の実施年	1920年	1928年
日本の人口に占める有権者の割合	5.5%	19.8%

（日本長期統計総覧により作成）

（3）　カードⅢに関して，次の①，②の問いに答えなさい。

①　下線部eに関して，右のグラフは，世界恐慌が起きたころの日本，アメリカ，イギリス，ソ連のいずれかの鉱工業生産指数の推移を表している。グラフで示した時期に，X国が進めた政策として適当なものを，次のア～エの中から一つ選びなさい。

グラフ　日本，アメリカ，イギリス，ソ連の鉱工業生産指数の推移

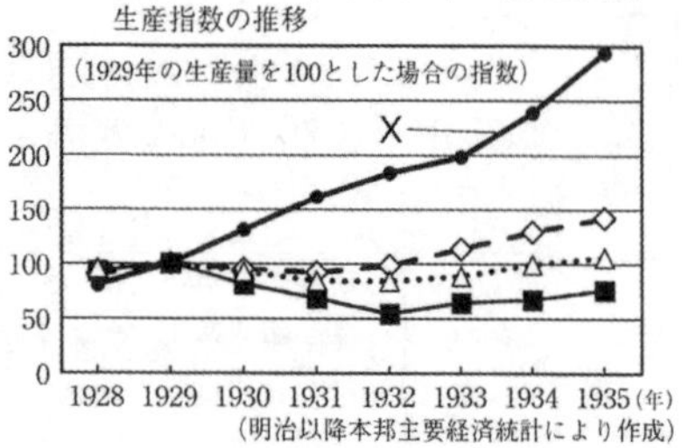

（明治以降本邦主要経済統計により作成）

ア　社会主義のもとで五か年計画と呼ばれる経済政策を進めた。
イ　実権をにぎった満州国へ移民を送る政策を進めた。
ウ　積極的に経済を調整するニューディール政策を進めた。
エ　オーストラリアやインドなどの国や地域との間でブロック経済を進めた。

②　下線部fに関して，右の資料は，1932年に起きたあるできごとについて書かれた新聞記事の内容の一部を表している。この資料について述べた次の文を読んで，Yにあてはまる語句を，下のア～エの中から一つ選びなさい。

資料

未曾有《みぞう》の帝都大不穏事件
狙撃されて重傷の
犬養総理大臣遂《つい》に逝去

この新聞記事は，軍の将校などが首相官邸をおそい，当時の内閣総理大臣を暗殺した　Y　を報じたものである。

ア　二・二六事件　　**イ**　日比谷焼き打ち事件
ウ　五・一五事件　　**エ**　生麦事件

（4）　カードⅣの下線部gに関して，この時期における日本の外交について述べた文として最も適当なものを，次のア～エの中から一つ選びなさい。

ア　世界平和と国際協調を目的とする国際連盟に加盟した。
イ　カンボジアの復興支援を行う国連平和維持活動に参加した。
ウ　韓国との国交正常化を実現する日韓基本条約を結んだ。
エ　アメリカなど48か国とサンフランシスコ平和条約を結んだ。

(1)	①		②	→ → →
(2)	①			
	②			
(3)	①		②	
(4)				

■令和3年度問題

3 次のカードⅠ～Ⅳは，古代から近世にかけての日本とその周辺の諸地域との関わりについて，ある班が調べた内容の一部である。(1)～(4)の問いに答えなさい。

カードⅠ	カードⅡ	カードⅢ	カードⅣ
a 平城京を中心に政治が行われた奈良時代には国際的な文化が栄えた。東大寺の正倉院に伝わる b 聖武天皇の身のまわりの品々の中には，西アジアなどからもたらされた品々も含まれている。	c 元の皇帝になったフビライは2度にわたり日本を襲ったが，御家人の抵抗や暴風雨による被害もあり引きあげた。この元軍の襲来は，d 鎌倉幕府が衰退する要因のひとつともなった。	鉄砲が日本に伝わると，国内の刀鍛冶により複製品がつくられ，戦国時代の戦い方に変化をもたらした。また，e ザビエルが日本にキリスト教を伝えると，キリスト教徒になる戦国大名も現れた。	江戸幕府成立後，蝦夷地（北海道）の南西部を領地とした松前藩は，蝦夷地に住む［ X ］の人々との交易の独占権を幕府から与えられた。昆布などの蝦夷地の海産物は，長崎などから海外へ輸出された。

(1) カードⅠについて，次の①,②の問いに答えなさい。

① 下線部aに関して，次の文は，平城京について述べた文である。Pにあてはまる語句を**漢字1字**で書きなさい。

> 平城京は，［ P ］の都である長安（西安）を手本につくられた。この時代，日本は［ P ］に使いをたびたび送っており，国際的な文化が平城京を中心に栄えた。

② 下線部bに関して，次の文は，聖武天皇が治めていた時代の法令について述べたものである。QとRにあてはまる語句の組み合わせとして適当なものを，下のア～エの中から一つ選びなさい。

> 戸籍に登録された6歳以上のすべての人々には，性別や身分に応じて［ Q ］が与えられ，その人が死亡すると国に返すことになっていた。しかし，人口増加などにより［ Q ］が不足してきたため、開墾を奨励するために［ R ］が定められ，新しく開墾した土地はいつまでも自分のものにしてよいとされた。

ア Q 荘園　R 班田収授法　　イ Q 荘園　R 墾田永年私財法
ウ Q 口分田　R 班田収授法　　エ Q 口分田　R 墾田永年私財法

(2) カードⅡについて，次の①～③の問いに答えなさい。

① 右の図は，鎌倉時代の幕府と御家人の主従関係を表したものである。Sにあてはまる語句を書きなさい。

② 下線部cに関して，元軍が2度にわたり日本を襲ったときに，鎌倉幕府の執権であった人物は誰か。書きなさい。

図　鎌倉時代の幕府と御家人の主従関係

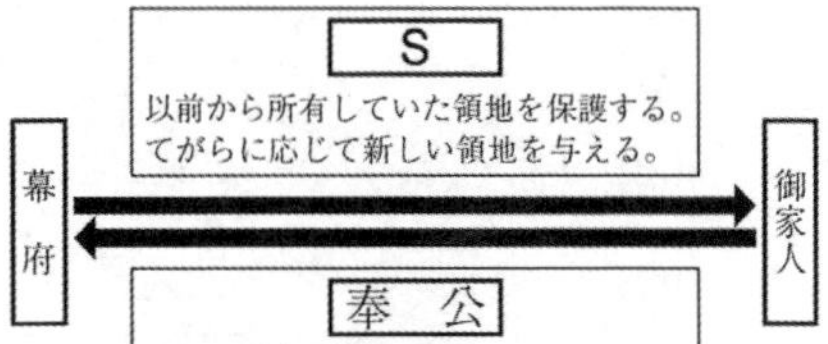
以前から所有していた領地を保護する。
てがらに応じて新しい領地を与える。
京都や鎌倉の警備を行う。
戦いのときに軍役を果たす。

③ 下線部dに関連して，その後の日本の政治について述べた次のア～エを，年代の古い順に左から並べて書きなさい。

ア 足利義満は，二つの朝廷に分かれた60年にわたる内乱をおさめ，南北朝を統一した。
イ 生活が苦しくなった御家人を救おうとした鎌倉幕府は，徳政令を出した。
ウ 後醍醐天皇は，建武の新政と呼ばれる天皇中心の新しい政治を始めた。
エ 足利尊氏が，新しい天皇を立て，征夷大将軍となった。

(3) カードⅢの下線部eに関して，次の文は，当時のヨーロッパのキリスト教に関するできごとについて述べたものである。TとUにあてはまる語句の組み合わせとして適当なものを，下のア～エの中から一つ選びなさい。

> ・ルターは，教皇がしょくゆう状（免罪符）を売り出したことを批判し，［ T ］ではなく聖書が信仰のよりどころであると主張して，宗教改革を始めた。
> ・［ T ］でも改革が進められ，その中心になった［ U ］は，ザビエルなどの宣教師を派遣して海外布教に力を入れた。

ア T カトリック教会　U イエズス会
イ T カトリック教会　U 十字軍
ウ T プロテスタント　U イエズス会
エ T プロテスタント　U 十字軍

(4) カードⅣに関して，次の年表は，この班が蝦夷地（北海道）についてまとめたものの一部である。次の①,②の問いに答えなさい。

年	蝦夷地（北海道）に関するおもなできごと
1669	［ X ］の首長シャクシャインらが松前藩との戦いを起こす
1792	ラクスマンが根室に来航する …………Y
1802	東蝦夷地を幕府の直接の支配地とする
1806	レザノフの部下が樺太を襲撃する …………Z
1807	西蝦夷地を幕府の直接の支配地とする
	幕府が会津藩などに蝦夷地への出兵を命じる
1808	会津藩などが蝦夷地へ出兵する

地図

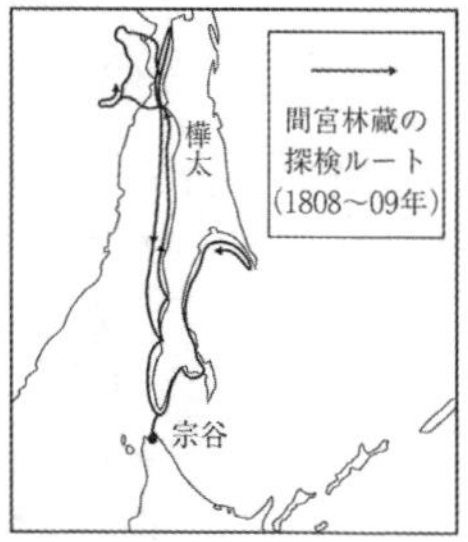

間宮林蔵の探検ルート（1808～09年）

① カードⅣと上の年表のXにあてはまる語句を**カタカナ3字**で書きなさい。

② 上の地図は，19世紀初めに間宮林蔵が幕府に調査を命じられて探検したルートを示している。年表を参考にして，**YとZの下線部の人物に共通する国名を明らかにしながら**，幕府が調査を命じた理由を書きなさい。

(1)	①		②	
(2)	①		②	
	③	→ → →	(3)	
(4)	①		②	

■令和3年度問題

4 次の年表は，「近現代の日本の政治」というテーマで，ある班がまとめたものの一部である。(1)～(7) の問いに答えなさい。

年	おもなできごと	
1867	大政奉還が行われる……………	**A**
1890	第一回帝国議会が開かれる……	**B**
1912	第三次桂太郎内閣が成立する…	**C**
1940	大政翼賛会が結成される………	**D**
1945	ポツダム宣言を受け入れる……	**E**
1956	日本が国際連合に加盟する……	**F**

地図

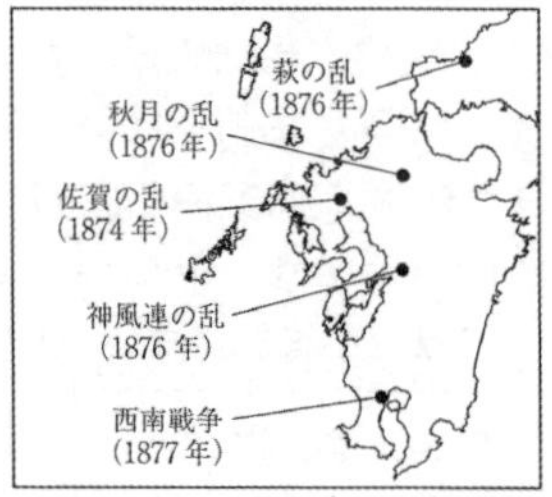

(1) 年表の**A**について，この翌年に新政府は，天皇が神々に誓う形で新しい政治の方針を示した。この方針の内容の一部として最も適当なものを，次の**ア～エ**の中から一つ選びなさい。

ア
一 文武弓馬の道に，ひたすらはげむようにせよ。
一 幕府の許可なしに婚姻を結んではならない。

イ
一 広く会議を興《おこ》し，万機公論に決すべし。
一 上下《しょうか》心を一にして，盛に経綸《けいりん》を行うべし。

ウ
我々は以下のことを自明の真理であると信じる。人間はみな平等に創られ，神よりうばいがたい諸権利を与えられている。

エ
第1条 大日本帝国は万世一系の天皇之を統治す
第3条 天皇は神聖にして侵すべからず

(2) 年表右の地図は，年表の**A**から**B**の間に西日本で起きた主な反乱とそれらの起きた年を示している。これらの反乱を起こした人々の身分を何というか。**漢字2字**で書きなさい。

(3) 年表の**C**について，右の写真は，この内閣の退陣をせまる民衆の様子を撮影したものである。また，次の文は，この内閣が退陣に追いこまれるまでの過程を説明したものである。**X**と**Y**にあてはまる語句の組み合わせとして適当なものを，下の**ア～エ**の中から一つ選びなさい。

写真

1912年に [**X**] に支持された桂太郎内閣が成立した。これに対して憲法に基づく政治を守ろうという [**Y**] 運動が起こり，民衆もこれを支持して運動が盛り上がったため，桂内閣は退陣に追いこまれた。

ア **X** 藩閥 **Y** 自由民権　　**イ** **X** 政党 **Y** 自由民権
ウ **X** 藩閥 **Y** 護憲　　**エ** **X** 政党 **Y** 護憲

(4) 年表の**C**から**D**の間の日本経済に関わる内容について述べた次の**ア～エ**を，年代の古い順に左から並べて書きなさい。

ア 長引く戦後不況に苦しむ日本の経済に大きな打撃を与える，関東大震災が起きた。
イ 第一次世界大戦によって，輸出額が輸入額を上回り，大戦景気となった。
ウ 世界恐慌の影響で，昭和恐慌と呼ばれる深刻な不況が発生した。
エ 議会の承認なしに労働力や物資を動員できる，国家総動員法が定められた。

(5) 年表の**D**に関して，この年に東京でオリンピックが開催される予定であったが，日本政府はその2年前に開催権を返上した。この背景として考えられるできごととして適当なものを，次の**ア～エ**の中から一つ選びなさい。

ア 真珠湾のアメリカ海軍基地への攻撃をきっかけに，太平洋戦争が始まった。
イ 盧溝橋事件をきっかけに，日中戦争が始まった。
ウ シベリア出兵を見こした米の買い占めに対して，米の安売りを求める騒動が全国に広がった。
エ 日米安全保障条約改定をめぐり，激しい安保闘争が起きた。

(6) 年表の**E**に関して，右の資料は，福島県の自作地・小作地別耕地面積の割合の変化を表したものである。戦後の民主化政策のうち，この変化に大きく関わる政策を何というか。**漢字4字**で書きなさい。

資料 福島県の自作地・小作地別耕地面積の割合の変化

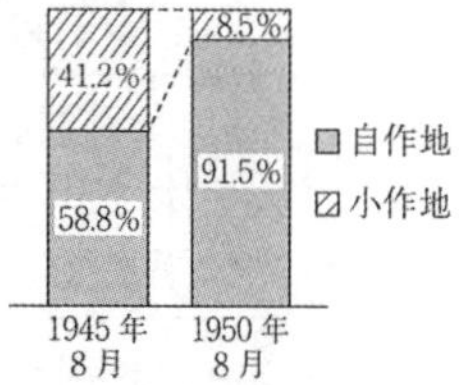

(福島県史により作成)

(7) 年表の**F**について，この班は，日本が国際連合に加盟するまでの流れを下のようにまとめた。**Z**にあてはまることばを，このできごとに影響を与えた**宣言名を明らかにしながら**，次の**二つの語句**を用いて書きなさい。

調印　国交

1951年
サンフランシスコ平和条約に調印した。
日本は独立を回復した。

→ 1952年
日本の国際連合加盟に関する安全保障理事会における審議の結果

賛成	アメリカなど10か国
※反対	ソ連
棄権	なし

→ 1956年
鳩山一郎内閣が [**Z**]。

→ 1956年
日本の国際連合加盟に関する安全保障理事会における審議の結果

賛成	アメリカ ソ連など 11か国
反対	なし
棄権	なし

→ 1956年
日本の国際連合への加盟が国際連合の総会で可決された。
日本は国際社会に復帰した。

※安全保障理事会では，常任理事国が1か国でも反対すると決議できない。
(1952年，1956年時点での常任理事国はアメリカ・ソ連・イギリス・フランス・中国の5か国)

(国際連合資料などにより作成)

(1)		(2)		(3)	
(4)	→ → →	(5)		(6)	
(7)					

政治

■平成25年度問題

5 次の資料は，A～C の班が「現代日本の民主政治」に関してそれぞれテーマを決め，まとめたものの一部である。（1）～（7）の問いに答えなさい。

A 班　日本国憲法と民主政治について
a 日本国憲法は，国の最高法規です。この憲法は，国民主権，［※］主義，基本的人権の尊重を三大原則としています。民主的な政治の実現には，国民が自由に考え，b 意見を発表する権利が保障されることが大切です。

B 班　政党と選挙について
政党は，国民のさまざまな意見を集約して，政治に反映させる働きをします。c 選挙の際には有権者に公約をうったえ，できるだけ多くの候補者を当選させようとします。そして選挙の結果をふまえて d 内閣総理大臣が指名され，内閣が組織されます。

C 班　地方自治とそのしくみについて
e 地方の政治は，その地域に住む住民の意思を代表する地方議会と首長によって運営されています。地方議会は条例の制定や予算の議決などを，首長は地方議会によって議決された予算を執行するなどの仕事を行っています。また，f 住民に直接請求権が認められています。

（1）［※］にあてはまる語句を書きなさい。

（2）下線部 a について，憲法と法律や命令の関係を，**効力**という語句を用いて，「**憲法に違反する**」の書き出しに続けて書きなさい。

（3）下線部 b の内容が，日本国憲法に次の条文で示されている。［W］にあてはまる語句を書きなさい。

集会，結社及び言論，出版その他一切の［W］の自由は，これを保障する。

（4）下線部 c について，衆議院または参議院の選挙制度を説明した文として適当なものを，次のア～エの中から一つ選びなさい。
ア　衆議院議員選挙では，比例代表において有権者が政党名または候補者名を書いて投票する。
イ　衆議院議員選挙では，同じ候補者が小選挙区と比例代表の両方に立候補できる。
ウ　参議院議員選挙では，選挙区よりも比例代表で選出される議員数が多い。
エ　参議院議員選挙では，議員の半数を選挙区と比例代表により２年ごとに改選する。

（5）次の文は，下線部 d に関する日本国憲法の条文の一部である。［X］にあてはまる語句を書きなさい。

内閣総理大臣は，［X］の中から国会の議決で，これを指名する。

（6）下線部 e について，地方議会と首長の関係を説明した文として適当なものを，次のア～エの中から一つ選びなさい。
ア　地方議会は，首長の不信任決議をすることができない。
イ　地方議会は，議員の中から首長を決定することができる。
ウ　首長は，地方議会を解散させることができない。
エ　首長は，地方議会の議決に対して再議を求めることができる。

（7）下線部 f について，右の表は，地方自治において住民に認められている直接請求権をまとめたものの一部である。表の［Y］，［Z］にあてはまる語句をそれぞれ書きなさい。

表　地方自治において住民に認められている直接請求権

請求の内容	必要な署名	請求先
条例の制定，改廃	有権者の［Y］以上	首　長
議員・首長の解職	有権者の3分の1以上	［Z］

(1)					
(2)	憲法に違反する				
(3)					
(4)		(5)		(6)	
(7)	Y		Z		

■平成26年度問題

5 次の A～D の資料は，1947年に文部省（現在の文部科学省）が日本国憲法の解説のために発行した『あたらしい憲法のはなし』のさし絵の一部である。（1）～（4）の問いに答えなさい。

A

（注：國は国の旧字体）

B

C

D
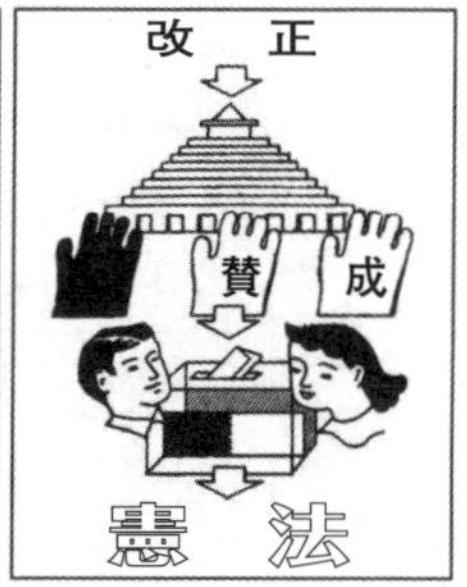

（1） 資料Aについて，次の①，②の問いに答えなさい。

① 次の文は，Aの中にある**民主主義**について述べたものである。[W]にあてはまる語句を**漢字３字**で，[X]にあてはまる語句を**漢字４字**で，それぞれ書きなさい。

> 民主主義とは，みんなで意見や考えを出し，話し合って決定することである。しかし，現実には話し合っても全員の意見が一致するとは限らない。その場合は，より多くの支持を得た意見を採用するのが一般的である。これを[W]の原理という。その際に必要なことは[X]を尊重することである。

② 次の文は，Aの中にある**国際平和主義**について，その内容が示されている日本国憲法の条文の一部である。[Y]，[Z]にあてはまる語句を書きなさい。

> 陸海空軍その他の[Y]は，これを保持しない。国の[Z]は，これを認めない。

（2） 資料Bの中にある**基本的人権**について，次の①，②の問いに答えなさい。

① 基本的人権について述べた文として正しいものを，次の**ア**～**エ**の中から一つ選びなさい。

ア 大日本帝国憲法には，基本的人権は規定されていなかった。

イ 日本国憲法のもとでは，基本的人権は一切の制約を受けることなく保障されている。

ウ 日本国憲法は，世界で初めて生存権などの社会権を規定した憲法である。

エ 日本国憲法の規定する自由権は，身体の自由，経済活動の自由，精神の自由である。

② 近年，社会の変化により，日本国憲法が直接規定していない「新しい人権」が主張されるようになった。次の**ア**～**エ**の中から，「新しい人権」の一つである「自己決定権」と最も関係のあるものを一つ選びなさい。

ア インフォームド・コンセント　　**イ** 個人情報保護制度

ウ オンブズマン　　**エ** 環境アセスメント

（3） 資料Cは，参政権の一つとしての選挙権について示している。選挙権は平等であることが原則だが，近年，日本では，「一票の格差」が大きいことが問題になっている。「一票の格差」について説明した次の文の[※]にあてはまることばを，**有権者**という語句を用いて書きなさい。

> 選挙区によって，選出される[※]にちがいがあり，一票のもつ価値が異なること。

（4） 資料Dは，憲法改正の手続きについて示している。憲法改正の手続きについて述べた文として適当なものを，次の**ア**～**エ**の中から一つ選びなさい。

ア 発議には，両議院の出席議員の３分の２以上の賛成を必要とする。

イ 国民投票を実施し，有効投票の過半数の賛成を必要とする。

ウ 審議は，さきに衆議院で行わなければならない。

エ 両議院の議決が異なる場合は，両院協議会を開かなければならない。

(1)	①	W		②	Y	
		X			Z	
(2)	①			②		
(3)						
(4)						

■平成27年度問題

6 次の資料は，「戦後の日本の民主政治とその時代背景」について，ある班がまとめたものの一部である。（1）～（6）の問いに答えなさい。

日本国憲法の制定と民主化	経済発展と政治体制の安定	政治体制の変化と課題
○第二次世界大戦が終わった。（1945年） ○[X]，平和主義，基本的人権の尊重の三つを基本原則とする日本国憲法が公布された。（1946年）…A ○労働条件の最低基準を定めた労働基準法が施行された。（1947年）…B	○55年体制と呼ばれる政治体制が築かれた。（1955年）…C ○環境や公害への意識の高まりから，これらに関係する法律が施行された。（1967年）…D ○日本の国民総生産が資本主義国の中で世界第2位となった。（1968年）	○細川護熙《もりひろ》を首相とする連立内閣が成立し，55年体制が終わった。（1993年） ○地方公共団体の自主性や自立性を高めることをめざし，地方分権一括法が施行された。（2000年）…E ○司法制度改革の一環として，裁判員制度が導入された。（2009年）…F

（1） Aについて，次の①，②の問いに答えなさい。

① [X]にあてはまる語句は何か。**漢字４字**で書きなさい。

② 次の文は，基本的人権に関わる日本国憲法第13条の条文の一部である。[Y]にあてはまる語句は何か。**漢字２字**で書きなさい。

> すべて国民は，[Y]として尊重される。

(1)	①		②	

(2)　Bについて，労働基準法の施行により労働条件の改善がはかられた。右の資料は，ある企業の求人広告の一部である。この記載事項のうち，現在の労働基準法に違反しているものを，下線部ア～ウの中から一つ選びなさい。また，違反している理由を書きなさい。

資料

○○工場「新入社員」募集

資格　高校卒業以上
給与　固定給，ア男子18万2千円，女子17万5千円
時間　9：00～16：30で，休憩を除いたイ実働時間は，6時間40分（1日あたり）
休日　ウ週１日，夏季・年末年始，有給ほか

(3)　Cについて，55年体制とはどのような政治体制か。**政党名を明らかにして**，次の**二つの語句**を用いて説明しなさい。

与党　野党第一党

(4)　Dについて，この法律は何か。次のア～エの中から一つ選びなさい。

ア　公害対策基本法　　イ　循環型社会形成推進基本法
ウ　環境基本法　　エ　消費者基本法

(5)　Eに関して，地方分権一括法施行後の地方公共団体の変化について述べた文として最も適当なものを，次のア～エの中から一つ選びなさい。

ア　財政の状況を改善するために，各地方公共団体による地方債の発行は行われなくなった。
イ　地方公共団体の仕事の効率化や財政を安定させることなどを目的として，市町村合併が進められた。
ウ　地方公共団体の財源の確保を目的として，独自の地方税や地方交付税を導入できるようになった。
エ　住民投票により有権者の過半数の賛成を得れば，議会の審議を経ずに条例を制定したり，改廃したりできるようになった。

(6)　Fに関して，次の文は，裁判員制度の導入によって期待されていることについて説明したものである。［Z］にあてはまることばを，**「感覚」**という語句を用いて書きなさい。

　裁判官や検察官，弁護士など法律の専門家だけでなく，一般の国民が裁判員として刑事裁判に参加することにより，裁判の進め方やその内容に［Z］ことが期待されている。

(2)	符号		理由		
(3)					
(4)		(5)		(6)	

■平成28年度問題

6　次のレポートは，「憲法と民主主義」というテーマで，ある班がまとめたものの一部である。(1)～(6)の問いに答えなさい。

〔憲法と人権の保障〕
　国の最高法規である憲法は，大きく二つの内容から構成されています。一つは，国のa政治のしくみについてです。国の権力をb立法，［W］，c司法の三権に分け，それぞれ独立した機関が担当するしくみがとられています。二つめは，d人権の保障についてです。「個人の尊重」を基礎として，私たち一人ひとりの自由や権利が最大限尊重されています。

〔民主主義と政治参加〕
　民主主義にもとづく社会は，私たち一人ひとりが意思決定し，参加することで成り立っています。満18歳からe選挙で投票できることが決まった今，私たち一人ひとりがこれまで以上に政治に関心を持ち，政治を自分自身の問題としてとらえていく必要があります。

(1)　［W］にあてはまる語句を，**漢字２字**で書きなさい。

(2)　下線部aについて，内閣が国会の信任にもとづいて成立し，国会に対して連帯して責任を負う制度を何というか。書きなさい。

(3)　下線部bについて，次の文は，衆議院議員の任期に関する憲法の条文である。［X］にあてはまる語句を，**漢字２字**で書きなさい。

　衆議院議員の任期は，４年とする。但《ただ》し，衆議院［X］の場合には，その期間満了前に終了する。

(4)　下線部cについて，2015年に「夫婦同姓」及び「女性の再婚禁止期間」についての民法の規定が，憲法に適合するかしないかについて，最高裁判所が判断を示した。このように，ある法律が憲法に適合するかしないかについて，裁判所が判断することを何というか。次のア～エの中から一つ選びなさい。

ア　国民審査　　イ　違憲（立法）審査　　ウ　弾劾裁判　　エ　国政調査

(5)　下線部dについて，次の文は，ある権利をめぐって争われた事件について述べたものである。タレント側が侵害されると主張した権利として最も適当なものを，下のア～エの中から一つ選びなさい。

　ある出版社が，タレントの自宅住所など私生活に関する情報を掲載した本を出版しようとした。これに対し，タレント側は出版のさしとめを求めたが，出版社側はこれを拒否したため，裁判で争われた。

ア　知る権利　　イ　黙秘権　　ウ　プライバシーの権利　　エ　知的財産権

(6)　下線部eについて，次の①，②の問いに答えなさい。

①　次の表は，2014年の衆議院議員総選挙後に実施された，有権者に対する全国意識調査における，「今回の選挙で，どのような問題を考慮しましたか。」の質問について，年代別に回答数の多いものから順に並べたものである。また，右の文は，この表から読み取れることについて述べたものである。［Y］にあてはまる語句として最も適当なものを，下のア～エの中から一つ選びなさい。

表

	20～30歳代	40～50歳代	60歳以上
1位	景気対策	景気対策	Y
2位	子育て・教育	医療・介護	医療・介護
3位	消費税	Y	景気対策
4位	医療・介護	消費税	消費税
5位	Y	子育て・教育	原発・エネルギー

（第47回衆議院議員総選挙全国意識調査により作成）

> 年代が上がるほど,「 Y 」や「医療・介護」の順位が高く,逆に年代が下がるほど,「景気対策」や「子育て・教育」の順位が高い。このことから,選挙に際し，身近な問題をより考慮する傾向が読み取れる。

ア　雇用対策　　イ　年金　　ウ　外交・防衛　　エ　財政再建

② 次の文は,「選挙で投票することの大切さ」について述べたものである。 Z にあてはまることばを，あとの**【二つの語句】**を用いて書きなさい。

> わが国では, Z という議会制民主主義をとっている。そのため，選挙で投票することは，私たち一人ひとりの考えを政治に反映させる大切な政治参加の一つである。
>
> **【 選挙　　議会 】**

(1)		(2)	
(3)		(4)	
(5)			
(6) ①			
(6) ②			

■平成29年度問題

6　次の資料は,「内閣総理大臣と内閣」について，ある班がまとめたものの一部である。(1)～(5) の問いに答えなさい。

> **内閣総理大臣のある一日のおもなスケジュール**
>
> 8:21　官邸に到着
> 10:00　官房副長官との打ち合わせ
> 14:53　国会に到着
> 15:00　党首討論
> 16:19　財務省事務次官との打ち合わせ
> 16:43　与党党首会談
> 17:26　経済財政諮問会議
> 18:41　外国首脳との会談
>
> a内閣のb首長である内閣総理大臣のこの日のスケジュールをみると，分刻《ふんきざ》みで仕事をしていることがわかります。
>
> 内閣総理大臣は,c国会で討論などを行っています。また，財務省の幹部との打ち合わせや経済財政諮問《しもん》会議への出席など，国の経済やd財政に関する大きな役割も果たしています。
>
> さらに，内閣総理大臣はe外国首脳との会談などを通して，各国と意見の交換や調整も行っています。
>
> このように，内閣総理大臣は，政治，経済，外交などに関わるさまざまな仕事をしています。

(1) 下線部aについて，内閣の仕事として適当なものを，次の**ア～エ**の中から一つ選びなさい。

ア 予算の議決　　**イ** 天皇の国事行為に対する助言と承認
ウ 条例の制定　　**エ** 条約の承認

(2) 下線部bに関して，次の文は，内閣の首長である内閣総理大臣と，地方公共団体の首長の選出に関わる日本国憲法の条文の一部である。 X , Y にあてはまる語句を，それぞれ**漢字2字**で書きなさい。

> 第67条　内閣総理大臣は，国会議員の中から国会の議決で，これを X する。この X は，他のすべての案件に先だつて，これを行ふ。
> 第93条　地方公共団体の長，その議会の議員及《およ》び法律の定めるその他の吏員《りいん》は，その地方公共団体の住民が，直接これを Y する。

(3) 下線部cに関して,表Ⅰは通常国会の法案審議の状況を示したものである。表Ⅰから読み取れることとして適当なものを,次の**ア～エ**の中から一つ選びなさい。

ア 議員提出法案は，内閣提出法案よりも提出件数に対する成立件数の割合が高く，行政権をもつ内閣の役割が大きくなっている。

イ 議員提出法案は，内閣提出法案よりも提出件数に対する成立件数の割合が低く，立法権をもつ内閣の役割が大きくなっている。

ウ 内閣提出法案は，議員提出法案よりも提出件数に対する成立件数の割合が高く，行政権をもつ内閣の役割が大きくなっている。

エ 内閣提出法案は，議員提出法案よりも提出件数に対する成立件数の割合が低く，立法権をもつ内閣の役割が大きくなっている。

表Ⅰ　通常国会の法案審議の状況

	内閣提出法案		議員提出法案	
	提出件数	成立件数	提出件数	成立件数
2012年	83	55	77	31
2013年	75	63	81	10
2014年	81	79	75	21
2015年	75	66	72	12
2016年	56	50	72	18

（内閣法制局資料により作成）

表Ⅱ　課税される所得金額に対する所得税の税率

課税される所得金額	税率
195万円以下	5%
195万円を超え　330万円以下	10%
330万円を超え　695万円以下	20%
695万円を超え　900万円以下	23%
900万円を超え 1800万円以下	33%
1800万円を超え 4000万円以下	40%
4000万円超	45%

（国税庁資料により作成）

(4) 下線部dに関して，次の①,②の問いに答えなさい。

① 好景気の時期に政府が一般的に行う財政政策として最も適当なものを，次の**ア～エ**の中から一つ選びなさい。

ア 増税を行い，公共事業への支出を増やす。
イ 増税を行い，公共事業への支出を減らす。
ウ 減税を行い，公共事業への支出を増やす。
エ 減税を行い，公共事業への支出を減らす。

(1)		(2) X		Y	
(3)		(4) ①			

② 表Ⅱは，課税される所得金額に対する所得税の税率をあらわしている。表Ⅱのように段階的な税率の違いを設けている理由を，**その課税方式の名称を明らかにしながら,**「**格差**」という語句を用いて書きなさい。

（5） 下線部 e に関して，内閣総理大臣は，さまざまな国際組織や会議に出席して外国首脳との会談を行っている。それらの国際組織や会議の中で，日本をはじめ，アジアや環太平洋の国・地域が参加する，1989 年に発足した経済や貿易などに関する話し合いを行う組織の略称を何というか。適当なものを，次の**ア**～**オ**の中から一つ選びなさい。

ア EU　**イ** AU　**ウ** ASEAN　**エ** APEC　**オ** NAFTA

(4)	②	
(5)		

■平成30年度問題

6 次の資料は，国民の権利に関する日本国憲法の条文の一部である。（1）～（4）の問いに答えなさい。

> 第13条　すべて国民は，個人として尊重される。生命，a自由及《およ》び幸福追求に対する国民の権利については，［ X ］に反しない限り，立法その他の国政の上で，最大の尊重を必要とする。
> 第15条③　公務員の b選挙については，成年者による普通選挙を保障する。
> 第32条　何人《なにびと》も，裁判所において c裁判を受ける権利を奪はれない。

（1） ［ X ］にあてはまる語句を書きなさい。

（2） 下線部 a に関して，自由権は，その内容によって，精神の自由，生命･身体の自由，経済活動の自由に分類される。次の**ア**～**エ**にあげた自由権の内容のうち，一つだけ異なる分類にあたるものを選びなさい。

ア 思想・良心の自由　**イ** 居住・移転・職業選択の自由
ウ 学問の自由　**エ** 集会・結社・表現の自由

（3） 下線部 b に関して，次の①，②の問いに答えなさい。

① 選挙権を得る年齢や議員の定数など，日本の選挙制度について定めた法律は何か。書きなさい。

② 右の表は，2001年以降の衆議院議員と参議院議員の選挙の実施年月をまとめたものである。表のように，衆議院議員の選挙が不定期に行われているのに対して，参議院議員の選挙が3年ごとに定期的に行われている理由を，「**半数**」という語句を用いて，「**参議院は，衆議院と異なり,**」の書き出しに続けて書きなさい。

表　2001年以降の衆議院議員と参議院議員の選挙の実施年月

衆議院	参議院
2003年11月	2001年７月
2005年９月	2004年７月
2009年８月	2007年７月
2012年12月	2010年７月
2014年12月	2013年７月
2017年10月	2016年７月

（4） 下線部 c に関連して，次の①，②の問いに答えなさい。

① 日本の裁判に関して述べた文として適当なものを，次の**ア**～**エ**の中から一つ選びなさい。

ア 刑事裁判では，原告と被告との間でそれぞれが自分の意見を主張し，裁判所が法律にもとづいて判決を下して個人間の争いを解決する。

イ 裁判では三審制がとられており，第一審の判決に納得できない場合は第二審の裁判所に上告し，さらに不服があれば控訴することができる。

ウ 重大な犯罪の疑いで起訴された刑事裁判では，国民の中から選ばれた裁判員も参加して判決が下される裁判員裁判が第一審でのみ行われる。

エ 有罪の判決が確定した後は，いきすぎた捜査が原因でえん罪になった場合や，判決に疑いが生じた場合でも，裁判をやり直すことはできない。

② 右のグラフは，日本，フランス，ドイツ，アメリカの弁護士１人あたりの国民数の推移をあらわしている。グラフから読み取ることができる日本の特徴を，**日本の国民１人あたりの弁護士数の傾向と，その数の変化について触れながら,**「**他の３か国と比較すると,**」の書き出しに続けて書きなさい。

グラフ　日本，フランス，ドイツ，アメリカの弁護士１人あたりの国民数の推移

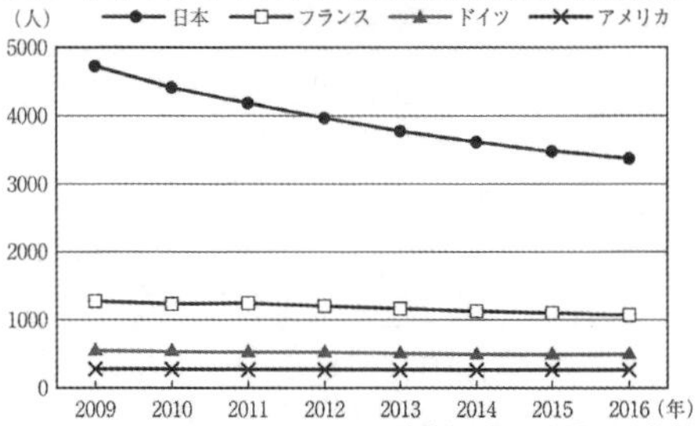

（弁護士白書2016年版により作成）

(1)			
(2)			
(3)	①		
	②	**参議院は，衆議院と異なり,**	
(4)	①		
	②	**他の3か国と比較すると,**	

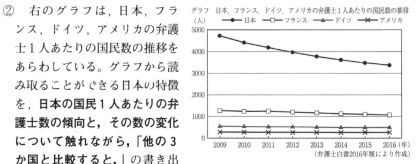

■平成31年度問題

6　次の文は，中学生のＡさんと高校生のＢさんが「18歳の選挙権」に関する会話をしている場面である。(１)～(４) の問いに答えなさい。

> Ａさん：　a国会で公職選挙法の一部を改正する法律が成立したことを受けて，私も18歳になれば国会議員を選ぶ b選挙で投票することができるようになるのね。
> Ｂさん：　そうだね。国会議員だけでなく，c地方公共団体の首長や議員も選挙で選ぶことができるよ。選挙で代表者を選ぶということは，d国民主権の一つのかたちといえるね。
> Ａさん：　18歳で選挙権を得るということは，私たちも主権者として責任ある行動を求められているということなのね。
> Ｂさん：　私たちの思いを込めた一票を投じることが，よりよい社会づくりにつながっていくんだね。

(１)　下線部ａに関して，次の①,②の問いに答えなさい。

①　次の文は，日本国憲法第41条の条文である。［　X　］にあてはまる語句を書きなさい。

> 国会は，国権の［　X　］機関であつて，国の唯一の立法機関である。

②　国会の仕事の一つとして適当なものを，次の**ア～エ**の中から一つ選びなさい。

ア　弾劾裁判所の設置　　**イ**　条約の締結
ウ　予算案の作成　　**エ**　法律の違憲審査

(２)　下線部ｂに関して，右の表は，日本の選挙の基本原則をまとめたものである。［　Y　］にあてはまる語句を書きなさい。

表　日本の選挙の基本原則

種　類	内　容
平等選挙	一人一票の選挙権をもつ原則
秘密選挙	無記名で投票する原則
直接選挙	有権者が直接投票する原則
［　Y　］	18歳以上のすべての国民が選挙権をもつ原則

(３)　下線部ｃに関して，ある地方公共団体の有権者が，必要な数の署名を集めてさまざまな請求を行う場合，その一般的な手続きについて説明した文として適当なものを，次の**ア～エ**の中から一つ選びなさい。

ア　事務の監査請求は，少なくとも有権者の50分の１以上の署名を集めて首長に行う。

イ　議員の解職請求は，少なくとも有権者の50分の１以上の署名を集めて選挙管理委員会に行う。

ウ　議会の解散請求は，少なくとも有権者の３分の１以上の署名を集めて選挙管理委員会に行う。

エ　条例の制定や改廃の請求は，少なくとも有権者の３分の１以上の署名を集めて首長に行う。

(４)　下線部ｄに関して，次の①～③の問いに答えなさい。

①　次の文は，ある人物について説明したものである。［　Z　］にあてはまる人物として最も適当なものを，下の**ア～エ**の中から一つ選びなさい。

> フランスの啓蒙《けいもう》思想家で，自由や平等を実現するために人民が主権をもつ共同体をつくる必要性を唱え，『社会契約論』などを著した人物は，［　Z　］である。

ア　ロック　　**イ**　ルソー
ウ　ルター　　**エ**　モンテスキュー

資料

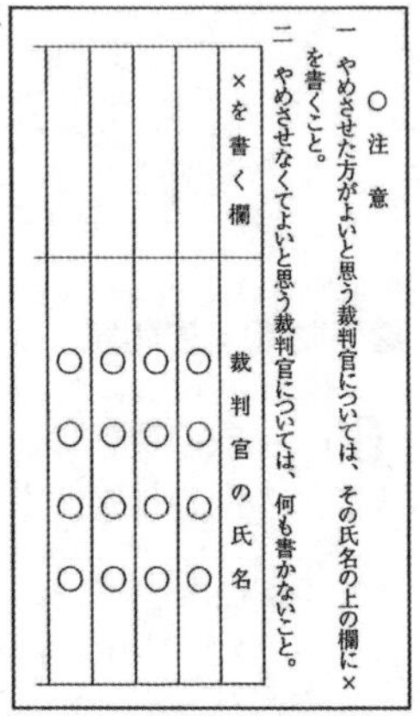

（総務省資料により作成）

②　右の資料は，国民の意思を明らかにするために，ある制度で用いられる投票用紙の一部を模式的にあらわしたものである。このような投票用紙を用いて行われる制度を何というか。**漢字４字**で書きなさい。

③　日本国憲法の三大原則の一つである，国民主権とはどのような原則か。**主権の意味に触れながら**説明しなさい。

(1)	①			
	②			
(2)			(3)	
(4)	①			
	②			
	③			

■令和2年度問題

6 次の文は,「民主主義のあり方」というテーマで，ある班がまとめたレポートの一部である。(1)～(5) の問いに答えなさい。

> 民主主義の政治が行われるためには，私たち一人一人が自由に意見を述べる権利や，話し合いに参加する機会が平等に認められていることが大切です。つまり，a自由権や平等権などの基本的人権が保障されていなければなりません。また，民主主義では，b地方の政治，c国の政治，d国際機関における意思決定，さらには私たちが行うe選挙など，多数決で物事を決定することが多くあります。多くの人々の権利を尊重し，幸福を実現するため，多数決を公正に行うとともに，さまざまな立場の人たちが十分に話し合い，合意をつくり出せるような工夫が必要です。

(1) 下線部**a**に関して，次の条文は，1789年に出された宣言の一部である。この条文を含む宣言として適当なものを，下の**ア**～**エ**の中から一つ選びなさい。

> 第1条　人は，自由，かつ，権利において平等なものとして生まれ，生存する。社会的差別は，共同の利益に基《もと》づくのでなければ，設けられない。

ア アメリカ独立宣言　**イ** フランス人権宣言
ウ ポツダム宣言　**エ** マグナ＝カルタ

(2) 下線部**b**に関して，次の文は，地域の重要な課題について，住民全体の意見をくみ取るため，条例にもとづいて行われた住民参加の例を表している。この住民参加の方法を何というか。**漢字4字**で書きなさい。

> ・原子力発電所の建設について，新潟県巻町《まきまち》（現 新潟市）で1996年に全国で初めて行われた。
> ・吉野川可動堰《かどうぜき》の建設について，徳島県徳島市で2000年に行われた。
> ・市町村合併について，長野県平谷村《ひらやむら》で2003年に行われた。
> ・米軍基地建設のための埋立てについて，沖縄県で2019年に行われた。

(3) 下線部**c**に関して，次の①,②の問いに答えなさい。

① 政党政治において，内閣を組織して政権を担当する政党のことを何というか。**漢字2字**で書きなさい。

② 日本の国会における議決について説明した文として適当なものを，次の**ア**～**エ**の中から一つ選びなさい。

ア 予算の議決は，参議院が，衆議院と異なった議決をした場合，両院協議会でも意見が一致しないときには，参議院の議決が国会の議決となる。

イ 法律案の議決は，参議院が，衆議院と異なった議決をした場合，参議院が出席議員の3分の2以上の多数で再可決したときには，参議院の議決が国会の議決となる。

ウ 内閣総理大臣の指名は，衆議院の議決後，10日以内に参議院が議決しない場合，衆議院の議決が国会の議決となる。

エ 条約の承認は，衆議院が先に審議しなければならず，衆議院の議決後，30日以内に参議院が議決しない場合，衆議院の議決が国会の議決となる。

(4) 下線部**d**に関して，下の表Ⅰは，国際連合の安全保障理事会におけるある重要な決議案の投票結果を表している。投票の結果，この決議案は採択されたか，それとも採択されなかったか。**理由を明らかにしながら,「常任理事国」**という語句を用いて書きなさい。

表Ⅰ　安全保障理事会におけるある重要な決議案の投票結果

投票	国　名
賛成	コートジボワール，赤道ギニア，エチオピア，フランス，カザフスタン，クウェート，オランダ，ペルー，ポーランド，スウェーデン，イギリス，アメリカ
反対	ボリビア，ロシア
棄権	中国

（国際連合資料により作成）

(5) 下線部**e**に関して，下の表Ⅱは，参議院議員選挙の選挙区における議員一人あたりの有権者数を表している。2016年の参議院議員選挙では，鳥取県および島根県と，徳島県および高知県の二つの合同選挙区が設けられた。この合同選挙区が設けられた目的について，表Ⅱを参考にしながら，次の**二つの語句**を用いて書きなさい。

> **議員一人あたりの有権者数　　一票の価値**

表Ⅱ　参議院議員選挙の選挙区における議員一人あたりの有権者数

<table>
<tr><th>選挙区</th><th>2013年参議院議員選挙</th><th colspan="2">2016年参議院議員選挙</th></tr>
<tr><td>北海道</td><td>（全国最多）1149739</td><td colspan="2">768896</td></tr>
<tr><td>埼玉県</td><td>980428</td><td colspan="2">（全国最多）1011503</td></tr>
<tr><td>福井県</td><td>324371</td><td colspan="2">（全国最少）328722</td></tr>
<tr><td>鳥取県</td><td>（全国最少）241096</td><td rowspan="2">合同選挙区</td><td rowspan="2">535029</td></tr>
<tr><td>島根県</td><td>293905</td></tr>
<tr><td>徳島県</td><td>325559</td><td rowspan="2">合同選挙区</td><td rowspan="2">639950</td></tr>
<tr><td>高知県</td><td>313961</td></tr>
</table>

＊各選挙において，議員一人あたりの有権者数が全国で最も多い選挙区を（全国最多），最も少ない選挙区を（全国最少）と示している。

（総務省資料により作成）

<table>
<tr><td>(1)</td><td></td><td>(2)</td><td colspan="2"></td></tr>
<tr><td>(3)</td><td>①</td><td></td><td>②</td><td></td></tr>
<tr><td>(4)</td><td colspan="4"></td></tr>
<tr><td>(5)</td><td colspan="4"></td></tr>
</table>

■令和3年度問題

6　次の文は，人権の保障についてまとめたものである。（1）～（6）の問いに答えなさい。

> 私たち国民の人権は，国の権力のはたらきが民主的に定められた法によって制限されるという法の支配の原則によって守られている。法のうち，国の在り方の根本を定めたものが $_a$憲法で，日本国憲法では $_b$三権分立を採り，国の権力を $_c$立法権，行政権，$_d$司法権に分けることで，権力の集中を防ぎ，国民の権利を守っている。また，日本国憲法では，国の政治において人権を最大限尊重することが必要とされている。そして，私たち国民は，$_e$政治に対して一人一人が意見を持ち，主権者として積極的に政治に参加するとともに，$_f$他人の人権を侵害しないように努めなければならない。

（1）　下線部aに関して，次の文は，憲法による人権の保障について説明したものである。Xにあてはまる語句を，**漢字4字**で書きなさい。

> 国の政治権力から人権を守り，保障していくために，憲法によって政治権力を制限するという考えを［　X　］という。

（2）　下線部bについて，権力の濫用《らんよう》を防ぐために権力の分立が必要だと主張し，『法の精神』を著したフランスの思想家は誰か。書きなさい。

（3）　下線部cに関して，日本では国会と内閣の間で議院内閣制が採られている。議院内閣制とはどのような制度か。次の**二つの語句**を用いて書きなさい。

> **信任　　連帯**

（4）　下線部dに関して，次のA～Dは，日本の刑事裁判に関わる役割について説明した文である。A～Dを担う人の組み合わせとして適当なものを，下の**ア**～**ク**の中から一つ選びなさい。

A　法律に違反する罪を犯したと思われる被疑者を，被告人として裁判所に訴える。警察とは独立した立場から犯罪の捜査を補充し，立証を行う。

B　殺人や強盗致死傷などの重大な犯罪について，くじで選ばれた国民が，裁判官と一緒に被告人の有罪・無罪や刑罰の内容を決める。

C　被告人の利益を守るために活動する。被告人の経済的な理由により依頼できないときは，その費用を国が負担する。

D　当事者の主張を判断し，法律を適用して判決を下す。司法権の独立を保つために，身分の保障がある。

ア　A　裁判員　B　弁護士　C　裁判官　D　検察官
イ　A　裁判官　B　検察官　C　弁護士　D　裁判員
ウ　A　弁護士　B　裁判員　C　検察官　D　裁判官
エ　A　裁判官　B　弁護士　C　裁判員　D　検察官
オ　A　弁護士　B　検察官　C　裁判員　D　裁判官
カ　A　検察官　B　裁判員　C　弁護士　D　裁判官
キ　A　検察官　B　弁護士　C　裁判官　D　裁判員
ク　A　検察官　B　裁判員　C　裁判官　D　弁護士

（5）　下線部eに関連して，私たち国民には，「新聞やテレビなどが伝える情報の中から，信頼できる情報は何かを冷静に判断して読み取る力」が求められる。この力を何というか。**カタカナ**で書きなさい。

（6）　下線部fに関連して，次の文は，インターネット上での人権侵害について，授業で話し合った会話の一部である。YとZにあてはまる語句の組み合わせとして適当なものを，下の**ア**～**カ**の中から一つ選びなさい。

> ［先　生］　インターネット上で他人のプライバシーを侵害したり，名誉を傷つけたりする事件が増加しています。こうした行為は名誉毀《き》損《そん》の罪に問われることがあります。
>
> ［えいた］　私たちには情報を発信するという［　Y　］が保障されています。人権は本来，法律によって制限されないものですよね。
>
> ［ももか］　でも，法律による人権の制限が，憲法に照らして認められる場合もありますよね。
>
> ［先　生］　その通り。憲法は，自由や権利の濫用を認めず，それらを社会全体の利益のために利用する責任があると定めています。人権には，他人の人権を侵害してはならないという限界があるので，こうした事件のように［　Y　］が制限されなければならないこともあるのです。
>
> ［ももか］　憲法において「公共の福祉」という言葉で示されているものですね。
>
> ［えいた］　たしかに名誉を傷つける情報発信は，他人の人権や利益を不当に侵害していないかといった［　Z　］の観点で考えても，認められるものではないですね。

ア　Y　知る権利　Z　公正　　**イ**　Y　黙秘権　Z　公正
ウ　Y　表現の自由　Z　公正　　**エ**　Y　知る権利　Z　効率
オ　Y　黙秘権　Z　効率　　**カ**　Y　表現の自由　Z　効率

(1)		(2)			
(3)					
(4)		(5)		(6)	

経済

■平成25年度問題

6　次の文は，「わたしたちのくらしと経済」というテーマで行われた授業における，先生と生徒との会話の一部である。（1）～（6）の問いに答えなさい。

> 先　　生：わたしたちの社会では，経済活動がどのように営まれているのでしょうか。まず，家庭の経済活動とはどのようなものですか。
> 由紀さん：家庭の経済活動を［ U ］と呼びます。［ U ］には，「もの」や「サービス」を消費する役割と，企業などへ a 労働力を供給する役割があります。そして，税金を納め，さらに将来の消費に備えて，銀行などの［ V ］機関に預金や貯金をします。
> 先　　生：次に，企業は経済活動をどのように営んでいますか。
> 大輝さん：企業は，利潤を得ることなどを目的として，「もの」や「サービス」を提供します。企業の代表的なものに b 株式会社があります。
> 先　　生：最後に，政府の経済活動とはどのようなものですか。
> 七海さん：政府は，税金などの収入をもとに，公共施設，c 社会保障，教育など，企業では供給されにくい「もの」や「サービス」を提供します。また，d 景気の調整を行います。

（1）［ U ］，［ V ］にあてはまる語句をそれぞれ書きなさい。

（2）下線部 a について，職場などでの男女平等をすすめるために，さまざまな法律が制定された。次の文の［ W ］にあてはまる語句を書きなさい。

> 1986年に男女雇用機会均等法が施行された。また，1999年には，女性が男性と対等に社会に参加し，責任を分かち合う社会の実現をめざして［ W ］基本法が施行された。

（3）下線部 b について，株式を所有する人たちの出席により，会社の経営方針や役員などを決定する機関を何というか。**漢字４字**で書きなさい。

（4）下線部 c について，次のグラフⅠは，日本の社会保障給付費の変化をあらわしている。また，グラフⅡは，日本の年齢別人口の変化をあらわしている。この二つのグラフを読み取り，今日の日本における社会保障の問題を，「**おもに費用を負担する**」ということばを用いて，「**社会保障給付費が**」の書き出しに続けて書きなさい。

グラフⅠ　日本の社会保障給付費の変化

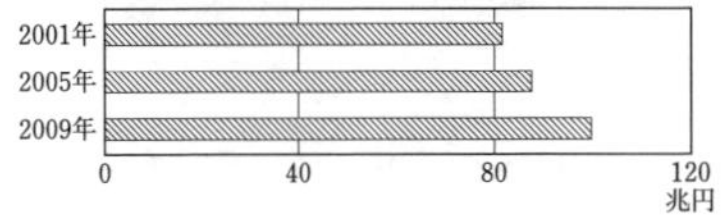

グラフⅡ　日本の年齢別人口の変化

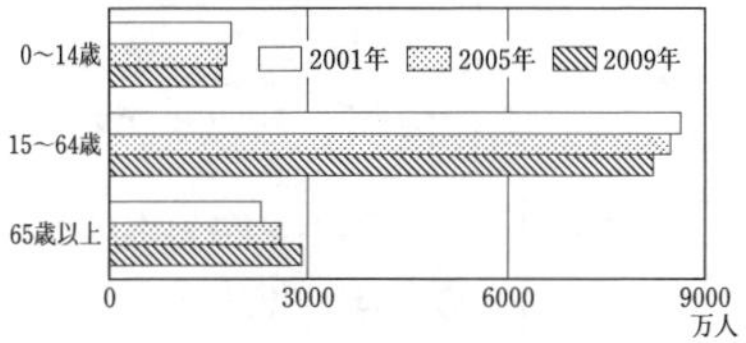

（日本国勢図会2012/13年版などにより作成）

（5）下線部 c について，右の表は，日本の社会保障制度の四つの柱をまとめたものである。表の［ X ］にあてはまる語句を書きなさい。

表　日本の社会保障制度の四つの柱

種類	内容
社会保険	医療保険，年金保険など
［ X ］	感染症予防，上下水道整備など
社会福祉	児童福祉，高齢者福祉など
公的扶助	生活扶助，住宅扶助など

（6）下線部 d について，次の文の［ Y ］，［ Z ］にあてはまる語句の最も適当な組み合わせを，下の**ア～エ**の中から一つ選びなさい。

> 政府は，公共事業や税金の増減などにより景気を調整する。中央銀行である日本銀行は，銀行の資金量を変化させることなどにより景気を調整する。日本銀行の政策の一例として，［ Y ］のときに国債などを［ Z ］，銀行の資金量を増やして，企業などがお金を借りやすくすることがあげられる。

ア　Y　好景気，Z　売り　　　**イ**　Y　好景気，Z　買い
ウ　Y　不景気，Z　売り　　　**エ**　Y　不景気，Z　買い

(1)	U		V	
(2)	基本法	(3)		
(4)	**社会保障給付費が**			
(5)		(6)		

■平成27年度問題

5　次の資料は，「私たちの暮らしと経済」について，A～C の班がそれぞれまとめたものの一部である。（1）～（6）の問いに答えなさい。

A 班　市場における価格の変化

a さまざまな商品が自由に売り買いされる場を市場といいます。図Ⅰは，市場における価格と需要量・供給量の関係をあらわしています。価格は需要量と供給量の関係で変化し，需要量が供給量を上回っている場合には価格が上昇し，逆の場合には価格が下落します。そして，需要量と供給量が一致する価格がこの図のVとなります。

図Ⅰ　価格と需要量・供給量の関係

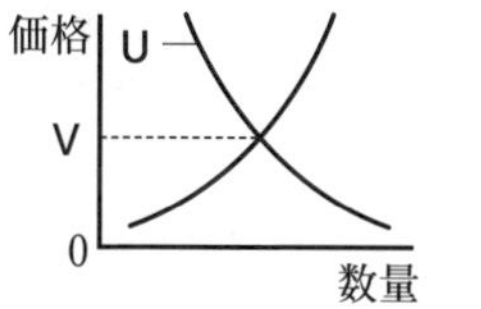

B 班　金融と金融機関の役割

資金を必要としている側と，余裕がある側との資金の貸し借りを金融といい，その仲立ちをするのが金融機関です。図Ⅱのように，b 一般の銀行は企業や個人からお金を預かり，必要とする企業や個人に貸し出しを行います。また，この図のWは日本の中央銀行として，政府の資金の出し入れや，一般の銀行への貸し出しなどを行います。

図Ⅱ　金融機関とお金の流れ

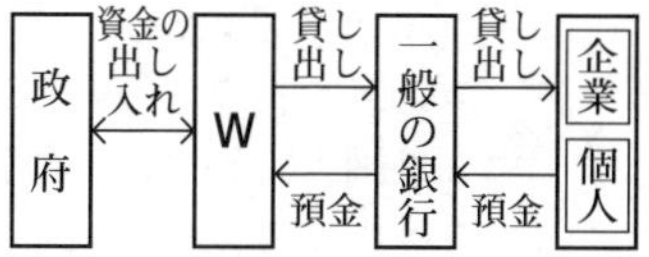

C班　景気変動と企業の生産活動

経済は，好況（好景気）と不況（不景気）を交互にくり返します。これを c 景気変動といい，一般に図Ⅲのようにあらわされます。景気変動は企業に大きく影響をおよぼします。好況のときには，商品が多く売れるため，企業の生産活動は活発になり，労働者の所得が増加するなど d 雇用状況も改善します。

図Ⅲ　景気変動

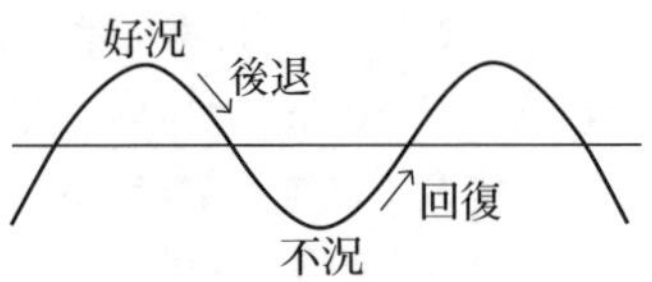

（1）　図Ⅰの曲線Ｕと価格Ｖをあらわす語句の組み合わせとして正しいものを，次のア～エの中から一つ選びなさい。

ア　Ｕ－供給曲線　Ｖ－独占価格　　イ　Ｕ－需要曲線　Ｖ－独占価格
ウ　Ｕ－供給曲線　Ｖ－均衡価格　　エ　Ｕ－需要曲線　Ｖ－均衡価格

（2）　下線部ａについて，右のグラフは，東京都中央卸売市場における平成25年のなすの月別入荷量と月別平均価格の推移をあらわしている。このグラフを参考にして，なすの入荷量と平均価格の関係について，「**なすの入荷量が**」の書き出しに続けて書きなさい。

グラフ　平成25年のなすの月別入荷量と月別平均価格の推移

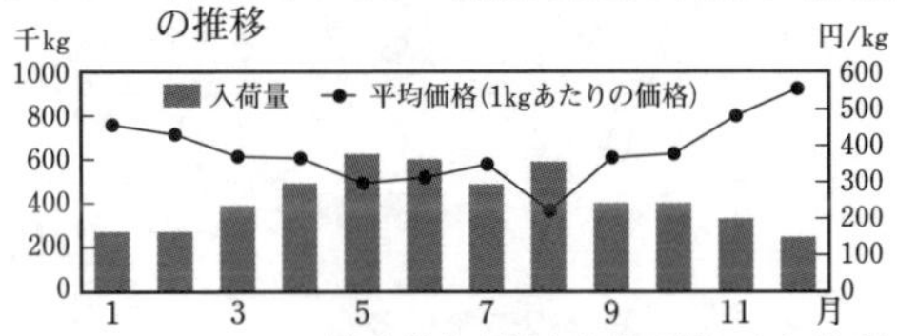

（東京都中央卸売市場年報により作成）

（3）　下線部ｂについて，図Ⅱのように一般の銀行からの貸し出しなど，金融機関を仲立ちとして企業などが資金を調達するしくみを何というか。**漢字４字**で書きなさい。

（4）　図ⅡのＷにあてはまる語句は何か。**漢字４字**で書きなさい。

（5）　下線部ｃについて，図Ⅲの不況のとき，景気を回復させるために一般的に政府がとる政策として最も適当なものを，次のア～エの中から一つ選びなさい。

ア　政府は増税を行い，公共事業への支出を増やし，消費や生産を抑制する。
イ　政府は増税を行い，公共事業への支出を減らし，消費や生産を活発にする。
ウ　政府は減税を行い，公共事業への支出を増やし，消費や生産を活発にする。
エ　政府は減税を行い，公共事業への支出を減らし，消費や生産を抑制する。

（6）　下線部ｄに関して，近年の日本の労働や雇用の状況について述べた文として最も適当なものを，次のア～エの中から一つ選びなさい。

ア　年間労働時間は減少傾向にあるため，過労死や労働災害はほとんどみられなくなった。
イ　年功序列型にかえて，成果主義にもとづく賃金制度を導入する企業が多くみられるようになった。
ウ　外国人労働者は一般に日本人労働者より高賃金であるため，外国人労働者を雇用する企業は減ってきている。
エ　景気変動に合わせて雇用を調整しやすくするため，終身雇用を採用する企業が増えてきている。

(1)		(2)	なすの輸入量が
(2)			
(3)		(4)	
(5)		(6)	

■平成28年度問題

5　次の資料は，Ａ～Ｃの班が，国際社会，日本，地方がかかえる課題についてそれぞれまとめたものの一部である。（1）～（6）の問いに答えなさい。

Ａ班 国際社会がかかえる課題	Ｂ班 日本がかかえる課題	Ｃ班 地方がかかえる課題
国際社会には，国際紛争，ａ経済格差，地球環境問題など，さまざまな課題があります。課題の解決に向けた取り組みとして，［Ｗ］によるＯＤＡや，ＮＧＯなどの［Ｘ］による援助などがあげられます。	日本には，財政，ｂ社会保障，労働問題など，さまざまな課題があります。そのため，ｃ税制の見直しや社会保障制度改革など，国民生活の向上をめざして改革が進められています。	地方には，高齢者福祉，地域医療，防災など，さまざまな課題があります。ｄ財源の確保に努め，福祉，医療や，ｅ地域経済への取り組みなど地域の実情にあわせてさまざまな政策が行われています。

（1）　下線部ａについて，先進国と発展途上国との経済格差から生じるさまざまな問題を何というか。**漢字４字**で書きなさい。

（2）　［Ｗ］，［Ｘ］にあてはまる語句の組み合わせとして最も適当なものを，次のア～エの中から一つ選びなさい。

ア　Ｗ－国際機関　Ｘ－民間団体　　イ　Ｗ－民間団体　Ｘ－国際機関
ウ　Ｗ－各国政府　Ｘ－民間団体　　エ　Ｗ－各国政府　Ｘ－国際機関

（3）　下線部ｂについて，右のグラフは日本の社会保障の財源の推移をあらわしている。また，次の文は，社会保障の財源についての課題を述べたものである。グラフを参考にして，［Ｙ］にあてはまることばを，「**社会保険料**」という語句を用いて書きなさい。

グラフ　日本の社会保障の財源の推移

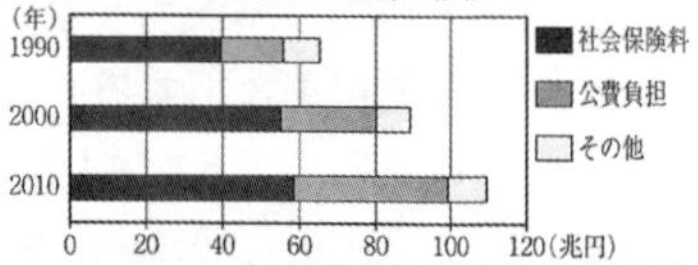

（日本国勢図会 2015/16 年版により作成）

> 1990年や2000年に比べ，2010年には社会保障の財源全体に対する［Ｙ］ため，国や地方公共団体による公費負担の割合が大きくなっている。

(1)		(2)	
(3)			

（4） 下線部**c**について，次の文は，日本の税制について述べたものである。 **Z** にあてはまることばを，あとの**【二つの語句】**を用いて書きなさい。

> 税金は，所得税などの直接税と，消費税などの間接税に分けることができる。間接税は，所得水準にかかわらず税率が一定であるため，低所得者ほど **Z** という傾向がある。　**【 所得　 税負担 】**

（5） 下線部**d**について，地方公共団体間の財政格差をならすために国から配分され，特に使い方が限定されないものを，次の**ア**～**エ**の中から一つ選びなさい。

ア 地方交付税交付金　**イ** 地方税　**ウ** 地方債　**エ** 国庫支出金

（6） 下線部**e**について，次の資料は，ある地方公共団体が中心となって発行したプレミアム付商品券の一部である。この商品券について説明した文として最も適当なものを，下の**ア**～**エ**の中から 一つ選びなさい。

資料

表　面

○○市プレミアム付商品券
¥1,000
全店共通券：○○市内の指定されたすべての取扱店で使用できます。
使用有効期間：平成27年8月1日～平成27年12月31日

裏　面

使用上の注意
・販売額1冊1万円で，1万2千円分（1,000円券×12枚）の商品を購入できます。
・商品券で，購入できないものもあります。
・つり銭は出ません。

ア 購入できる商品を限定せず，指定されたすべての取扱店の利益をあげることをめざしたものである。
イ 使用有効期間を設定し，商品の購入を抑え各家庭の貯蓄を増やすことをめざしたものである。
ウ 商品券を購入できる層を限定し，子育て世代の支援をめざしたものである。
エ 販売額に20%分の特典を付け，商品券の購入をうながし消費の拡大をめざしたものである。

(4)		(5)		(6)	

■平成30年度問題

5 次の文は，「私たちのくらしと企業の活動」というテーマで，ある班がまとめたレポートの一部である。（1）～（6）の問いに答えなさい。

> 企業の役割の一つに，商品の生産がある。a商品の価格は，市場での需要量と供給量の関係で変動する。企業には，b自由な競争により，安くて良い商品をc消費者に提供することが求められている。私たちや企業の活動は，商品の売買を通して国や地方に税金を納めていることから，d財政にも大きな影響を与えている。
> また，近年は，企業の社会に対する責任や貢献が重視されるようになった。環境問題への対応やe貧困問題を解決するための支援など，企業は商品の生産以外にも幅広い活動をしている。
> さらに，企業の活動は，グローバル化にともないf為替相場の変動などの影響を受けることもあるが，工場の海外移転や部品調達先の海外企業への切りかえなどにより，業績を伸ばす企業も多い。

（1） 下線部**a**に関して，右の図は，市場で売買されている，ある商品の需要曲線と供給曲線をあらわしている。価格が**P**のとき，市場でのこの商品の状態として適当なものを，次の**ア**～**エ**の中から一つ選びなさい。

図
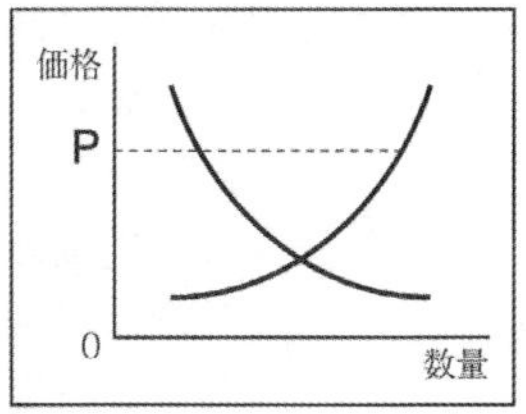

ア 商品に対する需要量が，供給量を上回る「品不足」の状態
イ 商品に対する需要量が，供給量を上回る「売れ残り」の状態
ウ 商品に対する供給量が，需要量を上回る「品不足」の状態
エ 商品に対する供給量が，需要量を上回る「売れ残り」の状態

（2） 下線部**b**に関して，企業の自由で健全な競争を維持するために独占禁止法を運用し，不当な価格操作などを監視する機関が設置されている。この機関を何というか。書きなさい。

（3） 下線部**c**に関して，右の資料は，消費者がある制度を利用するために書いた通知書の例である。この制度について説明した文として最も適当なものを，次の**ア**～**エ**の中から一つ選びなさい。

資料　通知書の例

通知書
次の契約を解除します。
契約年月日　平成○○年○月○日
商 品 名　×××
商品金額　○○○○○円
販売会社　株式会社×××　□□営業所
担当者　△△　△△
支払った代金○○○○○円を返金し、商品を引き取ってください。
平成○○年○月○日
○○県○市○町○丁目○番○号
氏名　××　××

（国民生活センター資料により作成）

ア 契約後，いつでも自由に契約を解除することができる。
イ 契約後，一定の期間内であれば手数料を支払って，契約を解除することができる。
ウ 訪問販売など特定の販売方法による契約に限り，一定の期間内であれば契約を解除することができる。
エ 製造物責任法の規定により，一定の期間内であればこの制度を利用して契約を解除することができる。

（4） 下線部**d**に関連して，右のグラフは，国の一般会計の歳入のうちの消費税額と法人税額の推移をあらわしたものである。また，グラフには日本の好景気と不景気の時期を色分けして示している。次の①，②の問いに答えなさい。

グラフ　国の一般会計の歳入のうちの消費税額と法人税額の推移
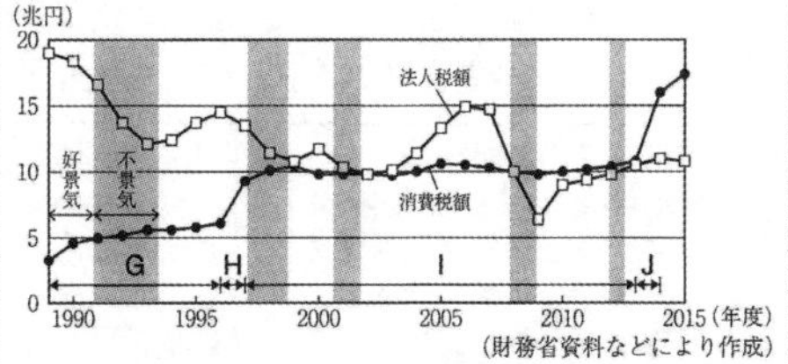

（財務省資料などにより作成）

① グラフにおける**H**，**J**の時期に，ある共通した理由によって消費税額が急激に増加している。その理由を書きなさい。
② グラフにおける**G**，**I**の時期に共通するグラフの変化を参考にしながら，消費税の財源としての特徴を，「**景気**」という語句を用い，「**消費税は，法人税と比較して，**」の書き出しに続けて書きなさい。

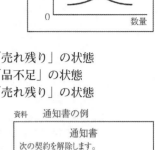

（5） 下線部eに関して，次の文が述べている，貧困問題を解決するために企業が行っている取り組みを何というか。最も適当なものを，下のア～エの中から一つ選びなさい。

> 先進国の人々が，発展途上国で生産された農産物や製品を，生産者の労働に見合う適正な価格で継続的に購入することにより，生産者の自立した生活を支える取り組みが行われている。

ア フェアトレード　　イ ユニバーサルデザイン
ウ ボランティア　　エ メディアリテラシー

（6） 下線部fに関して，次のYとZの文は．為替相場が1ドル＝100円から1ドル＝90円に変動したときの私たちのくらしや企業に与える影響について述べたものである。正誤の組み合わせとして適当なものを，下のア～エの中から一つ選びなさい。ただし，為替相場の条件以外は考えないこととする。

> Y アメリカを旅行する日本人が100ドルで洋服を購入するとき，円で計算したその洋服の価格は，為替相場の変動前よりも高くなる。
> Z 200万円の日本製の自動車をアメリカへ輸出するとき，ドルで計算したその自動車の価格は，為替相場の変動前よりも高くなる。

ア Y－正 Z－正　　イ Y－正 Z－誤
ウ Y－誤 Z－正　　エ Y－誤 Z－誤

(1)		(2)		(3)	
(4)	①				
	②	消費税は，法人税と比較して，			
(5)		(6)			

■令和2年度問題

5 次のⅠ～Ⅲのカードは，経済活動と政府の役割について，ある班がまとめたものの一部である。（1）～（5）の問いに答えなさい。

> Ⅰ 私たちの消費生活
> 私たちは，さまざまな財（モノ）やサービスをa消費することで豊かな生活を送ることができます。b企業は，これらの財（モノ）やサービスを生産し，提供しています。

> Ⅱ 景気の安定
> 私たちの生活は，景気の変動に大きな影響を受けます。日本銀行と政府は，国民が安心して経済活動を行うことができるように，c景気を安定させるための政策を行っています。

> Ⅲ 政府の役割
> 政府は，d税金などによって収入を得ています。この収入をもとに，経済活動を円滑にするとともに，e環境保全に力を入れるなど，政府は，私たちの豊かな生活を支えています。

（1） 下線部aに関して，経済主体の一つであり，家族や個人など消費生活を営む経済活動の単位を何というか。**漢字2字**で書きなさい。

（2） 下線部bに関して，次の①,②の問いに答えなさい。

グラフ　日本の製造業の大企業と中小企業の構成比（2016年）

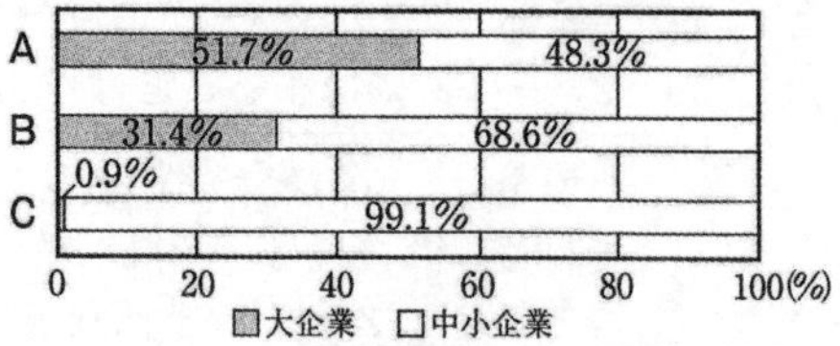

（日本国勢図会2019/20年版により作成）

① 右のグラフは，日本の製造業の大企業と中小企業の構成比を表しており，グラフのA～Cには，事業所数，従業者数，製造品出荷額のいずれかがあてはまる。A～Cの組み合わせとして適当なものを，次のア～カの中から一つ選びなさい。

	ア	イ	ウ	エ	オ	カ
A	事業所数	事業所数	従業者数	従業者数	製造品出荷額	製造品出荷額
B	従業者数	製造品出荷額	事業所数	製造品出荷額	事業所数	従業者数
C	製造品出荷額	従業者数	製造品出荷額	事業所数	従業者数	事業所数

② 次の文は，株式会社における株主について説明したものである。Dにあてはまる語句を，下のア～エの中から一つ選びなさい。また，Eにあてはまる語句を**漢字4字**で書きなさい。

> 株主は，株式を保有している株式会社の利潤の一部を［ D ］金として受け取ることができる。また，株式会社の最高意思決定機関である［ E ］と呼ばれる議決機関に出席し，会社の経営方針や役員を決定することができる。

ア 公債　イ 契約　ウ 配当　エ 資本

（3） 下線部cに関して，右の表は，好景気と不景気のときに日本銀行や政府が行う政策について表している。表のFとIにあてはまる政策として最も適当なものを，次のア～エの中からそれぞれ一つずつ選びなさい。

ア 増税を行い，公共事業への支出を減らす。
イ 減税を行い，公共事業への支出を増やす。
ウ 国債などを銀行から買う。
エ 国債などを銀行へ売る。

表
好景気と不景気のときに日本銀行や政府が行う政策

	金融政策	財政政策
好景気のとき	F	G
不景気のとき	H	I

（4） 下線部dに関して，次の文は，消費税について述べたものである。正誤の組み合わせとして適当なものを，下のア～エの中から一つ選びなさい。

> J 消費税は，税金を納めなければならない人と実際に税金を負担する人が一致する。
> K 消費税は，所得税に比べて，所得の低い人ほど所得に対する税負担の割合が高くなる傾向がある。

ア J－正 K－正　　イ J－正 K－誤
ウ J－誤 K－正　　エ J－誤 K－誤

（5） 下線部eに関して，1993年に国が制定した，公害対策基本法を発展させ，環境保全に対する社会全体の責務を明らかにした法律を何というか。書きなさい。

(1)		(2)①		② D		E	
(3) F		I		(4)			
(5)							

生活と国際社会

■平成26年度問題

6 次の資料は，Aさん，Bさん，Cさんが「国際社会の中の日本」に関してそれぞれテーマを決め，まとめたものの一部である。（1）～（6）の問いに答えなさい。

Aさん　国際連合と日本について a国際連合は，世界の平和維持と国際紛争の解決を目的として，安全保障理事会を中心に，これに取り組んでいます。また，b関連する機関をとおして，世界の人々の生活の向上にも貢献しています。日本は，加盟国の中で２番目に多くの資金を分担しています。
Bさん　核軍縮と日本について 世界各地で起きている紛争を解決し，また，その発生を防ぐために，軍縮は重要です。中でも，核兵器については，冷戦期から今日まで，c制限，削減する試みが続けられてきました。日本は唯一の被爆国として非核三原則をかかげ，核兵器の廃絶をうったえています。
Cさん　国際経済と日本について 日々変動しているd為替相場による円高・円安は，日本の貿易に大きな影響を与えています。また，経済のグローバル化により，他国のe不況が日本に及んだり，外国企業との競争も一因となって，企業がf雇用のあり方を見直すなどの影響が出ています。

（1） 下線部aについて，右の表は，国際連合加盟国数の推移を地域別にあらわしている。**ア**～**エ**は，アジア，オセアニア，アフリカ，南北アメリカのいずれかである。アフリカにあてはまるものを，**ア**～**エ**の中から一つ選びなさい。

表　国際連合加盟国数の推移

地域＼年	ヨーロッパ・旧ソ連	ア	イ	ウ	エ	合計
1945	14	9	22	4	2	51
1960	26	23	22	26	2	99
1980	29	36	32	51	6	154
1992	45	38	35	52	9	179
2011	51	39	35	54	14	193

（国連広報センター資料により作成）

（2） 下線部bについて児童の権利に関する条約に基づき，子どもたちの生存とすこやかな成長のために活動している国際連合の機関は何か。次の**ア**～**エ**の中から一つ選びなさい。

ア WHO　**イ** UNHCR　**ウ** UNESCO　**エ** UNICEF

（3） 下線部cについて，1968年に多国間で調印された核拡散防止条約の内容を，次の**二つの語句**を用いて説明しなさい。

核保有国　　禁止

（4） 下線部dについて，次の文の X ，Y にあてはまる数字，語句の組み合わせとして適当なものを，下の**ア**～**エ**の中から一つ選びなさい。ただし，為替相場以外の条件は考えないこととする。

アメリカとの貿易において，1ドルが100円の時，日本で150万円の自動車は，アメリカでは15000ドルとなる。1ドルが X 円になった場合は，同じ自動車がアメリカでは20000ドルになる。そのため Y は，日本の輸出産業にとって，競争力の面で不利となる。

ア X 125，Y 円高　**イ** X 125，Y 円安
ウ X 75，Y 円高　**エ** X 75，Y 円安

（5） 下線部eについて一般に不況時には，物価が持続的に下がる現象が起こる。この現象を何というか。**カタカナ**で書きなさい。

（6） 下線部fに関して，次のグラフは，1992年から2010年までの雇用形態別にみた雇用者構成割合の推移（役員を除く）を男女別にあらわしている。このグラフからわかる日本の雇用の変化について，「**女性では**」ということばを用いて，「**男女ともに,**」の書き出しに続けて書きなさい。

グラフ　雇用形態別にみた雇用者構成割合の推移（役員を除く）

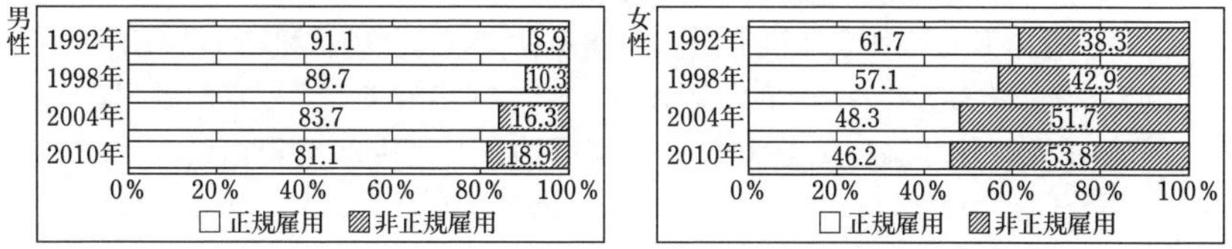

（平成23年版男女共同参画白書により作成）

(1)		(2)	
(3)			
(4)		(5)	
(6)	**男女ともに,**		

■平成29年度問題

5 次の資料は，「よりよい社会をめざして」というテーマで学習した際に，A～Cの班が，社会の課題を解決するための取り組みについてまとめたものの一部である。（1）～（7）の問いに答えなさい。

> **A班　共に生きる社会の実現に向けて**
> 私たちは，人々の生活や考えなどがそれぞれ違うことを認めたうえで，aひとりが平等で，かけがえのない個人として尊重され，ともに助け合う共生社会を築いていくことが必要です。そのために，子ども，高齢者，障がい者など，bすべての人にとって暮らしやすい社会を実現していくことが大切です。

> **B班　平和な世界の実現を目指して**
> 戦争のない世界だけでなく，貧困や飢餓《きが》などを含めた「平和ではない状態」が改善されなければ，人々は平和な生活を送ることができません。c核兵器の廃絶に向けた取り組みや，d地域紛争，e南北問題などのさまざまな国際的な課題を解決するために，私たちは国境をこえて協力していくことが求められています。

> **C班　地球環境の保護とその回復に向けて**
> 1992年に国連環境開発会議が開かれ，f気候変動枠組条約が調印されました。また，その条約の具体的な取り組みとして，1997年にはg京都議定書が採択《さいたく》されました。地球温暖化をはじめ，環境問題を人類共通の課題として認識し，各国が責任を分かち合い，その課題解決に向けて協力していくことが必要です。

（1） 下線部aに関して，次の文は，平等権に関わる日本国憲法第14条の条文の一部である。［X］にあてはまる語句を書きなさい。

> すべて国民は，法の下に平等であつて，人種，信条，性別，社会的身分又《また》は門地《もんち》により，政治的，経済的又は社会的関係において，［X］されない。

（2） 下線部bについて，高齢者や障がいのある人などが，社会の中で安全・快適に暮らせるよう，身体的，精神的，社会的な障壁を取り除こうという考えを何というか。次のア～エの中から一つ選びなさい。

ア　ユニバーサルデザイン　　**イ**　フェアトレード
ウ　バリアフリー　　**エ**　インフォームド・コンセント

（3） 下線部cに関して，核兵器を「もたず，つくらず，もちこませず」という，日本がかかげている方針を何というか。書きなさい。

（4） 下線部dに関して，次の文は，地域紛争などによって生じる問題に対して，国連のある機関が行う取り組みについて述べたものである。［Y］にあてはまる語句を**漢字2字**で書きなさい。

> 国連は［Y］の保護を目的として，国連［Y］高等弁務官事務所（UNHCR）を設立した。UNHCRは，各国に［Y］の受け入れを求めたりするなど，多くの支援をしている。

（5） 下線部eに関して，日本は，政府開発援助（ODA）などを中心に発展途上国を支援している。右のグラフは，ヨーロッパのODA支出金額上位5か国であるイギリス，ドイツ，フランス，スウェーデン，オランダと日本のODA支出金額および国民総所得をあらわしたものである。グラフを参考にして，ヨーロッパの5か国と比較した日本のODA支出金額の特徴を書きなさい。

グラフ
イギリス，ドイツ，フランス，スウェーデン，オランダと日本のODA支出金額および国民総所得（2014年）

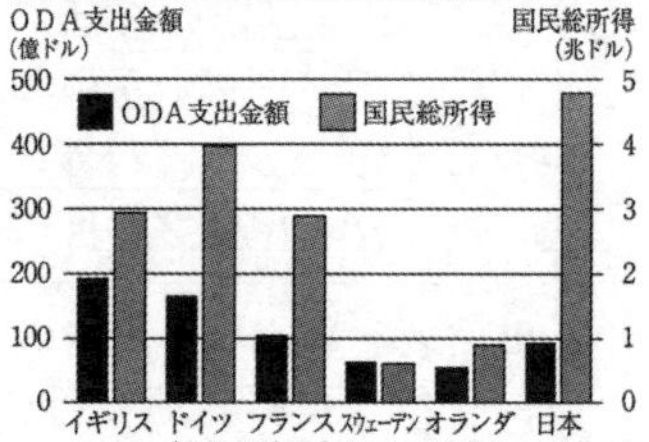

（世界国勢図会 2016/17年版により作成）

（6） 下線部fに関して，この条約は，地球温暖化の防止を目的として締結《ていけつ》されたものである。大気中の温室効果ガスを増加させる要因となる石油や石炭，天然ガスなどのエネルギー資源をまとめて何というか。**漢字4字**で書きなさい。

（7） 下線部gに関して，次の文は，地球温暖化防止への国際的な取り組みについて，京都議定書と2016年11月に発効したパリ協定を比較して述べたものである。［Z］にあてはまることばを，**「削減」**という語句を用いて書きなさい。

> 京都議定書は，［Z］を義務づけただけでなく，その目標を初めて数値で定めたものとして，高く評価された取り組みであった。一方，パリ協定は，自ら温室効果ガスの排出量を減らす目標を設定し，その目標を達成するために努力していくことをすべての締約国《ていやくこく》に義務づけた。

(1)		(2)	
(3)		(4)	
(5)			
(6)			
(7)			

5　次の文を読んで，（１）～（６）の問いに答えなさい。

> 現在の日本は，a人口が減少する社会になっている。出生率の低下にともない，子どもや若者の数が少なくなることで，b労働力が不足することや，c消費者の数の減少により商店の売上高に影響が出ることなどが懸念されている。
> 今後の日本は，諸外国とのdモノやヒトの交流を促進しつつ，政府が行うe社会保障の一層の充実や，f財政による働きかけを通して，人々や地域など社会全体をさらに活性化させることが大切である。

（１）　下線部**a**に関して，右の**ア～ウ**の図は，1950年，1980年，2010年のいずれかの年の日本の人口ピラミッドをあらわしたものである。**ア～ウ**を，年代の古い順に左から並べて書きなさい。

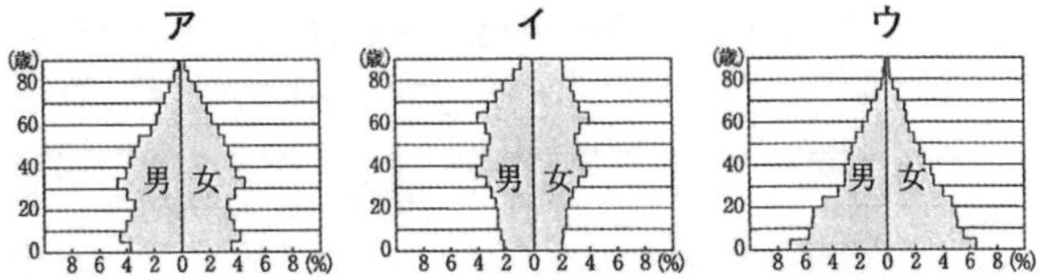

（総務省国勢調査資料により作成）

（２）　下線部**b**に関して，次のグラフⅠは，日本における女性の年齢階級別労働力人口の割合の推移をあらわしている。また，下のカードは，日本における女性の年齢階級別労働力人口の割合の変化についてまとめたものの一部である。カードの［ X ］，［ Y ］にあてはまる語句をそれぞれ書きなさい。

グラフⅠ　日本における女性の年齢階級別労働力人口の割合の推移

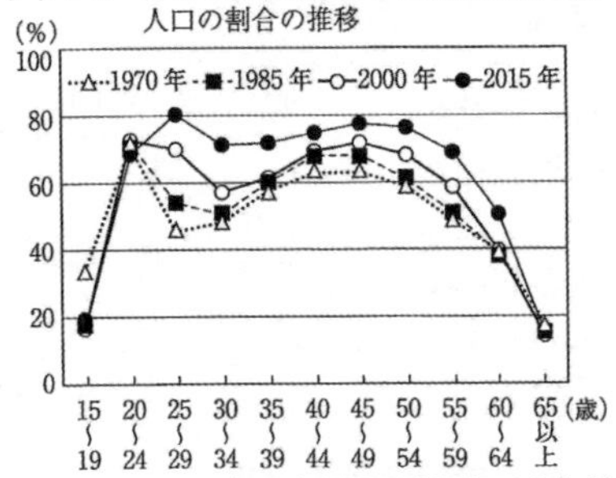

（総務省労働力調査資料により作成）

カード

> 日本の女性の労働力人口の割合は，全体的に上昇する傾向が続いている。
> 1985年に職場での男女平等を定めた［ X ］法が制定されたあと，25歳から39歳の労働力人口の割合が大きく上昇している。
> 一方，職場の休業制度をより充実させるため，1999年に育児・［ Y ］休業法が施行されて以降は，40歳以上の労働力人口の割合が高い伸びを示す傾向がある。

（３）　下線部**c**に関して，次の文は，消費者を支える政府の取り組みについてまとめたものの一部である。［ Z ］にあてはまる語句を**漢字２字**で書きなさい。

> 消費者問題が深刻化した日本では，1968年に消費者保護基本法が施行され，その後，クーリング・オフの制度や製造物責任法などが整備されました。消費者保護基本法は，2004年に消費者基本法へと改正され，政府には，消費者の権利を尊重するとともに消費者の［ Z ］を支援する責務があることを定めました。私たちは「［ Z ］した消費者」として，商品に対する知識や情報を収集し，それにもとづいて消費生活を送ることが求められています。

（４）　下線部**d**に関して，貿易の自由化などを図る経済連携協定の一つとして，2016年に日本がアジア太平洋地域の多くの国々と調印した協定の略称を**アルファベット３字**で書きなさい。

（５）　下線部**e**に関して，日本の社会保障制度の四つの柱のうち，収入が少なく生活に困っている人に対して生活費等を給付する制度はどれにあたるか。次の**ア～エ**の中から一つ選びなさい。

ア　社会福祉　　**イ**　社会保険　　**ウ**　公的扶助　　**エ**　公衆衛生

（６）　下線部**f**に関して，右のグラフⅡは，東京都，愛知県，千葉県，京都府，福井県，佐賀県の歳入総額に占める地方交付税交付金と地方税の割合をあらわしている。国から配分される地方交付税交付金の歳入総額に占める割合は，地方公共団体ごとに異なっていることがわかる。地方交付税交付金が配分される目的を，グラフⅡを参考にして，次の二つの語句を用いて書きなさい。

グラフⅡ　６都府県の歳入総額に占める地方交付税交付金と地方税の割合（2016年度）

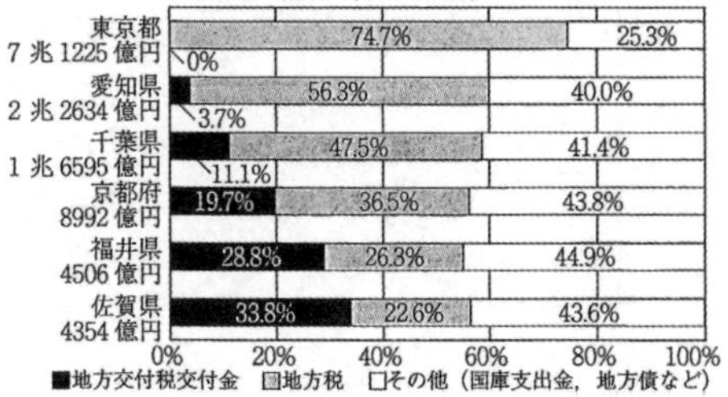

（データでみる県勢2019年版により作成）

不足　　　**歳入の格差**

(1)	→ →			
(2)	X	法	Y	
(3)				
(4)				
(5)				
(6)				

■令和3年度問題

5 次の先生と生徒との対話を読み，（1）～（5）の問いに答えなさい。

> 先生　前回の授業で，労働三法について学びましたが，覚えていますか。
>
> 生徒　a労働基準法，［　X　］法，労働関係調整法という三つの法律のことです。
>
> 先生　正解です。労働三法で労働者の権利を保障していましたね。b働くことは，収入を得て生活を安定させるだけでなく，人間らしい豊かな生活を送るためにとても大切です。そして，近年は，c多様な生き方が選択できる社会の実現も求められています。
>
> 生徒　働くことといえば，新聞で，日本では少子化が進んで人口の減少が始まり，それにともなって働く人の数も減少しているという記事を読みました。
>
> 先生　少子高齢化や人口減少にともない，働く人の数の減少が進む中で，誰もが安心して暮らせる社会を実現するために，d社会保障と財政の在り方について考えていかなければなりません。

（1）　下線部aに関して，この法律の内容について述べた文として適当なものを，次の**ア**～**エ**の中から一つ選びなさい。

ア　使用者は，労働者に対して，毎週少なくとも2回の休日を与えなければならない。

イ　労働条件は，労働者と使用者が対等な立場で決定すべきものである。

ウ　労働者の賃金は，職種に応じて男女の差を設けることができる。

エ　使用者は，労働者に1週間に40時間よりも少なく労働させてはならない。

（2）　Xにあてはまる語句を書きなさい。

（3）　下線部bに関して，次の表は，内閣府の国民生活に関する調査における，「働く目的は何か」という質問についての年齢層別回答割合を表している。A～Dの文の中で，表から読み取ることができる内容として適当なものの組み合わせを，あとの**ア**～**キ**の中から一つ選びなさい。

表　「働く目的は何か」という質問についての年齢層別回答割合（%）（2019年）

	お金を得るため	社会の一員として務めを果たすため	自分の才能や能力を発揮するため	生きがいをみつけるため	わからない
18～29歳	65.1	10.8	13.0	10.6	0.5
30～39歳	72.2	10.8	8.0	8.7	0.3
40～49歳	70.6	12.9	6.6	9.5	0.4
50～59歳	62.9	14.6	6.1	14.5	1.9
60～69歳	52.0	16.4	8.9	19.2	3.5
70歳以上	37.3	16.7	7.6	27.2	11.2

（内閣府資料により作成）

A　「お金を得るため」と回答した割合は，どの年齢層においても最も高い。

B　「社会の一員として務めを果たすため」と回答した割合は，年齢層が低いほど高い。

C　「自分の才能や能力を発揮するため」と回答した割合は，「わからない」を除いた回答の中で，すべての年齢層において最も低い。

D　70歳以上で「生きがいをみつけるため」と回答した割合は，30～39歳の3倍以上である。

ア　AとB　　**イ**　AとCとD　　**ウ**　BとC　　**エ**　BとCとD

オ　AとD　　**カ**　BとD　　**キ**　CとD

（4）　下線部cに関して，次の文は，これから求められる社会について述べたものである。この文と最も関係の深い語句を，下の**ア**～**エ**の中から一つ選びなさい。

> 誰もがやりがいや充実感を感じながら働き，仕事の責任を果たす一方で，子育て・介護の時間や，家族，地域，自己啓発にかける個人の時間を持ち，健康で豊かな生活ができるよう，多様な生き方が選択・実現できる社会をめざすことが大切である。

ア　ワーク・ライフ・バランス　　**イ**　バリアフリー

ウ　インフォームド・コンセント　　**エ**　オンブズパーソン

（5）　下線部dに関して，次の①～③の問いに答えなさい。

①　日本の社会保障制度の四つの柱のうち，公害対策や感染症の予防などにより，人々が健康で安全な生活を送ることができるようにすることを何というか。書きなさい。

②　高齢化の進展などに対応して，2000年から導入された介護保険制度について，**「40歳以上の」**の書き出しに続けて，次の**二つのことば**を用いて書きなさい。

> **介護が必要になったとき　　加入**

③　右の図は，社会保障の在り方について，社会保障給付費を横軸にとり，税などの国民負担を縦軸にとって，図式化したものである。現在の状況を図中の●の位置としたとき，次の文に書かれていることを行うと，●は**ア**～**エ**のどこに移動するか。適当なものを一つ選びなさい。

図

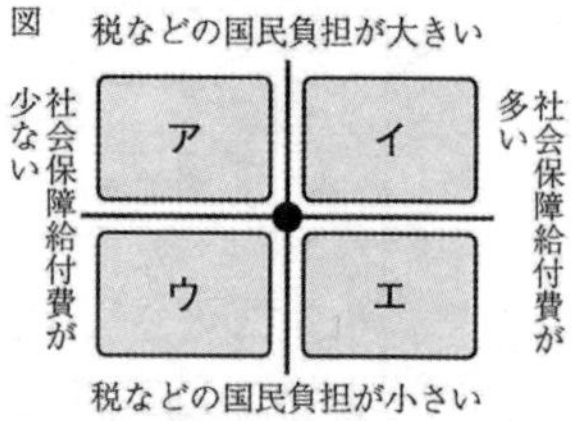

> 医療保険の保険料を引き下げて，医療機関で支払う医療費の自己負担の割合を大きくする。

(1)		(2)		(3)		(4)	
(5)	①		③				
	②	40歳以上の					

■令和2年度問題

六 次の**【資料Ⅰ】**は、外来語や外国語などのカタカナ語（以下「カタカナ語」とする）を使用した文章の例であり、**【資料Ⅱ】**はカタカナ語の使用に関する意識を調査した結果である。**【資料Ⅰ】**と**【資料Ⅱ】**を読み、あとの**条件**に従ってカタカナ語の使用についての**あなたの考えや意見**を書きなさい。

【資料Ⅰ】

私は、スポーツを通して、コミュニケーションの重要性と、明確なビジョン[注1]をもって練習を継続することの大切さを学んだ。また、困難なシチュエーション[注2]でも粘り強く取り組むことで、記録や勝敗以外の部分でも、自分がレベルアップしたという実感を得ることができた。

注1　将来の見通し。展望。　注2　状況。局面。

【資料Ⅱ】

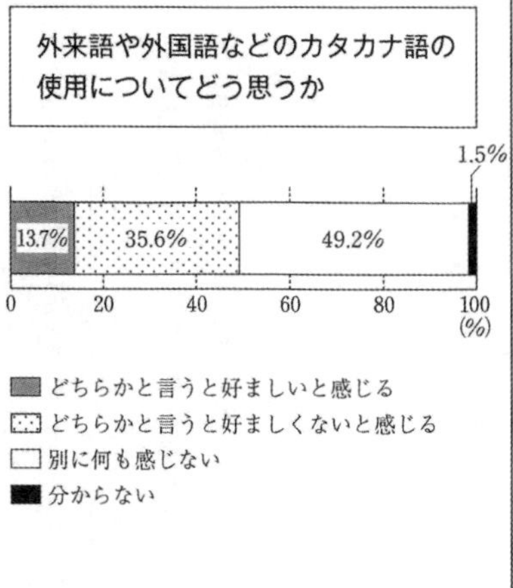

（文化庁「平成29年度　国語に関する世論調査」により作成）

条件

1　**二段落構成**とすること。
2　前段では**【資料Ⅰ】**と**【資料Ⅱ】**を読み、**カタカナ語の使用**という観点から**気づいたこと**をそれぞれ書くこと。
3　後段では前段を踏まえて、**カタカナ語の使用**についての**あなたの考えや意見**を書くこと。
4　全体を**百五十字以上、二百字以内**でまとめること。
5　氏名は書かないで、本文から書き始めること。
6　原稿用紙の使い方に従って、文字や仮名遣いなどを正しく書き、漢字を適切に使うこと。

■令和3年度問題

六 次の資料は、全国の子供や若者を対象に行った意識調査の結果を、二つの年齢層に分けてグラフで表したものである。この資料を見て**気づいたこと**と、**「自分自身を変えること」**についての**あなたの考えや意見**を、あとの**条件**に従って書きなさい。

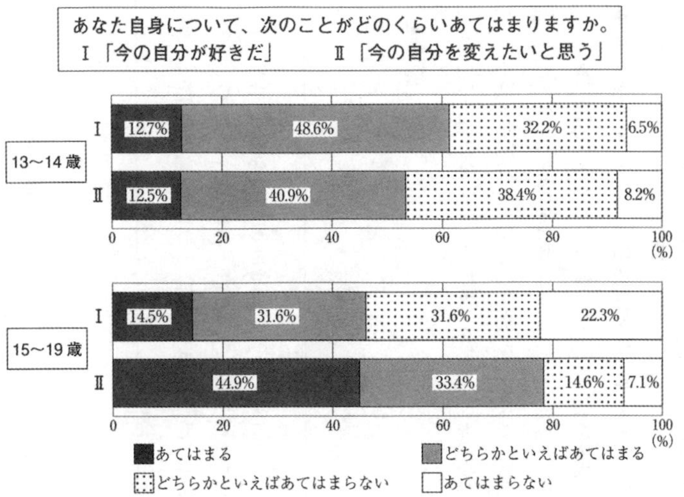

（内閣府「子供・若者の意識に関する調査（令和元年度）」により作成）

条件

1　**二段落構成**とすること。
2　前段では、資料を見て**気づいたこと**を書くこと。
3　後段では、前段を踏まえて、**「自分自身を変えること」**についての**あなたの考えや意見**を書くこと。
4　全体を**百五十字以上、二百字以内**でまとめること。
5　氏名は書かないで、本文から書き始めること。
6　原稿用紙の使い方に従って、文字や仮名遣いなどを正しく書き、漢字を適切に使うこと。

■平成30年度問題

六　次の資料は、全国の中学校三年生を対象に行った調査の中の、友達との話し合いについての質問と、その質問に対する回答結果をグラフで表したものである。この資料を見て**気づいたこと**と、そのことについての**あなたの考えや意見**を、あとの**条件**に従って書きなさい。

> **条件**　**二段落構成**とし、前段では資料を見て**気づいたこと**を書き、後段ではそのことについての**あなたの考えや意見**を書くこと。

次のことは、あなたにどれくらい当てはまりますか。

Ⅰ「友達と話し合うとき、友達の話や意見を最後まで聞くことができる」

Ⅱ「友達と話し合うとき、友達の考えを受け止めて、自分の考えを持つことができる」

Ⅲ「友達の前で自分の考えや意見を発表することは得意だ」

回答結果　（無回答などがあるため、合計値は100%とならない）

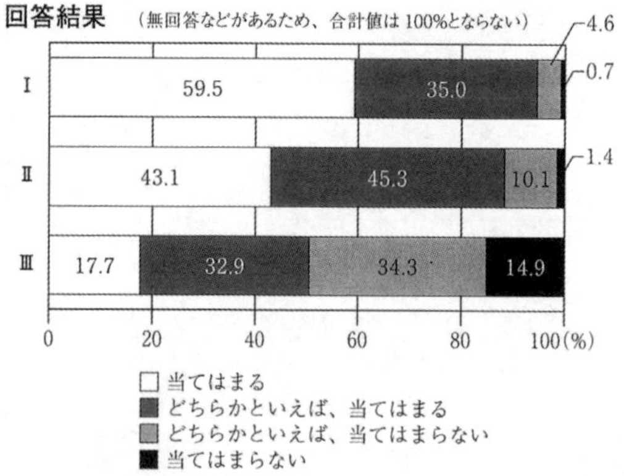

（文部科学省　国立教育政策研究所「平成29年度　全国学力・学習状況調査」より作成）

■平成31年度問題

六　ある中学校では、毎年参加者を募り、地域の公園の清掃活動に参加している。生徒会役員の中川さんは、今年の清掃活動の日時や活動内容についての案内を、生徒会新聞に掲載することにした。より多くの生徒に参加してもらうために、日時や活動内容の他に、参加を呼びかける文章も加えようと考え、その内容について他の生徒会役員と話し合った。

次の**A案**は、話し合いの前に中川さんが作成した文章であり、**B案**は、話し合いをもとに改めた文章である。**A案**と**B案**を比較したうえで、あとの**条件**に従って**あなたの考え**を書きなさい。

A案

> 私たちの学校では長年にわたって、地域の清掃活動に協力しています。昨年も多くの生徒が参加してくれました。作業は簡単な内容ですので、あまり負担を感じることはないと思いますし、そんなに長い時間もかかりません。清掃活動に参加することで、きっと大きな充実感を味わうことができると思います。この活動をきっかけに、奉仕活動について興味をもつようになった人もいます。皆さんもぜひ、積極的に参加してください。

B案

> 私たちの学校が取り組んできた地域の清掃活動への協力も、今年で十五年目を迎えます。昨年は全学年合わせて三十名が参加しました。難しい作業はないので、初めて参加する人でも大丈夫です。昨年は地域の方から、「本当にきれいになったね。」と声をかけていただき、とても充実した気持ちになりました。この活動をきっかけに、他の奉仕活動にも参加するようになった先輩方もいます。皆さんもぜひ、積極的に参加してください。

> **条件**　**二段落構成**とし、前段では**A案と比較してB案はどのように工夫されているか**について書き、後段では前段を踏まえて、**文章を書くうえで大切なこと**についての**あなたの考え**を書くこと。

条件作文

※注
1　全体を百五十字以上、二百字以内でまとめること。
2　氏名は書かないで、本文から書き始めること。
3　原稿用紙の使い方に従って、文字や仮名遣いなどを正しく書き、漢字を適切に使うこと。

■平成25年度問題

六　次の写真は、温泉に入っている猿を撮影したものである。中学生のAさんはこの写真に「それは難しい問題だ」という題名をつけた。Aさんがこの**題名をつけた意図**と、Aさんの**題名のつけ方についてのあなたの考え**を、あとの**条件**に従って書きなさい。

条件　**二段落構成**とし、前段ではAさんが**この題名をつけた意図**を想像して書き、後段ではAさんの**題名のつけ方についてのあなたの考え**を**理由を明らかにして**書くこと。

それは難しい問題だ
（Aさんがつけた題名）

■平成26年度問題

六　次のグラフは、十六歳以上の日本人を対象として、手紙について尋ねた調査で、「今後もなるべく手書きで手紙を書くようにすべきである」と答えた人の割合について、平成二十四年度と平成十六年度の結果を比較したものである。このグラフを見て**気づいたこと**と、そのことについての**あなたの考えや意見**を、あとの**条件**に従って書きなさい。

条件　**二段落構成**とし、前段では、グラフを見て**気づいたこと**を書き、後段では、そのことについての**あなたの考えや意見**を書くこと。

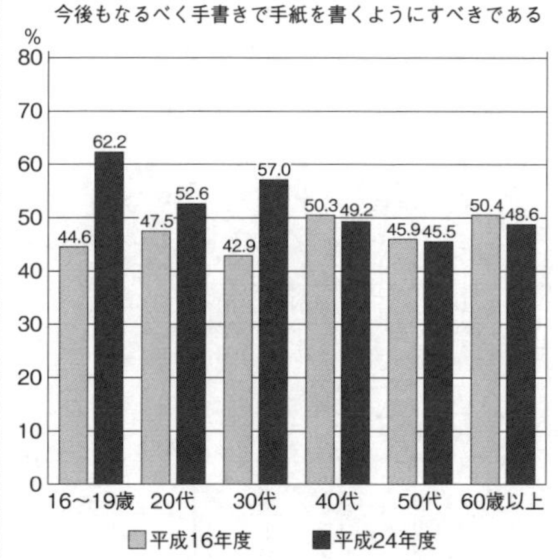

（文化庁「平成 24 年度　国語に関する世論調査」により作成）

■平成28年度問題

六　次のグラフは、二十歳以上の国民を対象に、「国や社会のことにもっと目を向けるべきだ」という意見（社会志向）と、「個人生活の充実をもっと重視すべきだ」という意見（個人志向）のどちらの意見に近いかを聞いた結果の推移を表している。このグラフを見て**気づいたこと**と、気づいたことを踏まえて「社会志向」「個人志向」「一概に（どちらかの意見に近いかをまとめては）いえない」の**どの立場であるか**を明確にして、**あなたの考え**をあとの**条件**に従って書きなさい。

条件　**二段落構成**とし、前段ではグラフを見て**気づいたこと**を書き、後段では前段を踏まえて「社会志向」「個人志向」「一概にいえない」の**どの立場であるか**を明確にして、**あなたの考え**を書くこと。

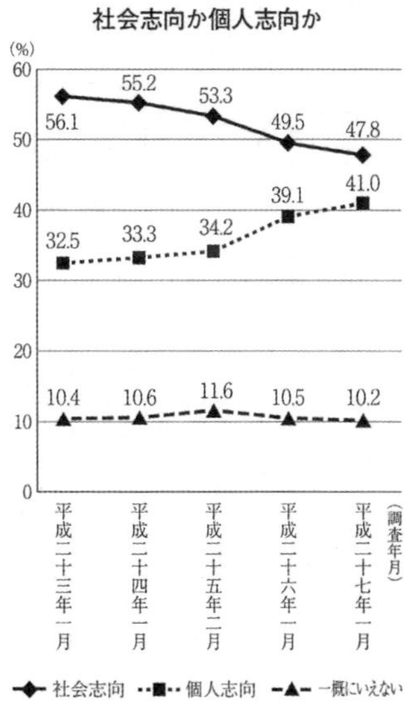

（内閣府「平成26年度社会意識に関する世論調査」より作成）

■平成29年度問題

六　次のグラフは、十六歳以上の日本人を対象として、「毎日の生活に必要な情報を何から得ているか」を年代別に調査した結果の一部を表している。このグラフを見て**気づいたこと**と、そのことについての**あなたの考えや意見**を、あとの**条件**に従って書きなさい。

条件　**二段落構成**とし、前段ではグラフを見て**気づいたこと**を書き、後段ではそのことについての**あなたの考えや意見**を書くこと。

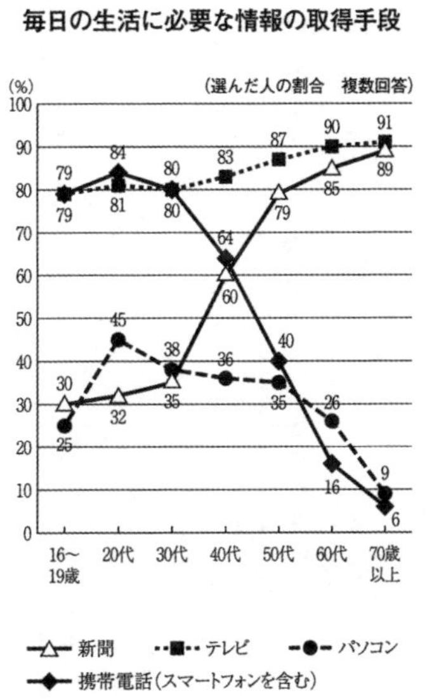

（文化庁「平成27年度　国語に関する世論調査」により作成）

■平成31年度問題

一 次の1、2の問いに答えなさい。

1 次の各文中の――線をつけた**カタカナ**の部分を、漢字に直して書きなさい。

(1) 先人の言葉を心に**キザ**む。
(2) 月の光が庭の木を**テ**らす。
(3) **ジュンジョ**よく一列に並ぶ。
(4) 家具の**ハイチ**を考える。

2 次の各文中の――線をつけた四字熟語の中で、使い方が**正しくないもの**を、**ア〜オ**の中から一つ選びなさい。

ア 美辞麗句を並べただけでは、人の心には響かない。
イ 話を最後まで聞けず、一部始終の理解にとどまった。
ウ どの提案も大同小異であり、よい解決策は出なかった。
エ 両チームとも互いに譲らず、一進一退の攻防が続いた。
オ 友人の助言を参考に、起承転結を意識しながら書き直した。

1			
(1)	(2)	(3)	(4)
む	らす		

2

■令和2年度問題

一 次の1、2の問いに答えなさい。

1 次の各文中の――線をつけた漢字の読み方を、ひらがなで書きなさい。
また、══線をつけたカタカナの部分を、漢字に直して書きなさい。

(1) 努力の末に成功を収める。
(2) 新入生の歓迎会を催す。
(3) 投書が新聞に掲載される。
(4) 論理の矛盾に気づく。

(5) 春の日差しがフり注ぐ。
(6) 完成までに十年をツイやした。
(7) 腕のキンニクを鍛える。
(8) 歴史をセンモンに研究する。

2 次の行書で書かれた漢字について、楷書で書く場合と比べて、点画の省略が見られる漢字はどれか。**ア〜オ**の中から一つ選びなさい。

ア 府　イ 秒　ウ 労　エ 探　オ 貯

1			
(1)	(2)	(3)	(4)
める	す		
(5)	(6)	(7)	(8)
り	やした		

2

■令和3年度問題

一 次の1、2の問いに答えなさい。

1 次の各文中の――線をつけた漢字の読み方を、ひらがなで書きなさい。
また、══線をつけたカタカナの部分を、漢字に直して書きなさい。

(1) 穏やかな天気が続く。
(2) 賛成が大半を占める。
(3) 彼は寡黙な人だ。
(4) 詳細な報告を受ける。

(5) 海面に釣り糸をタらす。
(6) 友人に本をカりる。
(7) 研究のリョウイキを広げる。
(8) 予想以上にフクザツな問題だ。

2 次の各文中の――線をつけた慣用句の中で、使い方が**正しくないもの**を、**ア〜オ**の中から一つ選びなさい。

ア 先輩からかけられた言葉を心に刻む。
イ 現実の厳しさを知り襟を正す。
ウ 彼の日々の努力には頭が下がる。
エ 大切な思い出を棚に上げる。
オ 研究の成果が認められ胸を張る。

1			
(1)	(2)	(3)	(4)
やかな	める		
(5)	(6)	(7)	(8)
らす	りる		

2

■平成28年度問題

一 次の1、2の問いに答えなさい。

1　次の各文中の——線をつけた**カタカナ**の部分を、漢字に直して書きなさい。

(1)　白鳥の**ム**れを眺める。

(2)　説明を聞き**ソコ**ねないように集中する。

(3)　昼夜の**カンダン**の差が激しい季節になる。

(4)　新たな産業都市の構想を**テイショウ**する。

2　次の各文中の——線をつけた慣用句の中で、使い方が適切なものを、**ア～オ**の中から一つ選びなさい。

ア　彼女とは馬が合うので、つい話し込んでしまう。

イ　すぐに反論はしないで、周りの様子を見てひとまず息をのむ。

ウ　発表会の準備を二の足を踏むように着実に進める。

エ　新人俳優は不慣れなので、演技が板につく。

オ　ラジオから偶然流れてきた懐しい曲に耳を貸す。

1			
(1)	(2)	(3)	(4)
れ	ねない		

2

■平成29年度問題

一 次の1、2の問いに答えなさい。

1　次の各文中の——線をつけた**カタカナ**の部分を、漢字に直して書きなさい。

(1)　山の新鮮な空気を**ス**う。

(2)　親戚の結婚式に**マネ**かれた。

(3)　父は**ウンユ**業に携わり、毎日多くの荷物を配送している。

(4)　世界チャンピオンとして、輝かしい**センセキ**を残してきた。

2　次の各文中の——線をつけた動詞の中で、**活用形**が他と異なるものを、**ア～オ**の中から一つ選びなさい。

ア　ゴールの直前で抜かれて悔しかったです。

イ　四月になり桜がきれいに咲きました。

ウ　祖母は抽選に当たって大喜びでした。

エ　のどが渇いたのでお茶を飲みたいです。

オ　今まで聞いた話の中で一番感動しました。

1			
(1)	(2)	(3)	(4)
う	かれた		

2

■平成30年度問題

一 次の1、2の問いに答えなさい。

1　次の各文中の——線をつけた**カタカナ**の部分を、漢字に直して書きなさい。

(1)　親に荷物を**アズ**ける。

(2)　姉に手伝ってもらえたので**タス**かった。

(3)　瀬戸内海**エンガン**の町を訪れる。

(4)　学校全体でごみの**ゲンリョウ**に取り組む。

2　次の会話は、ある中学校の文化祭で、来賓として訪れた川田さんと受付係の生徒である山中さんが話した内容の一部である。——線をつけた部分**ア～オ**の中から、敬語の使い方が**正しくないもの**を一つ選びなさい。

川田さん　「こんにちは。受付はここですか。」
山中さん　「はい、こちらです。私は、受付をア担当いたします三年の山中です。恐れ入りますが、お名前をイうかがってもよろしいでしょうか。」
川田さん　「川田製作所の川田です。」
山中さん　「ようこそおいでくださいました。こちらが本日のプログラムです。どうぞウ拝見してください。控え室は、校長室です。昼食もそちらでエ召し上がってください。」
川田さん　「ありがとう。」
山中さん　「それでは、案内係の生徒がオおりますので、校長室までご案内します。」

1			
(1)	(2)	(3)	(4)
ける	かった		

2

漢字・語句

■平成25年度問題

一 次の1、2の問いに答えなさい。

1 次の各文中の――線をつけた**カタカナ**の部分を、漢字に直して書きなさい。

(1) 公園で落ち葉を**ヒロ**う。

(2) 野山が新緑に**ソ**まる。

(3) 適切な**ハンダン**を下す。

(4) **ウチュウ**の神秘を探る。

2 次の各文中の――線をつけた故事成語の使い方が適切なものを、**ア**〜**オ**の中から**すべて**選びなさい。

ア 僕と弟は呉越同舟のとても仲の良い兄弟だ。

イ 納得が行くまで推敲《こう》を重ねた作文を提出する。

ウ 彼の発言と行動には以前から矛盾が多い。

エ 現代の科学技術は五十歩百歩で進んでいる。

オ 君が書いた文章の最後の一文は蛇足だ。

1			
(1)	(2)	(3)	(4)
う	まる		

2

■平成26年度問題

一 次の1、2の問いに答えなさい。

1 次の各文中の――線をつけた**カタカナ**の部分を、漢字に直して書きなさい。

(1) 劇で主役を**エン**じる。

(2) 山頂で日の出を**オガ**む。

(3) 興奮して顔が**コウチョウ**する。

(4) 文章を**カンケツ**にまとめる。

2 次の文から**形容動詞**をそのまま書き抜き、その**活用形**も書きなさい。

私はきれいな青空を見るといつも心が明るくなる。

1			
(1)	(2)	(3)	(4)
じる	む		

2	
形容動詞	活用形
	形

■平成27年度問題

一 次の1、2の問いに答えなさい。

1 次の各文中の――線をつけた**カタカナ**の部分を、漢字に直して書きなさい。

(1) 朝顔が**メ**を出す。

(2) 大会に向けて体力を**ヤシナ**う。

(3) **シュクシャク**が一万分の一の地図を見る。

(4) 燃料切れを**ケイコク**するランプがつく。

2 次の各文中の――線をつけた「そうだ」の中で、意味が違うものを、次の**ア**〜**オ**の中から一つ選びなさい。

ア 明日は雨になりそうだ。

イ このケーキはとてもおいしそうだ。

ウ 先週退院した彼女はもう元気そうだ。

エ 午後の練習は体育館で行うそうだ。

オ 委員長は意見をまとめるのに苦労しそうだ。

1			
(1)	(2)	(3)	(4)
	う		

2

(3) 「違った理解」[2]とあるが、その内容の説明として最も適当なものを、次のア〜オの中から一つ選びなさい。

ア　他者に負担を求めるときには相手の反発を覚悟し、粘り強く説得を続けて協力への理解を得るべきであることを伝えている。
イ　他者に援助を求める場合には相手が感じる負担を理解し、むやみにものを要求することは慎むべきであることを伝えている。
ウ　あらゆる困難は自分の力で乗り越える必要があり、他者の力に頼らずに柔軟な発想で解決するべきであることを伝えている。
エ　すべてを犠牲にして修行に励むことが重要であり、自分の利益を優先する者は厳しく指導するべきであることを伝えている。
オ　動物は本能によって行動するため要求を拒否するが、人間は厳しい要求も我慢して受け入れるべきであることを伝えている。

(3)

■令和3年度問題

三　次の**文章Ⅰ**、**文章Ⅱ**を読んで、あとの問いに答えなさい。

文章Ⅰ

堯舜《げうしゅん》[注1]天下をひきゐるに仁[注2]をもつて《（仁によって行い）》して、民これに従ひ、桀紂《けつちう》[注3]天下をひきゐるに暴[注4]をもつてして、民これに従ふ。

（「大学」より）

注1　堯と舜。ともに、古代中国の伝説上の王。
注2　他者に対する思いやり。
注3　桀と紂。ともに、古代中国の王。
注4　他者を苦しめるようなひどい扱い。

文章Ⅱ

わがあしきをば《（悪いことは）》桀紂をひきて《（例にあげて）》なだめ、人のよきをば《（よいことは）》堯舜をひきいでてとがむ《（例として出して非難する）》。「かれ《（あの人）》はかかる《（このような）》あしき事なしぬ《（おこなった）》。」といへば、「げにさあらん《（いかにも、そうであろう）》。」といふ。「このものかくよきことし侍《はべ》りぬ《（しました）》。」といへば、「いかがあらん《（どうだろうか）》、いぶかし《（あやしいものだ）》。」といふ。「げにも《（本当に）》人はあしき心あるものかな。」といへば、「よき名得まほし《（得たい）》と思ふが故に、人のあしきにてわがこころをなだめ、人のよきをばねたむよりいでくるなり《（起こるのである）》。」とはいひし。

（「花月草紙」より）

1　「いへば」の読み方を、現代仮名遣いに直してすべてひらがなで書きなさい。

2　次の会話は、**文章Ⅰ**、**文章Ⅱ**について、授業で話し合ったときの内容の一部である。あとの(1)、(2)の問いに答えなさい。

Aさん　「**文章Ⅰ**によると、堯と舜の天下の治め方と、桀と紂の天下の治め方とでは、だいぶ違いがあったようだね。」
Bさん　「桀と紂は、ひどい王だったみたいだね。民に与える影響も大きかったのではないかな。」
Cさん　「そう考えると、**文章Ⅱ**は、悪いことをしたとしても桀や紂と比べればましで、よいことをしても堯や舜と比べれば十分ではないということを伝えたいんだね。」
Aさん　「そうかな。そんなに単純な話ではないと思うよ。」
Bさん　「誰かの悪い行いについて伝えられて、『　①　』と答えているよ。桀と紂と比べず、悪いこととしてあっさりと認めてしまう場合もあるようだよ。」
Cさん　「確かにそうだね。どうしてかな。」
Aさん　「桀や紂と比べる場合と比べない場合では、　②　という点に違いがあるね。同じような悪い行いだったとしても、その点で受け止め方が変わるようだよ。」
Cさん　「なるほど。他者には厳しくなるのか。よい行いの受け止め方にも、同じことがあてはまるのかもしれないね。」

(1)　①　にあてはまる最も適当な言葉を、**文章Ⅱ**（文語文）から**七字**でそのまま書き抜きなさい。
(2)　②　にあてはまる内容を、**二十字以内**で書きなさい。

3　「げにも人はあしき心あるものかな。」とあるが、「あしき心」が生じるのはなぜか。その理由の説明として最も適当なものを、次のア〜オの中から一つ選びなさい。

ア　自分の評判を守ろうとして、他者の悪いところを取り上げて批判し、他者のよいところは羨ましく感じるようになるから。
イ　自分の評判を気にするあまり、他者の悪いところを見つけて安心し、他者のよいところは憎らしく思うようになるから。
ウ　他者よりも高い評価を得ようとして、他者の悪いところばかりを探して満足し、他者のよいところに気づかなくなるから。
エ　他者からの評価を気にするあまり、他者の悪いところは注意せず、他者のよいところだけを必要以上にほめようとするから。
オ　自分の評判を高めるために、他者の悪いところを参考に自分の行動を改め、他者のよいところをまねしようとするから。

1	2 (1)	2 (2)	3
	(7字)	(20字)	

2　次の会話は、本文について授業で話し合ったときの内容の一部である。あとの(1)、(2)の問いに答えなさい。

Aさん　「市場のような場所に虎が出るとは思えないけれど、龐葱は、なぜ繰り返し同じような質問をしたのかな。」
Bさん　「虎が出ないことは明らかだと、龐葱自身が話しているよね。王も、最初に尋ねられたときには、はっきりと否定しているから、虎が出るはずがないことはわかっているのだと思うけれど。」
Cさん　「でも、王の答えは、『［Ⅰ］』と告げる人の数が増えるにつれて変わっていくよ。」
Bさん　「なるほど。実際にはあり得ないようなことだとしても、［Ⅱ］ということがあるんだね。」
Aさん　「そうか、龐葱は王にそのことを理解させようとしていたんだね。」

(1)　［Ⅰ］にあてはまる最も適当な言葉を、本文（文語文）中から**五字**でそのまま書き抜きなさい。
(2)　［Ⅱ］にあてはまる内容を、**二十五字以内**で書きなさい。

3　「願はくは王これを察せよ。」とあるが、龐葱が王に伝えたかったのはどのようなことか。最も適当なものを、次の**ア**～**オ**の中から一つ選びなさい。

ア　龐葱が帰国する頃には、今とは状況が変わって市場に虎が出るようなこともあるだろうが、冷静に対処してほしいということ。
イ　龐葱が不在の間に、虎が出たと報告して王をだまそうとする者が現れるだろうが、自分自身の目で確認してほしいということ。
ウ　龐葱が不在の間に、龐葱について根拠のない批判をする者も多いだろうが、惑わされないように気をつけてほしいということ。
エ　龐葱が帰国する頃には、龐葱への不満を口にする者も増えているだろうが、太子に対する信頼は失わないでほしいということ。
オ　龐葱が帰国する頃には、龐葱のことを話題にする者も減っているだろうが、王だけは忘れないで待っていてほしいということ。

2		3
(1)	(2)	
(5字)	(25字)	

■令和2年度問題

三　次の文章と資料を読んで、あとの問いに答えなさい。

昔、林の中にして定《ぢやう》を修《しゆ》する者ありけり（精神を集中して修行する者がいた）。心を静めて修せんとするに、林に鳥集まりて、かまびすしかりければ（騒々しかったので）、仏にこの事を歎《なげ》き申すに、「その鳥に、羽一羽《はねいちは》づつ乞《こ》へ。」と宣《のたま》ふ（おっしゃる）。さて帰りて乞ひければ、一羽づつ食ひ抜きて（口にくわえて抜き取って）、取らせけり。また次の日乞ひける時、鳥共《ども》のいはく、「我等《われら》は羽をもちてこそ、空を翔《かけ》りて、食《じき》をも求め、命をも助くるに、日々に乞はれんには、みな翼欠けてむず（なくなってしまう）。この林に住めばこそ、かかる事もあれ（このようなこともあるのだ）。」とて、飛び去りぬ。

（「沙石集《しやせきしゆう》」より）

○資料（本文の前に書かれている内容をまとめたもの）

ある僧が僧坊（寺院に置かれる僧のすまい）を造ろうとして、あらゆる人に資金や資材の提供を求めたため、人々はこれを嫌がった。仏はその様子を伝え聞き、弟子たちを戒めた。

1　「食ひ抜きて」の読み方を、現代仮名遣いに直してすべてひらがなで書きなさい。

2　次の会話は、本文と資料について授業で話し合ったときの内容の一部である。あとの(1)～(3)の問いに答えなさい。

Aさん　「修行する人が仏の助言[1]で鳥たちを追い払うことができたという話だね。」
Bさん　「うん、鳥は二日続けて羽を求められて、このままでは［　］と考えて林から飛び去ったんだよ。」
Cさん　「私は、資料にある、本文の前に書かれている内容との関連を考えてみたんだけど、本文に出てくる鳥と、資料に書かれている人々は、どちらも自分のものを差し出すように求められているという共通点があるね。」
Bさん　「そうか、羽をねだられた鳥の気持ちは、人々の気持ちを表していると考えることができるんじゃないかな。」
Cさん　「なるほど。そうすると、単に鳥を追い払った話というだけではなく、本文に対する違った理解[2]ができそうだね。」
Aさん　「そうだね。資料の内容との関連を考えることで、最初に読んだときとは異なる理解ができたよ。」

(1)　「仏の助言[1]」とあるが、仏の助言の具体的内容を、本文（文語文）中から**八字**でそのまま書き抜きなさい。
(2)　［　］にあてはまる内容を、**二十五字以内**で書きなさい。

1	2	
	(1)	(2)
	(8字)	(25字)

■平成30年度問題

三 次の文章を読んで、あとの問いに答えなさい。

凡《すべ》て注件《くだり》の書《ふみ》ども、かならずしも次第（順序）を定めてよむにも及ばず（読む必要はない）。ただ便《たより》（機会）にまかせて、次第にかかはらず、これをもかれ（あれ）をも見るべし。

又、いづれの書をよむとても、初心のほどは、かたはしより文義《ぶんぎ》を解せんとはすべからず。まづ大抵にさらさらと見て、他の書にうつり、これやかれやと読みては、又さきによみたる書へ立ちかへりつつ、幾遍《いくへん》（何度も）もよむうちには、始《はじめ》に聞《きこ》えざりし事（理解できなかった）もそろそろ（だんだんと）と聞ゆるやうになりゆくもの也《なり》。

さて、件の書どもを数遍よむ間には、其外《そのほか》のよむべき書どものことも学びやうの法《のり》なども、段々に自分の料簡《りょうけん》（考え）の出来《でき》るものなれば、其末の事は一々さとし教《おし》ふるに及ばず（言い聞かせ教える）。心にまかせて力の及ばむかぎり、古きをも後の書をも広くも見るべく、又簡《つづま》約《やか》にしてさのみ（それほど）広くはわたらずしても有りぬべし（よいだろう）。

（「うひ山ぶみ」より）

注　ここでは、ある学問について書かれたいくつかの書物のこと。

1　「かかはらず」の読み方を、現代仮名遣いに直してすべてひらがなで書きなさい。

2　次の会話は、本文について授業で話し合ったときの内容の一部である。あとの(1)、(2)の問いに答えなさい。

Aさん　「順序を気にせず、いろいろと本を読んでみることを勧めているけれど、内容が難しい本もあるだろうし、どうすればよいのかな。」

Bさん　「『 Ⅰ 』とあるよ。これはまだ読むことになれていなかったり、知識が少なかったりする状態のことを指すのだと思うよ。この段階では、無理に内容を理解しようとしないほうがよいみたいだね。」

Cさん　「意味のわからない部分があったとしても、まずはおおまかにさらっと読んでみてから、 Ⅱ ことによって、最初は理解できなかったこともだんだんと理解できるようになると言っているよ。」

Aさん　「なるほど。何冊かの本から得た知識を結び付けながら、少しずつ理解を深めることが大切なのかな。」

Cさん　「そうやって本を読むことを続けていくうちに、読書のしかたや学び方が身についていくんだね。」

(1)　 Ⅰ にあてはまる最も適当な言葉を、本文（文語文）中から**五字**でそのまま書き抜きなさい。

(2)　 Ⅱ にあてはまる内容を、**三十字以内**で書きなさい。

3　「一々さとし教ふるに及ばず。」とあるが、筆者がこのように考える理由として最も適当なものを、次の**ア**～**オ**の中から一つ選びなさい。

ア　読書によって知識が身についていき、どの分野の書物でも一度読めば正確に理解することができるようになるから。

イ　読書によって自分の考えに自信が増していき、人の意見に影響されずに集中して学ぶことができるようになるから。

ウ　読書によって学ぶことの意義に気づき、内容の理解よりも本を読むことの楽しさを優先することができるようになるから。

エ　読書によってそれまでの自分の考えにこだわりがなくなり、視野を広げて学びを深めていくことができるようになるから。

オ　読書によって自分なりの考えが形作られていき、自分のやり方を見つけながら学んでいくことができるようになるから。

1	2 (1)	2 (2)	3
	(5字)	(30字)	

■平成31年度問題

三 次の文章を読んで、あとの問いに答えなさい。

（注1魏王《ぎおう》に仕える龐葱《ほうそう》は、外交政策の一つとして他国で一定期間生活する人質の役割を与えられ、注2趙《ちょう》の都である邯鄲《かんたん》へ行くことになった。）

龐葱、注3太子と与《とも》に邯鄲に質《ち》たり（人質として行くことになった）。魏王に謂《い》つて曰《い》はく、「今（もし）、一人《いちにん》、市（市場）に虎ありと言はば、王これを信ぜんか（信じますか）。」と。王曰はく、「否《いな》。」と。「二人《ににん》、市に虎ありと言はば、王これを信ぜんか。」と。王曰はく、「寡人《くわじん》（私は）これを疑《うたが》はん（疑うだろう）。」と。「三人、市に虎ありと言はば、王これを信ぜんか。」と。王曰はく、「寡人これを信ぜん。」と。龐葱曰はく、「夫《そ》れ（そもそも）市の虎なきや明らかなり（虎が出ないことは明らかです）。然《しか》り而《しか》うして（それにもかかわらず）三人言へば虎を成す。今邯鄲は注4大梁《たいりやう》を去る（離れる）こと市よりも遠く、而うして（そして）臣（私）を議する者は三人に過《す》ぐ。願はくは王これを察せよ。」と。王曰はく、「寡人、自ら知るを為《な》さん（判断をしよう）。」と。

（「戦国策」より）

注1　中国にあった魏の国の王。　注2　中国にあった国の名。　注3　魏の皇太子。　注4　魏の都の名。

1　「言はば」の読み方を、現代仮名遣いに直してすべてひらがなで書きなさい。

1

三　次の**文章Ⅰ**、**文章Ⅱ**を読んで、あとの問いに答えなさい。

文章Ⅰ

道は邇《ちか》し（近い）といへども、行かざれば至らず、事は小なりといへども、為《な》さざれば成らず。［①］、その出入《しゆつにふ》遠からず（大した結果は得られない）。

（「荀子《じゅんし》」より）

文章Ⅰのもとになった漢文

道《ハ》雖《いへどモ》㆑邇《ちかシト》、不《ざレバ》㆑行《カ》不《ず》㆑至《ラ》、事《ハ》雖《いへどモ》㆑小《ナリト》、不《ざレバ》㆑為《なサ》不《ず》㆑成《ラ》。
其《ソノ》為《なリ》㆑人《ト》也《や》[注1]、多《おほキ》㆓暇《か》日《じつ》㆒者《ハ》[注2]、其《ソノ》出《しゆつ》入《にふ》不《ず》㆑遠《とほカラ》矣。

注1　性格。　注2　怠け癖のついている人。

文章Ⅱ

よろづの道の人（いろいろな方面の専門家）、たとひ不堪《ふかん》（不器用）なりといへども、堪能《かんのう》の非家の人（器用なしろうと）にならぶ時（並び競う時）、必ず勝る事は、たゆみなく慎みて軽々《かろがろ》しくせぬと（油断なく用心して軽率に事を行わないのと）、ひとへに（ひたすら）自由なるとの等しからぬ（同じでないから）なり。

芸能・所作[注]のみにあらず、大方（一般）のふるまひ・心づかひも、愚かにして（不器用であっても）慎めるは得の本（成功のもと）なり。巧みにしてほしきままなるは（器用であっても勝手気ままである）、失の本（失敗のもと）なり。

（「徒然草」より）

注　芸事における一定の形式による動作のこと。

1　**文章Ⅰ**の［①］には、「其《ソノ》為《なリ》㆑人《ト》也《や》、多《おほキ》㆓暇《か》日《じつ》㆒者《ハ》」を漢字仮名交じりの文にしたものが入る。その文として最も適当なものを、次の**ア**～**オ**の中から一つ選びなさい。

ア　そのや人と為り、日多き暇者は　**イ**　そのや人と為り、暇者は日多き
ウ　その人と為りや、日多き暇者は　**エ**　その人と為りや、暇者は日多き
オ　その人と為りや、暇日多き者は

2　**文章Ⅱ**の「心づかひ」の読み方を、現代仮名遣いに直してすべてひらがなで書きなさい。

3　次の会話は、**文章Ⅰ**、**文章Ⅱ**について、授業で話し合ったときの内容の一部である。あとの(1)、(2)の問いに答えなさい。

Aさん　「**文章Ⅰ**は、一生懸命に頑張ることの大切さを伝えたいのかな。」
Bさん　「確かにそうとも考えられるね。もう少し丁寧に見てみよう。『道は邇し』『事は小なり』とあるよ。このたとえに着目すると、［②］ことが、結果的に実を結ぶのだと読み取ることができるのではないかな。」
Aさん　「なるほど。積み重ねが大切なんだね。」
Cさん　「**文章Ⅱ**でもやはり、物事への取り組み方を問題にしているね。『たゆみなく慎みて軽々しくせぬ』ことが、専門家のすぐれた点であるけれど、器用なしろうとは『［③］』ことによって、失敗するおそれがあるということだよね。」
Aさん　「そうだね。何でも器用にできればよいと思っていたけれど、それ以上に物事にのぞむ心構えが重要なんだね。」
Bさん　「先人の言葉を手がかりに、自分が物事にどう取り組むべきかを考えていきたいね。」

(1)　［②］にあてはまる内容を、**二十五字以内**で書きなさい。
(2)　［③］にあてはまる最も適当な言葉を、**文章Ⅱ**（文語文）から**八字**でそのまま書き抜きなさい。

1	2

3	
(1)	(25字)
(2)	(8字)

■平成28年度問題

三 次の**文章Ⅰ**、**文章Ⅱ**を読んで、あとの問いに答えなさい。**文章Ⅱ**は、**文章Ⅰ**のもとになった漢文である。

文章Ⅰ

(李広《りこう》は弓の名人で、以前、勇猛な虎をたった一矢で射止めたことがある。)

(李広)(李広は)また注1冥山《めいざん》の陽《みなみ》に猟《かり》す(南側で狩りをした)。また[①]、矢を没《ぼつ》して羽を飲む(矢は羽根の部分まで深く突き刺さった)。進みて(近寄って)これをみるにすなはち(なんと)石なり。その形、虎に類《るい》す(似ていた)。退《しりぞ》きて(いったん離れてもう一度)さらに射るに、注2鏃《やじり》破れ(くだけ)注3幹《みき》折れて石は傷《きず》つかず。

余《よ》、かつてもつて(私は、以前にこのことについて)注4揚子雲《やうしうん》に問《と》ふ。子雲(揚子雲)曰《い》はく、「至誠《しせい》あれば、すなはち(そのときには)注5金石《きんせき》ために開く(至誠のために割れる)。」と。

文章Ⅱ

(李 広)復《まタ》猟《かりス》二於冥《めい》山《ざん》之《の》陽《みなみニ》一。又見《み》二注6臥《が》虎《こヲ》一射《ルニ》レ之《これヲ》、没《ぼつシテ》レ矢《ヲ》飲《ム》レ羽《ヲ》。進《ミテ》而視《みルニ》レ之《これヲ》乃《すなはチ》石也《なり》。其《そノ》形、類《るいス》レ虎《ニ》。退《しりぞキテ》而更《さらニ》射《ルニ》、鏃《やじり》破《レ》幹《みき》折《レテ》而石《ハ》不《ず》レ傷《きずツカ》。余《よ》、嘗《かつテ》以《もつテ》問《とフ》二揚《やう》子《し》雲《うんニ》一。子雲曰《いハク》、「至《し》誠《せいアレバ》、則《すなはチ》金《きん》石《せき》為《ために》開《クト》。」

(「西京雑記《せいけいざつき》」より)

注1 山の名。　注2 矢の先端のとがった部分。
注3 矢の先端と羽根を除く棒状の部分。　注4 中国古代の学者。
注5 金属や石のような硬いもの。　注6 寝そべっている虎。

1 **文章Ⅱ**の「曰《いハク》」の読み方を、現代仮名遣いに直してすべてひらがなで書きなさい。

1

2 **文章Ⅰ**の[①]には、**文章Ⅱ**の「見《み》二臥《が》虎《こヲ》一射《ルニ》レ之《これヲ》」を漢字仮名交じりの文にしたものが入る。その文として最も適当なものを、次の**ア**～**オ**の中から一つ選びなさい。

ア 臥虎を射るにこれを見　**イ** 臥虎を見これを射るに　**ウ** これを射るに臥虎を見
エ これを見臥虎を射るに　**オ** 見臥虎を射るにこれを

2

3 次の会話は、**文章Ⅰ**について、授業で話し合ったときの内容の一部である。あとの(1)、(2)の問いに答えなさい。

Aさん 「矢を射て近寄ってみたら、[②]だったとは驚きだね。」
Bさん 「しかも、矢が深く突き刺さっていたなんてね。」
Aさん 「でも、二度目の矢は刺さらなかったね。なぜかな。」
Cさん 「射る前から[②]だと分かっていたからだと思う。常識的に考えたら矢を深く突き刺すことなどできるわけがないよね。」
Bさん 「揚子雲という人は『至誠あれば、すなはち金石ために開く。』と言っているね。」
Cさん 「漢和辞典で意味を調べたら、『至誠』には『このうえなく誠実な心。まごころ。』とあるよ。」
Aさん 「なるほど。心から虎だと信じる、誠実で純粋な気持ちがあったからこそだね。」

(1) [②]にあてはまる言葉として最も適当なものを、**文章Ⅰ**から**一字**でそのまま書き抜きなさい。

3 (1)

(2) 「至誠あれば、すなはち金石ために開く。」とあるが、揚子雲は李広の体験から、人間の生き方や考え方に関してどのようなことを言おうとしているか。右の会話の内容を踏まえて、**四十字以内**で書きなさい。

3 (2)

(40字)

2　次の会話は、本文について授業で話し合ったときの内容の一部である。あとの(1)、(2)の問いに答えなさい。

Aさん「鳥羽僧正はどんな目的があって絵を書いたんだろう。」
Bさん「風に舞う米俵を取り押さえようと走り回る法師たちの［Ⅰ］様子を表現したかったんだと思うよ。」
Cさん「並ぶ者のない絵かきと言われていたんだから、きっと臨場感のある絵だったんだろうね。」
Aさん「なるほどね。でも、鳥羽僧正はこの絵を書くことで、不正を正そうとしたとも考えられないかな。」
Bさん「確かに、そういうふうに考えることもできそうだね。ただし、『［Ⅱ］』とあるから、鳥羽僧正が院に絵を見せたとは限らないんじゃないかな。」
Cさん「そうすると、どうして院が絵を目にすることになったのかも気になってくるよね。」

(1)［Ⅰ］にあてはまる最も適当な言葉を、次の**ア**～**オ**の中から一つ選びなさい。
ア　身勝手な　**イ**　せっかちな　**ウ**　未練がましい　**エ**　こっけいな　**オ**　頼もしい

(2)［Ⅱ］にあてはまる最も適当な言葉を、本文（文語文）中から**七字**でそのまま書き抜きなさい。

3　「不法の事なかりけり。」とあるが、このようになった理由を**四十五字以内**で書きなさい。

2 (1)
2 (2)　(7字)
3　(45字)

■平成27年度問題

三　次の文章を読んで、あとの問いに答えなさい。

（俳諧ではよい作品を作るが日々の行いがよくない門人について、松尾芭蕉は次のような話をした。）

「彼かならずこの道にはなれず（俳諧の道から離れないで）、取り付きはべるやうにすべし（関わり続けているようにしなければならない）。俳諧はなくてもあるべし（生きられるだろう）。ただ世情に和せず（世間の事情に調和せず）、人情通ぜざれば（人の心を理解しないと）、人調はず（他人と調和できない）。まして、宜友《よきとも》（よい友人）なくては成りがたし（やっていけない）。」となり（ということであった）。

またいはく「人是非に立てる筋多し（善と悪を判断して頑固な態度をとってしまうことが多い）。今その地にあるべからずと（そのような態度ではよくないこととして）、恨《うらみ》あるべき人（不満があるはずの人）の方にも行きかよひ、老後には心の障《さは》りもなく見えはべる事あり（お互いの心に不満もなく見えることがある）。」

（「三冊子《さんぞうし》」より）

1　「調はず」の読み方を、現代仮名遣いに直してすべてひらがなで書きなさい。

2　次の会話は、本文について授業で話し合ったときの内容の一部である。あとの(1)、(2)の問いに答えなさい。

Aさん「俳諧の道ということが気になったんだけれど、本文の中の『この道にはなれず』とはどうすることだろう。」
Bさん「『［Ⅰ］』とあるから、俳諧の作品を作ることにこだわっていないよね。」
Aさん「俳諧の作品を作ることにこだわらないことと俳諧の道から離れないこととは、矛盾していると思うけれど。」
Cさん「『道』という言葉がヒントになるよ。『道』には人としての道理や生き方というような意味があるね。」
Bさん「そう考えると、『彼』は、［Ⅱ］が大切だと芭蕉に言われているんだね。俳諧の道には、人間的な成長が欠かせないんだ。」
Aさん「なるほど。私たち自身のあり方や生き方にも、俳諧の道から学ぶところがありそうだね。」

(1)［Ⅰ］にあてはまる最も適当な言葉を、本文（文語文）中から**十二字**でそのまま書き抜きなさい。

(2)［Ⅱ］にあてはまる最も適当な言葉を、次の**ア**～**オ**の中から一つ選びなさい。
ア　俳諧の道を捨てること　**イ**　友人を選んで付き合うこと　**ウ**　人々との調和を保つこと
エ　世情と人情とを区別すること　**オ**　人を善悪で判断すること

3　「老後には心の障りもなく見えはべる」とあるが、このようになる理由を**三十字以内**で書きなさい。

1
2 (1)　(12字)
2 (2)
3　(30字)

古典

■平成25年度問題

三　次の文章を読んで、あとの問いに答えなさい。

道者《だうしや》[注1]の行《ぎやう》は、善行《ぜんぎやう》・悪行《あくぎやう》、皆、思はくあり（深い考え）。人の量るところにあらず（普通の人の考え及ぶ）。

昔、恵心《ゑしん》僧都《そうづ》[注2]、一日《いちにち》（ある日）、庭前《ていぜん》（庭先で）に草を食《じき》する鹿《しか》を、人をして打ち追はしむ（人に命じて打ちたたいて追い払わせた）。時に（その時に）、ある人（そこにいた人）問うていはく、「師、慈悲なきに似たり（見えます）。草を惜しみて、畜生《ちくしやう》[注3]を悩ますか（苦しめるのですか）。」僧都のいはく、「我、もしこれを打たずんば（打ちたたかなければ）、この鹿、人になれて、悪人に近づかん時、必ず殺されん。この故《ゆゑ》に打つなり。」

鹿を打つは慈悲なきに似たれども、内心（心の中にある）の道理[注4]、慈悲の余ること、かくの如《ごと》し（このとおりである）。

（「正法眼蔵随聞記《しょうぼうげんぞうずいもんき》」より）

注1　仏道を修める人。　注2　平安時代の僧。　注3　けもの。　注4　筋の通った考え方。

1　「思はく」の読み方を、現代仮名遣いに直してすべてひらがなで書きなさい。

2　次の会話は、本文について授業で話し合ったときの内容の一部である。あとの(1)～(3)の問いに答えなさい。

Aさん　「恵心僧都の行為について、そこにいた人が思いやりがないと考えた理由が、『［Ⅰ］』という部分からわかるよね。」
Bさん　「でも、僧都の心の中には深い考えがあったのよね。」
Cさん　「そうだね。僧都は［Ⅱ］と考えたから、鹿を追い払わせたんだね。」
Aさん　「そう考えると、僧都の行為はまさしく『慈悲の余ること』の表れだったと言えるね。」
Cさん　「そこにいた人は、僧都の行為を［Ⅲ］にとらえたから、心の中にある深い考えに気づかなかったのだと思うよ。」

(1)　［Ⅰ］にあてはまる最も適当な言葉を、本文（文語文）中から**十五字**でそのまま書き抜きなさい。

(2)　［Ⅱ］にあてはまる内容を、**二十五字以内**で書きなさい。

(3)　［Ⅲ］にあてはまる最も適当な言葉を、次の**ア**～**オ**の中から一つ選びなさい。

ア　肯定的　**イ**　本質的　**ウ**　同情的　**エ**　表面的　**オ**　具体的

1

2　(1)（15字）　(2)（25字）　(3)

■平成26年度問題

三　次の文章を読んで、あとの問いに答えなさい。

鳥羽僧正《とばそうじやう》[注1]は近き世にはならびなき絵書（今の世には並ぶ者のない絵かき）なり。法勝寺の金堂の扉の絵書きたる人なり。いつほど（いつごろ）の事にか、供米《くまい》（寺に納める米の不正）の不法の事ありける時、絵に書かれける（それを絵にお書きになった）。辻風《つじかぜ》（つむじ風）の吹きたるに、米の俵をおほく吹き上げたるが、塵灰《ぢんくわい》（ちりや灰）のごとくに空にあがるを、大童子《おほわらは》[注2]・法師原《ばら》（法師ども）走り散りて、取りとどめん（取り押さえよう）としたるを、さまざまおもしろう筆をふるひて書かれたりけるを、誰《たれ》（だれのしわざであろうか）がしたりけん、その絵を院[注3]御覧じて、御入興《じゆきよう》（興味深く思われた）ありけり。その心（その絵の意味するところを）を僧正に御尋ねありければ、「あまりに供米不法に候《さうら》ひて（供米の不正がございまして）、実の物は入り候はで（本物の米は入っておりませんで）、糟糠《さうかう》（米ぬか）のみ入りて軽く候ふゆゑに、辻風に吹き上げられ候ふを、さりとてはとて（このままにしてはおけないと法師どもが）小法師原が取りとどめんとし候ふが、をかしう候ふを書きて候《さうらふ》。」と申されければ（申し上げなさったところ）、「比興《ひきよう》（けしからぬこと）の事なり。」とて、それより供米の沙汰《さた》（取り締まり）きびしくなりて、不法の事なかりけり。

（「古今著聞集《ここんちよもんじゆう》」より）

注1　平安時代の僧。　注2　僧に仕える少年。　注3　上皇または法皇のこと。

1　「ふるひて」の読み方を、現代仮名遣いに直してすべてひらがなで書きなさい。

1

3 [3]「朋典が、わたしのシャツの袖をぎゅっとにぎってきた。」とあるが、このときの朋典の心情の説明として最も適当なものを、次の**ア～オ**の中から一つ選びなさい。

ア 怒りを抑えきれない様子の母の姿を見て、姉が心配しているとおりに母からひどく怒られてしまうにちがいないとおびえている。

イ 暗く沈んだ様子の母の姿を見て、取り返しのつかない失敗をしたことに気づいて母にどんな言葉で謝ればよいのかと悩んでいる。

ウ 自分の帰りを待ちきれない様子の母の姿を見て、心配をかけてしまったが母は自分のことを許してくれたようだと安心している。

エ 落ち着かない様子の母の姿を見て、自分のせいで百瀬さんに迷惑をかけたことを母に怒られるのではないかと不安になっている。

オ 不安そうな様子の母の姿を見て、自分の行動をどんなに深く反省したとしても母には許してもらえないだろうとあきらめている。

3

4 本文を朗読する場合、[4]「お姉ちゃんのいったこと、ホント？」は、佐紀の母の心情を考えるとどのように読むのがよいか。最も適当なものを、次の**ア～オ**の中から一つ選びなさい。

ア 佐紀の説明を聞き少し安心したが、朋典自身に気持ちを表現させたいという思いを踏まえ、確認するように落ち着いた調子で読む。

イ 言葉につまる朋典の様子からは、佐紀の説明が信じられないという思いを踏まえ、本当のことを語らせるように優しい調子で読む。

ウ 他人に迷惑をかけた朋典には、厳しく言い聞かせる必要があるという思いを踏まえ、反省を求めるように語気を強めた調子で読む。

エ 朋典は十分に反省しており、同じ失敗をすることはないだろうという思いを踏まえ、成長を実感するようにやわらかい調子で読む。

オ 朋典が疲れていることに気づいて、早く休ませてやりたいという思いを踏まえ、話を切り上げるようにきっぱりとした調子で読む。

4

5 [5]「こっそり目もとをぬぐった。」とあるが、この場面に至るまでの佐紀の心情について次のように説明したい。あとの(1)、(2)の問いに答えなさい。

> 母には感謝されたが、朋典に［Ⅰ］ことができたのは、久和先生や百瀬さんの真似をしただけで、自分の力ではないと佐紀は感じていた。しかし、真似をしただけだとしても、久和先生たちの対応から、どのように朋典に接すればよいかを考えるようになり、［Ⅱ］と自分の行動を前向きに受け止める気持ちも生じた。胸がいっぱいになり思わず涙が出てしまったが、それを母に知られるのは気恥ずかしいと感じている。

(1) ［Ⅰ］にあてはまる最も適当な言葉を、本文中から**六字**でそのまま書き抜きなさい。

(2) ［Ⅱ］にあてはまる内容を、**四十五字以内**で書きなさい。

5	
(1)	(2)
(6字)	(45字)

本当に、わたしは最低な女の子だと思った。なにひとついいところがない、最低な女の子だ。心底、そう思った。
「待たせてごめんな、佐紀。きょうのことは、オレのほうからお母さんにご連絡しておくから。朋典のこと、よろしくな。」
プールの水が入ってしまったようになっている耳で、ぼんやりと久和先生の声を聞く。
ちゃんとうなずくことができたのかどうかも、わからなかった。

家にもどると、お母さんが玄関の前でうろうろしながらわたしと朋典の帰りを待っていた。
「あ……お母さんだ。」
[3]お母さんに気がついた朋典が、わたしのシャツの袖をぎゅっとにぎってきた。いつものわたしなら、やめてよ、と払いのけていたかもしれない。だけど、そうはしなかった。朋典がいま、本当に弱ってしまっているのがわかっていたからだ。なにより、久和先生と百瀬さんがしていたように、わたしも朋典にやさしくしてみたかった。
「だいじょうぶだよ。久和先生、連絡しておいてくれるっていってたでしょ。」
「うん……。」
朋典は、わたしのうしろにかくれながら、のろのろと歩いている。
家の前までいくと、お母さんはまず、「朋典、お母さんにいうことあるね？」といった。朋典は、早くも嗚咽がこみあげてしまっているようで、うぐ、とか、あう、とかいうばかりだ。
「お母さん、トモね、ちゃんと百瀬さんにあやまってたよ。久和先生にも、しちゃいけないって注意されてることはもうしないって約束してた。すごく反省してると思うよ。」
わたしがそう助け舟を出すと、お母さんはちょっとびっくりしたような顔をしながら、朋典の頭を手のひらで大きくなで回した。
[4]「お姉ちゃんのいったこと、ホント？」
朋典がうんうん、とうなずく。
「ちゃんとあやまったのね？」
うんっ、と大きくうなずいた朋典に、お母さんはやっと、いつものやさしい顔を見せた。
「よし、じゃあ、おうち入ろう。おなかすいたでしょ？　ふたりとも。」
朋典の背中を押しながら歩きだしたお母さんが、ちらっとわたしのほうをふり返って、こそこそっとささやいた。
「ありがとね、佐紀。佐紀がいっしょにいてくれて、本当によかった。」
目の奥が、ぎゅうっと痛くなった。
ちがうんだよ、お母さん、と思う。
わたしはただ、久和先生と百瀬さんの真似《まね》をしただけなんだから。
人の気持ちを思いやることができる人たちの、真似をしただけなんだよ……。
それでも思う。朋典がわたしのシャツの袖をにぎってきたとき、ふり払わなくてよかったって。お姉ちゃんらしいことができて、本当によかったって。
わたしはお母さんに気づかれないよう、[5]シャツの袖口で、こっそり目もとをぬぐった。

（石川　宏千花「青春ノ帝国」より）

注1　声をつまらせて泣くこと。　注2　患者に投与する薬剤についての医師から薬剤師への指示書。

1　[1]「ひざから力がぬけてしまいそうなくらい、ほっとした。」とあるが、佐紀がほっとしたのはなぜか。その理由の説明として最も適当なものを、次の**ア**～**オ**の中から一つ選びなさい。

ア　朋典だけが悪かったのではないと聞かされて、姉として弟の代わりに責任を取る必要はないということを理解したから。
イ　朋典だけがふざけていたわけではないとわかって、事情を理解せずに朋典を激しく責めた自分の行動を反省したから。
ウ　朋典だけに非があったのではないと知って、親が百瀬さんのやけどについて責任を取らずに済みそうだと考えたから。
エ　百瀬さんから朋典に責任はないと説明されて、痛みをこらえて朋典をかばおうとする百瀬さんの優しさに気づいたから。
オ　百瀬さんから朋典が久和先生に厳しく叱られたと教えられて、朋典に対する怒りがおさまり冷静さを取り戻したから。

2　[2]「すっと久和先生がひざを折って、朋典の真正面にしゃがみこんだ。」とあるが、この行動を含めた久和先生の朋典に対する言動には、どのような意図があったと佐紀は受け止めているか。これについて説明した次の文の空欄にあてはまる内容を**三十字以内**で書きなさい。

目の高さを合わせて語りかけ、朋典に［　　］という意図があった。

1	2
	(30字)

四 次の文章を読んで、あとの問いに答えなさい。

（中学二年生の関口佐紀《せきぐちさき》には、《科学と実験の塾》に通っている小学五年生の弟の朋典《とものり》がいる。その塾には、塾長の久和《くわ》先生、助手の百瀬《ももせ》さん、久和先生の甥《おい》で佐紀の同級生の奈良《なら》くんがいる。ある日、佐紀はいつものように塾へ朋典を迎えに行ったのだが、朋典がふざけた拍子に、百瀬さんがやけどをしたことがわかった。）

気がついたときには、朋典をどなりつけていた。

「トモッ、なんでそんな馬鹿《ばか》なことしたのっ！」

ひやーん、となさけない声を出しながら、朋典が顔を天井に向ける。かまうことなくわたしは、トモの馬鹿っ、お母さんに怒られるからねっ、とどなりつづけた。息が止まってしまうんじゃないかと思うくらい、朋典は激しくしゃくりあげている。

「待って待って、関口くんのお姉さん。」

突然、百瀬さんがくるっとわたしのほうに顔を向けてきた。

「ちがうの。わたしも悪かったんだ。倒れそうになったアルコールランプをとっさに受けとめようとして、手を出しちゃったから。」

「そう……なんてすか？」

「そうなのそうなの。だから、関口くんだけが悪いわけじゃないんだよ。」

わたしは、[1]ひざから力がぬけてしまいそうなくらい、ほっとした。

だったら、うちの親がなにか責任を取ったりするはめにはならないかもしれない。

「でもお、あんときオレがあ、あんなふうにい、腕をぐるぐる回したりしなければあ、百瀬さんはあ……。」

注1 嗚咽《おえつ》にじゃまされながらも、朋典が必死になにかいおうとしている。

そんな朋典に、わたしは心の中で、馬鹿っ、と叫んだ。せっかく百瀬さんが、自分にも非があったってことにしてくれてるんだから、余計なことはいわないでって。そのままにしておいたほうが、お父さんもお母さんもこまらないんだよって。

わたしが思わず、朋典の口もとに向かって手を伸ばしそうになったそのとき、[2]ずっと久和先生がひざを折って、朋典の真正面にしゃがみこんだ。

「それで？　朋典。あのときおまえが、腕をぐるぐる回してなかったら、百瀬さんはどうなってたと思う？」

「やけどなんかはあ、してなかったと思いますう。」

「そうだな、その通りだ。オレや百瀬さんがいつもいってるよな。火がついてるアルコールランプのそばでは、絶対にふざけちゃだめだぞって。ふざけると、こういうことになるんだ。だから、ふざけちゃいけない。朋典はもう、わかったよな？」

「はいぃ、わかりましたあ。」

「よし、じゃあ、もうなにも心配しなくていい。百瀬さんのやけどは、そんなにひどくないから。」

蛇口の水に腕をさらしたまま、百瀬さんが顔だけをうしろに向ける。

「そうそう、関口くん。こんなの、ぜんぜんたいしたことないから。こうやって流水で冷やしてれば、すーぐよくなっちゃうよ。」

久和先生も百瀬さんも、朋典に責任を取らせるつもりなんてなかったんだっていうことが、ようやくわたしにもわかってきた。ふたりはただ、してはいけないことをしたらどうなってしまうのかを、きちんと朋典に見せていただけなんだ、きっと……。

廊下のほうから、どんどんどんどんっという足音が聞こえてきた。

「ワセリン、買ってきた！」

台所に飛びこんできたのは、奈良くんだった。

奈良くんがあわてて飛びだしていった理由が、いまになってわかった。

「おー、くれ。」

久和先生は、奈良くんの手からワセリンの容器を受けとると、それをすぐに、百瀬さんの腕にたっぷりと塗った。

「これで、この上からこうやってラップをですね……。」

そう説明しながら、用意してあったラップを、ワセリンを塗った百瀬さんの腕の上にぐるぐると巻いていく。

「応急処置ですけど、これやっとけば、この程度のやけどなら跡は残りませんから。」

「へー、ワセリンにこんな使い方があったんですねえ。」

百瀬さんは、いつもと同じうれしそうで楽しそうな口調でいいながら、久和先生の手もとをのぞきこんでいる。

「多分、病院でもこれと似たような処置しかしないとは思います。ただ、塗り薬は注2 処方箋をもらって手に入れるやつのほうが効きはいいでしょうから、できれば、きちんと病院にいってください。もちろん、治療費はすべてこちらでお支払いしますんで。」

「いえいえ、本当にこんなやけど、たいしたことないですから。これで充分です。」

ふたりの会話を聞きながら、わたしは、朋典のせいでうちの親がこまったことになるんじゃないかってことばかり考えていた自分に、ひどくショックを受けていた。

どうして、そんなふうにしか考えられなかったんだろう。

わたしは百瀬さんのやけどの心配もしないで、どうにかして朋典やうちの親が責任を取らずに済むようにって、そればかり考えていた。

どうしてほんの少しでも、百瀬さんのやけどはだいじょうぶなのかな、と思ったり、大変なことをしてしまった、とうろたえて泣いていた弟を安心させてやらなくちゃ、と思ったりしなかったんだろう……。

← 福152

2 「おずおずと、百井くんが言いかける。」[2]とあるが、このときの百井の心情の説明として最も適当なものを、次の**ア**～**オ**の中から一つ選びなさい。

ア 朱里が強く怒りをぶつけてきたので、反論する怖さはあるが、もう応援旗の修復はしたくないという思いを伝えようとしている。

イ 朱里があからさまに失敗を非難したので、発言をためらいながらも、まだ応援旗は修復できるという思いを伝えようとしている。

ウ 朱里が簡単に作業を投げ出したので、仲間が減る寂しさはあるが、きっと応援旗を修復してみせるという思いを伝えようとしている。

エ 朱里が厳しく対応を迫ったので、返答をあせりながらも、誰かに応援旗の修復をしてもらいたいという思いを伝えようとしている。

オ 朱里が率直に感想を述べたので、普段との違いにとまどいながらも、すぐに応援旗を修復したいという思いを伝えようとしている。

2

3 「泣きたかった。だけど、泣かない、と思った。」[3]とあるが、葉子が泣きたくても泣かないと思ったのはなぜか。**六十字以内**で書きなさい。

3

(60字)

4 「まばたきをする私」[4]とあるが、このときの葉子の心情について次のように説明したい。あとの(1)、(2)の問いに答えなさい。

葉子は、旗を眺めているうちに、初めてしおりと出会った日のことを思い出し、そのときに見た情景から、飛び散ったシミを［Ⅰ］ことを思いついた。

自分のアイデアを夢中になって話している途中で、三人の視線に気づいた葉子は、［Ⅱ］を感じ、不安になっていた。そのとき、しおりが自分の提案を評価する発言をしたため、驚きを感じている。

(1) ［Ⅰ］にあてはまる最も適当な言葉を、本文中から**十字**でそのまま書き抜きなさい。

(2) ［Ⅱ］にあてはまる内容を、次の**三十字以内**で書きなさい。

4

(1) (10字)

(2) (30字)

5 本文の表現の特色を説明した文として最も適当なものを、次の**ア**～**オ**の中から一つ選びなさい。

ア 会話の中に含まれる間を表現しているため、発言の重みを実感することや、言葉に表れない心情を想像することができる。

イ 全員の心情を細やかに表現しているため、発言の意図を確認することや、一人一人の心情の変化を読みとることができる。

ウ 複数の色彩に関する語を用いて表現しているため、状況を自由に思い描くことや、隠された心情を推測することができる。

エ 過去の体験を繰り返し表現しているため、人間関係の変化に気づくことや、葉子の発言に共感しながら読むことができる。

オ 一人称で葉子の視点から表現しているため、葉子の成長を実感することや、多様な角度から心情を想像することができる。

5

口を開くと、思ったよりも低い声が出て自分でも驚いた。

朱里が、[注6]おっくうそうに首をもたげて私を見る。その視線にひるみそうになったけれど、私は、構わずに口を開く。

「……なんで、そういう言い方するの。それに、ずっと[注7]サボってたじゃん、朱里。こんな時だけ責めるのって、おかしいよ。」

言った。言ってしまった。

水を打ったような静けさの中で、カツン、と時計の針が動く音がした。しおりの、そして百井くんと松村さんの視線をひりひりと肌に感じる。怖い。怖くてたまらない。

「……何ソレ。なんであたしが、悪者みたいになってんの？」

抑揚のない声で言って、朱里がカバンをつかむ。そして[注8]ポニーテールを揺らして、私をまっすぐに見た。少し前まで「葉《よう》！」と笑いかけてくれていた、勝ち気な猫みたいな瞳。でも今そこにあるのは、以前のような親しみじゃなかった。「日向《ひなた》」と「日陰」の境線。それを朱里がたった今、私の前に、完全に引いたことが、はっきりと分かった。

「……もういい。帰る。」

そう吐き捨てると、ふり向きもせず、朱里は足早に歩いていってしまった。その背中を視線だけで追いかけながら、私は、そっと目をふせる。

[3]泣きたかった。

だけど、泣かない、と思った。

だって、私は今、朱里に本当の気持ちを言った。そのことに、後悔はなかったから。

ゆっくりと深呼吸してふり向くと、しおりと最初に目が合った。心配そうなそのまなざしに、大丈夫だよ、というふうに、私はうなずいてみせる。

「佐古さん……ごめんなさい。私のせいで。」

目を赤くした松村さんに、私はううん、と首をふった。それは、本当の気持ちだった。私と朱里が衝突したのは、絶対に、松村さんのせいじゃない。

「……だけど、どうしようか。これ。」

と百井くんがつぶやいて、私たちは改めて、赤く散《ち》らばったシミを見下ろした。

淡い色が混じり合った幻想的な空の中に、点々と散った鮮やかな赤。たしかに、そこだけ見れば、違和感はある。だけど、なんて鮮やかなんだろう。

そう思った時、ぴんと心にひらめくものがあった。そうだ、初めてしおりと出会った日、私たちの間を吹き抜けていった風と、ひらめく花びらと――。

「……花。」

ぽつんとこぼした私のつぶやきに、三人が、いっせいに顔を上げる。

「花？」

首をかしげるしおりに、私は大きくうなずいた。

「そう。隠すんじゃなくて、デザインの一部にするのってどうかな。空に花びらが舞ってるようなイメージで全体に描きたして。そしたら、遠目からでも華やかに見えるし……。」

そこまで言った時、みんなの視線が私に集まっているのを感じて、はっとした。遅ればせながら恥ずかしくなって、かっと頬がほてる。どうしよう。もしかして、おかしいことを言ってしまっただろうか――。

けれど、その時。

「いいと思う。すごく。」

え、[4]とまばたきをする私の前で、しおりがまっすぐ私にほほえみかけて言った。

「やろうよ、それ。」

（水野　瑠見「十四歳日和」より）

注1　応援旗を制作する係のメンバー。　注2　明るく柔らかい感じの色。　注3　輪郭。

注4　「露骨」と書き、感情などを隠さずに表すこと。　注5　はねつけること。　注6　めんどうで気が進まないこと。

注7　怠けていた。　注8　長い髪を後頭部で束ねた髪型。

1　[1]「絵を描くことは、やっぱり、すごく楽しかったんだ。」とあるが、このときの葉子が感じている「絵を描くこと」の楽しさの説明として最も適当なものを、次の**ア**～**オ**の中から一つ選びなさい。

ア　大きな面を一気に塗るときと、細部を丁寧に描くときは、どちらも同じくらいの緊張感を求められること。

イ　使い慣れない刷毛で塗るときと、得意な細筆で描くときとでは、刷毛の方が繊細な感覚を求められること。

ウ　大胆に刷毛で塗るときと、意識を集中して細筆で描くときとでは、それぞれ異なる満足感を得られること。

エ　刷毛で大きな面を塗るときと、細筆で描くときとでは、細筆の細やかな作業の方が達成感を得られること。

オ　協力して大きな面を塗るときと、一人で細部を描くときは、ともに視界が大きく広がる感覚があること。

1

← 福154

四 次の文章を読んで、あとの問いに答えなさい。

（中学二年生の佐古葉子《さこようこ》は、絵を描くことが好きで、小学四年生のとき、同じ趣味をもつ瀬川《せがわ》しおりと親友になった。しかし、中学校入学後、宮永朱里《みやながあかり》を中心とするグループに葉子が入ったことで、しおりとの関係が変化し、話をする機会が減ってしまった。そんな中、春の体育祭に向けて、葉子はしおりたちと一緒にクラス応援旗を制作する係になる。）

しおりとは、早朝の教室でしゃべったのをきっかけに、じょじょにではあるけれど言葉を交わすようになっていた。ぎこちなさはまだ完全に消えてはいないし、しおりのほうに壁を感じることもときどきある。だけど、「葉子」としおりが呼んでくれるようになったことだけで、今は十分にうれしかった。

それに——[1]絵を描くことは、やっぱり、すごく楽しかったんだ。

普段はめったに使わないような大きな刷毛《はけ》で、思い切り、まだ白いところを[注1]すうっとなぞる。そうすると、心にあったもやもやも、自分のふがいなさも、全部ぜんぶ、ざあっと流されていくような気がした。百井《ももい》くんと松村さんは、細かい作業が苦手なようで、細筆を使って描くところは、私としおりのふたりでやった。息をつめて、筆先に集中して、丁寧に色をつけていく。そうして、ふうっと息を吐いて筆先を待ち上げる瞬間は、急に視界が広くなって、清々《すがすが》しい気持ちになれる。

作業を終えて、片付けをしている時に、

「だいぶ、進んだね。」

と、うれしそうに百井くんが言った。「頑張れば、明日か明後日《あさって》には完成するんじゃないかなぁ。」と松村さんがあいづちを打ち、私としおりも、笑顔でうなずく。応援旗を見下ろせば、[注2]パステルカラーの空の中に、まだ白いままのクジラの[注3]シルエットがくっきりと浮かび上がっていた。

——どうか無事に、この絵が完成しますように。

祈るようにそう思いながら、私はそっと、教室のドアを閉める。

事件が起きたのは、その翌日のことだった。

午後四時。外は、まだずいぶん明るくて、グラウンドからは野球部の掛け声が、中庭からはトランペットの音色が響いている。作業を開始してまだ十分しか経《た》っていないこともあって、その時教室にはまだ、朱里も含めた応援旗係全員が顔をそろえていた。

そんな時、それは起こった。

「あ。」

ぽつ、と目の前で鮮やかな赤色の絵の具がしぶきのように散ったのと、松村さんが短い悲鳴を上げたのは、どっちが先だったんだろう。

——嘘《うそ》。

気づいた時には、背景の空の上に、赤い絵の具が点々と散っていた。拭きとる間もなく、赤い絵の具はすうっと吸いこまれるようにシミになっていく。目の前には、赤く染まった筆をパレットに置いて、青ざめた顔をした松村さんの姿があった。

「ごめん！　ごめんなさい……。」

一瞬、しん、と静まり返った教室の中で、だれよりも先に声を上げたのは、松村さん本人だった。今にも泣きだしそうな顔で、「どうしようどうしよう。」とうろたえている。

実際、これはまずいかも、というのは、私自身も思ってしまったことだった。

上から塗り直したって、背景の色が薄いぶん、どうしても派手な赤色のほうが浮き出てしまう。ごまかそうとしても、かえって悪目立ちしてしまいそうだ。だけど今は、涙目になっている松村さんを責める気にはなれなかった。

大丈夫だよ、なんとかなるよ——。

そうフォローの言葉を口にしようとした。けれど、その時だった。

「えー、超目立つじゃん。どうすんの？　これ。」

[注4]ロコツな物言いにぎょっと顔を上げると、さっきまで手待ちぶさたにしていた朱里が、すぐそばに立っていた。きれいに整った眉をひそめて、応援旗を見下ろしている。

「あ、でも、上から塗り直せば……。」

[2]おずおずと、百井くんが言いかける。

けれどそれを朱里は、「や、そこだけ塗り直しても、かえって目立つでしょ。」とあっさり[注5]一蹴した。その一言に、松村さんはさらに耳を真っ赤にして、「ごめんなさい……。」とうつむいてしまう。しおりが手を当てた松村さんの肩は、すでに、泣きだす寸前のように小さく震えている。

——なんで？　朱里……。

思わず隣をふりあおぐと、朱里はもう他人事《ひとごと》みたいにつまらなそうにそっぽを向いていた。

その瞬間、私の中で、何かが弾《はじ》けた。

「朱里。」

3 「[2]声はかすかにしか出なかった。」とあるが、声がかすかにしか出なかったのはなぜか、**三十字以内**で書きなさい。

4 「[3]二人は黙って待っていた。」とあるが、この場面での雨音先生と片岡先輩の様子について、次のように説明したい。あとの(1)、(2)の問いに答えなさい。

> 片岡先輩は、［Ⅰ］言葉を交わしたはずのこころの様子が普段とは違っていることに気づき、「どしたの。」と声をかけた。こころが大切な話をしようとしていることを感じ、［Ⅰ］部活動が進行してしまうのを止めるため、片岡先輩は、こころの思いにまだ気づいていない雨音先生に声をかけた。こころが意を決して美術部を退部したいと告げると、［Ⅱ］ため、二人はこころが話し始めるのを黙って待っていた。

(1) ［Ⅰ］にあてはまる最も適当な言葉を、本文中から**七字**でそのまま書き抜きなさい。

(2) ［Ⅱ］にあてはまる最も適当な言葉を、次の**ア**～**オ**の中から一つ選びなさい。

ア 雨音先生は突然の退部の申し出に動揺を隠しきれず、片岡先輩は自分の言葉でしっかりと伝えようとしないこころを不満に思った

イ 雨音先生はこころの最近の様子から退部を予想していて、片岡先輩は理由を詳しく確認してから自分の考えを伝えようと思った

ウ 雨音先生はなんとか理由を聞き出せないかと考え、片岡先輩は理由についてはわからないがこころの気持ちを尊重しようと思った

エ 雨音先生は迷っているこころの力になりたいと思い、片岡先輩は自分だけが理由を知っていることを気づかれたくないと思った

オ 雨音先生はこころなりの理由があるにちがいないと思い、片岡先輩は理由の見当はついていたがこころ自身に語らせようと思った

5 本文を朗読する場合、「[4]あの絵、どこかで時間見つけて、完成しといたら。」は、雨音先生の心情を考えるとどのように読むのがよいか。最も適当なものを、次の**ア**～**オ**の中から一つ選びなさい。

ア 転部してからもいつでも美術準備室に来てよいという雨音先生の思いを踏まえ、こころの気持ちを和らげるように優しい調子で読む。

イ 転部する前に未完成の絵を仕上げる必要があるという雨音先生の考えを踏まえ、こころの意欲を高めるように穏やかな調子で読む。

ウ もう一度だけ絵に対する情熱を確認してほしいという雨音先生の思いを踏まえ、こころの熱意に訴えかけるように力強い調子で読む。

エ 無責任な転部の申し出に納得がいかないという雨音先生の気持ちを踏まえ、こころの行動を批判するように素っ気ない調子で読む。

オ 絵を描くことをやめず野球と両立するべきだという雨音先生の考えを踏まえ、こころの迷いを断つようにはっきりとした調子で読む。

6 「[5]美術準備室の戸を丁寧にぴったりと閉めた。」とあるが、このときのこころの心情を、**五十五字以内**で書きなさい。

3 (30字)

4 (1) (7字) (2)

5

6 (55字)

こころの言葉を最後まで聞いてから、雨音先生は、
「ふうん。そっか。」
と、ゆっくりうなずいた。
「もう、決めてるの？」
雨音先生の目が、こころの瞳を優しく見つめた。
「は、はい……。」
こころの声がふるえた。
「そう。」
雨音先生はもう一度深くうなずいた。
「ちょっと、さびしいけど、ね。」
雨音先生は、片岡先輩に目をやった。
「気づいてた。」
片岡先輩は表情も変えずに言った。
「え？」
と、こころは、びっくりする。
「野球部の練習、ずっと見てたから。」
片岡先輩が、言った。
（見られてたのか。）
こころは、恥ずかしくなってうつむいた。自分が知らず知らずのうちに、野球部を見つめていたことを、片岡先輩はあの窓から見ていたんだ。
「やりたいと思うことが出てくるのは、いいことだよ。それをつかもうとする気持ちが、人を強くする。がんばって。」
雨音先生は、こころの目を見て、ほほえんだ。
こころは、雨音先生の優しい笑顔を見て、泣きそうになった。学校が嫌だなと思ったことは何度もあるけど、その度に、この美術準備室に逃げ込むようにやってきた。ここの空気を吸っただけで、ほっとした。雨音先生や片岡先輩には、[B]恩がある。それなのに、こんなふうに勝手に退部を願い出るなんて、無責任だと思った。雨音先生の笑顔を見ると、野球部に入ろうという決心がぐらつきそうになった。でも、決めたことだ。後戻りはしない。
「[4]あの絵、どこかで時間見つけて、完成しといたら。」
雨音先生が、言った。
「はい。」
と、うなずいたら、ぽろりと一粒涙がこぼれた。足元の床に小さなしみをつくった。
「あの、いままで、ありがとうございました。」
肩を震わせながら頭を深く下げた。涙がいっきにあふれ出て、ぽたぽたと床をぬらした。
こころは部屋を出た。戸を閉めようとしたとき、
「こっから、見てる。」
と、片岡先輩が、カーテンをめくって窓の外に目をやった。その向こうにはグラウンドがあった。
こころは泣き顔のまま、笑顔をつくろうとした。うまくできず、泣き笑いの変な顔になった。
黙ってもう一度頭を下げて廊下に出ると、[5]美術準備室の戸を丁寧にぴったりと閉めた。

（横沢　彰「ナイスキャッチ！」より）

注1　こころの弟。　注2　早くしようとあせる。

1　「[A]絞り」「[B]恩」の漢字の読み方を、ひらがなで書きなさい。

1	
A	り
B	

2　「[1]箸でつまんだ豆を、黙って口に入れた。」とあるが、このときのかあさんの心情の説明として最も適当なものを、次の**ア**～**オ**の中から一つ選びなさい。

ア　こころを心配するあまり厳しい口調になっていたことを指摘され、言葉よりも態度でこころへの愛情を伝えようと反省している。
イ　こころを応援する家族の発言を聞いても不安は残るが、こころの考えは変わらないだろうと思い反論したい気持ちを抑えている。
ウ　こころを真剣に心配している点では家族全員が同じ気持ちだと気づき、家族が一つになり問題を乗り越えた幸せをかみしめている。
エ　こころの決断に対して無責任な発言をする家族に落胆し、少しでもはやく食事を済ませてこの場から離れたいといらだっている。
オ　こころが具体的な目標を決めているとわかり安心したが、急に賛成するのもきまりが悪く感じられ話すことをためらっている。

2

四 次の文章を読んで、あとの問いに答えなさい。

（中学一年生の木下《きのした》こころは、美術部へ入部し、顧問の雨音《あまね》先生と片岡《かたおか》先輩、こころの三人で活動している。ある日こころは、グラウンドでスケッチをしているときに突然飛んできた野球部のホームランボールを、とっさにキャッチしてしまった。その出来事《できごと》をきっかけに野球部に誘われ、野球に興味を持つようになった。野球部の練習を見たり、少しだけ体験したりするうちに、野球をやりたいという気持ちが強くなり、夕食のとき、家族に野球部へ入部したいと話を切り出すと、母と言い合いになった。）

「やりたいのだったら、やればいいじゃないか。」

ずっと、黙っていたとうさんが口をはさんだ。

「そんなのんきなこと言って、こころが野球部の男子とうまくやっていけると思うのっ。」

かあさんは、語気を強めた。

「やってみなけりゃわからないことを心配するより、今やりたいって気持ちを大事にした方が、おれはいいと思うな。」

とうさんは静かな口調で言ってから、みそ汁をずずっとすすった。

「ぼくも賛成。ココねえが野球部なんて、かっこいいよ。」

注1ひびきがテーブルに身を乗り出すようにして、言った。

「まずは、八月末の練習試合まで、やってみる。それでだめだったら、あきらめる。」

こころはもうすべて決めていたように、きっぱりと言った。

とうさんとひびきは、それを受け止めるように1大きくうなずいた。

かあさんはまだ何か言いたそうにしていたが、箸《はし》でつまんだ豆を、黙って口に入れた。

翌日、放課後を待って、こころは美術準備室に向かった。気持ちは注2せくのに、足取りは重かった。野球部に転部する決意をどう先生や先輩に伝えたらいいだろう。考えがまとまらないまま、放課後になってしまった。

「お願いします。」

いつものように、こころは美術準備室のドアを開けた。

「ちわ。」

いつものように、片岡先輩の低い声が部屋の奥から聞こえた。もう制作を始めている。

こころはゆっくり奥へ進んでいった。かばんをしょったまま、突っ立っているこころを変だと思ったのか、

「どしたの。」

と、片岡先輩が言った。制作の手は止めない。

「あの。」

と、こころは口を開いた。でも、2声はかすかにしか出なかった。

「ん？」

片岡先輩が、顔を上げてこころを見た。それから、また、表情も変えずに手元のブロンズ粘土のかたまりに目を戻した。

どう切り出したらいいだろうと、こころが迷っていると、奥のドアが開いて、美術室の方から雨音先生が入ってきた。

「じゃ、始めよっか。」

雨音先生が机の隣に立った。いつものように三人が向き合って、部活動開始のあいさつをした。雨音先生がまた美術室の方へ戻ろうとしたら、片岡先輩が座ったまま、

「木下、話があるみたいっす。」

と、言った。

「え、何？」

雨音先生が、こころを振り返る。

「あ、ああ、あの……。」

こころは二人に見つめられて、どぎまぎした。

「あの、美術部やめようと……。」

言葉尻がしぼんだ。自然に顔もうつむいてしまった。

「どうして？」

と、雨音先生が尋ねた。穏やかな声だった。

すぐに答えられないこころを3二人は黙って待っていた。静かな緊張感がせまい美術準備室の中をつつんだ。

「野球部に、入ろっかなと。」

声をA絞り出すようにして、こころはやっと言った。

「野球部？」

雨音先生は、驚いたようだった。目を丸くして、こころを見つめた。

「どうしたの？」

「部員が足りないって、誘われて……。あの、自分でもやってみたくなって……。」

震える声で、こころは伝えた。

← 福158

3 [2]「森田がおだやかな口調で言った。」とあるが、このときの森田の心情の説明として最も適当なものを、次の**ア**〜**オ**の中から一つ選びなさい。

ア 転校を重ねてきた者と自分たちとを比べ、自分たちにも恵まれた点があると納得している。
イ 都会に住む者と自分たちとを比べ、自分たちの生活には刺激が少ないと落胆している。
ウ 転校を重ねてきた者と自分たちとを比べ、自分たちに友人が多いことに優越感を覚えている。
エ 転校を重ねてきた者と自分たちとを比べ、自分たちの世界が狭いことにあきらめを抱いている。
オ 都会に住む者と自分たちとを比べ、自分たちの方が恵まれた点が多いと安心している。

3

4 [3]「それにしてもさ、いったいいつやむんだろう、この雨。」とあるが、杉本の心情を考えて朗読する場合、その読み方として最も適当なものを、次の**ア**〜**オ**の中から一つ選びなさい。

ア 佐藤と自分たちとの境遇の違いが話題になったことに驚いたため、気持ちを静めるように落ち着いた調子で読む。
イ 故郷への思いをさらけ出してしまい恥ずかしかったため、その気持ちを否定するように素っ気ない調子で読む。
ウ 仲間同士が言い争ってしまった気まずさがあったため、争いのきっかけを作った雨を恨むように重苦しい調子で読む。
エ 友だち同士が本音で語り合った照れくささがあったため、その場の雰囲気を変えるように明るい調子で読む。
オ 佐藤が都会での生活を自慢するようなそぶりをみせていたため、佐藤を遠回しに責めるように厳しい調子で読む。

5 [4]「気がつくと、雨はやんで窓から陽射しが差し込んでいた。」とあるが、この描写にはどのような効果があるか。その説明として最も適当なものを、次の**ア**〜**オ**の中から一つ選びなさい。

ア 少年たちに暖かな陽射しが降り注ぐ様子を描くことにより、人間が自然とともに生きていくことの大切さを強調する効果。
イ いつの間にか大きく変わっていた屋外の様子を描くことにより、人間を取り巻く自然が持つ力の不思議さをきわだたせる効果。
ウ ようやく天候が回復した様子を描くことにより、少年たちの関係が登山をする前の状態に戻ったことを印象づける効果。
エ 天候の変化の様子を詳しく描くことにより、少年たちを取り巻く社会の状況が常に激しく変化していることを連想させる効果。
オ 雷雨が去った後に陽射しが差し込む様子を描くことにより、少年たちの関係がよりよい方向に進んでいくことを暗示する効果。

4	5

6 本文全体を通して、佐藤の心情が変化していく様子を次のように説明したい。あとの(1)、(2)の問いに答えなさい。

> 佐藤は、みんなが感じてきた思いに最初は気づいていなかった。しかし、岩崎の言葉を聞き、あらためて今までの自分を振り返ってみると、みんなは故郷を出て行く者を見送る立場の人間であるが、自分は［Ⅰ］であって、みんなとは対照的な境遇で生きてきたことに気づく。
> 話をしていく中で、互いに自分自身を見つめ合い、違いを認め合ったことで、佐藤は、他人を羨んでばかりいるのではなく、［Ⅱ］ことが大事であるという結論に達する。

(1) ［Ⅰ］にあてはまる最も適当な言葉を、本文中から**二十四字**でそのまま書き抜きなさい。
(2) ［Ⅱ］にあてはまる内容を、**境遇**という語を用いて**三十字以内**で書きなさい。

6	
(1)	(2)
(24字)	(30字)

「佐藤くんに比べたら、ぼく達《たち》ずっとここで生まれ育ったんだもの、やっぱり恵まれてるんだよ。」

「佐藤はさ。」

そのとき吉田が口を開いた。

「ぼくたちより多くの世界を見てきたんだもん、それはそれで羨ましいと思うよ。」

吉田の次の言葉を待ったけれど、吉田はもうそれ以上何も言わずに、囲炉裏の炎を見つめている。誰もが、ぽつりと言葉を吐き出しては黙ってしまう状態が続いていた。これって、囲炉裏の中で火が燃えているという状況が関係あるのかもしれないとぼくは思った。薄暗い廃屋の中で、ちろちろと燃える赤い炎を見つめていると、考えることが断片的になってしまうのだ。それにもう一つ、この激しい雷雨だ。

突然岩崎が立ち上がった。そして、肩をぐるぐる回したあと、あーあと大きな声を出して窓のそばに近づいていった。

岩崎はしばらくの間、そうやって窓から外の風景を[A]眺めていたけれど、やがてゆっくりと振り返りながら言った。

「つまらんこと言って悪かったな、佐藤。」

それはたぶん、この学校に転校してきて以来、岩崎がぼくに言った一番素直な言い方だった。

「いいよ、岩崎の言うとおり、やっぱりぼくには生まれ育った場所から出て行く時の本当の気持ちは、たぶん理解できていないだろうから。」

そこでぼくは、自分が言おうとしていることを、もう一度頭の中で整理してから続けた。

「ぼくは、この町でいろんなことを勉強しようと思ってるよ。だってここは今まで自分がいた世界とは全然違う世界だから。」

こんな風に素直に話ができるのも、やはり囲炉裏の炎による影響なのだろうか。たとえば学校の教室でなら、恥ずかしくてとても言えないようなセリフだった。

雷は少しずつ遠ざかっているようだったけれど、相変わらず激しい雨音が聞こえていた。

[3]「それにしてもさ、いったいいつやむんだろう、この雨。」

杉本がことさらに大きな声で言った。

「何だか腹が減ってさ、だから余計のこと背筋が寒いんだよな。」

すると森田がリュックの中をごそごそと探り始めた。みんなの視線が集まる中、森田は目的のものを探し当てることができたらしく、にやっと笑いながら白い半透明の袋を引き出した。袋からは、ポテトチップ、チョコレート、おせんべいなどが出てきた。

「それで一人分のおやつなの？」

ぼくは森田に訊《き》いた。森田は少し恥ずかしそうにしながら、ふだんはもっと少ないけど、ほらなんといっても今日は遠足だからと言った。

「遠足じゃないよ、自主練なの、自主練。」

吉田がそう言いながら、自分もザックからお菓子を取り出した。

そう言えばぼくも、小箱に入ったクッキーを持ってきていたのだ。他のみんなも同じようにリュックを引き寄せて、中を探り出した。それをきっかけにして沈黙は一気に破られた。お菓子の袋を破る音や、おかきをかじる音、お菓子を[B]交換するやりとり。夏休みの生活ぶりや、どこに行ったのか、またこれからどこに出かけるのか、そして秋の野球の試合のことなどの話題がにぎやかに飛び交った。[4]身体《からだ》や服が乾くにしたがって、ふだんのぼくらの調子が戻ってきたようだった。

気がつくと、雨はやんで窓から陽射《ひざ》しが差し込んでいた。

（阪口　正博「カントリー・ロード」より）

注　熱せられてはじける。

1　「[A]眺めて」「[B]交換」の漢字の読み方を、ひらがなで書きなさい。

2　「[1]岩崎の口調は先ほどの挑戦的なものとは少し違っていた。」とあるが、岩崎の口調が変わったのはなぜか。**四十五字以内**で書きなさい。

1	
A	めて
B	

2

（45字）

小説文

■平成26年度問題

四　次の文章を読んで、あとの問いに答えなさい。

（中学二年生の佐藤浩紀《さとうひろき》は、父の転勤に伴って転校を繰り返していたが、初めて田舎の小さな中学校へ転校し、野球部に入部する。お盆で練習が休みになったある日、同学年の野球部員である、岩崎、吉田、杉本、森田や、女子マネージャーの中野とともに、自主練習と称して近くの山に登山に出かけた。しかし、下山途中に雷雨に遭い、偶然見つけた廃屋の中で雨宿りをする。台所に残っていたライターで囲炉裏《いろり》に火をともし、タオルを体に巻きつけるなどして暖をとりながら、みんなで炎を見つめている。）

外では相変わらず激しく雨が降り続いており、ときおり雷鳴がとどろいていた。部屋の中は薄暗くて、火を囲んでいるみんなの正面だけが明るかった。それからしばらくの間、誰《だれ》も何も言わず、木のはぜる[注]パチパチという音だけが聞こえていた。

ぼくはあらためて家の中を見回した。部屋のあちらこちらに、かつてここで人が暮らしていたことを感じさせるものが残されていた。乱雑に散らかった週刊誌や本の中には、漫画の雑誌が何冊か混じっていた。ぼくらと同じ年頃《ごろ》の子供が住んでいたのかもしれない。彼は生まれ育った家を出て今はどこに住んでいるのだろうか。

「なあ、佐藤。」

突然、岩崎が口を開いた。

「お前さ、こういうのってどう思う？」

岩崎の言おうとしている意味がすぐにはわからなかった。

「こういうのって？」

ぼくは岩崎にたずねた。

「自分の家を捨てていくってことさ。」

突然そんな質問をされても、なんて答えていいかわからなかった。ぼくは黙って岩崎を見た。

「こんなことって理解できないだろ、都会人の佐藤には。」

「もうやめとけよ。」

吉田が言った。

「ここで佐藤にそんなことを言っても仕方がないだろ。」

「いいよ、岩崎、続けてよ。」

ぼくは岩崎の目を見ながら言った。

「こんな風に一家みんなで出て行かないにしても、やがて俺《おれ》たちはみんな出て行くことになるんだよ。俺たちの町には働くところがないんだからな。」

1岩崎の口調は先ほどの挑戦的なものとは少し違っていた。

「遅かれ早かれ、みんな故郷《ふるさと》から出て行かなきゃならないんだ。」

たぶん他のみんなも、今の岩崎のようなことをずっと感じながら育ってきたのだろう。親しかった近所の人や、学校の先輩、近所で昔からよく遊んでくれたお兄さんやお姉さんが、ある日突然いなくなっていく。自分の将来へ向けての漠然とした不安。じゃあ、このぼくはいったい何なんだろう。ぼくはこれまでずっと、ある日突然いなくなる方に身を置いて育ってきた人間なのだ。でも、いなくなるぼくを懐《なつ》かしがってくれるような人間はたぶん誰もいない。そこに根を張って暮らしてきたわけではないからだ。

「ぼくにも言わせてほしいんだ。」

ぼくは言った。

「出て行っても、故郷は故郷だろう？　いいじゃない、故郷があればまた帰ることもできるんだから。」

ぼくには故郷なんてない。物心ついた頃から、父さんの転勤に伴って数年ごとに引っ越しと転校を繰り返してきた。長くても同じところには三年ほどしかいなかった。覚えているだけでも今住んでいる家が五つめの住居になる。

「ぼくには幼なじみなんていないし、帰る故郷もないんだ。」

みんなは押し黙ったまま、ぼくの次の言葉を待っているみたいだった。

「さっき、中野さんがTシャツを脱ぐ前に、杉本がガキの頃から知ってるのに変な気を起こすはずがないって言ったでしょう。その瞬間、ああそうか、みんなずっとここで一緒に大きくなったんだって思った。なんていうか、ちょっと羨《うらや》ましかった。」

そう言いながら、ぼくは幼い頃遊んだ友だちの顔を思い出していた。もう二度と会うこともないだろう彼らは、いったい今頃どのような毎日を過ごしているのだろうか。

「そうだよね。」

2森田がおだやかな口調で言った。

1　次の各文中の――線をつけた言葉が、**第三段落**の「近接した」の「た」と同じ意味・用法のものを、**ア**～**オ**の中から一つ選びなさい。

ア　去年に比べて今年の夏は暑かった。
イ　知りたいと思ったらすぐに調べる。
ウ　急いで行ったが間に合わなかった。
エ　明日は十時に出発の予定だったね。
オ　待合室の壁に掛かった絵を眺める。

2　次の図は、「流れ」と「構え」について、**第一段落**から**第三段落**までの内容を整理したものである。あとの(1)、(2)の問いに答えなさい。

	第一・第二段落	第三段落
流れ	Ⅰ 考えて書く ＝ ボトムアップ式の活動	近接情報へ移行しようとする力 ＝ Ⅱ とする力
構え	文章構成の設計図にしたがって計画的に書く ＝ トップダウン式の活動	新情報を迎えようとする力 ＝ Ⅲ とする力

(1)　Ⅰ にあてはまる最も適当な言葉を、本文中から**十五字**でそのまま書き抜きなさい。

(2)　Ⅱ 、Ⅲ にあてはまる言葉の組み合わせとして最も適当なものを、次の**ア**～**オ**の中から一つ選びなさい。

ア　Ⅱ　自然と受け流そう　Ⅲ　少しずつ歩み寄ろう
イ　Ⅱ　逆らわずに結び付こう　Ⅲ　目的をもって遠ざかろう
ウ　Ⅱ　意識して選択しよう　Ⅲ　素直に受け入れよう
エ　Ⅱ　しっかりと理解しよう　Ⅲ　自分の意志で接近しよう
オ　Ⅱ　あきらめずに近づこう　Ⅲ　慎重に距離をとろう

3　本文における**第四段落**の働きとして最も適当なものを、次の**ア**～**オ**の中から一つ選びなさい。

ア　第三段落の内容を受け継ぎ、第五段落以降で「流れ」と「構え」のどちらの観点から論じるのかを示す働き。
イ　第三段落の内容を整理して文章の書き方という話題から離れ、文章の読み方を論じる第五段落につなぐ働き。
ウ　第三段落の内容をまとめ、第五段落以降で「流れ」と「構え」をどのように捉えて論じるのかを示す働き。
エ　第三段落の内容を補足して新たな視点を示し、なぜその視点が必要なのかを論じる第五段落につなぐ働き。
オ　第三段落の内容を検証し、第五段落以降で「流れ」と「構え」以外の観点によって論じることを示す働き。

4　[1]「『魚の目』と『鳥の目』という比喩」とあるが、「魚の目」、「鳥の目」についての説明として最も適当なものを、次の**ア**～**オ**の中から一つ選びなさい。

ア　「魚の目」は文と文のつながりを意識し、文章構成の予定に基づいて適切な文をその都度考えることを表している。
イ　「鳥の目」は文章全体の構成を意識し、完成までのあらゆる経路を想定して柔軟に結論を変えることを表している。
ウ　「魚の目」が表す内容は運転者の目にもたとえられ、どのような状況であっても正しく判断することを示している。
エ　「鳥の目」が表す内容はカーナビにもたとえられ、当初の構想に沿って文章の完成形を目指すことを示している。
オ　「魚の目」は多様な視点から文章を検討し、何度も内容を確認することによって誤りを防ぐことを意味している。

5　[2]「段落というものを、あらかじめ立てていた計画と、執筆過程で次々に思いつく即興との融合と見る」とあるが、筆者は、段落ではどのようなことが行われると述べているか。**六十字以内**で書きなさい。

1

2　(1)　(15字)　(2)

3

4

5　(60字)

五 次の文章を読んで、あとの問いに答えなさい。

文章を書くということは文を書くことです。文章を書く人は誰でも、一度に文章全体を書くことはできず、地道に一文一文書きつづけることしかできません。段落を作ることにしても、文を書いている合間に、改行一字下げの記号をときどき入れるにすぎません。私たちが文章を書くときには、文しか書いていないのです。一冊の本を書き上げる場合でも、何百、何千という文をひたすら書きつづける以外ありません。執筆過程のなかで、その都度その場の文脈を考えながら一文一文生みだし、それを次から次へと継ぎ足しながら文章という一本の線を紡《つむ》いでいくこと。これが文章を書くことです。このように、その場の文脈に合わせて即興的に考えながら文を継ぎ足していくボトムアップ[注1]式の活動を「流れ」と呼ぶことにしましょう。

（第一段落）

一方、文章を書く人なら誰でも、アウトラインという名の文章構成の設計図を持っています。用意周到な書き手であれば、かなりしっかりしたアウトラインを作り、それにしたがって文章を書いていこうとするでしょう。そうしたトップダウン[注2]式の活動を「構え」と呼ぶことにしましょう。

（第二段落）

「流れ」と「構え」とは、文章論の大家《たいか》である林《はやし》四郎《しろう》氏の独創的な考え方を参考にしたものです。林氏は次のように語ります。

わたくしたちの思考場面に、一つの情報が送りこまれると、それ以後は、その情報が呼び起こす近接情報へ移ろうとする力が主に働いて、あることばから次のことばが選ばれるが、わたくしたちがものを考えるということは、多くの場合、何か外からの刺激を受けて、余儀なく[注3]次へ移っていくのであって、ただ無抵抗に意識表面をすべっていくのとはちがう。そこで、なるべく近接した情報へ安易に移行しようとする力を制して、随時、必要がもたらす新情報が飛びこんで来る。近接情報へ移行しようとする力は、つながろうとする力であり、新情報を迎えようとする力は、離れようとする力である。

〔中略〕一応離れるが、やがてつながるべく意図されて離れるのが、言語表現における離れ方の特徴である。近接情報への無抵抗な移行を「流れ」と称したのに対して、このように意図的に離れることは「構え」と呼びたい。むやみに離れるのでなく、構えて離れるからである。

（第三段落）

つまり、先行文脈から自然につながろうとする力を「流れ」、新情報の導入によって意図的に離れようとする力を「構え」と呼びます。林氏の議論では、文の組み立てに関わる比較的小さい要素が中心ですが、本書では、段落のなかの文という大きい単位を、「流れ」と「構え」という観点から議論したいと思います。

（第四段落）

「流れ」と「構え」はつねに拮抗《きっこう》[注4]する存在です。「流れ」が無目的に走りだそうとすると、「構え」がそれにストップをかけます。そのまま書きつづけてしまうと、あらぬ方向に文章が展開していってしまうからです。一方、「構え」が「流れ」を無理に押さえつけようとすると、「流れ」がそれに反発します。予定していた「構え」のとおりに書けないのは、設計図としての「構え」にそもそも無理があるためであり、「構え」を「流れ」に合わせて修正していくことで、自然な流れの文章ができあがっていくからです。このように、文章とは、「構え」と「流れ」の絶え間ない戦いの過程であり、両者の調整の歴史です。書き手によるそうした調整の歴史が文字として残り、それを読み手が文章として読んで理解していくのです。そう考えると、段落は「流れ」と「構え」が出会い、調整をする場だということになるでしょう。ボトムアップ式の活動とトップダウン式の作業がクロスする交差点なのです。

（第五段落）

[1]「魚の目」と「鳥の目」という比喩があります。「魚の目」というのは、海のなかを泳ぐ魚から見える水中の世界。潮の動きや外敵の存在など、周囲の状況を感じとりながら泳ぎます。「鳥の目」というのは、海のはるか上空から見える空中の世界。魚がどの方向に進んでいるのかを上空からモニター[注5]します。海のなかを泳ぐ魚が目的にむかって適切に進むには、「魚の目」と「鳥の目」を組み合わせて考えることが大事です。「魚の目」は「流れ」、「鳥の目」は「構え」です。私たちが文章を書いたり読んだりするとき、「魚の目」と「鳥の目」を行ったり来たりします。そうすることで、私たちの言語活動はより質の高いものになるのです。

（第六段落）

文章を書くことを車の運転になぞらえてみましょう。私たちが車を運転するとき、カーナビゲーション・システム、いわゆるカーナビを参考にします。カーナビのディスプレイは、空から見る「鳥の目」で私たちの行くべき道を教えてくれます。しかし、ハンドルを握る私たちは、カーナビの言うことに従うとは限りません。道路の渋滞状況や工事状況、スクールゾーンなどの時間帯、道幅の広さや見通しのよさ、さらには信号の変わるタイミングなど、「魚の目」で周囲の状況を見ながら、まさに「流れ」に合わせて進む道を柔軟に変えていきます。ときには「鳥の目」であるカーナビの選択を尊重し、ときには「魚の目」である自分の状況判断を優先し、調整しながら運転していくわけです。このように「鳥の目」と「魚の目」、二つの目を調整しながら自らの判断で運転していくさまは、設計図を参考にしながらも、現場の判断で選択を決めていくという文章を書く営みと共通するものです。[2]段落というものを、あらかじめ立てていた計画と、執筆過程で次々に思いつく即興との融合と見ることで、文章執筆の考え方は豊かになるでしょう。

（第七段落）

（石黒　圭「段落論　日本語の『わかりやすさ』の決め手」より）

注1　全体のうち下位に位置する側から上位に向かって伝達などを進める方式。
注2　全体のうち上位に位置する側から下位に向かって伝達などを進める方式。
注3　他に方法がない。やむをえない。
注4　力、勢力にほとんど差がなく、互いに張り合うこと。
注5　機械などが正常に保たれるように監視すること。

2　「押さえ込む人と押さえ込まない人がいて当然ということになる」[1] とあるが、それはなぜか。最も適当なものを、次の**ア〜オ**の中から一つ選びなさい。

ア　理性や倫理は願望や欲望の実現に伴う危険がある場合に働き、危険がない場合は行動を押さえ込もうとすることはないから。

イ　理性や倫理の働きは誰も同じだが、複数の願望や欲望を抱いたときは一度にすべてを押さえ込むことができなくなるから。

ウ　理性や倫理の内容が同じであったとしても、どのように願望や欲望を押さえ込むかは人それぞれに適したやり方があるから。

エ　誰もが同じ理性や倫理をもっているわけではなく、どのような願望や欲望を押さえ込もうとするかは人によって異なるから。

オ　自分の理性や倫理だけでは願望や欲望を押さえ込むことはできず、自分とは考えが異なる他者による手助けが必要となるから。

2

3　「社会秩序としてのルール」[2] について、あとの(1)、(2)の問いに答えなさい。

(1)　「社会秩序としてのルール」がつくられた経緯について、次のように説明したい。文中の□に適する内容を**二十五字以内**で書きなさい。

> 欲望のままに行動すると、他者とぶつかったり、互いに不快な思いをしたりすることがある。私たちは、自分以外の□ことで、利害や感情の衝突を回避してきた。
> 数多くの他者が存在する社会において、誰もが安全に暮らすためには、より多くの人が納得する基準の設定が必要となり、社会秩序としてのルールが生み出されていったのである。

(2)　次の会話は、「社会秩序としてのルール」について授業で話し合ったときの内容の一部である。――線をつけた部分が、本文から読み取れる内容と**異なっているもの**を、次の**ア〜オ**の中から一つ選びなさい。

> Aさん　「本文によると、[ア]社会秩序をつくったのは、その社会に生きる人々自身だということだね。長い年月をかけて少しずつ、ルールをつくりあげていったということなんだろうね。」
> Bさん　「そうだね。[イ]つくりあげたルールの例として法律や条例を挙げているよ。確かに、法律で決まっていることなら、誰だって気をつけるものね。第二段落に書いてある、[ウ]スピードを出すことを思いとどまった例も、法律を守ることの重要性を示していると言えるね。」
> Aさん　「でも今、[エ]ルールは自分が関わらないところで決まったものだと、多くの人が考えているんだって。これは誤解だと、筆者は言いたいのだろうけれど。」
> Bさん　「そうだね。[オ]社会秩序の成立の経緯を誤解してしまうことには問題があると、筆者は指摘しているね。」

4　本文における**第六段落**の働きとして最も適当なものを、次の**ア〜オ**の中から一つ選びなさい。

ア　第五段落までの内容を踏まえて社会秩序の果たす役割を示し、他者への配慮を主張する第七段落につなぐ働き。

イ　第五段落までの内容を整理して社会秩序についての定義を示し、欲望が生じる経緯を考察する第七段落につなぐ働き。

ウ　第五段落までの内容を離れて自分らしさについての定義を示し、欲望の意味を捉え直す第七段落につなぐ働き。

エ　第五段落までの内容から視点を変えて自由であることの重要性を示し、対話の活用を訴える第七段落につなぐ働き。

オ　第五段落までの内容を受けて自由についての定義を示し、対話が果たす役割を説明する第七段落につなぐ働き。

5　**第一段落**に「人として生きる」とあるが、筆者は、「人として生きる」ことを実現するためには、どのようなことが必要だと考えているか。**六十字以内**で書きなさい。

3	
(1)	(2)
(25字)	

4

5
(60字)

五 次の文章を読んで、あとの問いに答えなさい。

「人として生きる」ということが、それぞれの個人がお互いを尊重しつつ、その人らしく生きていくということであるならば、なぜ人は、その人らしく生きなければならないのでしょうか。その人らしく生きていくということは、言い換えれば、あなたが自分らしく自由に生きるということです。この場合の「自由」とは、勝手気ままや好き放題という意味ではありません。自分自身の中にある何かを実現するために、自由はあるのです。あるいは、その何かを実現するためには、自由でなければならないとも言えるでしょう。やや回りくどい説明になるかもしれませんが、自由とは何かということについて少し考えてみることにしましょう。（第一段落）

まず、自由になるための自分自身の中にある何かとは、自分の願望や欲望と言い換えることができます。しかし、そのすべてが思い通りになるわけではないでしょう。すべての人が自分の思い通りに、つまりそれぞれの願望や欲望のままに振る舞いだしたら、ただちにものの奪い合いや暴力沙汰になってしまう危険があります。近年、世界で頻発するテロリズム[注1]というのも、この一つかもしれません。人間であるかぎり、それぞれが自分の願望や欲望のかなうことを望んでいるわけですが、同時にそれを理性とか倫理[注2]というものによってブレーキをかけているということになります。まっすぐな一本道で思い切りスピードを出して走りたいと思うけれど、前に車がいてその車がゆっくり走っているのでスピードが出せないとき、「追い越したいけれど、もし事故を起こしたら」と思いとどまる――。こんな状況を思い浮かべてみてください。この「思いとどまる」というあたりが理性の働きということでしょうか。「もし事故を起こしたら」と考えること自体が、一つの倫理であるともいえるでしょう。（第二段落）

ところが、この理性や倫理というのは、個人のそれぞれがもっているものであると同時に、それぞれ異なるものです。人によってその理性や倫理の形や中身は違うと考えることができます。ですから、個人の理性や倫理の力だけでは、それぞれの願望や欲望をすべて押さえ込むことはできません。というよりも、[1]押さえ込む人と押さえ込まない人がいて当然ということになるわけです。そこで、個人の願望や欲望は、社会の秩序[注3]というものでコントロールされているわけです。（第三段落）

では、この社会秩序とは、だれがどのようにしてつくったものなのでしょうか。とても簡単にいうと、社会秩序とは、自分以外の他者との約束あるいは取り決めのようなものだと考えることができます。この社会で、わたしたちが安全に暮らせるよう、他者と相談しながら決めたルールだということです。つまり、欲望のままに行動したい自分を制御していくのは、他者という存在があるからなのです。なぜなら、他者もまた欲望のままに行動したいと思っているわけで、だからこそ、自分と相手が互いに牽制《けんせい》[注4]しあってはじめて、それぞれの欲望は制御されるというわけなのです。そのために、他者とともに生きるための[2]社会秩序としてのルールを、わたしたちは長い時間をかけてつくってきたということができます。たとえば、ルールには、さまざまなものがありますが、国における法律や、自治体の条例は、この個人の生活を支えている社会秩序の具体例ということになります。（第四段落）

ただ、個人がお互いに守るべきルールとは、自分と相手とが安心して暮らすために、本来わたしたち自身によってつくられたものですが、いつのまにかだれかがどこかで勝手につくったものという認識を多くの人が待ってしまっています。このことが実は、わたしたちの自由のあり方にとって、とても大きな危機だといえるのです。（第五段落）

いずれにしても、そのような社会秩序のもとで、自分自身が自分らしく生きていくこと、これが自由の基本概念でしょう。当然のこととして、自分以外の他者もそれぞれ自分らしく生きようとしているわけですから、この自由も認めようということになります。（第六段落）

このようにして、他者とともに、この社会で、自分らしく生きること、これが真の自由であるとするならば、対話は、この真の自由のための入り口にある行為だということができます。なぜなら、あなたは、対話という活動によってのみ他者の考えを知り、相手も自分と同じ欲望を抱いているということを理解するからです。相手もまた同じような欲望を持っていることに、対話の活動のプロセス[注5]の中で、わたしたちは気づきます。同時に、自分の思いをそのまま実現すればいいというものでもないということにも気づきます。こんなとき、泣き叫んだり暴力的に怒鳴ったりして自分の思いを相手にぶつけても、何の解決にもならないことをわたしたちは知るのです。その結果、では、どうしたら、相手も自分もそれぞれの思いを果たすことができるだろうか、と考えるようになります。（第七段落）

このように、対話という活動は、自分の思いの実現、つまり、自分にとっての自由、つまり、自分らしく生きるとは何かとわたしたちに考えさせるような環境をつくりだすといえるでしょう。わたしたちは、対話によってのみ真に自由になるための入り口に立つことができるということになるのです。（第八段落）

（細川　英雄「対話をデザインする――伝わるとはどういうことか」より）

注1　政治目的のために、暴力あるいはその脅威に訴える傾向。また、その行為。
注2　人として求められる考え方や行いのよりどころとなるもの。
注3　物事が正しく行われるための順序やきまり。
注4　相手の注意を引きつけるなどして、自由に行動させないようにすること。
注5　過程。

1　次の各文中の――線をつけた言葉が、**第二段落**の「欲望**の**」の「**の**」と同じ意味・用法のものを、次の**ア**～**オ**の中から一つ選びなさい。

ア　大きな声で歌うのは気持ちがよい。
イ　花の名前を祖母から教わる。
ウ　ここにある白い自転車は兄のだ。
エ　明日は何時から練習するの。
オ　父の訪れた旅館が雑誌で紹介された。

1

3 「その人が感じている暑さは、38という数値のなかにはない。」[1]とあるが、それはどういうことか。最も適当なものを、次の**ア**〜**オ**の中から一つ選びなさい。

ア 個人の印象に基づく表現では、アナログ世界を適切に解釈したものとして他者に認めてはもらえないということ。
イ 数値化による表現では、アナログ世界を感覚によってどのように捉えているかを他者に伝えきれないということ。
ウ 個人の印象に基づく表現では、アナログ世界の多様な特性について自分自身の理解を深められないということ。
エ 数値化による表現では、アナログ世界に対して私たちが抱く疑問点について十分な説明ができないということ。
オ 類似するものを用いた表現では、アナログ世界に対する個人の意見を他者と共有することができないということ。

3 [ ]

4 「言葉と言葉の間にあるはずのもっと適切な表現をめぐって苦闘する。」[2]とあるが、このことについて、次のように説明したい。あとの(1)、(2)の問いに答えなさい。

> 言葉によって表現しようとするときには、[Ⅰ]に見切りをつけて、言葉を選択して表現することになる。言葉によって表現が可能な範囲は、表現しようとするものの属性や感情の一部にとどまり、人は自分の感情をうまく表現できないときに、言葉による表現の限界を感じることがある。
> [Ⅱ]などを作りあげる過程で、一語一句の表現に頭を悩ませながら、アナログ世界をデジタル表現に移し替えるように、人は、言葉による表現の難しさを感じながらも、より適切に表現する言葉を求めてあれこれと考えをめぐらせるのである。

(1) [Ⅰ]にあてはまる内容を、**二十五字以内**で書きなさい。
(2) [Ⅱ]にあてはまる最も適当な言葉を、本文中から**五字**でそのまま書き抜きなさい。

4
(1) (25字)
(2) (5字)

5 本文における**第五段落**の働きとして最も適当なものを、次の**ア**〜**オ**の中から一つ選びなさい。

ア 理想的なコミュニケーションの取り方を定義し、アナログ表現の抱えている問題を指摘した第四段落までの内容をまとめる働き。
イ ヒト以外の動物が行うコミュニケーションの限界を説明し、デジタル表現の重要性を示した第四段落までの主張を補強する働き。
ウ ヒトだけがもつコミュニケーション能力の特徴を提示し、その能力が発達した原因を推測する第六段落以降のきっかけとなる働き。
エ コミュニケーションにおけるデジタル表現の長所を整理し、具体例を挙げて言語の可能性を証明する第六段落以降へと引き継ぐ働き。
オ ヒトが行うコミュニケーションの特殊性を確認し、言語を媒介として伝えることの特性を考察する第六段落以降へとつなぐ働き。

5 [ ]

6 筆者は、言語によるコミュニケーションにはどのようなことが大切であると述べているか。**送り手**、**受け手**の二語を用いて**六十字以内**で書きなさい。

6
(60字)

■平成31年度問題

五 次の文章を読んで、あとの問いに答えなさい。

アナログとかデジタルという言葉も、もう普通に使われる言葉になってしまった。デジタルはディジット、つまり指に由来する言葉である。指折り数えるというような[注1]離散的な量の表示である。アナログは連続量と訳されることが多いが、もともとはアナ（類似の）とログ（論理）に由来する言葉である。ある量を別の何かの量に変えて表示すること。時間という連続量を、文字盤の上の針の角度で類似させたり、温度を水銀柱の高さで近似させたりする、これらがアナログ表示。いっぽう、デジタル時計では、連続量である時間を数値化する。標本化するのだと言ってもいいだろう。連続量を離散量に標本化する作業だから、どんなに細かく区切っても、量と量のあいだには[注2]空隙《くうげき》が残る。 **（第一段落）**

われわれはアナログの世界に生きている。1分、2分という区切りに関係なく時間は私のなかを流れているし、空気にもその匂いにも境目はなく、数えることはもちろんできない。そんな世界にあって、感覚としてアナログを捉えることはできても、それを表現することはできないものである。表現した[A]途端にそれはアナログからデジタルに変換されてしまうからである。アナログ世界は表現不可能性のなかでのみ成立しているとも言える。「今日は38度もあった」と言えば、38度という数値は理解できるが、[1]その人が感じている暑さは、38という数値のなかにはない。 **（第二段落）**

何も数値化だけがデジタル化なのではなく、言葉で何かを言い表《あら》わす、そのことがすなわちデジタル化そのものなのである。言葉で表わすとは、対象を取り出して、当てはまる言葉に振り分ける、すなわち分節化する作業である。外界の無限の多様性を、有限の言語によって切り分けるという作業なのである。一本の大きな樹《き》がある。「大きな」という言葉の選択の裏には、「見上げるばかりの」とか「天にも届きそうな」とかの別の表現が、潜在的な可能性としては数えきれないほど存在したはずで、そんな可能性をすべて断念し、[注3]捨象した表現が「大きな樹」という便宜的な表現になったのである。「大きな樹」は、その樹の属性の一部ではあっても、その樹の全体性には少しも届いていない。「言葉には尽くせない」という表現自体が、言葉のデジタル性をよく表わしている。 **（第三段落）**

人は自分の感情をうまく言い表わせない時、言葉のデジタル性を痛感する。[2]言葉と言葉の間にあるはずのもっと適切な表現をめぐって苦闘する。感情を含めたアナログ世界をデジタル表現に移し替えようとするのが、詩歌や文学における言語表現であるとも言える。折に触れてコミュニケーションの大切さが言われるが、私たちはともすれば、デジタルをデジタルに変換しただけの作業を、コミュニケーションだと錯覚しがちである。 **（第四段落）**

もともと言語化できないはずのアナログとしての感情や思想があり、それを言語に無理やりデジタル化して相手に伝えること、それがコミュニケーションの基本である。『哲学事典』（平凡社）は、そのところを、「送り手が記号を[注4]媒介にして知覚、感情、思考など各種の心的経験を表出し、その内容を受け手に伝える過程」と定義している。ここで言う「記号」とは、ヒトの場合であれば言語ということになるが、動物の場合は、鳴き声や、身振り、威嚇など、いずれもアナログな表現がコミュニケーションの「媒介」手段である。ヒトだけが、例外的にコミュニケーションにデジタルを用いることが多いのである。 **（第五段落）**

言語を媒介としているので、受け手としては、どうしても言語の抱え持っている辞書的な情報そのものを、送り手の伝えたかったすべてと考えてしまいやすい。しかし、送り手の内部でアナログのデジタル化は、ほとんどの場合、不十分なものであるはずなのである。特に複雑な思考や、あいまいな感情などを伝えようとするときには、デジタル化はほぼ未完のままに送り出されると思っておいたほうがいいだろう。 **（第六段落）**

従って、伝えられたほうは、言葉を単にデジタル情報として、その辞書的な意味だけを読み取るのではなく、デジタル情報の隙間から[B]漏れてしまったはずの相手の思いや感情を、自分の内部に再現する努力をしてはじめてコミュニケーションが成立するのである。真のコミュニケーションとは、ついに相手が言語化しきれなかった「間《あいだ》」を読みとろうとする努力以外のものではないはずである。それがデジタル表現のアナログ化であり、別名、「思いやり」とも呼ばれるところのものなのである。 **（第七段落）**

（永田　和宏「知の体力」より）

注1　連続的ではないさま。値や数量がとびとびになっているさま。
注2　隙間のこと。
注3　物事のある性質を取り出すとき、他の性質を排除すること。
注4　両方の間に立ってとりもつこと。

1　[A]「途端」[B]「漏れ」の漢字の読み方を、ひらがなで書きなさい。

2　第二段落の「できない」の「ない」と同じ意味・用法のものを、次のア～オの中から一つ選びなさい。

ア　親友と別れるのは切ない。
イ　あのチームには弱点がない。
ウ　よい考えが頭に浮かばない。
エ　両者の違いはほとんどない。
オ　今年の夏は雨の日が少ない。

1	
A	
B	れ

2

← 福167

3 本文における**第四段落**の働きとして最も適当なものを、次の**ア～オ**の中から一つ選びなさい。

ア 人間の典型的なコミュニケーションについて全く異なる視点からも例を示し、第三段落までの内容を裏付ける働き。

イ 人間が用いる言葉の特徴について具体的な例を挙げて説明し、第三段落までの内容を引き継いで補強する働き。

ウ 人間の言葉の比喩的用法について指摘し、第三段落までの内容に即してより抽象的な内容へと論を発展させる働き。

エ 人間の言葉とコンピュータの深層学習を比較し、人工知能技術の利点へと論を展開する第五段落以降につなげる働き。

オ 深層学習の作用について例を挙げ、人間と機械のコミュニケーションについて論じる第五段落以降と対比する働き。

4 「機械と人間、または機械同士のあいだのコミュニケーションは本来、ありえないことになる。」[1]とあるが、それはなぜか。最も適当なものを、次の**ア～オ**の中から一つ選びなさい。

ア コミュニケーションは人間が互いに言葉をかわすことで行うものだが、機械は言葉で自然に会話をすることはできないものだから。

イ コミュニケーションは自らの考えだけに従って行動する人間が行うものだが、機械は単独で機能を実行することはないものだから。

ウ コミュニケーションは人間が相互に独自のイメージを重ねていくものだが、機械は一方的な指令だけでイメージを作るものだから。

エ コミュニケーションは他者から独立した自由な意思をもつ人間が行うものだが、機械は他者からの指令のままに作動するものだから。

オ コミュニケーションは多様な価値観をもつ人間が共通了解を図っていくものだが、機械は元来すべての指令を了解できるものだから。

3	4

5 「一種の疑似的なコミュニケーション、疑似的な意味解釈がおこなわれることは事実である。」[2]とあるが、このことについて、次のように説明したい。あとの(1)、(2)の問いに答えなさい。

> コミュニケーションは言葉の意味を解釈することによってなされるが、人間が用いる言葉の意味は［Ⅰ］ものである。一方、コンピュータは［Ⅱ］ことで、会話の成立を図る。つまり、人間もコンピュータもそれぞれに意味の処理を行っているために、両者の間で一見コミュニケーションが成立しているように見えるが、それは人間同士のコミュニケーションとは異なるのである。

(1) ［Ⅰ］にあてはまる内容を、**四十字以内**で書きなさい。

(2) ［Ⅱ］にあてはまる最も適当な言葉を、本文中から**十八字**でそのまま書き抜きなさい。

5 (1) (40字)

5 (2) (18字)

6 「人工知能に文学作品をつくらせるといった試みは、芸術活動としては明らかに邪道である。」[3]とあるが、それはなぜか。**指令**という語を用いて**六十字以内**で説明しなさい。

6 (60字)

五 次の文章を読んで、あとの問いに答えなさい。

いったい、〝コミュニケーション〟とは何だろうか？「ロボットと会話する」というが、コミュニケーションが本当に生起しているのかどうか、まずそこから始めなくてはならない。なぜなら、言葉をはじめ、社会でつかわれる記号の「意味」の解釈は、コミュニケーションと不可分だからである。意味解釈が大きく食いちがえば、会話のキャッチボールはできず、コミュニケーションは成立しない。　**(第一段落)**

とりあえずコミュニケーションを、「閉じた心をもつ存在同士が、互いに言葉をかわすことで共通了解をもとめていく出来事」と定義してみよう。何だかムズカシそうな定義だが、実はそうでもない。たとえば二人の商人AとBが契約の話をしているとする。「どうです、おたくにとっても、いい話じゃありませんかね。」「いやまったく。そちらさんからのお話では、むげにお断りするわけにも行きませんなあ……。ただまあ、もう少し景気がよくなるといいんですが。ええと、ちょっとトイレどこですかな。」と言葉を[A]濁してBが席を立ったとしよう。はたしてAは、契約の成立をどのくらい見こめるだろうか。　**(第二段落)**

こういった腹の探り合い、共通了解のための意味解釈の相互交換は、コミュニケーションの典型例である。たえまなく揺れる意味解釈を通じて、推定作業が動的に続けられる。人間の社会的なコミュニケーションの多くはそういうものなのだ。だから、言葉（記号表現）のあらわす意味（記号内容）は、言葉にぴったり付着した固定的なものではない。むしろ人間社会における多様な言語的なコミュニケーションの繰り返しを通じて、動的に形成されていくものだ。　**(第三段落)**

さらに大切なことがある。人間の言葉は抽象化をおこなう。一つの言葉があらわす意味の幅は、コミュニケーションによって拡大され、多義的・多次元的にふくらんでいくのである。たとえば座るためのさまざまな形態の家具は、みな「椅子」と呼ばれる。これは、コンピュータにさまざまな画像を見せて、その共通特徴を抽出する深層学習とは逆の作用である。そればかりか、「彼がねらっているのは社長の椅子だ」というように、比喩的に椅子が「地位」を意味することもある。比喩的にイメージを重ね、ふくらませていく詩的作用が、人間の言語コミュニケーションの最大の特色に他ならない。　**(第四段落)**

さて、コミュニケーションを人間の心のような自律的閉鎖系のあいだでおきる出来事と定義すると、[1]機械と人間、または機械同士のあいだのコミュニケーションは本来、ありえないことになる。機械は他律的に作動する開放系だからだ。実際、コンピュータ間通信は記号（デジタル信号）を送ればすむし、コンピュータに指令を伝えるにはキーボードからコマンドを入力すればいい。そこに意味解釈などはいる余地はまったくない。この延長で、ロボットに正確な指令をあたえれば、ロボットは、プログラム通りの機能を実行するだろう。つまり原則として、コンピュータにとって「意味」の解釈など無縁のしろものなのだ。　**(第五段落)**

ただ、人間が日本語や英語などの自然言語[注1]でコンピュータと会話しようとすると、そこで[2]一種の疑似的なコミュニケーション、疑似的な意味解釈がおこなわれることは事実である。では、ロボットと人間のあいだの「疑似的コミュニケーション」の特色は何だろうか。人間が比喩によって言語記号の意味解釈を動的に広げていく傾向をもつのに対し、人工知能[注2]は逆に意味解釈の幅をせばめ固定しようとする。そして、論理的な指令（たとえば正確な機械翻訳の出力）に結びつけようとする。人工知能の自然言語処理においても「意味処理」はおこなわれているが、それらはことごとく、多義的な意味内容を一つに絞りこむための工夫なのである。　**(第六段落)**

わかりやすく整理すれば、人間のコミュニケーションは詩的で柔軟な「共感作用」、人工知能の疑似コミュニケーションは指令的で定型的な「伝達作用」に特長があるということになる。むろん、現実の社会的コミュニケーションでは両者が共存し、いりまじっているが、この特色の相違はとても大切である。もし、機械翻訳をふくめ人工知能技術を効率的に利用したいなら、なるべく定型的で機械的な情報伝達の場面に限定するほうが安全だ。　**(第七段落)**

一方、仮に、連句会[注3]や連歌会[注4]のような催しをおこない、人工知能ロボットを[B]遠隔参加させれば、それがチューリング・テスト[注5]に合格することは難しいだろう。人工知能は過去の用例をもとに作動するから、陳腐な作品しかうみだせない。直感のするどい芸術家の目をごまかすことは難しいはずである。ちなみに、[3]人工知能に文学作品をつくらせるといった試みは、芸術活動としては明らかに邪道である。過去にない新たな作風の作品を創りだすのが近代芸術の大前提だからだ。コンピュータが効率よくマガイモノを大量生産して市場を制覇するなら、それは「芸術の死」を意味する。　**(第八段落)**

（西垣　通「ビッグデータと人工知能」より）

注1　人間が自然に習得し使用する言語。

注2　推論・判断などの知的な機能を備えたコンピュータ。

注3・4　二人以上で交互に句を作りあう集まり。

注5　機械が人間と同じ思考能力をもつかどうかを判定する試験。

1　「[A]濁し」「[B]遠隔」の漢字の読み方を、ひらがなで書きなさい。

2　**第四段落**の「さらに」の「**に**」と同じ意味・用法のものを、次の**ア～オ**の中から一つ選びなさい。

ア　マラソンランナーが、風のように走り抜けた。

イ　昨日は遅かったので、今日は明るいうちに帰ろう。

ウ　球技大会では、クラスのために頑張るつもりだ。

エ　誕生日のプレゼントを、友人の家まで届けに行った。

オ　家族で遊園地へ行き、一日中大いに楽しんだ。

1	
A	し
B	

2

3 「[1]世間一般の考え方に従って、何か大切なことを考えて結論を出そうとしても、まず無理である。」とあるが、このことについて、次のように説明したい。あとの(1)、(2)の問いに答えなさい。

> 人間は、言葉があるとそれが指し示す存在があると思ってしまう。そのため、「世間一般の考え方」という言葉があると、それが指し示す存在として［①］が確かにあると思ってしまう。同様に、「世間並み」などの言葉が示す平均的で無難な生活や考え方も［②］ものなので、それらに従って考えても意味ある結論は出せない。

(1) ［①］にあてはまる最も適当な言葉を、**第三段落**の中から**九字**でそのまま書き抜きなさい。

(2) ［②］にあてはまる内容を、**四十字以内**で書きなさい。

3 (1) (9字) (2) (40字)

4 本文における**第五段落**の働きとして最も適当なものを、次の**ア**～**オ**の中から一つ選びなさい。

ア マラソンで起こりやすい逆走をたとえに、人間が判断するときに誤りやすい事柄を説明し、第六段落以降の話題につなぐ働き。
イ ゴールから出発するというあり得ないことをたとえに、考える際に陥りがちな行為を指摘し、第六段落以降の話題につなぐ働き。
ウ マラソンで逆転して勝つ方法をたとえに、考えることについて、第四段落までの内容と第六段落以降の内容の対立を示す働き。
エ 時代や地域に限定される倫理を、スタート地点から出発する当たり前のルールに重ねて、第四段落までの内容をまとめる働き。
オ 普遍的な倫理などないということを、マラソンで逆走するという逆転の発想に重ねて、第四段落までの内容を裏付ける働き。

4

5 「[2]日常では偏見が大手を振って歩いている。」とあるが、それはどういうことか。最も適当なものを、次の**ア**～**オ**の中から一つ選びなさい。

ア 自分や他人の命を守る判断や目的達成のための正しい判断には、社会的に認められた先入観が優先されるということ。
イ 類推やイメージによる判断などや個人の価値観によりつくられた先入観が、日常ではすべての規則になるということ。
ウ 社会や時代に共通する考えや個人の価値観を一度ゼロにした後で生じる先入観が、多くの場面に存在するということ。
エ 見かけや経験による判断などや社会や時代に共通した考えに基づく先入観が、日常では当然とされているということ。
オ 社会や時代に共通する考えや情報化された社会の存在は、先入観があらゆる地域に短時間で広がる原因になるということ。

5

6 **第一段落**に「自分はいつも自由に考えることができると思う錯覚」とあるが、筆者は、この文章の中で、この「錯覚」が生じないようにするためにどのようにすることがよいと考えているか。**世間一般**、**無自覚的**の二語を用いて**六十五字以内**で書きなさい。

6 (65字)

論説文

■平成27年度問題

五 次の文章を読んで、あとの問いに答えなさい。

錯覚がある。自分はいつも自由に考えることができると思う錯覚だ。なぜ、自分は自由に考えることができると思うのが錯覚かというと、考えているつもりなのに、実は少しも自由に考えていない場合が多々あるからだ。　**(第一段落)**

実際にわたしたちは、いつも自分なりに考えて納得[A]してから行動しているわけではない。世間の慣習に従って、あるいはいつもやっているように、あるいは目上や上司の人の言葉に従って、行動したり決断したりしている。ただ、そのことに自覚的ではない。自分で考えていると思いこんでいる。しかし、いざ何かまとまったことについて考えて、結論を出さなければならないときは、どうするのだろうか。誰かの意見を、そのまま自分の考えとするのだろうか。それでは子供のままであるし、頼りになる誰かがいなかったらどうしようもない。[1]世間一般の考え方に従って、何か大切なことを考えて結論を出そうとしても、まず無理である。なぜならば、「世間一般の考え方」というものが、現実には何も意味していないからなのだ。　**(第二段落)**

人間というものはおかしなもので、言葉があると、それが指し示す存在があると思うようになる。「世間一般の考え方」という言葉が与える効果も同じで、何だか考え方の世間の規範というものがあるように思ってしまうのだ。「世間並み」とか「世間的」という言葉も同じである。平均的で無難な生活や考え方が、言葉のせいで、現実のどこかにちゃんと定まってあるように思われているのだ。　**(第三段落)**

だが、それは実体ではない。新聞・雑誌や、うわさや少々の見聞からつくられたイメージにすぎないのだ。だから、世間の倫理などというものに頼ることは、ますます意味がない。というのも、世間一般の考え方の上にある倫理など、普遍性のないものだからだ。つまり、その時代の限定された地域でしか有効ではないのだ。したがって、世間一般に従って考えることは、結局のところ「付和雷同（一定の見識がなく、ただ他の説にわけもなく賛成すること）」でしかなくなる。そのことを「考える」とは言わない。　**(第四段落)**

マラソンはスタート地点からゴール地点に向かって走る競技である。ゴールから出発して、スタート地点をうろうろ探したりする者はいない。しかし、考えることについては、しばしばこのような逆転した行ないが見られるのである。それは、考える前から判断してしまっているということである。考えに考えて妥当な判断を導いて[B]いくというのが思考であるはずなのに、すでに判断をしてしまってから、その判断に合うようにさかのぼる、という逆転した行為が見られるのだ。　**(第五段落)**

では、ちゃんと考える前につい行なってしまう、この「判断」とは何か。それが一般に「先入観」[注1]と呼ばれているものなのだ。十分に考えずに、イメージだけによる判断、名称から勝手な類推をしたあげくの判断、経験による判断、見かけだけによる判断、といったものを「先入観」と言う。　**(第六段落)**

自分だけはそんな軽薄な先入観はもたないと思いがちだが、やはり誰でも少なからず先入観に支配されている。というのも、いわゆる社会通念[注2]、時代通念なども先入観の一種であり、それらは多くの場合、無自覚的に正しいとされ、根底的に疑われていないからだ。誰でもそれぞれに価値観をもっているのだから、それを一度にすべてゼロにすることはできないにしても、先入観や固定観念などはできるだけ排除しなければ、自由に考えることは難しくなる。自由に考えることができなければ、判断を誤ることになる。判断を誤れば、当初の目的が達成できないし、場合によっては自分あるいは他人の生命をおびやかす事態になる。　**(第七段落)**

人間は考えによって行動する。これは現代人にあっても何も変わりはしない。[2]日常では偏見が大手を振って歩いている。そこで、「自由に考える」ためには、まず偏見の排除が必要になるわけだ。　**(第八段落)**

（白取　春彦「思考のチカラをつくる本」より）

注1　ここでは「偏見」と同じ意味。　注2　一般に共通している考え。

1　「納得」[A]「導いて」[B]の漢字の読み方を、ひらがなで書きなさい。

2　**第七段落**の「支配されて」の「**れ**」と同じ意味・用法のものを、次の**ア**～**オ**の中から一つ選びなさい。

ア　昔の友人がなつかしく思われて、手紙を書いた。
イ　テニス部の先輩に憧れて、入部を決めた。
ウ　しっかりした後輩だと言われて、うれしくなる。
エ　先生方も出席されて、楽しい祝賀会になった。
オ　山頂から美しい景色が見られて、大満足だ。

1	
A	
B	いて

2

1 Ⅰ にあてはまる最も適当な言葉を、右の詩の中から**四字**でそのまま書き抜きなさい。

2 Ⅱ にあてはまる最も適当な言葉を、右の詩の中から**五字**でそのまま書き抜きなさい。

3 Ⅱ にあてはまる最も適当な言葉を、次の**ア～オ**の中から一つ選びなさい。

ア あきらめず、ゆっくりと近づいていく

イ 強引に、周りの木を押しのけ進んでいく

ウ いちずに、とどまることなく伸びていく

エ 怖がらず、何度も繰り返し挑んでいく

オ しっかりと、不安を乗り越え育っていく

4 この詩の第五連「あ／若竹が／無い！」について説明したものとして最も適当なものを、次の**ア～オ**の中から一つ選びなさい。

ア 若竹の成長に気づいたうれしさを表現し、目では確認することができないほど背丈が伸びた竹の姿を印象づけている。

イ 若竹の成長に対するとまどいを表現し、自然の力を借りながら人間の予測を超えて成長する竹の姿を印象づけている。

ウ 若竹の成長に気づいた安心感を表現し、厳しい自然の中でもたくましく成長を続けていく竹の姿を印象づけている。

エ 若竹の成長に対する驚きを表現し、もはや若竹と呼ぶことはできないほど立派に成長した竹の姿を印象づけている。

オ 若竹の成長に気づいた寂しさを表現し、周囲の植物に入りまじって見分けがつかなくなった竹の姿を印象づけている。

1 2 3 (4字) (5字)

4

■令和3年度問題

二 次の短歌を読んで、あとの問いに答えなさい。

A とぶ鳥もけもののごとく草潜《くぐ》りはしるときあり春のをはりは　前川《まえかわ》　佐美雄《さみお》

B わたり来てひと夜を啼《な》きし青葉木菟《あおばずく》[注1]二夜は遠く啼きて今日なし　馬場《ばば》　あき子《こ》

C 春の谷あかるき雨の中にして鶯《うぐいす》なけり山のしづけさ　尾上《おのえ》　柴舟《さいしゅう》

D 木木の芽に春の霙《みぞれ》[注2]のひかるなりああ山鳩《やまばと》の聲《こえ》ひかるなり　前《まえ》　登志夫《としお》

E 二つゐて郭公《かっこう》[注3]どりの啼く聞けば谺《こだま》のごとしかはるがはるに　島木《しまき》　赤彦《あかひこ》

F つばくらめ[注4]飛ぶかと見れば消え去りて空あをあをとはるかなるかな　窪田《くぼた》　空穂《うつぼ》

注1 フクロウの一種。　注2 雪がとけかけて雨まじりに降るもの。　注3 カッコウ。　注4 ツバメ。

1 鳥たちが交互に鳴いて声が響きわたる情景を、直喩を用いて表現している短歌はどれか。**A～F**の中から一つ選びなさい。

2 春先の情景を描写した言葉を、鳥の声の印象を表す際にも用い、新しい季節の訪れに対する喜びをうたった短歌はどれか。**A～F**の中から一つ選びなさい。

3 次の文章は、**A～F**の中の二つの短歌の鑑賞文である。この鑑賞文を読んで、あとの(1)、(2)の問いに答えなさい。

> この短歌は、俊敏に飛ぶ鳥の動きを捉えようとして、ふと、目に映った美しい情景を「Ⅰ」という言葉で表現したあとで、どこまでも広がる壮大な空間への印象を率直な言葉で表現している。
> また別の短歌は、数詞の使用や同じ言葉の繰り返しによって一首全体にリズムを作り出し、姿の見えない鳥の位置の変化をその声の様子から捉えている。「Ⅱ」という言葉が、鳥がどこかへ飛び去ったことを想像させ、作者のしみじみとした思いを印象づけている。

(1) Ⅰ にあてはまる最も適当な言葉を、その短歌の中から**六字**でそのまま書き抜きなさい。

(2) Ⅱ にあてはまる最も適当な言葉を、その短歌の中から**四字**でそのまま書き抜きなさい。

1 (6字) 2 3 4 (4字)

■平成31年度問題

二 次の俳句を読んで、あとの問いに答えなさい。

A 木がらしや目刺《めざし》[注1]にのこる海《うみ》のいろ　芥川《あくたがわ》龍之介《りゅうのすけ》
B くろがね[注2]の秋の風鈴鳴りにけり　飯田《いいだ》蛇笏《だこつ》
C 元旦や暗き空《そら》より風が吹く　青木《あおき》月斗《げっと》
D 萩《はぎ》[注3]の風何か急《せ》かるゝ《る》何ならむ　水原《みずはら》秋櫻子《しゅうおうし》
E 未来より滝を吹き割る風来たる　夏石《なついし》番矢《ばんや》
F 夏嵐机上の白紙飛び尽《つく》す　正岡《まさおか》子規《しき》

注1　イワシなどの魚を塩水に漬けたのち、竹串で数匹ずつ刺しつらねて干した食品。　注2　鉄の古い呼び名。　注3　植物の名。

1　つぶやくような自分自身への問いかけを描くことで、作者の内面にある、漠然としたあせりを詠《よ》んでいる俳句はどれか。**A～F**の中から一つ選びなさい。

2　冷たく乾いた風の吹きすさぶ様子を切れ字を用いて強調する一方で、眼前の小さなものが連想させる豊かな色彩のイメージを表現している俳句はどれか。**A～F**の中から一つ選びなさい。

3　次の文章は、**A～F**の中のある俳句の鑑賞文である。この鑑賞文を読んで、あとの(1)、(2)の問いに答えなさい。

> この句で作者は、垂直に流れ落ちる水に向かっていく力強い風の様子を、「Ⅰ」という言葉で表現している。想像される水の姿が大きければ大きいほど、それを「Ⅰ」ために必要な風力は増すことになり、句のイメージはいっそうⅡなものとなる。
> また、作者は、この風を、Ⅲと捉えている。勢いよく現在の世界にやって来た、未来からの風として描くことによって、未来の世界の力強さや明るさを意識させる句となっている。

(1)　Ⅰにあてはまる最も適当な言葉を、その俳句の中から**四字**でそのまま書き抜きなさい。

(2)　Ⅱ、Ⅲにあてはまる言葉の組み合わせとして最も適当なものを、次の**ア～オ**の中から一つ選びなさい。

ア　Ⅱ　繊細　　Ⅲ　自然の偉大な力を実感させるもの
イ　Ⅱ　広大　　Ⅲ　過去の記憶をよみがえらせるもの
ウ　Ⅱ　壮大　　Ⅲ　本来の時の流れから解放されたもの
エ　Ⅱ　科学的　　Ⅲ　現在の世界の苦しさを和らげるもの
オ　Ⅱ　感動的　　Ⅲ　多くの人間から長く親しまれたもの

1	2	3	
		(1)	(2)
		(4字)	

■令和2年度問題

二 次の詩と鑑賞文を読んで、あとの問いに答えなさい。

若竹が無い　　下田《しもだ》喜久美《きくみ》

自分を大切に守っていた
表皮を
いきおいよく　はがし
きっぱりと　ぬぎすて
グンと　青空に
かけ昇《のぼ》る

若い新芽たちは
蒼《あお》い肌から
若者の香りを
あたり一面に　ちりばめながら
匂いたち

空のむこうに
何があるのか……

ただ　ひたすらに
かけのぼり
いや　かけぬけ

あ
若竹が
無い！

> 竹の表皮は、成長していく過程で自然とはがれていきますが、この詩では、その様子を「Ⅰ」という言葉を用いて表現し、若竹が自らの意志で、自分を守る表皮と別れて、成長しようとしているかのように描いています。また、「Ⅱ」という視覚以外の感覚で捉えた言葉からは、生命力に満ちあふれる若竹の姿を想像することができます。
> そして、作者は、若竹が向かう「空」へと思いをめぐらせます。無限に広がる「空」に向かって、若竹が、Ⅲ姿がいきいきと表現され、若竹の成長の勢いが伝わってきます。

1　Ⅰ にあてはまる最も適当な言葉を、右の詩の中から**十二字**でそのまま書き抜きなさい。

2　Ⅱ にあてはまる最も適当な言葉を、右の詩の中から**五字**でそのまま書き抜きなさい。

3　この詩の表現上の特色として最も適当なものを、次の**ア**～**オ**の中から一つ選びなさい。

ア　擬音語を用いて、森の静寂が実感できるように表現している。
イ　省略を用いて、森の美しさが想像できるように表現している。
ウ　体言止めを用いて、森の魅力が味わえるように表現している。
エ　対句を用いて、森の生命感が感じられるように表現している。
オ　倒置法を用いて、森の細部が理解できるように表現している。

4　この詩から読み取ることができる内容として最も適当なものを、次の**ア**～**オ**の中から一つ選びなさい。

ア　森と同様に人間も、多様な個性を持つ他者と共に生きているため、互いに相手を理解する努力をすべきではないかということ。
イ　森と同様に人間も、所属する集団ごとに異なる役割を果たす必要があるため、精神的に疲れてしまうのではないかということ。
ウ　森と同様に人間も、さまざまな感情や体の部位から成り立つため、自分のことさえ思い通りにならないのではないかということ。
エ　森と同様に人間も、状況に合わせて柔軟に対応しようとするため、本来の自分自身を見失ってしまうのではないかということ。
オ　森と同様に人間も、自分では気がつかない長所や短所があるため、他者の自分に対する評価にとまどうのではないかということ。

1 (12字)　2 (5字)　3　4

■平成30年度問題

二　次の短歌を読んで、あとの問いに答えなさい。

A　みんなみ[注1]の海《うみ》のはてよりふき寄《よ》する春のあらしの音ぞとよもす[注2]　太田《おおた》水穂《みずほ》
B　をとめらが泳ぎしあとの遠浅《とほあさ》に浮環《うきわ》のごとき月うかびいでぬ　落合《おちあい》直文《なおぶみ》
C　夏はきぬ相模《さがみ》の海の南風《なんぷう》にわが瞳燃《も》ゆわがこころ燃ゆ　吉井《よしい》勇《いさむ》
D　しらしらと氷《こほり》かがやき千鳥《ちどり》なく釧路《くしろ》の海の冬《ふゆ》の月かな　石川《いしかわ》啄木《たくぼく》
E　きみに逢《あ》う以前のぼくに遭いたくて海へのバスに揺られていたり　永田《ながた》和宏《かずひろ》
F　浪《なみ》の秀《ほ》[注3]に裾《すそ》洗はせて大き月ゆらりゆらりと遊ぶがごとし　大岡《おおおか》博《ひろし》

注1　南。　注2　鳴り響かせる。　注3　「穂」と同じ。ものの先端のこと。

1　水平線から出た月が、揺れる波によって動いているように見える様子を、人の姿に見立てて表現している短歌はどれか。**A**～**F**の中から一つ選びなさい。

2　今の自分とは異なる、思い出の中にいるかつての自分と向き合おうとする心情をうたった短歌はどれか。**A**～**F**の中から一つ選びなさい。

3　次の文章は、**A**～**F**の中の二つの短歌の鑑賞文である。この鑑賞文を読んで、あとの(1)、(2)の問いに答えなさい。

> この短歌は、自然の厳しさが作り出した風景を「 Ⅰ 」という言葉で視覚的に表現した後に、聴覚で感じ取った対象を詠《よ》み込み、歌全体として、月が照らし出す印象的な海の情景を表現している。
> また別の短歌は、新たな季節の訪れを実感し、潮風を身に受け、期待感に胸が躍るような心情をうたっている。「 Ⅱ 」という言葉が、前の句と対応して力強いリズムを生み出すとともに、心情の高まりを率直に表現している。

(1)　Ⅰ にあてはまる最も適当な言葉を、その短歌の中から**十字**でそのまま書き抜きなさい。

(2)　Ⅱ にあてはまる最も適当な言葉を、その短歌の中から**七字**でそのまま書き抜きなさい。

1　2 (10字)　3 (1)　(2) (7字)

■平成28年度問題

[二] 次の俳句を読んで、あとの問いに答えなさい。

A　葉桜の中の無数の空さわぐ　　篠原《しのはら》 梵《ぼん》
B　大空に伸び傾ける冬木かな　　高浜《たかはま》 虚子《きょし》
C　夕暮《ゆうぐれ》は雲に埋《うず》まり春祭　　廣瀬《ひろせ》 直人《なおと》
D　注1さえざえと雪後《せつご》の天の怒濤《どとう》注2かな　　加藤《かとう》 楸邨《しゅうそん》
E　天の川大風《おおかぜ》の底明らかに　　佐野《さの》 青陽人《せいようじん》
F　空をゆく一《ひ》とかたまりの花吹雪　　高野《たかの》 素十《すじゅう》

注1　澄み切ってはっきりしている様子。
注2　大きな波。

1　体言止めを用いながら、春の空の下で動きのある様子を描き、空間の広がりと美しさを詠んでいる俳句はどれか。A～Fの中から一つ選びなさい。

2　冬の空を背景に、目の前で繰り返される激しい動きとともに高まった感動を、切れ字を用いて表現している俳句はどれか。A～Fの中から一つ選びなさい。

3　次の文章は、A～Fの中のある俳句の鑑賞文である。この鑑賞文を読んで、あとの(1)、(2)の問いに答えなさい。

> 作者はこの句で、風の吹く中で見上げた空がまたたきながら揺れ動いているように感じたことを、「[Ⅰ]」と表現している。実際には、空は動かないのだが、「[Ⅰ]」という表現がこの句を強く印象づけている。
> そして、空を見上げた時、目の前にある対象物のみずみずしさと、その奥にある空の[Ⅱ]とをとらえただけではなく、[Ⅲ]様子も感じられて、空の美しさが鮮明にとらえられた句となっている。

(1)　[Ⅰ]にあてはまる最も適当な言葉を、その俳句の中から**四字**でそのまま書き抜きなさい。

(2)　[Ⅱ]、[Ⅲ]にあてはまる言葉の組み合わせとして最も適当なものを、次のア～オの中から一つ選びなさい。

ア　Ⅱ　明るさ　　Ⅲ　葉の間から見える空が重なり合う
イ　Ⅱ　静けさ　　Ⅲ　花びらが舞い散る空が広々としている
ウ　Ⅱ　果てしなさ　　Ⅲ　遠くまで見渡せる空が澄んでいる
エ　Ⅱ　さわやかさ　　Ⅲ　絶えず雲が流れる空が波乱を暗示する
オ　Ⅱ　心細さ　　Ⅲ　夕焼け色に染まる空が次第に暮れる

1	2

3 (1)	3 (2)
(4字)	

■平成29年度問題

[二] 次の詩と鑑賞文を読んで、あとの問いに答えなさい。

森　　川崎《かわさき》 洋《ひろし》

もしかすると
森は自身を一つの全体だと
思っているかもしれない
この僕は
もしかすると一つの全体ではないかもしれないように
森は終日むずがゆそうに揺れている
しかしいつも森全体が
ということではない
森の中央部が静まり返っていると
一方では
森の入口のあたりが騒がしく
沼のまわりがおだやかだと
今度は少し離れたところがざわざわし出す
始終どこかしらが停《とま》っていて
始終どこかしらが動いている

> この詩は、風に揺れる森の様子を新鮮な見方で表しています。
> 森は、たえず「[Ⅰ]」というように、身体的な感覚を持つ存在として表現されています。また、森は「[Ⅱ]」として存在するのではなく、始終どこかしらが「停ってい」たり「動いてい」たりする別々なものの集まりなのだとも表現されています。
> そして、森を見つめることで、「この僕」は自分という存在について考えます。「この僕」という存在もまた、この森と同じようなところがあるのではないか、という気づきがこの詩には表現されています。

1 **[I]**にあてはまる最も適当な言葉を、右の詩の中から**四字**でそのまま書き抜きなさい。

2 **[II]**にあてはまる最も適当な言葉を、右の詩の中から**七字**でそのまま書き抜きなさい。

3 この詩の表現上の特色として最も適当なものを、次の**ア**～**オ**の中から一つ選びなさい。

ア 季節が移りゆく様子を、多くの接続詞を用いて表現している。
イ 動作のリズム感を、各連の最後に同じ音を用いて表現している。
ウ 春の生き生きとした情景を、たとえを用いて表現している。
エ いつも変わらない自然の姿を、繰り返しを用いて表現している。
オ 新たな発見をした喜びを、感動詞を用いて表現している。

4 この詩に込められた作者の思いとして最も適当なものを、次の**ア**～**オ**の中から一つ選びなさい。

ア ものやひとの存在を注意深く観察し、順序を守ってその名を呼ぶことで、ものやひとの個性を見つけたいという思い。
イ ものやひとの存在を常に直視し、繰り返しその名を呼ぶことで、ものやひとに自分をより強く印象づけたいという思い。
ウ ものやひとの存在を新たに発見し、名前をつけてその名を呼ぶことで、ものやひとの存在を広く世に知らせたいという思い。
エ ものやひとの存在を改めて意識し、心を込めてその名を呼ぶことで、ものやひととの新しい関係を築きたいという思い。
オ ものやひとの存在を何度も確認し、勇気を出してその名を呼ぶことで、ものやひとに感謝の気持ちを伝えたいという思い。

1 (4字)　2 (7字)　3　4

■平成27年度問題

二 次の短歌を読んで、あとの聞いに答えなさい。

A ひぐらしの一つが啼《な》けば二つ啼き山みな声となりて明けゆく　四賀《しが》光子《みつこ》
B 八月のまひる音なき刻《とき》ありて[注1]瀑布《ばくふ》のごとくかがやく階段　真鍋《まなべ》美恵子《みえこ》
C 旅人の耳は澄みけり山行きて秋の光のおと聴くほどに　安田《やすだ》章生《あやお》
D [注2]水甕《がめ》の空ひびきあふ夏つばめ[注3]ものにつかざるこゑごゑやさし　山中《やまなか》智恵子《ちえこ》
E 湧き上がりあるいは沈み[注4]オーロラの赤光緑光《しゃくこうりょくこう》闇に音なし　秋葉《あきば》四郎《しろう》
F 地《つち》ひくく咲きて明《あき》らけき菊の花音あるごとく冬の日はさす　佐藤《さとう》佐太郎《さたろう》

注1 滝。
注2 水をためる容器。
注3 なにものからも自由な。
注4 北極や南極に近い地方の空に見られる、帯や幕のような光。

1 直喩を用い、動くはずのない物体を、音と動きがあるかのように表現し、迫るような存在感のある短歌はどれか。**A**～**F**の中から一つ選びなさい。

2 目の前に大きく広がる情景を表現することで、動と静の両面を持つ壮大な自然への感動を詠《よ》んだ短歌はどれか。**A**～**F**の中から一つ選びなさい。

3 次の文章は、**A**～**F**の中の二つの短歌の鑑賞文である。この鑑賞文を読んで、あとの(1)、(2)の問いに答えなさい。

> この短歌は、調子や意味の切れ目が、二句目と三句目の間にあり、はじめに聴覚に関連させて表現したうえで、「[I]」という視覚で捉える言葉に転じ、さらにもう一度聴覚で捉えたように表現することで、音なきものに音が感じられるかのような情景を想像させている。
> また別の短歌では、時間の経過とともに、次第に力強くなってゆく生き物の声によって、それらを取り囲む自然が、まるで量を増して大きくなっていくように感じられる様子が「[II]」という言葉にいきいきと表現されている。

(1) [I]にあてはまる最も適当な言葉を、その短歌の中から**三字**でそのまま書き抜きなさい。

(2) [II]にあてはまる最も適当な言葉を、その短歌の中から**八字**でそのまま書き抜きなさい。

1　2　3 (1)(3字)　(2)(8字)

鑑賞文（短歌・俳句・詩）

■平成25年度問題

二 次の俳句を読んで、あとの問いに答えなさい。

A　青天《せいてん》や白き五瓣《ごべん》の梨《なし》の花　　原《はら》　石鼎《せきてい》
B　牡丹《ぼたん》百二百三百門一つ　　阿波野《あわの》　青畝《せいほ》
C　コスモスの押しよせてゐる厨口《くりやぐち》　　清崎《きよさき》　敏郎《としお》
D　わが胸にすむ人ひとり冬の梅《うめ》　　久保田《くぼた》　万太郎《まんたろう》
E　ふだん着《ぎ》でふだんの心桃の花　　細見《ほそみ》　綾子《あやこ》
F　向日葵《ひまわり》の空かがやけり波の群《むれ》　　水原《みずはら》　秋櫻子《しゅうおうし》

注1　五枚の花びら。
注2　外から台所に通じる出入り口。

1　群れ咲く花の姿に生き生きとした生命力が感じられ、その様子を人間にたとえて表現している俳句はどれか。A～Fの中から一つ選びなさい。

2　空のすがすがしさを切れ字で強調し、目の前にくっきりとした花の形を描きながら、晩春の雰囲気を表現している俳句はどれか。A～Fの中から一つ選びなさい。

3　次の文章は、A～Fの中のある俳句の鑑賞文である。この鑑賞文を読んで、あとの(1)、(2)の問いに答えなさい。

> 作者はこの句で、「［Ⅰ］」という言葉を用いて、飾らない自然な心で目の前の花に向き合っている様子を表現しています。同じような時期に咲く他の花と比べ、飾り気のない愛らしい印象を受けるこの花に対して、作者が［Ⅱ］を感じている様子が伝わってきます。
> また、この句を音読すると、「［Ⅰ］」の繰り返しが印象的で、それが［Ⅲ］を生み出していることがわかります。

(1)　［Ⅰ］にあてはまる最も適当な言葉を、その句の中からそのまま書き抜きなさい。

(2)　［Ⅱ］、［Ⅲ］にあてはまる言葉の組み合わせとして最も適当なものを、次のア～オの中から一つ選びなさい。

ア　Ⅱ　親しみ　　Ⅲ　リズミカルな心地よさ
イ　Ⅱ　悲しみ　　Ⅲ　しっかりとした安定感
ウ　Ⅱ　おもしろみ　　Ⅲ　生き生きとした臨場感
エ　Ⅱ　なつかしさ　　Ⅲ　みなぎるような力強さ
オ　Ⅱ　切なさ　　Ⅲ　しみじみとした安心感

1	2	3 (1)	3 (2)

■平成26年度問題

二 次の詩と鑑賞文を読んで、あとの問いに答えなさい。

呼ぶ　　新川《しんかわ》　和江《かずえ》

ヤブサンザシの木を
わたしはまだ　呼んでいなかった
ヤブサンザシの木を呼ぼう
「ヤブサンザシの木」と
春　あのかたは木や草の名を
はしから　じゅんじゅんに呼んでいく
呼びのこしのないように
町の小さな公園や　遠くの森にも気をくばって
すると木や草は
にわかに活気づいて　ことしの新しい芽をふく
あのかたの声は微風《びふう》に似ていて
ひらきかけの蕾《つぼみ》の頬《ほお》にも　ひとつひとつ触れていく
わたしも呼ぼう
うかつに見過ごしてきたものたちの名を
また　ひとの名を
あのかたの御声をまねて　優しく

注　春に花を咲かせる落葉低木。

> この詩の中で作者は、「［Ⅰ］」という言葉を用いて、季節をつかさどる神を表現しています。作者は、季節をつかさどる神が、一つ一つ丁寧に木や草の名を呼んでいくのを感じ取ります。そして、自分が［Ⅱ］存在がある、ということに気づくのです。

公　立　高　校　入　試　出　題　単　元

過去９年間
（平成25年～令和3年迄）

国　　語

（国語のみ逆綴じになっております。
また論説文と小説文は編集の都合により数年分割愛しております。）

鑑賞文（短歌・俳句・詩）

■ 平成25年 二（俳句）
■ 平成26年 二（詩）
■ 平成27年 二（短歌）
■ 平成28年 二（俳句）
■ 平成29年 二（詩）
■ 平成30年 二（短歌）
■ 平成31年 二（俳句）
■ 令和２年 二（俳句）
■ 令和３年 二（短歌）

論説文

■ 平成27年 五（漢字・文法・抜き出し・空所補充・内容把握・要約）
■ 平成29年 五（漢字・文法・段落・内容把握・空所補充）
■ 平成31年 五（漢字・文法・空欄補充・内容把握）
■ 令和２年 五（文法・内容把握・空欄補充）
■ 令和３年 五（文法「た」・内容把握・内容説明）

小説文

■ 平成26年 四（漢字・内容把握・心情理解・表現理解）
■ 平成30年 四（漢字・心情理解・空欄補充）
■ 令和２年 四（内容把握・心情把握・空欄補充・表現）
■ 令和３年 四（内容把握・心情理解・空欄補充）

古典

■ 平成25年 三（現代仮名遣い・抜き出し・空所補充・内容把握）
■ 平成26年 三（現代仮名遣い・空所補充・抜き出し・内容把握）
■ 平成27年 三（現代仮名遣い・空所補充・抜き出し・内容把握）
■ 平成28年 三（現代仮名遣い・空所補充・抜き出し・内容把握）
■ 平成29年 三（書き下し文・現代仮名遣い・空所補充・抜き出し）
■ 平成30年 三（現代仮名遣い・空欄補充・内容把握）
■ 平成31年 三（現代仮名遣い・内容把握）
■ 令和２年 三（現代仮名遣い・空欄補充・内容把握）
■ 令和３年 三（現代仮名遣い・空欄補充・内容把握）

漢字・語句

■ 平成25年 一（漢字・故事成語）
■ 平成26年 一（漢字・品詞）
■ 平成27年 一（漢字・品詞用法）
■ 平成28年 一（漢字・慣用句）
■ 平成29年 一（漢字・動詞）
■ 平成30年 一（漢字・敬語）
■ 平成31年 一（漢字・四字熟語）
■ 令和２年 一（書き取り・楷書）
■ 令和３年 一（読み書き・慣用句）

条件作文

■ 平成25年 六（150字以上200字以内）
■ 平成26年 六（150字以上200字以内）
■ 平成28年 六（150字以上200字以内）
■ 平成29年 六（150字以上200字以内）
■ 平成30年 六（150字以上200字以内）
■ 平成31年 六（150字以上200字以内）
■ 令和２年 六（2段落構成・150字以上200字以内）
■ 令和３年 六（2段落構成・150字以上200字以内）

公立高校入試出題単元　解答・解説

過去9年間
(平成25年～令和3年まで)

●解　答　数学　181p～
理科　188p～
英語　190p～
社会　192p～　※社会の解説はありません。
国語　193p～

○解　説　数学　196p～
理科　206p～
英語　212p～
国語　226p～

数学解答

〈計算問題〉

H25 1 (1) ① 18 ② $-\frac{1}{10}$ ③ $5\sqrt{7}$ ④ $-\frac{4}{3}b$

H26 1 (1) ① -6 ② -9 ③ $7\sqrt{3}$ ④ $3a-7b$

H27 1 (1) ① -20 ② $-\frac{5}{8}$ ③ $-6ab^3$ ④ $3\sqrt{5}$

2 (1) 16

H28 1 (1) ① -9 ② $-\frac{1}{6}$ ③ $3x^4$ ④ $4\sqrt{3}$

H29 1 (1) ① -42 ② $-\frac{1}{2}$ ③ $6a-5b$ ④ $4\sqrt{2}$

H30 1 (1) ① -5 ② $\frac{3}{8}$ ③ $-\frac{2}{3}x$ ④ $3\sqrt{3}$ (2) -4

2 (1) 7

H31 1 (1) ① 45 ② $-\frac{7}{20}$ ③ $-8y^2$ ④ $5\sqrt{6}$

2 (1) $(x-10)(x+2)$

R2 1 (1) ① -6 ② -9 ③ $5x+2y$ ④ $3\sqrt{5}$

R3 1 (1) ① -24 ② $-\frac{1}{3}$ ③ $2x^2$ ④ $6\sqrt{2}$

(2) 720度

2 (1) $-3<-2\sqrt{2}$ (2) 36人

〈文字の式〉

H25 2 (2) $5x+3y<40$

H27 2 (2) $y=\frac{1}{30}x$

H28 2 (1) $7a$円

H31 2 (2) $4a+3b>100$

R2 2 (2) $\frac{4}{5}a$

〈方程式〉

H25 2 (1) $x=\frac{-3\pm\sqrt{13}}{2}$

H26 2 (1) $x=-1,\ y=3$

H27 2 (3) $x=\frac{7\pm\sqrt{13}}{6}$

H28 2 (2) $x=-1,\ y=2$

H29 2 (1) $x=-4,\ x=3$

R2 2 (1) イ

〈作図〉

H26 2 (5) [作図の例]

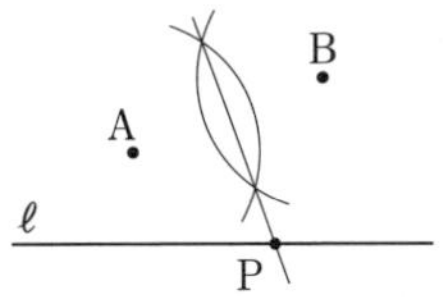

H27 2 (6)

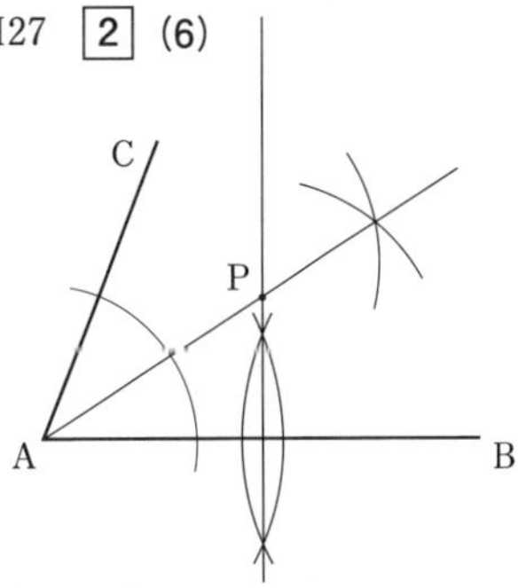

H28 2 (6)

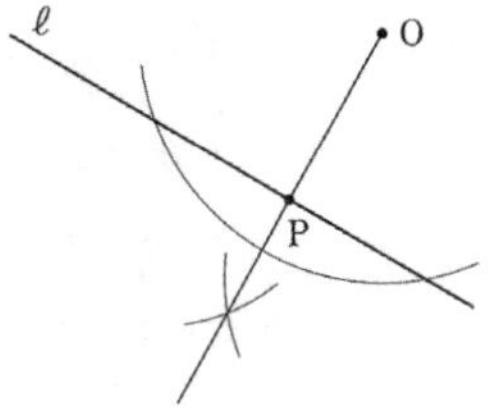

H30 2 (5)

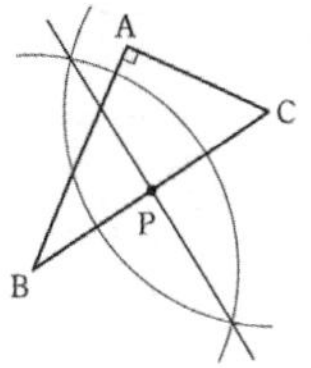

H31 2 (5)

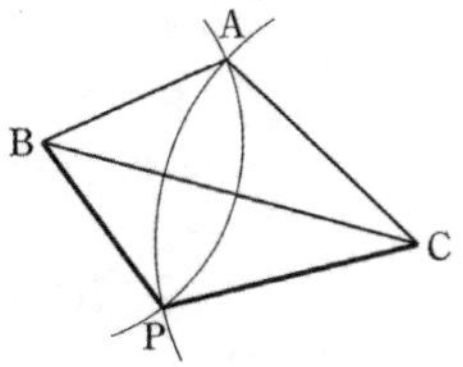

R2 2 (5)

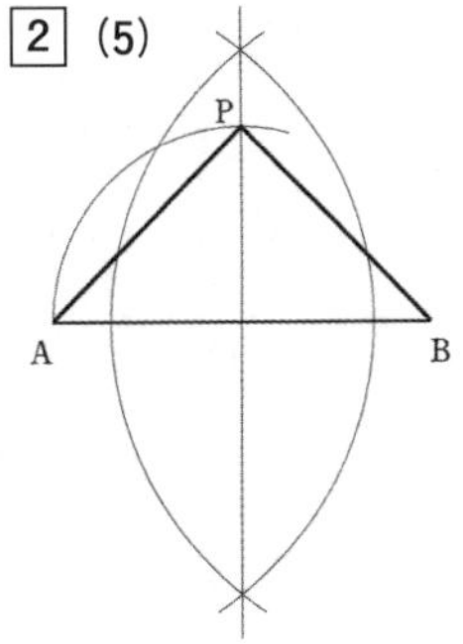

〈方程式(文章題)〉

H25 4 [求める過程の例]

男子の生徒数をx人，女子の生徒数をy人とする。

○と答えたのは，男子では70％，女子では45％で，生徒全員の58％であるから

$$x\times\frac{70}{100}+y\times\frac{45}{100}=(x+y)\times\frac{58}{100}$$

これを整理して　$12x-13y=0$……(1)

○と答えた人数は，男子が女子より37人多いから

$$x\times\frac{70}{100}=y\times\frac{45}{100}+37$$

これを整理して　$14x-9y=740$……(2)

(1)，(2) を解いて

$x=130,\ y=120$

答　男子の生徒数 130 人，女子の生徒数 120 人

H26 4 [求める過程の例]

連続する3つの自然数のうち，中央の数をnとすると，連続する3つの自然数は$n-1$，n，$n+1$と表される。

中央の数の9倍は，最も小さい数と最も大きい数の積から9をひいた数に等しいので

$9n=(n-1)(n+1)-9$

展開して整理すると

$n^2-9n-10=0$

$(n+1)(n-10)=0$

したがって　$n=-1,\ 10$

nは自然数であるから，$n=-1$は問題に適していない。

したがって　$n=10$

答　中央の数 10

H27 4 [求める過程の例]

給水管Aから毎分xL，給水管Bから毎分yLの割合で水が出るとする。はじめにAだけを使って20分間水を入れ，その後，AとBの両方を使って3分間水を入れると，水そうの中の水の量は水そうの容積に等しくなるから

$20x+3(x+y)=300$

これを整理して $23x+3y=300$ ……………………………… ①

はじめからAとBの両方を使って12分間水を入れると，水そうの中の水の量は水そうの容積の80％になるから

$12(x+y)=300\times\frac{80}{100}$

これを整理して $x+y=20$ ……………………………… ②

①，②を連立方程式として解いて

$x=12,\ y=8$

答　給水管A　毎分 12 L，給水管B　毎分 8 L

H28 **4** （1）［求める過程の例］

大きい厚紙の面積は $(3x^2+x)$ cm², 小さい厚紙の面積は (x^2+5x+4) cm²と表される。

大小2枚の厚紙の面積の差が 26 cm² であるから

$3x^2+x-(x^2+5x+4)=26$

整理すると

$2x^2-4x-30=0$

$x^2-2x-15=0$

$(x-5)(x+3)=0$

したがって

$x=5,\ x=-3$

$x>0$ でなければならないから，$x=-3$ は問題に適していない。

したがって　$x=5$　　　答　$\underline{x=5}$

（2）30cm

H30 **4** ［求める過程の例］

博物館の入館券を買った生徒の人数をx人，共通入館券を買った生徒の人数をy人とする。美術館の入館券を買った生徒の人数が55人であり，学習旅行に参加した生徒の人数が120人であるから

$x+55+y=120$

これを整理して　$x+y=65$……………①

博物館の入館券が600円，美術館の入館券が700円，共通入館券が1000円であり，代金の合計が89500円であるから

$600x+700\times55+1000y=89500$

これを整理して $3x+5y=255$……②

①，②を連立方程式として解いて　$x=35,\ y=30$

これらは問題に適している。

答 ｛博物館の入館券を買った生徒の人数　35 人
　 ｛共通入館券を買った生徒の人数　30 人

H31 **4** ［求める過程の例］

単品ノートの売れた冊数を x 冊，単品消しゴムの売れた個数を y 個とする。セットAとして売れたノートの冊数は $(3x-1)$ 冊でセットAの売れた数と等しい。セットBとして売れた消しゴムの個数は$2y$個でセットBの売れた数と等しい。

ノートは全部で41冊売れたので

$x+(3x-1)+3\times2y=41$

これを整理して

$2x+3y=21$ …………①

売り上げの合計が5640円であるから

$120x+60y+160(3x-1)+370\times2y=5640$

これを整理して

$3x+4y=29$…………②

①，②を連立方程式として解いて

$x=3,\ y=5$

これらは問題に適している。

答 ｛単品ノートの売れた冊数　3冊
　 ｛単品消しゴムの売れた個数　5個

R3 **4** ［求める過程の例］

十の位の数字をx，一の位の数字をyとする。

百の位の数が，十の位の数より2大きいから，

百の位の数字は$(x+2)$と表される。

各位の数の和は18だから，

$(x+2)+x+y=18$

これを整理して，

$2x+y=16$……………………………………………………①

はじめの自然数は，

$100(x+2)+10x+y=110x+y+200$

百の位の数字と一の位の数字を入れかえてできる自然数は，

$100y+10x+(x+2)=11x+100y+2$

この自然数は，はじめの自然数より99小さくなるから，

$110x+y+200-99=11x+100y+2$

これを整理して，

$x-y=-1$ ……………………………………………②

①，②を連立方程式として解いて，

$x=5,\ y=6$

これらは問題に適している。

よって，はじめの自然数は756である。

答　　はじめの自然数　$\underline{756}$

H29 **4** （1）［求める過程の例］

入口から展望台までの道のりを x m，展望台からキャンプ場までの道のりを y mとする。

毎分 60m の速さで歩くと，入口から展望台までかかった時間は，展望台からキャンプ場までかかった時間より 10 分長かったから

$\dfrac{x}{60}-\dfrac{y}{60}=10$

これを整理して $x-y=600$ …………………①

入口から展望台までは毎分100mの速さで歩き，展望台で8分間休んだ後展望台からキャンプ場までは毎分 60m の速さで歩くと，全体で 38 分かかったから

$\dfrac{x}{100}+8+\dfrac{y}{60}=38$

これを整理して　$3x+5y=9000$……………②

①，②を連立方程式として解いて

$x=1500,\ y=900$

答 ｛入口から展望台までの道のり　1500m
　 ｛展望台からキャンプ場までの道のり　900m

（2）20 分後

R 2　4　(1) [求める過程の例]

12回目の貯金をしたときまでにこの貯金でたまった50円硬貨の枚数を x 枚，10円硬貨の枚数を y 枚とする。

枚数は全部で80枚あり，その中に100円硬貨が8枚含まれているから

$8+x+y=80$

これを整理して

$x+y=72$ …………①

10円硬貨の枚数は，50円硬貨の枚数の2倍より6枚多いから

$y=2x+6$ …………②

①，②を連立方程式として解いて

$x=22$，$y=50$

これらは問題に適している。

答 $\begin{cases} \text{50円硬貨の枚数　22枚} \\ \text{10円硬貨の枚数　50枚} \end{cases}$

(2) 500円

〈関数(小問)〉

H25　3　(1) ①　$y=3x^2$　②　-12

H27　2　(5)　-3

H28　1　(2)　$y=-3x$

H30　2　(2)　$-\frac{1}{2}$

H31　1　(2)　8

R 2　1　(2)　$y=-5x$

R 3　2　(4)　$a=-\frac{1}{2}$

H28　2　(5)　ウ

H30　2　(3)　ウ

H31　2　(3)　エ

R 2　2　(3)　2個

R 3　2　(3)　右図

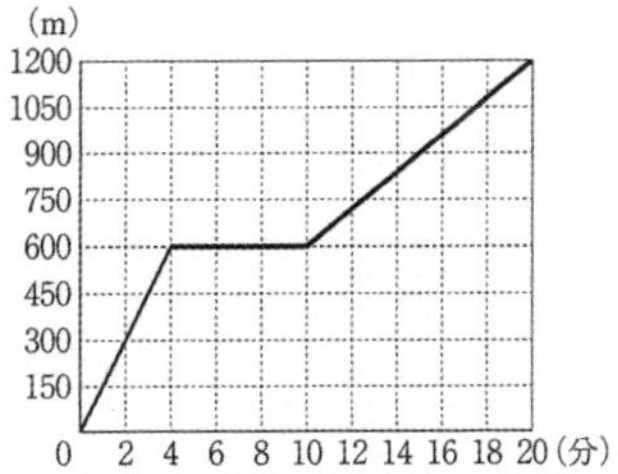

〈関数と図形〉

H25　6　(1)　6　(2) ①　$S=4t+24$　②　$\frac{3}{2}$，9

H26　6　(1)　C(6，−9)　(2)　$y=\frac{1}{2}x-6$　(3)　$-2\sqrt{5}$，2

H27　6　(1)　B (16，0)　(2) ①　40　②　$\frac{13}{2}$，11

H28　6　(1)　1　(2) ①　PQ：QR＝3：8　②　$\frac{2+2\sqrt{15}}{7}$

H29　6　(1)　$-\frac{1}{2}$　(2) ①　$Q\left(\frac{1}{2}, -2\right)$　②　$\frac{5}{3}$

H31　6　(1)　-4　(2) ①　15　②　$t=-2+2\sqrt{3}$

H30　6　(1)　$y=3x+7$　(2) ①　$\frac{5}{4}$　②　$-2+\sqrt{2}$，$\sqrt{2}$

R 2　6　(1)　1　(2) ①　10　②　$\frac{1+\sqrt{5}}{2}$

R 3　6　(1)　P(−2，3)　(2) ①　18　②　$t=3+\sqrt{5}$

〈平面図形〉

H25　2　(4)　120　度

H26　2　(4)　65　度

H27　1　(2)　110　度　2　(4)　270　度

H28　2　(4)　48　度

H29　1　(2)　ウ　2　(3)　ア　180　イ　360

H30　2　(4)　27π cm²

〈証明〉

H25　5　[証明の例1]

△ABEと△FDGにおいて

仮定より　∠AEB＝∠FGD＝90°…… (1)

平行四辺形の対角は等しいから　∠B＝∠D…… (2)

また，平行線の錯角は等しいから　∠BCF＝∠DFC…… (3)

仮定より　∠BCF＝∠DCF… (4)

(3)，(4) より　∠DFC＝∠DCF…… (5)

(5) より△DFCは2つの角が等しいので二等辺三角形であるから

DF＝DC…… (6)

平行四辺形の対辺は等しいから　AB＝DC…… (7)

(6)，(7) より　AB＝FD…… (8)

(1)，(2)，(8) より，直角三角形の斜辺と1つの鋭角がそれぞれ等しいから

△ABE≡△FDG

したがって　AE＝FG

[証明の例2]

点Fから辺BCにひいた垂線とBCとの交点をHとする。

線分AEと線分FHの長さは，それぞれ平行な2直線の距離だから

AE＝FH…… (1)

△FHCと△FGCにおいて

∠FHC＝∠FGC＝90°…… (2)

FC は共通…… (3)
仮定より　∠FCH＝∠FCG…… (4)
(2)，(3)，(4) より，直角三角形の斜辺と１つの鋭角がそれぞれ等しいから
△FHC≡△FGC
したがって　FH＝FG…… (5)
(1)，(5) より AE＝FG

H26 **5** ［証明の例１］
△ABC と△CEA において
AC は共通…… (1)
平行線の錯角は等しいから　∠BAC＝∠ECA…… (2)
仮定から　∠ADC＝∠ABC…… (3)
円周角の定理から　∠ADC＝∠CEA…… (4)
(3)，(4) より　∠ABC＝∠CEA…… (5)
三角形の内角の和は180°であり，(2)，(5) から残りの角も等しい。
したがって　∠ACB＝∠CAE…… (6)
(1)，(2)，(6) より，１組の辺とその両端の角がそれぞれ等しいから
△ABC≡△CEA
したがって　AE＝BC
［証明の例２］
仮定から　∠ADC＝∠ABC…… (1)
平行線の同位角は等しいから　∠ABC＝∠ECD…… (2)
円周角の定理から　∠ECD＝∠EAD…… (3)
(1)，(2)，(3) より　∠ADC＝∠EAD
錯角が等しいから　AE // BD
すなわち　AE // BC…… (4)
仮定から　AB // EC…… (5)
(4)，(5) より，２組の対辺がそれぞれ平行であるから
四角形 ABCE は平行四辺形である。
平行四辺形の対辺は等しいから AE＝BC

H27 **5** ［証明の例１］
線分BE をひく。
△ABC と△ECB において
BC は共通 ……………………①
DB＝DC より，△DBC は二等辺三角形であるから
∠ABC＝∠ECB ……………………②
円周角の定理から ∠ACE＝∠EBA ……………………③
また　∠ACB＝∠ACE＋∠ECB ……………………④
∠EBC＝∠EBA＋∠ABC ……………………⑤
②，③，④，⑤より ∠ACB＝∠EBC……………………⑥
①，②，⑥より，1組の辺とその両端の角がそれぞれ等しいから
△ABC≡△ECB
したがって AB＝EC

［証明の例２］
線分 BE をひく。
△DCA と△DBE において
仮定から DC＝DB ……………………①
対頂角は等しいから ∠ADC＝∠EDB……………………②
円周角の定理から　∠ACE＝∠EBA……………………③
①，②，③より，1組の辺とその両端の角がそれぞれ等しいから
△DCA≡△DBE
したがって AD＝ED ……………………④
また　AB＝AD＋DB……………………⑤
EC＝ED＋DC……………………⑥
①，④，⑤，⑥より AB＝EC

H28 **5** ［証明の例１］
線分EFをひく。
BD：DC＝1：2より　BD＝$\frac{1}{2}$DC ……………………①
△ADCにおいて，E，FはそれぞれAD，ACの中点であるから，
中点連結定理より
EF＝$\frac{1}{2}$DC ……………………②
EF//DC……………………③
①，②より　BD＝EF ……………………④
③より　BD//EF……………………⑤
④，⑤より，１組の対辺が平行でその長さが等しいから，
四角形 BDFE は平行四辺形である。
平行四辺形の対辺は等しいから　BE＝DF
［証明の例２］
線分 EF をひく。
△BDEと△FED において
DEは共通……………………①
BD：DC＝1：2より　BD＝$\frac{1}{2}$DC……………………②
△ADCにおいて，E，FはそれぞれAD，ACの中点であるから，
中点連結定理より
EF＝$\frac{1}{2}$DC……………………③
EF//DC ……………………④
②，③より　BD＝FE ……………………⑤
④より　BD//EFであり，平行線の錯角は等しいから
∠BDE＝∠FED……………………⑥
①，⑤，⑥より，２組の辺とその間の角がそれぞれ等しいから
△BDE≡△FED
したがって　BE＝DF

H29 **5** ［証明の例１］

△ＡＢＥと△ＡＢＦにおいて
ＡＢは共通 ……………………………………………①
仮定から　∠ＢＡＣ＝∠ＢＡＤ ………………………………②
半円の弧に対する円周角は 90° であるから
∠ＡＣＢ＝∠ＡＤＢ＝90° ………………………………③
△ＡＢＣと△ＡＢＤにおいて，三角形の内角の和は 180° であり，②，③から
残りの角も等しい。
したがって　∠ＣＢＡ＝∠ＤＢＡ ………………………………④
対頂角は等しいから　∠ＣＢＥ＝∠ＤＢＦ ……………………⑤
④，⑤より　∠ＡＢＥ＝∠ＡＢＦ ………………………………⑥
①，②，⑥より，１組の辺とその両端の角がそれぞれ等しいから
△ＡＢＥ≡△ＡＢＦ
したがって　ＢＥ＝ＢＦ

［証明の例２］

△ＢＣＥと△ＢＤＦにおいて
対頂角は等しいから∠ＣＢＥ＝∠ＤＢＦ………………………………①
半円の弧に対する円周角は 90° であるから
∠ＡＣＢ＝∠ＡＤＢ＝90° ………………………………………②
②より　∠ＢＣＥ＝∠ＢＤＦ＝90° ……………………………③
仮定から　∠ＢＡＣ＝∠ＢＡＤ ………………………………④
④より，1つの円で，等しい円周角に対する弧は等しいから$\overset{\frown}{BC}=\overset{\frown}{BD}$ …⑤
⑤より，1つの円で，等しい弧に対する弦は等しいから　ＢＣ＝ＢＤ……⑥
①，③，⑥より，１組の辺とその両端の角がそれぞれ等しいから
△ＢＣＥ≡△ＢＤＦ
したがって　ＢＥ＝ＢＦ

H30 **5** (1)［証明の例1］

△ＡＥＦと△ＢＤＥにおいて
仮定からＥＦ＝ＤＥ………………………………………………①
△ＡＢＣはＡＢ＝ＡＣの二等辺三角形であり，点Ｄ，Ｅはそれぞれ
辺ＡＢ，ＡＣの中点であるから
ＡＥ＝ＢＤ……………………………………………………②
ＡＤ＝ＡＥ……………………………………………………③
③より，△ＡＤＥは二等辺三角形であるから
∠ＡＤＥ＝∠ＡＥＤ………………………………………④
また　∠ＡＥＦ＝180° −∠ＡＥＤ…………………………⑤
∠ＢＤＥ＝180° −∠ＡＤＥ…………………………⑥
④，⑤，⑥より　∠ＡＥＦ＝∠ＢＤＥ……………………………⑦
①，②，⑦より，2組の辺とその間の角がそれぞれ等しいから
△ＡＥＦ≡△ＢＤＥ
したがって　ＡＦ＝ＢＥ

［証明の例2］

△ＡＤＦと△ＥＣＢにおいて
△ＡＢＣはＡＢ＝ＡＣの二等辺三角形であり，点Ｄ，Ｅはそれぞれ
辺ＡＢ，ＡＣの中点であるから
ＡＤ＝ＥＣ……………………………………………………①
∠ＡＢＣ＝∠ＡＣＢ…………………………………………②
中点連結定理より
ＤＥ//ＢＣ……………………………………………………③
ＤＥ＝$\frac{1}{2}$ＢＣ ……………………………………………④
③より，平行線の同位角は等しいから∠ＡＤＦ＝∠ＡＢＣ …………⑤
②，⑤より　∠ＡＤＦ＝∠ＥＣＢ………………………………⑥
仮定から　ＤＦ＝2ＤＥ…………………………………………⑦
④，⑦より　ＤＦ＝ＣＢ …………………………………………⑧
①，⑥，⑧より，2組の辺とその間の角がそれぞれ等しいから
△ＡＤＦ≡△ＥＣＢ
したがって　ＡＦ＝ＢＥ

(2) $x:y=3:2$

H31 **5** (1)［証明の例1］

△ＡＣＦと△ＡＥＤにおいて
仮定から　ＣＤ＝ＥＦ ………………………………………①
また　ＦＣ＝ＣＤ＋ＤＦ……………………………………②
ＤＥ＝ＦＥ＋ＤＦ……………………………………③
①，②，③より　ＦＣ＝ＤＥ…………………………………④
仮定から　∠ＡＣＦ＝∠ＢＣＦ………………………………⑤
平行線の錯角は等しいから
∠ＢＣＦ＝∠ＡＥＤ…………………………………………⑥
⑤，⑥より　∠ＡＣＦ＝∠ＡＥＤ ……………………………⑦
⑦より　△ＡＥＣは2つの角が等しいので
二等辺三角形であるから　ＡＣ＝ＡＥ ………………………⑧
④，⑦，⑧より　2組の辺とその間の角がそれぞれ等しいから
△ＡＣＦ≡△ＡＥＤ
したがって　∠ＡＦＤ＝∠ＡＤＦ

［証明の例2］

△ＡＣＤと△ＡＥＦにおいて
仮定から　ＣＤ＝ＥＦ ………………………………………①
仮定から　∠ＡＣＤ＝∠ＢＣＤ………………………………②
平行線の錯角は等しいから
∠ＢＣＤ＝∠ＡＥＦ …………………………………………③
②，③より　∠ＡＣＤ＝∠ＡＥＦ ……………………………④
④より　△ＡＥＣは2つの角が等しいので
二等辺三角形であるから　ＡＣ＝ＡＥ ………………………⑤
①，④，⑤より　2組の辺とその間の角が
それぞれ等しいから　△ＡＣＤ≡△ＡＥＦ
対応する辺は等しいので　ＡＤ＝ＡＦ
したがって　△ＡＤＦは二等辺三角形であるから　∠ＡＦＤ＝∠ＡＤＦ

(2) 72度

R2 [5] ［証明の例1］
△ABDと△GECにおいて
仮定から　BD＝EC ……………………①
仮定より，平行線の同位角は等しいから
∠ABD＝∠GEC ……………………②
AB//FEであるから，三角形と比の定理より
AB：FE＝CB：CE＝3：1よって　AB＝3FE ……………………③
仮定から　GE＝3FE ……………………④
③，④より　AB＝GE ……………………⑤
①，②，⑤より，2組の辺とその間の角がそれぞれ等しいから
△ABD≡△GEC
したがって，AD＝GC ……………………⑥
また，∠BDA＝∠ECGより，同位角が等しいから
AD//GC ……………………⑦
⑥，⑦より，1組の対辺が平行でその長さが等しいから，
四角形ADCGは平行四辺形である。
［証明の例2］
四角形ABEGにおいて
仮定から　AB//GE ……………………①
AB//FEであるから，三角形と比の定理より
AB：FE＝CB：CE＝3：1よって　AB＝3FE ……………………②
仮定から　GE＝3FE ……………………③
②，③より　AB＝GE ……………………④
①，④より，1組の対辺が平行でその長さが等しいから，
四角形ABEGは平行四辺形である。
したがって，AG//BEから　AG//DC ……………………⑤
また，平行四辺形の対辺は等しいから
AG＝BE ……………………⑥
BD＝DE＝ECより　BE＝DC ……………………⑦
⑥，⑦より　AG＝DC ……………………⑧
⑤，⑧より，1組の対辺が平行でその長さが等しいから，
四角形ADCGは平行四辺形である。

R3 [5] ［証明の例1］
△ABFと△DBGにおいて
仮定から　AB＝DB ……………………①
仮定から　∠BAF＝∠BDG ……………………②
仮定から　∠ABC＝∠DBE ……………………③
∠ABF＝∠ABC−∠CBE ……………………④
∠DBG＝∠DBE−∠CBE ……………………⑤
③，④，⑤より　∠ABF＝∠DBG ……………………⑥
①，②，⑥より　1組の辺とその両端の角がそれぞれ等しいから
△ABF≡△DBG
合同な図形の対応する辺は等しいから
AF＝DG

［証明の例2］
△EBGと△CBFにおいて
仮定から　BE＝BC ……………………①
仮定から　∠BEG＝∠BCF ……………………②
共通な角は等しいから　∠EBG＝∠CBF ……………………③
①，②，③より　1組の辺とその両端の角がそれぞれ等しいから
△EBG≡△CBF
合同な図形の対応する辺は等しいから
EG＝CF ……………………④
仮定から　AC＝DE ……………………⑤
AF＝AC−CF ……………………⑥
DG＝DE−EG ……………………⑦
④，⑤，⑥，⑦から
AF＝DG

〈立体図形〉

H25 [1] (2) 辺DC，辺EF，辺HG　[2] (5) $\frac{32}{3}\pi$ cm³
[7] (1) $3\sqrt{5}$ cm　(2) 3 cm　(3) $\frac{12\sqrt{3}}{5}$ cm³

H26 [3] (1) ① $y=-\frac{5}{3}x+2$　② 84π cm³
[7] (1) $4\sqrt{3}$ cm　(2) ① AR：RG＝3：2　② $\frac{16}{5}$ cm

H27 [7] (1) $\sqrt{13}$ cm　(2) ON：NC＝5：3　(3) $\frac{15\sqrt{39}}{52}$ cm

H28 [2] (3) 9 cm　[7] (1) $2\sqrt{2}$cm　(2) ① $\frac{8}{5}$ cm　② $\frac{44}{15}$cm³

H29 [2] (5) 48πcm³　[7] (1) 4cm　(2) 9cm²　(3) 20cm³

H30 [7] (1) $9\sqrt{3}$ cm²　(2) ① $18\sqrt{3}$ cm³　② $\frac{9\sqrt{10}}{5}$ cm

H31 [2] (4) 12倍　[7] (1) $6\sqrt{3}$ cm　(2) ① OR：RM＝2：3　② $32\sqrt{2}$ cm³

R2 [2] (4) 16πcm²　[7] (1) 4cm　(2) $12\sqrt{10}$cm²　(3) 36cm³

R3 [2] (5) エ　[7] (1) $2\sqrt{2}$cm　(2) $\sqrt{14}$cm²　(3) $\frac{32\sqrt{7}}{27}$ cm³

〈資料の整理〉

H27 **3** (2) ① 9 日 ② 14.1 ℃

③ 中央値を比べると，(2014) 年8月のほうが暑かったといえる

［理由の例］

中央値が入る階級は，2000年8月では31℃以上32℃未満，2014年8月では33℃以上34℃未満であるので，中央値は，2000年8月より2014年8月のほうが大きいから。

H28 **3** (2) ① 400

② (イ)

［理由の例］

無作為に抽出された400枚のポイント券のうち，2点のポイント券の枚数の割合は

$$\frac{135}{400}=\frac{27}{80}$$

であり，1点のポイント券の枚数の割合は

$$\frac{400-135}{400}=\frac{265}{400}=\frac{53}{80}$$

である。

2点と1点のポイント券の枚数の割合は，母集団と標本ではおよそ等しいと考えられるから，集まった7200枚のポイント券のポイントの合計点は，およそ

$$7200\times\frac{27}{80}\times 2+7200\times\frac{53}{80}\times 1=9630\text{（点）}$$

したがって，ポイントの合計点は10000点未満であると考えられる。

H29 **3** (2) ① 5分 ② 15分以上20分未満

③ (イ)

［理由の例］

通学時間が25分以上の生徒の割合をそれぞれ求めると，

2学年は 39÷120＝0.325

3学年は 37÷100＝0.37

したがって，通学時間が25分以上の生徒の割合は3学年のほうが大きいから。

H31 **3** (2) ① 215cm

② (イ)

［理由の例］

記録が220cm以上の割合をそれぞれ求めると

1組男子は 6÷16＝0.375

3学年男子は 33÷75＝0.44

したがって，記録が220cm以上の生徒の割合は，1組男子の方が小さいから。

H30 **3** (1) ① 6人 ② 7人

R2 **3** (2) ① 20個

② (ア)

［理由の例］

実験を5回行った結果の赤球と白球それぞれの個数の平均値から，

標本として抽出した60個の球のうち白球は20個，赤球は40個である。

この値をもとに推測すると，袋の中の赤球の個数はおよそ

$$400\times\frac{40}{20}=800\text{（個）}$$

したがって袋の中の赤球の個数は640個以上であると考えられる。

R3 **3** (2) ① 15m

② 中央値を比べると，(B) 班のほうが大きい。

［理由の例］

A班の中央値が入る階級は，25m以上30m未満であり，

B班の中央値が入る階級は，30m以上35m未満である。

したがって，B班のほうが大きい。

〈確率・場合の数〉

H25 **3** (2) ① $\frac{7}{36}$ ② $\frac{1}{6}$

H27 **3** (1) ① 4個 ② $\frac{4}{9}$

H28 **3** (1) ① 8通り ② $\frac{3}{25}$

H30 **3** (2) ① ア 10 イ 25

② (C)

［理由の例］

ひいた2枚のカードの1枚目が3，2枚目が5になる場合を〔3，5〕と表す。ひいた2枚のカードの数の和が8以上になる場合は，

Aのとき〔3，5〕，〔4，5〕，〔5，3〕，〔5，4〕の4通り。

Bのとき，2枚のカードが3と5の場合，4と5の場合の2通り。

Cのとき〔3，5〕，〔4，4〕，〔4，5〕，〔5，3〕，〔5，4〕，〔5，5〕の6通り。

起こりうるすべての場合は，Aのとき20通り，Bのとき10通り，Cのとき25通りであるから，ひいた2枚のカードの数の和が8以上になる確率は，

Aのとき$\frac{4}{20}=\frac{1}{5}$，Bのとき$\frac{2}{10}=\frac{1}{5}$，Cのとき$\frac{6}{25}$

よって，ひいた2枚のカードの数の和が8以上になる確率がもっとも大きいのはCのときだから。

H29 **3** (1) ① $\frac{2}{5}$ ② $\frac{7}{10}$

H31 **3** (1) ① 6通り ② $\frac{5}{12}$

R2 **3** (1) ① 6通り ② $\frac{23}{36}$

R3 **3** (1) ① 3通り ② $\frac{1}{4}$

理科解答

〈身近な科学〉

H28 [8] (1) ① ウ ② 60度　(2) ① イ ② 電磁誘導

H30 [9] (1) ① **向き**が反対で，**大きさ**が等しい ② 25　(2) イ　(3) 80個

H31 [8] (1) 右図　(2) 30度
(3) ① 全反射 ② 70

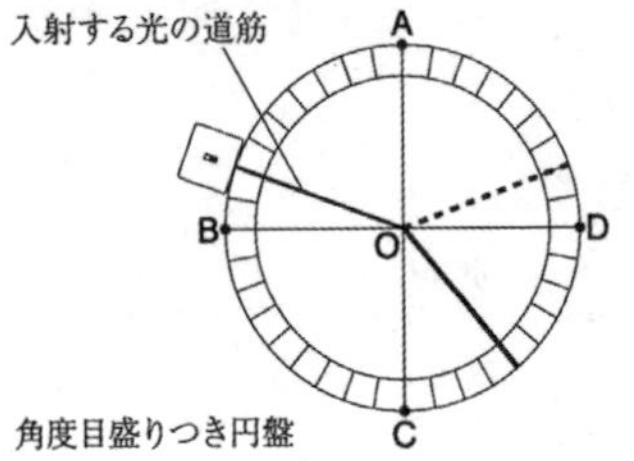

R2 [7] (1) フック　(2) 5.4cm
(3) ウ　(4) 1N　(5) 水中にある**体積**は物体Bの方がAよりも小さいため，物体Bにはたらく**浮力**がAよりも小さいから。

R3 [7] (1) 電磁誘導　(2) X 振幅 Y 振動数　(3) イ　(4) ア　(5) ウ

〈物質の性質〉

H25 [7] (1) ① ア ② ウ　(2) ① 2 ② イ
(3) ① 0.24 g ② マグネシウム：鉄＝3：7

H26 [7] (2) イ　(3) ***c*とdの関係** ア　***d*とeの関係** エ

H27 [7] (1) 上方置換法　(2) イ
(3) ①ア
②**アンモニア**が水に溶けて，丸底フラスコ内の**圧力**が大気圧より低くなったから。

H30 [6] (1) ウ　(2) カ　(3) 再結晶　(4) ① 64 ② 33

R2 [6] (1) 熱をうばった　(2) 塩　(3) ① $Ca(OH)_2$ ② ウ

〈化学変化〉

H25 [6] (1) ① ウ ② イ　(2) $2H_2O \rightarrow 2H_2+O_2$
(3) ① 炭酸ナトリウム ② エ
(4) ① C ② 気体Pから**酸素**をうばうはたらき

H28 [7] (1) 酸化物　(2) ① ア ② 銅：マグネシウム＝8：3
(3) オ

H29 [6] (1) 1g　(2) ア　(3) $H_2SO_4+Ba(OH)_2 \rightarrow BaSO_4+2H_2O$
(4) 235J

H30 [7] (1) ① イ ② エ　(2) 還元　(3) 14g　(4) ウ

H31 [6] (1) ウ→ア→イ　(2) Fe＋S→FeS　(3) ① ア ② 0.4　(4) ク

R2 [5] (1) イ→ア→ウ　(2) 二酸化炭素　(3) 右図
(4) 1.2g　(5) 2.0g

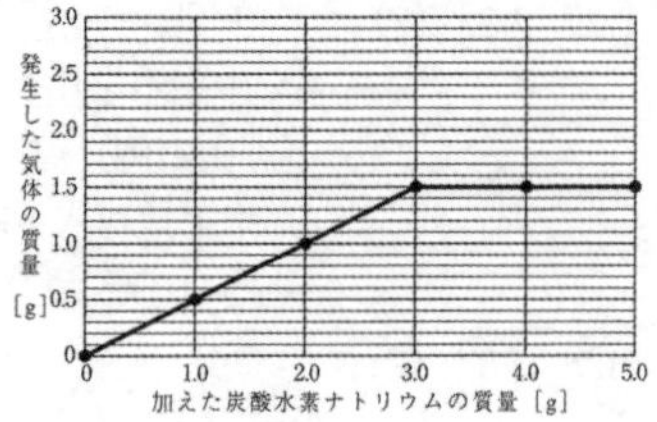

R3 [5] (1) MgO　(2) オ　(3) **銅やマグネシウムが**すべて酸素と反応したから。　(4) カ　(5) 2.16g

〈中和・イオン〉

H26 [6] (1) 電離　(2) ア
(3) **W_1とW_2の関係** イ　**W_2とW_3の関係** カ
(4) ① 1.26 ② X イ Y 2.4 g

H27 [6] (1) ア　(2) エ　(3) イ　(4) ① Zn^{2+} ② 100個

H28 [6] (1) 塩化水素　(2) **吸い上げられた液体が，**ゴム球に入らないようにするため。
(3) ① カ ② H_2O

H29 [7] (1) 非電解質　(2) エ　(3) **塩化銅や水酸化ナトリウムは，水溶液**にすると電離するから。
(4) ① カ ② イ

H31 [7] (1) エ　(2) SO_4^{2-}
(3) B うすい塩酸 C うすい水酸化ナトリウム水溶液　(4) オ

R3 [6] (1) 硫酸バリウム　(2) イ　(3) 2.8cm³　(4) ア
(5) ① エ ② $H^++OH^- \rightarrow H_2O$

〈電流とその利用〉

H26 [9] (1) 1.9 V　(2) エ　(3) ① エ ② カ
(4) (解答例)

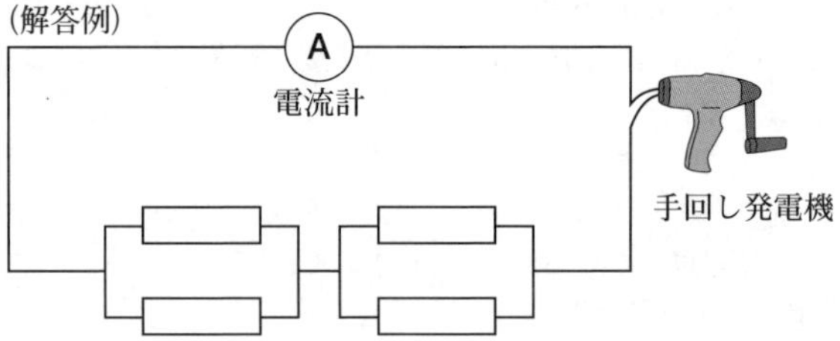

H27 [8] (1) C　(2) エ　(3) 5.0Ω　(4) ウ　(5) エ→ア→ウ→イ

H29 [1] (4) ウ
[8] (1) 真空放電　(2) ① ウ ② ア　(3) ウ　(4) イ

H30 [8] (1) ① ア ② 20Ω　(2) エ　(3) ① ウ ② エ

H31 [9] (1) 誘導電流　(2) **力学的エネルギーが，**電気エネルギーにかわったため。
(3) ウ　(4) ① ア ② ア，エ

〈運動とエネルギー〉

H25 9 (1) ア　(2) ① 力学的　② イ
(3) ① ア　② ウ　(4) 0.3 N

H26 8 (1) 15 cm/s　(2) ① オ　② 等速直線運動
(3) ① ア　② キ　③ エ

H28 1 (4) 放射線
9 (1) ① 25　② 50　(2) イ　(3) ① 1.4J　② 2.8N

H29 9 (1) ① 位置エネルギー　② 運動エネルギー　(2) イ
(3) エ　(4) ウ→イ→ア→エ

R2 8 (1) ウ　(2) イ　(3) 80cm/s　(4) ア
(5) ① つりあっている　② 慣性

R3 8 (1) 右図　(2) 位置　(3) 仕事の大きさは変わらない
(4) ア　(5) 75J

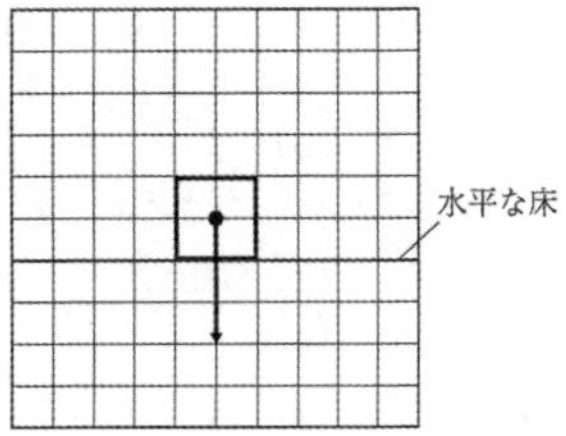

〈植物の生活と種類〉

H25 2 (1) イ，オ　(2) ① 酸素　② ヨウ素液　(3) エ

H29 2 (1) ① ウ　② エ
(2) ① ア　② 根から吸い上げられた水が，水蒸気として放出されること。

H30 2 (1) ① 柱頭　② 自家受粉　(2) ウ　(3) イ　(4) ① オ　② イ

H31 2 (1) ① エ　② 葉緑体
(2) 試験管Aの溶液の色の変化は，光を当てただけでは起こらず，オオカナダモのはたらきによることを確認するため。　(3) ウ

H27 1 (1) ア

R3 1 (1) 気孔　(2) ア　(3) 水面から水が蒸発するのを防ぐため。　(4) ① キ　② 3倍

〈大地の変化〉

H25 4 (1) 初期微動継続時間（P－S時間）　(2) ① 7　② 10
(3) ウ　(4) オ　(5) ① 震源の深さが浅い　② ア

H26 5 (1) ① ウ　② Ⅰ ア　Ⅱ しゅう曲
(2) ① ウ　② 境界面の標高［m］ 50　岩石 エ

H28 5 (1) ① ウ　② ア　(2) 断層　(3) ① エ　② 69km

H29 4 (1) ① 火成岩　② イ　(2) カ　(3) ① 斑晶　② ア

H30 1 (3) イ

H31 4 (1) オ　(2) ① イ　② 風化　(3) ① エ　② ウ

R3 3 (1) 断層　(2) エ　(3) イ　(4) オ　(5) イ

〈動物の生活と種類〉

H25 3 (1) イ　(2) ① 柔毛　② モノグリセリド(グリセリン)
(3) ① じん臓　② イ

H27 2 (1) ① B　② ひとみ　(3) カ

H28 3 (1) ア　(2) 毛細血管　(3) 血液が，逆流するのを防ぐはたらき。
(4) ① イ　② オ

H29 3 (1) エ　(2) イ　(3) クローン　(4) ① 減数分裂　② オ

H30 3 (2) ① 酵素　② 小腸　(3) 肺胞

H31 1 (1) 血しょう
3 (1) 相同　(2) ① カ　② 始祖鳥

R2 2 (1) 恒温　(2) ひだや柔毛があることで，表面積が大きくなるから。　(3) ア
(4) 酸素を使って養分からエネルギーがとり出されている　(5) オ

R3 2 (1) 末しょう神経　(2) ウ　(3) エ
(4) 脳に伝わらずに，せきずいから運動神経を通って　(5) イ

〈細胞と生殖〉

H26 2 (1) それぞれの細胞をはなれやすくするため。
(2) ウ　(3) ア→オ→ウ→イ→エ→カ

H27 3 (1) ① ウ　② イ　(2) 優性　(3) ① ウ　② オ　(4) 分離

H30 1 (1) 発生

H31 3 (3) ① イ　② カ

R2 1 (1) A ひげ根　B 単子葉　(2) ウ　(3) ① Q　② P　(4) ク

〈天気とその変化〉

H27 4 (1) イ　(2) ウ
(3) ① シベリア気団　② 西高東低型　③ キ

H28 4 (1) ① エ　② 露点　(2) イ　(3) ウ

H29 1 (2) 1020 hPa

H30 4 (1) 温帯低気圧　(2) ア
(3) Zのような前線では，寒気が暖気の下にもぐりこみ，暖気を押し上げながら進んでいく。
(4) オ

H31 5 (1) 太陽　(2) ウ　(3) ① エ　② 40
(4) 気温の上昇によって，陸地の氷河がとけ，海への流水がふえるため。

R2 3 (1) カ　(2) イ　(3) エ　(4) ア　(5) 気温が低くなり気圧が高くなる

〈地球と宇宙〉

H25 5 (1) エ　(2) ウ　(3) ① ア ② イ　(4) ア

H27 5 (1) ① **太陽**の光を反射しているから。 ② ウ，エ，オ
(2) ウ　(3) ① 木星　② オ

H28 1 (2) 黄道

H29 5 (1) 子午線　(2) 点E　(3) イ
(4) **地球が，地軸**を中心として西から東へ**自転**しているから。　(5) カ

H30 5 (1) ウ　(2) 年周　(3) 天球　(4) エ　(5) オ

R2 4 (1) 惑星　(2) イ　(3) エ　(4) イ　(5) カ

R3 4 (1) 日食　(2) カ　(3) エ　(4) 北緯39.1度　(5) ウ

〈生物界のつながり〉

H26 3 (1) ① 食物網　② Ⅰ ア，エ，キ　Ⅱ ケ　(2) 生態系
(3) バイオマス 発電　(4) 持続可能

H28 2 (1) ① ツツジ ② マイマイ ③ エ　(2) ウ　(3) オ

H30 3 (1) ウ　(4) エ

英語解答

〈適語選択・並べかえ〉

H25 2 (1) ① イ ② ア ③ ウ
(2) ① Have you ever been there　② This book written by him

H26 2 (1) ① エ ② イ ③ ウ
(2) ① How many teachers are there in
② looking forward to swimming in the sea

H27 2 (1) ① ウ ② エ ③ ア
(2) I bought Tom a picture book about
(3) ウ

H28 2 (1) ① エ ② イ ③ ア
(2) the best country I have visited
(3) イ

H29 2 (1) ① エ ② ウ ③ イ
(2) of rice and eaten by
(3) 1 エ 2 ア 3 ウ 4 イ

H30 2 (1) ① イ ② エ ③ ウ　(2) know what time it is
(3) 1 ウ 2 イ 3 エ 4 ア

H31 2 (1) ① ウ ② ア ③ イ　(2) the books written by him are
(3) 1 エ 2 イ 3 ア 4 ウ

R2 2 (1) ① イ ② ア ③ ア　(2) time to prepare for it
(3) 1 エ 2 イ 3 ウ 4 ア

R3 2 (1) ① ウ ② ア ③ エ　(2) give some presents to him
(3) 1 ウ 2 イ 3 ア 4 エ

〈適語補充・英作文〉

H25 3 (1) ① because　② when
(2) (解答例) He is known as a person who wished for peace

H26 3 (1) ① in front of　② Thanks to
(2) (解答例) You can use a computer to look for the books you need

H27 3 (1) what to do
(2) (解答例) I was very tired, but I shared a good time with them.

H28 3 (1) me strong
(2) (解答例) I have learned that helping each other is important.

H29 3 (1) don't you join
(2) (解答例) I'm going to try many things that I haven't experienced before.

H30 3 (1) painted by
(2) (解答例) If you take it to the museum, you can get a special poster.

H31 3 (1) am excited
(2) I want you to eat a famous dish of my town.

R2 [3] (1) get to
(2) riding bikes is one way to save energy

R3 [3] (1) number of
(2) buying things on the Internet is becoming a part of our lives

〈対話文（グラフや表の資料より）〉

H25 [4] (1) イ (2) eight (3) He read many kinds of books to her class.
(4) ア (5) ウ
(6) C interesting books D time for reading every morning E help

H27 [4] (1) ア (2) ① ウ ② エ
(3) they didn't work together
(4) イ (5) A grades B have the power

H28 [4] (1) エ (2) ① ウ ② イ
(3) what he should do (4) ウ
(5) ① six months
② find one interesting topic every morning and talk about it

H29 [4] (1) イ (2) ウ
(3) as popular as (4) ア
(5) ① she made friends by playing tennis
② gives two points to a yellow sticker and one point

H30 [4] (1) ① ウ ② ア (2) ア (3) are many hungry people (4) エ
(5) A know about B after

H31 [4] (1) ① イ ② エ (2) a chance to use the language
(3) ウ→ア→エ→イ (4) ア (5) A abroad B necessary

R2 [4] (1) ① ウ ② エ (2) イ (3) problems about language and culture
(4) ウ (5) A more B friendly

R3 [4] (1) ① エ ② エ (2) イ (3) hear elderly people's stories
(4) ア (5) A prepare B case

〈英文把握問題〉

H25 [5] (1) ア (2) エ (3) イ (4) ウ (5) イ→オ→エ→ウ→ア
(6) 身の回りのものについて私たちの見方を変えることと新しい考えを分かち合い一緒に取り組むこと。

H26 [5] (1) エ (2) ウ
(3) ロンドンで人々が自分のような外国人に道を尋ねるとは思わなかったから。
(4) A months ago B study and play C will be better

H27 [5] (1) イ (2) ア
(3) 祖母がたくさんの自分の写真や自分からの古い手紙を持っていたこと。
(4) ウ→イ→ア→エ→オ
(5) ① gave her many pictures of him
② who will love and help people around him

H28 [5] (1) イ (2) 7月のロンドンでは，夜の9時でも外は暗くないこと。
(3) ア (4) イ→エ→ア→ウ (5) エ
(6) A eyes B by experiencing something

H29 [5] (1) エ (2) ウクライナから人々がドーフィンに移住してきたから。
(3) ウ→エ→ア→イ (4) イ (5) エ (6) A parents B new to

H30 [5] (1) ア (2) joining projects that make the city (3) イ
(4) エ→ウ→ア→イ (5) イ
(6) ① saw the wonderful view
② discuss things a lot with people in different conditions

H31 [5] (1) エ (2) ウ (3) ア (4) エ
(5) ① need warm temperatures
② has learned something new about it
(6) How long does the festival continue?

R2 [5] (1) イ (2) エ (3) エ (4) ウ
(5) ① that decided to stop giving plastic bags
② working together for the same goal
(6) How many signatures did they get at the airport?

R3 [5] (1) イ (2) イ (3) ア (4) ウ
(5) ① only a few things
② wants him to pass on the recipe
(6) Do you know why she doesn't cook it?

〈リスニング〉

R2 [1] 放送問題1 No.1 ウ No.2 ア No.3 ウ No.4 エ No.5 ア
放送問題2 No.1 エ No.2 イ
放送問題3 ① favorite ② eight ③ holds
④ yourself ⑤ birthday

R3 [1] 放送問題1 No.1 ア No.2 エ No.3 イ No.4 ウ No.5 ウ
放送問題2 No.1 エ No.2 ア
放送問題3 ① win ② once ③ smile
④ message ⑤ remember

社会解答

〈世界地理〉

H26 1 (1) アルプス（山脈） (2) ① 本初子午線 ② 1月2日の午前1時
(3) Y アフリカ Z 植民地
(4) **高緯度**のわりには温暖で，**一年**をとおして降水量の差が小さい。
(5) イ (6) EU ウ ASEAN ア

H28 1 (1) ① u ② エ ③ t ④ 温帯 (2) ア
(3) **C国の輸出は，**銅に大きく**依存**しており，世界の**銅価格**の影響を受けやすい。
(4) 日本に比べて，D国は**出生率**が高く，**少子化**は進んでいない。

H29 1 (1) 30（度） (2) イ
(3) ① ウ ② **どちらの都市も**夏に**乾燥**し，冬に比較的降雨がある。
(4) エ (5) ① ア ②（符号）エ （国名）アルゼンチン

H30 1 (1) 南極（大陸） (2) D (3) エ (4) ア
(5) 肉牛を飼育する牧場を開発するために，森林を切りひらいてきたから。 (6) w

H31 1 (1) 大西洋 (2) う (3) s (4) **符号** C **国名** エジプト (5) オ
(6) エ (7) **日本と比べて，E国は，化石燃料**のエネルギー供給の割合は低く，**再生可能エネルギー**の供給の割合は高い。

R2 1 (1) 地中海 (2) イ
(3) ① ユーロ
② **Pグループに比べ，Qグループは，**2017年の一人あたりの国民総所得が低く，2005年からの増加率は高い。
(4) アフリカ連合（AU） (5) ア (6) **符号** イ **国名** トルコ

R3 1 (1) ウ (2) ①S ア T 稲（米） ② イ (3) エ
(4) **符号** A **国名** ペルー (5) ① インドシナ（半島） ② ASEAN

〈日本地理〉

H25 2 (1) ① イ ② エ ③ 養殖（養殖漁業）
(2) ① 降水量が少ない ② **市場での供給量**が少ない時期に出荷すると，高い**価格**で売ることができるから。

H26 2 (1) やませ (2) イ (3) ア (4) エ (5) ① 扇状地 ② ウ

H28 2 (1) D (2) リアス（式）海岸 (3) イ (4) イ
(5) **歴史的景観**を保全するため，**電柱**をなくしている。 (6) ① ア ② ウ

H29 2 (1) C (2) ① イ ② 375000（㎡） (3) ウ (4) カルデラ
(5) 北海道は，農家一戸あたりの耕地面積が広い。
(6) **北海道を訪れた海外からの観光客は，**1年を通して**東アジア**からの割合が高く，日本人観光客と比較すると，1～3月に多く訪れている。

H30 2 (1) 日本アルプス (2) ウ (3) ア (4) エ (5) 下図
(6) ① 加工貿易 ② 名古屋港の貿易黒字額はおおよそ6兆円であり，その貿易黒字額の大きさは5港の中で第1位となっている。

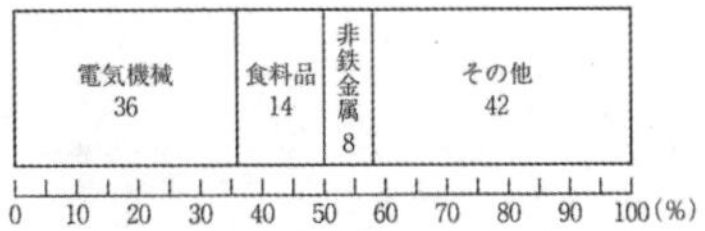

H31 2 (1) 中国（山地） (2) ウ (3) ① E ② 500（m） ③ エ
(4) イ (5) X ウ Y ア

R2 2 (1) ① イ ② ア (2) エ
(3) ① Q→S→R ② **原料や製品**の輸送に便利である (4) ① 右図
② エ

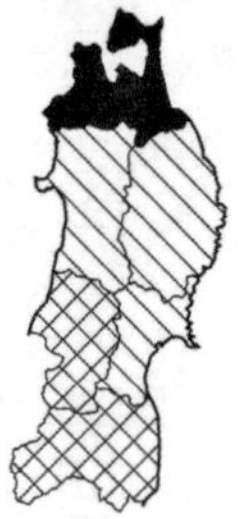

R3 2 (1) ① 紀伊（山地） ② ア (2) エ
(3) ① エ ② 愛知県 (4) ① イ ② ウ
③ **海面の標高は**0mであるが，Gに最も近い三角点の標高は86.2mだから。

〈歴史〉

H25 4 (1) イ (2) エ (3) 産業革命 (4) **符号** ア **人物名** 伊藤博文
(5) ア (6) **政党政治**がとだえて，**軍部**の力が強まっていった。
(7) イ→ア→ウ→エ

H26 3 (1) ① 大宝律令 ② エ ③ 最澄（伝教大師） (2) 禅宗
(3) イエズス会は，**宗教改革**に対して，**カトリック教会**の立て直しを目指して活動した。
(4) キリスト教徒を発見するため。 (5) ① 勘合貿易 ② F

H27 4 (1) エ (2) ア (3) ① D ② 借金がなくなった (4) ウ (5) イ→ウ→エ→ア
(6) アメリカは南北戦争の影響で，日本との貿易が困難になったから。

H28 4 (1) エ (2) 奉公 (3) 寝殿造 (4) **中国**から銅銭を輸入していた (5) ア

H29 4 (1) ① 中大兄皇子 ② ウ (2) ア (3) エ (4) 兵農分離
(5) エ→ア→ウ→イ (6) **明治政府は，**土地所有者が**地価**の3%を現金で納める税に変更した。

H30 4 (1) ① イ ② ア
(2) ① ウ→ア→イ→エ ② 殖産興業 ③ **社会主義**の革命の拡大を防ぐため，シベリア出兵
(3) ① イ ② ウ

H31 3 (1) イ (2) t (3) 執権 (4) ① エ ② ア→ウ→エ→イ (5) 財閥
(6) **アフリカ州**では，**植民地**の支配から解放され，独立した国が多かったから。

4 (1) ① 19（世紀） ② イ (2) 北海道 (3) ① 松平定信 ② イ→ウ→ア→エ
(4) ① ウ ② 欧化
③ 日本は，**不平等**な条約を改正して，欧米諸国と**対等な関係**を築こうとしたため。

R2 3 (1) 十七条の憲法 (2) ① 万葉集 ② 防人 (3) ア (4) 勘合
(5) エ (6) ウ→イ→エ→ア (7) ① 日米修好通商条約 ② イ

4 (1) ① 八幡製鉄所 ② ア→ウ→イ→エ
(2) ① 全国水平社 ② 直接国税の納税額による制限 (3) ① ア ② ウ
(4) ウ

R3 3 (1) ① 唐 ② エ (2) ① 御恩 ② 北条時宗 ③ イ→ウ→エ→ア (3) ア
(4) ① アイヌ ② ロシアの南下に備えるため。

4 (1) イ (2) 士族 (3) ウ (4) イ→ア→ウ→エ (5) イ (6) 農地改革
(7) 日ソ共同宣言に**調印**し，ソ連と**国交**を回復した

〈政治〉

H25 5 (1) 平和　(2) **憲法に違反する**法律や命令は**効力**をもたない。
(3) 表現　(4) イ　(5) 国会議員　(6) エ　(7) Y　50分の１　Z　選挙管理委員会

H26 5 (1) ①　W　多数決　X　少数意見　②　Y　戦力　Z　交戦権
(2) ①　エ　②　ア　(3) 議員１人あたりの**有権者**の数　(4) イ

H27 6 (1) ①国民主権　②個人
(2) **符号**　ア　**理由**　男女で異なった賃金となっているため。
(3) 自由民主党(自民党)を**与党**とし，日本社会党(社会党)を**野党第一党**とする政治体制のこと。　(4) ア　(5) イ　(6) 国民の**感覚**が反映される

H28 6 (1) 行政　(2) 議院内閣制　(3) 解散　(4) イ　(5) ウ
(6) ①　イ　②　**選挙**によって選ばれた代表者が**議会**をつくって政治を行う

H29 6 (1) イ　(2) X　指名　Y　選挙　(3) ウ
(4) ① イ　② 累進課税により，税金を納めたあとの所得の**格差**を小さくするため。(5) エ

H30 6 (1) 公共の福祉　(2) イ　(3) ①　公職選挙法　②　**参議院は，衆議院と異なり**，解散がなく，３年ごとに議員の**半数**が改選されるから。
(4) ①　ウ
②　**他の3か国と比較すると**，日本の国民1人あたりの弁護士数は少ないが，その数は増加している。

H31 6 (1) ①　最高　②　ア　(2) 普通選挙　(3) ウ
(4) ①　イ　②　国民審査
③　国の政治のあり方を最終的に決める力が国民にあるという原則。

R２ 6 (1) イ　(2) 住民投票　(3)①　与党　②　ウ
(4) **常任理事国**のロシアが反対したため，この決議案は採択されなかった。
(5) **議員一人あたりの有権者数**の差を小さくし，**一票の価値**をできるだけ等しくするため。

R３ 6 (1) 立憲主義　(2) モンテスキュー
(3) 内閣が国会の**信任**に基づいて成立し，国会に対して**連帯**して責任を負う制度。
(4) カ　(5) メディアリテラシー　(6) ウ

〈経済〉

H25 6 (1) U　家計　V　金融　(2) 男女共同参画社会(基本法)　(3) 株主総会
(4) **社会保障給付費**が増えている一方で，**おもに費用を負担する**15～64歳の人の数が減っている。　(5) 公衆衛生　(6) エ

H27 5 (1) エ
(2) **なすの入荷量**が少ないときは平均価格が高くなる(多いときは平均価格が低くなる)。
(3) 間接金融　(4) 日本銀行
(5) ウ　(6)　イ

H28 5 (1) 南北問題　(2) ウ　(3) **社会保険料**の割合が小さくなっている
(4) **所得**に対する**税負担**の割合が大きくなる　(5) ア　(6) エ

H30 5 (1) エ　(2) 公正取引委員会　(3) ウ　(4) ①　消費税の税率が引き上げられたから。
②　**消費税は，法人税と比較して，景気**の影響を受けにくく，安定した税収が得られる財源である。
(5) ア　(6) ウ

R２ 5 (1) 家計　(2)①　カ　②D　ウ　E　株主総会　(3) F　エ　I　イ
(4) ウ　(5) 環境基本法

〈生活と国際社会〉

H26 6 (1) ウ　(2) エ　(3) **核保有国**以外の国々が核兵器を持つことを**禁止**する。
(4) ウ　(5) デフレーション（デフレ）
(6) **男女ともに**，非正規雇用の割合が増加し，**女性では**，その割合が半数を超えるようになっている。

H29 5 (1) 差別　(2) ウ　(3) 非核三原則　(4) 難民
(5) 日本は，国民総所得に対するODA支出金額の割合が低い。　(6) 化石燃料
(7) 先進国（先進工業国）に温室効果ガスの排出量を**削減**すること

H31 5 (1) ウ→ア→イ　(2) X　男女雇用機会均等（法）　Y　介護　(3) 自立
(4) TPP　(5) ウ
(6) 地方税が**不足**する地方公共団体に，地方交付税交付金が配分されることにより，地方公共団体の間の**歳入の格差**を小さくするため。

R３ 5 (1) イ　(2) 労働組合　(3) オ　(4) ア
(5) ①　公衆衛生
②　**40歳以上の全員が加入**し，**介護が必要になったときに**介護サービスを受けることができる制度。　③　ウ

国語解答

〈鑑賞文（短歌・俳句・詩）〉

H25 三 1、C　2、A　3、(1) ふだん　(2) ア

H26 三 1、あのかた　2、見過ごしてきた　3、ウ　4、エ

H27 三 1、B　2、E　3、(1) 秋の光　(2) 山みな声となりて

H28 三 1、F　2、D　3、(1) 空さわぐ　(2) ア

H29 三 1、むずがゆそうに揺れている　2、一つの全体　3、エ　4、ウ

H30 三 1、F　2、E　3、(1) しらしらと氷かがやき　(2) わがこころ燃ゆ

H31 三 1、D　2、A　3、(1) 吹き割る　(2) ウ

R２ 三 1、ぬぎすて　2、若者の香り　3、ウ　4、エ

R３ 三 1、E　2、D　3、(1) 空あをあをと　(2) 今日なし

〈論説文〉

H27 五 1、A なっとく　B みちび（いて）　2、ウ
3、(1) 考え方の世間の規範
(2) 実体ではなく、新聞・雑誌や、うわさや見聞からつくられたイメージにすぎない
4、イ　5、エ
6、世間一般に従うことは結局は付和雷同でしかないことだと知り、無自覚的に正しいとされ疑われていない先入観をできるだけ排除すること。

H29 五 1、A にご（し）　B えんかく　2、オ　3、イ　4、エ
5、(1) コミュニケーションを通して、動的に形成され、多義的・多次元的に拡大していく
(2) 意味解釈の幅をせばめ固定しようとする
6、新たな作風の作品を創りだすのが芸術だが、人工知能は指令に従って過去の用例を組み合わせた陳腐な作品しかうみだせないから

H31 五 1、A とたん　B も（れ）　2、ウ　3、イ
4、(1) 数え切れないほど存在したはずの別の表現の可能性　(2) 詩歌や文学
5、オ　6、送り手には言語化しきれなかった思考や感情があるので、受け手はその「間」を読み取り自分の内部に再現しようと努力すること。

R2 五 1、オ　2、エ　3、(1) 他者の存在を意識して、自分の欲望を制御する　(2) ウ
4、オ　5、対話により相手の思いを理解し、他者とともにある社会で、それぞれが自分らしく生きるためにはどうすればよいかを考えること。

R3 五 1、オ　2、(1) その場の文脈に合わせて即興的に　(2) イ　3、ウ　4、エ
5、計画に合わせてその場の思いつきを見直したり、文脈に合わせて文章構成を修正したりして、文に働く二つの力を調整すること。

〈小説文〉

H26 四 1、A なが（めて）　B こうかん
2、岩崎がいらだちをぶつけたにもかかわらず、佐藤が岩崎のことを受け止める姿勢を見せたから。　3、ア　4、エ　5、オ
6、(1) ある日突然いなくなる方に身を置いて育ってきた人間
(2) 自分の境遇を前向きに捉え、いろいろなことを勉強していく

H30 四 1、A しぼ（り）　B おん　2、イ
3、転部する決意をどのように伝えればよいかわからなかったから。
4、(1) いつものように　(2) オ　5、ア
6、これまで自分を受け入れてくれた二人に深く感謝し、これからは野球部で頑張ろうという思いをいっそう強くしている。

R2 四 1、ウ　2、イ
3、朱里が急に冷たい態度に変わり、自分から離れていくことはつらいが、正直に自分の気持ちを伝えたことに後悔してはいないから。
4、(1) デザインの一部にする
(2) おかしいことを言ってしまったのではないかという恥ずかしさ　5、ア

R3 四 1、ウ　2、してはいけないことをしたらどうなるかをきちんと理解させる
3、エ　4、ア　5、(1) 助け舟を出す　(2) すっかり弱っている朋典の気持ちを思いやり、姉らしい行動をとることができて本当によかった

〈古典〉

H25 三 1、おもわく
2、(1) 草を惜しみて、畜生を悩ますか。
(2) 人間になれて悪人に近づくと、きっと殺されてしまう　(3) エ

H26 三 1、ふるいて　2、(1) エ　(2) 誰がしたりけん
3、院が絵によって供米の不正を知り、けしからぬことと思って取り締まりを厳しくしたから。

H27 三 1、ととのわず　2、(1) 俳諧はなくてもあるべし。　(2) ウ
3、頑固な態度をとらずに不満があっても抑えて行き来するから。

H28 三 1、いわく　2、イ　3、(1) 石
(2) 誠実で純粋な気持ちで行うと、常識的には不可能なことでも達成できるということ。

H29 三 1、オ　2、こころづかい
3、(1) 簡単にできそうなことにも怠けずに取り組んでいく　(2) ひとへに自由なる

H30 三 1、かかわらず　2、(1) 初心のほど
(2) 他の本もあれこれと読んで、また初めの本に戻って何度も読む　3、オ

H31 三 1、いわば　2、(1) 市に虎あり
(2) 多くの人から同じことを言われると信用してしまう　3、ウ

R2 三 1、くいぬきて
2、(1) 羽一羽づつ乞へ。　(2) 羽がなくなって、生きていくことができなくなる。　(3) イ

R3 三 1、いえば
2、(1) げにさあらん。　(2) 悪いことをしたのが自分なのか他者なのか　3、イ

〈漢字・語句〉

H25 一 1、(1) 拾(う)　(2) 染(まる)　(3) 判断　(4) 宇宙　2、イ，ウ，オ

H26 一 1、(1) 演（じる）　(2) 拝（む）　(3) 紅潮　(4) 簡潔
2、**形容動詞** きれいな　**活用形** 連体（形）

H27 一 1、(1) 芽　(2) 養（う）　(3) 縮尺　(4) 警告　2、エ

H28 一 1、(1) 群（れ）　(2) 損（ねない）　(3) 寒暖　(4) 提唱　2、ア

H29 一 1、(1) 吸（う）　(2) 招（かれた）　(3) 運輸　(4) 戦績　2、ア

H30 一 1、(1) 預（ける）　(2) 助（かった）　(3) 沿岸　(4) 減量　2、ウ

H31 一 1、(1) 刻（む）　(2) 照（らす）　(3) 順序　(4) 配置　2、イ

R2 一 1、(1) おさ（める）　(2) もよお（す）　(3) けいさい　(4) むじゅん　(5) 降（り）
(6) 費（やした）　(7) 筋肉　(8) 専門　2、イ

R3 一 1、(1) おだ（やかな）　(2) し（める）　(3) かもく　(4) しょうさい　(5) 垂（らす）
(6) 借（りる）　(7) 領域　(8) 複雑　2、エ

〈条件作文〉

与えられた条件のもとで、述べられていること。

公立高校入試出題単元　解答・解説

過去９年間
(平成25年～令和3年まで)

○解　答　　数学　181p～
理科　188p～
英語　190p～
社会　192p～　※社会の解説はありません。
国語　193p～

●解　説　　数学　196p～
理科　206p～
英語　212p～
国語　226p～

数　学　解　説

ポイント①

2次関数　$y=ax^2$　について，xがpからqまで増加するときの変化の割合は，$a(p+q)$　で求められる。

ポイント②

中間連結定理

①AM=MB，AN=NCならば，MN∥BC，$MN=\frac{1}{2}BC$

②AM=MB，MN∥BCならば，AN=NC，$MN=\frac{1}{2}BC$

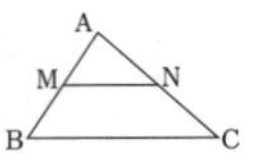

ポイント③

三角形の外角は，それととなり合わない2つの内角の和に等しい。

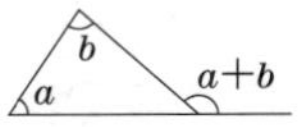

ポイント④

おうぎ形の面積（半径をr，中心角をa，弧の長さをℓとする。）

$S=\pi r^2\times\frac{a}{360}=\frac{1}{2}\ell r$

★応用①

方程式の計算と同じように両辺をそれぞれまとめ$ax>b$，$ax<b$の形にしたら，両辺をxの係数aで割る。そのとき，aが負の数の場合は，不等号の向きを変える。

★応用②

接線と弦のつくる角

接弦定理　円の接線とその接点を通る弦とのつくる角は，その角内の弧に対する円周角に等しい。

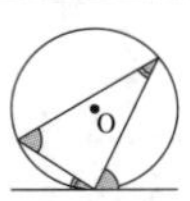

★応用③

対角の和は180°である。1つの外角は，それととなり合う内角の対角に等しい。

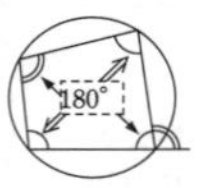

★応用④

球の面積　$S=4\pi r^2$　　球の体積　$V=\frac{4}{3}\pi r^3$　（球の半径をrとする）

〈計算問題〉

■平成25年度　1

（1）① $(-2)\times(-9)=18$

② $\frac{2}{5}-\frac{1}{2}=\frac{4}{10}-\frac{5}{10}=-\frac{1}{10}$

③ $3\sqrt{7}+\sqrt{28}=3\sqrt{7}+2\sqrt{7}=5\sqrt{7}$

④ $(-2ab^2)\div\frac{3}{2}ab=(-2ab^2)\times\frac{2}{3ab}=\frac{-4ab^2}{3ab}=-\frac{4}{3}b$

■平成26年度　1

（1）① $3-9=-6$

② $6\div\left(-\frac{2}{3}\right)=6\times\left(-\frac{3}{2}\right)=-9$

③ $\sqrt{21}\times\sqrt{7}=\sqrt{3}\times\sqrt{7}\times\sqrt{7}=7\sqrt{3}$

④ $(5a-b)-2(a+3b)=5a-b-2a-6b=3a-7b$

■平成27年度　1

（1）② $-\frac{3}{2}+\frac{7}{8}=-\frac{12}{8}+\frac{7}{8}=-\frac{5}{8}$

③ $2b^2\div(-a^2)\times3a^3b=-\frac{2b^2\times3a^3b}{a^2}=-6ab^3$

④ $6\sqrt{5}-\sqrt{45}=6\sqrt{5}-3\sqrt{5}=3\sqrt{5}$

■平成27年度　2

（1） $(3x-2y)+2(2x-y)=3x-2y+4x-2y=7x-4y$

$\rightarrow7\times2-4\times\left(-\frac{1}{2}\right)=14+2=16$

■平成28年度　1

（1）① $-7-2=-9$

② $\frac{4}{3}\div(-8)=\frac{4}{3}\times(-\frac{1}{8})=-\frac{1}{6}$

③ $9x^3\div3x\times(-x)^2=\frac{9x^3\times x^2}{3x}=3x^4$

④ $\sqrt{27}+\frac{3}{\sqrt{3}}=3\sqrt{3}+\sqrt{3}=4\sqrt{3}$

■平成29年度　1

（1）② $\frac{1}{6}-\frac{2}{3}=\frac{1}{6}-\frac{4}{6}=-\frac{3}{6}=-\frac{1}{2}$

③ $(24a-20b)\times\frac{1}{4}=6a-5b$

④ $\sqrt{2}+\sqrt{18}=\sqrt{2}+3\sqrt{2}=4\sqrt{2}$

■平成30年度　1

(1) ③ $6x^4\div(-3x^2)\div3x=6x^4\times(-\frac{1}{3x^2})\times\frac{1}{3x}=-\frac{2}{3}x$

④ $\sqrt{48}-\sqrt{3}=4\sqrt{3}-\sqrt{3}=3\sqrt{3}$

(2) $3(2x-3y)-(x-8y)=6x-9y-x+8y$

$=5x-y=5\times(-\frac{1}{5})-3=-1-3=-4$

■平成30年度　2

(1) $28=2^2\times7$より　$n=7$

■平成31年度　1

(1) ① $(-9)\times(-5)=45$

② $(-\frac{3}{4})+\frac{2}{5}=-\frac{15}{20}+\frac{8}{20}=-\frac{7}{20}$

③ $(-4x^2y)\div x^2\times2y=-4\cancel{x^2}y\times\frac{1}{\cancel{x^2}}\times2y=-8y^2$

④ $\frac{18}{\sqrt{6}}+\sqrt{24}=\frac{18\sqrt{6}}{6}+2\sqrt{6}=3\sqrt{6}+2\sqrt{6}=5\sqrt{6}$

■令和2年度　1

(1) ② $(-12)\div\frac{4}{3}=(-\overset{3}{\cancel{12}})\times\frac{3}{\underset{1}{\cancel{4}}}=-9$

③ $3(2x-y)-(x-5y)=6x-3y-x+5y=5x+2y$

④ $\sqrt{20}+\sqrt{5}=2\sqrt{5}+\sqrt{5}=3\sqrt{5}$

■令和3年度　1

(1) ③ $-8x^3\div4x^2\times(-x)=-\overset{2}{\cancel{8}}\cancel{x^3}\times\frac{1}{\cancel{4}\cancel{x^2}}\times(-x)=2x^2$

④ $\sqrt{50}+\sqrt{2}=\sqrt{5^2\times2}+\sqrt{2}=5\sqrt{2}+\sqrt{2}=6\sqrt{2}$

(2) n角形の内角の和は$180°\times(n-2)$より

$180°\times(6-2)=720°$

■令和3年度　2

(1) $-3=-\sqrt{3^2}=-\sqrt{9}$

$-2\sqrt{2}=-\sqrt{2^2}\times2=-\sqrt{8}$

$-\sqrt{9}<-\sqrt{8}$　　$-3<-2\sqrt{2}$

(2) 全員が徒歩通学か自転車通学のいずれか一方で通学しているので，

全生徒数：自転車通学=5+2：2=7：2

$126\times\frac{2}{7}=36$(人)

〈文字の式〉

■平成25年度　2

(2) 5個の1個$x$kgの重さは$5x$kg、3個の1個$y$kgの重さは$3y$kg

$5x+3y<40$

未満ということなので40kgは含まれない。以下であったら含まれる。

■平成27年度　2

（2）

x	30	60	90	…
y	1	2	3	…

yはxに比例しているので，$y=ax$とおくと

$x=30$，$y=1$を代入して　$1=30a$，$a=\frac{1}{30}$

よって，$y=\frac{1}{30}x$

■平成28年度　2

（1）　3割引きなので1個の値段は$0.7a$

よって　$10\times0.7a=7a$

■平成31年度　2

(2) $4a+3b$が100より大きいと考える。

■令和2年度　2

(2)「今月作られた製品の個数が先月作られた製品の個数より25%増えた」とあるので，今月作られた製品の個数をaとすると，

(先月作られた製品)$\times(1+\frac{25}{100})=a$，(先月作られた製品)$\times\frac{125}{100}=a$

先月作られた製品$=\frac{100}{125}a=\frac{4}{5}a$

となる。

〈作図〉

■平成26年度 [2]

（5） A，Bを中心とした円をそれぞれ書き，２つの円の交点を直線で結ぶ。その直線を伸ばし，ℓと交わった点がPとなる。

■平成27年度 [2]

（6） 図のとおり

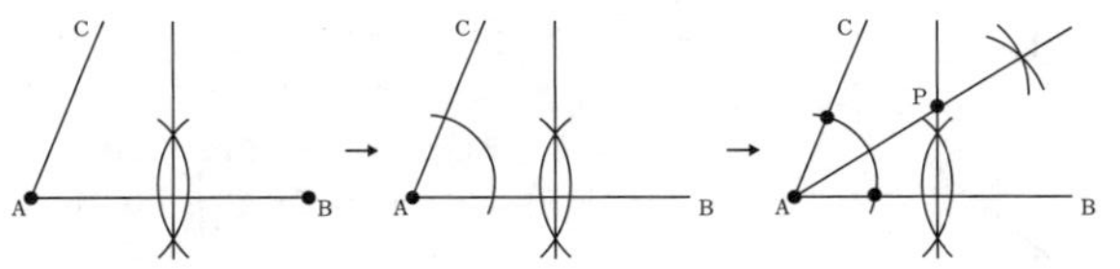

■平成31年度 [2]

(5) BA=BP, CA=CPとなるので，点B，点Cを中心とする円が交わる所が点Pとなる。

〈方程式〉

■平成25年度 [2]

（1） $x^2+3x-1=0$

解の公式より $x=\dfrac{-3\pm\sqrt{9-4\times1\times(-1)}}{2}=\dfrac{-3\pm\sqrt{13}}{2}$

■平成26年度 [2]

（1） $\begin{cases}2x+3y=7 & \cdots\cdots① \\ 3x-y=-6 & \cdots\cdots②\end{cases}$

②×3より $9x-3y=-18$
+①より $2x+3y=7$

$11x=-11$
$x=-1$

$x=-1$を①に代入
$2\times(-1)+3y=7$
$-2+3y=7$
$3y=9$
$y=3$

$\begin{cases}x=-1 \\ y=3\end{cases}$

■平成27年度 [2]

（3） 解の公式より

$$x=\frac{7\pm\sqrt{(-7)^2-4\times3\times3}}{2\times3}=\frac{7\pm\sqrt{49-36}}{6}=\frac{7\pm\sqrt{13}}{6}$$

■平成28年度 [2]

（2） $\begin{cases}3x+4y=5\cdots\cdots① \\ x=1-y\cdots\cdots\cdots②\end{cases}$

①に②を代入して，$3+y=5$
$y=2$
$y=2$を②に代入して $x=-1$
よって $\begin{cases}x=-1 \\ y=2\end{cases}$

■平成29年度 [2]

（1） $x^2+x-12=0$
$(x+4)(x-3)=0$
$x=-4, 3$

■令和２年度 [2]

(1) イの式のみ，方程式の両辺から４を引いている。

〈方程式（文章題）〉

■平成28年度 [4]

（2） 右図のように並べると長方形になるので，$2\times(5+1)+2\times(5+1\times4)=12+18=30$[cm]

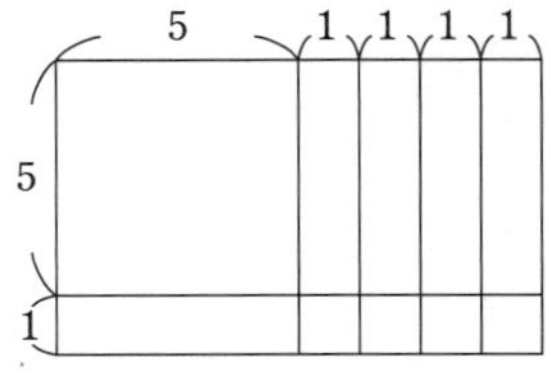

■平成29年度 [4]

（2）

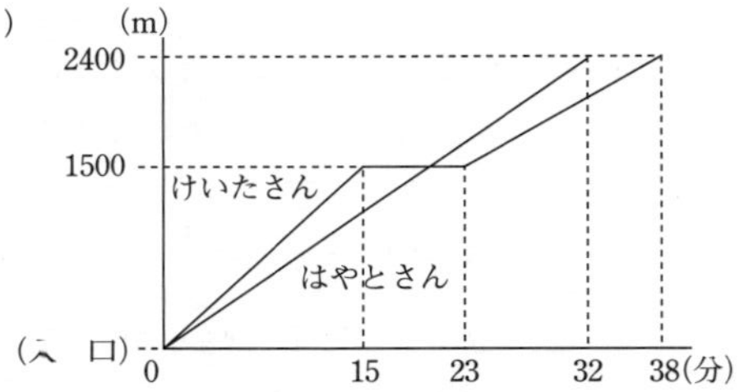

(1)より，入口からキャンプ場までの道のりは$1500+900=2400$[m]。また，けいたさんは入口から展望台まで毎分100mで歩いていたので，展望台に到着したのは$1500\div100=15$[分]。また，展望台で８分休んでいるので，展望台を出発したのは$15+8=23$[分]。はやとさんは2400mを32分で歩いているので$2400\div32=75$[m/分]。したがって，はやとさんのグラフの式は$y=75x$
グラフから，はやとさんはけいたさんが展望台で休んでいるときに追いついているので$y=1500$のときに追いついたことがわかる。よって，
$1500=75x$
これを解くと，$x=20$

■令和２年度 [4]

(2) (1)より，12回のゆうとさんの貯金金額は，
$100\times8+50\times22+10\times50=2400$(円)
よって，ゆうとさんの１回の貯金額は，$2400\div12=200$(円)
4000円貯金するには，$4000\div200=20$(回)必要。
また，グラフより姉が貯金を始めたのは，ゆうとさんが12回目の貯金を終えた後なので，姉が貯金する回数は$20-12=8$(回)である。
8回で4000円貯金するには，1回500円貯金する必要がある。

〈関数（小問）〉

■平成25年度 [3]

(1) ① yはxの２乗に比例しているということは$y=kx^2$
$x=2$の時 $y=12$であることより
$12=k\times(2)^2$ $12=4k$ $k=3$ $y=3x^2$

② $x=-3$の時 $y=3\times(-3)^2=27$
$x=-1$の時 $y=3\times(-1)^2=3$
変化の割合$=\dfrac{y\text{の変化量}}{x\text{の変化量}}=\dfrac{27-3}{(-3)-(-1)}$
$=\dfrac{24}{-3+1}=\dfrac{24}{-2}=-12$

■平成27年度 [2]

（5） $x=1$のとき $y=a\times1^2=a$
$x=4$のとき $y=a\times4^2=16a$
変化の割合$=\dfrac{y\text{の増加量}}{x\text{の増加量}}=\dfrac{16a-a}{4-1}=-15$
$\dfrac{15a}{3}=-15,\ 5a=-15,\ a=-3$

■平成28年度 [1]

（2） $x=ax$とおくと，点$(2,-6)$を通るので$-6=a\times2$つまり$a=-3$
よって $y=-3x$

■平成30年度 [2]

(2) 右図より $-8=a\times4^2$ つまり $a=-\dfrac{1}{2}$

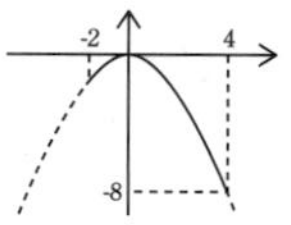

■平成31年度　1

(2) 反比例の式は$y=\frac{a}{x}$であり，これに$x=4$,$y=12$を代入すると

$12=\frac{a}{4}$　　$a=48$

つまり，$y=\frac{48}{x}$となる。これに$x=6$を代入して

$y=\frac{48}{6}$　　$y=8$

■令和２年度　1

(2) $y=ax$とおく。$x=3$のとき，$y=-15$なので，これらを代入すると，$-15=3a$　　$a=-5$，したがって，$y=-5x$となる。

■令和３年度　2

(4) 変化の割合$=\frac{y\text{の増加量}}{x\text{の増加量}}=-4$

$\frac{a\times6^2-a\times2^2}{6-2}=-4$

$8a=-4$

$a=-\frac{1}{2}$

■平成28年度　2

（５） グラフよりAさんにおける時間と公園に着くまでの道のりの関係式は

$y=\frac{200}{3}x$……①

Bさんは，15時3分から15時18分の15分間で2kmはなれた図書館に着いているので，その関係式をグラフに表すと下のようになる。

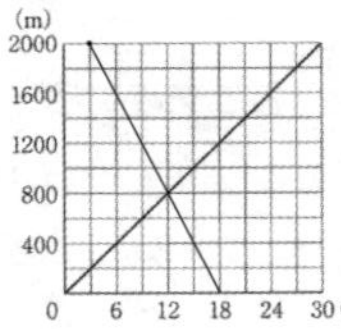

Bさんの直線の式は(3,2000)，(18,0)を通るので$y=ax+b$にそれぞれ代入して

$$\begin{cases}2000=3a+b\\0=18a+b\end{cases}$$

これを解くと，$a=-\frac{400}{3}$，$b=2400$

ゆえに，$y=-\frac{400}{3}x+2400$……②

①②を解くと，$x=12$，$y=800$

よって，2人がすれ違ったのは，図書館から800mの地点である…④

■平成30年度　2

(3)

①，③の過程では同じ割合で面積は増加し，②の過程では①，③よりも増加する割合は減少する。よって　ウ

■平成31年度　2

(3) 区間BとDを比べると傾きが等しいので，BとDの時の給水管の本数は同じである。次に区間AとCを比べるとCの方が傾きが急なのでAよりCの方が給水管の本数が多いと判断できる。

これらを満たしているのはエである。

■令和２年度　2

(3) AさんがBさんを追い越したのは，グラフの直線がともに右上がりで，交わっているときである。

■令和３年度　2

(3) 花屋から駅まで毎分60mの速さで歩いてるので

$(1200-600)\div60=10$

花屋から駅まで10分かかることがわかるので花屋を出発するのは$20-10=10$分後

よって，

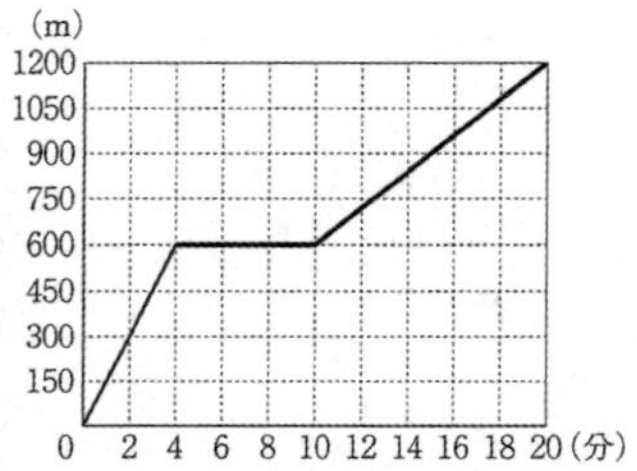

家を出てから4分後から10分後まで家から600m離れた花屋におり，10分後に出発して20分後に1200m離れた駅に到着する。

(4,600)，(10,600)，(20,1200)をつなげばよい。

〈関数と図形〉

■平成25年度　6

（１） ℓの傾きは$\frac{3}{4}$であるので、$y=\frac{3}{4}x+a$とおける。

直接ℓが点C(−8、0)を通る時とあるので、

$0=\frac{3}{4}(-8)+a=-6+a$　　$a=6$

$y=\frac{3}{4}x+6$である直線ℓの切片は6である。

（２）① Pのy座標はtである。P(−8、t)

ℓは傾き$\frac{3}{4}$の方程式$y=\frac{3}{4}x+b$とおいて、P(−8、t)を通るので、

$t=\frac{3}{4}(-8)+b$　　$t=-6+b$　　　$b=t+6$

ℓは$y=\frac{3}{4}x+t+6$でℓの切片は$t+6$なのでQ(0、$t+6$)

△OQPはOQを底辺としてみるとCの座標は(−8、0)なので高さは8

$S=(t+6)\times8\times\frac{1}{2}=(t+6)\times4=4t+24$

② 点QがOA上にある時は①より

$30=4t+24$　　$6=4t$　　$t=\frac{3}{2}$

点QがAB上にある時のQの座標はAB上にあることよりy座標は12、ℓは①より$y=\frac{3}{4}x+t+6$なのでyが12の時のxを求める。

$12=\frac{3}{4}x+t+6$　　　$x=8-\frac{4}{3}t$

AB上にある時のQの座標$(8-\frac{4}{3}t$、12)と分かった。

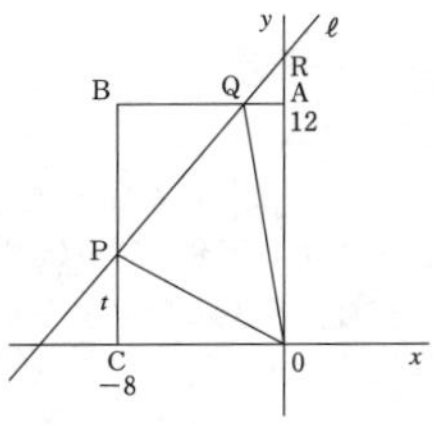

ℓとy軸とが交わる点をRとおくと、

AQの長さはQのxの負にあるので

$AQ=-(8-\frac{4}{3}t)=\frac{4}{3}t-8$

ORはRがℓの切片なので、

$OR=t+6$

△OPQの面積は△OPRから△OQRを引いたものであるので、

△OPQ=△OPR−△OQR

それぞれの三角形の面積を求めていくと、

$\triangle OPR=OR\times8\times\frac{1}{2}=(t+6)\times8\times\frac{1}{2}$

$=(t+6)\times4=4t+24$

$\triangle OQR=OR\times AQ\times\frac{1}{2}=(t+6)\times(\frac{4}{3}t-8)\times\frac{1}{2}$

$=(t+6)\times(\frac{2}{3}t-4)=\frac{2}{3}t^2-4t+4t-24$

$=\frac{2}{3}t^2-24$

△OPQ=△OPR−△OQR

$=4t+24-(\frac{2}{3}t^2-24)=-\frac{2}{3}t^2+4t+48$

S=30である時　$-\frac{2}{3}t^2+4t+48=30$

$-\frac{2}{3}t^2+4t+18=0$　　$(-t+9)(\frac{2}{3}t+2)=0$

$t=9$、-3

tは正であることより　$t=9$

点QがOA上にある時　$t=\frac{3}{2}$、点QがAB上にある時　$t=9$

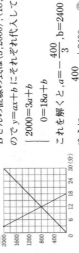

■平成26年度　6

（1）Aの座標は$(-6,\ -9)$となるので，
Aとy軸について対称な点Cは$(6,\ -9)$

（2）Bの座標は$(4,\ -4)$となるので，
2点$(-6,\ -9)$ $(4,\ -4)$を通る直線を求める。

（3）△BPCの周の長さが最も小さくなるのはBP＋PCが最小のときである。
また，AとCはy軸について対称なのでAP＝CP
よってBP＋PC＝BP＋PAとなるので，PはABとy軸の交点にある

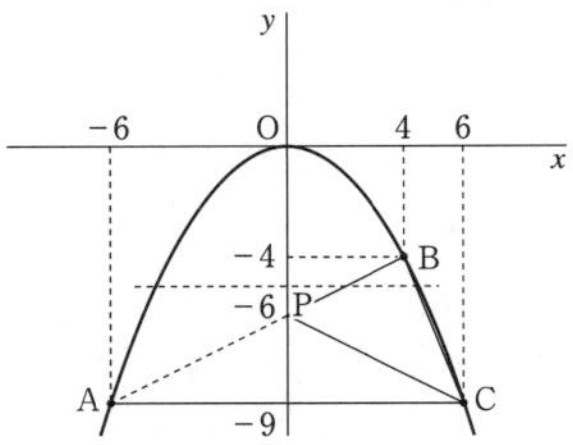

$\triangle BPC = \triangle ABC - \triangle APC$
$= 12 \times 5 \times \frac{1}{2} - 12 \times 3 \times \frac{1}{2}$
$= 12$

よって△QACの面積は24となる
ACを底辺と考えたとき，高さが4であればQACの面積が24となるので$y=-5$との交点が点Qとなる。

直線ABの式$y=\frac{1}{2}x-6$に$y=-5$を代入すると$x=2$

放物線の式$y=-\frac{1}{4}x^2$に$y=-5$を代入すると$x=\pm 2\sqrt{5}$

点Qは放物線上の2点A，Bの間にあるので$x=-2\sqrt{5}$

よってQのx座標は，$-2\sqrt{5}$，2

■平成27年度　6

（1）直線mの式は傾き＝−3より$y=-3x+b$とおける。これがA(12,12)を通るから代入して$12=-3\times12+b$　$b=12+36=48$
よってmの式は$y=-3x+48$
点Bのy座標は0なので$0=-3x+48$　$x=16$　B (16, 0)

（2）①t＝8のときC (8, 0)，D (12, 0) E (12, 12) F (8, 12)

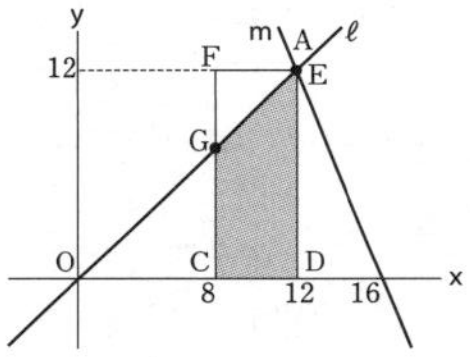

直線ℓとFCの交点をGとすると
ℓの傾きは$\frac{12}{12}=1$なので，G (8, 8)
よってGC＝8，CD＝4，ED＝12より
Sの面積は$(8+12)\times4\times\frac{1}{2}=40$
S＝40

②・0≦t≦8のとき

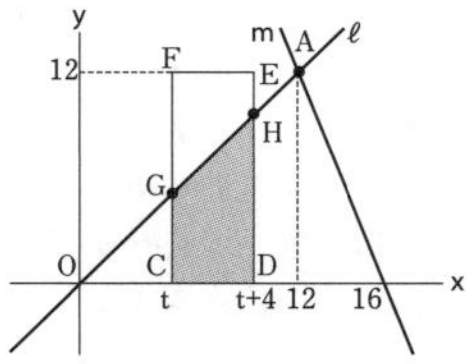

直線ℓとEDの交点をHとすると
$S=(GC+HD)\times CD\times\frac{1}{2}$
$=(t+t+4)\times4\times\frac{1}{2}$
$=(2t+4)\times2=4t+8$
これが34なので
$4t+8=34$
$4t=26$　$t=\frac{13}{2}$

・8＜t＜12のとき

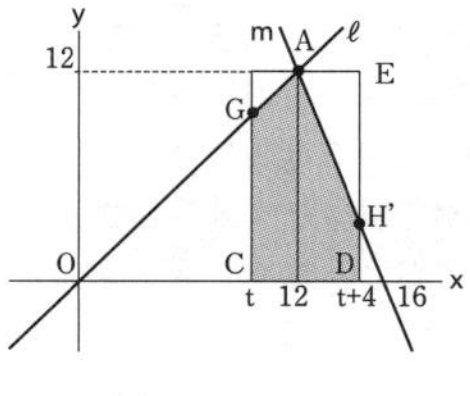

直線mとEDの交点をH'とすると，
Sは2つの台形にわけられるから，
$S=(GC+12)\times(12-t)\times\frac{1}{2}+$
$(H'D+12)\times(t+4-12)\times\frac{1}{2}$
$=\frac{1}{2}(t+12)(12-t)+$
$\frac{1}{2}(-3t+36+12)(t-8)$

直線mにx＝t＋4を代入した値がH'のy座標なので，
$y=-3(t+4)+48=-3t+36$。
したがってH'D＝−3t＋36。

$=\frac{1}{2}(-t^2+144)+\frac{1}{2}(-3t^2+72t-384)$
$=-2t^2+36t-120$　これが34なので
$-2t^2+36t-120=34$
$2t^2-36t+154=0$　$t^2-18t+77=0$
$(t-11)(t-7)=0$　$t=7, 11$
$8<t<12$より　$t=11$

・12≦tのとき

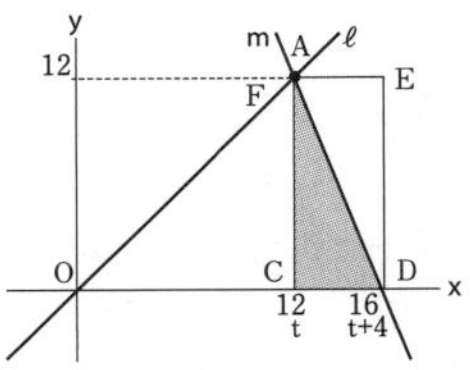

Sの最大値はt＝12のときなので，
$12\times4\times\frac{1}{2}=24$
よってS＝34になることはない。

以上より　$t=\frac{13}{2}$，11

■平成28年度　6

（1）点A(−1, 1)，点B(2,4)より，傾きは，
傾き＝変化の割合＝$\frac{4-1}{2-(-1)}=\frac{3}{3}=1$

（2）①$t=1$より，点P,Q,Rのx座標は1となる。
点Pは，$y=\frac{1}{4}x^2$上なので，$P(1, \frac{1}{4})$
点Qは，$y=x^2$上なのでQ(1,1)
点Rは，$y=x+2$上なのでR(1,3)とそれぞれ座標が得られる。
ゆえに，$PQ:QR=(1-\frac{1}{4}):(3-1)$
$=\frac{3}{4}:2$
$=3:8$

②　$P(t, \frac{1}{4}t^2)$，$Q(t, t^2)$，$R(t, t+2)$で，
PQ,QRを底辺とみなすとき，線分AP,PB,BQ,QAで囲まれた図形と△AQBの高さは等しい。
したがって，PQ＝QRであればよい。
$PQ=t^2-\frac{1}{4}t^2=\frac{3}{4}t^2$
$QR=t+2-t^2=-t^2+t+2$
よってPQ＝QRより$\frac{3}{4}t^2=-t^2+t+2$
$7t^2-4t-8=0$
$0<t<2$より　$t=\frac{2+2\sqrt{15}}{7}$

■平成29年度　6

（1）$y=-x-\frac{3}{2}$において，$x=-1$のとき，$y=-(-1)-\frac{3}{2}=-\frac{1}{2}$
つまり点Aの座標は$(-1, -\frac{1}{2})$
$y=ax^2$上に点Aがあるので，$-\frac{1}{2}=a(-1)^2$，つまり，$a=\frac{1}{2}$

（2）①　$t=2$のとき点Pの座標は (2,−2)
なので点Qのy座標も−2
点Qは$y=-x-\frac{3}{2}$上にあるので，
$-2=-x-\frac{3}{2}$
つまり$x=\frac{1}{2}$，よって$Q(\frac{1}{2}, -2)$

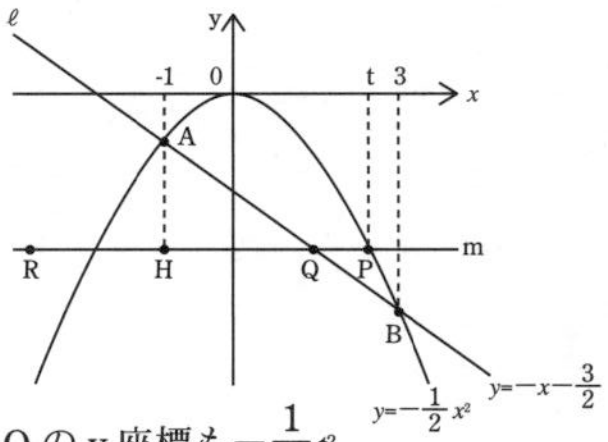

②　点Pの座標は$(t, -\frac{1}{2}t^2)$なので，点Qのy座標も$-\frac{1}{2}t^2$
したがって①と同様に点Qのx座標は，$-\frac{1}{2}t^2=-x-\frac{3}{2}$
つまり$x=\frac{1}{2}t^2-\frac{3}{2}$
ここで，AR＝AQより，点Aから直線mに垂線を下ろした点をHとすると，点Hのx座標は$x=-1$であり，点QRの中点なので，
点Rのx座標をXとすると，$\frac{X+\frac{1}{2}t^2-\frac{3}{2}}{2}=-1$
$X=-\frac{1}{2}t^2-\frac{1}{2}$
したがって，$R(\frac{1}{2}t^2-\frac{1}{2}, -\frac{1}{2}t^2)$
よって，QRの長さは$\frac{1}{2}t^2-\frac{3}{2}-(-\frac{1}{2}t^2-\frac{1}{2})=t^2-1$
また，PQの長さは$t-(\frac{1}{2}t^2-\frac{3}{2})=-\frac{1}{2}t^2+t+\frac{3}{2}$
よって，PQ＝QRより$-\frac{1}{2}t^2+t+\frac{3}{2}=t^2-1$
$3t^2-2t-5=0$　これを解くと，$t=-1, \frac{5}{3}$
$1<t<3$より，$t=\frac{5}{3}$

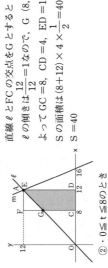

■平成31年度　6

(1) 点A$(-3,9)$,点B$(-1,1)$なので,

傾き$=\dfrac{1-9}{-1-(-3)}=-\dfrac{-8}{2}=-4$となる。

(2) ① 直線ℓと平行ということは傾きが同じなので,$y=-4x+b$とおける。これに点C$(2,4)$を代入して,

$4=-4\cdot2+b$　　$b=12$

つまり,点D$(0,12)$である。

また,直線BCの式は$y=x+2$なので,直線BCとy軸との交点をEとすると,

$\triangle BCD=\triangle BDE+\triangle CDE$

$=(12-2)\times1\div2+(12-2)\times2\div2$

$=5+10=15$

② まず四角形ABCDの面積を求める。

点A$(-3,9)$,点B$(-1,1)$点C$(2,4)$,点D$(0,12)$なので四角形ABCDはAD//BC,AB//DCの平行四辺形である。つまり,

四角形ABCD$=\triangle BCD\times2=15\times2=30$

この$\dfrac{1}{5}$倍が四角形BPCQの面積なので,四角形BPCQ$=6$ (cm^2)であると判断できる。次に四角形BPCQの面積をtを用いて表す。

P(t,t^2),Q$(t,-4t+12)$なので

四角形BPCQ

$=\triangle CPQ+\triangle BPQ$

$=(-4t+12-t^2)\times(2-t)\div2+(-4t+12-t^2)\times(t+1)\div2$

$=(-4t+12-t^2)\{(2-t)+(t+1)\}\div2$

$=(-4t+12-t^2)\times3\div2$

$=-\dfrac{3}{2}t^2-6t+18$

これが6になるので$-\dfrac{3}{2}t^2-6t+18=6$

これを解いて,$t=-2\pm2\sqrt{3}$　$0<t<2$より,$t=-2+2\sqrt{3}$

■平成30年度　6

(1) 点Cは直線n上の点で,y軸上にあるので,点Cの座標は$(0,7)$,直線lの式を$y=ax+b$とおくと,

$\begin{cases}1=-2a+b\\7=b\end{cases}$

これをとくと　$a=3,b=7$

よって,$y=3x+7$

(2) 点Pのx座標をtとおく,点Pが線分AC上にあるとき,点P,Qの座標はそれぞれ$(t,\ 3t+7)$,

$(t,\ \dfrac{1}{2}t+2)$と表せる。

したがって,

$PQ=(3t+7)-(\dfrac{1}{2}t+2)$

$=\dfrac{5}{2}t+5$

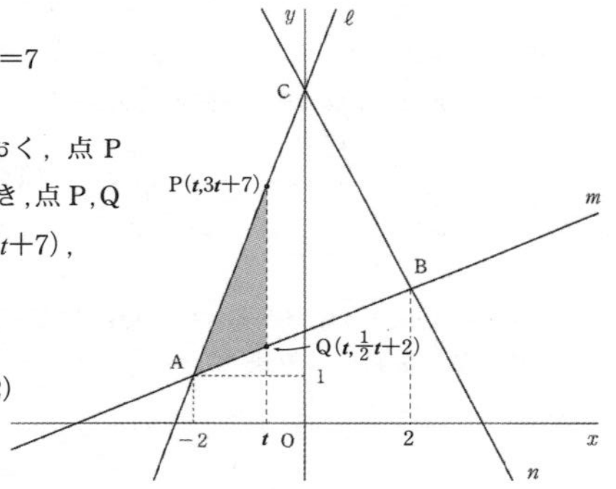

$\triangle APQ$において,辺PQを底辺にすると,高さは$t+2$と表せる。

したがって$-2\leqq t\leqq0$においては,

$S=\dfrac{1}{2}\times(t+2)\times(\dfrac{5}{2}t+5)=\dfrac{5}{4}(t+2)^2$

したがって,$t=-1$を代入すると,

$S=\dfrac{5}{4}(-1+2)^2=\dfrac{5}{4}$

また,点PがCB上にあるとき,

点P,Qの座標はそれぞれ$(t,-2t+7)$,$(t,\dfrac{1}{2}t+2)$

したがって,$0\leqq t\leqq2$において,先と同様に考えると

$S=\dfrac{1}{2}\times(t+2)\times\{(-2t+7)-(\dfrac{1}{2}t+2)\}$

$=\dfrac{1}{2}\times(t+2)\times(-\dfrac{5}{2}t+5)=-\dfrac{5}{4}(t+2)(t-2)$よって

$S=\dfrac{5}{2}$のとき　$-2\leqq t\leqq0$なら$\dfrac{5}{2}=\dfrac{5}{4}(t+2)^2$

$t=-2\pm\sqrt{2}$

$-2\leqq t\leqq0$より　$t=-2+\sqrt{2}$

$0\leqq t\leqq2$なら　$\dfrac{5}{2}=-\dfrac{5}{4}(t+2)(t-2)$

$t=\pm\sqrt{2}$

$0\leqq t\leqq2$より　$t=\sqrt{2}$

よって　$t=-2+\sqrt{2},\sqrt{2}$

■令和２年度　6

(1) 点A,Bは直線ℓ上にあるので,それぞれの座標はA$(-1,1)$,B$(3,9)$である。$y=ax^2$の式に点Aの座標を代入すると,

$1=a\times(-1)^2$　$a=1$　となる。

(2) 図は右図のようになる。

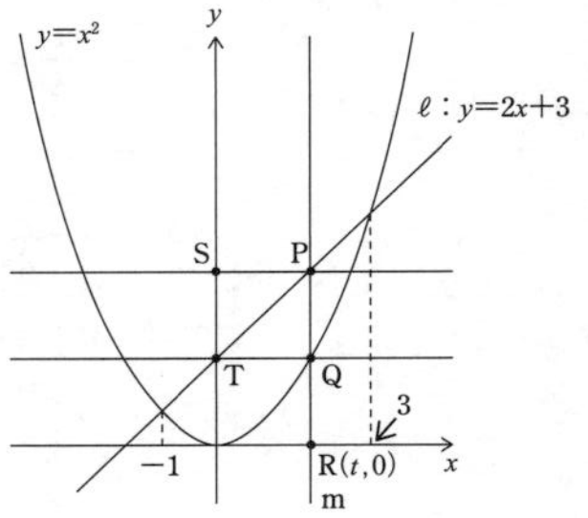

① $t=1$なので,右図より,

PS$=$TQ$=1$である。

また,$y=2x+3$上にある点Pと$y=x^2$上にある点Qの座標がそれぞれ点P$(1,5)$,点Q$(1,1)$なので,

QP$=$ST$=4$となる。

したがって,

ST$+$TQ$+$QP$+$PS

$=4+1+4+1=10$となる。

② 点Pのx座標をtとしたとき,点P,点Q,点T,点Sそれぞれの座標は,点P$(t,2t+3)$,点Q(t,t^2),点T$(0,t^2)$,点S$(0,2t+3)$となる。ここで線分QRの長さはt^2なので,線分QRを１辺とする正方形の周の長さは$4t^2$であり,このときの長方形STQPの長さは,

ST$+$TQ$+$QP$+$PS

$=(2t+3-t^2)+t+(2t+3-t^2)+t=-2t^2+6t+6$

となり,これが$4t^2$と等しいので,

$-2t^2+6t+6=4t^2$　　$6t^2-6t-6=0$

$0<t<3$なので,$t=\dfrac{1+\sqrt{5}}{2}$となる。

■令和３年度　6

(1) 点Pはℓ mの交点より$y=\dfrac{1}{2}x+4$

①$y=-\dfrac{1}{2}x+2$……②の連立方程式の解が点Pの座標となる。

①＋②

$y=\dfrac{1}{2}x+4$

$+)\ y=-\dfrac{1}{2}x+2$

$2y=6$　　$y=3$

$y=3$を①に代入,$3=\dfrac{1}{2}x+4$

$\dfrac{1}{2}x=3-4$　　$x=-2$

よって,P$(-2,3)$

(2) $t=6$より

①,②のyに6を代入

$6=\dfrac{1}{2}x+4$　　$\dfrac{1}{2}x=6-4$　　$x=4$

$6=-\dfrac{1}{2}x+2$　　$\dfrac{1}{2}x=2-6$　　$x=-8$

よって,R$(4,6)$,S$(-8,6)$

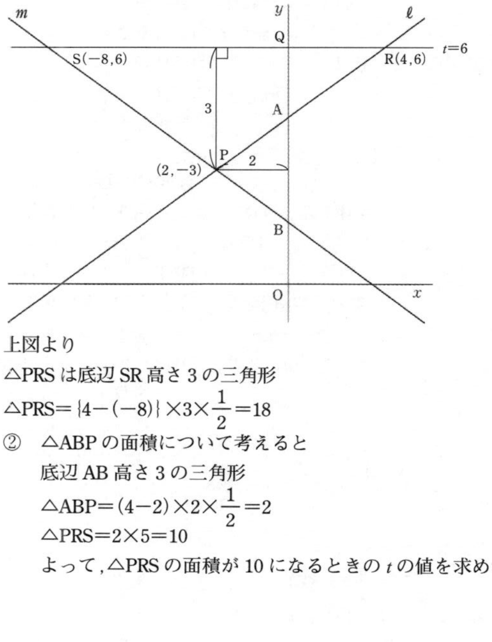

上図より

$\triangle PRS$は底辺SR高さ3の三角形

$\triangle PRS=\{4-(-8)\}\times3\times\dfrac{1}{2}=18$

② $\triangle ABP$の面積について考えると

底辺AB高さ3の三角形

$\triangle ABP=(4-2)\times2\times\dfrac{1}{2}=2$

$\triangle PRS=2\times5=10$

よって,$\triangle PRS$の面積が10になるときのtの値を求めればよい。

$\triangle PRS$ は底辺 RS, 高さ $t-3$ の三角形

R, S の x 座標は

R：$t=\frac{1}{2}x+4$　$\frac{1}{2}x=t-4$　$x=2t-8$

S：$t=-\frac{1}{2}x+2$　$\frac{1}{2}x=-t+2$　$x=-2t+4$

よって,

$\triangle PRS=\{(2t-8)-(-2t+4)\}(t-3)\times\frac{1}{2}$

$=(4t-12)(t-3)\times\frac{1}{2}$

$=4(t-3)(t-3)\times\frac{1}{2}$

$=2(t-3)^2$

$2(t-3)^2=10$

$(t-3)^2=5$

$t^2-6t+4=0$

$t=3\pm\sqrt{3^2-1\times4}=3\pm\sqrt{5}$

$t>4$ より　$=3+\sqrt{5}$

〈平面図形〉

■平成25年度　2

（4）円の中心を O とおく。この時∠EOD は360°を 6 等分したものである。∠EOD=60°

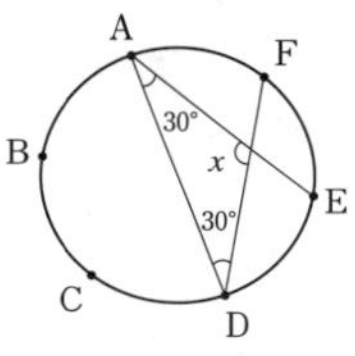

∠EOD の円周角は∠EAD である。これより

∠EAD=60°÷2=30°

∠AOF も同じ様に∠AOF=360°÷6=60°

∠AOF は円周角なので

∠ADF=60°÷2=30°

左図より∠x を含む三角形に注目して、

∠x=180°−(30°+30°)=120°

■平成26年度　2

（4）外角の和は360°になるので

$50+70+85+x+90=360$

$x=65°$

■平成27年度　1

（2）63°+47°=110°

$x=a+b$（対頂角）　$a=63°$, $b=47°$（錯角）

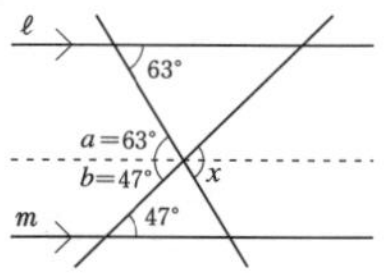

■平成27年度　2

（4）直径×$\pi\frac{中心角}{360°}$=弧の長さより，中心角を x° とおくと，

$6\times2\times\frac{x}{360°}\times\pi=9\pi$。

これを解いて，$x=270°$

■平成28年度　2

（4）∠BAD=90°より

∠ADB=180°−(90°+24°)=66°

また, 円周角の定理より∠ADB=∠ACB=66°

AB=AC より∠ACB=∠ABC=66°

よって, x=180°−2×66°=48°

■平成29年度　1

（2）正三角形の 1 つの角は 60° なので右図からウ

2

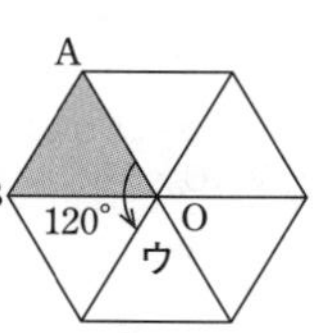

（3）三角形の内角の和は 180° であり，それが 7 つあるので合計で 180°×7。ここで, 右図の P まわりの角 360° は七角形の内角に含まれないので, 180°×7−360°

〈証明〉

■平成30年度　5

(2) (1)より AF=BE なので,

$x:y=\triangle AEF:\triangle BGE$

また, 直線 DF を底辺としてみると高さが等しいから,

$\triangle ADE=\triangle AEF$, $\triangle BDE=\triangle BEF$。また,

$\triangle AEF\equiv\triangle BDE$ より,

上の四つの三角形は全て面積が等しい

$\triangle EFG:\triangle EFB=X:1$ とおくと,

$\triangle EFG:\triangle EGB=X:(1-X)$, このとき

$FG:GB=\triangle EFG:\triangle EGB=X:(1-X)$

以上をまとめると, 下の図のようになる。

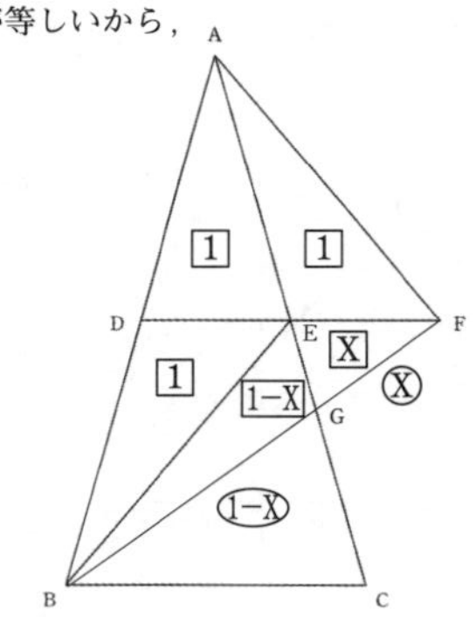

$\triangle AGF:\triangle ABG=FG:GB$ より

$(1+X):(3-X)=X:(1-X)$

これをとくと　$X=\frac{1}{3}$

よって, $x:y=\triangle AEF:\triangle BGE=1:\frac{2}{3}=3:2$

■平成31年度　5

(2) 右下図のように線分BCの中点をMとして, MとAを線で結ぶ。すると線分AMは円の中心Oを通っていることが分かる。ℓ//BCなので∠ACB=∠ABCである。

$\overset{\frown}{AC}$に対する円周角の定理より∠AFC=∠ABC。(1)より, ∠AFD=∠ADFなので△ADFは二等辺三角形である。また$\overset{\frown}{BF}$に対する円周角の定理より∠BAF=∠BCF。さらにCEは∠ACBの二等分線なので∠ACF=∠BCF。つまり, ∠ABC=2∠ACD。このことから, △ADFにおいて, 内角の和は

∠ADF+∠AFD+∠DAF=180°

∠ABC+∠ABC+$\frac{1}{2}$∠ABC=180°

$\frac{5}{2}$∠ABC=180°

∠ABC=72°

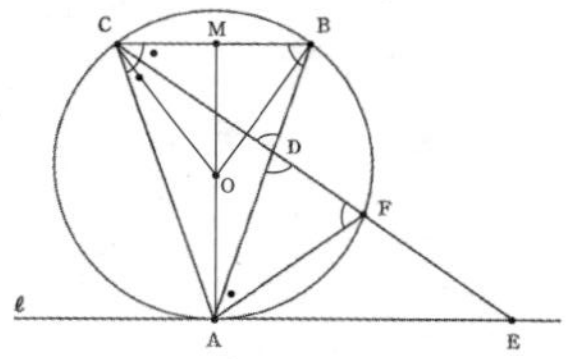

〈立体図形〉

■平成25年度　2

(5) 立方体の 1 つの面の面積が16cm²ということは、一つの辺を x とおくと、

$x\times x=16$　$x^2=16$　$x=4$（辺は必ず正である）

球の直径は立方体の 1 辺と同じであることより半径は 2 である。

これより体積は$\frac{4}{3}\times\pi\times(2)^3=\frac{4}{3}\times\pi\times8=\frac{32}{3}\pi$

■平成25年度　7

（1）BM の長さを求めるために△ABM に注目すると、三平方の定理より

$AB^2+AM^2=BM^2$

$6^2+3^2=BM^2$　$BM^2=36+9=45$

$BM=3\sqrt{5}$

（2）BC の中点と AD の中点 M と O を通るように立体を切ると、三角形 OMD に注目して、三平方の定理より、

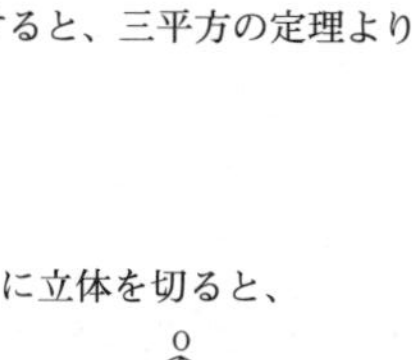

$OM^2+MD^2=OD^2$

$OM^2+3^2=(3\sqrt{5})^2$

$OM^2+9=45$　$OM^2=36$　$OM=6$

OM=6なので OL も同じように 6、

ML=AB=6、OML は正三角形である。

これより∠LNO=90°が分かるので、N、B、C を通る平面と点 O との距離は 3 である。

（3）線分 MQ と線分 QP の長さの和が最小になる点 Q をまず考える。

△ OBM と△ OBC は同じ三角形であるので

OCBM は平行四辺形である。

Q は PM 直線上にあり、△ OQM と△ BQP は相似であるので

OQ：QB＝6：4＝3：2

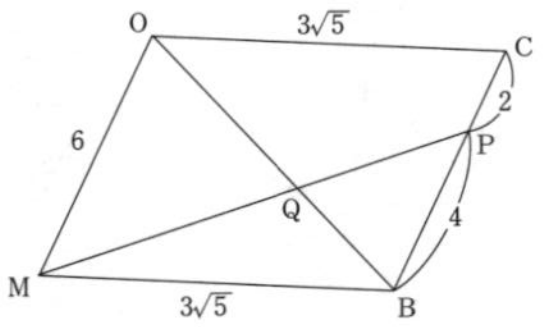

ONBC の体積は(2)で ON が高さと分かったので　$\triangle NBC\times ON\times\frac{1}{3}$

△ NBC は正三角形であるので　$6\times3\sqrt{3}\times\frac{1}{2}=9\sqrt{3}$

ONBC の体積$=9\sqrt{3}\times3\times\frac{1}{3}=9\sqrt{3}$

QBPN は ONBC の△ OBC を底面と考えると△ BPQ を底面にすることができたら、

QNBP の立体の体積が求められる。

$\triangle BPQ=\triangle BCO\times\frac{2}{3}\times\frac{2}{5}$

$=\frac{4}{15}\triangle BCO$

$QBPN=\triangle BPQ\times ON\times\frac{1}{3}$

$=\frac{4}{15}\times\triangle BCO\times ON\times\frac{1}{3}$

$\triangle BCO\times ON\times\frac{1}{3}=$ONBC の体積

これより　QBPN の体積$=\frac{4}{15}\times$ONBC の体積$=\frac{4}{15}\times9\sqrt{3}=\frac{12\sqrt{3}}{5}$

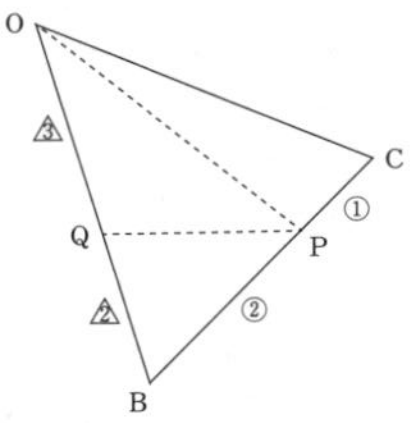

■平成２６年度　3

（1）①　$5x+3y-6=0$

$3y=-5x+6$　$y=-\frac{5}{3}x+2$

②　底面の中心を通り，底面に垂直な平面で切ると左図のような台形ができる。切る前の上側の立体も考えると，中点連結定理より上面の円の半径は 3 cm となる。よって体積は底面が半径 6 cm の円で高さが 8 cm の円錐から底面が半径 3 cm の円で高さが 4 cm の円錐を引けばよい。

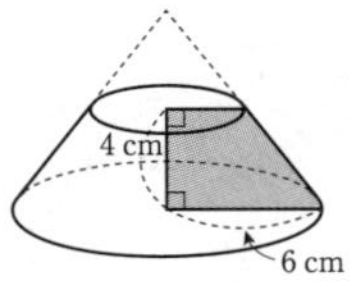

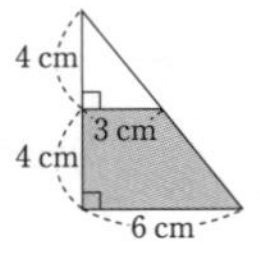

$6\times6\times\pi\times8\times\frac{1}{3}-3\times3\times\pi\times4\times\frac{1}{3}=84\pi\ cm^3$

■平成２６年度　7

（1）

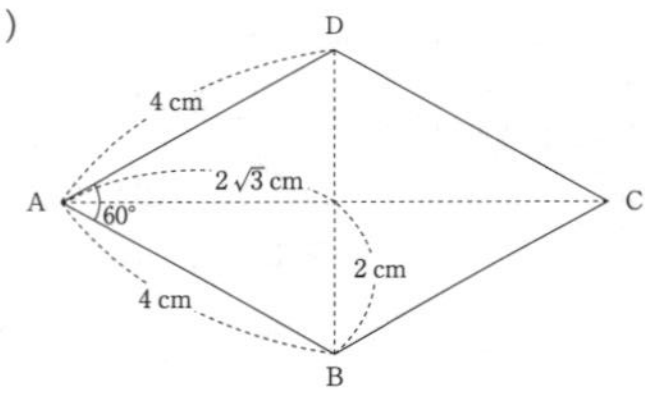

ひし形 ABCD は一辺が 4 cm の正三角形を 2 枚ならべた形なので

$AC=2\sqrt{3}\times2=4\sqrt{3}$

（2）①　立体を AC，EG を通るように切ると，断面図は右のようになる。

PQ と AC の交点を S,

FH と EG の交点を T とすると,

△ ARS と△ GRT において

対頂角は等しいので

∠ ARS＝∠ GRT　……①

錯角は等しいので

∠ RAS＝∠ RGT　……②

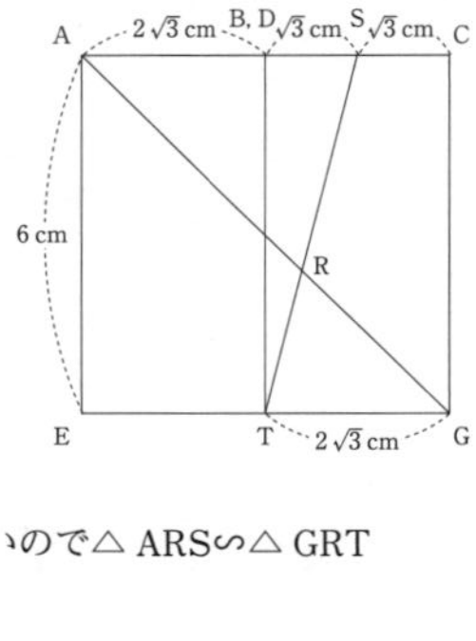

①，③より２組の角がそれぞれ等しいので△ ARS∽△ GRT

相似な三角形の辺の比は等しいので

AR：RG＝AS：GT$=3\sqrt{3}:2\sqrt{3}=3:2$

①と同様に SR：RT＝3：2

$ST=\sqrt{(SD)^2+(DT)^2}=\sqrt{39}$　$RT=\frac{2}{5}\sqrt{39}$

T は FH の中点なので FT＝2

よって $RF=\sqrt{(RT)^2+(FT)^2}=\sqrt{\frac{156}{25}+4}=\frac{16}{5}$

■平成２７年度　7

（1）

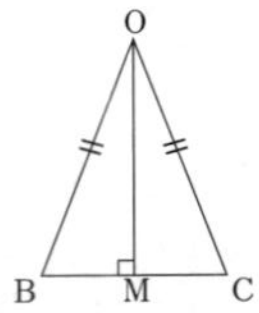

二等辺三角形 OBC において,

O から BC の中点 M を結ぶと

∠ OMB＝90°だから，三平方の定理より，

$OB^2=OM^2+BM^2$　$16=OM^2+3$

$OM^2=16-3=13$

$OM=\sqrt{13}$

（2）三角錐の側面の展開図をかくと，下図のようになる。

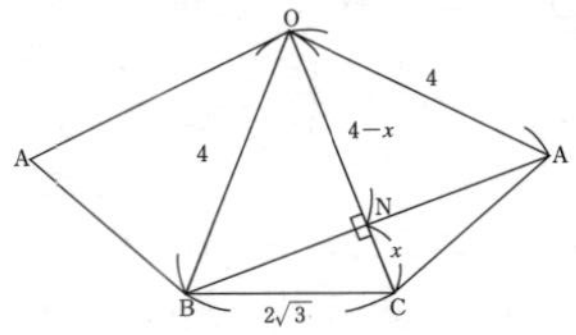

そして，AN と NB の長さの和が最も小さくなるのは，A,B を直線で結んだときである。

そうすると，ON が AB の垂直二等分線となるので∠ ONB＝90°

NC＝x とすると，ON＝4－x

△ OBN において三平方の定理より，

$BN^2=4^2-(4-x)^2=-x^2+8x$　…①

△ BNC において三平方の定理より，

$BN^2=(2\sqrt{3})^2-x^2=-x^2+12$　…②

①＝②より，$-x^2+8x=-x^2+12$

$8x=12$

$x=\frac{3}{2}$

したがって，$NC=\frac{3}{2}$，$ON=4-\frac{3}{2}=\frac{5}{2}$

よって，　$ON=NC=\frac{5}{2}:\frac{3}{2}=5:3$

■平成28年度　2

（3）円柱の高さを $x$cm とおくと

$(2\times3\times\pi)\times x=54\pi$

$x=9$　よって 9cm

7

（1）△ABC は，直角二等辺三角形なので

$AC=4\sqrt{2}$[cm]

したがって

$AI=\frac{1}{2}AC=2\sqrt{2}$[cm]

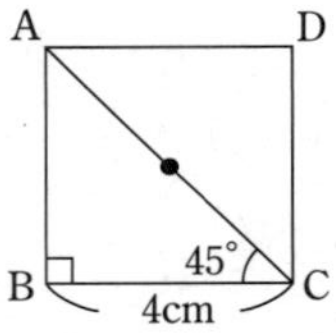

（2）①　CJ＝x[cm]とおく△IJE の三平方の定理より $EJ^2=IE^2+IJ^2$

ここで，△EJG，△AIE，△IJC の三平方の定理より

$EJ^2=(4\sqrt{2})^2+(5-x)^2=57-10x+x^2$

$IE^2=5^2+(2\sqrt{2})^2=33$

$IJ^2=(2\sqrt{2})^2+x^2=8+x^2$

よって　$57-10x+x^2=33+8+x^2$

$10x=16$　$x=\frac{8}{5}$

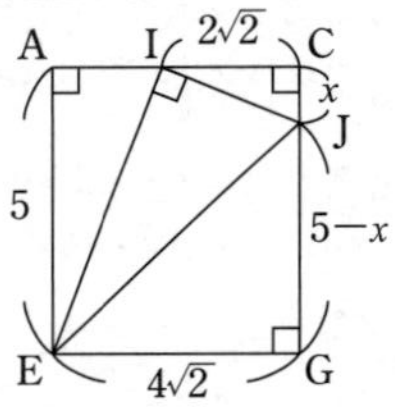

②　△EIJ を底面としたときの高さを $h$cm とする

また，右図のように点 L，I' とおくと，KL＝h

△BKI∽△HKF より

IK：FK＝BI：HF

$=2\sqrt{2}:4\sqrt{2}=1:2$

したがって，△IKL∽△IFI' より

KL：FI'＝IK：IF

＝1：(1+2)＝1：3

つまり，$KL=h=\frac{1}{3}\times2\sqrt{2}=\frac{2\sqrt{2}}{3}$

また，$\triangle EIJ=\frac{1}{2}\times\frac{2\sqrt{66}}{5}\times\sqrt{33}=\frac{33\sqrt{2}}{5}$

よって，求める体積は　$\frac{33\sqrt{2}}{5}\times\frac{2\sqrt{2}}{3}\times\frac{1}{3}=\frac{44}{15}$

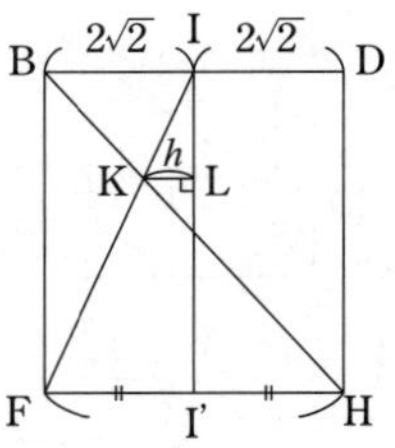

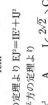

■平成29年度　2

（5）立面図の面積が36 ㎡なので，高さを $h$cm とおくと，$\frac{1}{2}\times8\times h=36$
つまり　$h=9$　したがってこの円錐は半径 4cm、高さ 9cm なので，
円錐の体積は，$4\times4\times\pi\times9\times\frac{1}{3}=48\pi$［cm³］

7

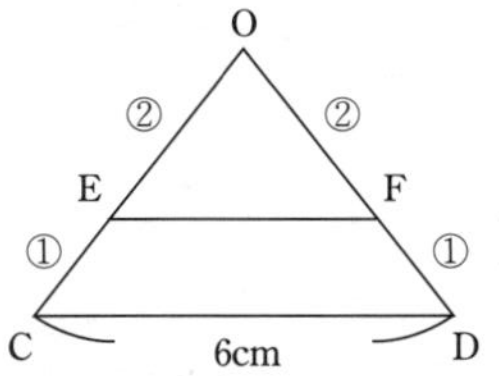

（1）△OEF と△OCD について，2 組の辺の比とその間の角がそれぞれ等しいので△OEF∽△OCD。
よって，相似比は 2：3 なので
EF：6＝2：3　EF＝4［cm］

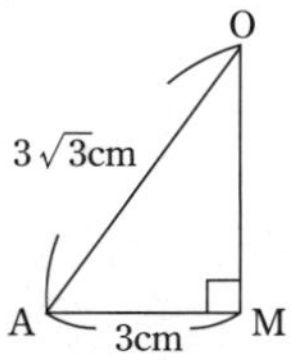

（2）△OMA において三平方の定理より
$(3\sqrt{3})^2=OM^2+3^2$
$OM^2=18$
OM＞0 より $OM=3\sqrt{2}$［cm］
右図のように，点 O から辺 MN に垂線をおろし，その交点を H とする
△OMN は OM＝ON の二等辺三角形なので
△OMH は直角三角形。
三平方の定理より
$(3\sqrt{2})^2=OH^2+3^2$　$OH^2=9$
OH＞0 より OH＝3［cm］
よって△OMN の面積は，$\frac{1}{2}\times6\times3=9$［cm²］

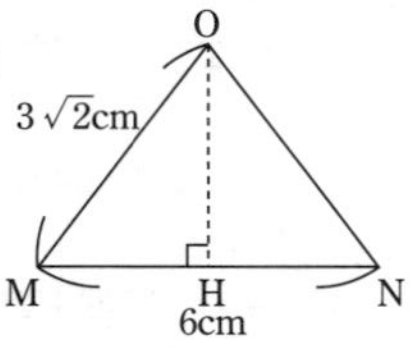

（3）OE：EC＝2：1 より，OE：OC＝2：3 なので，
$OE=3\sqrt{3}=2:3$，
これを解くと　$OE=2\sqrt{3}$［cm］
(2)と同様に，右図のように I とおくと，
△OIE において三平方の定理より，
$(2\sqrt{3})^2=2^2+OI^2$　$OI^2=8$
OI＞0 より　$OI=2\sqrt{2}$［cm］
OM：ON：MN＝$3\sqrt{2}:3\sqrt{2}:6=1:1:\sqrt{2}$ より
△OMN は∠MOI＝90°の直角三角形。
したがって，△OMI において三平方の定理より
$MI^2=(3\sqrt{2})^2+(2\sqrt{2})^2=26$　MI＞0 より $MI=\sqrt{26}$

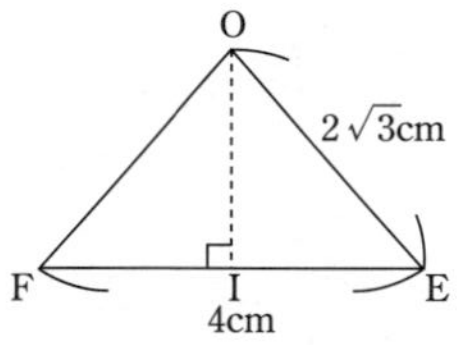

また，右図のように点 O から辺 MI に垂線をおろし，その交点を J とする。
△OMJ において三平方の定理より，
$(3\sqrt{2})^2=OJ^2+MJ^2$
$OJ^2=18-MJ^2$――①
また，△OIJ の三平方の定理より，$(2\sqrt{2})^2=OJ^2+(\sqrt{26}-MJ)^2$
$OJ^2=-MJ^2+2\sqrt{26}MJ-18$――②
①②より，$18-MJ^2=-MJ^2+2\sqrt{26}MJ-18$
$2\sqrt{26}MJ=36$　$MJ=\frac{9\sqrt{26}}{13}$
これを①に代入すると，
$OJ^2=18-\left(\frac{9\sqrt{26}}{13}\right)^2=\frac{72}{13}$
OJ＞0 より　$OJ=\frac{6\sqrt{2}}{\sqrt{13}}=\frac{6\sqrt{26}}{13}$
台形 FEBA の面積は $(4+6)\times\sqrt{26}\times\frac{1}{2}=5\sqrt{26}$［cm²］
よって，四角錐 O－FEBA の体積は $5\sqrt{26}\times\frac{6\sqrt{26}}{13}\times\frac{1}{3}=20$［cm³］

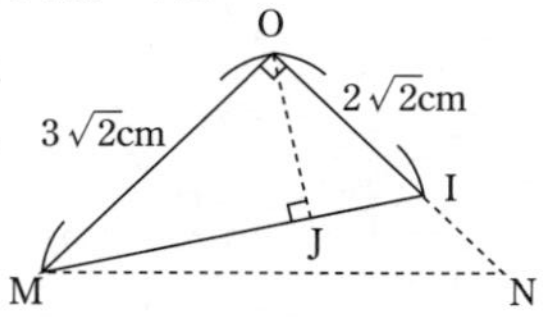

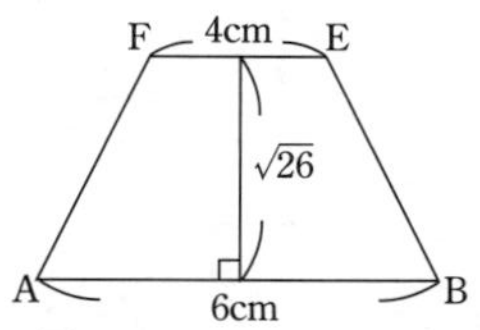

■平成30年度　7

（1）△DEFにおいて右図のように点Mを定める。このとき△DMFは1つの角が60°の直角三角形なので，
$DM=3\sqrt{3}$cm　よって
$\triangle DEF=\frac{1}{2}\times6\times3\sqrt{3}=9\sqrt{3}$［cm²］

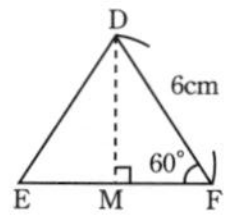

（2）① 右図のように点 I を定める。
このとき，△GDI∽△BDE であり，
相似比は
GD：BD＝3：4 より
GI：BE＝3：4
GI：8　＝3：4　GI＝6［cm］
したがって，求める体積は
$\frac{1}{3}\times\triangle DEF\times GI=\frac{1}{3}\times9\sqrt{3}\times6=18\sqrt{3}$［cm³］

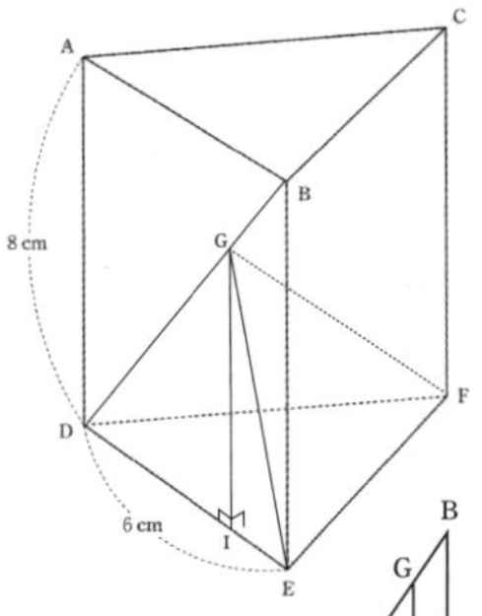

② 三角錐 HGDE と三角錐 FGDE は
△GDE を底面にしたときの高さは等しいので，
体積は等しい。
△HEF≡△HDF であることに注意すると，
三平方の定理より
$HD^2=HE^2=(\sqrt{3})^2+6^2=39$
HD，HE＞0 より $HD=HE=\sqrt{39}$［cm］
右図のように点 J を定めると，
△HDE は二等辺三角形なので　DJ＝JE＝3cm
したがって，$HJ^2=(\sqrt{39})^2-3^2=30$
HJ＞0 より $HJ=\sqrt{30}$cm
よって，求める長さを $h$cm とすると，
$\frac{1}{3}\times\left(\frac{1}{2}\times6\times\sqrt{30}\right)\times h=18\sqrt{3}$
つまり　$h=\frac{9\sqrt{10}}{5}$［cm］

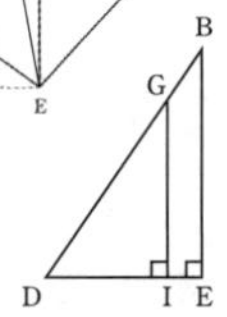

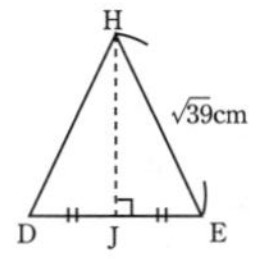

■平成31年度　2

(4) 円錐 B の底面の半径を a とすると，円柱 A の底面の半径は $2a$ と表せる。高さを h とすると，
円柱 A の体積＝$(\pi\times2a\times2a)\times h=4\pi a^2h$
円錐 B の体積＝$(\pi\times a\times a)\times h\times\frac{1}{3}=\frac{1}{3}\pi a^2h$
よって，$\frac{1}{3}\pi a^2h\times x=4\pi a^2h$
$x=12$（倍）

7

(1) △OBMは∠OBM＝60°の直角三角形なので，
$OB:OM=2:\sqrt{3}$
$12:OM=2:\sqrt{3}$
$2OM=12\sqrt{3}$
$OM=6\sqrt{3}$

(2) ① 展開図で考える。点 D から OA に垂線を引き，その交点を F とする。点 D は線分 OC の中点なので，$FD=OM\div2=3\sqrt{3}$。
また△ODF は∠O＝60°の直角三角形なので，
$OF:FD=1:\sqrt{3}$
$OF:3\sqrt{3}=1:\sqrt{3}$　OF＝3　となる。
△ARO∽△ADF であり，
AO：OR＝AF：FD なので
$12:OR=15:3\sqrt{3}$
$OR=\frac{12}{5}\sqrt{3}$
また RM＝OM－OR
$=6\sqrt{3}-\frac{12}{5}\sqrt{3}$
$=\frac{18}{5}\sqrt{3}$
よって，$OR:RM=\frac{12}{5}\sqrt{3}:\frac{18}{5}\sqrt{3}$
$=2:3$

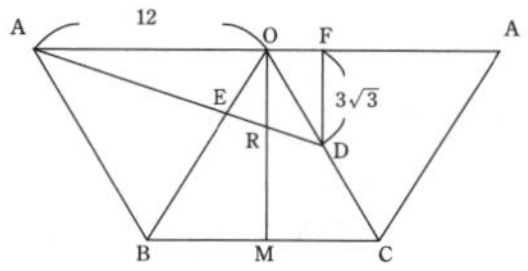

② まず底面積となる△PBC の面積を求める。
△PBC＝底辺 × 高さ ÷2
＝BC×PM÷2
$=BC\times AM\times\frac{5}{9}\div2$
$=BC\times OM\times\frac{5}{9}\div2$
$=12\times6\sqrt{3}\times\frac{5}{9}\div2$
$=20\sqrt{3}$（cm²）

次に高さを求める。このとき△OAM で考える。
右上図のように点 O から線分 AM に垂線を下ろし，その交点を S とする。また，線分 AR と並行になるように点 P から線分 OM に線を引き，その交点を T とする。三平方の定理より，

$OM^2=OS^2+SM^2$

$(6\sqrt{3})^2=OS^2+SM^2$ ……①

また，$AO^2=OS^2+(6\sqrt{3}-SM)^2$

$12^2=OS^2+(6\sqrt{3}-SM)^2$ ……②

①と②の連立方程式を解くと，

$OS=4\sqrt{6}$(cm)，$SM=2\sqrt{3}$(cm)

ここで△RAM∽△TPM なので，

RT：TM＝4：5 となり，

OR：RM＝2：3 なので，OR：RT：TM＝6：4：5 である。
△OQR∽△OPT なので，OQ：QP＝3：2。したがって高さは，
$4\sqrt{6}\times\frac{2}{5}=\frac{8}{5}\sqrt{6}$ である。よって

$20\sqrt{3}\times\frac{8}{5}\sqrt{6}\times\frac{1}{3}=32\sqrt{2}$(cm)^3

■令和 2 年度　2

(4) 展開図は右のようになる。
右図のおうぎ形の弧の長さは小さい円の周の長さと等しいので，$2\times2\times\pi=4\pi$ (cm) となる。大きい円の周の長さは $8\times2\times\pi=16\pi$ (cm) である。したがって扇型の中心角は $360\times\frac{4\pi}{16\pi}=$ 90° である。
よって，側面積は，$8\times8\times\pi\times\frac{90}{360}=16\pi$ (cm^2) となる。

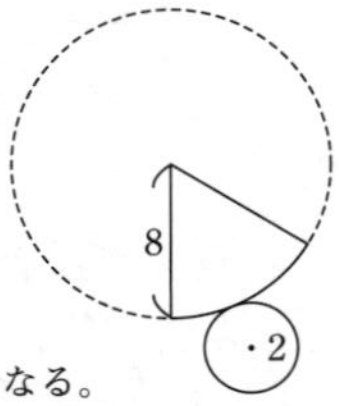

■令和 2 年度　7

(1) △APQ において，三平方の定理より

$PQ^2=AP^2+AQ^2$

$PQ^2=(2\sqrt{2})^2+(2\sqrt{2})^2$　　$PQ^2=16$

PQ＞0 より，PQ＝4

(2) △FGH において，三平方の定理を利用すると FH＝8(cm) となる。同様にして PF，QH の長さを求めると，PF＝QH＝$2\sqrt{11}$ となる。また，P，Q から線分 FH に引いた垂線と線分 FH との交点をそれぞれ I，J とすると，以下のようになる。
右図のように，四角形 PFHQ は等脚台形なので，FI＝JH＝2 (cm) となる。△PFI において，三平方の定理より，PI＝$2\sqrt{10}$ (cm) となる。したがって，四角形 PFHQ の面積は，$(4+8)\times2\sqrt{10}\times\frac{1}{2}=12\sqrt{10}$ となる。

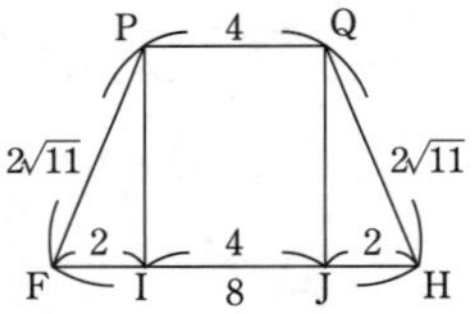

(3) 線分 AC と線分 PQ の交点を T，点 S，C から平面 PFHQ への垂線の足をそれぞれ H，H' とおく。このとき，△TRC は平面 PFHQ と垂直に交わるので，点 H，H' は線分 TR 上にある。
右図より，△TCR＝6×8－(△CRG＋(台形 AERT))

$=48-(\frac{1}{2}\times4\times3+\frac{1}{2}\times6\times(2+4))$

$=18$

線分 TR は台形 PFHQ の高さなので (2) より TR＝PI＝$2\sqrt{10}$[cm]，したがって，
$2\sqrt{10}\times CH'\times\frac{1}{2}=18$
これを解くと，$CH'=\frac{9\sqrt{10}}{5}$ [cm]
さらに，△RCH'∽△RSH で，相似比は 2：1 より　CH'：SH＝2：1
つまり　$SH=\frac{1}{2}CH'=\frac{9\sqrt{10}}{10}$[cm] よって，求める体積は
$\frac{1}{3}\times$(台形 PFHQ)$\times SH=\frac{1}{3}\times12\sqrt{10}\times\frac{9\sqrt{10}}{10}=36$[cm^3]

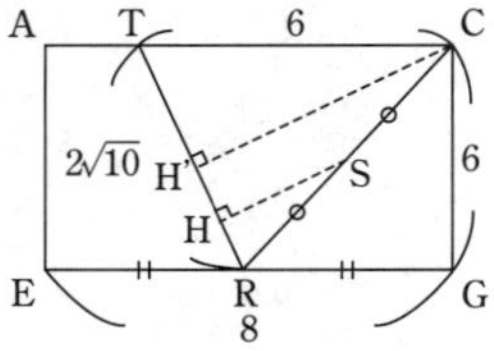

■令和 3 年度　2

(5) 立方体は 2 つの底面と 4 つの側面からできているので A を底面とすると，側面を挟んだ反対側の面が平行な面となる。
A ととなり合うアを含むアイウが側面となり，ウを挟んだ反対側にあるエが平行な面となる。

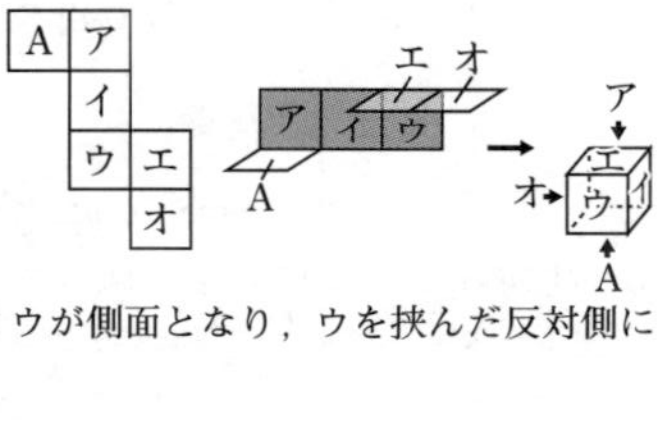

■令和 3 年度　7

(1) AC＝AE より AC について考える
右図より
△ABC は AC を斜辺とする直角二等辺三角形となり三平方の定理より

$AC^2=AB^2+BC^2$　　$AC^2=2^2+2^2$

$AC^2=8$　　$AC=\pm\sqrt{8}$

AC は辺なので，$AC=\sqrt{8}=2\sqrt{2}$

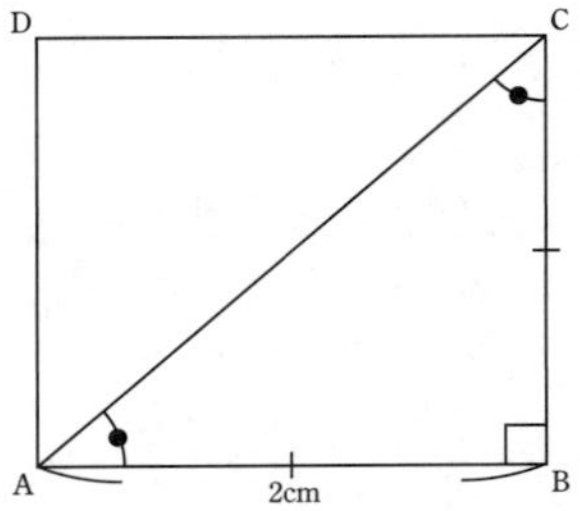

(2) OA＝OC より
△OAC は二等辺三角形であり
O から AC におろした垂線は AC の垂直二等分線となる。
垂線と AC との交点を H とすると
三平方の定理より

$OA^2=AH^2+HO^2$

$3^2=\sqrt{2}^2+HO^2$

$HO^2=7$

$HO=\pm\sqrt{7}$

HO は辺なので，$HO=\sqrt{7}$

$\triangle OAC=AC\times OH\times\frac{1}{2}$

$=2\sqrt{2}\times\sqrt{7}\times\frac{1}{2}$

$=\sqrt{14}$(cm^2)

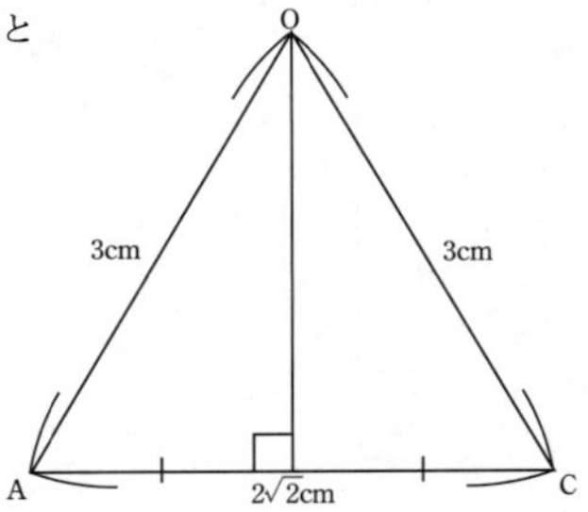

(3) EC の長さを求めたいので△OAC について考える。
A から OC に垂線をおろし，OC との交点は P とする。
(2) より△OAC の面積は $\sqrt{14}$

$OC\times AP\times\frac{1}{2}=\sqrt{14}$

$3\times AP\times\frac{1}{2}=\sqrt{14}$

$AP=\frac{2\sqrt{14}}{3}$

三平方の定理より

$AC^2=AP^2+PC^2$

$(2\sqrt{2})^2=(\frac{2\sqrt{14}}{3})^2+PC^2$

$8=\frac{56}{9}+PC^2$

$PC^2=\frac{16}{9}$

PC は辺なので，$PC=\frac{4}{3}$
AC＝AE より△ACE は二等辺三角形なので
AP は EC の垂直二等分線となり

$PC=PE=\frac{4}{3}$

$OE=1-\frac{4}{3}-\frac{4}{3}=\frac{1}{3}$

$OE:OC=3:\frac{1}{3}=9:1$

よって
E を頂点とし，四角形 ABCD を底面とする四角錐の高さは，平行線と比の関係より

$OH\times\frac{8}{9}=\frac{8\sqrt{7}}{9}$

体積は，

$2\times2\times\frac{8\sqrt{7}}{9}\times\frac{1}{3}=\frac{32\sqrt{7}}{27}$

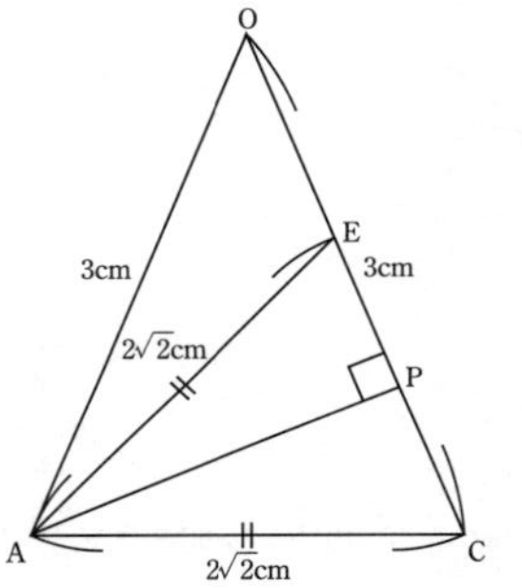

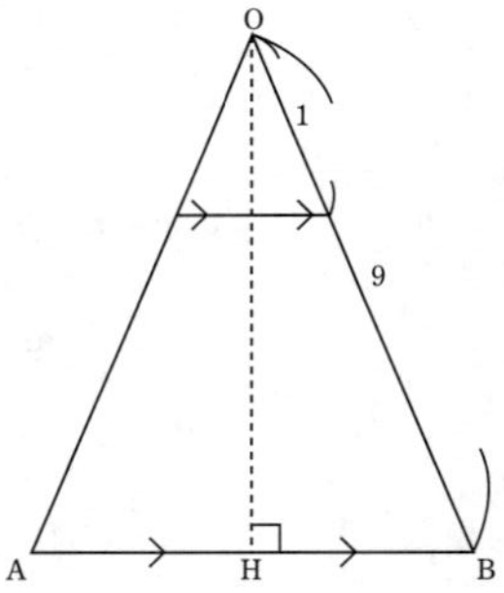

〈資料の整理〉

■平成２７年度　3

（２）②　最大値－最小値＝37.4℃－23.3℃＝14.1℃

■平成28年度　3

（２）①　標本とは，標本調査をするとき，取り出した一部の資料のことである。

②　イ　　（理由）7200 枚のうち，2 点のポイント券は(135×18)枚と考えられるので，

2×(135×18)＝4860[点]

1 点のポイント券は(265×18)枚より

265×18＝4770[点]

したがって，4860＋4770＝9630[点]と考えられる。

■平成29年度　3

（２）②　3 学年の通学時間の中央値は全体が 100 人なので，50 人目と 51 人目の平均値である。通学時間の短い方から数えていくと，15 分以上 20 分未満に 50 人目と 51 人目がいる。

■平成31年度　3

(2) ①　度数の最も多い階級は 210cm 以上 220cm 未満であり，階級値は各階級の真ん中の値なので 215cm となる。

■平成30年度　3

(1) ②　9.0 秒以上 10.0 秒未満の階級に入っている男女の人数は，

30×0.3＝９[人]

与えられた資料から，9.0 秒以上 10.0 秒未満の階級に入っている男子の人数は，2 人，よって 9－2＝7[人]

■令和 2 年度　3

(2) ①　(22＋17＋18＋23＋20)÷5

＝20(個)

■令和 3 年度　3

(2) ①　最大値－最小値＝範囲

最小値＝最大値－範囲

＝46－31

＝15(m)

②　25回の記録をまとめたものなので，13番目の値が中央値となる。A 班 B 班それぞれの中央値が入る階級は，25～30，30～35 であるから中央値を比べると A 班のほうが大きい。

〈確率・場合の数〉

■平成25年度　3

(２) ①　○のついている所が $a+b$ の値が 5 の倍数であるので，

$\frac{7}{36}$

a＼b	1	2	3	4	5	6
1				○		
2			○			
3		○				
4	○					○
5					○	
6				○		

②　○のついている所が $\sqrt{2(a+b)}$ の値が整数となる所である。

$\frac{6}{36}=\frac{1}{6}$

a＼b	1	2	3	4	5	6
1	○					
2						○
3					○	
4				○		
5			○			
6		○				

■平成２７年度　3

（１）①　大きいさいころの出た目の数が 4

…4 の約数は，１，２，４なので ○○●○●●

小さいさいころの出た目の数が 3

…………………………………… ○○○○●●

よって白い碁石は 4 個

②　白い碁石が 3 個となるのは，

ｉ）（ア）の操作で白い碁石が２個となり，（イ）の操作で白い碁石がもう１つ増える場合

ii）（ア）の操作で，白い碁石が４個となり，（イ）の操作で白い碁石が１つ減る場合

• ｉ）のとき

（ア）の操作で，白い碁石が２個になるのは，約数が２個のときであるから，大きいさいころの目が２，３，５のとき。

・大きいさいころの目が２のとき…

○○●●●●（1 2 3 4 5 6）なので，小さいさいころの目が，3，4，5，6 であれば，白い碁石がもう1つ増える。→４通り

・大きいさいころの目が３のとき…

○●○●●●（1 2 3 4 5 6）なので，小さいさいころの目が，2，4，5，6 であれば，白い碁石がもう1つ増える。→４通り

・大きいさいころの目が５のとき…

○●●●○●（1 2 3 4 5 6）なので，小さいさいころの目が，2，3，4，6 であれば，白い碁石がもう1つ増える。→４通り

したがって，4＋4＋4＝12通り

• ii）のとき

（ア）の操作で白い碁石が４個になるのは，約数が４個のときであるから，大きいさいころの目が６のときだけ。

・大きいさいころの目が６のとき…

約数は，1，2，3，6 なので ○○○●●○（1 2 3 4 5 6）そして，小さいさいころの目が，1，2，3，6であれば，白い碁石が１つ減る。

→４通り

２つのさいころを振ったときの出る目は，36通りなので，

ｉ），ii）より，$\frac{12+4}{36}=\frac{16}{36}=\frac{4}{9}$

■平成28年度　3

（１）①　玉の取り出し方は，右の 25 通り，その中で $10a+b$ が 3 の倍数となるのは○のついた 8 通りである。

①の表より，$10a+b$ が 6 でわり切れる取り出し方は

$(a,b)=(3,6)(5,4)(6,6)$ の 3 通り。

よって求める確率は $\frac{3}{25}$

a＼b	3	4	5	6	7
3	(33)	34	35	(36)	37
4	43	44	(45)	46	47
5	53	(54)	55	56	(57)
6	(63)	64	65	(66)	67
7	73	74	(75)	76	77

■平成30年度　3

(2) ①　B の場合

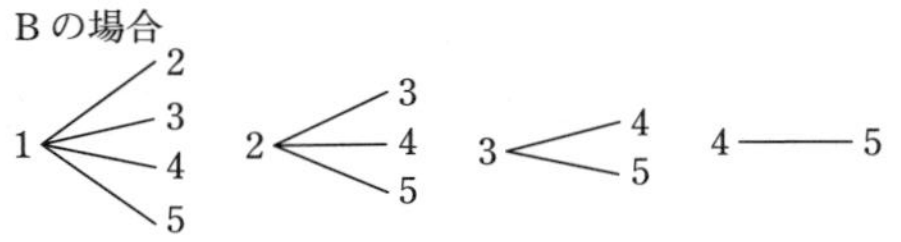

上の図のような樹形図になるので 10 通り――ア

また，C の場合

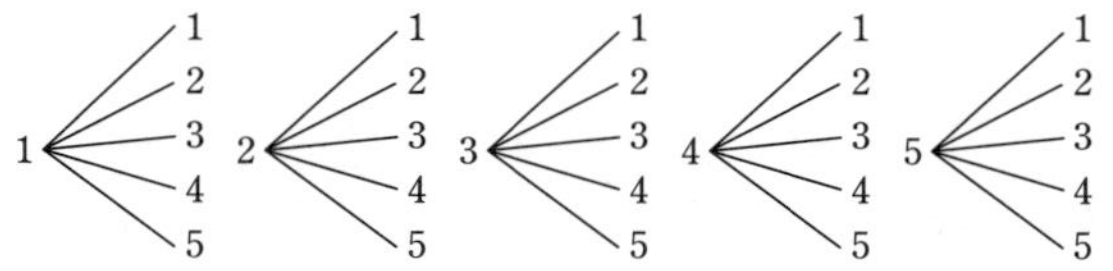

上の図のような樹形図になるので 25 通り――イ

■平成29年度　3

（１）①　5 つの玉のうち，2 つの青玉のどちらかを取り出せばよいので，$\frac{2}{5}$

②　赤玉をそれぞれ R_1，R_2，青玉をそれぞれ B_1，B_2，白玉を W とする。

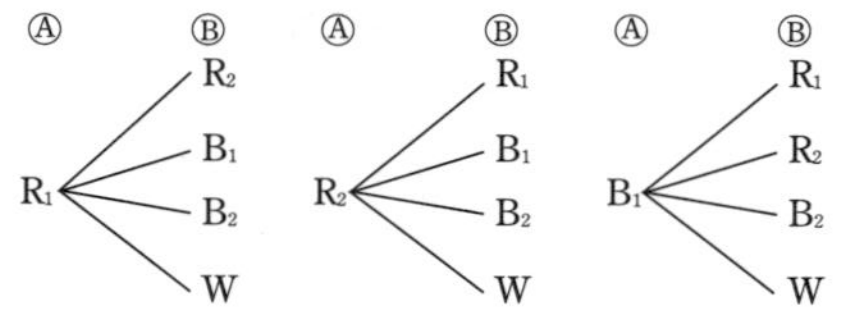

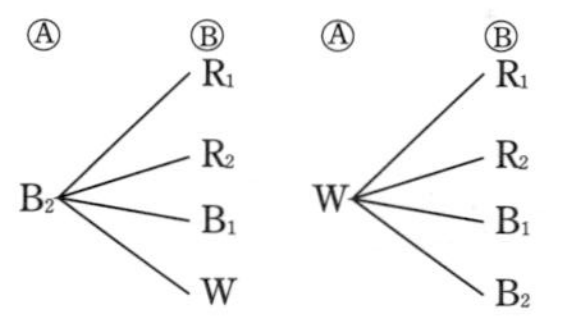

図より $\frac{14}{20}=\frac{7}{10}$

■平成31年度　3

（1）① 出た目の数の和が7となる目の出方は
(1,6),(2,5),(3,4),(4,3),(5,2),(6,1)の6通り。

② 2つのサイコロの目の出方は36通りであり，出た目の数の和が素数となる目の出方は
2のとき…(1,1)
3のとき…(1,2),(2,1)
5のとき…(1,5),(2,3),(3,2),(5,1)
7のとき…①の6通り
11のとき…(5,6) (6,5)
の15通りである。よって，$\frac{15}{36}=\frac{5}{12}$

■令和2年度　3

（1）① 積 ab が0となるのは，$a=0$ のときであり，b の値は1~6の何でもよい。したがって，6通りある。

② $\sqrt{ab}$ の値が整数とならないのは右の場合である。
したがって，$\frac{23}{36}$ となる。

a＼b	1	2	3	4	5	6
0						
1		○	○		○	○
2	○		○	○	○	○
3	○	○		○	○	○
4		○	○		○	○
5	○	○	○	○		○

■令和3年度　3

（1）① P=1,2,3,4　Q=2,3,4,5のとき
2a+bの値ととまる点は以下の通りなので
3(通り)

1 ─ 2　2×1+2=4　E
1 ─ 3　2×1+3=5　A
1 ─ 4　2×1+4=6　B
1 ─ 5　2×1+5=7　C

2 ─ 2　2×2+2=6　B
2 ─ 3　2×2+3=7　C
2 ─ 4　2×2+4=8　D
2 ─ 5　2×2+5=9　E

3 ─ 2　2×3+2=8　D
3 ─ 3　2×3+3=9　E
3 ─ 4　2×3+4=10　A
3 ─ 5　2×3+5=11　B

4 ─ 2　2×4+2=10　A
4 ─ 3　2×4+3=11　B
4 ─ 4　2×4+4=12　C
4 ─ 5　2×4+5=13　D

② 上の表よりA~Eの各点にとまる確率は
点A $\frac{3}{16}$　点B $\frac{4}{16}$ $=\frac{1}{4}$　点C $\frac{3}{16}$　点D $\frac{3}{16}$
よって，もっとも大きいのは点Bの $\frac{1}{4}$ である。

理　科　解　説

〈身近な科学〉

■平成28年度　8

（1）① まち針A、Bが見えなくなるように、まち針Cを刺すので、まち針A､Bを結んだ線上の鏡で反射する。よって、ウに刺せばよい。

② 反射する鏡の点をa､ウの位置をb､ac⊥bcとなるような点Cをとる。
△abcにおいて、∠acb=90°、線分abは正三角形の二等分線となるので、∠abc=30°
よって、反射角bac=60°となる。

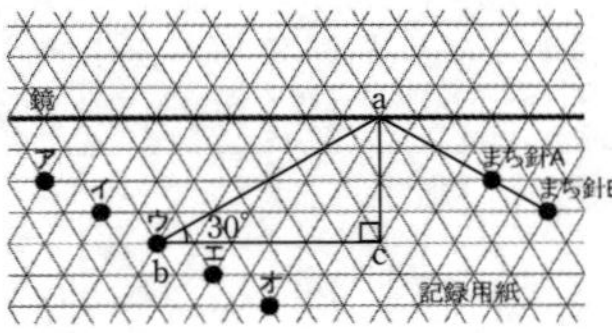

（2）① おんさが鳴りだすためには、おんさLとおんさMの振動数が等しくなる必要がある。

■平成30年度　9

（1）②レンガの質量は2500gなので重力Xの大きさは25N
（2）圧力は面積が小さければ小さいほど大きくなる
（3）面Aの面積は，0.1×0.2=0.02[m²]
なので，
1000×100×0.02=2000[N]必要である
よって　2000÷25=80[個]

■平成31年度　8

（2）光の入射する向きに関係なく光の道筋は決まっているため，屈折角20°のときの結果と同じ結果になる。

（3）② 反射面に対して，入射角は，
20°+25°=45°となる。
よって反射角も45°したがって
直線OCと反射光とのなす角は
45°+25°=70°

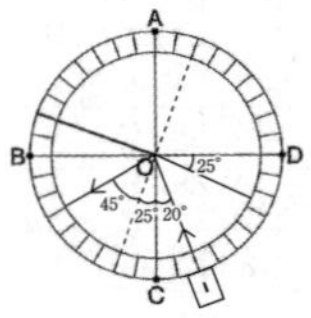

■令和2年度　7

（2）グラフから，ばねののびx[cm]に対して，ばねを引く力F[N]は
$F=\frac{1}{2}x$ と表せる。
270gは2.7Nより，$2.7=\frac{1}{2}x$　　つまり　$x=5.4$[cm]

（3）力の大きさ[N]は，重力の強さによる。したがってばねののびも重力の強さによる。

（4）おもりYは170g=1.7Nより浮力は，2.7−1.7=1.0[N]

■令和3年度　7

（3）はじく強さを弱くすると振幅が小さくなり音が小さくなる。よって、Ⅰと振動数が同じで振幅が小さいものを選べばよい。

（4）実験から弦の張りの強さと駒の位置で振動数が決まり、振動数が多ければ音が高く、振動数が少なければ音が低くなることがわかる。

（5）Ⅰと比較するとⅡは振動数が2倍、Ⅲは1.5倍になっている。Ⅲよりも振動数を多くしなければならないので駒はCよりもAに近づける必要があるが、Bまで移動させるとⅡよりも振動数が多くなってしまう。よって、BとCの間。

〈物質の性質〉

■平成25年度　7

（3）① グラフをみると加えたマグネシウムの質量が0.05gから0.20gまでは比例しているのでそのまま直線をひくと0.24gで発生した気体の体積は250cm³となる。

② うすい塩酸100cm³と反応して気体が250cm³発生する質量の比は
マグネシウム：鉄=0.24：0.56=3：7

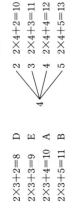

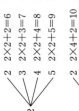

■平成26年度　7

（2）グラフの温度変化から、エタノールの蒸発が始まったのは５～10分。

（3）**実験２**より、試験管Ｃはエタノール、Ｄはエタノールと水の混合物、Ｅは水であると推定できる。プラスチック片の沈む方が密度が小さいので、エタノールを多く含むものがより密度が小さいことがわかる。よって c<d<e となる。

■平成27年度　7

（2）アンモニアの化学式は NH_3。

（3）①　アンモニアを水に溶かすとアルカリ性なので、フェノールフタレイン溶液は赤色になる。

■平成30年度　6

(2) 水に入れた物質の質量が，水の温度が 20℃で溶けきる質量より多いときに結晶が出る。

(4) ①　表２は水 100g に対する飽和水溶液の溶質の質量なので，求める質量を xg とすると

$100:32=(264-x):x$

これをとくと　$x=64$[g]

②　①より水溶液Ｘの質量は 64＋36＝100[g]

よって，質量パーセント濃度は $\frac{100}{300}\times100=33.3=33$[%]

■令和２年度　6

(1) このような反応を吸熱反応という。

(3) ②　水酸化カルシウムを塩化アンモニウムを反応させるとアンモニアが発生する。

〈化学変化〉

■平成28年度　7

（2）①　マグネシウムと酸素が結びつく化学反応式は、$2Mg+O_2\rightarrow2MgO$ なので酸化マグネシウムは、マグネシウム：酸素＝１：１の比で結びついている。－（Ⅰ）

また、同じ質量で銅は 0.3(g)の酸素とマグネシウムは 0.8(g)の酸素と反応しているのでマグネシウムの方が原子の数が多いことが分かる。－（Ⅱ）

②　結果１より、酸素0.3(g)と反応する銅は、1.2(g)である。

マグネシウムにおいて

0.8(g)の酸素と反応するマグネシウムの質量は1.2(g)

0.3(g)と反応するマグネシウムの質量は$0.8:1.2=0.3:x$

これを解くと　$x=0.45$(g)

よって、同じ質量の酸素と結びつく銅とマグネシウムの質量比は

1.2:0.45=120：45=8:3

（3）結果２の化学反応式は、$2CuO+C\rightarrow Cu+CO_2$ となり、反応後酸素 O_2 は炭素と結びついていることより、銅と比べて炭素の方が酸素と結びつきやすいと考えられる。

また、実験３の化学反応式は、$CO_2+4Mg+O_2\rightarrow4MgO+C$ となり、反応後二酸化炭素と結びついていた酸素は Mg(マグネシウム) と結びついている。このことより、炭素と比べてマグネシウムの方が酸素と結びつきやすいと考えられる。これに最も当てはまるのはオである。

■平成29年度　6

（1）濃度(%)＝$\frac{\text{溶けているものの質量(g)}}{\text{溶液全体の質量(g)}}\times100$

溶けている塩化ナトリウムを xg とすると，

$5=\frac{x}{20}\times100$　よって $x=1$

（3）中和反応なので，塩と水ができる。

（4）1g の温度を 1℃上げる ⇒ 4.2 J

40g の温度を 17.3－15.9＝1.4℃上げる

⇒ 4.2×40×1.4＝235.2 J

■平成30年度　7

(1) ①　水素(H_2)が酸素を受け取って水(H_2O)になったとみなせる。

(3) 実験２の結果から

酸化銀：銀＝4.5：4.2＝15：14 の割合で分解される

■平成31年度　6

(1) 木片の一部は，二酸化炭素となり質量が減少する。スチールウールは，酸素が結合し，質量が増加する。

(3) ②　硫黄 3.2g に反応する鉄粉の量は $3.2\times\frac{7}{4}=5.6$g

よって 6.0－5.6＝0.4g 残る

■令和２年度　5

(1) 容器 Ｘ の質量を考えないためにイ→ア→ウの順で行う。

(2) 化学反応式は次の通り：$HCl+NaHCO_3\rightarrow NaCl+H_2O+CO_2$

(4) 実験２の結果よりうすい塩酸の体積が，24cm³ のとき，発生する気体の質量と比例関係にある。

よって求める量を xg とおくと，$10:0.5=24:x$

これを解いて　$x=1.2$[g]

(5) 実験１では，塩酸 30cm³ に対して炭酸水素ナトリウムが 3.0g のときちょうど反応することから，炭酸水素ナトリウムは計 3.0g，塩酸が計 30cm³ 残る。同様に考えると，実験２では炭酸水素ナトリウムは計 6.0g，塩酸が 10cm³ 残る。以上により，大きな容器には炭酸水素ナトリウムは 9.0g，塩酸は 40cm³ 入る。よって塩酸 40cm³ が全て反応し，発生する気体を xg とすると，

$10:0.5=40:x$，つまり $x=2.0$g

■令和３年度　5

(1) 酸化マグネシウム、MgO が生じる。

(3) 定比例の法則。

(4) 銅：酸素＝4：1　　マグネシウム：酸素＝3：2

＝8：2

銅：マグネシウム＝8：3

(5) 混合物中の銅を xg 、マグネシウムを yg とすると

$x+y=3.00$　…①

銅：酸化銅＝4：5、マグネシウム：酸化マグネシウム＝3：5より

$\frac{5}{4}x+\frac{5}{3}y=4.10$　…②

①、②の連立方程式を解くと、$x=2.16$

〈中和・イオン〉

■平成26年度　6

（2）気体Ｐは二酸化炭素。イは水素、ウ、エは酸素が発生する。

（3）気体が発生してもふたを閉めていれば全体の質量は変わらない。

（4）ビーカーＡの反応から、加えた炭酸水素ナトリウム1.00g のうち、減少した質量は0.52g。ビーカーＣ～Ｅで塩酸と完全に反応する炭酸水素ナトリウムの質量を xg とすると、そのうち減少した質量は 1.26g なので、比で求める。

$1.00:0.52=x:1.26$　$x=2.42\cdots$　よって2.4g

■平成27年度　6

（2）うすい塩酸は電解質の水溶液である。

（4）亜鉛板：Zn　→　Zn^{2+} ＋ ⊖⊖　（⊖は電子）

銅板：$2H^+$ ＋ ⊖⊖ → H^2

よって、亜鉛原子が50個あれば、水素イオンは２倍の100個である。

■平成28年度　6

（3）①　塩酸は酸性であるので、ＢＴＢ溶液は黄色に変わる。水溶液が中性であるための判断は、ＢＴＢ溶液が緑色に変わったかどうかである。

②　水溶液が中性になる(中和反応が起こる)と塩と水ができる。

■平成29年度　7

（4）①　水酸化ナトリウム水溶液に電流を流すと、陽極では酸素、陰極では水素が発生する。

ア…二酸化炭素　イ…酸素　ウ…水素　エ…アンモニア

■平成31年度　7

(1) 発生した気体は，水素である。
ア：二酸化炭素　イ：酸素　ウ：アンモニア

(2) 生じた沈殿は，$BaSO_4$である。

(3) (2)より　Aは薄い塩酸である。よってBがうすい塩酸。
Ⅲより　Dが砂糖水なので，Cがうすい水酸化ナトリウム水溶液。

(4) フェノールフタレイン溶液だけが，アルカリ性の水溶液を区別できる。

■令和３年度　6

(2) 塩酸は酸性であることから黄色になる。

(3) 中性になるⅠの水溶液と水酸化ナトリウム水溶液の比は
15.0(cm³)：21.0(cm³)
15.0：21.0＝2.0：x
15.0x＝42.0
x＝2.8(cm³)

(4) 塩化ナトリウムができる。

(5) ①　酸の水素イオンとアルカリの水酸化物イオンから水が生じ、残りの酸の陰イオンとアルカリの陽イオンで塩ができる。
②　$H^+ + OH^- \rightarrow H_2O$

〈電流とその利用〉

■平成26年度　9

(1) グラフより、回転数２回のときの電流は0.12Ａなので、電圧の大きさは0.12×16＝1.92Ｖ。

(2) 直列につなぐと回路全体の抵抗が32Ωになる。(1)と同様に回転数２回で考えると、電圧1.92Ｖ、抵抗32Ωより電流は1.92÷32＝0.06Ａ。よって、回転数２回で0.06Ａになるエが正しい。

(3) 並列で電熱線を２つつないでも、それぞれにかかる電圧は電熱線１つのときと等しいので、**実験３**の消費電力の和は**実験１**の２倍になる。また(2)より、**実験２**の消費電力は実験１の1/2だとわかる。
実験３：**実験１**＝２：１、**実験１**：**実験２**＝２：１
よって**実験１**：**実験２**：**実験３**＝２：１：４
また、消費電力が大きくなるほどハンドルを回す力も大きくなるので、力の大きさが小さい順に並べると、**実験２**・**実験１**・**実験３**となる。

(4) (3) より、直列につなぐと消費電力は1/2、並列につなぐと消費電力は２倍になるので、並列につないだ２組の電熱線を直列につなぐと**実験１**と同じになる。

■平成27年度　8

(1) 図１より電流は下から流れるので、右ねじの法則により、右図のような磁界ができる。そして、各地点に磁針を置くと磁界の向きにＮ極が向くから、このようになる。

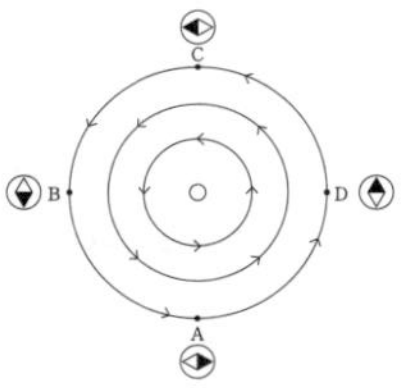

(2) 電流の向きに向かわせて右手でコイルをにぎると、親指の向きが、コイルの内側の磁界の向きになる。

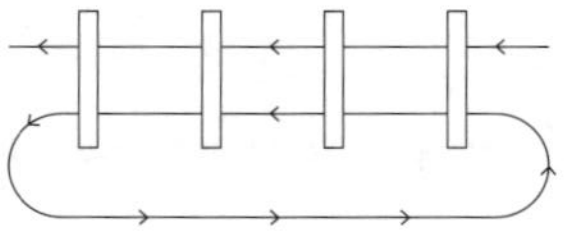

(3) 抵抗＝$\frac{電圧}{電流}$＝$\frac{6.0(V)}{1.2(A)}$＝5.0(Ω)

(4) 電流の向きは、⊕→⊖、磁界の向きはＮ極→Ｓ極なので、フレミングの左手の法則を使って、力の向きを調べればよい。

(5) コイルの振れが小さい（力が小さい）
→ 電流を小さくする
→ 抵抗を大きくする
→ 直列つなぎにする
よって、コイルの振れが小さい順に並べる。

■平成29年度　8

(2) ②　電子線の性質
1. 光のように直進する　2. －の電気を帯びた粒子でできている
3. －極から＋極に進む　4. 磁力を受ける

(3) 電子線の性質の３より，＋極のほうに向かって曲がる。

■平成30年度　8

(1) ①　イは300mA，ウは３Ａを表している。
②　図１の回路図は以下のようになる。

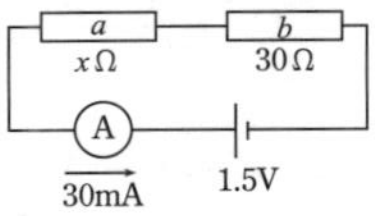

抵抗器ａの抵抗の大きさをxΩとすると，抵抗器全体の抵抗の大きさはx＋30[Ω]
よって，オームの法則より$x+30=\frac{1.5}{0.03}$
これをとくと　x＝20

(2) 並列回路全体の抵抗の大きさＲは$\frac{1}{R}=\frac{1}{R_1}+\frac{1}{R_2}$で計算される。
実際に計算すると，$\frac{1}{R}=\frac{1}{15}+\frac{1}{30}=\frac{3}{30}=\frac{1}{10}$
つまりＲ＝10となり小さくなる。

(3) ①　図1における抵抗器bにかかる電圧は，
30×0.03＝0.9[V]
したがって消費電力は，
0.9×0.03＝0.027[W]
②　図２における抵抗器ｂに流れる電流の大きさは，$\frac{1.5}{30}=0.05$ [A]
したがって消費電力は
0.05×1.5＝0.075[W]

■平成31年度　9

(3) 磁石のＳ極がコイルの真上に近づくとき，＋側に振れたので，遠ざかるときは，－側に振れる。

(4) ①　力学的エネルギーが電気エネルギーに少し変わると，運動エネルギーが減少するため，速さも減少する。
②　磁石がコイルを通過するときの速さが増加すれば良い。

〈運動とエネルギー〉

■平成25年度　9

(4) おもりが全部水に沈んでいるときの浮力は、グラフ２よりばねののびが３cm縮んでいて３cmのばねののびはグラフ１より0.3Nの力であり動滑車であることを考えると0.6Nである。
おもりが半分の時は0.6(N)÷２＝0.3(N)

■平成26年度　8

(1) 最初の0.1秒間で1.5cm進んでいるので、速さは1.5÷0.1＝15cm/s

(3) 経路Ⅰ～Ⅲはいずれも斜面の傾きと長さが等しいので、斜面を運動している時間は等しいが、水平面上を移動する時間がそれぞれ異なる。

■平成28年度　9

(1) ①Ｐにおける平均の速さは､2.5÷0.1=25cm/s
②Ｑにおける平均の速さは､7.5÷0.1=75cm/sとなり、
①よりも75－25＝50cm/s速くなっている。

(2) 図３より､0.1秒間に5cmずつ距離が増加していることが分かる。
よって、0.6秒間に進む距離は、2.5＋7.5＋12.5＋17.5＋22.5＋27.5＝90cm
0.6秒～0.7秒間に進む距離は27.5＋5＝32.5cmよりこの間に100cmに達する。

(3) ①　ばねばかりののびが7cmなので力の大きさは､1.4(N)となる。
仕事の大きさ＝力の大きさ×力の向きに動いた距離(m)より
仕事の大きさ＝1.4(N)×1(m)＝1.4(J)となる。
②　図２から物体Ａにはたらく重力は、斜面にそった平行にはたらく力と斜面に垂直にはたらく力に分解できる。

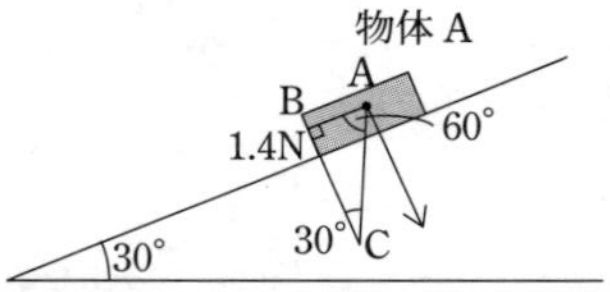

△ABCにおいて、斜面に平行にはたらく力(AB)は、1.4Nであり、∠ACB＝30°、∠BAC＝60°なので、重力は平行にはたらく力の２倍となる。
よって､1.4×2＝2.8N。

■平成29年度　9

（2）力の向きが動く向きと同じ場合に仕事をしたといえる。

（4）木片が動いた距離が長いほど摩擦力に逆らって動く距離も長いので、発生する熱エネルギーも大きくなる。

■令和2年度　8

(1) F_1とF_2は作用・反作用の関係である。

(2) 速さの変化の度合いと，力の向きが一致する。

(3) 1本が0.1秒を表しているので，$\frac{8.0}{0.1}=80$[cm]

(4) 右図のように極端に考えればよい

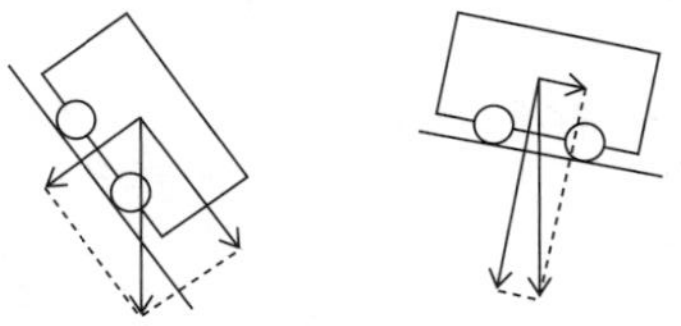

■令和3年度　8

(1) 重力は物体の全ての部分にかかるので中心から矢印を描くことに注意する。

(2) 高さが高いほど位置エネルギーが大きくなる。

(3) 実験結果を見ると手が加えた力の大きさが半分に、手を動かした距離が2倍になっている。

(4) 一定の同じ速さで手を動かしているので，ⅠとⅡは同じ時間手を動かしており，Ⅲは2倍の時間手を動かしていることになる。仕事量はすべて同じなので，2倍時間がかかっているⅢのみ仕事率が小さい。

(5) 動滑車を使うと，力の大きさは1/2，動かす距離は2倍になる。
よって、15kgの物体にはたらく重力の大きさは 150 N なので、おもりを引き上げるのに必要な力の大きさは 75 N になる。
仕事(J)＝力の大きさ(N)× 力の向きに動かした距離(m)
＝75×1.0
＝75(J)

〈植物の生活と種類〉

■平成29年度　2

（1）① **ア**と**イ**は接眼レンズ、**ウ**と**エ**は対物レンズ。長さが短いものが低倍率である。

■平成30年度　2

(4) エンドウは種子植物で，被子植物，イヌワラビはシダ植物，スギゴケやゼニゴケはコケ植物である。

■平成31年度　2

(1) ① ヨウ素デンプン反応により青紫色になる。

(3) 光が当たると，光合成により二酸化炭素は減少し，光をさえぎると呼吸により二酸化炭素は増加する。また，BTB溶液はアルカリ性のとき青色になる。

■平成27年度　1

（1）胞子で増えるのは、シダ植物かコケ植物。ただし、シダ植物は維管束がある。

■令和3年度　1

(3) 蒸散以外の原因で水が減少するのを防ぐためである。

(4) ① 蒸散により吸水が起こることがわかる。
② ワセリンを塗ってない部分で蒸散が行われているので下記の表になる。

	葉の表側	葉の裏側	葉以外	水の減少量
A	×	○	○	4.3㎤
B	○	×	○	2.1㎤
C	×	×	○	1.0㎤
D	○	○	○	5.4㎤
E	×	×	○	1.0㎤

葉の表側の蒸散量＝(葉の表側＋葉の裏側＋葉以外)－(葉の裏側＋葉以外)＝D－A＝5.4－4.3＝1.1(g)
葉の裏側の蒸散量＝(葉の表側＋葉の裏側＋葉以外)－(葉の表側＋葉以外)＝D－B＝5.4－2.1＝3.3(g)
葉の裏側の蒸散 ÷ 葉の表側の蒸散量＝3.3÷1.1＝3(倍)

〈大地の変化〉

■平成25年度　4

（3）S波の到達する時間が観測点A、B、Dとも同じくらいなので中間点ウが最も適当である。

■平成26年度　5

（1）② **図1**を見ると、右側の層が左側の層の上にはい上がっている。
これは、左右から押される力がはたらいたときに起こる。

（2）② **図2**と**図3**を見ると、C地点の地表は標高65m、凝灰岩の層とれき岩の層の境界面は地表から深さ15mのところにあることがわかるので、境界面の標高は65－15＝50m。
また、B地点とD地点の境界面の標高がどちらも55mなので、南北方向に地層の傾きはない。
E地点で深さ12mの場所は標高が60－12＝48mなので、C地点の標高48mの層を見ると、れき岩の層であることがわかる。

■平成28年度　5

（1）①② 日本付近のプレートおよび動きは左のようになる。

（3）① 地震のエネルギーの大きさはマグニチュードが1大きくなると約32倍大きくなる。
表よりマグニチュードが3違うのでエネルギーの大きさは 32^3＝32768倍違う。選択肢より最も近いエが答えとなる。

② 観測地点Xから震源までの距離が50km、観測地点Xから震央までの距離が30kmである時、震源から震央までの距離は、三平方の定理より40kmである。
観測地点Yでも震源から震央までの距離は40kmで変わらないので，観測地点Yから震央までの距離は，三平方の定理より
$x^2=80^2-40^2=6400-1600=4800$
$x>0$より、$\sqrt{4800}=40\sqrt{3}$
よって，40×1.73＝69.2となり，小数第1位を四捨五入して69kmとなる。

■平成29年度　4

（1）② 石灰岩は、貝殻など炭酸カルシウムを含むものが堆積してできる。
つまり、火成岩ではない堆積岩の一種。

（2）カンラン石…うす緑色で不規則に割れる。
黒雲母…黒色で一定方向にはがれる。
石英…無色で不規則に割れる。

■平成31年度　4

(1) 粒の大きさは，深くなるにつれて，れき→砂→泥と変化する。

(2) 水が氷になると体積は大きくなる。

(3) ① 火山灰の層を構成するものに着目する。火山の周囲にあるものでは，判断できない。

■令和３年度　3

(2) 震度とは、地震による揺れの大きさを表す気象庁がまとめた日本独自の階級である。観測点の地震計の記録から計算される。震源からの距離に比例して小さくなり、震央を中心とした同心円状の分布となることが多い。震源が浅いと狭い範囲で強い揺れが、震源が深いと広い範囲で穏やかな揺れが起こる。地震のエネルギーの大きさを表すのはマグニチュード。

(3) 高潮は気圧の低下や強風によって海水面が異常に高くなる現象。

(4) 震源から観測点までの距離が大きくなると、初期微動が始まる時間と主要動が始まる時間との差が大きくなる。

(5) A地点とB地点の差でP波の速さを求める。

56－28＝28(km)

9時42分13秒－9時42分09秒＝4(秒)

28÷4＝7(km/秒)

震源地まで28kmなので

28÷7＝4(秒)

9時42分09秒－4秒＝9時42分05秒

〈動物の生活と種類〉

■平成25年度　3

（3）② 図1を見ると右半分が動脈血、左半分が静脈血なのでｂからａへ。

■平成28年度　3

（4）① **ア**は全身から心臓に戻ってくる大静脈、**イ**は心臓から全身に出ていく大動脈、**ウ**は心臓から肺に出ていく肺動脈、**エ**は肺から心臓に戻ってくる肺静脈となる。

② 結果の表より、15秒間の心臓の拍動の平均回数は16回である。15秒間で16回なので1時間＝60分＝3600秒の拍動回数は、

15：16＝3600：x⇒x＝3840 回となる。

1回あたり 70mL の血液なので 3840 回では、

3840×70＝268800mL≒268.8L の血液量が送り出される。

よって、これに最も近いのは**オ**となる。

■平成29年度　3

（1）背骨があり、えらで呼吸する時期がない動物は、は虫類、鳥類、ほ乳類。

A…鳥類　B…は虫類　C…無セキツイ動物　D…ほ乳類　E…両生類

（4）② Eは有性生殖をする動物。減数分裂では、卵子と精子の染色体の数が半分になる。

■平成31年度　3

(2) ① 両生類にはつめはないのでハチュウ類を選ぶ。

■令和２年度　2

(1) Aは気温に関わらず，体温が一定であることを読み取る。

■令和３年度　2

(2) 視野が重なっている分、視野は狭くなるが、立体的に見える範囲は広くなる。

(3) イの外耳道を通った空気の振動をウの鼓膜で受け取って振動し、アの耳小骨で振動を増幅させ、エのうずまき管で電気的な信号として受け取る。

(4) 反射が起こっている。せきずいで命令が出るため反応に要する時間が短い。

(5) 1対の筋肉の一方が縮み、もう一方がのばされることで、腕を曲げたりのばしたりできる。Xが縮むと腕が曲がり、Yが縮むと腕がのびる。

〈細胞と生殖〉

■平成26年度　2

（3）**ア**．分裂前の細胞**→オ**．染色体が現れる**→ウ**．染色体が中央に並ぶ**→イ**．染色体が両端に移動**→エ**．中央にしきりができる**→カ**．細胞質が２つに分かれる

■平成27年度　3

（1）緑色の種子はyyだが、それが減数分裂して精細胞yをつくる。

（3）Yy × Yyを表にすると、

	Y	y
Y	YY	Yy
y	Yy	yy

⇒ YY：Yy：yy ＝1：2：1

黄　：　緑　＝　3：1

■平成31年度　3

(3) ① メンデルの遺伝では，個体数の多い方が優性である。子の形質が1種類しかなく，親の形質に優性のものがあるため，子の形質は優性のものになる。

② 緑の遺伝子をA
黄の遺伝子をa　とする。

①より子の形質はAaとわかる。

よって孫の遺伝子の組み合わせは，

AA：Aa＝aa＝1：2：1となる。

AAの自家受粉→AA：Aa：aa＝4：0：0

Aaの自家受粉→AA：Aa：aa＝1：2：1

aaの自家受粉→AA：Aa：aa＝0：0：4

また元々AaはAA,aaの2倍個体数がいるので，

AA：Aa：aa＝2：4：2と考えて，全部の比をまとめると

AA：Aa：aa＝6：4：6となり

黄：緑＝6：(6＋4)

＝3：5

■令和２年度　1

(2) プレパラートを動かす方向と視野の動く方向は正反対になる。

(3) ① P→S→Q→T→Rの順で細胞分裂が起こる。

〈天気とその変化〉

■平成27年度　4

（3）③ 高気圧の中心付近にあるのは、下降気流。

風は高気圧から低気圧の方に向かって吹く。

■平成28年度　4

（3）図より、乾球の示度…23℃、湿球の示度…20.5℃、その差は2.5℃である。よって、ふもとの湿度は79%となる。グラフより、温度23℃の時の飽和水蒸気量は約20.5(g/㎥)。今ふもとに含まれている水蒸気量は湿度の公式で求めることができるのでそれを用いると

$79=\frac{x}{20.5}\times100$　　$100x=1619.5$　　$x=16.195$(g/㎥)

よって、グラフより、水蒸気量が約16(g/㎥)となる温度は約19℃となる。

■平成30年度　4

(3) Zは寒冷前線なので以下のような動き方をする。

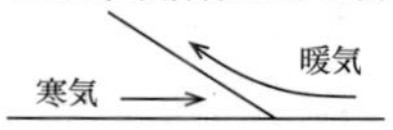

(4) Zの前線は寒冷前線なので，通過した後は気温は下がり，気圧は上がり始める。

■平成31年度 5

(1) 水が蒸発するための主な熱源は太陽である。

(3) ② 陸地に存在する水の量が変化しないので,陸地から出て行く量と陸地に入っていく量は同じである。

111=71+(流水)より

(流水)は40兆t

■令和２年度 3

(1) ◎はくもり,①は晴れを表す。

(3) 岩石は「あたたまりやすく冷えやすい」，水は「あたたまりにくく冷えにくい」ことをおさえる。

(4) ① ④は(3)をもとに考えればよい。②は空気の密度が小さくなることで軽くなり，上に昇っていくことから上昇気流が発生する。③も同様に考える。

〈地球と宇宙〉

■平成27年度 5

（１）② 地球の外側を公転している惑星（外惑星）を選べばよい。太陽からの距離が地球よりも大きいものが外惑星である。

（２）水星、金星、地球、火星のことを地球型惑星という。

（３）② 体積=質量÷密度で求めることができる。

惑星Ｄの体積=317.83÷1.33≒239

地球の体積=1.00÷5.51≒0.18

よって、239÷0.18≒1328 ， 約1300倍。

■平成29年度 5

（３）60分で3.00cm進むので、2.25cm進むのは $60\times\frac{2.25}{3.00}=45$ 分である。点線Ｘと交わるときが南中時刻なので、午前11時45分。

■平成30年度 5

(4) ４月は太陽の方向にうお座がある。したがって，午前０時にはその正反対側のおとめ座が南中する。

(5) 星座が沈む方向は西である。朝方にいて座が西に見えるのは冬である。よって オ

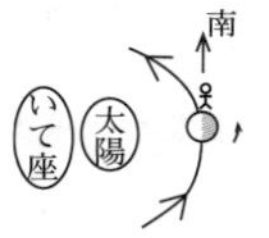

■令和２年度 4

(2) 公転周期は太陽から遠くなればなるほど長くなる。

(5) 右図の①が半分欠けて見えるときの金星と地球の位置関係である。その後,金星は矢印の方向に進んでいき,②の位置関係になるとき,満ちて,小さく見える。

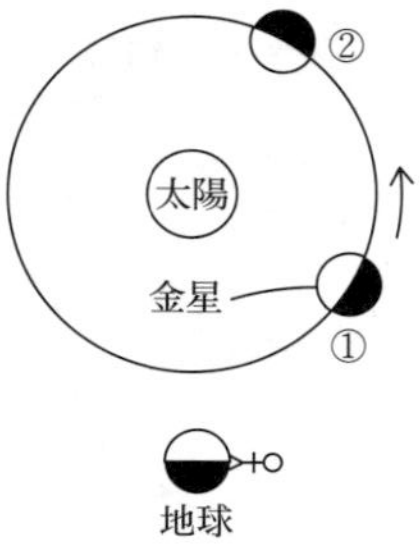

■令和３年度 4

(1) 太陽の一部が隠されているとあることから日食であることがわかる。

(2) 月の影が地球に届く現象であることから考える。

(3) 太陽の直径は地球の直径のおよそ100倍である。

(5) 夏至は日本列島のある北半球では緯度の高いところほど昼が長い。秋分の日はどの緯度でも昼の長さと夜の長さはほぼ同じ。

〈生物界のつながり〉

■平成26年度 3

（１）② 生産者は、分解者が放出する二酸化炭素を利用して炭水化物などの有機物をつくる。

（３）生物体をつくっている有機物の化学エネルギーを利用する発電をバイオマス発電という。バイオマスを燃焼させる方法と、微生物で発酵させてつくったメタンやアルコールを利用する方法がある。

■平成28年度 2

（１）① 表を検討していく。イチョウは裸子植物、ハコベとナズナは双子葉類の中の離弁花類、スズメノカタビラは単子葉類、スギナはシダ植物に分類される。

② からだに節がなく外とう膜でおおわれているのは、軟体動物である。表の中で軟体動物に分類されるのは、マイマイである。

（２）ゼニゴケは植物であるから生産者の役割を果たす。

（３）ビーカーＸにデンプン溶液を入れると分解者（菌類・細菌類）の働きによってデンプンが分解され糖ができる。ヨウ素液の色は変化しない。

一方、ビーカーＹは沸騰させているので分解者である菌類や細菌類は死滅する。それに、デンプン溶液を入れてもデンプンが残るのでヨウ素液が青紫色に変化する。

■平成30年度 3

(4) 図３の流れを図示すると,以下のようになる。

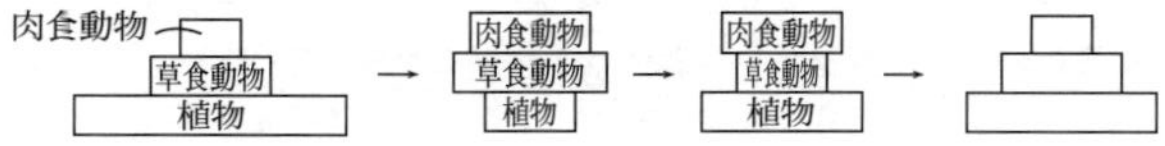

英　語　解　説

〈適語選択・並べかえ〉

■平成25年度　2

（1）①「take care of」世話をする、面倒をみる

②このコートが小さいので、もっと大きなコートを見せてください、という場面。２回目には「coat」をくり返さず、「one」を使う。

③ A：私の家族は、ゴールデンウィークに金沢に行く予定です。

B：(　　　) そこはよい所だと聞いています。

ア　それはお気の毒に　　　イ　はい、どうぞ

ウ　いいですね　　　　　　エ　どういたしまして

（2）①現在完了形の疑問文。「ever」の位置に気を付ける。

②受動態の分詞。

■平成26年度　2

（1）①［教室で］

A：あなたはこれが誰のノートか知っていますか？

B：私は前にケイコの机でそれを見たことがあります。だから多分(　　)

②［放課後］

A：私はあなたのように上手にバスケットがしたいです。良いバスケットの選手になるためには何が大切ですか？

B：毎日とても熱心にバスケットを（　　）し続けることが大切だと思います。

keep ～ing「～し続ける」

③［家で］

A：見てください、ジュディ。私はこのチョコレートケーキを作りました。(　　)

B：はい、お願いします。それはおいしそうに見えます。

ア　私に少しくれませんか？

イ　あなたは私のためにそれを買いましたか？

ウ　少しいかがですか？

エ　その作り方を私に教えてくれませんか？

（2）①［学校で］

A：この学校には何人の先生がいますか？

B：約20人です。

②［英語の授業で］

A：あなたは夏休みに何をする予定ですか？

B：私は３日間、家族と沖縄に泊まる予定です。
私は海で泳ぐのを楽しみに待っています。

look forward to ～ing「～を楽しみに待つ」

■平成27年度　2

（1）①［放課後］

A：あなたのお姉さんは京都で働いているの？

B：うん。彼女は先生なんだ。今、高校で数学を（　　　）。

【now】があり【is】がないので現在形。主語が She なので s をつける。

②［英語の授業で］

A：カナダについて質問があります。(　　　) 言語は英語ですか？

B：はい、でも他の言語を話す人々もいます。

【the language】を後ろから修飾し、「(そこで使われている) 言語」という意味になるような言葉が入る。

③［学校で］

A：頭痛がして、寒気がするんだ。

B：それは大変だね。(　　　)。

会話文より、ア「先生に話すべきだよ」が最も適切だと考えられる。

（2）［家で］

A：私はトムに車の絵本を買ったよ。

B：それは素晴らしい。彼への素敵な誕生日プレゼントになるだろうね。

【buy＋人＋物】「(人) に (物) を買う」となるように並び替える。

（3）［パーティーで］

A：このケーキはとても美味しいね。［①］

B：もちろん。［②］

A：ありがとう。［③］

B：いいえ、姉が作ったの。

ⓐあなたが作ったの？

ⓑもっと食べてもいい？

ⓒはい、どうぞ。

上の会話文の流れを見て、当てはまる場所を考える。

■平成28年度　2

（1）①［学校にて］

A：日曜日はひまですか。買い物に行きませんか。

B：すいません、兄と映画を見に行く予定です。(別の) 日に行きましょう。

②［英語の授業にて］

A：この休み中のあなたの予定は？

B：(スキーをしに) 家族と北海道に行く予定です。

③［駅の前で］

A：すみません。(どのバスが図書館まで行きますか。)

B：ええと、あのバスに乗ってください。すぐに出発しますよ。

（2）［放課後］

A：ブラウン先生、あなたは多くの国に行ったことがあるそうですね。お気に入りの国はなんですか。

B：ええと、(私が訪れたことがあるもっともよい国は) 日本です。

後ろに続く文が【is Japan.】なので、主語は【the best country】になる。

（3）［電話で］

健　　　　：もしもし、健です。リサさんおられますか。

リサの母親：ごめんなさい。［1］

健　　　　：わかりました。［2］ またのちほどおかけしてもいいですか。

リサの母親：［3］ 大丈夫かしら。

健　　　　：大丈夫です。

ⓐ　彼女に伝えることが有ります。

ⓑ　彼女は今いません。

ⓒ　彼女は夕食前には帰ってくる予定です。

■平成29年度　2

（1）　①［公園にて］

A：とても寒いですね。空にたくさんの雲があります。

B：そうね、私たちはこの冬で初めて（　　）を見ることができたと思います。

ア　太陽　　イ　時間　　ウ　休暇　　エ　雪

②［放課後］

A：この絵の中のこの女性は誰ですか？

B：これは中国で(　　)私の妹です。

my sister を修飾し、「働いている」という能動の関係になる、ウの現在分詞が適する。

③［街にて］

A：すみません。私に(　　)を教えてくれませんか？

B：もちろん。この道を真っ直ぐ進んで病院のところを左に曲がってください。あなたの右側にそれは見えると思います。

ア　その店で何を買うのか

イ　どうやって美術館に行くのか

ウ　その電車はどこまで行くのか

エ　その美術館で何を見るのか

（2）　［明の家で］

エミリー：あなたのおばあさんとお父さんは何をしていますか？

彩　　　：彼らは餅を作っています。それはお米から作られていて、お正月に多くの人によって食べられています。

be made of ～：～から作られる

（3）　［キッチンで］

マイク　　　：私はお腹が減りました。［1］

マイクの父親：［2］

マイク　　　：［3］

マイクの父親：［4］ しかし、あなたは食べ過ぎるべきではないです。

マイク　　　：大丈夫です。

ア　待ちなさい。私は私たちの夕飯をたくさん作っています。
イ　あなたは今、何枚かのクッキーを食べてもよいです。
ウ　私はそれを知っているが、長すぎて待てません。
エ　何か食べるものをもらってもいいですか？

■平成30年度　2

(1) ①［家で］
A：私たちの父親の誕生日のために私たちは何をするべきですか？
B：ええっと、(彼に)いくつかの本を買うのはどうですか？
②［教室で］
A：彼女の英語のスピーチはとても素晴らしかったです。
B：はい。彼女の興味深い話は私たちの注意を(魅了しました)。
③［学校の後で］
A：私たちは今週の金曜日に修学旅行があります。(天気はどうでしょうか？)
B：私はテレビでそれを確認しました。会津はいい天気でしょう。

(2)［公園で］
A：暗くなってきました。あなたは今(何時かわかりますか)？
B：はい。もうすぐ六時になります。

(3)［街で］
A：多くの人々が待っています。1
B：2
A：3
B：4
A：それがいいでしょう。

【選択肢】
ア　いいですね。私たちはその公園で食べることができます。
イ　私たちに長い時間待つ時間はありません。
ウ　私はこのレストランはとてもいいと確信しています。試してみましょう。
エ　その通りです。あのお店で昼食を何か買いませんか？

■平成31年度　2

(1) ①［公園にて］
A：ねぇ、見てください。あそこにいる少年は走るのが速いです。彼を知っていますか？
B：はい、彼は私のクラスメートです。彼は、私のクラスの中で他のどの生徒よりも走るのが速いです。
【than】「～よりも」　比較級と同じ文で用いる。
②［学校で］
A：おぉ、今朝あなたはすでにここにいましたね。なぜですか？
B：そうですね…雨の日はバスで来るようにしています。
なぜ早く来ることができたのかを考える。バスに乗ったからである。
③［教室の中で］
A：私は今日筆箱を持ってくるのを忘れました。
B：心配する必要はありませんよ。私のペンを使っていいです。
【don't have to～】「～する必要がない」
【worry about～】「～を心配する」
Bがペンを使うことを許可しているので、心配しないように言っているイが正解。

(2)［図書館の中で］
A：あなたは「坊っちゃん」を書いた人を知っていますか？
B：はい、もちろんです。夏目漱石です。私は彼の書いた本が多くの人々の間でとても人気であると思っています。

(3)［家で］
A：明日映画を見に行ってもいいですか？
B：1
A：2
B：いいですよ。3
A：わかりません。たぶん6時ぐらいだと思います。
B：わかりました。4

【選択肢】
ア　いつ帰るつもりですか？
イ　私の友達のエリカとハリーです。
ウ　でも、遅くなるようなら、電話するようにしてください。
エ　誰と行くのですか？

■令和2年度　2

(1) ①［学校への道］
A：今日も温かいですね。
B：月曜日から気候は温かいです。
since「～から」があるため、完了形を選ぶ。
②［体育の日にて］
A：私たちのクラスはリレーで優勝しました。
B：わぉ！その知らせを聞いて私は嬉しいです。
be glad to「～して嬉しい」
③［教室で］
A：これはいい写真ですね！美しい山々があります。誰がここに持ってきたんですか。
E：たぶんベイカーさんです。彼女は山を登るのが好きです。
直後に人の名前を答えているため、whoを選ぶ。

(2)［放課後］
A：来週の金曜日にテストがあります。私は数学が心配です。
B：私もです。でも私たちには準備するのに十分な時間がありました。
enough to「～するのに十分な」のenoughの後にtimeを置き、「～するのに十分な時間」とする。

(3)［家で］
A：疲れてそうですね。1 どうしたんですか。
B：たくさん宿題をやりました。2 たくさん時間がかかりました。
A：それはきつそうですね。3 全部終わりましたか。
B：いえ、まだです。
A：4 リラックスするために何か甘いものでもどうですか。
B：はい、お願いします。

■令和3年度　2

(1) ①［放課後］
A：ピアノを習い始めたのですね？いつ練習をしているのですか？
B：ええ。週末にピアノ練習をしています。
適切な接続詞を選ぶ問題。「weekends」等、曜日、日にちにつくのは「On」
②［教室にて］
A：父が今度の土曜日動物園に連れて行ってくれます。一緒に来ませんか？
B：行きたいですが、行けません。宿題をしなければなりません。
適切な動詞を選ぶ問題。「homework」には「do」を用いる。そしていずれの選択肢には「have」があるが、文脈から「have to　～しなければならない」を選ぶ。
③［昼食時］
A：ハイ、Mike。我々の野球チームがトロフィーを勝ち取りました。
B：本当ですか？驚きですね。詳しく話してください。
ア　何か当ててみて！　　イ　どういたしまして。
ウ　それを買って、申し訳ない。　　エ　驚きですね。

(2)［職員室にて］
A：Alexの送別会でのあなたの計画はなんですか？
B：まず彼のために歌を歌います。それから、いくつかプレゼントを贈ります。
語順に注意をする。「to」があるので「give some presents to him.」となる。もしなければ「give him some presents.」

(3)［電話にて］
A：英語の授業のレポートは終わりましたか？
B：ええ。しかしすごく難しかったです。1 あなたはどうですか？
A：まだしてません。2 私のレポートを手伝ってくれますか？
B：いいですよ。3 どうお手伝いしましょうか？
A：そうですね。レポートする国を選ぶことが出来ません。
B：わかりました。4 一緒に選びましょう。

ア　どうお手伝いしましょうか？
イ　私のレポートを手伝ってくれますか？
ウ　あなたはどうですか？
エ　一緒に選びましょう。

〈適語補充・英作文〉

■平成25年度　3

(1) ①「because」～なので　②「when」～のとき

■平成26年度　3

Ⅱ　みなさん、こんにちは。これらはとても面白い本です。先週、私は宿題をしたかったので駅の［①］にある図書館に行きました。私はカナダについての本を何冊か読みたかったのですが、それらがどこにあるかわかりませんでした。だから私は司書に助言を求めました。彼女は私に言いました。［A］彼女の［②］私はカナダについての本を数冊借りることができました。これらの本は私の宿題を助けてくれます。私達はカナダについての美しい写真をたくさん見ることができます。だから私はこれらの本が大好きです。ありがとう。

(1) ①：～の前に　②：～のおかげで

(2)「あなたは～できますよ」という文なので、You can から始める。

■平成27年度　3

Ⅱ　私は７月に３日間、幼稚園を訪れました。私のクラスには20人の子どもたちがいました。最初、私は緊張して、子どもたちと遊ぶのが難しかったです。しかし、先生たちがとても親切で、私に［①］教えてくれました。私が子どもたちのためにピアノを弾くと、彼らは歌と踊りで楽しみました。最後の日、彼らは私に言いました。「また来てください！」彼らが私をとても気に入ってくれたので、とても幸せでした［②］。

(1) Ⅰの２行目の文の「何をしたらよいか」の部分を、英語３語で書く。

(2)【tired】「疲れている」,【share】「わかち合う」

■平成28年度　3

私は学校の野球チームのキャプテンでした。キャプテンとして、やるべきことがたくさんありました。それらのことの多くは私にとってとても大変でした、なので私は時々チームをやめたいと思いました。しかしチームメートが私をとても助けてくれました。彼らのおかげで、キャプテンとして全力を尽くすことができました。それが［①私を強くしてくれました。］チームメートがつらい時は、私はいつも彼らを励ましました。［②］

■平成29年度　3

Ⅱ

> スミス先生へ
> 　私のことをたくさん助けてくれてありがとうございました。あなたは英語のスピーチコンテストを覚えていますか？ある日、あなたは私に、「なぜスピーチコンテストに［①］？」と尋ねました。その後、私は練習し始めました。あなたは私にスピーチを上手にするためのいくつかの方法を教えてくれました。私はそのコンテストでスピーチを上手に出来ました。それは私に自信を与えました。［②］私はあなたとの日々を忘れることはないと思います。
> 健より

(1) 直後に「その後、練習し始めた。」とあるので、先生と話す前は練習しておらず、コンテストに出るつもりはなかったと推測できる。

■平成30年度　3

(訳)

Ⅱ　由衣：すみません。あなたをお助けしましょうか？

男性：はい、ありがとうございます。このパンフレットを見てください。

由衣：おお、あなたはヴィンセント・ファン・ゴッホ［①によって］描かれたいくつかの有名な絵を見るのですね。

男性：そうです！しかし私は日本語を理解できません。このパンフレットの中に私が知らなければいけないことはありますか？

由衣：あなたはそのパンフレットを持っていくべきですよ。［②］

男性：おお、本当ですか？私は家族のためのプレゼントとしてそれが欲しいです。本当にありがとうございます。

■平成31年度　3

(訳)

Ⅱ

> 親愛なるウィルソン夫妻へ
> こんにちは、私は茜です。今年の夏、私を受け入れていただきありがとうございました。私は福島県の高校生です。バレーボールチームの一員です。私はニューヨークには一度も行ったことがなく、このホームステイに［①］。ホームステイの前に、お願いをしてもいいでしょうか。あなた方の家族写真を私に送っていただけないでしょうか。あなた方の家族みんなに贈り物を買おうと思うのです。日本の食べ物は好きですか？［②］。必ず気に入ってくれると思います。

①ホームステイに対してどう思っているかを考える。

②食べ物を勧めるような内容を考える。

■令和２年度　3

Ⅱ

> 日本では、今自転車が人々の注目を集めています。2つの理由があります。1つ目は、自転車を使えば、訪れたい場所まで早く到達できること。2つ目は、自転車に乗ることが、エネルギーを節約する１つの方法であること。自転車は時に危険であるが、注意深く乗れば役に立ちます。私はもっと多くの人が自転車を使うべきだと思います。

(1) get to「～に到着する」

(2) one way to「～するための１つの方法」, save「節約する」

■令和３年度　3

Ⅱ

> 最近、インターネットで買い物する人の［①］が増えている。お店に行かずいつでも買い物が出来ます。また、価格の比較もしやすいです。しかし商品が家に到着するまでその商品を見ることが出来ません。良い点だけでなく、悪い点もあります。
> しかし［②］

(1)「人の数」の「数」を英語にすると「number of」が入る。

(2) "インターネットを使った買い物は私達の生活の一部になってきている。"を英語にする。模範解答以外に
The internet shopping is becoming/getting a part of our lives. もしくは Buying things を To buy things にすることも可能。その他、Shopping on the internet ,shopping through the internet も可能。Internet には定冠詞の the が付くことに注意。また大文字で始めることが多く。The internet と回答したほうが無難である。

〈対話文（グラフや表の資料より）〉

■平成25年度　4

佐藤先生：あなた達は毎月、何冊の本を読みますか？今日は、調査の結果を見せたいと思います。このグラフを見てください。そのことについてどう思いますか？グループを作って、英語でグラフについて話し合いましょう。

〈グラフ〉［質問］毎月何冊の本を読みますか？

（しばらくして、佐藤先生が、ゆうや、けんた、まみのグループにやって来る。）

佐藤先生：ゆうや、あなたはこのグラフから何がわかりましたか？

ゆうや　：私は、小学生が多くの本を読んでいることを知って、とても驚きました。

まみ　　：小学生は、中学生や高校生よりも多くの本を読んでいますね。

けんた　：高校生は、中学生よりも多くの本を読んではいません。

佐藤先生：そうですね。ゆうた、あなたはそのことについてどう思いますか？

ゆうや　：私の意見としては、小学生は簡単な本を選ぶので、多くの本を読むことができます。

けんた　：なるほど。しかし、彼らが選ぶ本が、彼らにとって難しいこともあるかもしれません。

まみ　　：私には他の考えがあります。多くの中学生と高校生は部活に入っており、勉強もしなければならないので、本を読む時間がありません。

ゆうや　：本当ですね。私は毎日バスケットボールをするので、放課後、本を読む時間がありません。私は先月、全く本を読んでいません。

けんた　：私はテニス部に入っています。私はとても忙しいですが、先月は５冊の本を読みました。私は本を読むことがとても好きです。私にとって、読書の時間を見付けることは難しいことではありません。

まみ　：私は本を読むことが好きです。しかし、先月は２冊しか読めませんでした。読書の時間を見付けることは、私にとって簡単ではありません。

ゆうや　：もう一度グラフを見てください。小学生だけが、以前よりも多くの本を読んでいます。実際に、グラフにおいて、小学生は2005年には約４冊、2008年には約［A］冊、2011年には11冊の本を読んでいます。

佐藤先生：それはおもしろいですね。その理由は何でしょうか？

ゆうや　：ええと。わかりません。

まみ　：小学生はより多くの本を読む機会があるのだと、私は思います。私の小学校では、先生が私たちに対してたくさんの本を読んでくれました。そのおかげで、私たちは読書に興味を持つことができました。ゆうや、私たちももっと本を読むために、何かできることがありますよ。

ゆうや　：私は何をすべきかわかりません。私には読書の時間がないのです。

けんた　：私の小学校では、授業の前に読書をしていました。私はまだそのことをしています。それは今や私の習慣です。

まみ　：毎朝読書の時間をとることは、とても良い考えですね。それなら私にもできます。どうですか、ゆうや？

ゆうや　：私もそれを試してみたいですが、私にとっておもしろい本を見付けることが難しいです。［B］

けんた　：学校の図書館に行ってみてはどうですか？そこにあるたくさんの種類の本の中から、おもしろい本を選ぶことができますよ。掲示板や会報を通じて、本について知ることもできます。

まみ　：もちろん、インターネットもとても便利です。私はしばしば、本屋で多くのおもしろい本を見つけます。

ゆうや　：うん、学校の図書館、インターネット、そして本屋が、私を助けてくれるのですね。

佐藤先生：ゆうや、あなたは今、問題を解決する方法を持っています。それらを試すべきですよ。

（１）小学生は中学生と高校生よりも多くの本を読んでいて、中学生は高校生よりも多くの本を読んでいることから判断する。

（４）ア　どうしたらよいのかわかりません。
　イ　勉強しなければなりません。
　ウ　読書について考えていません。
　エ　あなたの考えが好きではありません。

（５）ア　中学生は、2011年よりも2005年のほうがより多くの本を読んでいる。
　イ　小学生は、高校生と同じくらい多くの本を読んでいる。
　ウ　けんたはとても忙しいが、先月彼のグループの中で、最も多くの本を読んだ。
　エ　ゆうやは、高校生だけが以前よりも多くの本を読んでいることに気付いた。

■平成27年度　４

ジョーンズ先生：やあ、健悟！やあ、里佐！何をしているの？

里佐：こんにちは、ジョーンズ先生。10月に文化祭があるのを知っていますか？

ジョーンズ先生：うん。僕も楽しみにしているよ。

健悟：僕たちは文化祭のシンボルマークについて話しています。

ジョーンズ先生：本当？

健悟：はい、たとえばパンフレットやクラス旗など、多くのものに使われます。
最高のシンボルマークを作りたいです！

里佐：机にある３つのシンボルマークを見てください。私たちがデザインしたものです。どう思うか教えてくれませんか？

ジョーンズ先生：もちろん。

健悟：最初にこの旗を見てください。

ジョーンズ先生：ＳとＦの旗？

健悟：そうです。文化祭のメインテーマは「強い友情」です。それを表現したかったのです。

ジョーンズ先生：君のシンボルマークからはメインテーマが分かりやすいね。

健悟：ありがとうございます。

里佐：文化祭にはシンプルすぎると思います。このマークはどうですか？私がデザインしました。

ジョーンズ先生：３つの手と１つの星ですか？

里佐：はい。星は文化祭の喜びを、手は強い友情を表しています。
強い友情があれば私たちは幸せです。文化祭にはコンサートのようなイベントがたくさんあります。
それらも表現したかったのです。

ジョーンズ先生：文化祭のために良いデザインだね。健悟、それについて君はどう思う？

健悟：シンボルは多くのものに使われるので、シンプルにすべきです。里佐のシンボルは使いにくいと思います。これはどうですか？シンボルに星が３つあります。この学校の３つの学年のことです。また、円が２つあります。男子と女子のことです。私は全生徒に強い友情を持ってほしいです。それをシンボルで表現したかったのです。

ジョーンズ先生：シンボルのことをたくさん考えたんだね。

健悟：ジョーンズ先生、文化祭にはどれが最も良いと思いますか？

ジョーンズ先生：ええと、決めるのは難しいね。君のシンボルは多くのものに使いやすい。里佐のシンボルは文化祭をよく表現している。僕はどちらのシンボルも好きだよ。でも、１つ問題があるね。

健悟：問題？

ジョーンズ先生：君たちはどちらも「強い友情」をよく表現しているけど、シンボルを作るために一緒に頑張ってる？強い友情のためには、一緒に頑張ることがとても大事だと思うよ。

里佐：先生の言う通りです。いちばん大切なことを忘れていました。

健悟：はい、私たちのメインテーマは「強い友情」なのに一緒に頑張っていませんでした。

ジョーンズ先生：君たちが一緒に頑張れば最高のシンボルができるよ！

里佐：はい、ありがとうございます、ジョーンズ先生。

ジョーンズ先生：どういたしまして。君たちの作ったシンボルが、一緒に頑張るための力を全生徒に与えてくれると思うよ。

健悟：私もそう思います。新しいものができたらあなたに見せます。

（１）健悟の４番目と６番目の発言からＡとＢは健悟のデザイン、里佐の４番目の発言からＣは里佐のデザインだと分かる。

（２）①シンボルＣには３つの［　　］がある。手が３本あるのでウが正しい。
②健悟は［　　］と考えている。
ア．里佐のシンボルはシンプルすぎる。
イ．里佐のシンボルがいちばん良い。
ウ．里佐のシンボルを使うのは役に立つ。
エ．里佐のシンボルを使うのは難しい。
健悟の６番目の発言中にある。

（３）健悟と里佐は「強い友情」を表現したかったが、［　　］。
健悟の９番目の発言中にある表現を使い、「彼らは一緒に頑張っていなかった」という意味の文を入れる。

（４）ア　健悟と里佐は文化祭のためのシンボルをジョーンズ先生に作ってほしかった。
　イ　ジョーンズ先生は、里佐のシンボルが文化祭をよく表現していると考えている。
　ウ　ジョーンズ先生が、文化祭にいちばん良いシンボルを選ぶことは難しくない。
　エ　ジョーンズ先生は、健悟のシンボルは大好きだが、里佐のシンボルは好きではない。

（５）　こんにちは、ジョーンズ先生。先週はお時間を取ってくださりありがとうございました。あの後、私たちは新しいシンボルを作りました。ＳとＦは『強い友情』を表しています。大きな星は文化祭の楽しみを表しています。健悟は以前、３つの［A］を表現するのに３つの星を使っていましたが、今回は３つの花を使いました。先週、先生がおっしゃったように、全生徒がこのシンボルから一緒に頑張るための［B］てほしいと思います。後でそのことを話しましょう。
健悟と里佐
Aに健悟の６番目の発言を見て、Bはジョーンズ先生の最後の発言を見て考える。

■平成28年度　4

次郎：こんにちは、みなさん。今日は、ゲストをお招きしています、カナダ出身のマックスです。

マックス：やあ、私はマックスです。私は6ヶ月間日本に滞在する予定です。

彩：マックス、滞在を楽しんでくださいね。またホワイト先生もお招きしています。お越しいただきありがとうございます、ホワイト先生。

ホワイト先生：どういたしまして。彩と次郎は先週アンケート調査をしたそうですね。

次郎：はい。この学校の生徒に、「何をマックスに聞きたいですか。」という質問をしました。結果を御覧ください。今日はアンケートからいくつかの質問をしてみたいと思います。

調査結果	
・（　A　）	55
・なぜ日本にきたの。	34
・（　B　）	34
・（　C　）	21
・カナダのあなたの学校について教えて下さい。	10
・その他の質問	6

彩：マックス、50人以上の生徒があなたの故郷について知りたがっています。私たちに故郷のことについて教えてくれますか。

マックス：わかりました。私の故郷はカナダの小さな都市です。美しい自然があります。都市には大きな川が流れています。夏にはそこで泳ぐことができます。冬とても寒くなった時には、川の上を歩くことができます。

彩：川の上？

マックス：はい。冬には川は凍っています。そこでアイスホッケーをする人さえいます。

次郎：川の上でアイスホッケー？それは面白い。

ホワイト先生：面白そうですね。わかりました、彩、次の質問は何かな。

彩：ええと。これはどうでしょう。なぜ日本に来たのですか。

マックス：ええと、私が日本で何をしたいか知りたい生徒も34人いますね。なので、この質問についてもお伝えしますね。2つの質問は関連しています。

次郎：はい。それらについて私たちに教えて下さい。

マックス：カナダでは、昨年この学校から来た友達がいました。彼はこの学校と柔道部について私に話してくれました。その時以来、ここに来たいと思っていました。

次郎：へー、柔道に興味があるんですか。

マックス：はい。実際に、私は5年間カナダで柔道を練習していました。なので、柔道部に参加して日本人の生徒と練習したいのです。また、日本語も勉強したいです。

ホワイト先生：すばらしい。マックス、日本でたくさんのことをあなたに経験してもらいたいですね。

彩：次の質問について話しましょう、マックス。「何か心配なことはありますか。」と聞きたがっている生徒が約20名います。

次郎：私の友人たちにもしあなたが困っているなら助けてあげたいと言っている人がいます。

マックス：おー、とても優しいんですね。それを聞いて嬉しいです。実際に、私は一つ心配事が有ります。私は5日間日本に滞在しています。私のまわりの人に会った時、私はいつも「こんにちは。」と言っています。しかし、その後に何をすべきかわかりません。私はどうすべきでしょう。もっと彼らと話したいのです。

彩：なるほど。日本人の生徒もそれについて心配しています。

ホワイト先生：マックス、私も以前はその問題を抱えていましたが、解決しましたよ。毎朝一つ面白い話題を見つけるのです。そして、自分の周りの人とそれについて話せばいいのです。それで私はずいぶん助かりました。やってみたらどうですか。

マックス：ありがとうございます、ホワイト先生。やってみます。

（1）What are you interested in?＝あなたは何に興味がありますか。
Can you tell me about your hometown/school?＝あなたの故郷 / 学校について教えて下さい。
Do you worry about anything?= 何か心配なことがありますか。
What do you want to do in Japan?= 何を日本でしたいですか。
調査結果の数字と文章を比較しながら適当なものを選ぶ。

（2）① カナダにあるマックスの学校について知りたがっている人は□人います。
調査結果の下から2番目の項目に注目。
② マックスは日本で□したいです。
ア 友達と川で泳ぐことを　　イ 日本人の生徒と柔道を練習
ウ 他の生徒とアイスホッケーを　　エ 他の人の問題を解決

（3）マックスは「こんにちは」と言った後に 何をするべきか わかりません。

（4）ア マックスはカナダの彼の先生が日本について彼に話してくれたので日本にやってきました。
イ 彩と次郎はマックスが柔道について話してくれたので柔道の練習に参加することを決めました。
ウ マックスを助けたいという優しい生徒がいるのでマックスは幸せです。
エ 彩と次郎はホワイト先生の考えを気に入ったので彼らはマックスにお気に入りの話題をマックスにあげました。

（5）①質問：マックスはどのくらい日本に滞在する予定ですか。
②質問：ホワイト先生はマックスに彼の周りの人ともっとはなすために何をしなさいと言っていますか。

■平成29年度　4

広大：サラ、あなたはどんなレクリエーション活動がしたいですか？

芽衣：広大、待ってください。サラはたった一ヶ月前にロンドンから来ました。サラ、シドニーの学生が毎年私たちの学校を訪れて、一緒に一つの活動をします。彼らは来週やって来ます。

広大：私と芽衣はクラスの他の生徒にその質問をしていて、あなたが最後の生徒なのです。この紙を見て、三つの中から二つの活動を選んでください。

サラ：わかりました。三つの活動は全て楽しそうですね！

芽衣：ここに二つのシールがあります。黄色いシールは第一希望、青いシールは第二希望です。その紙にシールを貼ってください。

サラ：ええっと。私は決めました。これとこれです。

広大：ありがとうございます。サラ、私たちを手伝ってくれませんか？結果を見て活動を決めましょう！

サラ：もちろんです。第一希望で一番人気なのはスポーツです。

広大：そうですね！スポーツをすることには16個の黄色いシールが貼られていました。

サラ：私の第一希望もスポーツです。私は日本に来た時、テニスをすることで友達を作りました。

広大：A 。英語を上手に話せない生徒たちは、スポーツをすることで彼らと楽しむことができる、と私は思います。

芽衣：広大。第二希望も見てください。伝統的な日本の遊びをすることが第二希望の中では最も人気です。

サラ：わかりました、芽衣。そこには19個の青いシールがあります。

芽衣：私たちは第一希望と第二希望の両方について考えるべきです。

広大：そうですね、私もそう思います。

サラ：私に一つの考えがあります。違う考えと比較するために表を作って、それに得点を書き込みましょう。見てください。私はこのような表を意味しています。

芽衣：わかりました。私はそれを作りました。私の表を見てください。

サラ：ええっと。あなたの表において、伝統的な日本の遊びの得点は31点です。あなたは第一希望の人数に第二希望の人数を加えましたか？

芽衣：その通りです。私は12個の黄色いシールに19個の青いシールを加えました。

サラ：芽衣、私たちにその遊びの例を教えてくれませんか？

芽衣：いいですよ。例えば、けん玉です。私たちはシドニーの生徒たちにやり方を見せてあげます。

サラ：いいですね。広大、あなたはどう思いますか？おぉ、あなたは違う表を作っていたのですか？

広大：そうです。私は芽衣の考えは分かります。しかし、実際は、［B］。私は第一希望の方が第二希望よりも大事だと思います。彼女の表はそれを表していません。見てください。この表は私の違う考えを表しています。
サラ：ええっと、あなたの表において、あなたはスポーツに 44 点付けています。私はあなたが何を意味したのか分かります。あなたは黄色いシール一つに 2 点を付けていますよね？
広大：その通りです！そして青いシール一つに 1 点を付けています。
サラ：素晴らしいですね、広大。芽衣、あなたはどう思いますか？
芽衣：私は彼の考えは好きです。しかし、実際は混乱しています。
広大：混乱した？どうしてですか？
芽衣：ええっと、私たちの表のどちらも得点にわずか小さな差しかありません。みんなは私たちの決め方に満足するでしょうか？
広大：うーん。芽衣、みんなに結果と表を見せましょう。
サラ：それがいいですね。私は一緒にいろいろ話し合うことが必要不可欠だと思います。
芽衣：その通りですね。みんなと私たちの考えを共有して、より良い考えを出しましょう！

（2）芽衣の作った表は、第一希望の人数と第二希望の人数の合計が書かれている。

（3）この文は第一希望における料理と伝統的な日本の遊びの結果を比べている文なので、比較の英文にする。

（4）ア　広大と芽衣はレクリエーション活動についてクラスの他の生徒に尋ねた後に、サラに尋ねました。
⇒広大の二回目の発言の第一文に「あなたが最後の生徒です。」とあるので適する。
イ　広大は、スポーツの第二希望が 12 点だったので、第二希望について考えてくださいと芽衣に言いました。
⇒芽衣の三回目の発言に、芽衣が自分で第二希望についての考えを述べているので不適。
ウ　サラは、芽衣がけん玉について話した後、広大と芽衣に違う考えを比較するための表を見せました。
⇒サラが表を作ることを提案した後に、けん玉について話しているので不適。
エ　芽衣は、芽衣の表と広大の表のスポーツの得点が違ったので混乱した。
⇒芽衣が混乱した理由は、芽衣の最後から二つ目の発言にあるように、「どちらの作った表も差があまりないのに決めてしまったら、クラスのみんなは納得するかどうか疑問に思った」からなので不適。

（5）①質問：なぜサラは第一希望にスポーツを選んだのですか？
答え：なぜなら、彼女が日本に来た時に、__________。
サラの四回目の発言に注目する。
②質問：広大は自分の作った表の中で、第二希望より第一希望のほうが重要であることをどうやって表しましたか？
答え：彼は青いシールに__________。
［B］の後ろのサラと広大の会話に注目する。

■平成30年度　［4］
（本文全訳）
ケビン：すみません。あなたたちは何をしているのですか？
真：おお、ケビン。亜子、あなたはどうですか？私たちは来週の英語の授業でのプレゼンテーションを作らなければいけません。
亜子：英語でプレゼンテーション？それは素晴らしいですね！
沙耶：それは難しいですが、面白くもあります。
真：あなたたちは今までにフードロスについて聞いたことがありますか？
ケビン：私はそれについて聞いたことはありますが、あまりよく知りません。
沙耶：まだ食べられる食べ物が捨てられています。それがフードロスと呼ばれています。
真：実際に、それは大きな問題です。世界にはお腹を空かせた多くの人々がいます。しかしながら、多くの国でたくさんの食べ物が捨てられています。
沙耶：私と真は私たちの周りのフードロスについて知るためにアンケート調査をしました。私たちは 80 組の家族から回答をもらいグラフを作りました。見てください。

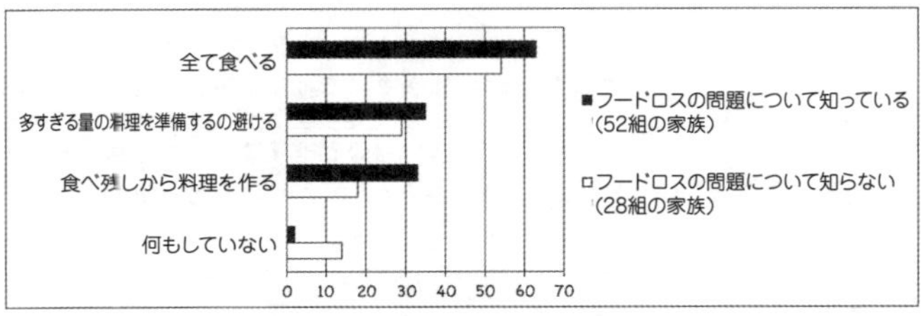

真：最初に、私たちは「あなたたちの家族はフードロスの問題について知っていますか？」と尋ねました。
亜子：ええっと、52 組の家族はその問題について知っていて、28 組の家族は知らなかったんですよね？
沙耶：その通りです。グラフにおいて、黒い棒はその問題について知っている家族を表していて、白い棒はそれについて知らない家族を表しています。
真：それから私たちは彼らに「あなたたちの家族はまだ食べられる食べ物を捨てることを避けるために何かしていますか？」と尋ねました。回答をもらうために、彼らに 4 つのことを見せ、当てはまるものを全て選ぶように言いました。
沙耶：ケビン、あなたは「全て食べる」を理解していますか？
ケビン：はい、理解しています。全て食べる家族は食べ残しをしないということですよね？
真：その通りです。その問題について知っている家族の 63％は全て食べています。
亜子：「多すぎる量の料理を準備することを避ける」は何を意味していますか？
沙耶：ええっと、それは家族は適切な量の料理を準備することを意味しています。
ケビン：おお、わかりました。私と祖母が夕食を作ったときに、私たちは料理をたくさん作りすぎてたくさんの食べ残しをしました。私たちはあの時多すぎる量の量を準備することを避けなかったということですよね？
沙耶：その通りです。
真：その問題について知っている家族の 35％は多すぎる量の料理を準備することを避けています。
亜子：しかし私は黒い棒と白い棒の間の違いはそれほど大きくないと考えています。フードロスの問題について知らない家族の間では、54％は全て食べ、29％は多すぎる量の料理を準備するのを避けています。
沙耶：亜子、［　　］が、「何もしていない」を見てください。これは家でフードロスを減らすために何もしていない家族を表しています。
亜子：おお、その問題について知っている家族の間では、2％だけが何もしていません。
真：そうです。それはフードロスについて知ることは人々をフードロスを減らすために何かするように促進することを示しています。
沙耶：それは私がプレゼンテーションで言いたい最も重要なことです。また、あなたたちは日本のフードロスの半分が家で起きていることを知っていますか？
ケビン：本当に？フードロスの半分？
真：はい、だから私たちは本当に家で何かをしなければいけません。亜子、ケビン、あなたたちは家で何ができますか？
ケビン：多すぎる量の料理を準備するのを避けるために、私は最初に適切な料理の量を注意深く考えようと思います。それからご飯を作ろうと思います。
亜子：私は母と食べ残しから新しい料理を作りたいと思います。
沙耶：とても素晴らしいです！私たちはプレゼンテーションであなたたちの考えについて話したいと思います。フードロスは本当に大きな問題です。しかし改善していきましょう！

(1) ① フードロスの問題について知らない家族の間では、その 18 %は食べ残しから料理を作っています。
グラフの下から二つ目の項目の白い棒に注目。

② フードロスの問題について知っている家族の 35%は 適切な量の料理を準備します。
黒いグラフの 35%のものに注目。

(2) ア 私はあなたのポイントを見ています
イ 私は間違いでそれを作りました
ウ 私はそれを持っていくつもりです
エ 私は何かをしました

(3) 世界には 多くのお腹を空かせた人々 がいますが、たくさんの食べ物が多くの国々で捨てられています。
真の三回目のセリフに注目。

(4) ア 亜子はフードロスが大きな問題であることを理解していて、家で何をしているのかをプレゼンテーションで言うつもりです。
イ 沙耶はアンケート調査のグラフでの黒い棒と白い棒の違いはそれほど大きくないと言っています。
ウ 真はアンケート調査で 80 組の家族に4つのことから当てはまるものを1つ選ぶように言いました。
エ ケビンは祖父と夕食を作ったときに料理を作りすぎてたくさんの食べ残しをしました。

(5) あなたは今フードロスの問題を理解していますか？フードロスを減らすために私たちができる第一のことはその問題 A：について知る ことです。だから私はあなたに家でそれについて話してほしいです！それから、あなたが家でできることは何ですか？私はあなたにいくつかの例を与えましょう。あなたは適切な量の料理について注意深く考えた B：あとで 料理を作るべきです。また、あなたは食べ残しから新しい料理を作ることもできます。家でのフードロスを減らしましょう！

■平成31年度 4

（本文全訳）

輝：次の英語の時間に、修学旅行で行きたいところについて、クラスメートに言わないといけません。どの場所について話すつもりですか？
ひろ：台湾について話すつもりです。
輝：おぉ、台湾ですか。
メアリー：ひろ、なんでその場所を選んだのですか？
ひろ：私の姉が高校生のとき、修学旅行で台湾に行きました。そこでとても楽しい時間を過ごしたといつも言っています。
輝：おぉ本当ですか。修学旅行で台湾を訪れる高校があるとは知りませんでした。
ひろ：実際、多くの日本人の学生が修学旅行で海外へ行っています。有名な場所はオーストラリア、グアム、シンガポール、台湾です。メアリーと輝、私には質問があります。どの国が4つの中で一番有名ですか？
メアリー：オーストラリアが最も有名だと思います。
輝：グアムですかね？
ひろ：答えは台湾です。この表を見てください。インターネットで見つけました。

年／場所	2015		2016	
	高校の数	高校生の数	高校の数	高校生の数
台湾	224	36,356	262	41,878
シンガポール	147	20,792	142	19,286
オーストラリア	116	17,527	127	18,254
グアム	107	15,827	102	16,056

輝：2015年は、107校の日本の高校が修学旅行でグアムを訪れたという意味ですか？
ひろ：その通りです。2016年には、250校以上の日本の高校と40,000以上の日本の高校生が修学旅行で台湾を行きました。
メアリー：多くの日本の生徒が台湾を訪れていますね！あなたのお姉さんは台湾で何をしたのですか？
ひろ：彼女はそこの高校を訪れ、一緒に授業を受けたそうです。彼女は着物についての発表をしました。
輝：彼女はそれを英語でしたのですか？
ひろ：もちろんです。台湾の生徒も日本の生徒と同じように英語を勉強しています。私は学校で習っている言語を使う機会があることは素晴らしいと思います。台湾を訪れたら、英語を使う練習ができます。
メアリー：私もそう思います。彼女は台湾の生徒と連絡をとっていますか？
ひろ：はい。先月そのうちの一人が彼女に会いに家に来ました。
輝：外国の友達がいることは、かっこ良さそうですね！メアリー、あなたはどうですか？どの場所について話すつもりですか？
メアリー：私は京都について話そうと思います。私は茶道に興味があります。京都にはそれに関する博物館があります。
輝：おぉ、あなたが茶道を好きだとは知りませんでした。
メアリー：私は、それは日本文化の最も興味深い部分の1つだと思います。茶道における抹茶の飲み方を知っていますか？
ひろ：知りません。どのようにするか教えてください。
メアリー：私は茶道に関する本を読みました。最初は、茶わんを右手で持ち、左手に置きます。
輝：はい。それから、どうしたらいいですか？
メアリー：右手で茶碗を時計回りに回します。
ひろ：茶碗を回すのですか？
メアリー：そうですね。茶碗の正面でお茶を飲むべきではないのでそうしなければいけません。正面というのは、茶碗の中で最も重要な部分です。お茶を飲み終わった後、もう一度正面をあなたが見るまで反時計回りに茶碗を回しましょう。
輝：面白いですね！やってみたいです。
メアリー：また、京都では、伝統工芸品を作るような多くの種類の活動を楽しむことができます。私は、学生生活の間にそのような経験をすることは必要だと思います。
輝：その通りです。そうですね、他の場所を訪れればたくさんのことを学ぶことができます。
ひろ：はい、私もそう思います。世界中を旅して自分自身で多くのことを経験しょうと思います。

(1) ① ＿＿＿を訪れた日本の高校生の数は 2015 年から 2016 年の間に少なくなりました。
ア 台湾　イ シンガポール　ウ オーストラリア　エ グアム
表を見ると、人数が減少しているのはシンガポールであることがわかる。

② 2016年は、＿＿＿校の日本の高校がひろの訪れたい場所に訪れました。
ひろが訪れたいのは台湾なので、表を見ると、エ262が正解であることがわかる。

(2) ひろは台湾を訪れることで日本の生徒が学校で学んだ＿＿＿を得ることができるでしょう。
本文の真ん中あたりのひろの発言から抜き出すと良い。

(3) メアリーの茶道に関する発言を参考にすると良い。左手で持つ→時計回りに回す→飲む→反時計回りに回す、という順番になる。

(4) ア ひろの姉は台湾の高校を訪れ、そこで着物についての発表をした。
イ ひろは台湾の友達と連絡をとり、そのうちの一人が彼の家を訪れた。
ウ 輝はひろの姉から抹茶の飲み方を習い京都で伝統工芸品を作った。
エ メアリーは将来、世界中を旅して多くのことを経験したいと言っている。
ア：正しい
イ：連絡をとっているのは、ひろの姉である。
ウ：抹茶の飲み方を教えたのはメアリーである。
エ：ひろが言ったことである。

(5) ひろは、台湾での姉の素晴らしい体験を話しました。私は彼女のように A に行きたいですし日本の外にいる友だちが欲しいです。彼らとたくさんのことを英語で話したいです。
私はメアリーの考えが好きです。私も学生生活の間にいろんな種類の活動を経験することが B だと思います。私は他の場所を訪れ多くのことを学びたいです。

A：goの後にtoがないため名詞は入れることができない。よって副詞のabroadを入れる。
B：下から3番目のメアリーの発言に【need】「必要とする」とあるので、これの形容詞【necessary】「必要な」を入れる。

■令和２年度　4

聡：インターネットで面白い記事を見つけました。
広子：何についてですか。
聡：東北地方にはたくさんの外国人が住んでいて、その数は増加しています。
広子：本当ですか。それは知りませんでした。
ベン：えぇ、私は1年間秋田県に住んでいました。去年、2019年に、私は福島県来ました。ここにはより多くの外国人がいると思います。そうなんですか。
聡：その通りです。記事にある、この表を見てください。

2018年と2019年における東北地方の外国人の数		
県	2018	2019
青森	5,039	5,680
岩手	6,550	7,130
宮城	20,099	21,183
秋田	3,760	3,931
山形	6,646	7,258
福島	12,784	14,047
合計	54,878	59,229

広子：これは外国人の数ですか。
聡：はい。2019年は、東北地方の6県に住んでいる外国人の数は59,229人です。秋田県には3,931人の外国人がいて、ここには14,047人います。外国人の数は、6県全てで増加しています。東北地方の人口は減少していると知っているので、私は驚いています。
ベン：私はこの町にもたくさんの外国人が住んでいると思います。毎年この町を訪れる旅行者もいます。広子、聡、プレゼンテーションであなたたちの町のためにできることについて話し合ったらどうですか。
広子：それはよさそうです！それから、彼らのために何ができますか。聡、何か考えはありますか。
聡：外国人は日本で問題を抱えているかもしれないと考えています。特に初めて日本に来たときには。
広子：ベン、あなたか家族の方はなにか困ったことはありましたか。
ベン：もちろんありました。言葉と文化に困りました。私の父は、日本の地図記号に混乱したとも言っていました。
広子：地図記号？どういう意味ですか。
ベン：例えば、宿を示す日本の記号に混乱しました。その記号は通常、私の国であるドイツではバス停を意味します。英語を話す人がその記号か「H」という文字を見たら、彼らは同じ文字から始まるので病院を意味すると思い込むかもしれません。
(彼はインターネットでその記号を探した)
見て。これがその記号です。
広子：なるほど！日本人ですらそれは病院を意味すると思うかもしれません。
聡：私も賛成です。外国人がもっと簡単に理解できる新しい記号を持つべきですね。
ベン：すでにありますよ！今見せましょう。
(彼はインターネットでその新しい記号を探した)
これが特に外国人向けのホテルを示す記号です。
広子：これは男の人がベッドで寝ていることを示していますね。みんながきっとこの記号を簡単に理解することができると思います。
ベン：その通りですね。私たちは日本語をうまく話すことができないので、日本ではたくさんの問題を抱えています。私たちが簡単に理解できる記号によって私たちは大いに助かっています。
広子：私は地図記号ですら彼らの助けになると理解しました。聡、記号のようなもので私たちにできることはありませんか。
聡：そうですね。地図記号を使って私たちの町の観光マップを作りませんか。良いものを作ることができれば、私たちの町は外国人に親密なものになるでしょう！これが私たちの町にできることの１つです。
ベン：これは良い考えだと思います。なぜなら、今までにこの町のそのような地図を見たことがないからです。きっとそれによって、ここに住んでいる外国人もここに来る観光客も助かると思います！もちろん、私も助かります！
聡：広子、私たちの発表でこの考えについて話し合いましょう！
広子：そうしましょう！

(1) ①　2019 年、[　　] には福島県よりも多くの外国人がいた。
ア　青森県　　イ　岩手県　　ウ　宮城県　　エ　秋田県
表によると、2019 年の福島県には 14,047 人の外国人がいたことが分かる。それより多いのは宮城県である。
②　ベンは2018年に[　　]人の外国人がいた県に1年間住んでいた。
ベンは秋田県に住んでいた。2018年の秋田県には3760人の外国人がいたことが分かる。
(2) 「H」の文字が入っている地図記号を選ぶ。
(3) ベンの家族が日本に住み始めたとき、彼らは[言葉と文化に困った]。
３つ目のベンの発言を参考にする。

(4) ア　広子は新聞で何か興味深いものを見つけ、聡とそれを共有した。
イ　聡は東北地方にいる人数が減少していることを知らなかった。
ウ　ベンの父親は日本で使われている地図記号を理解するのが難しいと分かった。
エ　ベンは秋田県を訪れる外国人向けの新たな記号を作りたいと思っている。
ア：誤り。見つけたのは聡である。
イ：誤り。東北地方の人口に関する記述はない。
エ：秋田県ではなく、福島県である。

(5) 私は、2019 年に福島県に 14000 人[A：以上]の外国人が住んでいるとは知らなかったです。
私は彼らに福島県と私の町を大好きになってほしいので何かやりたいです。聡は発表で、「良い観光マップがあれば、私たちの町は外国人に[B：親密な]ものになるでしょう」と言いました。それは素晴らしいメッセージだと、私は思います。

■令和３年度　4

リー：先週　学校で避難訓練がありました。私にはユニークな経験でした。しかし避難訓練は大切だと思いますか？
健：はい。緊急事態時に自分自身をどう守るのか学ぶ機会を与えてくれます。
優子：同感です。災害に備えるのは大切ですよね。リー。どうしてその様な質問をするのですか？
リー：ええ。日本の生徒は学校で避難訓練をします。家族と緊急事態時に何をするか話したことがありますか？
健：家族と？いいえありません。
優子：えーと、数ヶ月前に母と災害が起きた時にどこにいくか話しました。また家の避難食をチェックしました。
リー：素晴らしい。優子、健、この表を見て下さい。昨日見つけました。その表は「過去1,2年で家族もしくは友達と緊急事態時に何をするかについて話をした」という問いに対して2017年に、日本人の年齢別グループの何パーセントが“はい”“いいえ”“分からない”と答えたかを表しています。最初にこの表を見た時にもっと多くの日本人が家族もしくは友達と緊急事態時の準備について話すべきだと思いました。
健：ワォ、日本の人は家族とよく話をしていますね。
優子：そう思いますか？健。私はこの件について人々はよく話をしているとは思いません。
リー：優子の意見に同感です。たった57.7%の日本の人しかこの件を話していません。
優子：このグループを見て下さい。私の母親の年齢近くの多くの人々がこれについて話をしています。
健：あなたの母親は幾つですか？
優子：45歳です。
健：私の母親もほぼ同じ年齢です。
リー：その年齢の人々は子育て中です。緊急事態時、自分たちだけでなく、子供たちを守らなければなりません。結果として、この世代の人々はこの話を家族とする機会がより多くあります。
優子：この話題に一番興味を持っている人達かも知れません。
健：そうかも知れません。それではこのグループを見て下さい。最高齢のグループは周りの人と何をするかについて話をしていませんでした。
リー：何故でしょうか？彼らも興味があると思います。
優子：分かりません。しかし現在、日本のますます多くの高齢者達は一人暮らしだと授業で習いました。たとえ彼らが話をしたいと思っても、一部の人達の周りには誰もいません。これがその理由の1つかもしれません。
リー：緊急事態時に特に支援が必要な人々だと思います。しかし一人暮らしの高齢者はどう自分自身を守るのか、どう人に助けを求めるのか学ぶ機会がないかもしれません。
優子：それは問題だと思います。また我々は大切な機会を失っていると思います。
健：[　　　　]
優子：ええ。高齢者は遠い昔にこの町で起こった災害について多くの事を知っています。
しかし若い人達はそれを聞く機会がありません。もし若い世代が高齢者達の話を聞けば、災害に備える事が重要であると知るでしょう。
リー：いい考えですね。
優子：私の祖母がこの町で一人で住んでいます。私は過去の災害について聞いたことがありません。今夜彼女を訪ねて、幾つか質問をしてみます。
健：あとでその話を私達とクラスメートに共有して下さい。
優子：もちろんです。

(1) ① 表の中でこの年代グループが“ハイ”と答えた%が最も低かったグループはという問いである。
49.4%で“70 or above”が最も低い。
② 優子の母親の年代グループの何パーセントが災害時に何をするか議論しましたか？と問いである。
優子の母親は45歳であるので“ハイ”と答えたのは69.3%である。

(2) ア どんな支援が必要ですか？
イ どういう意味ですか？
ウ ここで何をしてるのですか？
エ 一人暮らしについてどう思いますか？
優子は健の発言を受けて、詳しく自分の発言を説明している。文脈に合うのは“どういう意味ですか”である。

(3) 本文では□の部分は“hear their stories”である。問題は４語で書くということであるので人称代名詞“their”を書き換える必要がある。この“their”は“高齢の人々”を指しているので“elderly people's”と置き換える。

(4) ア 健は避難訓練は災害時に自分自身をどう守るかを学ぶ機会になると言う。
イ 日本人は家族と何をするかについてよく話をすることに優子は驚いた。
ウ アメリカの多くの高齢者は現在、一人暮らしであることにリーは驚いた。
エ 優子と健はクラスメートの数人がリーの話を喜んで聞くと言う。
本文３行目の健の発言“It give us a chance to learn how to protect ourselves in an emergency”はアに合致する。

(5) 災害に［A］為に出来ることが多くあるということを祖母から学びました。例えば緊急時にどう家族と連絡を取るかを決めるべきであると学びました。彼女の家を後にする前に彼女は言いました。災害の［B］は最初に自分自身と家族を守りなさい。そしてあなたが安全な場所にいたなら他の人のためになることを探しなさい。

［A］には本文4行目の優子の発言“It's important to prepare for disasters”の“prepare”“備える”が入る。
［B］の答えは本文中にはない。“災害の時、災害の場合”を表す“In case of”という熟語を知らないと回答できない。

〈英文把握問題〉

■平成25年度 [5]

ある日、私は校門の近くで何本かのペットボトルを見付け、それらを拾った。その時、わたし達の担任である佐々木先生が、手伝いに来て言った。「これらのペットボトルは、なぜここにあるの？もし、わたし達がきれいなペットボトルを集めれば、それらをリサイクルによって使えるものに変えることができます。［①］、いくつかのバッグ、ペン、ジャケットなどが、ペットボトルから作られています。あなたは生徒会のメンバーのひとりですよね。どう思いますか？」

その夜、私はペットボトルについて、家族と話した。私の母は、「私はきれいなペットボトルを花びんとして使っています。」と言った。私の兄は、「私の友達には、ペットボトルでクリスマスツリーを作った人もいます。」と言った。その時、私は思い付いて言った。「わたし達は、学園祭で、きれいなペットボトルでリサイクルの象徴を作るべきです。もし、わたし達が学園祭の後、リサイクル工場にそれらを持って行けば、生徒たちはリサイクルの大切さを理解するでしょう。」私の父は、「あなたの考えを生徒会で言ってみたらどう？」と言った。

次の日、私は、自分の考えについて他のメンバーと話し合った。ちかこは、「それは良い考えですね。何を作りましょうか？」と言った。けいこは、「ペットボトルのアーチを作るのはどう？」と言った。たつやは、「それはとても良いけど、たくさんのペットボトルが必要ですね。どうやってペットボトルを集めようか？わたし達はこれまでやったことがないですね。」と言った。ひできは、「［②］、彼らはたくさんのペットボトルを持ってくるでしょう」と言った。わたし達はみんな賛成した。

わたし達のペットボトル計画は始まった。わたし達は佐々木先生から、リサイクルについて多くのことを学んだ。わたし達は、その計画のために、リサイクルボックスを作り、全ての教室に置いた。ひできと私は、生徒集会でその計画の目的について説明した。けいことちかこは、ペットボトルから作られているかばんやペン、ジャケットなどを、それぞれのクラスに見せた。たつやと他のメンバーは、生徒たちに、リサイクルボックスにきれいなペットボトルを入れてくれるように頼んだ。わたし達は何をすべきか考え、一緒に取り組んだ。だから、多くの生徒がその興味を持ち、たくさんのペットボトルを集めてくれた。

学園祭の日がやってきた。校門で、多くの生徒たちが美しいペットボトルのアーチを見ていた。彼らは感動した。佐々木先生は見上げて、笑顔で言った。「計画は大成功ですね。このアーチは、リサイクルと協力の象徴です。」学園祭の後、わたし達はペットボトルをリサイクル工場に持って行った。

わたし達はその計画を終えた。生徒たちはその計画を通じて、リサイクルの大切さを学び、いまだリサイクルボックスにペットボトルを入れている。私たちは、いつもそれを見て［③］に感じている。

私はその計画から２つの大切なことを学んだ。わたし達のまわりにあるものの見方を変えることが、大切だ。新しい考えを分かち合い、一緒に取り組むことも大切だ。私は、これらのことは私たちの学校生活をさらに良いものにするだろうと思う。

（１）ア 例えば　イ ごみによって
ウ それ以来　エ それなしには

（２）ア もし生徒たちが、リサイクル工場にたくさんのペットボトルを持って行けば、
イ もし生徒たちが、校門の近くで数本のペットボトルを拾えば、
ウ もし生徒たちが、きれいなペットボトルでクリスマスツリーを作れば、
エ もし生徒たちが、ペットボトルのアーチを作る目的を理解すれば、

（３）ア 彼らは、順子の母からリサイクルについて多くのことを学んだ。
イ 彼らは、それぞれの教室に計画のためのリサイクルボックスを置いた。
ウ 彼らは、花びんにするためのきれいなペットボトルをそれぞれのクラスに見せた。
エ 彼らは、生徒たちにバッグやペン、ジャケットなどを集めるように頼んだ。

（４）ア 怒る　イ 残念に思う　ウ 喜ぶ　エ 悲しむ

（５）ア たくさんの人々は、校門でペットボトルのアーチを見ていた。
イ 佐々木先生は、順子に、なぜ校門の近くにペットボトルがあるのかと尋ねた。
ウ ひできとじゅんこは、生徒集会でその計画について話した。
エ たつやは、たくさんのペットボトルを集める方法を生徒会に尋ねた。
オ 順子の父は、彼女に、自分の考えを生徒会に話しなさいと言った。

（６）傍線部④直後の２文。

■平成26年度 [5]

親愛なるスミス先生　10月６日

お元気ですか？私が９月に日本を離れてからもう１ヶ月が過ぎました。私のホームステイ先の家族はとても親切です。彼らは私にゆっくり話しかけ、私のことを理解しようとします。学校で私はまだあまり授業が理解できません。しかし私の先生はいつも私を助けてくれます。私は友達と一緒に勉強したりスポーツをしたりして楽しみます。だから私は家と学校で大丈夫です。しかし町で私はしばしば英語で苦労します。

先週、私は家の近くの本屋に行きました。私が本を買ったときに店員が私に話しかけました。彼はとても速く話すので彼の言うことが理解できませんでした。私は彼に言いました。「なんですか？」彼はもう一度同じ言葉を言い、私にバッグを見せました。しかし私はまだその言葉を聞き取ることができませんでした。

だから私は何も言わずにただ微笑みました。私が家に着いた後、私はホームステイ先の母にこのことを話しました。彼女によると、私達が物を買うときに店員は普通「バッグは必要ですか？」と言います。しかし彼らは打ち解けた言い方で時々「バッグは必要？」と言います。その時私は彼女から英語の練習の仕方を学びました。彼女は言いました。「聞き取れない言葉があった時には、その言葉をノートに書いて

もらうようにその人に頼むべきです。そうすれば何回も大きな声でノートにある言葉を読むことができます。こうすることであなたはその言葉を言うことや聞くことになれるでしょう。」私は次の日、彼女のアイディアを試しました。彼女は正しかったです。だから私は［　　］を理解しています。

今日、私はその町の店に行きました。私が通りを歩いている時に、外国人が私に尋ねました。「駅はどこですか？」私にとって道を教えることは難しかったですが、持っていた地図と身振り手振りで教えました。私は微笑み、彼とコミュニケーションが取れて幸せでした。実は、彼が私に道を尋ねた時はとても驚きました。ロンドンで人々が私のような外国人に道を尋ねるとは思いませんでした。しかしここでは様々な国からきた人々が一緒に暮らしているので、外国の人々にとって英語でコミュニケーションを取ることは当然です。

私はまだロンドンで言葉の問題で苦労します。しかし生活の中でコミュニケーションを取ることは必要だし面白いです。学んだ言葉を使うことや身振りのような他の方法を使うことは大切です。これらの２つはコミュニケーションをより良いものにするでしょう。

私はまたあなたに手紙を書きます。あなたが日本での生活を楽しむことを望みます。

お幸せに　　亜矢

（１）ア　亜矢は好きな本を買うことができて喜んだ。
　イ　亜矢は店員と話がしたかったので興奮した。
　ウ　亜矢は欲しかったバッグを手に入れることができたので悲しくなかった。
　エ　亜矢は店員の言葉を聞き取れなかったので幸せではなかった。
　下線部の前の文に、「まだ言葉を聞き取ることができなかった」とあるので、それから亜矢の心情を考えるとエであることがわかる。
（２）ア　私にとって言葉を言った人のことを思い出すのはとても難しい。
　イ　私にとってノートに書いた言葉を読むのはとても難しい。
　ウ　私にとって聞き取れない言葉を書いたノートを作るのはとても役に立つ。
　エ　私にとってノートの言葉を人々に何回も読むように頼むのはとても役に立つ。
　空欄の前の部分を読むと、「聞き取れない言葉をノートに書いてもらう」というアイディアが正しかったということが書いてあるので、ウが正しい。
（４）親愛なる亜矢へ　　11月５日
　お手紙ありがとう。もう11月なので日本はもっと寒くなっています。ロンドンは寒いですか？あなたが２［ A ］にロンドンに行ったとき、あなたはそこでの滞在を心配していました。しかしあなたのホームステイ先の家族が親切で私は喜んでいます。私はあなたが友達とスポーツを［ B ］時に学校生活を楽しんでいるということも知って幸せです。町では苦労があるのですね。私も日本でそのように苦労するのであなたの言うことがわかります。
　授業中に、私はあなたの手紙にある大切なことについて話しました。もし学んだ言葉や身振りのような他の方法を使えばコミュニケーションは［ C ］。あなたがたくさんのことを学んだのでたくさんの生徒が印象を受けました。
　あなたがロンドンで素晴らしい時間を過ごせることを望んでいます。
　お幸せに　　スミス
　A：亜矢がロンドンに行ったのは２ヶ月前。
　B：亜矢は友達と一緒に勉強したりスポーツをしたりして楽しんでいる。
　C：「コミュニケーションはより良くなるだろう。」という文になるようにする。

■平成27年度　5

私の祖母は65歳です。彼女は皆にとても親切です。私が子どものころ、彼女は私の世話をしてくれました。彼女は私と一緒に本を読み、歌を歌ってくれました。私は彼女と過ごすのが好きでした。

私の生活は、中学校に入学後、大きく［　　］。私はテニス部に入り、毎日放課後に長い間テニスの練習をしました。私には宿題もたくさんありました。だから祖母と一緒に過ごす時間があまりありませんでした。ある日、テストのために熱心に勉強しているとき、彼女が私の部屋に来てたずねました。「涼、コンピュータを買ったよ。私に使い方を教えてくれない？」私は怒って、彼女に言いました。「できないよ！僕は今忙しいんだ！」彼女は悲しそうに、私の部屋を出て行きました。

数日後、彼女の部屋からなにか聞こえました。部屋に入ると、テーブルの上で彼女の電話が鳴っていました。私は電話には出ませんでしたが、テーブルの上のアルバムを見つけました。私の名前が書かれていました。開いてみると、私の写真がたくさんありました。それから、アルバムの中からたくさんの手紙も見つけました。それらの一つを読みました。「僕はおばあちゃんと本を読んで楽しみました。おばあちゃんは僕と一緒に何度も本を読みました。ありがとう！」私が子どものときに書いたものでした。彼女はたくさんの写真と、私からの古い手紙を持っていました。私はそれを見て感動しました。

そのとき、おばあちゃんが部屋に入ってきました。私は言いました。「あなたのアルバムを見たよ。とてもびっくりしたよ。」彼女は引き出しを開け、私に他のアルバムを見せました。その中には家族の写真がたくさんありました。彼女はほほえんで言いました。「これらは全部私の宝物だよ。」私は彼女に言いました。「僕はいつも自分のことしか考えないけど、おばあちゃんは僕と家族のことを考えてくれる。数日前におばあちゃんを悲しませることを言ってしまったね。ごめんなさい。」彼女は言いました。「大丈夫よ、涼。私もごめんなさい。あなたが忙しくないときに話しかけるわ。実は、あなたの両親が私にあなたの写真をたくさんくれたのよ。彼らはあなたの大切なものをとっておいてるし、あなたのことも考えてるのよ。たぶん知らないだろうけど、いつもあなたのことを愛して、助けてくれる人もいるのよ。それを忘れないでね！」

いつも私のことを考えてくれる人々もいます。私はしばしばそれを忘れていましたが、私は彼らに支えられていることが分かりました。私は他人のことを考えるべきだと学びました。だから私はあることを決めました。私は将来、周りの人々を愛し、助けようと思います。

（１）涼は中学校に入って生活が大きく変わったので、イが入る。
（２）ア　涼が勉強しているときに、涼の祖母が話しかけたから。
　イ　涼の祖母が涼に、一生懸命にテスト勉強するように言ったから。
　ウ　涼の祖母がコンピュータの使い方を涼に教えなかったから。
　エ　涼の祖母が涼の宿題の手伝いをしなかったから。
　下線部の直後の涼の発言から、アが正しいと分かる。
（３）下線部の that は、直前の文の内容を指している。
（４）ア　涼は祖母の部屋でアルバムを見つけた。
　イ　涼の祖母は悲しそうに部屋を出て行った。
　ウ　涼は中学校に入学し、テニス部に入った。
　エ　涼の祖母はいくつかのさまざまなアルバムを涼に見せた。
　オ　涼は祖母に言った。「ごめんなさい。」
　アは第３段落、イは第２段落の後半、ウは第２段落の前半、エは第４段落の前半、オは第４段落の後半に書かれている。
（５）①　質問：涼の両親は祖母に何をあげましたか？
　　回答：彼らは彼女に彼の写真をたくさんあげた。
　第４段落の祖母の発言の【In fact】以降の部分を、空欄に適する形に直して書く。
　②　質問：涼は将来どうなりたいですか？
　　回答：彼は周りの人々を愛し、助ける人になりたい。
　第５段落の最後の文を、空欄に適する形に直して書く。

■平成28年度　5

直接に経験したことがない何かについて知っていることをしばしば考えたことが有りますか。このことについて今日はお話したいと思います。

私に今年の夏休みの間に家族と一緒にロンドンに行きました。これが私の海外への初めての旅行でした、なので私はそれを楽しみにしていました。私はロンドンについて知りたかったので、ロンドンについてインターネットで情報を検索しました。旅の前にインターネットでたくさんの有名なものを見ることができました。

私たちはロンドンで、例えばバッキンガム宮殿やタワーブリッジのような人気の場所にいくつか行きました。私は既にインターネットでそれらを見ていましたが、それらを直接見た時もっと大きくもっときれいに私には見えました。私は感動しました！周囲を歩いた時、様々な国々から来ているたくさんの人達にも会いました。それから、その土地の料理を食べるためにレストランに行きました。それは私にとって、とても目新しいものでしたが、楽しむことができました。夕食が終わり夜の９時ぐらいにレストランを出た時、私は一つ奇妙なことに気づきました。外が暗くなかったのです！私はとても驚きました。福島では、７月に９時なら暗いですが、ロンドンではそうではないのです。これが私にとってもっとも面白いことでした。新しいことを発見することができたのでこの旅をとても楽しむことができました。

夏休みの後、私は英語の授業で私のロンドンへの旅についてクラスメートに話しました。彼らの多くが私の話を気に入ってくれて私は嬉しかったです。放課後、クラスメートの一人が私のところに来て言いました、「あなたの話は本当に面白かったです。私はハリーポッターが好きで、ロンドンにとても興味があります。もっとあなたの旅について話してくれませんか。」実際に、彼女が私のところに話しかけに来た時、私は驚きました。それ以前は私たちは話したことがありませんでしたし、彼女は外国に興味がないと思っていました。でもそれは正しくありませんでした。彼女はロンドンについてたくさんのことを知っていました。私たちは私の旅とハリーポッターについて沢山話しました。私達が話している時に、彼女は私に言いました、「海外旅行は勉強するよい手段ですが、私は外国に行ったことがありません。あなたとお話出来て良かったです。」私はその日彼女について新しいことを発見しました。

テレビやインターネットを通じてたくさんのことについて情報を集めることができます、そしてあなたのまわりにいる人々について彼らと話す前に彼らについて自分はわかっているとしばしば思っています。しかし、何かを直接経験する時、新しいことを発見することができます。この考えを忘れずに将来はたくさんのことを経験したいと思います。

（1）【look forward to 名詞】「名詞を楽しみにする。」
（2）【strange】「奇妙な、不思議な」傍線直後に注目する。福島とロンドンで違う点が「奇妙な」点である。
（3）ア　博人のクラスメートの一人が彼に旅のことについて尋ねたが、以前は彼女と話したことがなかった。
　イ　博人のクラスメートの一人はよく海外旅行に行くので彼の話をとても気に入った。
　ウ　博人のクラスメートの一人は彼と話したことがなかった、そして彼女は外国に興味がなかった。
　エ　博人のクラスメートの一人は彼の話に励まされたが、彼にロンドンについて尋ねることができなかった。
（4）ア　博人は英語の授業で彼のクラスメートに彼のロンドンへの旅について話した。
　イ　博人はロンドンへの旅行の前にインターネットでロンドンについて多くのものを見た。
　ウ　博人は放課後クラスメートの一人と彼のロンドンへの旅行について話をした。
　エ　博人と家族はロンドンでいくつかの場所を訪れてその土地の料理を食べた。
（5）ア　博人は旅の前にロンドンについての情報を探したかった、しかしできなかった。
　イ　博人が初めてロンドンでその土地の料理を食べた時、他の国から来た人にそれらについて質問した。
　ウ　博人はハリーポッターについて知りたかったのでクラスメートの一人としゃべりに行った。
　エ　博人は放課後クラスメートの一人と話した時、彼は彼女がロンドンについてたくさん知っていると気付いた。
（6）

> 私は博人のスピーチを楽しみました。私は彼に賛成です。もしバッキンガム宮殿とタワー・ブリッジを自分自身の［ A ］で見たら、私も感動するでしょう。彼がスピーチの中で言ったように、私も直接［ B ］新しい発見ができると思います。なので、私は将来たくさんの場所を訪れてたくさんの人々と話をしたいです。

A：博人のスピーチのテーマは直接体験することの大切さである。直接体験するということは自分の「目で」見るということである。
B：最終段落を参考にする。【by ～】「～によって」を使う。

■平成29年度　5

今年の夏に、私はカナダのドーフィンという町で良い時間を過ごしました。ある日、私とメアリーはお祭りに行くためにバスに乗りました。私たちはバスを降りた時に、そのお祭りの大きな門でたくさんの人々を見ました。そのお祭りはとても大きかったです。ある人たちは伝統音楽を聞いていました。ある人たちは友達と一緒に踊っていました。そこで私は門や道、食べ物のお店で *BITAEMO* という看板を見つけました。私はメアリーに、「*BITAEMO* とはどういう意味ですか？」と聞きました。彼女は、「［　　］」と言いました。

彼女は、「そのお祭りにいる人はみんなあなたがここに来てくれて嬉しく思っています。」と続けました。「それは英語ですか？」と、私は聞きました。「いいえ、それはウクライナ語です」と、メアリーは言いました。私は、「なぜウクライナ語が使われているのですか？私はドーフィンのことをよく知りませんが、ドーフィンの人々がウクライナ語を話すことができないと思っています。」と言いました。メアリーは、「昔、違う国の人々がドーフィンに住むようになりました。その中にウクライナの人がいました。それで、①その言語がドーフィンに入ってきました。」と言いました。

私はその日、音楽と食べ物を楽しみました。ある食べ物のお店でメアリーは、「咲、あなたはヴァレーニキとホルブツィのような伝統的な食べ物を食べるべきです。二つとも買いましょう、そうすれば私たちは共有することができます。」と言いました。私はそれらを食べました、どちらも本当においしかったです。昼食の時メアリーは、「実際に、私の祖父の両親はウクライナでウクライナ語を話していました。彼らは農場で働くためにカナダに来ました。そのとき、私の祖父がドーフィンで生まれました。彼は子供の時、家ではウクライナ語を話し、学校では英語を学んでいました。彼は 25 歳の時、結婚しました。彼の妻はイギリス出身で、彼らはいつも英語で話していました。私の祖父は家でウクライナ語を話すのをやめました。だから、私の父はウクライナ語を話しません。また、私の母は英語しか話せません。」と言いました。

それから、メアリーは私に、「実は、私はウクライナ語を話すことができます。」と言いました。私は驚いて、彼女に「どうしてあなたはその言語を知っているのですか？」と聞きました。メアリーは、「私は学校でそれを学んでいます。私の姉のエマもそれを勉強しています。私が祖父にウクライナ語で話した時、彼は再び家でウクライナ語を話すことができたので幸せになりました。彼はときどきウクライナ語で彼の良い思い出について話します。彼は私に彼の両親と古い友達についての話を教えてくれます。それらの話は彼にとって古い話ですが、私はそれらについて一度も聞いたことがありませんでした。私は、もし私が英語でしか彼に話しかけていなければ彼からそのような話は聞くことはできなかったと思います。」と言いました。

私はカナダに滞在する前、私たちは他の国の新しい人と会うために外国語を勉強する必要があると考えていましたが、今はそこには他の理由があることに気づいています。例えば、メアリーは、彼女のおじいさんについてより知るために、外国語を勉強し、家でそれを使っています。世界にはそのような人々がいます。前までは、私は②それについて考えていませんでした。私は、世界には外国語を勉強するさまざまな目的があることを学びました。私はそれをカナダの良い友達から学びました。いま、私は世界をより理解するためにさまざまな国の人々についてよりたくさん学びたいと思っています。

（1）ア　コミュニケーション　　イ　情報
　ウ　入るな　　エ　ようこそ
　空欄の直後のメアリーのセリフから、歓迎の言葉が入ることが分かる。
（2）下線部の前の二文に理由が書かれている。
（3）ア　メアリーのおじいさんは、奥さんと一緒に住み始めた後、家でウクライナ語を話すのをやめました。
　イ　メアリーが学校でウクライナ語を学んだ後、メアリーのおじいさんは再び家でウクライナ語を話しました。
　ウ　メアリーのおじいさんの両親は仕事のためにウクライナからカナダに移住してきました。
　エ　メアリーのおじいさんは家では両親とウクライナ語を話し、学校では英語を学びました。
（4）ア　人々は外国語を勉強するので、新しい人達に会うために海外へ良好することができる。
　イ　人々は外国語を学ぶので、家族についていろいろなことを学ぶことができる。
　ウ　人々はさまざまな国を訪れる時、その国の問題を理解することができる。
　エ　もし人々がほかの言語を話すことができれば、他の国から来た人々を助けることができます。
　第四段落第二文に「メアリーは、彼女のおじいさんについてより知るために、外国語を勉強し、家でそれを使っています」とあり、イの内容の具体例が書かれている。
（5）ア　メアリーはヴァレーニキとホルブツィがとても好きだったので、咲とエマのために家でその二つを作りました。
　⇒第二段落第二文に、「二つとも買いましょう、そうすれば私たちは共有することができます。」とあるので不適。

イ　咲はウクライナでメアリーと一緒にお祭りに行って、伝統を保つことが重要だと気づきました。
⇒咲はカナダのドーフィンという町でメアリーとお祭りに行き、外国語を学ぶことのさまざまな理由について学んだので不適。

ウ　咲がさまざまな国の人々についてよりたくさん学ぶためにウクライナ語を勉強したので、メアリーは嬉しかったです。
⇒第四段落第四文に、「私は世界をより理解するためにさまざまな国の人々についてよりたくさん学びたいと思っています」とあるので不適。

エ　咲はドーフィンについてよく知りませんでしたが、お祭りで伝統的な音楽や食べ物を楽しみました。
⇒第一段落第十三文に、「私はドーフィンのことをよく知りません」とあり、また、「私はその日、音楽と食べ物を楽しみました」とあるので適する。

■平成30年度　5

今年の春、私はボブに会うためにオーストラリアのメルボルンという街に行きました。彼は大学生で、①私の父親の弟の子供です。ボブは何度か日本を訪れましたが、これはその街への初めての旅行でした。初日に、私たちは学校や友達などの多くのことについて話すのを楽しみました。

二日目には、ボブはその街を私に案内しました。私たちはユーレカタワーのような有名な場所を訪れました。そのタワーはメルボルンで一番高く、私たちはタワーの展望台へ行きました。展望台からの眺めは素晴らしかったです！私は感動しました。私たちはそこでメルボルンについて話したときに、彼は私に「②メルボルンに参加」について話しました。彼は、「それは街を良くするプロジェクトから成っています。人々は一緒にメルボルンを改善するために参加します。例えば、 いくつかのプロジェクトにおいて、人々はみんなのために道路や公園を良くしようとしています。プロジェクトを完成させるために、街はよく検討を加えるための最初の案を作りそれについての人々の意見を初めに聞きます。プロジェクトにはたくさんの種類があり、私はそれらのうちのいくつかに参加しました。その経験は私にたくさんのことを教えてくれました。」と言いました。私はそれについて好奇心をそそられました。私は、「もっと私に教えてもらえませんか？」と尋ねました。すると、彼は私に、「今街は私の家の近くの公園についての検討を加えるための最初の案を作っていて、それについて私たちの意見を聞きたがっています。明日私は以前一緒にプロジェクトに参加した友達とそれについて話すつもりです。あなたも来たいですか？私はあなたが何かを学ぶと確信しています。」と言いました。

その次の日、私とボブは彼の友達に会うために喫茶店に行きました。③私は驚きました。そこには様々な年代の人達がいました。初めに彼らはその公園の遊具について話し始めました。ボブは、「街はそこに遊具を置くべきです。子どもたちはより公園を楽しむことができます。」と言いました。私は彼に賛成しました。すると、子どもたちと一緒に来ていた女性が、「遊具はしばしば子どもたちにとって危険なので、私たちは公園を安全にする方法について考えるべきです。」と言いました。ある年配の男性が、「そこに遊具を置くことは簡単です。しかしそれを維持するのが大変です。」と言いました。他の人たちも遊具についての意見を交換しました。その後、彼らは植物のための環境と公園で自転車に乗る人のための安全な道路について議論しました。ときどき彼らは主張しましたが、彼らは違う意見も尊重しました。帰り道で、ボブは私に、「彼らと話すことはとても素晴らしいです。私たちの考えがより良くなります。私たちは最終的に街に意見を出すつもりです。」と言いました。私は意見をたくさん交換することは良い考えを得るために必要不可欠だと思いました。

私は異なる状況で人々と物事を議論することが役に立つことを知っていました。しかしそれは難しく時間もたくさんかかるので私はそれが好きではありませんでした。しかしながら、私が考えを改善するためにはそのような人々とたくさん物事を議論する必要があります。私は将来それを心にとどめておくつもりです。

(1) **ア**：おじ　　**イ**：おば　　**ウ**：妻　　**エ**：夫
【父親の弟＝叔父】

(2) 人々は街をよくするためにプロジェクトに参加することによって一緒にメルボルンを改善しようとしています。
下線部②の直後の２文に注目。
【make A B】=【A を B にする】

(3) **ア**　ボブの家の近くの公園の遊具は子どもたちにとって危険でした。
イ　学が出会ったボブの友達は子持ちの女性や年配の男性でした。
ウ　その公園について、ボブの友達はときどき主張していましたが、彼らは違う意見も尊重しました。
エ　街はボブの家の近くの公園について検討を加えるための最初の案を作りそれについて意見を聞きました。
下線部③の直後に注目。

(4) **ア**　ボブは彼の友達に公園の遊具についての考えを言いました。
イ　ボブの友達は植物のための環境と自転車に乗る人のための安全な道路について話しました。
ウ　ボブは学に展望台で「メルボルンに参加」の経験について教えました。
エ　学とボブは学校や友達などの多くのことについて話すのを楽しみました。

(5) **ア**　学はメルボルンに何度か訪れボブといくつかのプロジェクトに参加しました。
イ　ボブと彼の友達は最終的に街に公園について彼らの考えを出すつもりです。
ウ　学は良い考えを得るために再びボブの友達と話す予定です。
エ　学は意見を交換することは大変なので役に立たないと考えました。

(6) ①質問：なぜ学はユーレカタワーの展望台で感動したのですか？
答え：なぜなら彼は展望台から素晴らしい眺めを見たからです。
第２段落の第４文に注目。
②質問：学は将来何を心にとどめておくつもりですか？
答え：良い考えを得るためには異なる環境の人々たくさん物事を議論することが必要不可欠であること。
第３段落の最終文と第４段落に注目。

■平成31年度　5

あなたのお気に入りのものはなんですか？あなたの家族があなたにあげたプレセントですか？あなたを幸せにしてくれる歌ですか？ブラジルにいる私の家族にとって、それはコーヒーです。私もコーヒーが大好きで、それについてたくさんのことを知っていると思っています。しかしながらある日、私の先生が自分のお気に入りのものについて書くように頼んだとき、私はコーヒーについてあまり知らないとわかったのです。それから私はそれについて学ぶためにいくつか本を読もうと決めました。今日はあなた方といくつかの情報を［　A　］しようと思います。

最初に、あなた方はコーヒーの木を見たことがありますか？ヨーロッパやアメリカ、カナダ、日本といった世界中の大部分の人々は、コーヒーを飲んでいます。しかしながら、それらの国のほとんどで、コーヒーの木を見ることはできないでしょう。なぜか知っていますか？それはコーヒーの木を育てるのに良い気候を持ち合わせていないからです。その木は一年中暖かい気候を必要とし乾季と雨季の両方を必要とします。 ブラジルはコーヒーの木にとって非常に良い気候を持っているので、私の国ではたくさんのコーヒーの木を見ることができます。もちろん、世界の他の地域でもそれらを見ることはできます。 南アメリカやアフリカのいくつかの国々には多くのコーヒーの木があります。ベトナムのようなアジアのいくつかの国ではそれらを見ることができます。私が図書館で見つけた一冊の本には、約70カ国でコーヒー豆を生産しているとありました。

二番目に、コーヒー豆について話そうと思います。私は、コーヒーを飲むことが大好きな人々の多くが、コーヒーの木の果実を一度も見たことがないと思っています。最初は緑色ですが、後に赤くなります。サクランボのように見えますね。だから人々はその果実のことをコーヒーチェリーと呼ぶのです。そのチェリーの中には2つの種子があります。その種子がコーヒー豆になるのです。その種子は最初から茶色いと思いますか？多くの人々がそう思っています。正確には、それは正しくありません。種子は、最初は緑色なのです！面白いと思いませんか？

毎年11月にハワイで大きなコーヒーのお祭りがあるのを知っていますか？それは「コナコーヒー文化祭」と呼ばれています。これはハワイでは、最も古いもので、最も成功した食べ物のお祭りの1つです。あなた方はそのお祭りの間多くのことを経験できます。例えば、農場でコーヒーチェリーを摘むことができます。［　B　］コーヒーを作ることに興味があるなら、美味しいコーヒーの作り方を学ぶことができます。私はいつかそのお祭りを訪れたいと思います！

コーヒーは私のお気に入りのものですが、それについてよく知りませんでした。今私は、それについて新しいことを学んだのでよりいっそうコーヒーが好きになりました。もしあなた方も好きなものがあるなら、本を読みそれについてより学ぼうとしてみてはいかがでしょうか。きっとなにか新しいものが見つかるでしょう。また、きっとよりいっそうそれを好きにもなるでしょう。

(1) ア：励ます　イ：大好きである　ウ：聞く　エ：共有する
コーヒーについて調べることによって知ったことをみんなに紹介しているので、エが正解。

(2) ア　コーヒーチェリーの中には２つの小さな種子があります。
イ　コーヒーの種子がコーヒー豆になります。
ウ　コーヒーの種子は元々茶色です。
エ　コーヒーの種子は、最初は緑色です。
指示語は、直前の文や単語を指します。ここでは、コーヒーの種子が茶色いことが書かれているので、ウが正解。

(3) ア　あなた方はコナコーヒーの歴史について聴くことができます。
イ　私は去年、この伝統的なお祭りでとても楽しい時間を過ごしました。
ウ　私の国のハワイ文化について読むことができます。
エ　旅行客はそのお祭りに参加するために、12 月にハワイを訪れます。
ア：正しい
イ：第４段落の最後によると、ジュリアはこのお祭りに行ったことがない。
ウ：このお祭りがある国は、ハワイでありブラジルではない。
エ：このお祭りがある時期は 11 月である。

(4) ア　ジュリアは、先生が彼女にコーヒーについて書くように頼んだとき、それについてたくさんのことを知っていました。
イ　南アメリカとアフリカの国々では、コーヒーの木を見つけることはできません。
ウ　ジュリアが見つけた本によると、100 カ国以上の国でコーヒー豆が生産されています。
エ　コーヒーの木の果実は、その形と色のためコーヒーチェリーと呼ばれます。
ア：知らなかったので、本などで調べたのである。(第１段落)
イ：むしろ見つけることができる国々である。(第２段落後半)
ウ：70 カ国以上の国で生産されている。(第２段落後半)
エ：正しい

(5) ①質問：コーヒーの木が一年中必要としているものはなんですか？
回答：ジュリアは、それらが一年中＿＿＿＿＿＿＿＿と言っています。
第２段落の真ん中あたりに書かれている。温暖な気候である。雨季と乾季は一年中必要なわけではないため不正解。
②質問：なぜジュリアはコーヒーをよりいっそう好きなのでしょうか。
回答：なぜなら彼女は＿＿＿＿＿＿＿＿＿＿だからです。
最終段落に書かれている。コーヒーについて調べることで新しいことを知ることができたため、より好きになったのである。

(6) 太郎：私たちにコーヒーについて興味深い話をしていただきありがとうございました。そのお祭りについて１つ質問をしても良いですか？
ジュリア：もちろんです。何でしょうか？
太郎：＿＿＿＿＿＿＿＿＿＿
ジュリア：そうですね、たぶん 10 日間です。
太郎：おぉ、そのお祭りはとても長いのですね！いつか参加できると良いですね。
ジュリア：ありがとうございます、太郎！
お祭りが開催されている期間を答えているので、【How long～?】「どのくらいの期間～」から始まる文で答える。

■令和２年度　5

「私たちはより良き世界を作ることができるでしょうか。」私たちがこの質問を聞けば、「いいえ」と答える人がいるかも知れません。今日、私は「私たちなら可能です」と伝えようと思います。

去年の夏、私は友達のベッキーに会いに、バリ島に行きました。ある日、ベッキーと私は、スーパーに買物に行きました。そこで私は、そのスーパーではレジ袋を全く渡されないことに気づきました。私はベッキーにそのことを尋ねました。彼女は私に「レジ袋廃止運動」について教えてくれました。それは、バリ島に住んでいる2人の幼い姉妹が2013年に始めた運動でした。

当時のバリ島では、たくさんのレジ袋が捨てられていて、海辺を汚染していました。その姉妹はもう一度美しい海辺を見たいと思いました。彼女たちは「違いを生むために今、何かできることはないか」と自問しました。初めに、彼女たちは小さなチームを作りました。その島にいる他の子供たちに、そのチームに［A：参加する］ように頼みました。チームを大きくし、一緒に何かをすることが重要であると考えたのです。それから、彼女たちはチームのメンバーと一緒に数箇所の海辺を清掃し始めました。このように彼女たちの運動が始まったとき、彼女たちはたったの10歳と12歳だったのです！

あなたはその後何が起こったか想像できますか。すぐに彼女たちの活動はその島中に広がり始めたのです。子供だけでなく大人もそのチームを手助けし始めました。チームのメンバーは、特別な再利用可能なバッグを作り、それらを島の人々に与えました。またレジ袋を渡すことをやめることに決めた店やレストランに渡すための特別なシールも作りました。彼女たちはたくさんの署名を得るために空港に行きました。その運動はますます大きくなり。最終的に、彼女たちは知事に会う機会を得ました。彼は、2018年までに、バリ島でのレジ袋の使用をやめるための規則を作成することを約束しました。［B：彼女たちの小さな行動が大きな違いを作った］ので、私は感動しました。また、そのような幼い姉妹がそれを行えたので感動しました。

日本で、私の学校生活は再び始まりました。ある朝、友達のマリと登校していたとき、道端に紙コップが2つ捨てられていました。最初は、「もし私がそれらを拾わなかったら、誰かが拾うだろう」と思いました。しかしそのとき、私はその2人の姉妹のことを思い出しました。だから、私は紙コップを1つ拾いました。そうすると、マリはもう一方の紙コップを拾いました。私はそれが嬉しくて、「ありがとう、マリ！」と言いました。マリは、「私はそれから目をそらしたかったけど、あなたは1つ拾った。私もそうするべきだと思った。ありがとう、絵美」と言いました。小さな違いを生むことができたので私は嬉しかったです。

あなた方は、これらの行動は小さすぎて世界をより良いものへ変えることはできないと思うかもしれません。しかし、もし私たちが同じ目標に向かって一緒に動けば、私たちは最終的に違いを生むことができます。あなた方は、私たちはまだ若すぎると思うかもしれません。しかし、それは大した問題ではないと、2人の姉妹から学ぶことができます。小さなチームを作り、今から何か小さなことを初めましょう！

(1) ア：～を見る　イ：～に参加する　ウ：行く　エ：～と思う

(2) ア　彼女たちのクラスメートが絵美と買い物に行った。
イ　彼女たちの再利用可能なバッグとシールはとても安かった。
ウ　彼女たちの行動は他の国々には広まらなかった。
エ　彼女たちの小さな行動が大きな違いを作った。
ア：誤り。絵美と買い物に行ったのはバリ島に住んでいる友達のベッキーである。
イ：誤り。バッグとシールの値段に関する記述はない。
ウ：誤り。バリ島でのレジ袋使用が禁止になるまで行動が広まったことに感動している。

(3) ア　若者は何かをするためには大きなチームを作るべきである。
イ　若者は忙しすぎてレジ袋廃止運動のために何かすることができなかった。
ウ　若者にとって、身の回りの問題を解決することは難しい。
エ　若者でさえより良い世界を作ることができる。
直前に「２人の姉妹は非常に若い」とあり、下線部には「それは大きな問題ではない」とあるため、年齢は関係ないと言いたいのである。よって、正解はエ。

(4) ア　ベッキーはレジ袋廃止運動についてあまり知らなかったので、絵美は彼女にそれについて教えた。
イ　バリ島の子供だけがベッキーの２人の姉妹が初めた運動に興味を持った。
ウ　絵美はマリが道端に捨てられた紙コップを１つ拾ったとき、嬉しく思った。
エ　バリ島の人々は、絵美とベッキーの努力から、どのようにバリ島を美しくするかを学んだ。

ア：誤り。ベッキーと絵美は逆。
イ：誤り。運動はバリ島中に広まった。
エ：絵美とベッキーではなく、2人の姉妹である。

(5) ①質問：姉妹と彼女たちのチームはどんな店やレストランにシールを渡しましたか。
回答：彼女たちはそれを、レジ袋を渡すのをやめることに決めた店やレストランに渡しました
第4段落4行目を参考にする。
②質問：私たちは世界をより良く変えるために、どうすることができますか。
回答：絵美は、同じ目標に向かって一緒に働くことにより、そうすることができると考えています。
第6段落の1行目後半を参考にする。

(6) 次郎：スピーチをしてくれてありがとうございます。絵美。その姉妹に関して1つ質問してもよいですか。
絵美：もちろんです。なんでしょうか。
次郎：どのくらいの署名を空港で集めたのですか。
絵美：んー、約1000人分の署名です。
次郎：1000人分！たくさんの人が毎日空港に訪れるのですね。だから、そこで署名を集めることは素晴らしい考えでしたね。
直後に絵美は、署名の枚数を答えている。よって、次郎は枚数を尋ねたと考える。

■令和3年度 5

あなたは何か特別な何かを持っていますか？　全ての皆さんが、ご自身の特別な事について興味深い話をもっているかも知れません。私にとってはそれは伊達巻です。

伊達巻とは卵料理の一種です。伊達政宗がその料理が好きだったので伊達巻という名前は彼から取ったと言う人もいます。私はそれが本当かどうかは知りません。とにかく、それは栗きんとんの様なおせち料理と並んで見かけるかもしれません。 A 例えば、伊達巻は知性の象徴と言われています。何故ならそれが巻物のように見えるからです。

学業成就を願ってそれを食べる人もいるかもしれません。伊達巻はいろんな所で見るかもしれません。しかし私の伊達巻は少し違いまた特別なのです。

我が家では母が毎年大晦日におせち料理を作ります。彼女は料理がうまく、その料理は全て美味しいです。しかし私はお正月休みに毎日おせち料理を食べたくありません。他の料理が食べたいのです。何故なら、おせちのお重に私が食べたい料理は2、3種類しかないからです。その1つが伊達巻です。母はそれを上手に作ることが出来ますが、しません。私の父がするのです。彼は料理上手ではありませんが、父の伊達巻の味は良く、私は好きです。5歳の誕生日で初めてそれを食べました。母は私の誕生日に毎年ケーキを焼いてくれます。私はいつもそれを楽しみにしています。しかし私の5歳の誕生日にケーキを焼くことが出来ませんでした。

母はその日、気分がよくなかったのです。私は彼女の事が ＿＿＿＿ で悲しかったです。

父は私を強く抱きしめそして言いました。“お母さんは直ぐによくなるよ！心配しなくていいよ、大和。誕生日おめでとう！誕生パーティを楽しもう！”私はこの誕生日を決して忘れません。私は母のケーキを食べることが出来ませんでしたが、父の伊達巻を食べることが出来ました。見た目はよくありませんでしたが、美味しかったです。私はそこに父の愛を感じることができました。その時なぜ父は伊達巻を作ったか分かりません。しかしそれは大切ではありません。父は心をこめて誕生ケーキの代わりにそれを作ってくれました。それで十分です。それから伊達巻は私の好物になりました。それを食べる時いつも父の愛を感じることが出来ます。私の15歳の誕生日に、父は伊達巻の作り方を教えてくれました。彼は言いました。“あなたのおじいさんはよく伊達巻を私のために作ってくれました。私は好きでした。その作り方を彼から習いました。彼は私に私の未来の子供にレシピを伝える事を望みました。私もあなたにもそうして欲しいと思います。私達にとって、伊達巻は特別です。今からあなたに大切なことを伝えます。伊達巻に願いを込めなさい。あなたに伊達巻を作る時、私はいつもあなたが幸せになるよう願います。”今、私は父の伊達巻が私にとって特別なのか分かります。この大晦日に私は伊達巻を作り母の手伝いをします。私は父を驚かせたいのです。今、更にいい伊達巻を作ろうとしています。父のように、私は未来の家族の為に伊達巻を料理しレシピを伝えたいと思います。

(1) **ア**　大方の人々はデパートでおせち料理を買う。
イ　おせちのお重にある各料理には私達にとって何らかの意味を持つ。
ウ　おせち料理は日本の伝統料理として人気がある。
エ　栗きんとんの語源は誰もが知っている。
空欄の後に“伊達巻は学業成就の願いを込めて食べる”との説明があることから判断する。

(2) **ア**　感嘆する　　**イ**　心配する　　**ウ**　退屈な　　**エ**　魅力的な
母親は気分が悪かったのだから、“心配する”が入るのが自然である。この選択肢4つは動詞から派生した形容詞である。**ア**と**イ**は過去分詞からなる形容詞であり**ウ**と**エ**は現在分詞からなる形容詞だが用法には注意が必要である。
ウの“boring”を例に取ってみる。“自分が退屈している”と伝えたい時は“I am bored”であり、“I am boring”とすると“自分は退屈な人間、面白くない人間”という意味になるので注意が必要である。

(3) **ア**　父の伊達巻は願いをそれに込めているので特別であると大和は理解している。
イ　父の伊達巻は見た目が悪いので良いものを作るべきたと大和は理解している。
ウ　父は料理が上手なので父の伊達巻は素晴らしいと理解している。
エ　父の伊達巻は見た目がユニークなので自分自身の物を作りたいと理解している。
本文中、最後から6行目に“Put your hope into your *datemaki*”とある。

(4) **ア**　卵料理の伊達巻は伊達政宗が名付けたのは彼が好きだったからと大和の祖父が言った。
イ　大和の母は忙しかったので彼の5歳の誕生日にケーキを焼けなかった。
ウ　大和の5歳の誕生日にいつもは母が焼くケーキの代わりに父が伊達巻を焼いた。
エ　大和は15歳になった時に祖父から伊達巻の作り方を習った。
本文19行目にI could not eat my mother's cake, but I could eat my father' *datemaki*とある。

(5) ①質問：お正月に大和は何故、他の料理を食べたいのですか？
回答：何故なら、おせちのお重の中で食べたいのは2,3種の物しかないないので。
①の答えは11行目“there are only a few things I like to eat in *osechi* boxes.の中にある。
②質問：大和の父は大和に何をして欲しいのでしょうか？
回答：大和の父は大和に大和の未来の子供にそのレシピを伝えて欲しい。
②文末から7行目“He wanted me to pass on the recipe to my future child.”の中にある。

(6) 咲良：大和、どうも有難う。あなたのスピーチはすごく良かったです。1つ質問をしていいですか？
大和：勿論です。質問は何ですか？
咲良：あなたのお母さんは伊達巻を作れますよね？どうして彼女は伊達巻を作らないのか知っていますか？
大和：いいえ。何故か知りません。おそらく、父の伊達巻が私に取って特別だと知っています。だから彼女は料理しません。
咲良：なるほど。
空欄の後の大和の返答が“No, I don't know why. とあるので質問はDo you know whyで始めているのが分かる。本文の内容から“she doesn't cook it と続ける。

国　語　解　説

〈鑑賞文（短歌・俳句・詩）〉

■平成２５年度　二
1　「押しよせて」が人間にたとえている部分。
2　「や」が切れ字である。

■平成２６年度　二
1　Ⅰ　の直後より、神は木や草の名を呼ぶ者であることがわかる。その者が、本文の中でどのように表現されているのか探せばよい。
2　本文の第３段落に注目する。
3　木や草が「活気づ」く、「蕾の頬」、声が「触れていく」などのたとえが使われている。
4　ア　「順序を守ってその名を呼ぶことで」が不適。
　イ　「繰り返しその名を呼ぶことで」が不適。
　ウ　「存在を広く世に知らせたい」が不適。
　オ　「感謝の気持ちを伝えたい」が不適。

■平成２７年度　二
1　Bには「ごとく」（＝ような）が使われているので直喩であることがわかる。
2　Eの「湧き上がり」、「沈み」が動、「音なし」が静である。
3　（1）C二句目と三句目の間に切れ目がある、ことがヒント。
　（2）A「生き物」→「ひぐらし」。

■平成２８年度　二
1　「体言止め」とは、句の最後を名詞で終わらせる技法。
2　「切れ字」の代表的なものは、「や、かな、けり、なり、ぞ、かも」。
3　Aの句について述べられている。

■平成２９年度　二
3　最終の２文が対句になっている。

■平成３０年度　二
1　F　「遊ぶがごとし」の部分が人の姿に例えている。
2　E　「以前の僕に遭いたくて」の部分。
3　（1）D　「しらしらと氷かがやき」が視覚的、「千鳥なく」が聴覚的。
　（2）C　「燃ゆ」という語句が連続していることで、リズムを生み出している。

■平成３１年度　二
1　Dの「何ならむ」が問いかけにあたる。
2　Aの「や」が切れ字。
3　「垂直に流れ落ちる水」という記述から、Eの俳句だということがわかる。

■令和２年度　二
3　詩の中の「ひたすらに　かけのぼり」に注目する。
4　ア　「目では確認することができないほど背丈が伸びた」が不適。
　イ　「とまどい」が不適。
　ウ　「厳しい自然の中」が不適。
　エ　「周囲の植物の中に入りまじって」が不適。

■令和３年度　二
1　交互に（＝「かはるがはるに」）鳴くことを「谺のごとし」と直喩を用いて表現。
2　「春の霙のひかるなり」と「山鳩の聲ひかるなり」。
3　（1）Fの短歌の鑑賞文である。
　（2）Bの短歌の鑑賞文である。

〈論説文〉

■平成２７年度　五
2　「受け身」助詞を選べばよい。
　ア　「自発」の助詞、イ動詞の一部、ウ「受け身」の助詞、エ「尊敬」の助詞、オ「可能」の助詞
3　(2)　第四段落の前半をまとめればよい。
4　ア　「人間が判断するときに誤りやすい事柄」が不適。
　ウ　「マラソンで逆転して勝つ方法」が不適。
　エ、オ　第六段落における「この『判断』」という表現から、前の五段落につながっていることがわかる。よって、「第四段までの内容をまとめる」、「第四段落の内容を裏付ける」は不適。
5　ア　「自分や他人の命を守る判断や目的達成」が不適。
　イ　「先入観が、日常ではすべての規則になる」が不適。
　ウ　「一度ゼロにした後で生じる先入観」が不適。
　エ　「情報化された社会」が不適。
6　特に第四段落、第七段落に注目してまとめる。「付和雷同」、「先入観を排除」はキーワードなので答案に必ず入れたい。

■平成２９年度　五
2　「さらに」の「に」は副詞の一部。ア助動詞の一部、イ助詞、ウ助詞、エ助詞、オ副詞の一部。
3　ア　「全く異なる視点から」が不適。
　ウ　「抽象的な内容へと論を発展させる」が不適。
　エ　「人工知能技術の利点へと論を展開する」が不適。
　オ　「深層学習の作用について例を挙げ」が不適。
4　傍線部１直前の「コミュニケーションを人間の心のような自律的閉鎖系のあいだでおきる出来事」と、直後の「機械は他律的に作動する」に注目する。
5　（1）第三段落に注目する。　（2）第六段落に注目する。
6　第八段落に注目する。「新たな作風の作品」、「陳腐な作品」はキーワードなので、回答に必ず入れたい。

■平成３１年度　五
2　助動詞の「ない」を選ぶ。
3　傍線部１直前の「感覚としてアナログを捉えることはできても、それを表現することはできない」に注目する。
4　（1）第三段落の「別の表現が、潜在的な可能性としては数えきれないほど存在したはずで、そんな可能性をすべて断念し」に注目する。
5　ア　「理想的なコミュニケーションの取り方を定義」が不適。
　イ　「デジタル表現の重要性を示した」が不適。
　ウ　「その能力が発達した原因を推測する」が不適。
　エ　「デジタル表現の長所を整理」が不適。
6　第六、七段落をまとめればよい。

■令和２年度　五
1　「が」に代わる「の」を選ぶ。
2　傍線部１の直前に注目する。
3　（1）傍線部２の直前「つまり、～制御されるというわけなのです。」の部分をまとめればよい。
　（2）ウは「社会秩序としてのルール」ではなく、第二段落に書かれている理性や倫理についてである。
4　ア　「社会秩序の果たす役割を示し」が不適。
　イ　「社会秩序についての定義を示し」が不適。
　ウ　「第五段落までの内容を離れて」が不適。
　エ　「視点を変えて」が不適。
5　第七、八段落の内容をまとめればよい。

■令和３年度　五
1　「近接した」の「た」は存続の助動詞「た」
　ア　過去の助動詞「た」
　イ　希望の助動詞「たい」の一部
　ウ　完了の助動詞「た」
　エ　確認の助動詞「た」
　オ　存続の助動詞「た」
2　（1）第一段落に注目する。
　（2）第四段落「つまり、～と呼びます」とある。

3 「つまり」とあるので直前の内容をまとめていることがわかる。また、「「流れ」と「構え」という観点から議論したいと思います」とあるので、「流れ」と「構え」をどのように捉えて論じるのかを示していることがわかる。
4 第六・七段落に注目する。
5 傍線部２直前の車の運転の例を文章の書き方に当てはめる。

〈小説文〉

■平成２６年度 四
2 傍線部１直前の「『いいよ、岩崎、続けてよ。』ぼくは岩崎の目を見ながら言った。」という様子から推測する。
3 傍線部２直後の森田の言葉にある「やっぱり恵まれているんだよ」に注目する。そうすると、**イ**、**ウ**、**エ**が間違いであることはすぐにわかる。**ア**の「納得」と、**オ**の「安心」を比べる、先の「やっぱり」にこもった気持ちを推測すると、**ア**の「納得」の方が適当である。
4 傍線部３直前の「恥ずかしくてとても言えないようなセリフだった。」に注目。さらに、その杉本の言葉の後で、話題が変わっていることにも着目すればよい。
5 **ア** 「人間が自然とともに生きていくことの大切さ」が不適。
イ 「自然が持つ力の不思議さ」が不適。
エ 「社会の状況が常に激しく変化」が不適。
ウと**オ**は似ているが、少年たちの関係が元通りになったというよりも、それ以上に良い関係になりそうだと言えるので、**オ**が最も適当である。
6 (1) 前の「出て行く者を見送る立場の人間」と対比される表現を探す。
(2) ぼくが自分の「境遇」をけっしてマイナスに捉えるのではなく、「この町でいろんなことを勉強しようと思っている」ことを読み取る。

■平成３０年度 四
2 **ア** 「厳しい口調になっていたことを指摘され」、「愛情を伝えよう」が不適。
ウ 「幸せをかみしめている」が不適。
エ 「この場から離れたい」が不適。
オ 「安心した」が不適。
3 傍線部２の前の「転部する決意をどう先生や先輩に伝えたらいいだろう」に注目する。
4 （２）**ア** 「不満に思った」が不適。
イ こころの退部を予想していたのは片岡先輩なので不適。
ウ 「理由についてはわからないが」が不適。
エ 「気づかれたくない」が不適。
5 **イ** 「転部する前に未完成の絵を仕上げる必要がある」が不適。
ウ 「絵に対する情熱を確認してほしい」が不適。
エ 「納得がいかない」が不適。
オ 「野球と両立すべきだ」が不適。

■令和 ２ 年度 四
1 傍線部1直後の1文に注目する。
2 **ア** 「もう応援旗の修復はしたくない」が不適。
ウ 「仲間が減る寂しさ」が不適。
エ 「誰かに応援旗の修復をしてもらいたい」が不適。
オ 「すぐに応援旗を修復したい」が不適。
3 傍線部３直後の１文に注目する。
4 （２）傍線部４の前にある「遅ればせながら〜言ってしまっただろうか――。」に注目する。
5 **イ** 「全員の心情を細やかに表現」が不適。
ウ 「隠された心情を推測することができる」が不適。
エ 「過去の体験を繰り返し表現」が不適。
オ 「多様な角度から心情を想像することができる」が不適。

■令和 ３ 年度 四
1 **ア** 「姉として弟の代わりに責任を取る必要はないと理解」が不適。
イ 「事情を理解せずに朋典を責めた自分の行動を反省」が不適。
エ 「朋典をかばおうとする百瀬さんの優しさに気づいた」が不適
オ 「朋典に対する怒りがおさまり冷静さを取り戻した」が不適。

2 「久和先生も百瀬さんも、〜きっと……。」に注目する。
3 **ア** 「怒りを抑えきれない様子の母」が誤り。
イ 「どんな言葉で謝ればよいのかと悩んでいる」が誤り。
ウ 「自分を許してくれたようだと安心」が誤り。
オ 「母には許してもらえないだろうとあきらめている」が誤り。
4 **イ** 「佐紀の説明が信じられない」が誤り。
ウ 「厳しく言い聞かせる必要がある」が誤り
エ 「同じ失敗をすることはないだろう」が誤り
オ 「早く休ませてやりたい」が誤り。
5 「家にもどると」以降をまとめればよい。

〈古典〉

ポイント① 単語の最初の一字以外の「は・ひ・ふ・へ・ほ」は、それぞれ「わ・い・う・え・お」になおす。また、「やう」は「よう」になる。

■平成２５年度 三
【訳】 仏道を修める人の行動は、良い行い・悪い行いの全てに深い考えがある。それは、普通の人の考えが及ばないものである。
　昔、恵心僧都は、ある日、庭先で草を食べている鹿を、人に命じて打ちたたいて追い払わせた。その時に、そこにいた人が質問して言った、「あなたは、慈悲がないように見えます。草を食べられるのが惜しいので、けものを苦しめるのですか。」と。僧都が言うには、「私が、もしこいつを打ちたたかなければ、この鹿は人に慣れて、悪人に近づこうとする時、必ず殺されるであろう。だから、打ちたたくのです。」と。
　鹿を打ちたたくのは慈悲がないように見えるけれども、心の中にある筋道の通った考え方に、慈悲があり余っているのは、このとおりである。

■平成２６年度 三
【訳】 鳥羽僧正は今の世には並ぶ者のない絵かきである。法勝寺の金堂の扉の絵を書いた人である。いつごろのことだったか、寺に納める米の不正があった時、それを絵にお書きになった。つむじ風吹いて、米の俵をたくさん吹き上げたのが、ちりや灰のように空に上がるのを、僧に仕える少年や、法師どもが走り散って取り押さえようとしているのを、さまざまにおもしろく筆をふるってお書きになったのを、だれのしわざであろうか、その絵を上皇がご覧になって興味深く思われた。その絵の意味を僧正にお尋ねになったので、「あまりに供米の不正がございまして、本物の米は入っておりませんで、米ぬかのみ入っていて軽くなっておりますので、つむじ風に吹き上げられましたのを、このままにしてはおけないと法師どもが取り押さえようとしています様子が、おかしくありましたので書いたのでございます。」と申し上げなさったところ、「けしからぬことだ。」と言って、それからの寺に納める米の取り締まりが厳しくなって、不正はなくなったのである。

■平成２７年度 三
【訳】 「彼は必ず俳諧の道から離れないで、関わり続けているようにしなければならない。俳諧はなくても生きられるだろう。ただ世間の事情に調和せず、人の心を理解しないと、他人と調和できない。まして、よい友人がいなくてはやっていけない。」ということであった。また、言うことには「人は善と悪を判断して頑固な態度をとってしまうことが多い。今そのような態度はよくないこととして、不満があるはずの人の方にも行き通い、老後にはお互いの心に不満もなく見えることがある。」

■平成２８年度 三
【訳】 （李広は）冥山の南側で狩りをした。そのとき虎を見つけて矢を放ったところ、矢は羽根の部分まで深く突き刺さった。近寄ってこれを見るとなんと石であった。その形は虎に似ていた。いったん離れてもう一度矢を放つと、鏃はくだけ幹は折れて石は傷つかなかった。
　私は、以前にこのことについて揚氏雲に聞いたことがある。揚氏雲が言うには「至誠（誠実で純粋な心）があれば、そのときには寝そべっている虎は至誠のために割れる」と。

■平成２９年度 三

文章Ⅰ【現代語訳】

道は近いといっても行かなければ到着せず、事は小さいといっても、やらなければ達成できない。怠け癖のついている人は、大した結果は得られない。

文章Ⅱ【現代語訳】

いろいろな方面の専門家は、たとえ不器用であっても、器用な素人とならび競う時、必ず勝つのは油断なく用心して軽率に事を行わないのと、ひたすら自由になるのと同じでないからである。

芸能や所作だけではなく、一般のふるまいや心づかいも、不器用であっても慎むことが成功のもとである。器用であっても勝手気ままであるのは失敗のもとである。

■平成３０年度 三

【訳】 すべての書物を、必ずしも順序を決めて読む必要はない。ただ機会に任せて順序に関わらず、これもあれもと見たほうがよい。

また、どの書物を読むときにも、初めは片っ端から文の意味を理解しようとしてはいけない。まず、おおまかにさらっと見て、他の書物に移り、これやあれやと読んではまた前に読んだ書物に立ち返りつつ、何度も読むうちに、最初に理解できなかったこともだんだんと理解できるようになるものである。

さて、書物を何度も読む間に、他に読むべき書物のことや学ぶ方法なども、だんだんと自分の考えでできるようになると、そのあとのことは一々言い聞かせることは必要ではない。できる限り古い書物も新しい書物も広く見ることができるように、またつつましくそれほど広くわたらなくてもよいだろう。

■平成３１年度 三

【訳】 龐葱は太子とともに邯鄲へ人質として行くことになった。魏王に会って言うには「もし、一人が市場に虎がいると言ったら、あなたはこれを信じますか。」と。王が言うには「いや、(信じない)。」と。「二人が市場に虎がいると言ったら、王はこれを信じますか。」と。王が言うには「私はこれを疑うだろう」と。「三人が市場に虎がいると言ったら、王はこれを信じますか。」と。王が言うには「私はこれを信じる。」と。龐葱が言うには「そもそも市場に虎が出ないことは明らかです。それにもかかわらず三人が言うと虎が出てきます。ところで、邯鄲は大梁を離れると市場より遠く、そうして私を批判する者は三人を超えます。どうか王よ、このことを察してください。」と。王が言うには「私は、自ら判断しよう。」と。

■令和２年度 三

【訳】 昔、林の中に精神を集中して修行するも者がいた。心を静めて修行しようとしていると、林に鳥が集まってきて、騒々しかったので、仏にこのことを嘆き申し上げたところ「その鳥に羽を一羽ずつ求めなさい」とおっしゃった。そうして帰ってから求めてみると、一羽ずつ口にくわえて抜き取って取らせてくれた。また次の日に求めた時に鳥たちが言うには「私たちは羽を持っているからこそ、空を飛んで、食料を得て、命をも助けることができるのだが、毎日求められたのでは、翼がみんななくなってしまう。この林に住んでいるから、このようなこともあるのだ」と飛び去って行った。

■令和３年度 三

【訳】

文章Ⅰ

古代中国の伝説上の王である堯と舜は天下を統治するのに他者に対する思いやりによって行い、民衆はこれに従い、古代中国の王である桀と紂は天下を統治するのに苦しめるようなひどい扱いによって行い、民衆はこれに従った。

文章Ⅱ

私の悪いことは桀や紂を例に挙げて静め、他人の良いことは堯や舜を例として出して非難する。「あの人はこのような悪いことを行った。」と言えば、「いかにもそうであろう。」と言う。「この人はこのような良いことをしました。」と言えば、「どうだろうか、あやしいものだ。」と言う。「本当に人は悪い心はあるのだろうか。」と言えば、「良い評判を得たいと思うから、他人の悪いことによって自分の心を静め、他人の良いところを妬むから起こるのである。」と言った。

〈漢字・語句〉

■平成２８年度 一

2 (1)馬が合う…気がよく合う

息をのむ…おそれや驚きなどで一瞬息を止める

二の足を踏む…ためらう

板につく…経験を積んで、演技が舞台に調和する

耳を貸す…人のいうことを聞く

■平成２９年度 一

2 アは未然形、その他は連用形。

■平成３０年度 一

2 「拝見してください」→「ご覧ください」が正しい。

■平成３１年度 一

2 ア 美辞麗句…美しく飾り立てた言葉。

イ 一部始終…始めから終わりまで。

ウ 大同小異…だいたいは同じで、少しだけ違うこと。

エ 起承転結…基本的な文章の書き方。

令和４年度　高校入試問題と解答・解説

実践形式

公立高校入試出題単元

（国語のみ逆綴じになっております）

数学

【１】小問（計算・面積）
【２】小問（不等式・一次関数・二次方程式・資料の整理・角度）
【３】（１）確率　（２）文字と式
【４】方程式（文章題）
【５】平面図形（合同証明）
【６】関数と図形（座標・直線の式・面積）
【７】空間図形（線分の長さ・距離）

理科

【１】植物のつくりとはたらき
【２】遺伝と生殖
【３】大地の変化（岩石・地層）
【４】天気の変化（天気図）
【５】物質の性質（質量パーセント濃度）
【６】化学変化（還元）
【７】電流とそのはたらき（回路）
【８】身近な科学（ばね）

英語 ※リスニングは筆記問題の後に掲載

【２】空欄補充
【３】英作文
【４】対話文（適文補充・適語補充・内容真偽・英作文）
【５】長文読解（適文補充・適語補充・内容把握・内容真偽）
【１】リスニング

社会

【１】世界地理（地図・気候・人口・エネルギー・工業）
【２】日本地理（農業・発電・時差）
【３】歴史（古代～近代）
【４】歴史（近代～現代）
【５】公民（経済）
【６】公民（憲法）

国語

【１】漢字・文法
【２】俳句（内容把握・表現・空欄補充）
【３】古文（現代仮名遣い・空欄補充・内容把握）
【４】小説（心情把握・内容把握・空欄補充・表現）
【５】論説文（熟語・内容把握・空欄補充・段落）
【６】作文（２段落構成・200字以内）

解答ページ

解説ページ

令和４年度入試問題　数学

注　意
1　答えに$\sqrt{\ }$が含まれるときは，$\sqrt{\ }$をつけたままで答えなさい。
　ただし，$\sqrt{\ }$の中はできるだけ小さい自然数にしなさい。
2　円周率はπを用いなさい。

1　次の（１），（２）の問いに答えなさい。

（１）　次の計算をしなさい。

①　$3-9$

②　$\frac{7}{6}\times(-12)$

③　$5(a-2b)-2(2a-3b)$

④　$\sqrt{12}+\sqrt{45}$

(1)	①	
	②	
	③	
	④	

（２）　半径が５ cm，中心角が 72° のおうぎ形の面積を求めなさい。

(2)	cm^2

2　次の（１）〜（５）の問いに答えなさい。

（１）　１枚の重さagの原稿用紙16枚をまとめて，重さbgの封筒に入れると，全体の重さは250g以上になった。このとき，数量の間の関係を，不等式で表しなさい。

（２）　下の図の**ア〜エ**のグラフは，１次関数$y=2x-3$，$y=2x+3$，$y=-2x-3$，$y=-2x+3$のいずれかである。１次関数$y=2x-3$のグラフを**ア〜エ**の中から１つ選び，記号で答えなさい。

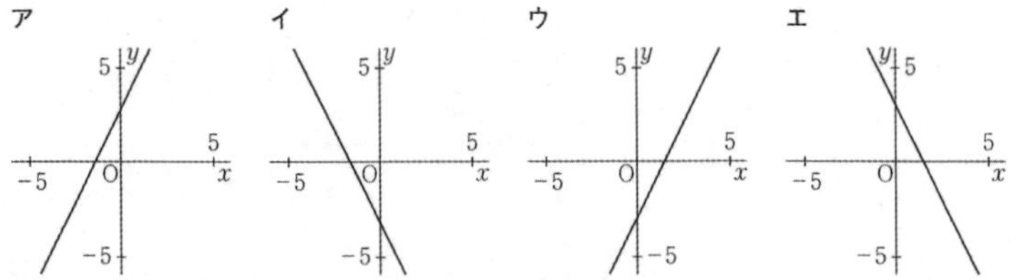

(1)		(2)	

（３）　２次方程式$(x-2)^2-6=0$を解きなさい。

（４）　下の**資料**は，ある中学校の生徒 10 人の通学時間の記録を示したものである。この**資料**の生徒 10 人の通学時間の記録の中央値を求めなさい。

資料　18，4，20，7，9，10，13，25，18，11　（単位：分）

（５）　右の図で，△ＡＢＣは正三角形であり，$\ell /\!/ m$である。このとき，$\angle x$の大きさを求めなさい。

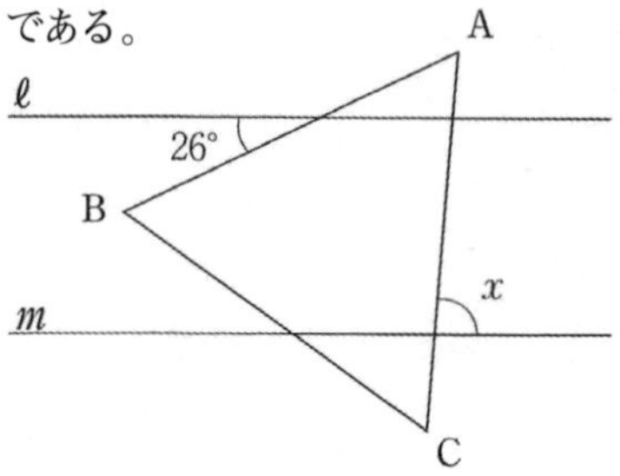

(3)	
(4)	分
(5)	度

3　次の（１），（２）の問いに答えなさい。

（１）　下の図のように，袋Aの中には１，３，５の整数が１つずつ書かれた３枚のカードが，袋Bの中には−２，２の整数が１つずつ書かれた２枚のカードが，袋Cの中には２，４，６の整数が１つずつ書かれた３枚のカードがそれぞれ入っている。
　３つの袋A，B，Cから，それぞれ１枚のカードを取り出す。このとき，袋Aから取り出したカードに書かれた整数をa，袋Bから取り出したカードに書かれた整数をb，袋Cから取り出したカードに書かれた整数をcとする。
　ただし，３つの袋それぞれにおいて，どのカードを取り出すことも同様に確からしいものとする。

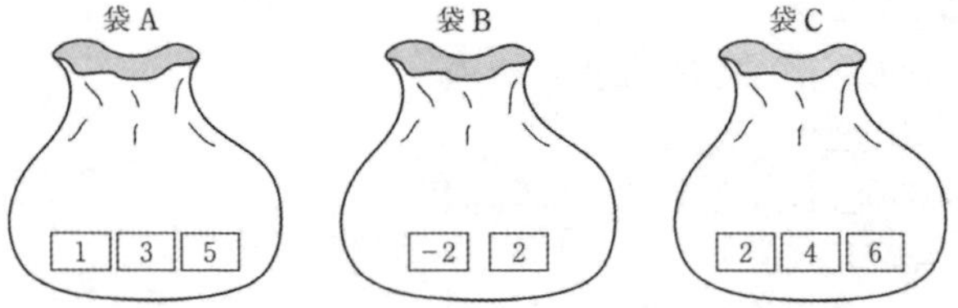

①　$ab+c=-4$となる場合は何通りあるか求めなさい。

②　$ab+c$の値が正の数となる確率を求めなさい。

(1)	①	通り	②	

（2） 図のように，自然数が書かれた積み木がある。

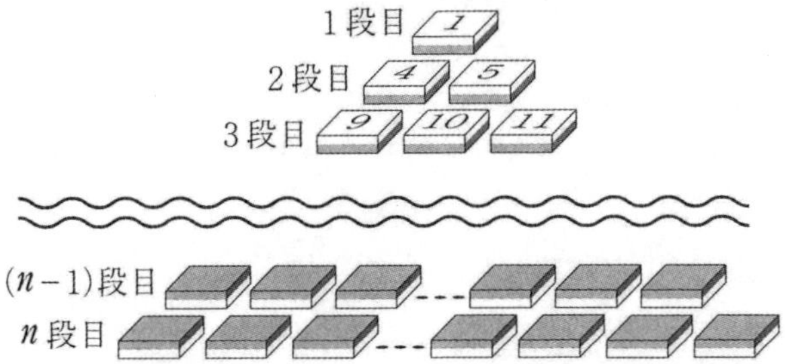

1段目の左端の積み木には$1^2=1$，2段目の左端の積み木には$2^2=4$，3段目の左端の積み木には$3^2=9$となるように，各段の左端に，段の数の2乗の自然数が書かれた積み木を並べる。

次に，1段目には1個，2段目には2個，3段目には3個のように，段の数と同じ個数の積み木を並べる。2段目以降は，左端の積み木から右へ順に，積み木に書かれた自然数が1ずつ大きくなるように，積み木を並べる。

n段目の右端の積み木に書かれた自然数をa，$(n-1)$段目の右端の積み木に書かれた自然数をbとする。ただし，nは8以上の自然数とする。また，図のn段目と$(n-1)$段目の積み木は，裏返した状態である。

① 8段目の右端の積み木に書かれた自然数を求めなさい。

② 2つの自然数a、bついて，$a-b$を計算すると，どのようなことがいえるか。次の**ア～ウ**の中から正しいものを1つ選び，解答欄の（　）の中に記号で答えなさい。

また，a，bを，それぞれnを使った式で表し，選んだものが正しい理由を説明しなさい。

ア $a-b$は，いつでも偶数である。
イ $a-b$は，いつでも奇数である。
ウ $a-b$は，いつでも3の倍数である。

(2)	①	
	②	(　　　　　) [理由]

4 そうたさんとゆうなさんが，下の**<ルール>**にしたがい，1枚の重さ5gのメダルA，1枚の重さ4gのメダルBをもらえるじゃんけんゲームを行った。

<ルール>
（1） じゃんけんの回数
○ 30回とする。
○ あいこになった場合は，勝ち負けを決めず，1回と数える。
（2） 1回のじゃんけんでもらえるメダルの枚数
○ 勝った場合は，メダルAを2枚，負けた場合は，メダルBを1枚もらえる。
○ あいこになった場合は，2人ともメダルAを1枚，メダルBを1枚もらえる。

ゲームの結果，あいこになった回数は8回であった。

また，そうたさんが，自分のもらったすべてのメダルの重さをはかったところ，232gであった。

このとき，そうたさんとゆうなさんがじゃんけんで勝った回数をそれぞれ求めなさい。

求める過程も書きなさい。

[求める過程]

答 { そうたさんが勝った回数＿＿＿＿＿＿回
　　ゆうなさんが勝った回数＿＿＿＿＿＿回

5　下の図のように，△ABCがあり，直線ℓは点Bを通り辺ACに平行な直線である。また，∠BACの二等分線と辺BC，ℓとの交点をそれぞれD，Eとする。AC＝BEであるとき，△ABD≡△ACDとなることを証明しなさい。

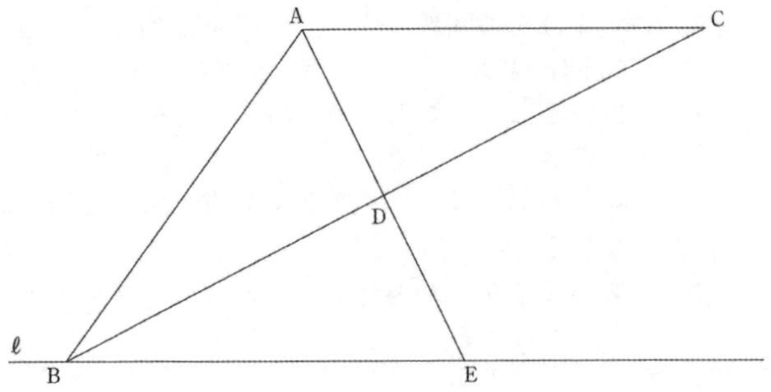

[証明]

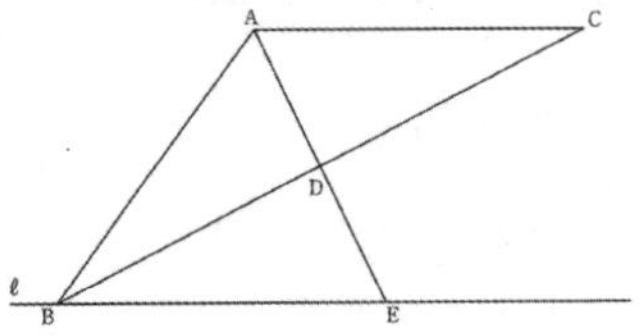

6　右の図のように，関数$y=\frac{1}{2}x^2$のグラフと直線ℓがあり，2点A，Bで交わっている。ℓの式は$y=x+4$であり，A，Bのx座標はそれぞれ－2，4である。

Aとx軸について対称な点をCとするとき，次の(1)～(3)の問いに答えなさい。

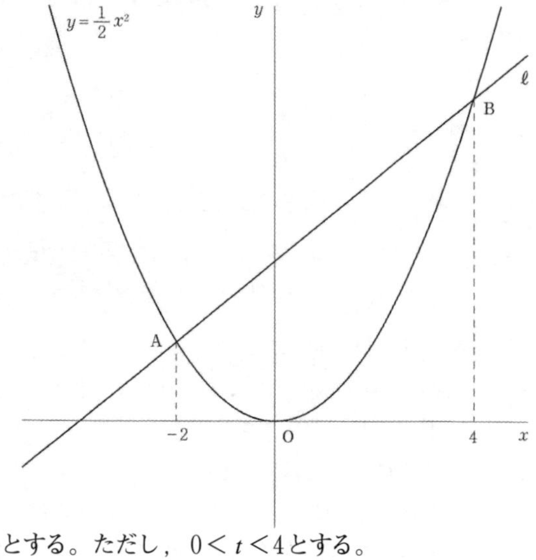

(1)　点Cの座標を求めなさい。

(2)　2点B，Cを通る直線の式を求めなさい。

(3)　関数$y=\frac{1}{2}x^2$のグラフ上に点Pをとり，Pのx座標をtとする。ただし，$0<t<4$とする。

△PBCの面積が△ACBの面積の$\frac{1}{4}$となるtの値を求めなさい。

(1)	C(　　　,　　　)	(2)		(3)	

7　右の図のような，底面がDE＝EF＝6cmの直角二等辺三角形で，高さが9cmの三角柱がある。

辺ACの中点をMとする。

このとき，次の(1)，(2)の問いに答えなさい。

(1)　線分BMの長さを求めなさい。

(2)　辺BE上に，△APCの面積が30cm²となるように点Pをとる。

①　線分PMの長さを求めなさい。

②　3点A，C，Pを通る平面と点Bとの距離を求めなさい。

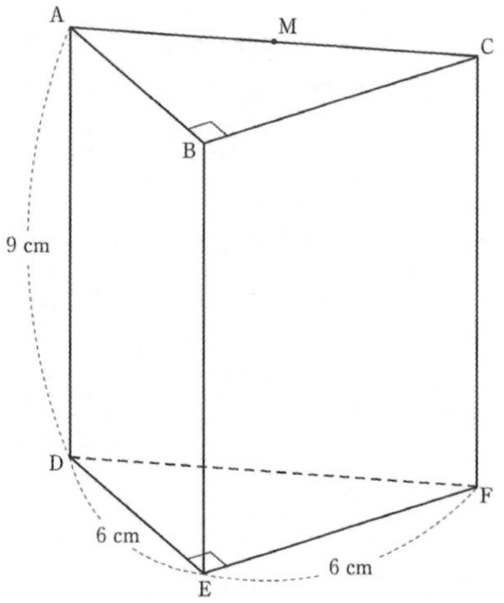

(1)	cm	(2)	①	cm	②	cm

←福 232

令和４年度入試問題　理科

1　次の観察について，(１)～(４) の問いに答えなさい。

観察１
　４種類の植物の地下のつくりを調べるため，土をほって横から観察した。下の図1は，地下のつくりを模式的に表したものであり，点線は地面の位置を示している。

観察２
　４種類の植物の水の通り道について調べるため，それぞれの植物を図1の地面の位置で切断し，地上部を採取した。次に，図2のように，採取した地上部を深さ5mmの色水につけた。1時間後，切断面から15mm離れた部分を輪切りにして切片を作成し，双眼実体顕微鏡を用いて観察した。図3は，観察した切片の断面のようすを模式的に表したものである。▨ は色水で染まった部分を示している。

図２
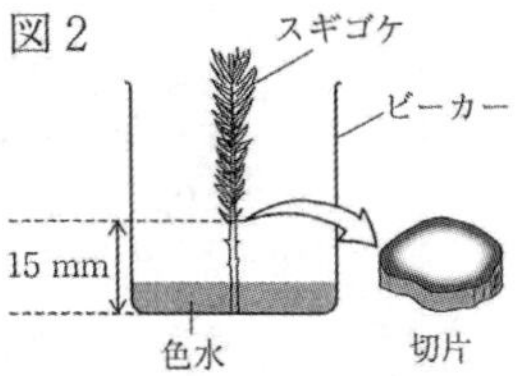

図３
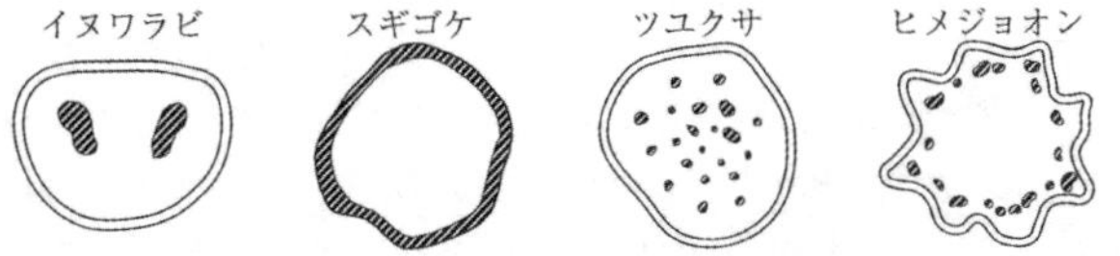

図１
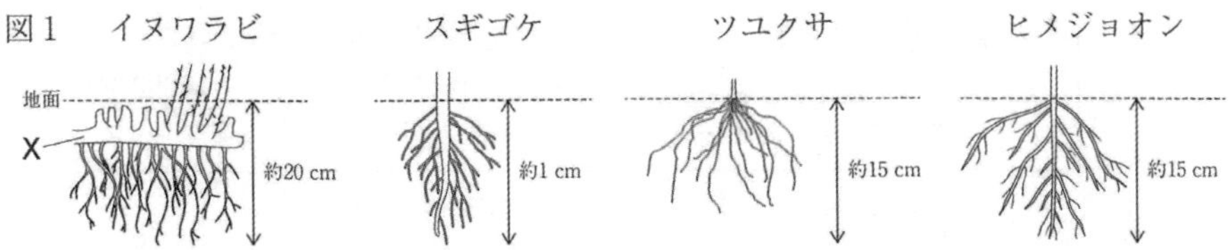

(１)　図1について，地下を水平にのびるXを何というか。**漢字３字**で書きなさい。

(２)　根について述べた文として**誤っているもの**を，次のア～エの中から1つ選びなさい。
ア　根には，葉でつくられた養分の通り道で，生きた細胞である師管がない。
イ　根には，水や肥料分の通り道で，死んだ細胞である道管がある。
ウ　根は，綿毛のような根毛があることで，多くの水や肥料分をとりこめる。
エ　根は，土の中に張りめぐらされることで，植物の地上部を支えるはたらきをする。

(３)　双眼実体顕微鏡について述べた文として**あてはまらないもの**を，次のア～エの中から１つ選びなさい。
ア　反射鏡を調節して，視野全体が均一に明るく見えるようにする。
イ　鏡筒を調節して，左右の視野が重なって1つに見えるようにする。
ウ　倍率は，接眼レンズの倍率と対物レンズの倍率をかけ合わせたものになる。
エ　観察するものを拡大して，立体的に観察するのに適している。

(４)　次の文は，観察から植物の分類について考察したものである。下の①,②の問いに答えなさい。

　観察1から，ツユクサはひげ根を，ヒメジョオンは主根と側根をもつため，それぞれ被子植物の単子葉類と双子葉類に分類することができる。
　観察2のツユクサとヒメジョオンの切片の断面において，色水で染まった部分は，維管束の中にある，根から吸収した水の通り道を示しており，切片の断面の特徴からも，ツユクサとヒメジョオンは，それぞれ単子葉類と双子葉類に分類することができる。また，スギゴケは，切片の断面に，他の３種類の植物に見られる□ことから，コケ植物に分類することができる。

①　下線部について，単子葉類と双子葉類を分類する切片の断面の特徴を，それぞれの特徴を明らかにして，**維管束**ということばを用いて書きなさい。
②　□にあてはまることばを書きなさい。

(1)		(2)		(3)	
(4)	①				
	②				

2　次の文は，身近な生物の生殖について調べた記録である。(１)～(５) の問いに答えなさい。

「ゾウリムシの生殖」
　a 単細胞生物のなかまであるゾウリムシを，顕微鏡を用いて観察したところ，図1のように，くびれができているゾウリムシが見られた。このゾウリムシについて調べたところ，分裂という無性生殖を行っているようすであることがわかった。

図１
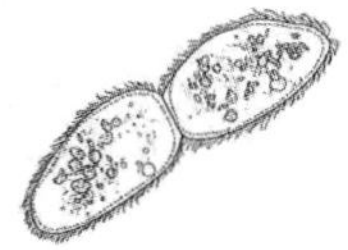

「アマガエルの生殖」
　アマガエルが行う生殖について調べたところ，図2のように，卵や精子がつくられるときに b 体細胞分裂とは異なる特別な細胞分裂が行われ，受精によって子がつくられる，有性生殖を行うことがわかった。

図２
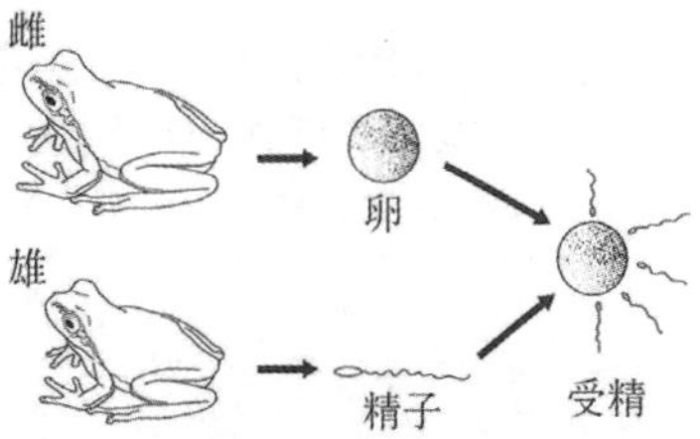

(１)　下線部aとして**あてはまらないもの**を，次のア～エの中から1つ選びなさい。
ア　アメーバ　　**イ**　ミカヅキモ　　**ウ**　ミジンコ　　**エ**　ミドリムシ

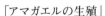

（2） ゾウリムシについて述べた文として正しいものを，次のア～エの中から1つ選びなさい。

ア からだの表面に，食物をとりこむところがある。

イ からだの表面の細かい毛から養分を吸収する。

ウ 植物のなかまであり，細胞内の葉緑体で光合成を行う。

エ さまざまな組織や器官が集まって個体がつくられている。

（3） 下線部**b**について，次の①，②の問いに答えなさい。

① この特別な細胞分裂は何とよばれるか。書きなさい。

② 図3は，アマガエルの細胞が，体細胞分裂または特別な細胞分裂を行ったときにおける，分裂前後の細胞の染色体の数を模式的に表したものである。**X**，**Y**にあてはまる，分裂後の細胞の染色体の数と，卵や精子の染色体の数の組み合わせとして最も適当なものを，右の**ア**～**オ**の中から1つ選びなさい。

	X	Y
ア	6本	6本
イ	12本	6本
ウ	12本	12本
エ	24本	6本
オ	24本	12本

図3

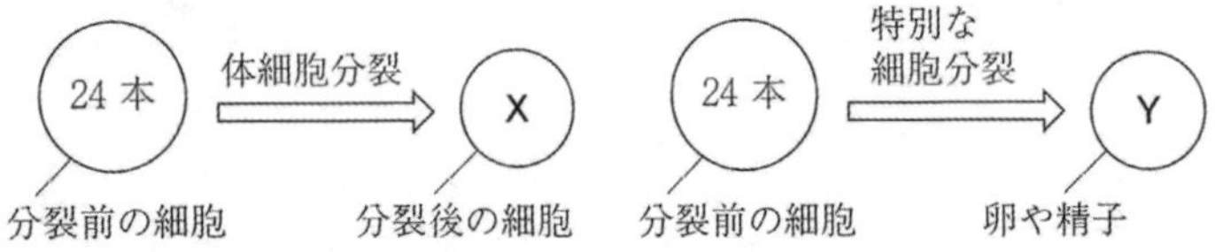

（4） ある動物の両親を親**A**，親**B**とし，この両親からできた子を子**C**とする。図4は，親**A**，子**C**のからだをつくる細胞の染色体を，模式的に表したものである。□に入る可能性のある，親**B**のからだをつくる細胞の染色体をすべて表したものを，右の**ア**～**オ**の中から1つ選びなさい。

図4

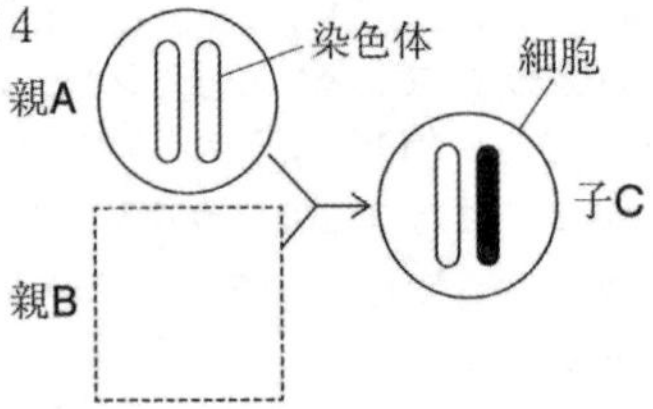

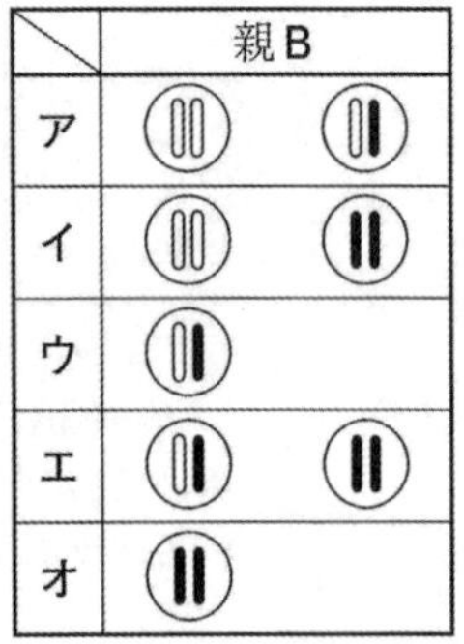

（5） 無性生殖における，染色体の受けつがれ方と子の形質の特徴を，「**体細胞分裂により子がつくられるため，**」という書き出しに続けて，**親**ということばを用いて書きなさい。

(1)		(2)		(4)	
(3)	①		②		
(5)	**体細胞分裂により子がつくられるため，**				

3 次の文は，先生と生徒の会話の一部である。図は，生徒が同じルーペを用いて4つの岩石を観察した際のスケッチである。（1）～（4）の問いに答えなさい。

図

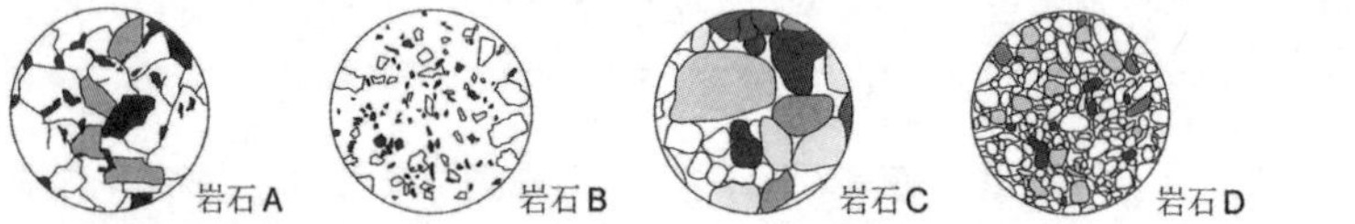

先生　岩石**A**と岩石**B**は，どちらもマグマが冷え固まってできた岩石です。岩石**A**と岩石**B**を，鉱物のようすに注目して比べると，どのようなちがいがありますか。

生徒　a岩石**A**は，ひとつひとつの鉱物が大きく，同じくらいの大きさの鉱物が集まってできています。岩石**B**は，形が分からないほど小さな鉱物の間に，比較的大きな鉱物が散らばってできています。

先生　そうですね。岩石**A**と岩石**B**の鉱物の大きさのちがいには，マグマの冷え方が関係しています。次に，岩石**C**と岩石**D**の粒を見て，何か気づいたことはありますか。

生徒　岩石**C**の粒の方が岩石**D**よりも大きいです。どちらの岩石の粒もb角がとれてまるみを帯びています。

先生　よいところに気がつきましたね。岩石**C**と岩石**D**は，どちらも海底で堆積物がおし固められてできた岩石だと考えられます。岩石の特徴から，そのc堆積物がどのようなところに堆積したのかを推測することができます。

生徒　でも，不思議ですね。海底でできた岩石が，なぜ陸地で見られるのですか。

先生　確かにそうですね。海底でできた岩石が，山地で見られることもあります。実は，d海底でつくられた地層が，とても長い時間をかけて山地をつくるしくみがあるのです。

（1） 下線部**a**について，次の①，②の問いに答えなさい。

① 岩石**A**のような組織をもつ火成岩を，次の**ア**～**オ**の中から1つ選びなさい。

ア 安山岩　**イ** せん緑岩　**ウ** 石灰岩　**エ** 凝灰岩　**オ** 玄武岩

② 岩石**A**をつくる鉱物が大きい理由を，マグマの冷え方に着目して書きなさい。

（2） 下線部**b**について，粒がまるみを帯びる理由を書きなさい。

（3） 下線部**c**について，次の文は，岩石をつくる堆積物について述べたものである。**X**，**Y**にあてはまることばの組み合わせとして最も適当なものを，右の**ア**～**エ**の中から1つ選びなさい。

海へ運ばれた土砂のうち，粒の大きいものは，陸から［**X**］場所に堆積する。また，陸から［**Y**］場所では，プランクトンの死がいなどが堆積し，砂や泥をほとんどふくまないチャートという岩石ができる。

	X	Y
ア	遠い	遠い
イ	遠い	近い
ウ	近い	遠い
エ	近い	近い

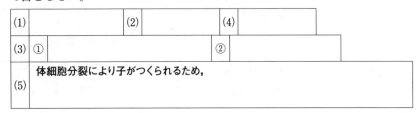

（4） 次の文は，下線部dについて述べたものである。P～Rにあてはまることばの組み合わせとして最も適当なものを，下のア～クの中から1つ選びなさい。

> 日本列島付近の海底でつくられた地層の一部は，［P］プレートがしずみこむことにより，［Q］強い力を受け，しゅう曲や断層を形成しながら［R］して山地をつくる。

	P	Q	R		P	Q	R
ア	大陸	おし縮められる	沈降	オ	海洋	おし縮められる	沈降
イ	大陸	おし縮められる	隆起	カ	海洋	おし縮められる	隆起
ウ	大陸	引っぱられる	沈降	キ	海洋	引っぱられる	沈降
エ	大陸	引っぱられる	隆起	ク	海洋	引っぱられる	隆起

(1)	①		②	
(2)				
(3)		(4)		

4

図1～図3は，ある年の4月10日，7月2日，8月2日の，いずれも午前9時における日本列島付近の天気図である。次の（1）～（5）の問いに答えなさい。

図1

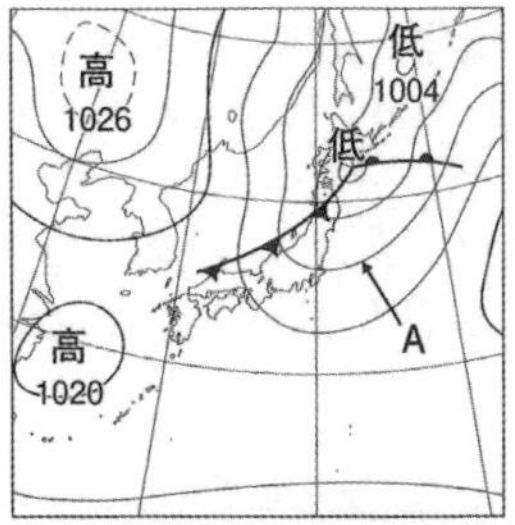

図2

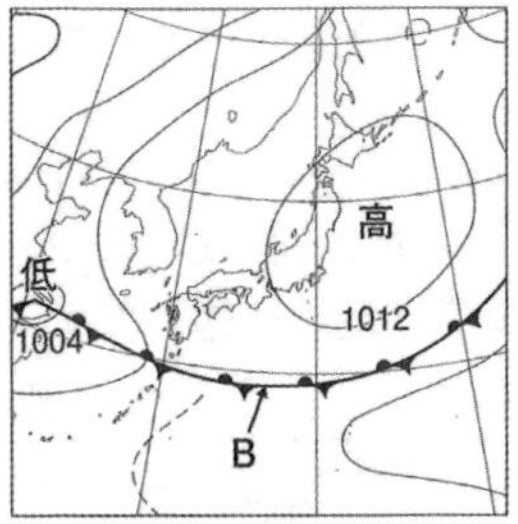

図3

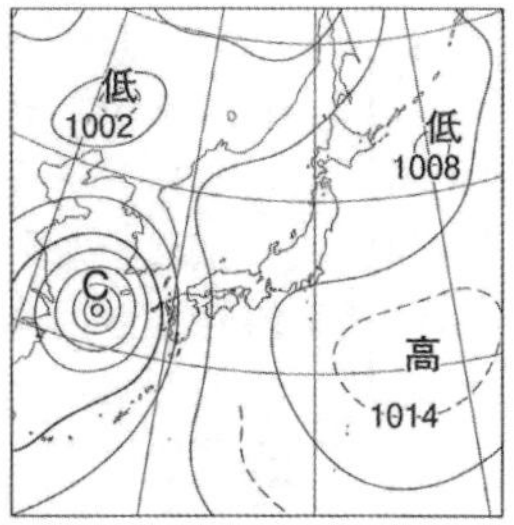

（1） 図1の等圧線Aが示す気圧は何hPaか。書きなさい。

（2） 次の文は，日本の春と秋に見られる高気圧について述べたものである。［　］にあてはまることばを，**漢字6字**で書きなさい。

> 春と秋は，低気圧と高気圧が次々に日本列島付近を通り，同じ天気が長く続かない。春と秋によく見られるこのような高気圧を，特に［　］という。

（3） 次のX～Zは，図1～図3と同じ年の，4月11日午前9時，4月12日午前9時，4月13日午前9時の，いずれかの天気図である。X～Zを日付の早い方から順に並べたものを，右のア～カの中から1つ選びなさい。

X

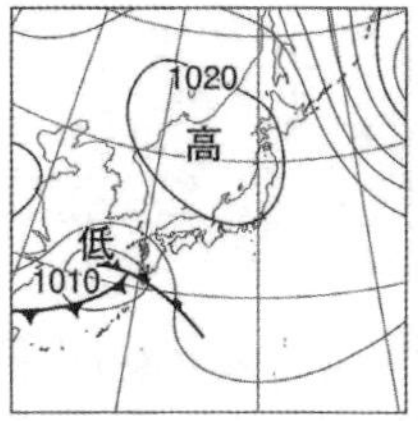

Y

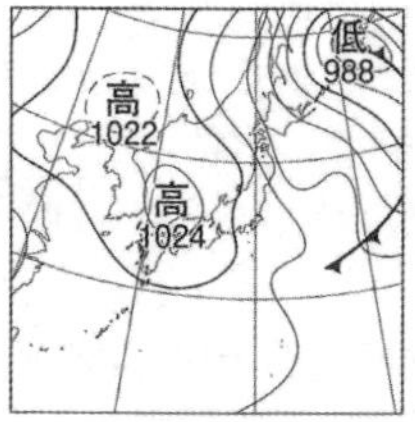

Z

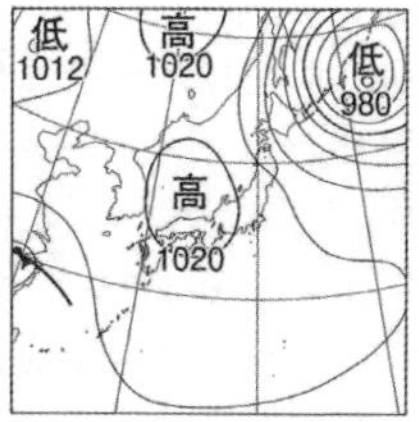

	順番
ア	X→Y→Z
イ	X→Z→Y
ウ	Y→X→Z
エ	Y→Z→X
オ	Z→X→Y
カ	Z→Y→X

（4） 次の文は，図2の前線Bとこの時期の天気について述べたものである。P～Rにあてはまることばの組み合わせとして最も適当なものを，下のア～クの中から1つ選びなさい。

> この時期の日本列島付近では，南のあたたかく［P］気団と，北の冷たく［Q］気団の間にBのような［R］前線ができて，雨やくもりの日が多くなる。

	P	Q	R		P	Q	R
ア	乾燥した	乾燥した	閉そく	オ	しめった	乾燥した	閉そく
イ	乾燥した	乾燥した	停滞	カ	しめった	乾燥した	停滞
ウ	乾燥した	しめった	閉そく	キ	しめった	しめった	閉そく
エ	乾燥した	しめった	停滞	ク	しめった	しめった	停滞

（5） 図3のCは台風である。日本列島付近に北上する台風の進路の傾向は，時期によって異なる。図4は，8月と9月における台風の進路の傾向を示したものである。8月から9月にかけて，台風の進路の傾向が図4のように変化する理由を，**太平洋高気圧**ということばを用いて書きなさい。

図4

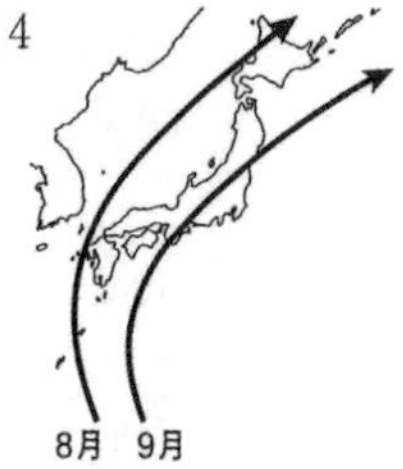

(1)	hPa	(2)		(3)	
(4)					
(5)					

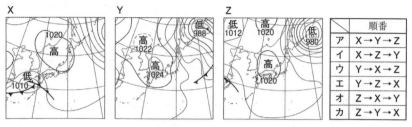

5

次の実験について，(1)～(5) の問いに答えなさい。

実　験

Ⅰ　4つのビーカーA～Dに表1のように，水，硝酸カリウム，塩化ナトリウムを入れ，40℃に保ち，よくかき混ぜた。ビーカーA～Cでは水に入れた物質がすべてとけたが，ビーカーDでは水に入れた物質の一部がとけきれずに残った。

表1

ビーカー	ビーカーに入れた物質とその質量
A	水 100 g と硝酸カリウム 25 g
B	水 100 g と塩化ナトリウム 25 g
C	水 100 g と硝酸カリウム 50 g
D	水 100 g と塩化ナトリウム 50 g

Ⅱ　ⅠのビーカーA,Bを冷やして10℃に保つと，ビーカーAの中に3 gの結晶が出た。ビーカーBの中には結晶は出なかった。

(1)　次の文のX，Yにあてはまることばの組み合わせとして最も適当なものを，右のア～カの中から1つ選びなさい。

　Ⅰでは，硝酸カリウムと塩化ナトリウムを水にとかした。このとき，水のように物質をとかす液体を［ X ］，硝酸カリウムや塩化ナトリウムのように水にとかした物質を［ Y ］という。

	X	Y
ア	溶媒	溶質
イ	溶媒	溶液
ウ	溶質	溶媒
エ	溶質	溶液
オ	溶液	溶媒
カ	溶液	溶質

(2)　ある物質を100gの水にとかして飽和水溶液にしたときの，とけた物質の質量を何というか。**漢字3字**で書きなさい。

(3)　Ⅰについて，ビーカーAの中にできた，硝酸カリウム水溶液の質量パーセント濃度は何%か。求めなさい。

(4)　次の文は，実験について述べたものである。P～Rにあてはまることばの組み合わせとして最も適当なものを，あとのア～クの中から1つ選びなさい。

　40℃に保った100gの水にとける質量が大きい物質は［ P ］であり，10℃に保った100 gの水にとける質量が大きい物質は［ Q ］である。したがって，［ R ］のほうが，40℃に保った100gの水にとける質量と，10℃に保った100 gの水にとける質量の差が大きいため，再結晶を利用して純粋な結晶を多く得やすい物質であると考えられる。

	P	Q	R
ア	硝酸カリウム	硝酸カリウム	硝酸カリウム
イ	硝酸カリウム	硝酸カリウム	塩化ナトリウム
ウ	硝酸カリウム	塩化ナトリウム	硝酸カリウム
エ	硝酸カリウム	塩化ナトリウム	塩化ナトリウム
オ	塩化ナトリウム	硝酸カリウム	硝酸カリウム
カ	塩化ナトリウム	硝酸カリウム	塩化ナトリウム
キ	塩化ナトリウム	塩化ナトリウム	硝酸カリウム
ク	塩化ナトリウム	塩化ナトリウム	塩化ナトリウム

← 福 236

(5)　水50gを入れたビーカーに硝酸カリウムを25g入れ，40℃に保ち，よくかき混ぜると，水に入れた硝酸カリウムがすべてとけた。この水溶液を冷やして10℃に保つと，硝酸カリウムの結晶が出た。出た硝酸カリウムの結晶の質量は何gか。求めなさい。

(1)		(2)		(3)	%	(4)	
(5)	g						

6

次の実験について，(1)～(5) の問いに答えなさい。

実験1

　図1のように，酸化銀の粉末を加熱すると，気体が発生して，加熱した試験管の中に白い個体ができた。

　次に，酸化銅の粉末を同じように加熱したが，変化はみられなかった。

図1

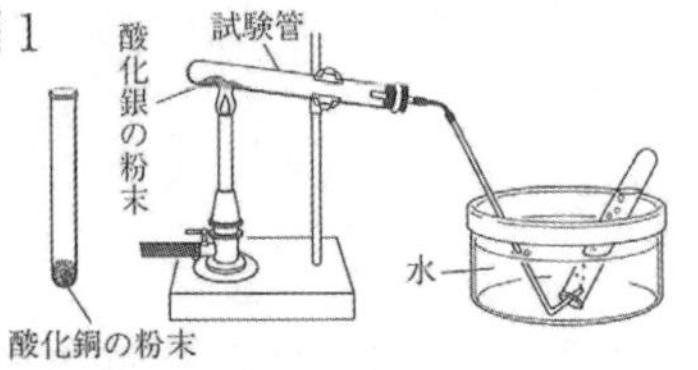

図2

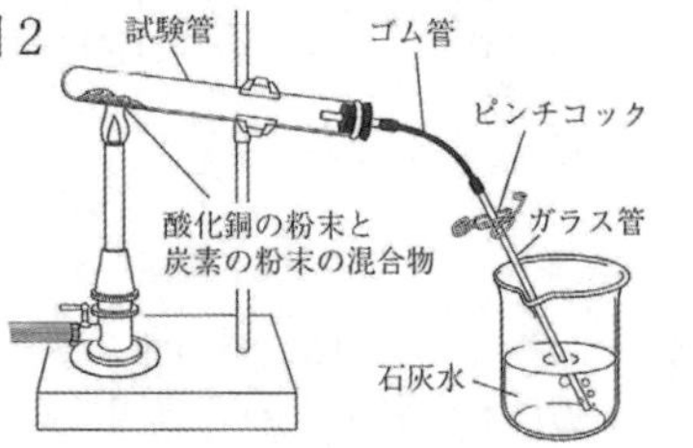

実験2

　図2のように酸化銅の粉末4.0gと炭素の粉末をよく混ぜ合わせて加熱すると，気体が発生し，石灰水が白くにごった。気体が発生しなくなったあと，石灰水からガラス管をとり出し，ピンチコックでゴム管をとめてから加熱をやめ，十分に冷ました。

　試験管の中には，赤色の固体が3.2gできていた。ただし，試験管の中では，酸化銅と炭素との反応以外は起こらず，用いた酸化銅がすべて反応したものとする。

(1)　実験1で発生した気体を確かめる方法について述べた文として正しいものを，次のア～エの中から1つ選びなさい。

ア　発生した気体を水でぬらした青色リトマス紙にふれさせると，リトマス紙が赤くなる。
イ　発生した気体を水でぬらした赤色リトマス紙にふれさせると，リトマス紙が青くなる。
ウ　発生した気体を試験管の中にため，マッチの火を近づけると，ポンと音を立てて燃える。
エ　発生した気体を試験管の中にため，火のついた線香を入れると，線香が激しく燃える。

(2)　実験1で起こった化学変化について，次の化学反応式を完成させなさい。

$2Ag_2O \rightarrow$

(3)　下線部の操作を行わないと，試験管の中にできた赤色の固体の一部が黒くなる。その理由を，「**試験管の中にできた赤色の固体が,**」という書き出しに続けて書きなさい。

(4) 酸化銅の粉末0.80gと炭素の粉末を用いて，実験2と同様の操作を行うと，反応によってできる赤色の固体の質量は何gか。求めなさい。

(5) 次の文は，実験2について述べたものである。X～Zにあてはまることばの組み合わせとして最も適当なものを，右のア～クの中から1つ選びなさい。

> 酸化銅は，炭素と混ぜ合わせて加熱すると，炭素に［ X ］をうばわれて［ Y ］された。このことから，銅，炭素のうち，酸素と結びつきやすいのは，［ Z ］であることがわかる。

	X	Y	Z
ア	銅	酸化	銅
イ	銅	酸化	炭素
ウ	銅	還元	銅
エ	銅	還元	炭素
オ	酸素	酸化	銅
カ	酸素	酸化	炭素
キ	酸素	還元	銅
ク	酸素	還元	炭素

(1)		(2)	$2Ag_2O$ →
(3)	試験管の中にできた赤色の個体が,		
(4)	g	(5)	

7 次の実験について，(1)～(5)の問いに答えなさい。ただし，導線，電池，電流計，端子の抵抗は無視できるものとする。また，電池は常に同じ電圧であるものとする。

実　験

抵抗器と電流計を用いて，回路を流れる電流について調べる実験を行った。

グラフは，実験で用いた抵抗器aと抵抗器bそれぞれについて，抵抗器に加わる電圧と抵抗器を流れる電流の関係を表している。

グラフ

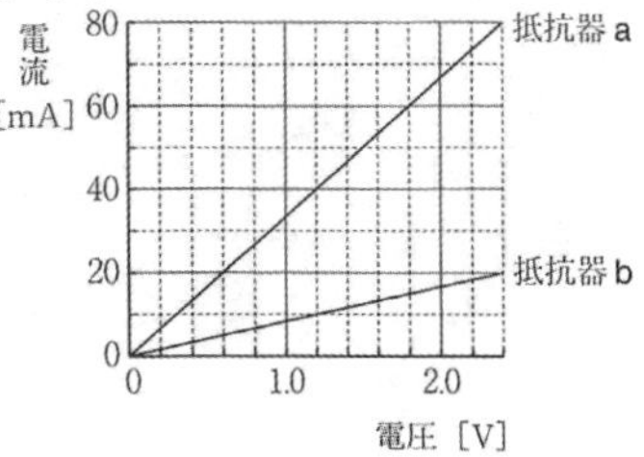

Ⅰ 図1のように電池，抵抗器a，電流計X，電流計Y，2つの端子を用いて回路をつくり，電流を流した。

Ⅱ 図1の回路の2つの端子に抵抗器bをつないで，図2のような回路をつくり電流を流し，電流計X，電流計Yの値を読みとった。電流計Xの値は40mA，電流計Yの値は50mAであった。

図1

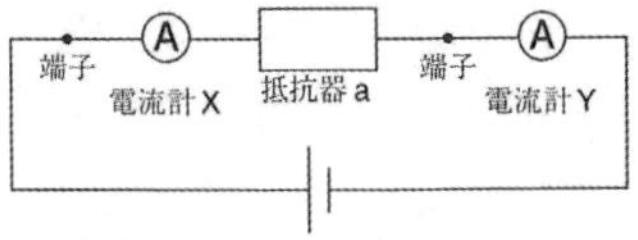

図2

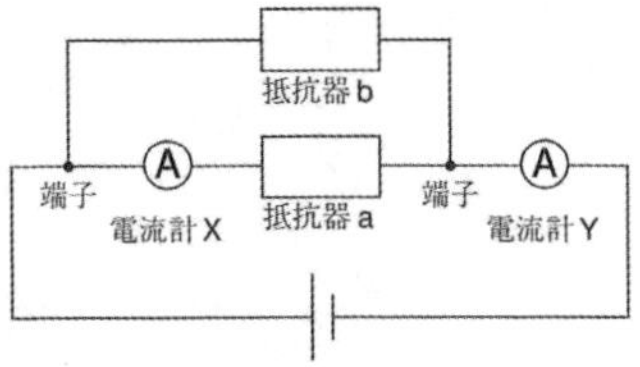

(1) 次の文は，グラフからわかることについて述べたものである。下の①，②の問いに答えなさい。

> 抵抗器aと抵抗器bのどちらについても，抵抗器に流れる電流の大きさは［ P ］しており，オームの法則が成り立つことがわかる。また，2つの抵抗器に同じ電圧を加えたとき，抵抗器aに流れる電流の大きさは，抵抗器bに流れる電流の大きさより［ Q ］ことから，抵抗器aの抵抗の大きさは，抵抗器bの抵抗の大きさより［ R ］ことがわかる。

① Pにあてはまることばを書きなさい。

② Q，Rにあてはまることばの組み合わせとして正しいものを，右のア～エの中から1つ選びなさい。

	Q	R
ア	大きい	大きい
イ	大きい	小さい
ウ	小さい	大きい
エ	小さい	小さい

(2) Ⅰについて，電流計X，電流計Yの値をそれぞれI_1，I_2とすると，これらの関係はどのようになるか。次のア～ウの中から1つ選びなさい。

ア　$I_1>I_2$　　イ　$I_1<I_2$　　ウ　$I_1=I_2$

(3) 次の文は，実験からわかったことについて述べたものである。S，Tにあてはまることばの組み合わせとして最も適当なものを，下のア～カの中から1つ選びなさい。

> 図1と図2で電流計Xの値を比べると，図2の電流計Xの値は，［ S ］。また，図2の回路全体の抵抗の大きさは，抵抗器aの抵抗の大きさより［ T ］。

	S	T
ア	図1の電流計Xの値より大きい	大きい
イ	図1の電流計Xの値より小さい	大きい
ウ	図1の電流計Xの値と等しい	大きい
エ	図1の電流計Xの値より大きい	小さい
オ	図1の電流計Xの値より小さい	小さい
カ	図1の電流計Xの値と等しい	小さい

(4) Ⅱについて，抵抗器bに流れる電流は何mAか。求めなさい。

(5) 図2の回路全体の抵抗の大きさは何Ωか。求めなさい。

(1)	①		②		
(2)		(3)		(4)	mA
(5)	Ω				

8　次の実験について，(1)～(4)の問いに答えなさい。ただし，金属の輪と糸の質量，糸ののびは無視できるものとする。また，ばねばかりは水平に置いたときに0Nを示すように調整してある。

実験1

水平な台上に置いた方眼紙に点Oを記した。ばねばかりX～Zと金属の輪を糸でつなぎ，Zをくぎで固定した。

Ⅰ　図1のようにX，Yを引き，金属の輪を静止させ，X～Zの値を読みとった。このとき，金属の輪の中心の位置は点Oに合っていた。糸は水平で，たるまずに張られていた。

Ⅱ　図2のようにX，Yを引き，金属の輪を静止させ，X～Zの値を読みとった。このとき，金属の輪の位置，Xを引く向き，Zが示す値はⅠと同じであった。糸は水平で，たるまずに張られていた。

図1

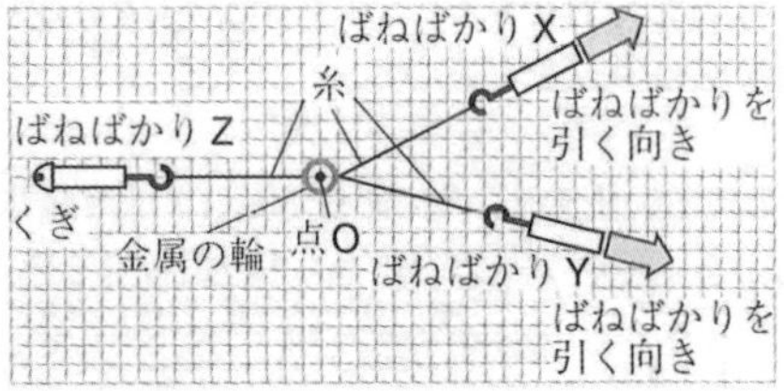

図2

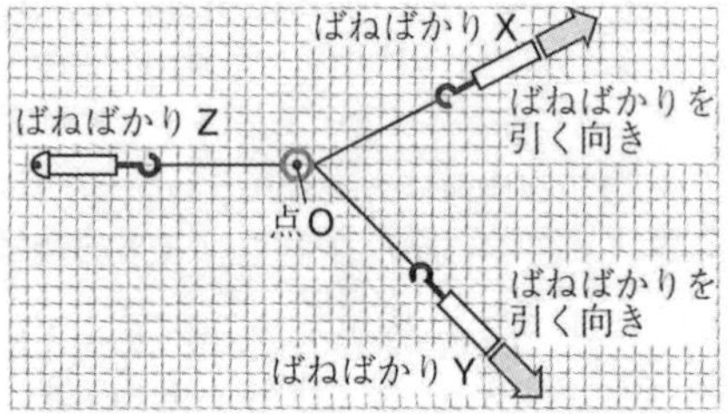

実験2

Ⅰ　図3のように，おもりを2本の糸でつるし，静止させた。おもりを静止させたまま，2本の糸の間の角度を大きくしていくと，ある角度のときに糸は切れた。

Ⅱ　おもりの数を増やし，実験2のⅠと同様の実験を行うと，2本の糸の間の角度が，実験2のⅠとは異なるときに糸は切れた。

Ⅲ　糸をより太いものに変えて，実験2のⅡと同様の実験を行うと，糸は切れなかったが，<u>糸を強く引いても2本の糸の間の角度は，180°よりも小さくしかならなかった。</u>

図3

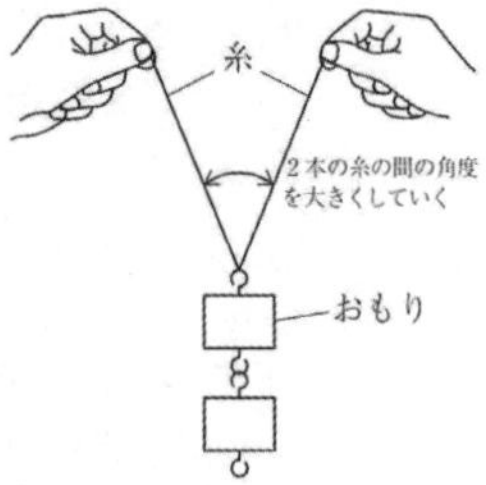

(1)　実験1のⅠについて，図4は金属の輪がX，Yにつけたそれぞれの糸から受ける力を表したものであり，矢印の長さは力の大きさと比例してかかれている。次の①，②の問いに答えなさい。

図4

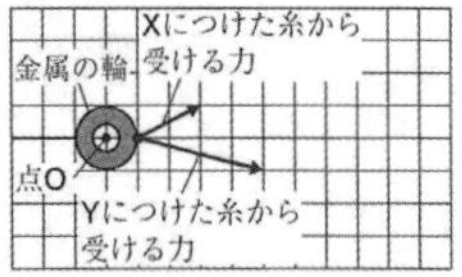

①　複数の力が1つの物体にはたらくとき，それらの力を合わせて同じはたらきをする1つの力とすることを何というか。書きなさい。

②　図4の2つの力の合力を表す力の矢印をかきなさい。このとき，作図に用いた線は消さないでおきなさい。

(2)　実験1のⅡについて，実験1のⅠのときと比べ，Xの値とYの値がそれぞれどのようになるかを示した組み合わせとして最も適当なものを，右のア～カの中から1つ選びなさい。

	Xの値	Yの値
ア	Ⅰのときより大きい	Ⅰのときより大きい
イ	Ⅰのときより大きい	Ⅰのときより小さい
ウ	Ⅰのときより小さい	Ⅰのときより大きい
エ	Ⅰのときより小さい	Ⅰのときより小さい
オ	Ⅰのときと等しい	Ⅰのときより大きい
カ	Ⅰのときと等しい	Ⅰのときより小さい

(3)　次の文は，実験2のⅠ，Ⅱについて述べたものである。P，Qにあてはまることばの組み合わせとして最も適当なものを，右のア～エの中から1つ選びなさい。

ただし，ⅠとⅡで糸が切れる直前の糸にはたらく力の大きさは同じであるものとする。

	P	Q
ア	大きくなる	大きい
イ	大きくなる	小さい
ウ	一定である	大きい
エ	一定である	小さい

Ⅰで糸の間の角度を大きくしていくとき，2本の糸からおもりにはたらく合力の大きさは［P］。また，Ⅱで糸が切れるときの2本の糸の間の角度は，Ⅰで糸が切れるときの角度よりも［Q］。

(4)　次の文は，下線部について述べたものである。［　　］にあてはまることばを書きなさい。

角度が180°よりも小さくしかならなかったのは，おもりが静止しているとき，2本の糸からおもりにはたらく合力の向きが［　　］になっているからである。

(1) ①

(1) ②

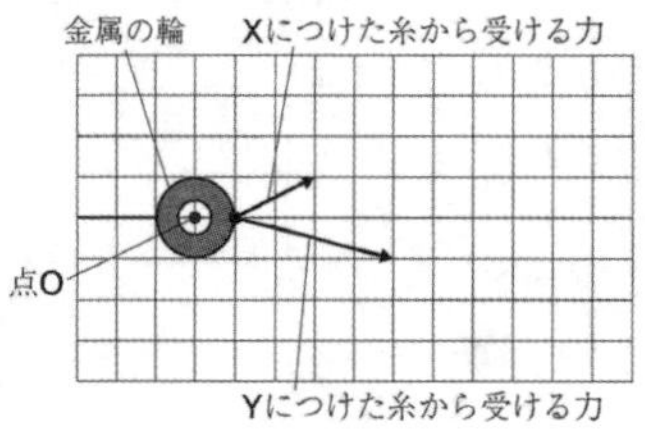

(2)	
(3)	
(4)	

令和４年度入試問題　英語　※ 1 リスニングは最後へ

2

次の（1）～（3）の問いに答えなさい。

（1）　次の①～③は，それぞれAとBの対話です。（　　）に入る最も適当なものを，ア～エの中からそれぞれ一つずつ選びなさい。

①〔*In a party*〕

A：Wow! Your bag is really pretty.
B：Thanks. This is（　　）. I borrowed it from her today.

ア　mine　　イ　yours　　ウ　my sister's　　エ　my bag

②〔*In the morning*〕

A：Oh, I'll be late! I need more time to eat breakfast.
B：Get up earlier,（　　）you'll have more time.

ア　and　　イ　or　　ウ　but　　エ　that

③〔*In a classroom*〕

A：Hi, my name is Yumi. If you have any questions,（　　）.
B：Thank you. I'm John. Well, could you tell me how to get to the computer room?

ア　you will play the guitar with me
イ　please feel free to ask me
ウ　I would get along with you
エ　let me give you some examples

(1)	①		②		③	

（2）　次は，AとBの対話です。（　　）内の語を正しく並べかえて，文を完成させなさい。

〔*At home*〕

A : Do you know what we should put in this emergency kit?
B : Look at this list. I think（what / will / you / it / show）you should put.

(2)	I think（ -- ）you should put.

（3）　次は，AとBの対話です。 1 ～ 4 に入る最も適当なものを，ア～エの中からそれぞれ一つずつ選びなさい。

〔*At dinner time*〕

A：Wow! This soup tastes delicious. [1]
B：Thank you, but I didn't. [2]
A：Is it true? [3]
B：Oh, no. [4]
A：Ha-ha. That's better for our health.

ア　It's the same soup as the one I always make.
イ　Something seems different today.
ウ　I think you changed something.
エ　Maybe I forgot to put salt in it.

(3)	1		2	
	3		4	

3

留学生のクロエ（Chloe）と修（Osamu）が話をしています。対話は①～⑤の順で行われています。④のイラストは修が話している内容です。自然な対話となるように，（1），（2）の問いに答えなさい。

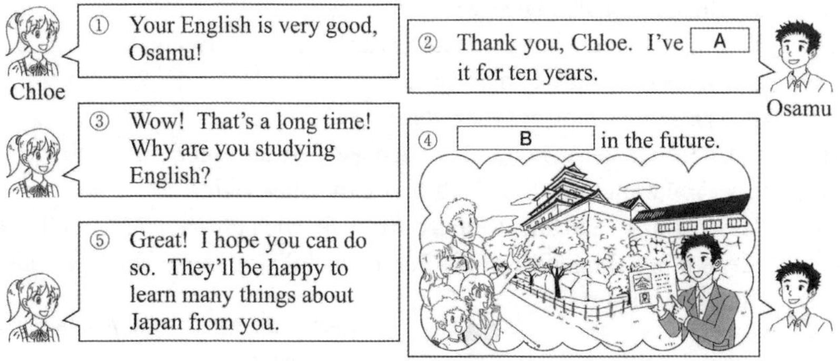

① Your English is very good, Osamu!
② Thank you, Chloe. I've [A] it for ten years.
Chloe
Osamu
③ Wow! That's a long time! Why are you studying English?
④ [B] in the future.
⑤ Great! I hope you can do so. They'll be happy to learn many things about Japan from you.

（1）　[A] に入る適当な**英語２語**を書きなさい。

（2）　[B] に入る適当な**英語**を書き，イラストと対話の流れに合うように文を完成させなさい。

(1)	
(2)	-- in the future.

4 放課後，高校生の太郎（Taro）が，アメリカ合衆国からの留学生マイク（Mike）と話をしています。二人の対話を読んで，(1)〜(6) の問いに答えなさい。

Mike: Hey, Taro. Can I ask you a question?

Taro: Sure, Mike. What do you want to know?

Mike: *Before I came to Japan, some people around me said people in Japan worked long hours. I've been here for a year, but I'm not *sure of this. What do you think about this?

Taro: I'm not sure, either. But my parents often come home *late.

Mike: [A]

Taro: Well, I'll ask them about it tonight, and tell you about it tomorrow.

Mike: Great! Thanks, Taro.

［The next day］

Taro: Hi, Mike. Do you have some time?

Mike: Sure, Taro. Did you talk with your parents last night?

Taro: I only talked with my father. But I found some interesting articles, too.

Mike: Oh, thanks! What did he say?

Taro: Well, my father doesn't think he works long hours. But he thinks it takes a long time from our house to his office.

Mike: Oh, is his office far from your house?

Taro: Yes, it is. It takes an hour. My father said he wants more time with us.

Mike: I see. You want more time with your father, too, right?

Taro: Yes, of course, and all my family members wish the same. My mother says she needs more time with my father, especially because she takes care of my eight-year-old brother.

Mike: I see.

Taro: According to an article I found, young Japanese people these days think their family is more important than their jobs. Look at this graph. It shows the survey results of three thousand people in 2011 and ten thousand people in 2017. These people were 16 to 29 years old.

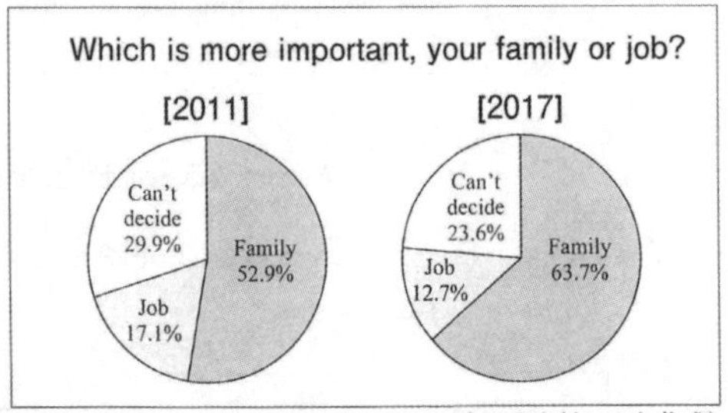

（内閣府資料により作成）

Mike: Oh, more than 63 percent of them thought their family was more important in 2017.

Taro: Right. The number rose *by about 11 percent from 2011.

Mike: I see. So, we can say more and more young people think their family is more important, right?

Taro: Right. I think a lot of people need to think about how they work. Oh, here's an idea. If my father can choose to work *either at his office or at home, he can spend more time with me. Technology has made that possible, right? I think every *worker will be happy about that.

Mike: You think so? I think [B]

Taro: Oh, really? Why?

Mike: Well, for example, think about the workers who build roads, bridges, or buildings. Doing such things at home is not possible, right?

Taro: Oh, you're right. People in different jobs work in different ways. Actually, my mother is a *nurse and I think it's not possible for her to work at home. She goes to work at the hospital to help her patients, and she says she is proud of her job.

Mike: That's great! I hope I can be proud of my job like your mother! I also hope I can get a job which gives me time to spend with my family and *on my hobby.

Taro: Me, too. If we have a better *private life, we can enjoy our work more!

（注：Before〜　〜する前に　　sure of〜　〜を確信している　　late　遅くに
by about 11 percent　約11パーセント分だけ　　either〜or…　〜か…かのどちらか
worker　働く人　　nurse　看護師　　on my hobby　自分の趣味に
private　個人の）

(1) 本文中の [A] に入る英文として最も適当なものを，**ア〜エ**の中から一つ選びなさい。

ア What do they think about that?
イ Where do you talk with them?
ウ How often do they come home late?
エ Why can you give me information?

(2) 次の英文は，本文の内容の一部を示したものです。本文の内容に合うように，[　] に入る適当な**英語4語**を書き，文を完成させなさい。

Taro wants more time with his father, and he says [　] wish the same.

(3) 本文やグラフの内容に合うように，次の①と②の英文の [　] に入る最も適当なものを，**ア〜エ**の中からそれぞれ一つずつ選びなさい。

① In 2011, [　] percent of young Japanese people thought their family was more important.

ア 17.1　　イ 29.9　　ウ 52.9　　エ 63.7

② In 2017, [　] percent of people thought their family was less important than their job.

ア 12.7　　イ 23.6　　ウ 29.9　　エ 63.7

← 福 240

（４） 本文中の［ B ］に入る英語として最も適当なものを，ア〜エの中から一つ選びなさい。

ア　things are so simple.

イ　things are not so simple.

ウ　they will be happy about working at their office.

エ　they will not be happy about working at their office.

（５） 本文の内容に合っているものを，ア〜エの中から一つ選びなさい。

ア　Mike knows that people in Japan work long hours because he came to Japan one year ago.

イ　Mike thinks that Taro's mother needs to get more help from Taro and his brother.

ウ　Taro says that a lot of people need to think about the workers who build roads, bridges, or buildings.

エ　Taro and Mike want to get a job that gives them time to spend with their family and on their hobbies.

（６） 次のQuestionに対するあなたの考えを適当な**英語**で書き，Answerの文を完成させなさい。ただし，あとの【条件】に従うこと。

Question: Which is more important to you, time at school or time at home?

Answer : (Time at school / Time at home) is more important to me because ________.

【条件】

① （　　　）内の２つのうち，どちらか一方を○で囲むこと。

② 下線部には，主語と動詞を含む**５〜８語**の英語を書くこと。ただし，本文中で述べられていない内容を書くこと。

③ I'mのような短縮形は１語として数え，符号（, / ! / . など）は語数に含めない。

(1)		(2)	
(3)	①	②	
(4)		(5)	
(6)	(Time at school / Time at home) is more important to me because ________________ .		

5

次の英文は，蔵之介（Kuranosuke）が書いたスピーチの原稿です。これを読んで，（１）〜（６）の問いに答えなさい。

Last year, I made a big decision to become a member of *the student council. I worked hard for my school every day. However, I wasn't *sure if I was *making some contributions to my school. I often asked myself, "What should I do to make a better school for students?" However, I didn't think of any answers. One day, Mr. Watanabe, the teacher who leads the student council, told me about a *meeting for students in my village. He said, "If you attend the meeting, you can *share ideas about how to make your village better with other students and some village officers." I thought this was a big *chance to learn something important［　　A　　］. So, I decided to attend the meeting.

At the meeting, there were twenty students. Ten of them were high school students. Six were junior high school students like me. The other students were elementary school students. The high school students *confidently shared their ideas with others. Some junior high school students and even some elementary school students confidently talked, too. However, I couldn't *express my idea［ B ］I was not sure if my ideas were "the right answers."

During the meeting, one of the village officers asked us, "What action should the village take to make our places better for future *generations?" That was a very difficult question. Everyone couldn't say anything. Then, I thought, "I have to say something for my local *community." After a while, I raised my hand and said, "I have no idea what action the village should take. The only thing I can say is..., well..., I love my community. I love watching *fireflies in the *rice field near my house. They are so beautiful. But the number of the fireflies is decreasing now, I guess. I mean, it's hard to find fireflies these days. I think that's our big problem. We're losing something that makes our community special. What can we do about <u>that</u>?" After I said so, I thought, "Everyone will laugh at me."

However, a high school student said, "When I was a child, I visited your local community to watch fireflies. They were so beautiful. I want to do something *so that future generations can enjoy watching fireflies there." After this, one of the village officers said, "Fireflies can live only in places with clean water. If the number of the fireflies is decreasing, I want to do something for your community with you. Thanks for sharing your problem."

From this experience, I learned something important. If I want to make a better place, I should first look for a problem. If I can find a problem and share it with others, they will help me find an answer.

Now, I will try to find a problem about our school and share it with other members of the student council so that we can find an answer together.

注 〔 the student council　生徒会　　sure if〜　〜かどうか確信して
making some contributions　貢献している　　meeting　会議　　share〜　〜を共有する
chance　機会　　confidently　自信をもって　　express〜　〜を表現する
generations　世代　　community　地域社会　　fireflies　ホタル　　rice field　田んぼ
so that〜can…　〜が…できるように 〕

（1） 本文中の［ A ］に入る英語として最も適当なものを，ア〜エの中から一つ選びなさい。
ア　for the most convenient device
イ　by cleaning the classrooms in our school
ウ　about holding the meeting
エ　as a member of the student council

（2） 本文中の［ B ］に入る英語として最も適当なものを，ア〜エの中から一つ選びなさい。
ア　because　　イ　if　　ウ　though　　エ　but

（3） 本文中の下線部thatの内容を示した英文として最も適当なものを，ア〜エの中から一つ選びなさい。
ア　Kuranosuke is thinking about what to do to make a better school for students.
イ　Kuranosuke loves watching fireflies in the rice field near his house.
ウ　Kuranosuke's community is losing something that makes it special.
エ　A high school student could enjoy watching fireflies in Kuranosuke's community.

（4） 本文の内容に合っているものを，ア〜エの中から一つ選びなさい。
ア　Kuranosuke wanted to make a better village for Mr. Watanabe before the meeting.
イ　Five elementary school students attended the meeting and had their own opinions.
ウ　All of the members laughed at Kuranosuke after he told his opinion to them.
エ　Kuranosuke learned from the meeting that it was important to find a problem first.

（5） 本文の内容に合うように，次の①と②のQuestionに答えなさい。ただし，答えはAnswerの下線部に適当な**英語**を書きなさい。
①　Question：　What does Mr. Watanabe say about the meeting for students in Kuranosuke's village?
　　Answer　：　He says Kuranosuke can ＿＿＿＿＿＿ with other people if he attends it.
②　Question：　According to the village officer, where can fireflies live?
　　Answer　：　They can live only in ＿＿＿＿＿＿ .

（6） 次は，蔵之介のスピーチを聞いた後の遥（Haruka）と蔵之介の対話です。下線部に適当な**英文を1文**で書きなさい。

Haruka　　　: Your speech was great. May I ask you a question about our school?
Kuranosuke: Sure, Haruka. What's your question?
Haruka　　　: ＿＿＿＿＿＿＿＿＿＿＿＿＿＿＿＿
Kuranosuke: Yes, I did. Actually, there are some problems.
Haruka　　　: Oh, give me an example, please.
Kuranosuke: OK. For example, I found that some classrooms in our school were not very clean. I think I have to talk about this problem with other students.
Haruka　　　: I see. I hope our school will be a better place.

(1)		(2)		(3)		(4)	
(5)	①	He says Kuranosuke can ＿＿＿＿＿＿ with other people if he attends it.					
	②	They can live only in ＿＿＿＿＿＿ .					
(6)							

リスニング問題と台本

1

これは放送による問題です。問題は**放送問題1**から**放送問題3**までであります。

放送問題1 智子（Tomoko）とボブ（Bob）の対話を聞いて，質問の答えとして最も適当なものを，**ア〜エ**の中からそれぞれ一つずつ選びなさい。

Tomoko: Hi, Bob.
Bob: Hi, Tomoko. Did you enjoy today's school lunch?
Tomoko: Yes, I did. The curry and rice was delicious!
Bob: I thought so, too. Well, we're going to take a field trip to Wakaba City tomorrow. I'm really excited!
Tomoko: Me, too! We will meet other students at the school gym at eight thirty, right?
Bob: That's right. Where will you go tomorrow?
Tomoko: I'm going to visit a museum in the city with my classmates. How about you?
Bob: I'll go to the amusement park with Ken and Hiroshi.
Tomoko: That sounds nice! Are you ready for the field trip tomorrow?
Bob: I think so. Oh, my host mother says it will rain tomorrow. We need to bring umbrellas.
Tomoko: Oh, OK. How about money? Mr. Tanaka told us to bring some.
Bob: Really? I didn't know that.
Tomoko: You may need some money to buy something.
Bob: I see.
Tomoko: Oh, it's already 1:10. I need to go to the music room for the next class.
Bob: Oh, OK. See you later.
Tomoko: See you!

Question No. 1： What did Tomoko eat for lunch?
Question No. 2： What time will Tomoko and Bob meet other students?
Question No. 3： Where will Bob and his friends go in Wakaba City?
Question No. 4： What do Tomoko and Bob need to bring tomorrow?
Question No. 5： Where does Tomoko need to go for the next class?

No. 1 ア イ ウ エ

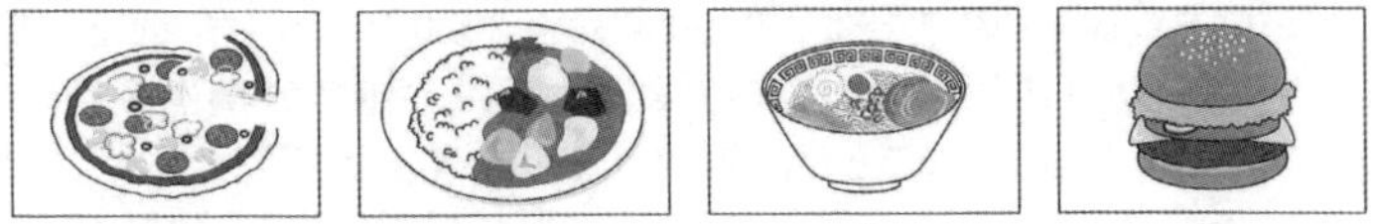

No. 2 ア イ ウ エ

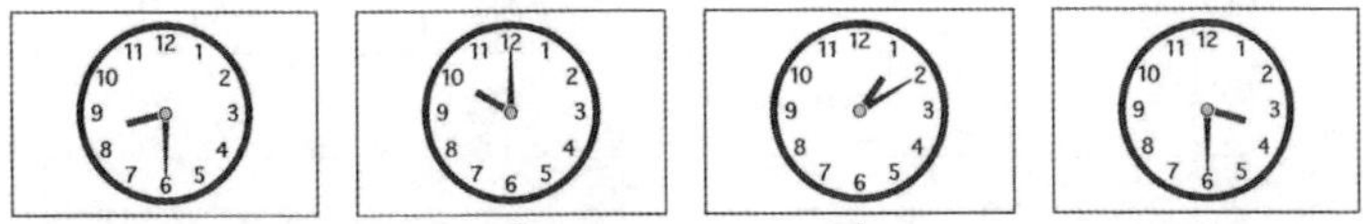

No. 3 ア イ ウ エ

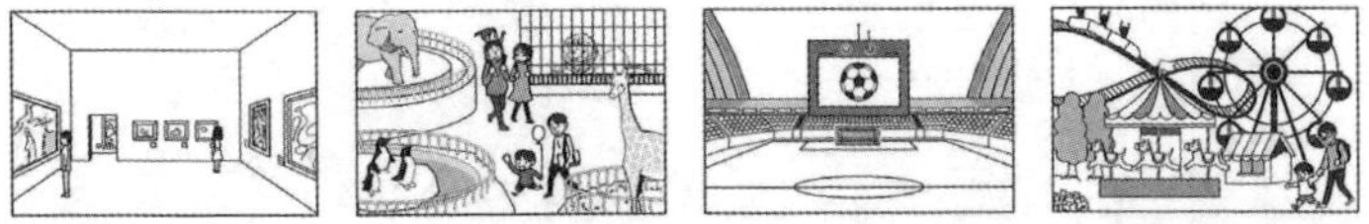

No. 4 ア イ ウ エ

No. 5 ア イ ウ エ

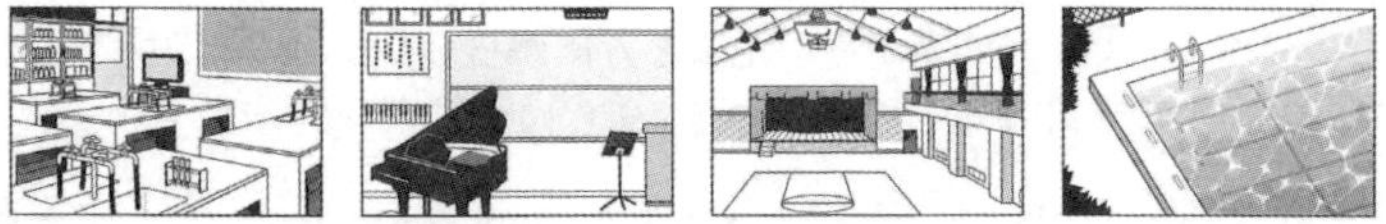

放送問題2 二人の対話の最後の応答部分でチャイムが鳴ります。そのチャイムの部分に入る最も適当なものを，**ア〜エ**の中からそれぞれ一つずつ選びなさい。

No.1 Boy: What do you want to be in the future?
Girl: I want to be a math teacher.
Boy: Why is that?
Girl: (チャイム)
ア I think so, too.　　イ I like teaching math to my friends.
ウ I want you to be a math teacher.　　エ I am a junior high school teacher.

No.2 Woman: Hey, are you OK? You look tired.
Boy : I didn't sleep well last night.
Woman: Oh, I see. You should take a rest.
Boy : (チャイム)
ア Yes. I was OK then.
イ No. I slept well last night.
ウ Yes. I think I will.
エ Really? You can't take a rest.

放送問題3 翔（Kakeru）が英語の授業で発表した内容を聞きながら，①〜⑤の英文の空欄に入る最も適当な**英語1語**を書きなさい。

When I was a child, my parents sometimes took me to the aquarium in my city. So, I became interested in sea animals and I especially became a big fan of dolphins. One day, when I went there, one of the staff members told me a story about dolphins. I learned that dolphins were very kind and friendly animals. I was lucky because I could listen to such an interesting story! Now I'm studying hard to learn more about dolphins at university.

① Kakeru's parents sometimes (　　) him to the aquarium in his city.
② Kakeru became interested in (　　) animals and became a big fan of dolphins.
③ One day, one of the (　　) members told Kakeru a story about dolphins.
④ Kakeru learned that dolphins were very (　　) and friendly animals.
⑤ Kakeru is studying hard to learn more about dolphins at (　　).

放送問題1	No.1		No.2		No.3		No.4	
	No.5							
放送問題2	No.1		No.2					
放送問題3	①				②			
	③				④			
	⑤							

令和４年度入試問題　社会

1　次の地図は，東京からの距離と方位が正しく表された地図で，**A**～**D**は国を，●は首都を，**X**は大陸を示している。（１）～（５）の問いに答えなさい。

地図

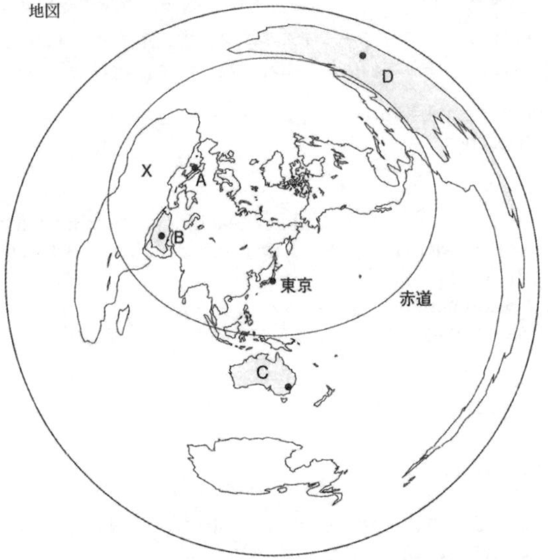

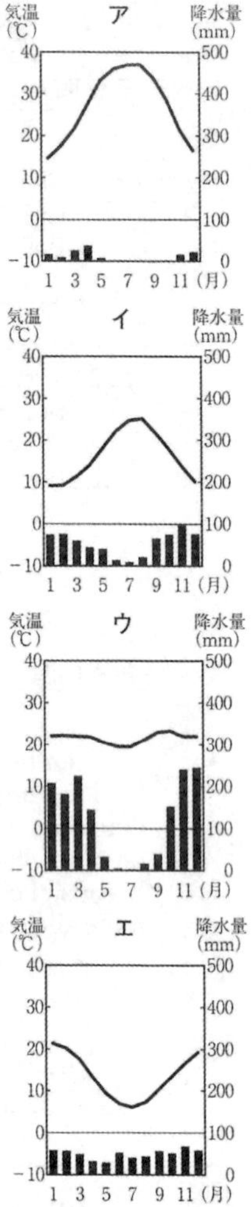

（気象庁資料により作成）

（１）　地図を見て，次の①，②の問いに答えなさい。

①　**X**の大陸名を書きなさい。

②　東京から見て，西北西の方位に首都がある国を，**A**～**D**の中から一つ選びなさい。

（２）　右の雨温図は，**A**～**D**国のいずれかの首都の気温と降水量を表している。**C**国の首都にあてはまるものを，**ア**～**エ**の中から一つ選びなさい。

（３）　次の表Ⅰは，**A**～**D**国の人口，人口密度，年齢別人口割合および2019年から2020年に増加した人口を表している。**A**国にあてはまるものを，表Ⅰの**ア**～**エ**の中から一つ選びなさい。

表Ⅰ　**A**～**D**国の人口，人口密度，年齢別人口割合および2019年から2020年に増加した人口（2020年）

	人口（千人）	人口密度（人／km²）	年齢別人口割合（%）			2019年から2020年に増加した人口（千人）
			0～14歳	15～64歳	65歳以上	
ア	60462	200	13.3	64.0	22.7	▲88
イ	212559	25	21.3	69.4	9.2	1509
ウ	34814	16	24.5	72.3	3.2	545
エ	25500	3	18.8	65.5	15.7	297

＊　▲は減少を表す。　（世界国勢図会 2021/22 年版により作成）

（４）　次のグラフⅠは，**A**～**D**国のエネルギー供給の割合を表している。**B**国にあてはまるものを，**ア**～**エ**の中から一つ選びなさい。

グラフⅠ　**A**～**D**国のエネルギー供給の割合（2018年）

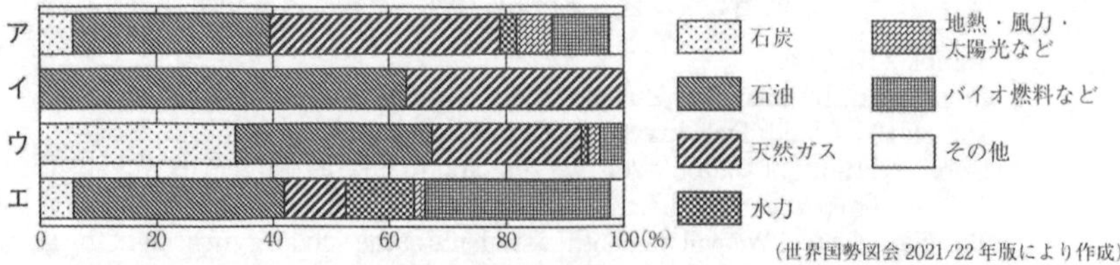

（世界国勢図会 2021/22 年版により作成）

（５）　次の表Ⅱは，**D**国の鉄鋼生産量と世界の鉄鋼生産量に占める**D**国の割合を表している。次の①，②の問いに答えなさい。

表Ⅱ　**D**国の鉄鋼生産量と世界の鉄鋼生産量に占める**D**国の割合

	1980年	2000年	2020年
D国の鉄鋼生産量（万トン）	1534	2787	3097
世界の鉄鋼生産量に占める**D**国の割合（%）	2.1	3.3	1.7

（世界国勢図会 2021/22 年版により作成）

グラフⅡ　**D**国の鉄鋼生産量の推移

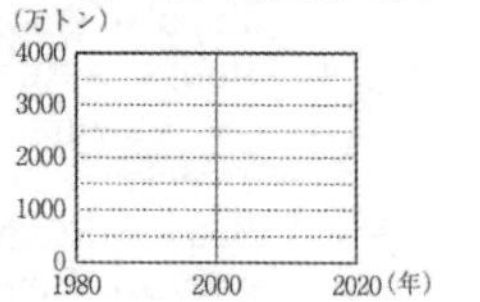

①　右のグラフⅡは，表Ⅱを参考にして**D**国の鉄鋼生産量の推移を表す折れ線グラフを作成している途中のものである。次の条件ⅰ，ⅱに従い，折れ線グラフを完成させなさい。

ⅰ　各年の鉄鋼生産量は●でかくこと。
ⅱ　各年の鉄鋼生産量を結ぶ線は ━━ でかくこと。

グラフⅢ　世界の鉄鋼生産量に占める**D**国の割合の推移

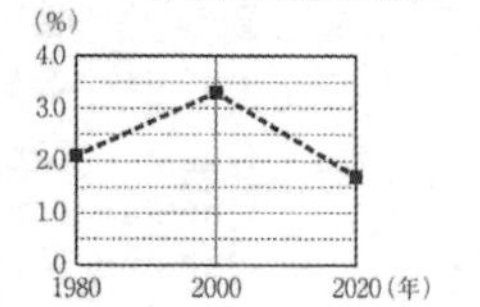

②　グラフⅢは，表Ⅱを参考にして世界の鉄鋼生産量に占める**D**国の割合の推移を折れ線グラフに表したものである。グラフⅢをみると，世界の鉄鋼生産量に占める**D**国の割合は，2000年から2020年にかけて低下している。このことから2000年以降の世界の鉄鋼生産量と**D**国の鉄鋼生産量の**増加の割合**について，どのようなことが読み取れるか。書きなさい。

(1)	①	大陸	②		
(2)		(3)		(4)	
(5)	①	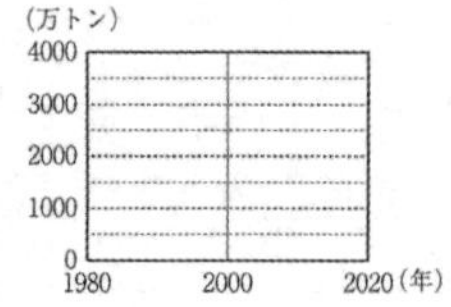	②		

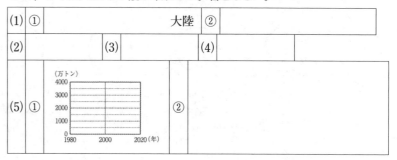

2 次の地図Ⅰの**A**～**D**は県を，**s**は都市を示している。(1)～(6)の問いに答えなさい。

地図Ⅰ

写真

(1) 右の写真は，日本の東端に位置し，東京都に属している島を撮影したものである。島名を書きなさい。

(2) **A**県の農業について，次の①，②の問いに答えなさい。

① 右のグラフⅠは，**A**～**D**県から東京都中央卸売市場に出荷された農作物**E**の月別取扱量を表している。**A**県では，夏の冷涼な気候を生かして作物の生長を遅らせる工夫をして出荷している。この生産方法を何というか。**漢字４字**で書きなさい。

グラフⅠ　A～D県から東京都中央卸売市場に出荷された農作物Eの月別取扱量（2020年）

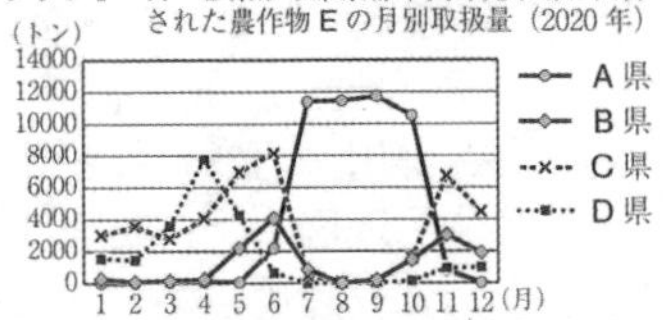

（東京都中央卸売市場資料により作成）

② グラフⅠの農作物**E**とは何か。適当なものを，次の**ア**～**エ**の中から一つ選びなさい。

ア　はくさい　　**イ**　小麦　　**ウ**　キャベツ　　**エ**　だいこん

(3) 右の表Ⅰは，国内の主な発電方式別発電電力量の上位５都道府県を表している。また，表Ⅰの**O**～**R**は，それぞれ水力発電・火力発電・地熱発電・太陽光発電のいずれかの発電方式である。**Q**にあてはまる発電方式を，下の**ア**～**エ**の中から一つ選びなさい。

表Ⅰ　国内の主な発電方式別発電電力量の上位５都道府県（2020年度）

	O	P	Q	R
第１位	富山県	福島県	C県	大分県
第２位	岐阜県	B県	D県	秋田県
第３位	長野県	岡山県	愛知県	鹿児島県
第４位	新潟県	北海道	福島県	岩手県
第５位	福島県	三重県	兵庫県	北海道

（データでみる県勢 2022年版により作成）

ア　水力発電　　**イ**　火力発電　　**ウ**　地熱発電　　**エ**　太陽光発電

(4) 次のグラフⅡは，ある路線の東京都内における主な駅周辺の住宅地１ｍ²あたりの土地価格を表している。また，下の地図Ⅱは，東京駅とグラフⅡの駅の位置を表している。グラフⅡと地図Ⅱから読み取れる東京都内の土地価格の傾向を，「**東京都内の土地価格は，**」の書き出しに続けて「**東京駅**」の語句を用いて書きなさい。

グラフⅡ　ある路線の東京都内における主な駅周辺の住宅地１㎡あたりの土地価格（2020年）

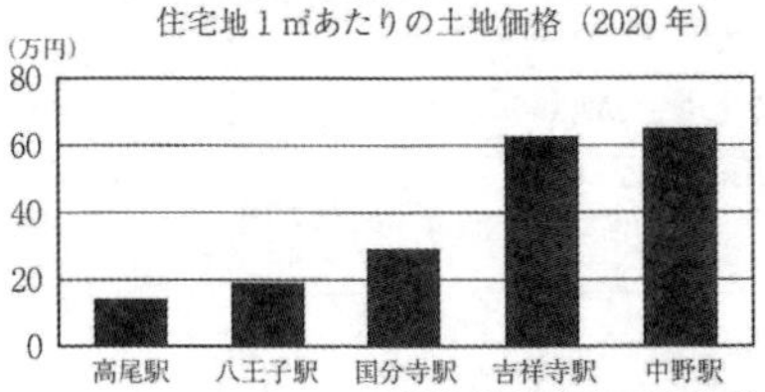

（国土交通省資料により作成）

地図Ⅱ

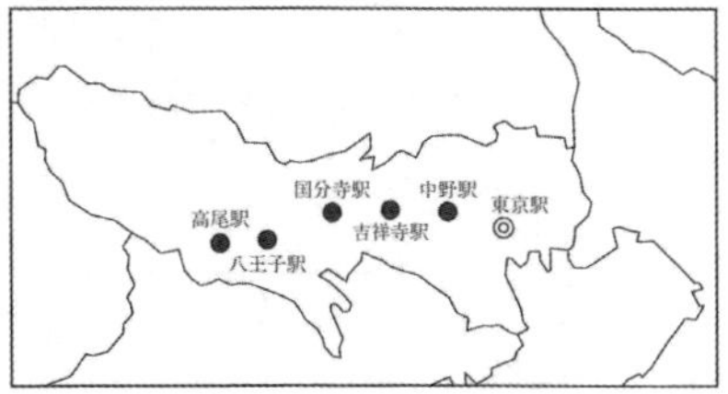

(5) 次の文は，都市**s**について述べたものである。**X**と**Y**にあてはまる語句の組み合わせとして適当なものを，下の**ア**～**エ**の中から一つ選びなさい。

> 関東地方に五つある［ X ］の中で最も人口が多い都市**s**は，江戸時代の終わりに港が開かれて以来，国際色豊かな都市として発展してきた。近年は，再開発によって臨海部の［ Y ］に商業施設や国際会議場などがつくられ，多くの人が訪れている。

ア　**X**　政令指定都市　**Y**　幕張新都心
イ　**X**　政令指定都市　**Y**　みなとみらい21
ウ　**X**　県庁所在地　**Y**　幕張新都心
エ　**X**　県庁所在地　**Y**　みなとみらい21

(6) 地図Ⅰの成田国際空港について，次の①，②の問いに答えなさい。

① 右の表Ⅱは，成田国際空港における輸出額，輸入額上位５品目を表している。**Z**にあてはまるものを，次の**ア**～**エ**の中から一つ選びなさい。

表Ⅱ　成田国際空港における輸出額，輸入額上位５品目（2020年）

	輸出品	輸出額（百億円）	輸入品	輸入額（百億円）
第１位	半導体等製造装置	84.9	通信機	179.9
第２位	金（非貨幣用）	76.9	医薬品	169.5
第３位	科学光学機器	55.6	コンピュータ	125.4
第４位	電気計測機器	39.1	［ Z ］	102.0
第５位	［ Z ］	38.5	科学光学機器	80.6

（日本国勢図会 2021/22年版により作成）

ア　ＩＣ（集積回路）　　**イ**　液化ガス　　**ウ**　衣類　　**エ**　肉類

② 成田国際空港からスペインのマドリードまでの飛行時間が14時間の場合，成田国際空港を日本時間で２月５日午後２時に出発した飛行機は，マドリードに何月何日何時に到着するか，午前・午後をつけてマドリードの日付と時刻を書きなさい。ただし，スペインと日本の時差は８時間である。

(1)		(3)		(5)	
(2)	①		②		
(4)	**東京都内の土地価格は，**				
(6)	①		②		

3

次のⅠ～Ⅳのカードは，日本の古代から近代までの時代区分についてまとめたものの一部であり，年代の古い順に左から並べている。（1）～（7）の問いに答えなさい。

Ⅰ　古代

日本各地に支配者（豪族）があらわれ，やがてａ近畿地方の有力な豪族で構成される大和政権（ヤマト王権）が生まれた。この政権は，大化の改新を経て，天皇を中心とし，律と令にもとづいて国を治める国家のしくみを整えた。

Ⅱ　中世

ｂ武士による本格的な政権である幕府が鎌倉にひらかれ，その後，京都に新たな幕府が置かれた。やがて領国と領国内の民衆全体を独自に支配するｃ戦国大名があらわれ，下剋上の風潮が広がり，たがいに衝突するようになった。

Ⅲ　X

戦国大名の中から全国統一を果たした勢力がその後の身分制社会の土台をつくった。江戸に成立した幕府は約260年続き，安定したｄ幕藩体制のもとで，産業や交通が発達し，町人などをにない手とする文化が栄えた。

Ⅳ　近代

大政奉還のあと，政府が直接全国を治める中央集権国家が成立し，ｅ税制度，兵制，教育制度など，近代化のための改革が進められた。欧米の文化や生活様式も取り入れられ，人々の生活が少しずつ変わっていった。

（1）　Xにあてはまる語句を**漢字２字**で書きなさい。

（2）　下線部ａについて，右の資料Ⅰは，大和政権（ヤマト王権）の勢力が，九州地方におよんでいたことを示す鉄刀の一部であり，「ワカタケル大王」の文字が刻まれているとされる。この鉄刀が出土した場所として適当なものを，次の**ア～エ**の中から一つ選びなさい。

ア　稲荷山古墳　　**イ**　江田船山古墳

ウ　三内丸山遺跡　　**エ**　岩宿遺跡

資料Ⅰ

（3）　下線部ｂについて，幕府が鎌倉に置かれていた時期のできごとを述べた次の**ア～エ**を，年代の古い順に左から並べて書きなさい。

ア　北条時政が執権となり，政治の実権をにぎった。

イ　武士の習慣にもとづいた法である，御成敗式目が定められた。

ウ　朝廷を監視する六波羅探題が，京都に置かれた。

エ　源頼朝が征夷大将軍に任命され，政治制度を整備した。

（4）　次の**Ａ～Ｃ**の文は，カードⅠ，Ⅱのいずれかの時代区分で活動した人物について述べたものである。**Ａ～Ｃ**の人物はどの時代区分に活動したか。**Ａ～Ｃ**の文とカードⅠ，Ⅱとの組み合わせとして最も適当なものを，右の**ア～カ**の中から一つ選びなさい。

	カードⅠ	カードⅡ
ア	Ａ，Ｂ	Ｃ
イ	Ａ，Ｃ	Ｂ
ウ	Ｂ，Ｃ	Ａ
エ	Ａ	Ｂ，Ｃ
オ	Ｂ	Ａ，Ｃ
カ	Ｃ	Ａ，Ｂ

Ａ　おどり念仏や念仏の札によって布教した一遍が，時宗をひらいた。

Ｂ　法華経の題目を唱えれば人も日本国も救われると説いた日蓮が，日蓮宗をひらいた。

Ｃ　中国で新しい仏教を学び山奥での修行や学問を重視した空海が、真言宗をひらいた。

(1)		(2)	
(3)	→ → →	(4)	

← 福 246

（5）　下線部ｃについて，下の図は，戦国大名があらわれるきっかけとなった戦乱の，開始時の対立関係を表している。この戦乱の名称を書きなさい。

図　戦国大名があらわれるきっかけとなった戦乱の，開始時の対立関係

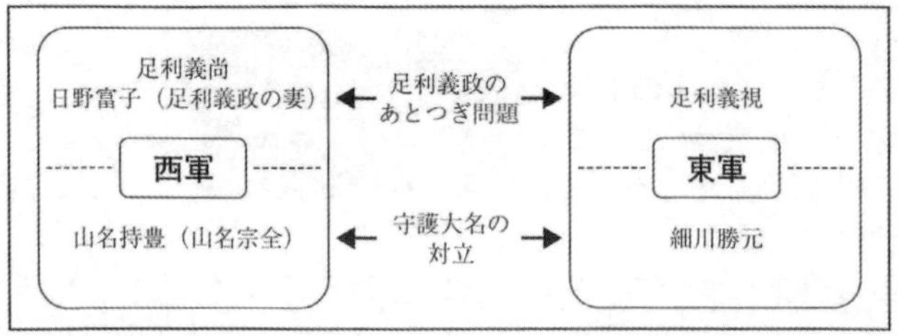

（6）　下線部ｄについて，下の地図Ⅰは1715年，地図Ⅱは1808年の，現在の福島県の範囲における主な大名を表している。次の①，②の問いに答えなさい。

①　地図Ⅰ，Ⅱにｇで示した若松の松平氏や，尾張・紀伊・水戸の「御三家」など，徳川一門の大名を何とよぶか。**漢字２字**で書きなさい。

②　地図Ⅰのｈで示した磐城平の内藤氏は九州に移り，地図Ⅱでは，ｈの磐城平は安藤氏となっている。このように変化したのは，幕藩体制のもとで**何が，どのようなことを行う力を持っていたから**か。書きなさい。

地図Ⅰ　1715年の，現在の福島県の範囲における主な大名

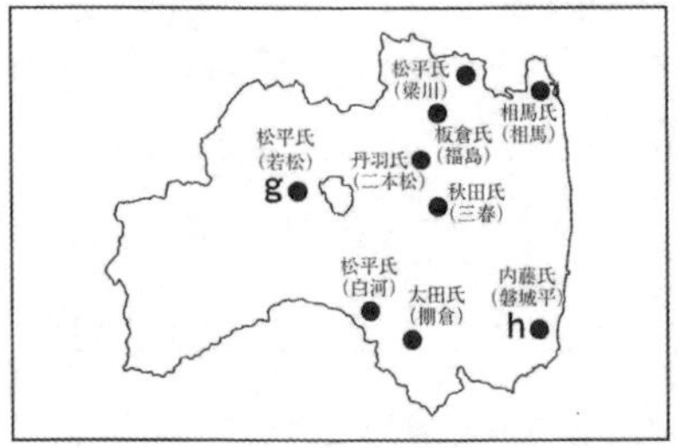

地図Ⅱ　1808年の，現在の福島県の範囲における主な大名

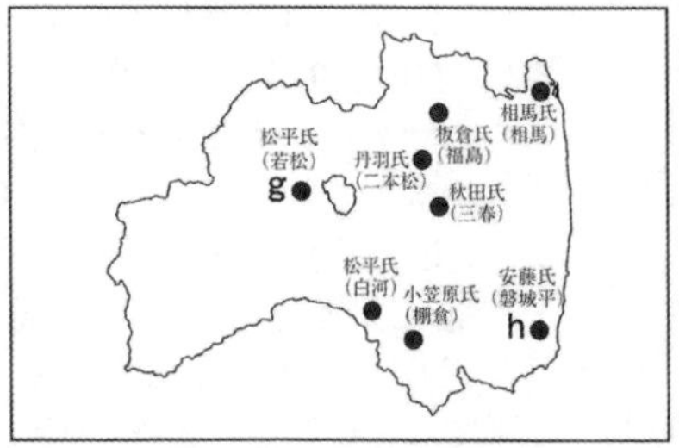

（福島県史などにより作成）

（7）　下線部ｅについて，次の文は，右の資料Ⅱを説明したものである。資料Ⅱと文中のＹに共通してあてはまる語句を**漢字２字**で書きなさい。

資料Ⅱは，土地の所有者と地価などが記されている　Ｙ　である。政府は国民に土地の所有権を認めた上で，地価を基準にして税をかけ，土地の所有者が現金で納める地租改正を実施した。

資料Ⅱ

(5)				
(6)	①		(7)	
	②			

4

次の年表は「19 世紀以降の日本と諸外国とのかかわり」というテーマでまとめたものである。(1)～(8) の問いに答えなさい。

年	おもなできごと
1872	官営模範工場として［ A ］が設立される
1876	日朝修好条規が結ばれる……………………B
1894	日清戦争が起こる………………………………C
1904	日露戦争が起こる………………………………D
1919	第一次世界大戦の講和条約が結ばれる…E
1933	日本が国際連盟を脱退する…………………F
1945	日本が［ G ］宣言を受諾する
1972	沖縄が日本に返還される……………………H
1992	日本が自衛隊をカンボジアに派遣する…Ｉ

(1)　年表のAについて，次の絵は，Aで働く労働者の様子を描いたものである。Aは生糸の増産を目指し，フランス人技師の指導の下で設立され，現在は世界遺産に登録されている。Aにあてはまる語句を書きなさい。

絵

(2)　年表のBについて，日本はこの条約を結び朝鮮を開国させた。これ以後の朝鮮半島の情勢について述べた次のア～エを，年代の古い順に左から並べて書きなさい。

ア　京城《けいじょう》（ソウル）で日本からの独立を求める民衆運動が起き，朝鮮半島全体に広がった。

イ　政治改革や外国の排除を目指し，農民らが蜂起する甲午農民戦争が起こった。

ウ　日本が韓国を併合し，強い権限を持つ朝鮮総督府を設置した。

エ　日本が韓国を保護国とし，伊藤博文が初代統監に就任した。

(3)　年表のCとDについて，次の文のVとWにあてはまる語句の組み合わせとして適当なものを，下のア～エの中から一つ選びなさい

> 八幡製鉄所は，日清戦争後に結んだ［ V ］条約で得た賠償金をもとに造られ，南満州鉄道株式会社は，日露戦争後にロシアから獲得した遼東半島の［ W ］や大連の租借権と鉄道利権をもとに発足した。

ア　V　下関　　W　旅順
イ　V　下関　　W　奉天
ウ　V　ポーツマス　W　旅順
エ　V　ポーツマス　W　奉天

(4)　年表のEに関連して，次の資料Ⅰは，第一次世界大戦中に日本が中国に示した要求の一部であり，aには国名が入る。このa国について述べた文として最も適当なものを，下のア～エの中から一つ選びなさい。

資料Ⅰ

> 中国政府は，［ a ］が山東省にもっている一切の利権を日本にゆずること。

ア　第一次世界大戦中，英露と三国協商を結んでいた。
イ　レーニンの指導で，社会主義政府が生まれた。
ウ　第一次世界大戦の敗戦後，ワイマール憲法が定められた。
エ　ガンディーの指導で，非暴力・不服従運動が展開された。

(5)　年表のFについて，右の資料Ⅱは，日本の国際連盟脱退を報じた新聞と，その見出しを現代の表記に改めたものである。新聞報道の背景を整理した次の文のXとYにあてはまる語句の組み合わせとして適当なものを，下のア～エの中から一つ選びなさい。

> 国際連盟は中国からの訴えをうけ，日本の行為について調査した。国際連盟総会では，「溥《ふ》儀《ぎ》を元首とする満州国を［ X ］」という勧告書を採択し，日本はこれに［ Y ］した。

資料Ⅱ

総会，勧告書を採択し
我が代表堂々退場す
四十二対一票，棄権一

ア　X　承認する　Y　同意　　**イ**　X　承認する　Y　反発
ウ　X　承認せず　Y　同意　　**エ**　X　承認せず　Y　反発

(6)　年表のGについて，右の資料Ⅲは，日本が受諾したG宣言の一部である。Gにあてはまる語句を書きなさい。

資料Ⅲ

> 日本の主権がおよぶのは，本州，北海道，九州，四国と連合国が決める島に限る。

(7)　年表のHに関して，右の地図は，沖縄県における2017年現在のある施設の一部を表している。ある施設とは何か。書きなさい。

地図

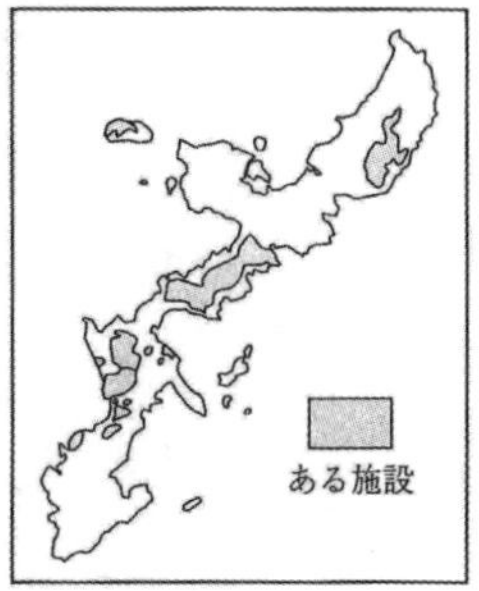

(8)　年表のＩについて，次の資料Ⅳは，国際連合のある活動に参加した自衛隊の活動をまとめたものの一部である。国際連合のある活動とは何か。**アルファベット3字**で書きなさい。

資料Ⅳ

派遣先	派遣期間
カンボジア	1992 年 9 月　～　1993 年 9 月
モザンビーク	1993 年 5 月　～　1995 年 1 月
東ティモール	2002 年 3 月　～　2004 年 6 月
ハイチ	2010 年 2 月　～　2013 年 2 月

（内閣府資料により作成）

(1)		(2)	→　→　→		
(3)		(4)		(5)	
(6)		(7)		(8)	

5

次の資料は，日本の経済と私たちの暮らしについて，ある班がまとめたものの一部である。(1)～(6) の問いに答えなさい。

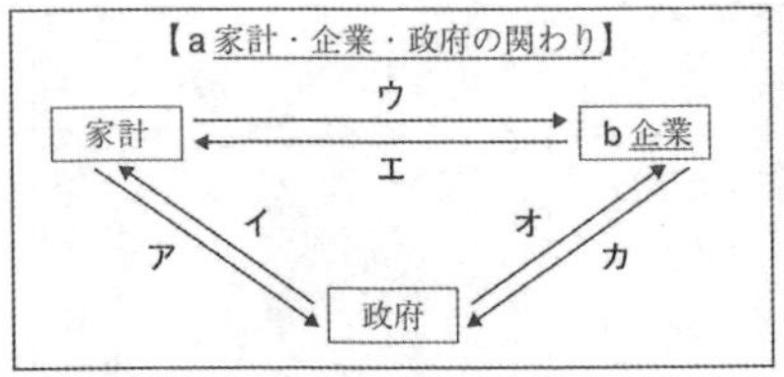

【海外との関係】
・経済のグローバル化が進むとともに，c産業の空洞化が進行
・d為替相場の変動が国民経済に影響

【より良い暮らしとは】
・物質的な豊かさ…所得・財産，雇用，住宅など
・暮らしの質…環境，市民参加，暮らしの安全など

(1)　下線部aについて，【家計・企業・政府の関わり】の**ア～カ**の矢印は，お金，商品，労働力などのやりとりを表している。また，次の文は，**ア～カ**のいずれかの例を表したものである。この文にあてはまる最も適当なものを，**ア～カ**の中から一つ選びなさい。

姉がスーパーマーケットで1日3時間働いた。

(2)　下線部bに関連して，次の文は，企業の一形態について説明したものである。Xにあてはまる語句を**カタカナ5字**で書きなさい。

新たに起業し，新しい技術を元に革新的な事業を展開する中小企業のことを［X］企業という。

(3)　市場経済における商品の価格は，需要量と供給量の関係で変化する。下の図は，ある商品の需要量と供給量の関係を表したものである。この商品の価格がPのときの状況とその後の価格の変化について述べた文として適当なものを，次の**ア～エ**の中から一つ選びなさい。

図

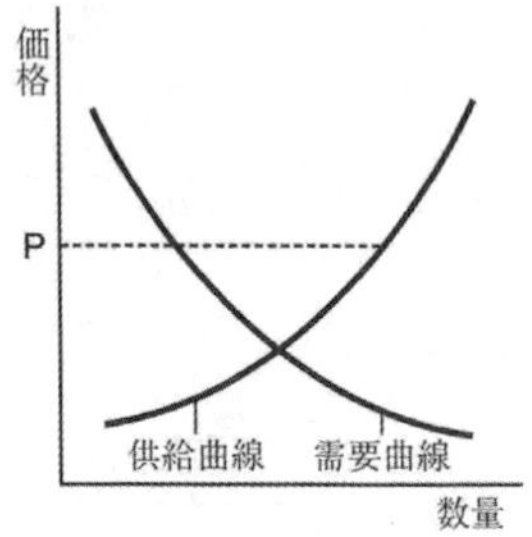

ア　供給量が需要量よりも多いため，価格は上昇する。
イ　供給量が需要量よりも多いため，価格は下落する。
ウ　需要量が供給量よりも多いため，価格は上昇する。
エ　需要量が供給量よりも多いため，価格は下落する。

(4)　下線部cについて，産業の空洞化とはどのようなことか。「**企業が**」という書き出しに続けて，次の**二つの語句**を用いて書きなさい。

生産拠点　　**衰退**

(1)		(2)		(3)	
(4)	**企業が**				

(5)　下線部dに関連して，次の文は，為替相場の変動に関して述べたものである。AとBにあてはまる語句の組み合わせとして適当なものを，下の**ア～エ**の中から一つ選びなさい。

円とドルの為替相場は，2012年には1ドル＝80円前後だったが，2020年には1ドル＝110円前後で推移するようになった。この8年間で［A］が進み，日本企業が製品を輸出するのに［B］な状態となった。

ア　A　円高　B　有利　　**イ**　A　円高　B　不利
ウ　A　円安　B　有利　　**エ**　A　円安　B　不利

(4)　次の文は，【より良い暮らしとは】について，授業で話し合った会話の一部である。下の①，②の問いに答えなさい。

先　生　人々の暮らしを便利で豊かにするのが経済ですが，所得や財産といった物質的な豊かさだけでなく，環境や暮らしの安全など，暮らしの質の面からも豊かさを感じられることが多くあります。
生徒C　2000年には［Y］型社会形成推進基本法が定められ，私たちは，［Y］型社会の実現に向けて日常生活の在り方を見直すことが求められています。
生徒D　先日家族と利用したお店に，食べ残しを減らそうというポスターが貼ってありました。e3Rのうち，ごみの発生を減らすことが重要だと思います。
生徒E　不要な包装を求めないことや食品ロスを減らすことは，私たちにもできることです。
先　生　そうですね。社会の一員として持続可能な社会を実現するために，私たち一人一人が主体的に考え，自分たちにもできることから行動していくことが大切ですね。

①　Yにあてはまる語句を**漢字2字**で書きなさい。
②　下線部eについて，このことを何というか。**カタカナ**で書きなさい。

(5)				
(6)	①		②	

6

次の文は，授業で「政治と民主主義」「人権と日本国憲法」を学習した生徒たちの会話の一部である。(1)〜(6) の問いに答えなさい。

生徒A	クラスの話し合いでいろいろな意見が出たけれど，どのようにまとめればよいかな。
生徒B	社会科の授業で，物事の決定・a採決の仕方について学んだよね。
生徒A	そうだ。みんなの意見を調整して社会を成り立たせていくことが政治の役割だっていうことも授業で学んだね。
生徒C	そういえば，政治参加の仕組みとしてb選挙があるよね。先月，地方議会の選挙があったよ。
生徒B	自分たちが住むc地域の政治について考えることも大事になるね。
生徒C	日本国憲法では政治に参加する権利に加え，d平等権，自由権，e社会権などの基本的人権を保障しているよ。
生徒A	自分たちが暮らす社会を支えるため，f権利だけでなく義務のことを考えることも必要だね。

(1) 下線部aについて，下の表Ⅰは，採決の仕方についての説明と特徴を表したものである。次の①,②の問いに答えなさい。

① **V**にあてはまる語句を**漢字3字**で書きなさい。

② **W**,**X**にあてはまる特徴の組み合わせとして適当なものを，右の**ア〜エ**の中から一つ選びなさい。

表Ⅰ　採決の仕方についての説明と特徴

採決の仕方	説明	特徴
全会一致	全員の意見が一致する	W
V	より多くの人が賛成する意見を採用する	X

ア	W　決定に時間がかからない X　少数意見が反映される
イ	W　決定に時間がかからない X　少数意見が反映されにくい
ウ	W　決定に時間がかかる X　少数意見が反映される
エ	W　決定に時間がかかる X　少数意見が反映されにくい

(2) 下線部bについて，選挙制度の一つとして，得票数に応じて政党の議席数を決める比例代表制がある。右の表Ⅱは，比例代表制におけるドント式の計算方法の例である。表Ⅱの例において，全体の議席数を**7議席**としたとき，E党に配分される議席数はいくつになるか。書きなさい。

表Ⅱ　比例代表制におけるドント式の計算方法の例

	D党	E党	F党
得票数	1260票	720票	600票
1で割る	1260	720	600
2で割る	630	360	300
3で割る	420	240	200
4で割る	315	180	150

(3) 下線部cについて，日本の地方公共団体について述べたⅰ〜ⅲの文の正誤の組み合わせとして適当なものを，右の**ア〜ク**の中から一つ選びなさい。

ⅰ　議会と首長の意見が対立したとき，首長は議会に審議のやり直しを求めたり，議会を解散したりすることができる。

ⅱ　地方議会は，法律に反する地方公共団体独自の条例を制定する権限をもつ。

ⅲ　教育や道路の整備といった特定の仕事の費用を国が一部負担する地方交付税交付金が配分される。

	ⅰ	ⅱ	ⅲ
ア	正	誤	誤
イ	正	誤	正
ウ	誤	正	正
エ	誤	誤	誤
オ	正	正	誤
カ	誤	正	誤
キ	誤	誤	正
ク	正	正	正

(4) 下線部dについて，日本国憲法では「法の下の平等」を規定している。1999年に国が制定した，男性も女性も対等な立場で活躍できる社会を創ることをめざした法律を何というか。書きなさい。

(5) 下線部eに関して，ある生徒が世界の歴史の中で社会権が認められるまでの流れを下のようにまとめた。**Y**にあてはまることばを，次の**二つの語句**を用いて書きなさい。

賃金　　時間

17〜18世紀	19世紀			20世紀
人権思想の発展により，自由権，平等権が保障された。	⇒ 経済活動が盛んになり，資本主義経済が発展した。	⇒ 生産力が増し，物が豊かになった一方，労働者は Y ことや，失業，生活環境の悪化などにより生活がおびやかされた。	⇒ こうした状況の改善を目指した労働運動や，選挙権の拡大を求めた普通選挙運動が盛んになった。	⇒ 人間らしい生活を保障しようとする権利として社会権が認められた。

(6) 下線部fについて，次の文は，日本国憲法第27条の条文の一部である。**Z**にあてはまる語句を**漢字2字**で書きなさい。

第27条　①すべて国民は， Z の権利を有し，義務を負う。

(1)	①		②
(2)	議席	(3)	
(4)			
(5)			
(6)			

六

次の資料は、ある調査で外国人と接する機会があると答えた全国の十六〜十九歳の男女に、外国人とどのようにコミュニケーションを取っているかを尋ねた結果の一部をグラフで表したものである。この資料を見て**気づいたこと**と、**「外国人とのコミュニケーションの取り方」**についての**あなたの考えや意見**を、あとの**条件**に従って書きなさい。

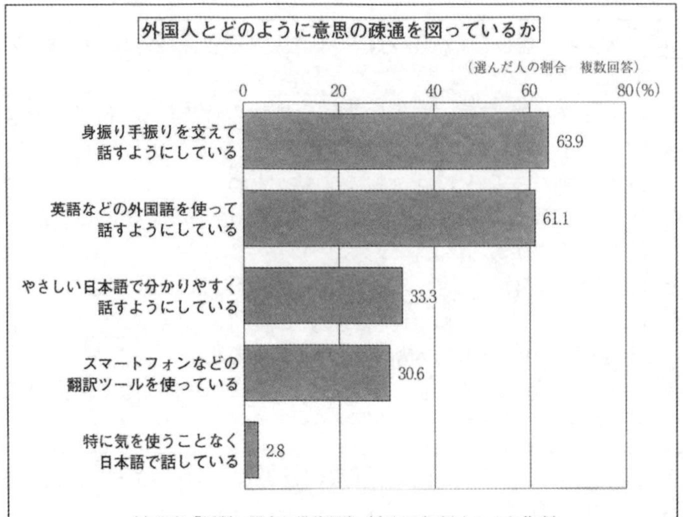

（文化庁「国語に関する世論調査（令和元年度）」により作成）

条件

1　**二段落構成**とすること。
2　前段では、資料を見て**気づいたこと**を書くこと。
3　後段では、前段を踏まえて、**「外国人とのコミュニケーションの取り方」**についての**あなたの考えや意見**を書くこと。
4　全体を**百五十字以上、二百字以内**でまとめること。
5　氏名は書かないで、本文から書き始めること。
6　原稿用紙の使い方に従って、文字や仮名遣いなどを正しく書き、漢字を適切に使うこと。

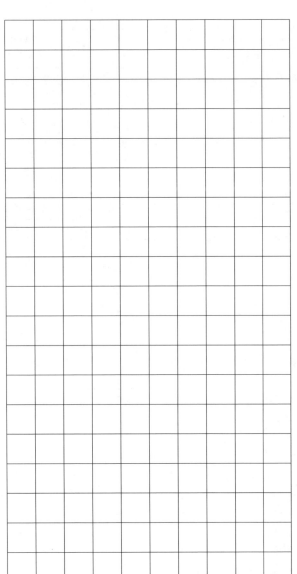

ア　ある事柄を表現する言葉は、事柄の一部分のみを切り取って全体を表すことができるという特徴。
イ　ある言葉で表現された事柄は、全体像が切り取られて偽りの形でしか伝わらなくなるという特徴。
ウ　ある一つの言葉は、対応する一つの事柄とだけ通じて他の事柄を表すことができないという特徴。
エ　ある事柄を表している言葉は、事柄の全てではなく限られた一部分のみを表しているという特徴。
オ　ある言葉の語源となった事柄は、言葉が表している意味の一部分にだけ影響しているという特徴。

1	2

3　次の会話は、[2]「枠組み」について、授業で話し合ったときの内容の一部である。会話を読み、あとの(1)、(2)の問いに答えなさい。

Aさん　「既成の枠組みに押し込めるとは、つまりどういうことなのだろうね。」
Bさん　「たとえば、ア犬の毛がクリーム色でもチョコレート色でも、茶色の犬という枠組みで表すことがあるということではないかな。」
Cさん　「なるほど。様々な犬がいるけれど、イ特定の枠組みに入れられたことで、実際とは違う様子として表現されることもあるという考え方だね。本文から考えるとこういうウ枠組みの中での変化は、言葉で表現する以上は避けられないことのようだね。」
Bさん　「それで、エ枠組みに取り込むことが言葉と経験の間に隔たりを生む結果になると言えるのだと思うよ。」
Cさん　「それに、オ枠組みにまとめることで、意識的に物事を正確にとらえることができるのではないのかな。」
Aさん　「もう一度本文を読んで、筆者の意見を確かめてみようよ。」

(1)　会話文の中の――線をつけた部分が、本文から読み取れる内容と**異なるもの**を、**ア**～**オ**の中から一つ選びなさい。
(2)　Aさんは、話し合いのあと、本文の内容について次のようにノートにまとめた。□にあてはまる最も適当な言葉を、**第一段落**～**第四段落**の中から**十六字**でそのまま書き抜きなさい。

○　枠組みに押し込めることの作用とは
（例）「悲しい」ということば
実際には様々な相を持つ悲しさも、「悲しい」ということばで表されるとき、□は無視される。
⇩
独自のニュアンスをもっていたものが枠組みに押し込まれることで、感情のもっともいきいきとした部分がことばの影に隠れる。

4　本文における**第六段落**の働きとして最も適当なものを、次の**ア**～**オ**の中から一つ選びなさい。
ア　言葉の制約について整理して問題提起の形で示し、第七段落以降で言葉の発展的な特徴を述べるための導入とする働き。
イ　言葉の不合理な特徴を複数の具体例の形で示し、第七段落以降で言葉の持つ働きを否定するための導入とする働き。
ウ　言葉の定義に関する意見を抽象化した表現で示し、第七段落以降で言葉の持つ欠点を述べるための導入とする働き。
エ　言葉の意味は使い方で変化することを示し、第七段落以降で言葉の正確な使い方を説明するための導入とする働き。
オ　言葉の働きに関する本文の内容を整理して示し、第七段落以降で言葉の持つ機能をまとめていくための導入とする働き。

5　[3]「わたしたちの会話は、平板な意味のやりとりに終始せず、いきいきとしたものになる」とあるが、会話を「平板な意味のやりとり」にする言葉の限界と、その限界を乗りこえ会話を「いきいきとしたもの」にする言葉の働きとはどのようなことか。**七十字以内**で書きなさい。

3 (1)	3 (2)	4	5
	(16字)		(70字)

五 次の文章を読んで、あとの問いに答えなさい。

わたしたちが見たり聞いたりしたものを言葉で表そうとして、うまくいかないという経験は多くの方がもっておられるのではないでしょうか。たとえばわたしたちは自分の気持ちを「はればれとした」とか「うきうきした」といったことばで言い表したり、お茶の味を「まろやかな」とか、「うまみがある」といったことばで表現したりします。しかしそのような表現で、自分の実際の感情や、お茶の味を十分に言い表すことができるでしょうか。たとえば「まろやかな」という表現を、「味が穏やかで口あたりがよい、そして深い味わいが感じられる」といった言葉で説明することはできます。しかしその「深い味わい」がどのような味わいなのかをさらに説明しようとすると、言葉に窮することになります。 **（第一段落）**

言葉は、たしかに、わたしたちが経験するものの一面を言い表し、他の人に伝えます。しかしそれはわたしたちが実際に経験していることの一部でしかありません。言葉による表現は、経験の具体的な内容をある断面で切り、その一断面で経験全体を代表させることに喩《たと》えられるかもしれません。その一断面からあらためて経験の全体を眺めたとき、両者のあいだに大きな隔たりがあります。そのあいだには無限な距離があると言ってもよいでしょう。 **（第二段落）**

「言葉」の語源は、「言の端《は》」であったと言われます。古くは「事」と「言」とは通じるものと考えられていました（言葉には、そのなかで言われているものを具体化する霊的な力が宿っているという、いわゆる言霊《ことだま》思想はそこから生まれたものでした）。しかしやがて「事」と「言」とは同じではないということに人々は気づくようになりました。言葉は「事＝言」として事柄全体を言い表したものではなく、そのほんの一端を言い表したものにすぎないということが意識されるようになったのです。そのために「言の端」という言い方がされるようになったのだと考えられています。 **（第三段落）**

言葉がそのまま経験であるとは言えないのは、それがわたしたちの具体的な経験を普遍的な概念によってひとくくりにしてしまうことと関わっています。たとえば桔梗《ききょう》[注1]の青、露草[注2]の青、都忘れ[注3]の青、それぞれの青は独特の色合いをもっていますが、言葉はその違いを無視して、それらすべてを同じ「青」ということばで表現してしまいます。そのことによって、個々のものがもっていた微妙な差異は一挙に背後に退いてしまいます。 **（第四段落）**

言葉は、それぞれ独自のニュアンス[注4]をもっていたものを、既成の枠組み、言わば鋳型のなかに押し込んでいくという役割を果たしていると言ってもよいかもしれません。わたしたちがそのときどきに抱く感情も、決して一つのことばで表現できるような単純なものではなく、さまざまな相[注5]がそこには絡《から》まりあっています。また固定したものではなく、大きな振幅をもちながら、止《や》むことなく動いていきます。言葉はその動きの振幅を削りとって、それをたとえば「悲しい」とか「寂しい」といった一つのことばで表現するわけですが、そのことによって感情のもっともいきいきとした部分がことばの影に隠れてしまうのではないでしょうか。 **（第五段落）**

言葉によってわたしたちは多くのことを知り、多くのことを考えるわけですが、そこには制約もまたあるように思います。枠組みのなかに入らないものはとらえることができないわけですし、その枠組みに取り込まれたものは、その枠組みにあうように変形させられてしまいます。これは、言葉にどこまでもつきまとう根本的な制約であると言ってよいでしょう。それだけでなく、言葉は、この枠組みでとらえられたものが、もの自体であり、ものごとはそれによって正確にとらえられているという意識を、それを使う人のなかに生みだします。言葉はこの具体的な経験とのあいだにある隔たりを乗りこえることができないのでしょうか。 **（第六段落）**

言葉にはまず、ものをグループ分けする働き、つまりカテゴリー化する働きがあります。そこでは、いま目の前にしているリンゴ、たとえば紅玉[注6]の独特の赤い色とか、それ特有の甘酸《ず》っぱい味、あるいはそれが私の好みであるとかいったことは問題にされません。むしろリンゴに共通の性質ですべてのものをひとくくりにすることがその場合の唯一の関心事です。しかし、たとえば友人に「紅玉はおいしいよね」と語ったとき、この「紅玉」ということばは、その基礎的な意味を相手に伝えるだけでなく、相手がその味を知っている場合には、その人のなかに、紅玉独特の強い酸味のきいた甘さをありありとイメージさせることができます。それを言葉の喚起機能と呼んでよいと思いますが、わたしたちは「紅玉」ということばを聞いたとき、その音声越しに基礎的な意味を聞くだけでなく、さらにその意味を越えて、このことばがもつ豊かな意味あいをも聞くことができるのです。ここに鍵がありそうです。 **（第七段落）**

たしかに、わたしたちはいくらことばを重ねても、紅玉の微妙な味をことばで表現し尽くすことはできません。そこに言葉の限界があります。しかし他方、いま言った機能によって、その味を直接相手のなかに喚起することができます。そのような働きがあるからこそ、わたしたちの会話は、平板な意味のやりとりに終始せず、いきいきとしたものになるのだと言えるのではないでしょうか。 **（第八段落）**

（藤田　正勝「はじめての哲学」より）

注1・2・3　いずれも植物の名称。　注4　微妙な意味あい。　注5　状態。　注6　リンゴの品種。

1　次の**ア**～**オ**は、本文で用いられている熟語である。熟語の構成が他と**異なるもの**を、**ア**～**オ**の中から一つ選びなさい。

ア　両者　**イ**　語源　**ウ**　思想　**エ**　一端　**オ**　他方

2　「『言葉』の語源は、『言の端』であった」とあるが、「言の端」という表現は、言葉のどのような特徴を表しているか。最も適当なものを、次の**ア**～**オ**の中から一つ選びなさい。

←福252

「父さんも母さんも日の出前から働いてるから、早く看護師になって楽をさせたい。」

そのために家をはなれ、看護科のある高校へ進む。

「サヒメ語」なんて、まぬけな[4]自分が恥ずかしかった。

（有島　希音「オリオンの上」より）

注1　演奏を一人で行うこと。　注2　田畑の稲わらや草などを焼くこと。　注3　後方から光が当たって浮かび上がった風景や人物の輪郭。

1　[1]「複雑な気持ち」とあるが、どのような気持ちか。最も適当なものを次の**ア**～**オ**の中から一つ選びなさい。

ア　拍手を送って発表を聞いた喜びを里美に届けるみんなの気持ちも分かる一方、自分は進んで拍手を送ることができないという気持ち。

イ　進路に対する決意を聞いて里美を応援するみんなの気持ちも分かる一方、自分は素直に里美を応援することができないという気持ち。

ウ　里美の進路の話を聞いて決意の強さに驚くみんなの気持ちも分かる一方、自分だけは里美の話を信用することができないという気持ち。

エ　里美の淡々とした話しぶりに引き込まれるみんなの気持ちも分かる一方、自分は心から里美の話を楽しむことができないという気持ち。

オ　里美の進路の話を聞いて心配になるみんなの気持ちも分かる一方、自分は本心から里美の進路を心配することができないという気持ち。

2　[2]「意外だった。」とあるが、麻由子が意外だと思ったのはなぜか。**三十五字以内**で書きなさい。

3　[3]「里美が、やさしく麻由子をのぞきこむ。」とあるが、このときの里美の心情の説明として最も適当なものを、次の**ア**～**オ**の中から一つ選びなさい。

ア　サヒメ語について真面目に考える麻由子の言葉をおもしろがりながらも、むくれている素直さをいとおしく感じている。

イ　サヒメの言葉どおりに動いてみようとした麻由子を頼もしく感じる一方、部活動を引退するさみしさをかみしめている。

ウ　自分が抜けたあとも麻由子が集中して練習に取り組めるように、サヒメ語について明快に説明しようと意気込んでいる。

エ　サヒメの言葉を理解しようとしても無駄なのに、何としても理解しようと質問してくる麻由子のことをあわれんでいる。

オ　一生懸命な後輩と一緒だったからこそ厳しい練習にも耐えられたのだと感激し、目の前の麻由子に心から感謝している。

4　[4]「自分が恥ずかしかった。」とあるが、この場面に至るまでの麻由子の心情の変化について次のように説明したい。あとの(1)、(2)の問いに答えなさい。

> 麻由子ははじめ、「遠くはなれた高校の看護科に進む」という里美の言葉を聞いて、里美を［Ⅰ］思った。里美がいなくなることを認めたくない麻由子は、里美と一緒に帰る途中で引き返すことができず、家まで送っていこうと心に決める。しかし、家の前まで来て、姉の帰りを待っていた弟や妹、そしてまだ畑で働いているらしい両親など、里美の家族の様子を知ったとき、自分は［Ⅱ］と気づき、まぬけな質問をしたことを恥ずかしく思った。

(1)　［Ⅰ］にあてはまる最も適当な言葉を、本文中から**五字**でそのまま書き抜きなさい。

(2)　［Ⅱ］にあてはまる、麻由子が気づいた内容を、**五十字以内**で書きなさい。

5　本文中の表現について説明した文として最も適当なものを、次の**ア**～**オ**の中から一つ選びなさい。

ア　行きは右頬に「川風」を受けていたのが帰りに左頬に変わる描写は、麻由子が自分の気持ちをきっぱりと切り替えたことを表している。

イ　山の様子を隠喩で表した「暑苦しい紅葉の衣」という描写は、よく晴れていて気温が高く汗ばむような暑さであることを示している。

ウ　里美を家に送る秋景色の中で「ちょっぴり呼吸が楽になる」という描写は、里美と並んで歩く麻由子のあふれる幸福感を伝えている。

エ　遠くの山の「薄青いシルエット」という描写は、里美を慕ってまとわりつく弟や妹のことをねたんでいる麻由子の心情を描いている。

オ　麻由子がひとりでもどる道を「途方もなく遠かった」と感じる描写は、里美がいなくなったあとの麻由子の心細さと重ねられている。

1	2	3	4 (1)	4 (2)	5
	(35字)		(5字)	(50字)	

「えっ？」
里美は、はじけるように笑った。
なにがおかしかったのか、涙を流して笑ってる。
「麻由子って、おもしろいよね。」
とか、
「ほんと、素直だわ。」
とか、いいながら、里美はなかなか笑うのをやめなかった。
なぜそんなに笑うのかわからなかったが、最後に里美がこんなに笑ってくれて麻由子はなんだかうれしかった。
ハンカチで涙を拭きながら、里美がいった。
「そんな真面目に考えてるの、麻由だけだよ。」
えっ？　と、思った。
「サヒメの言葉なんてね、わかってもわからなくてもいいの。」
どういうこと？
[2]「わかるときは、わかるし。わからないときは、わからない。それで、いいの。」
意外だった。里美の口から、そんないいかげんな答えが出てくるなんて。
「だって……。」
麻由子は、頰をふくらませた。
[3]「無理に、わかろうとしなくていいんじゃない？」
里美が、やさしく麻由子をのぞきこむ。
その目に、まだ涙がたまってる。
「麻由にも、そのうちきっとわかるときがくるよ。サヒメ語？　サヒメ語は……、きくものじゃなく見るものかもよ。それか、さわるもの？」
〈へっ？〉
わかったような、わからないような。
サヒメ語、みたい。
まさか、サヒメ化……？
三年たつと似てくるのかと思っていると、右側の橋からひとりの男の子が転がるように飛びだしてきた。
小学校三、四年生だろうか。
男の子は、麻由子をちらりと見て恥ずかしそうに里美のかげにかくれた。
「姉ちゃん、腹減った。今日のめし、なに？」
里美の手をとりながら、小さな声でいっている。
見ると、橋の奥に農家らしい民家があった。どうやら、里美の家の前にきていたらしい。橋の向こうでは、もう少し小さな女の子もサンダルをつっかけてこっちを見ている。
妹？
麻由子は、はじかれたように里美のそばをはなれた。
〈姉ちゃん、今日のめし、なに？……。〉
里美は部活を終え、帰ってから毎日夕飯をつくっていたのだ。
「それじゃあ、これで。」
麻由子が手をあげると、
「うん。」
耳の横で結んだ髪をゆらして、里美も手をふった。
あっけない、別れだった。
ふり返ると、弟といっしょに里美が家に向かって歩いていく。
その向こうに、広い畑が見える。
遠くに、いそがしそうに働くふたつの影。
お父さんと、お母さんだろうか。
ふたりのまわりで、赤い小さな火がちろちろと燃えている。
収穫を終えた畑で、なにかを燃やしているのだ。
[注2]野焼き？
初めて、見た。
農家には、まだ認められているんだ……。
野焼きの煙にかすんで、遠くの山が薄青い[注3]シルエットをつくっていた。
川風を左頰に受け、きた道をもどる。
里美と歩いたときはそう感じなかった道が、ひとりの足では途方もなく遠かった。

←福 254

四　次の文章を読んで、あとの問いに答えなさい。

（中学一年生の立岡《たておか》麻由子《まゆこ》は、生徒から「サヒメ」と呼ばれる宮永《みやなが》沙姫《さき》先生が顧問を受け持つ吹奏楽部に所属している。三年生の杉崎《すぎさき》里美《さとみ》は、麻由子と同じ楽器を担当し、初心者だった麻由子を気にかけてくれていた。十月の中旬に行われた定期演奏会〈定演〉の一週間後、三年生とのお別れ会が開かれ、先輩たちがそれぞれの進路について話した。）

　里美は、遠くはなれた高校の看護科に進むのだという。

〈えっ？　なんで？〉

　麻由子は、思った。

〈静流《しずる》市の高校に通ってくれればときどき会いにいけるし、地区大会でだって会える……。〉

　麻由子は、遠い町に進学を決めた里美をうらめしく思った。

「ふつうの高校に行くより、そのほうが早く看護師になれるの。うちは農家で、父さんも母さんも日の出前から働いて苦労してるから、早く看護師になって少しでも楽をさせてあげたい。」

　淡々と語る里美に、ひときわ大きな拍手が送られた。

　みんなの思いを託した、小さな花束が三年生にわたされる。

　麻由子は、1複雑な気持ちで里美に花束をわたした。

〈本当に、もう会えないの……？〉

　お別れ会のあと、ほかの先輩は帰ったのに里美だけは残って片づけを手伝った。

　最後まで、里美は里美だった。

　見送られて、里美が学校を出る。

〈このままずっと、いてほしい……。〉

　麻由子は、里美がいなくなることをどうしても受け入れることができなかった。

　帰り道が同じ何人かが、まとわりつくようにしていっしょに歩く。

　麻由子も、そのなかにまじっていた。

　みんなはそれぞれ途中で別れていったが、麻由子だけはいつまでもぐずぐずと残っていた。

「麻由、家、反対の方向じゃない？　大丈夫？」

　里美が心配するが、麻由子はどうしてもさよならをいうことができない。

「もう少し、もう少し。」

　といっているうちに、人家はどんどん少なくなっていった。

　里美の家は、町から遠くはなれている。

　この距離を、毎日ひとりで通ってきたのだ。

　しかも、麻由子が朝練に行くと里美は必ずそこにいた。

　定演で、町のホールに響いた[注1]ソロ……。

　麻由子は、あらためて思う。

　里美は、ただ練習をしていたのではない。人一倍の努力で、けんめいに音を磨きあげていったのだ。

　同じことを、自分はできるだろうか。

〈できない……。〉

　麻由子は、里美のぬけたあとの練習を思うと気が重くなった。

　ガードレールで仕切られた、川沿いの道を歩く。

　短縮授業だったから、暗くなるにはまだ少し時間がある。

　もうかなり歩いたはずなのに、道の先にはなにも見えない。

　そろそろ、帰ろうか？　とも思ったが、でも、ここまできて引き返すわけにはいかなかった。

〈こうなったら、家まで送っていこう。〉

　麻由子は、いつのまにかそう決めていた。

　右頬《ほお》に受ける川風が、気持ちいい。

　反対側の山はすでに暑苦しい紅葉《こうよう》の衣をぬぎ、黄色味と茶色ばかりが目立つようになっていた。苦しい夏がすぎ冬に向かうこの季節、ちょっぴり呼吸が楽になる。

　麻由子は、思いきって里美にきいてみた。

「先輩。」

「ん？」

「里美先輩は、サヒメ語がわかるんですか？」

「えっ？　サヒメ語？」

　なにそれ？　というように里美がこっちを見た。

「だって、サヒメって独特の言葉使うでしょ。いきなり『手をつないでっ』とかいわれたって。私ほんとにつなぐのかと思ってクラリネットはなしたら、みんな知らん顔して続けてるし……。」

← 福255

三 次の**文章Ⅰ**、**文章Ⅱ**を読んで、あとの問いに答えなさい。

文章Ⅰ

昔さる人の云《い》へるは（ある人が言ったことには）、人間万事（何ごとにつけても）師匠といふ物なくて叶《かな》はぬ事なり。さりながら（しかしながら）根本の（真の）師匠をたづねもとむ（探し求める）べし。根本の師匠とはわが心なり。物をならはんと思ふが（物を習おうと思う心が）則《すなは》ち師匠なり。さあれば（そうすると）我が心こそ師匠なれ。されば（そもそも）世間に師匠をする人は物毎《ごと》に多けれども、ならひまなばんと思ふ心ざしなければ、その師匠もあり（存在する）甲斐《がひ》なし（意味がない）。縦《たと》ひ又（たとえまた）世間に、其《そ》のしなじなの（それぞれの稽古の）師匠はまれなりとも（なかなか見つからないとしても）、わが心をただしくして、もの毎《ごと》に（それぞれの稽古ごとに）油断なく（それぞれの稽古ごとに怠ることをせず）、吟味せんさくをして（念入りに細かいところまで調べて）たしなみ候《さうら》はば（心がけて励むならば）、その心すなはち師匠となりて、日々にあらたなるべし（進歩をもたらす）。

（「可笑記」より）

文章Ⅱ

蓋《けだ》し（思うに）須《すべか》らく切磋《せっさ》して相起《あいお》こすべき（学ぶときは、互いに磨き高め合うべき）こと明らかなり。門を閉ぢて読書し、心を師とし自ら是《ぜ》（正しい）とするも、稠人広坐《ちゅうじんこうざ》すれば（大勢の人前に出て）、謬誤《びゅうご》して羞慙《しゅうざん》する（間違いを犯して恥をかく）者有るを見ること多し。

（「顔氏家訓」より）

1 「ならはん」の読み方を、現代仮名遣いに直してすべてひらがなで書きなさい。

2 次の会話は、**文章Ⅰ**、**文章Ⅱ**について、授業で話し合ったときの内容の一部である。あとの(1)～(3)の問いに答えなさい。

Aさん 「**文章Ⅰ**、**文章Ⅱ**のどちらも、学ぶ姿勢について述べた文章だよね。どちらにも『心』と『師』という語が書かれているよ。二つとも似たような内容を述べているのかな。」

Bさん 「内容を確かめよう。まず**文章Ⅰ**は、学ぶときの師匠とは『 ① 』そのものだという内容だよね。」

Cさん 「でも、**文章Ⅱ**は、心を師とすると間違いを犯す結果になるという内容のようだよ。どうやら、二つの文章は互いに考え方が異なるようだね。」

Aさん 「そうだね。**文章Ⅱ**は『須らく切磋して相起こすべき』と述べているよ。この部分を踏まえて考えると、**文章Ⅱ**の『心を師とし自ら是とする』は、 ② という、学ぶときに避けるべき姿勢を述べている表現なのだと思うよ。」

Bさん 「では、**文章Ⅰ**と**文章Ⅱ**は、どちらが正しい見方なのかな。」

Cさん 「二つの文章の意見はそれぞれ視点が異なっていると思うよ。むしろ、**文章Ⅰ**と**文章Ⅱ**、両方の内容を総合して、学ぶために大事な考え方として『 ③ 』という意見としてまとめられるのではないかな。」

(1) ① にあてはまる最も適当な言葉を、**文章Ⅰ**（文語文）から**十三字**でそのまま書き抜きなさい。

(2) ② にあてはまる内容を、**二十字以内**で書きなさい。

(3) ③ にあてはまる文章として最も適当なものを、次の**ア**～**オ**の中から一つ選びなさい。

ア 学ぶ仲間と常に議論して知識を深め合おうとしながらも、自分自身の学びの成果を信じる確かな信念を抱き続けるべきである。

イ 学びたいという確かな意欲を胸に抱きながら、自分よりもさらに優れた才能のある仲間を探そうとする姿勢をもつべきである。

ウ 学ぶことの自主性を重んじて互いの学び方に口は出さないが、仲間の意見を参考にした上でお互いに学びを進めるべきである。

エ 学ぶことに対する意欲を自分自身の中で明確にした上で、共に学ぶ仲間を探して知識を深め合うという方法をとるべきである。

オ 学ぶ上で心から信頼できる師匠につく学び方を選ぶ一方、師匠に寄りかからず自分自身で学ぼうとする意志をもつべきである。

1	2 (1)	2 (2)	2 (3)
	(13字)	(20字)	

← 福 256

令和4年度入試問題　国語

注意　字数指定のある問題の解答については、**句読点も字数に含める**こと。

一

次の1、2の問いに答えなさい。

1　次の各文中の――線をつけた漢字の読み方を、ひらがなで書きなさい。また、＝＝線をつけたカタカナの部分を、漢字に直して書きなさい。

(1) 気持ちが紛れる。
(2) 諭すように話す。
(3) 余暇を楽しむ。
(4) 悠然とたたずむ。

(5) 地元の企業にツトめる。
(6) 砂糖で甘みがマす。
(7) 冷暖房をカンビしている。
(8) 制度のカイカクを進める。

2　次の文中の――線をつけた動詞の中で、**活用形**が他と**異なるもの**を、**ア～オ**の中から一つ選びなさい。

ア確認したとおり、私たちは「考え」なければ、習慣的な自分から抜け出ることができません。逆にイ言えば、「考える」とは習慣的な自分からの逸脱を、つまり他人になることを意味します。本を読むことで他人の「考え」を体験し、ノートを使いながらその「考え」に自分の思考をエぶつけていけば、私たちは「自分」でない自分へと変身していけるようにオなります。

（倉下　忠憲「すべてはノートからはじまる　あなたの人生をひらく記録術」より）

1			
(1)	(2)	(3)	(4)
れる	す		
(5)	(6)	(7)	(8)
める	す		

2

二

次の俳句を読んで、あとの問いに答えなさい。

A　鷹《たか》の巣や大虚[注1]に澄める日一つ　　橋本《はしもと》　鶏二《けいじ》

B　彼一語我一語秋深みかも　　高浜《たかはま》　虚子《きょし》

C　撥《は》ね飛ばす一枚恋の歌がるた　　加古《かこ》　宗也《そうや》

D　秋や今朝一足《ひとあし》に知るのごひえん[注2]　　松江《まつえ》　重頼《しげより》

E　不二《ふじ》[注3]ひとつ埋《うず》みのこして若葉かな　　与謝《よさ》　蕪村《ぶそん》

F　春ひとり槍《やり》投げて槍に歩み寄る　　能村《のむら》　登四郎《としろう》

注1　大空。　注2　よくふいて表面が滑らかになっている縁側。　注3　富士山。

1　情景を順に追うような言い方を用いて、ゆっくりとした動きで黙々と競技の練習をする様子を詠《よ》んだ俳句はどれか。**A～F**の中から一つ選びなさい。

2　上空から見下ろすような大きな視野の先に雄大な存在を描き出すとともに、盛んな生命の勢いを切れ字を用いて表現している俳句はどれか。**A～F**の中から一つ選びなさい。

3　次の文章は、**A～F**の中のある俳句の鑑賞文である。この鑑賞文を読んで、あとの(1)、(2)の問いに答えなさい。

この句では、季節の移ろいを、相手との対話の中に感じている様子が表現されている。互いに交わす言葉を「［Ⅰ］」と表現しているように、この対話は活発なものではなく、［Ⅱ］が感じられる。またこの句は、そのような対話を描き出すことを通して、［Ⅲ］とともに季節の深まりが読み手に伝わってくる句である。

(1)　［Ⅰ］にあてはまる最も適当な言葉を、その俳句の中から**二字**でそのまま書き抜きなさい。

(2)　［Ⅱ］、［Ⅲ］にあてはまる言葉の組み合わせとして最も適当なものを、次の**ア～オ**の中から一つ選びなさい。

ア　Ⅱ　口調を強めていく様子　　Ⅲ　悲しさ
イ　Ⅱ　かすかにささやく様子　　Ⅲ　爽やかさ
ウ　Ⅱ　じっくりと語り合う様子　　Ⅲ　楽しさ
エ　Ⅱ　激しく議論する様子　　Ⅲ　穏やかさ
オ　Ⅱ　ぽつりぽつりと話す様子　　Ⅲ　静けさ

1	3
	(1)
	(2字)
2	(2)

令和４年度入試問題　解答

数学

1　(1) ①　-6　②　-14　③　$a-4b$　④　$6\sqrt{15}$　(2) $5\pi\,\mathrm{cm}^2$

2　(1) $16a+b \geqq 250$　(2) ウ　(3) $x=2\pm\sqrt{6}$

(4) 12分　(5) 86度

3　(1) ①　2通り　②　$\frac{11}{18}$

(2) ①　71

②　(　ア　)

[理由の例]

n段目の左端の数はn^2で，n段目には連続する自然数がn個並んでいることから，

$a=n^2+(n-1)$

$\quad=n^2+n-1$

また，$(n-1)$段目の左端の数は$(n-1)^2$で，$(n-1)$段目には連続する自然数が$(n-1)$個並んでいることから，

$b=(n-1)^2+(n-2)$

$\quad=n^2-n-1$

よって，

$a-b=(n^2+n-1)-(n^2-n-1)$

$\qquad=n+n$

$\qquad=2n$

nは自然数であるから，$2n$は偶数である。

以上より，$a-b$は，いつでも偶数である。

4　(1) [求める過程の例]

そうたさんが勝った回数をx回，ゆうなさんが勝った回数をy回とする。

そうたさんの負けた回数はy回と表される。

そうたさんの勝った回数はx回，負けた回数はy回，あいこの回数は８回であるから，

$x+y+8=30$

これを整理して，

$x+y=22$ …………………………………… ①

そうたさんがもらったメダルAの枚数は$(2x+8)$枚，メダルBの枚数は$(y+8)$枚と表される。

そうたさんがもらったすべてのメダルの重さが232gであるから，

$5\times(2x+8)+4\times(y+8)=232$

これを整理して，

$5x+2y=80$ …………………………………… ②

①，②を連立方程式として解いて，

$x=12, y=10$

これらは問題に適している。

答 ｛ そうたさんが勝った回数　12回
　　 ゆうなさんが勝った回数　10回

5　[証明の例１]

△ABDと△ACDにおいて

ADは共通 …………………………………… ①

仮定から　∠BAD＝∠CAD …………………… ②

また，平行線の錯角は等しいからAC//BEより

∠CAD＝∠BED …………………………………③

②，③より　∠BAD＝∠BED ……………………④

④より　△BAEは二等辺三角形だから　BA＝BE ………… ⑤

仮定から　AC＝BE ………………………………… ⑥

⑤，⑥より　BA＝CA ………………………………⑦

①，②，⑦より　２組の辺とその間の角がそれぞれ等しいから

△ABD≡△ACD

[証明の例２]

線分ECをひく。

四角形ABECにおいて

仮定から　AC//BE ………………………………①

仮定から　AC＝BE ………………………………… ②

①，②より　１組の対辺が平行でその長さが等しいから

四角形ABECは平行四辺形である。

△ABDと△ACDにおいて

平行四辺形の対角線はそれぞれの中点で交わるから

BD＝CD …………………………………… ③

ADは共通 …………………………………… ④

仮定から　∠BAD＝∠CAD …………………… ⑤

また，平行線の錯角は等しいからAC//BEより

∠CAD＝∠BED …………………………………⑥

⑤，⑥より　∠BAD＝∠BED ……………………⑦

⑦より　△BAEは二等辺三角形だから　BA＝BE ………… ⑧

仮定から　AC＝BE ………………………………… ⑨

⑧，⑨より　BA＝CA ………………………………⑩

③，④，⑩より　３組の辺がそれぞれ等しいから

△ABD≡△ACD

6　(1) $C(-2, -2)$　(2) $y=\frac{5}{3}x+\frac{4}{3}$　(3) $t=\frac{5+\sqrt{31}}{3}$

7　(1) $3\sqrt{2}\,\mathrm{cm}$　(2) ①　$5\sqrt{2}\,\mathrm{cm}$　②　$\frac{12\sqrt{2}}{5}\,\mathrm{cm}$

理科

1 (1) 地下茎 (2) ア (3) ア
(4) ① 単子葉類の**維管束**はばらばらに散らばっており，双子葉類の**維管束**は輪の形に並んでいる。 ② 水の通り道がない

2 (1) ウ (2) ア (3) ① 減数分裂 ② オ (4) エ
(5) **体細胞分裂により子がつくられるため，**子は**親**の染色体をそのまま受けつぎ，子の形質は**親**と同じものになる。

3 (1) ① イ ② マグマがゆっくり冷え固まってできるから。
(2) 流れる水のはたらきを受けるから。 (3) ウ (4) カ

4 (1) 1012hPa (2) 移動性高気圧 (3) エ (4) ク
(5) **太平洋高気圧**が弱まるから。

5 (1) ア (2) 溶解度 (3) 20% (4) ウ (5) 14g

6 (1) エ (2) $2Ag_2O \rightarrow 4Ag + O_2$
(3) **試験管の中にできた赤色の固体が，**空気にふれて反応するから。 (4) 0.64g
(5) ク

7 (1) ① 抵抗器に加わる電圧の大きさに比例 ② イ
(2) ウ (3) カ (4) 10mA (5) 24Ω

8 (1) ① 力の合成 ② 右図 (2) イ (3) ア
(4) 上向き

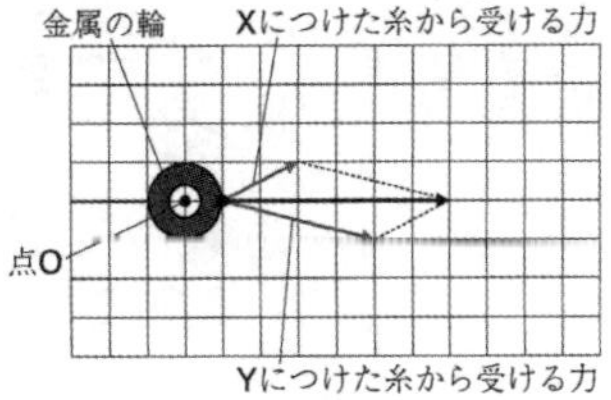

英語

2 (1) ① ウ ② ア ③ イ (2) it will show you what
(3) 1 ウ 2 ア 3 イ 4 エ

3 (1) been studying
(2) (解答例) I want to tell foreign tourists many things about Japan

4 (1) ア (2) all his family members (3) ① ウ ② ア (4) イ (5) エ
(6) (解答例)
((Time at school) ／ Time at home) is more important to me because I can enjoy talking with my friends.
(Time at school ／ (Time at home)) is more important to me because I can learn useful things from my parents.

5 (1) エ (2) ア (3) ウ (4) エ
(5) ① share ideas about how to make his village better
② places with clean water
(6) Did you find any problems about our school?

1 **放送問題1** No.1 イ No.2 ア No.3 エ No.4 ウ No.5 イ
放送問題2 No.1 イ No.2 ウ
放送問題3 ① took ② sea ③ staff ④ kind ⑤ university

社会

1 (1) ① アフリカ（大陸） ② B (2) エ (3) ア (4) イ
(5) ① 右図
② D国の鉄鋼生産量の増加の割合よりも，世界の鉄鋼生産量の増加の割合のほうが大きい。

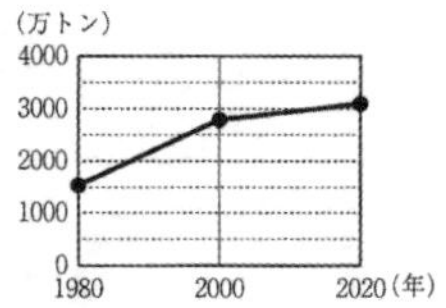

2 (1) 南鳥島 (2) ① 抑制栽培 ② ウ (3) イ
(4) **東京都内の土地価格は，東京駅**に近いところは高く，遠いところは低くなる。 (5) イ (6) ① ア ② 2月5日午後8時

3 (1) 近世 (2) イ (3) エ→ア→ウ→イ (4) カ (5) 応仁の乱
(6) ① 親藩 ② 幕府が，大名の領地替え（国替）を行う力を持っていたから。 (7) 地券

4 (1) 富岡製糸場 (2) イ→エ→ウ→ア (3) ア (4) ウ (5) エ
(6) ポツダム (7) アメリカ軍の施設 (8) PKO

5 (1) ウ (2) ベンチャー (3) イ
(4) **企業が**工場などの**生産拠点**を海外に移すことで，国内産業が**衰退**すること。 (5) ウ
(6) ① 循環 ② リデュース

6 (1) ① 多数決 ② エ (2) 2（議席） (3) ア
(4) 男女共同参画社会基本法 (5) 低い**賃金**のもとで長い**時間**働かされた (6) 勤労

国語

一 1 (1) まぎ（れる） (2) さと（す） (3) よか (4) ゆうぜん (5) 勤（める）
(6) 増（す） (7) 完備 (8) 改革 2 イ

二 1 F 2 E 3 (1) 一語 (2) オ

三 1 ならわん
2 (1) ならひまなばんと思ふ心ざし (2) 自分一人で学んだことを正しいと思い込む
(3) エ

四 1 イ 2 部活動に対して常に真剣だった里美が、いいかげんな答えを言ったから。
3 ア
4 (1) うらめしく
(2) 里美が家族のために遠くはなれた高校に進学すると決めた事情を知らずに、自分勝手な考え方をしていた 5 オ

五 1 ウ 2 エ 3 (1) オ (2) 個々のものがもっていた微妙な差異 4 ア
5 言葉には実際に経験したことの一部しか伝えられない限界があるが、相手と経験を共有することで豊かな意味あいを伝える働きもあるということ。

六 与えられた条件のもとで、述べられていること。

令和４年度　問題解説

〈数学〉

1 (1) ③　$5(a-2b)-2(2a-3b)=5a-10b-4a+6b=a-4b$

④　$\sqrt{12}\times\sqrt{45}=2\sqrt{3}\times3\sqrt{5}=6\sqrt{15}$

(2) $5\times5\times\pi\times\frac{72}{360}=5\pi\,\mathrm{cm}^2$

2 (3) $(x-2)^2=6, x-2=\pm\sqrt{6}, x=2\pm\sqrt{6}$

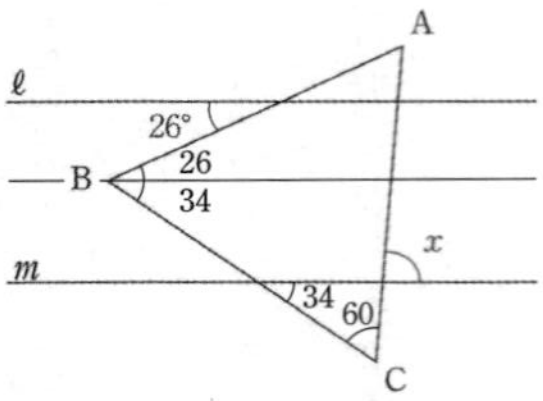

(5) B を通る ℓ と m に平行な直線を引く。
そうすると，錯角が等しい 26°，34° の角度がわかる。
よって，$x=180-(34+64)=86°$

3 (1) ①　$(a,b,c)=(3,-2,2),(5,-2,6)$ の２通り

②　$ab+c$ の値が正の値になるのは樹形図の○が付いている場合なので，$\frac{11}{18}$

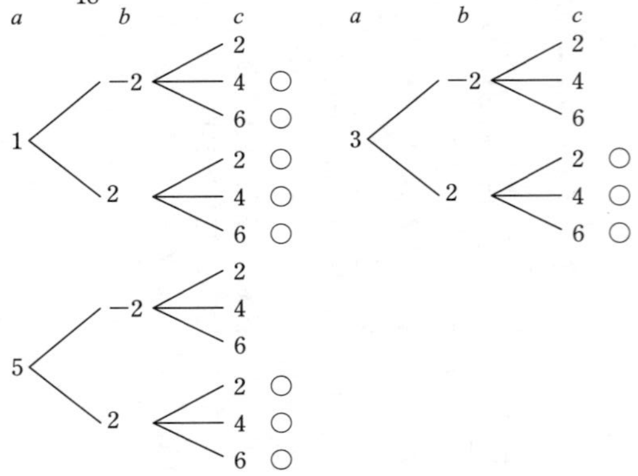

(2) ①　８段目の左端の数は $8^2=64$ なので，右端は $64+7=71$

6 (1) 点Ａは $y=\frac{1}{2}x^2$ 上にあるので，$y=\frac{1}{2}\times(-2)^2=2$ より，$A(-2,2)$
よって，Ａと x 軸について対称な点Ｃは，$(-2,-2)$

(2) 点Ｂは $y=\frac{1}{2}x^2$ 上にあるので，$y=\frac{1}{2}\times4^2=8$ より，$B(4,8)$
よって，求める直線の式を $y=ax+b$ とおき $B(4,8)$，$C(-2,-2)$ を代入し，連立方程式を解けばよい。

(3)

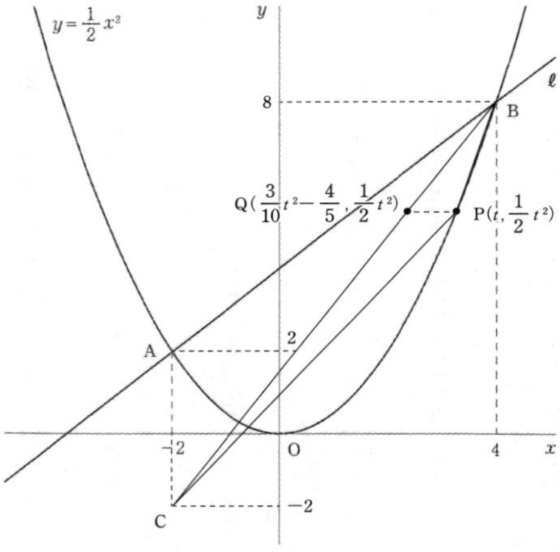

$\triangle ACB=4\times6\times\frac{1}{2}=12$
したがって，$\triangle PBC=12\times\frac{1}{4}=3$
$P(t,\frac{1}{2}t^2)$ とおき，P より BC に x 軸に平行な直線を引いて，その交点を Q とすると，その y 座標は，$\frac{1}{2}t^2$ なので，$\frac{1}{2}t^2=\frac{5}{3}x+\frac{4}{3}$ より
$x=\frac{3}{10}t^2-\frac{4}{5}$
$PQ=t-(\frac{3}{10}t^2-\frac{4}{5})=-\frac{3}{10}t^2+t+\frac{4}{5}$
$\triangle PBC=\triangle PBQ+\triangle PCQ$ より，
$3=(-\frac{3}{10}t^2+t+\frac{4}{5})\times(8-\frac{1}{2}t^2)\times\frac{1}{2}+(-\frac{3}{10}t^2+t+\frac{4}{5})\times(\frac{1}{2}t^2+2)\times\frac{1}{2}$
$3=(-\frac{3}{10}t^2+t+\frac{4}{5})\times10\times\frac{1}{2}$　　$3=-\frac{3}{2}t^2+5t+4$
$3t^2-10t-2=0$
解の公式より，$t=\frac{5\pm\sqrt{31}}{3}$　　$t>0$ より，$t=\frac{5+\sqrt{31}}{3}$

7 (1) $\triangle AMB$ も 45°，45°，90° の二等辺三角形なので，
$BM:AB=1:\sqrt{2}$ より　$BM=\frac{6}{\sqrt{2}}=3\sqrt{2}\mathrm{cm}$

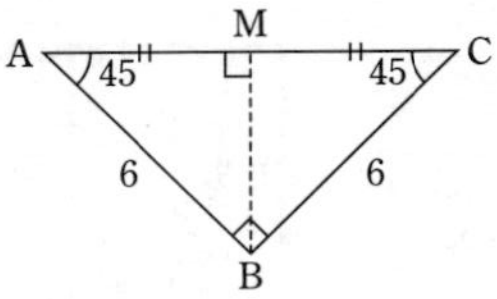

(2) ①　$\triangle ABC$ において三平方の定理より，
$AC=6\sqrt{2}$
PM は $\triangle APC$ において AC を底辺としたときの高さなので，
$6\sqrt{2}\times PM\times\frac{1}{2}=30$
$PM=5\sqrt{2}\mathrm{cm}$

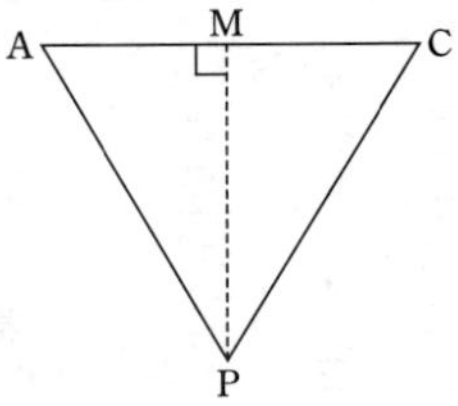

②　①の $\triangle APM$ において三平方の定理より，
$AP=\sqrt{(3\sqrt{2})^2+(5\sqrt{2})^2}=2\sqrt{17}$

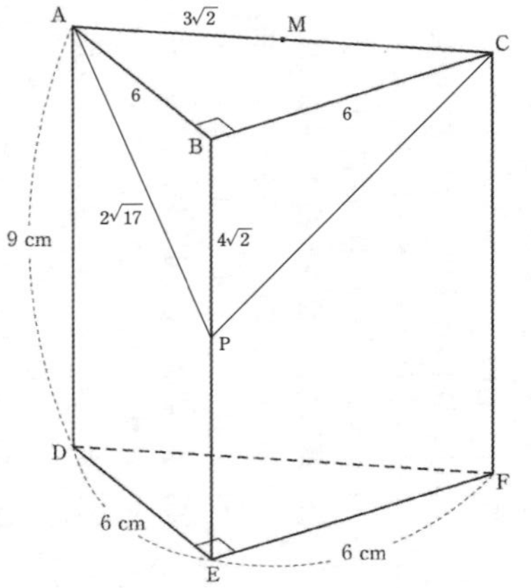

$\triangle ABP$ において三平方の定理より，$BP=\sqrt{(2\sqrt{17})^2-6^2}=4\sqrt{2}$
したがって，三角すい PABC の体積は
$6\times6\times\frac{1}{2}\times4\sqrt{2}\times\frac{1}{3}=48\sqrt{2}\mathrm{cm}^3$
今度は同じ三角すい PABC の底面を $\triangle APC$ にすると，高さが求めたい３点 A，C，P を通る平面と点 B との距離になるので，x cm とおくと，三角すいの体積$=\triangle APC\times x\times\frac{1}{3}$
$48\sqrt{2}=6\sqrt{2}\times5\sqrt{2}\times\frac{1}{2}\times x\times\frac{1}{3}$
$x=\frac{12\sqrt{2}}{5}\mathrm{cm}$

〈理科〉

1 (2) ア　根にも師管はある。

(3) ア　双眼実体顕微鏡には反射鏡が付いていない。

2 (1) ウ　ミジンコは多細胞生物。

(3) ②　体細胞分裂においては細胞の数は変わらないが，減数分裂では，細胞の数が半分になる。

3 (1) ①　岩石Ａは等粒状組織なので深成岩を選ぶ。
アとオは火山岩，ウとエは堆積岩。

4 (1) 等圧線の１間隔が 4hPa なので，$1020-4\times2=1012$hPa

(3) 右上にある低気圧を基準に考えるとよい。天気は西から東へ変わる。

5 (3) 質量パーセント濃度(%)$=\frac{溶質}{水溶液}\times100=\frac{25}{100+25}\times100=20\%$

(5) Ⅱより，水 100g にとける硝酸カリウムは $25-3=22$g。
したがって水 50g にとける硝酸カリウムは $22\div2=11$g。
よって，$25-11=14$g の結晶が出る。

6 (1) 実験１で発生した気体は酸素。

(4) $4.0:3.2=0.80:x, x=0.64$

7 (2) 直列回路において，流れる電流は同じ。

(4) Ⅱより，抵抗器 b に流れる電流は，$50-40=10$mA

(5) 図において抵抗器 b の電圧は，(4)とグラフより，1.2V。したがって，回路全体の電圧も 1.2V，流れる電流は 0.05A なので，抵抗は，
$1.2\div0.05=24\Omega$

8 (3) ・おもりにはたらく合力はおもりの重力なので，角度を大きくしても変わらない。

・ⅡはⅠに比べ，分力も２倍になることから，角度が小さいうちに大きな力がかかり糸が切れる。

〈英語〉

2 (1) ①〔パーティで〕

A：わあ。あなたのバッグはとてもかわいいですね。

B：ありがとう。これは（姉の物です）。今日，私は彼女からそれを借りています。

彼女から借りていますとあるので，私の物でもあなたの物でもないことがわかる。

②〔朝〕

A：ああ，遅刻してしまう。朝食を食べる時間がもっと必要です。

B：もっと早く起きなさい，（そうすれば）あなたにもっと時間ができるはずです。

命令文 and / or …「～しなさい，そうすれば…/ さもなければ…」

③〔教室で〕

A：こんにちは，私の名前はユミです。何か質問があれば（どうぞご自由に質問してください）。

B：ありがとう，僕はジョンです。えっと，コンピュータールームへの行き方を教えてくれませんか？

ア　あなたは私と一緒にギターをひくでしょう

イ　どうぞご自由に質問してください

ウ　私はあなたと仲良くやっていけそうです

エ　いくつか例を挙げさせてください

Bでジョンがコンピュータールームへの行き方を聞いていることに着目する。

(2)〔家で〕

A：この防災キットに何を入れるべきか知っていますか？

B：このリストを見てください。私はあなたが入れるべきものを（これが示してくれると思います）。

リストに防災キットに入れるべきものが書いているので，「あなたが入れるべきもの」what you should put を it＝リストが示してくれるとすればよい。

(3)〔夕食で〕

A：わあ。このスープおいしい。1 何か変えましたか？

B：ありがとう，でも何もしていません。2 私がいつも作っているのと同じスープです。

A：本当？ 3 今日は何かが違うような気がします。

B：ああ，しまった。4 もしかしたら，塩を入れるのを忘れたかもしれません。

A：あはは。そのほうが健康にいいですね。

3 ①　あなたの英語はとても上手ですね，修！

②　ありがとう，クロエ。私は 10 年間それを A ずっと勉強し続けています。

③　わあ。それは長いですね！どうして英語を勉強しているのですか？

④　将来，B 私は外国人の観光客に日本についてたくさんのことを教えたいと思っています。

⑤　すごい！あなたがそうできることを願っています。彼らはあなたから日本について多くの事を学ぶことができて幸せだと思います。

(1) I' ve=I have となっていること，for ten years と期間が書かれていることから完了形であると考えられ，次のクロエの発言③から動詞が study であること，現在でも勉強を続けていることがわかる。よって，現在完了進行形で been studying が入る。

(2) イラストとクロエの発言⑤の内容に着目する。イラストから they を外国人の観光客だと考えて，I' ll tell foreign tourists many things about Japan となる。

4 マイク：やあ，太郎。一つ質問してもいいですか。

太郎　：もちろんです，マイク。何が知りたいのですか？

マイク：僕が日本に来る前，周りの人で日本人は長時間働くと言っていた人がいました。僕はここに来て1年になりますが，そのことに確信が持てません。君はどう思いますか？

太郎　：僕もよくわかりません。しかし，両親はよく帰るのが遅くなります。

マイク：A 彼らはそのことについてどう考えていますか？

太郎　：ええと，今夜両親に聞いてみて，明日そのことについて君に話します。

マイク：いいね。ありがとう，太郎。

[次の日]

太郎　：やあ，マイク。少し時間はありますか？

マイク：もちろん，太郎。昨夜，両親と話をしましたか？

太郎　：父親とだけ話をしました。でも，いくつか面白い記事も見つけました。

マイク：おお，ありがとう！彼は何と言っていましたか？

太郎　：ええと，僕の父親は長時間働いているとは思っていません。しかし，家から職場まで長い時間がかかると思っています。

マイク：ああ，彼の職場は家から遠いのですか？

太郎　：はい，遠いです。1 時間かかります。父親は私たちとの時間がもっと欲しいと言っていました。

マイク：なるほど。君もお父さんとの時間がもっと欲しいと思っているのですね？

太郎　：はい，もちろんそうです，そして家族全員が同じことを願っています。母親は父親との時間がもっと必要だと言っていました，特に彼女は僕の 8 歳の弟の世話をしていますから。

マイク：なるほど。

太郎　：僕が見つけた記事によると，最近の日本人の若者は仕事よりも家族が大事だと考えています。このグラフを見てください。このグラフは3,000人を対象にした2011年の調査と，10,000人を対象にした2017年の調査の結果を示しています。対象は16歳から29歳です。

マイク：わあ，2017年では63%以上の人が家族の方が大事だと考えています。

太郎　：その通り。2011年から約11%割合が増えています。

マイク：なるほど。それじゃあ，若者はますます多くの若者が家族の方が大事だと考えているということができますよね？

太郎　：その通りです。多くの人々が働き方について考える必要があると思います。あ，ひとつ考えがあります。もし父親が職場で働くか，家で働くか選ぶことができたら，私たちと今よりも多くの時間を過ごすことができます。技術がそれを可能にしていますよね？働く人はみんな幸せになると思います。

マイク：君はそう思いますか？ B 僕はそれほど単純なことではないと思います。

太郎　：ええ，本当に？どうしてですか？

マイク：ええと，例えば，道路や，橋や，建物をつくる労働者について考えてみてください。そんなことを家でやることは不可能ですよね？

太郎　：おお，君は正しいです。仕事が違えば働き方も違います。実際，僕の母親は看護師で，彼女が家で働くのは不可能だと思います。彼女は患者を助けるために病院に働きに行きます，そして，彼女は仕事に誇りを持っていると言っています。

マイク：それはすごいですね！僕も君のお母さんのように仕事に誇りを持つことができたらいいと思います。また，家族や自分の趣味に使う時間をくれる仕事に就きたいです。

太郎　：僕もそう思う。僕たちがもっとよい個人の時間を持つことができたら，もっと仕事を楽しむことができます！

(1) ア　彼らはそのことについてどう考えていますか？

イ　彼らとどこで話しますか？

ウ　彼らはどれくらいの頻度で帰るのが遅くなりますか？

エ　なぜその情報を与えることができますか？

マイクは，よく帰りが遅くなるという太郎の両親に聞くことで，日本人は長時間働いているかを確認しようとしている。

(2) 太郎の 8 つ目の発言第 1 文に同じ内容の文がある。太郎の発言ではないので all his family members と書き換えなければならない点に注意。

(3) ①　2011 年，□%の日本人の若者が家族のほうが大事だと考えている。

2011 年のグラフの family の数値を読み取ればよい。

②　2017年，□%の人々が仕事よりも家族の方が大事ではないと考えている。

less importantになっていることに注意。2017年のグラフのjobの数値を読み取ればよい。

(4) ア　とても単純なことだ。

イ　それほど単純なことではない。

ウ　彼らは自分の職場で働くことに喜びを感じるだろう。

エ　彼らは自分の職場で働くことに喜びを感じないだろう。

職場で働くか自宅で働くか選ぶことができれば家族との時間を増やすことができ，働く人みんなが喜ぶという直前の太郎の言葉をうけてのマイクの発言。次の発言で建設業の人は自宅では仕事ができないという例外を挙げている。

(5) ア　マイクは１年前に日本に来たので日本に住んでいる人々は長時間働いているということを知っている。
イ　マイクは太郎の母親は太郎や太郎の父親からの助けがもっと必要だと考えている。
ウ　太郎は多くの人々が道路や橋や建物を作っている労働者のことを考える必要があると言っている。
エ　太郎とマイクは家族と過ごしたり趣味に使ったりするための時間をくれる仕事に就きたいと考えている。
エがマイクと太郎の最後の発言と同旨。

5　去年、私は生徒会のメンバーになるという大きな決断をしました。私は学校のために毎日一生懸命働きました。しかし、私は学校に何か貢献しているのかどうか確信を持つことができませんでした。私はよく自分自身に問いかけました。「生徒たちのために学校をよくするには私は何をすべきだろうか」しかし、私は何も答えが思い浮かびませんでした。ある日、生徒会の顧問のワタナベ先生が、私たちの村の学生のための会議について教えてくれました。彼は「もし、あなたが会議に出席すれば、どうやって村をよくしていくかについての考えを他の生徒や村の職員と共有することができます」と言いました。私は、これはA生徒会のメンバーとして何か重要なことを学ぶ大きな機会だと思いました。そこで、私はその会議に出席することに決めました。

会議では、20人の学生がいました。そのうち10人が高校生でした。6人が私のように中学生でした。残りは小学生でした。高校生は自信をもって考えを他の人と共有しました。中学生、小学生でさえ自信をもって話をする人もいました。しかし、私は自分の考えを表現することができませんでした、Bなぜなら私は自分の考えが「正しい答え」であるという確信が持てなかったからです。

会議の間、村の職員が私たちに「将来の世代のために私たちの場所をより良くするには、村はどのような行動をとるべきでしょうか？」と尋ねました。とても難しい質問でした。みんな何も言うことができませんでした。そのとき、私は「地元のために何かを言わなくてはいけない」と思いました。しばらくしてから、私は手を挙げてこう言いました。「私は村が何をすべきかについての考えはありません。私がただ一つ言えることは…ええと…私は地元を愛しています。私は家の近くの田んぼでホタルを見ることが好きです。それらはとても美しいです。しかし、今ホタルの数は減少しています。つまり、最近ホタルを見つけるのが難しくなっています。私は私たちにとって大きな問題だと思います。私たちは地元を特別にする何かを失いつつあります。私たちはそのことについて何ができるでしょうか？」私がそう言った後、私は思いました、「みんな私を笑うだろう」。

しかし、ある高校生が「私が子どものとき、ホタルを見るためにあなたの地元に行きました。それらはとても美しかった。私は将来の世代がそこでホタルを見ることを楽しむことができるように何かをしたい」と言いました。その後、村の職員が「ホタルは水がきれいなところでしか生きられません。もし、ホタルの数が減っているのであれば、あなたとともにあなたの地域のために何かをしたい。問題を共有してくれてありがとう」

この経験から、私は何か大事なことを学びました。もし、場所をよくしたいのであれば、問題を探すべきです。もし、問題を見つけることができ、それを他の人と共有すれば、彼らは答えを見つけるのを手伝ってくれるでしょう。

今、私はこの学校の問題を見つけ、一緒に答えを見つけることができるように、生徒会のメンバーに共有しようと考えています。

(1) ア　もっとも便利な装置のために
イ　学校の教室を掃除することによって
ウ　会議を開くことについて
エ　生徒会のメンバーとして
蔵之介は生徒会の活動が生徒のためになっているかについて悩んでおり、そのことを解決することにつながるのではないかと考えている。

(2) Bの前後で結果と原因になっている。

(3) ア　蔵之介は生徒のために学校をよくするために何をすべきか考えている。
イ　蔵之介は自分の家の近くの田んぼでホタルを見ることが大好きだ。
ウ　蔵之介の地元は地元を特別なものにするための何かを失いつつある。
エ　ある高校生は蔵之介の地元でホタルを見るのを楽しむことができた。
that を含む文の直前に同旨の文がある。

(4) ア　蔵之介は会議の前からワタナベ先生のために村をよくしたいと考えていた。
イ　５人の小学生が会議に出席していて自分の意見を持っていた。
ウ　蔵之介が意見を言った後、メンバー全員が笑った。
エ　蔵之介は会議からまず問題を見つけることが重要であると学んだ。
第５段落と同旨。

(5) ①質問：ワタナベ先生は蔵之介の村の学生のための会議について何を言いましたか？
答え：彼は蔵之介がその会議に出席すればどうやって村をよくしていくかについての考えを他の学生や村の職員と共有することができると言いました。
第１段落のワタナベ先生の発言に同旨。your を his に書き換えることに注意。
②質問：村の職員によると、ホタルはどこで生きることができますか？
答え：彼らは水のきれいなところでだけ生きることができます。
第４段落の村の職員の発言の第１文に同旨。

(6) 遥　：あなたのスピーチは素晴らしかったです。私たちの学校について質問してもいいですか？
蔵之介：もちろんです、遥。質問は何ですか？
遥　：学校について何か問題を見つけることができましたか？
蔵之介：はい、そうです。実際、いくつか問題がありました。
遥　：ああ、例を教えてください。
蔵之介：わかりました。私たちの学校の教室であまりきれいでない教室があることがわかりました。その問題について他の生徒と話さなければならないと考えています。
遥　：わかりました。私たちの学校がより良い場所になる事を願っています。
蔵之介がはいと答えた後でいくつか問題があったとあるので、問題を見つけることができたかという質問が入る。

〈国語〉

一　2　ア、ウ、エ、オは連用形。イのみ仮定形。

二　2　「かな」が切れ字。
3　Bの俳句についてである。

三　文章Ⅰ【現代語訳】
ある人が言ったことには、人間は何ごとにつけても、師匠というものがいなくては叶わないものである。しかしながら真の師匠を探し求めた方が良い。根本の師匠とは自分の心である。物を習おうという心こそが師匠である。そもそも世間で師匠をする人はそれぞれの稽古ごとに多いけれども、習って学ぼうと思う気持ちがなければ、その師匠が存在する意味がない。たとえまた世間にそれぞれの稽古の師匠がなかなか見つからないとしても、自分の心を正しくして、それぞれの稽古ごとに怠ることをせず、念入りに細かいところまで調べて心がけて励むならば、その心はすなわち師匠となって進歩をもたらすだろう。
文章Ⅱ【現代語訳】
思うに学ぶときは、互いに磨き高め合うべきことは明らかである。門を閉じて読書をし、心を師匠として自分を正しいとしても、大勢の人前に出て、間違いを犯して恥をかく者がいるのを見ることが多い。

四　1　傍線部１直前の「ひときわ大きな拍手が送られた」、直後の「本当に、もう会えないの」に注目する。
2　傍線部２直後の「里美の口から、そんないいかげんな答えが出てくるなんて。」に注目する。
3　イ「頼もしく感じる」が不適。　ウ「明快に説明しよう」が不適。
エ「あわれんでいる」が不適。　オ「心から感謝」が不適。
5　ア「きっぱりと切り替えた」が不適。
イ「気温が高く汗ばむような暑さであることを示している」が不適。
ウ「あふれる幸福感」が不適。
エ「弟や妹のことをねたんでいる」が不適。

五　1　ウは同じ意味の語を並べてできた熟語。残りは上の語が下の語を修飾している。
2　第二段落に注目する。
3　(1)オ　第六段落の「ものごとはそれによって正確にとらえられているという意識をそれを使う人のなかに生みだします。」とあるので不適。
(2)第四段落にある。
4　イ「複数の具体例」が不適。
ウ「言葉の持つ欠点を述べる」が不適。
エ「言葉の正確な使い方を説明」が不適。
オ「言葉の持つ機能をまとめていく」が不適。
5　言葉の限界については第二段落に書かれており、併せて第七段落の内容をまとめればよい。

令和5年度　高校入試問題と解答・解説

実践形式

公立高校入試出題単元

(国語のみ逆綴じになっております)

数学

【1】小問（計算・体積）
【2】小問（文字と式・作図・関数・箱ひげ図）
【3】（1）確率（2）文字と式
【4】方程式（文章題）
【5】平面図形（相似証明・比）
【6】関数と図形（線分の長さ・面積）
【7】空間図形（線分の長さ・体積）

英語 ※リスニングは筆記問題の後に掲載

【2】会話文（空欄補充・並べ替え）
【3】英作文
【4】対話文（適文補充・適語補充・内容真偽・英作文）
【5】長文読解（適語補充・内容把握・空欄補充・内容真偽）
【1】リスニング

理科

【1】動物のからだとはたらき（分類・食物連鎖）
【2】植物のつくりとはたらき（光合成・呼吸）
【3】大地の変化（地層）
【4】天気の変化（湿度）
【5】物質の性質（密度）
【6】イオン（イオンのなりやすさ・電池）
【7】身近な科学（光）
【8】運動とエネルギー（力学的エネルギー）

社会

【1】世界地理（地形・気候・言語・工業・農業）
【2】日本地理（海洋・気候・農業・工業・地形図）
【3】歴史（古代～近世）
【4】歴史（近現代）
【5】公民（地方自治・経済・国際社会）
【6】公民（人権・憲法・国際連合）

国語

【1】漢字・敬語
【2】詩（鑑賞文・抜き出し・空欄補充・内容把握）
【3】古文（現代仮名遣い・空欄補充・内容把握）
【4】小説（心情把握・空欄補充・表現）
【5】評論文（文法・段落・内容把握・空欄補充）
【6】作文（二段落構成・200字以内）

解答ページ

解説ページ

令和５年度入試問題　数学

注　意

1　答えに $\sqrt{\ }$ が含まれるときは，$\sqrt{\ }$ をつけたままで答えなさい。
ただし，$\sqrt{\ }$ の中はできるだけ小さい自然数にしなさい。

2　円周率は π を用いなさい。

1　次の（１），（２）の問いに答えなさい。

（１）次の計算をしなさい。

① $(-21)\div 7$

② $-\dfrac{3}{4}+\dfrac{5}{6}$

③ $(-3a)\times(-2b)^3$

④ $\sqrt{8}-\sqrt{18}$

(1)	①	
	②	
	③	
	④	

（２）ある球の半径を２倍にすると，体積はもとの球の体積の何倍になるか，求めなさい。

(2)	倍

2　次の（１）～（５）の問いに答えなさい。

（１）桃の果汁が 31％の割合で含まれている飲み物がある。この飲み物 a mL に含まれている桃の果汁の量は何 mL か，a を使った式で表しなさい。

（２）等式 $3x+2y-4=0$ を y について解きなさい。

(1)	mL
(2)	

（３）右の図のような，△ABC がある。
辺 AC 上にあって，辺 AB，BC までの距離が等しい点 P を，定規とコンパスを用いて作図によって求め，P の位置を示す文字 P も書きなさい。
ただし，作図に用いた線は消さずに残しておきなさい。

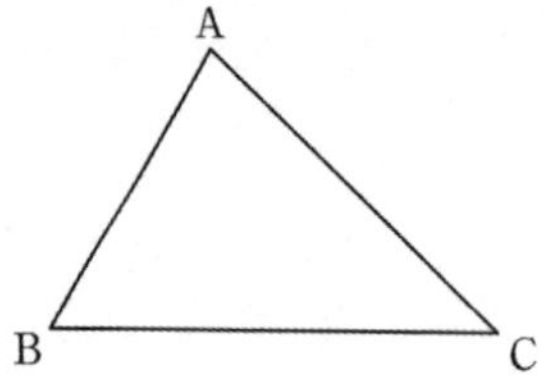

(3)

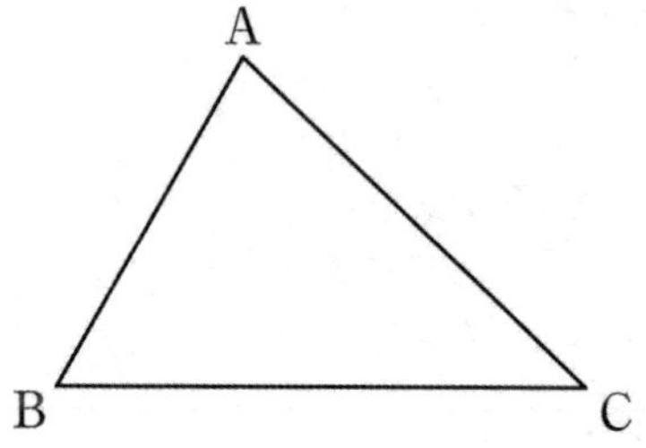

（４）関数 $y=x^2$ について，x の値が１から４まで増加するときの変化の割合を求めなさい。

（５）**図１**は，ある学級の生徒 30 人について，先月の図書館の利用回数を調べ，その分布のようすをヒストグラムに表したものである。例えば，利用回数が２回以上４回未満の生徒は３人であることがわかる。また，**図２**の**ア**～**エ**のいずれかは，この利用回数の分布のようすを箱ひげ図に表したものである。その箱ひげ図を**ア**～**エ**の中から１つ選び，記号で答えなさい。

図１

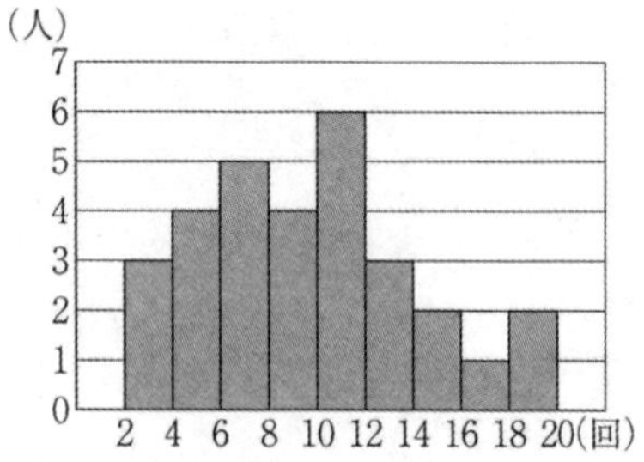

図２

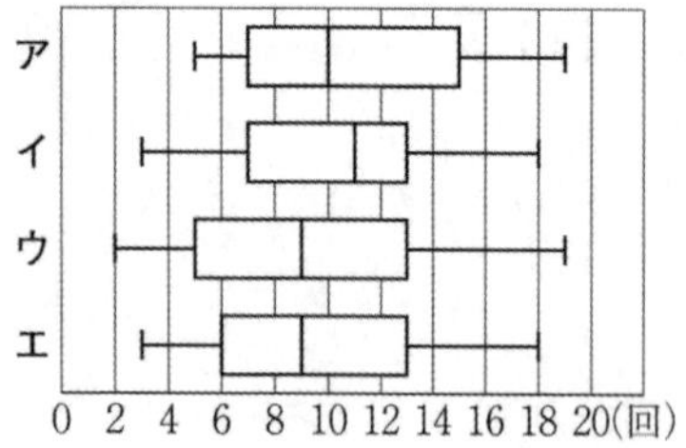

(4)		(5)	

3 次の（1），（2）の問いに答えなさい。

（1） 右の図のように，袋の中に1，2，3の数字が1つずつ書かれた3個の玉が入っている。A，Bの2人が，この袋の中から，**<取り出し方のルール>**の（ア），（イ）のいずれかにしたがって，1個ずつ玉を取り出し，書かれた数が大きいほうの玉を取り出した人が景品をもらえるゲームを考える。書かれた数が等しい場合には2人とも景品はもらえない。ただし，どの玉を取り出すことも同様に確からしいものとする。

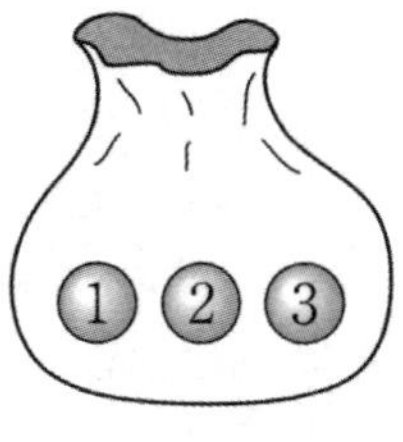

<取り出し方のルール>

（ア） はじめにAが玉を取り出す。次に，その取り出した玉を袋の中にもどし，よくかき混ぜてからBが玉を取り出す。

（イ） はじめにAが玉を取り出す。次に，その取り出した玉を袋の中にもどさず，続けてBが玉を取り出す。

① ルール（ア）にしたがったとき，Aが景品を**もらえる**確率を求めなさい。

② Aが景品を**もらえない**確率が大きいのは，ルール（ア），（イ）のどちらのルールにしたがったときか。ア，イの記号で答え，その確率も書きなさい。

(1)	①		②	ルール＿＿＿＿＿・確率＿＿＿＿＿

（2） **図1**のように，整数を1から順に1段に7つずつ並べたものを考え，縦，横に2つずつ並んでいる4つの整数を四角形で囲む。ただし，○は整数を省略したものであり，囲んだ位置は例である。

図1

1	2	3	4	5	6	7
8	9	10	11	12	13	14
15	16	17	18	19	20	21
⋮	⋮	⋮	⋮	⋮	⋮	⋮
○	○	○	○	○	○	○
○	○	○	○	○	○	○
⋮	⋮	⋮	⋮	⋮	⋮	⋮

このとき，囲んだ4つの整数を

a	b
c	d

とすると，$ad-bc$ はつねに同じ値になる。

① $ad-bc$ の値を求めなさい。

(2)	①	

② **図2**のように，1段に並べる整数の個数を n に変えたものを考える。ただし，n は2以上の整数とする。

このとき，$ad-bc$ はつねに n を使って表された同じ式になる。その式を解答欄の（　　　）の中に書きなさい。また，それがつねに成り立つ理由を説明しなさい。

図2

1	○	○	○	…	n
○	○	○	○	…	○
○	○	○	○	…	○
○	○	○	○	…	○
⋮	⋮	⋮	⋮	⋮	⋮

(2)	②	（　　　　　　　　　　） [理由]

4 ある中学校で地域の清掃活動を行うために，生徒200人が4人1組または5人1組のグループに分かれた。ごみ袋を配るとき，1人1枚ずつに加え，グループごとの予備として4人のグループには2枚ずつ，5人のグループには3枚ずつ配ったところ，配ったごみ袋は全部で314枚であった。

このとき，4人のグループの数と5人のグループの数をそれぞれ求めなさい。求める過程も書きなさい。

[求める過程]

答 { 4人のグループホームの数 ＿＿＿＿＿
5人のグループホームの数 ＿＿＿＿＿ }

5　下の図のように，線分ABを直径とする円Oの周上に，直線ABに対して反対側にある2点C，DをAC // DOとなるようにとる。また，線分ABと線分CDとの交点をEとする。

このとき，次の（1），（2）の問いに答えなさい。

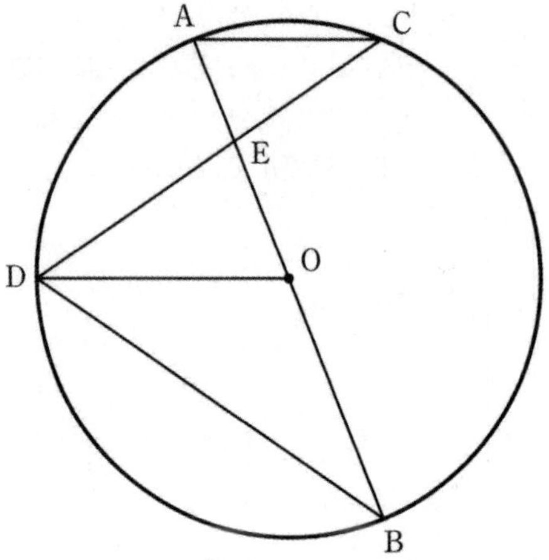

（1）　△EDO∽△EBDとなることを証明しなさい。

（2）　AC:DO＝7:9であるとき，△EDOと△EBDの相似比を求めなさい。

(1)	［証明］ 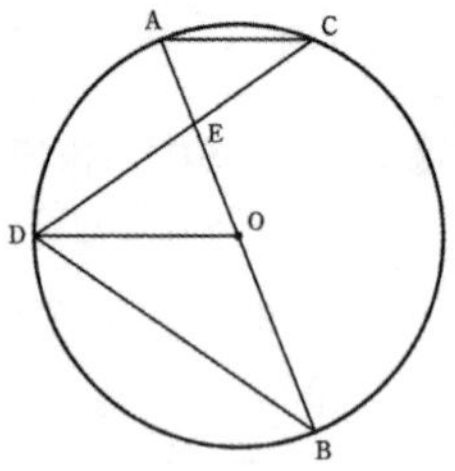
(2)	

6　**図1**のように反比例 $y=\frac{a}{x}\ (x>0)$ のグラフ上に2点A，Bがあり，Aのy座標は6，Bの x 座標は2である。また，比例 $y=ax$ のグラフ上に点C，x 軸上に点Dがあり，AとDの x 座標，BとCの x 座標はそれぞれ等しい。ただし，$0<a<12$ とする。

次の［会話］は，花子さんと太郎さんが四角形ADBCについて考察し，話し合った内容である。

図1

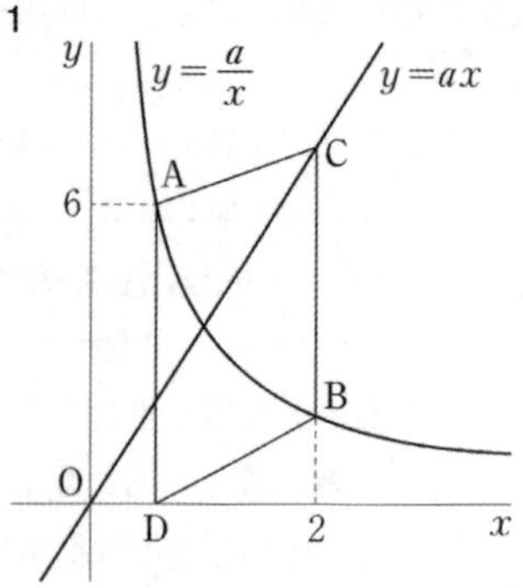

［会話］

花子さん：a の値を1つとると，2つのグラフが定まり，4つの辺と面積も定まるね。点Aの座標は，反比例の関係 $xy=a$ から求めることができそうだよ。

太郎さん：例えば $a=1$ のときの四角形について調べてみようか。

・・・・・・・・・・

太郎さん：形を見ると，いつでも台形だね。平行四辺形になるときはあるのかな？

花子さん：私は，面積についても調べてみたよ。そうしたら，$a=1$のときと面積が等しくなる四角形が他にもう1つあることがわかったよ。

このとき，次の（1）～（3）の問いに答えなさい。

図2

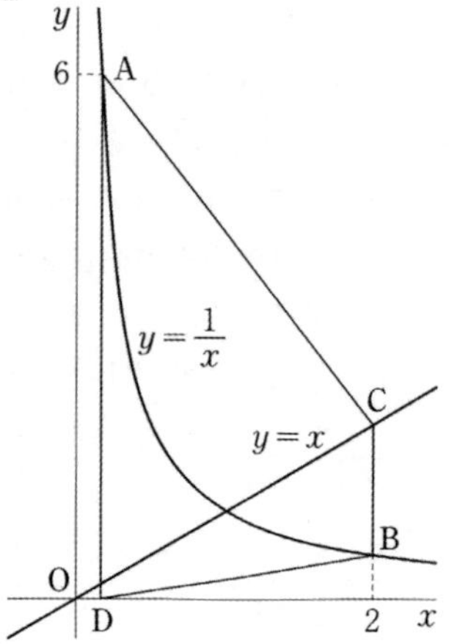

（1）　**図2**は，**図1**において，a=1とした場合を表している。このとき，線分BCの長さを求めなさい。

（2）　四角形ADBCが平行四辺形になるときの a の値を求めなさい。

（3）　［会話］の下線部について，四角形ADBCの面積が a=1のときの面積と等しくなるような a の値を，a=1の他に求めなさい。

(1)		(2)	
(3)			

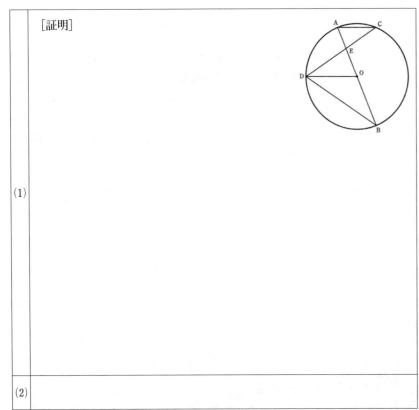

7　下の図のように，底面が１辺2cmの正方形で，高さが$\sqrt{15}$ cmの正四角柱と，正方形ＥＦＧＨのすべての辺に接する円Ｏを底面とする円錐《すい》があり，それらの高さは等しい。また，線分ＥＦと円Ｏとの接点Ｉから円錐の側面にそって１周してＩにもどるひもが，最も短くなるようにかけられている。ただし，円錐において，頂点と点Ｏを結ぶ線分は底面に垂直である。

このとき次の（１）～（３）の問いに答えなさい。

（１）　円錐の母線の長さを求めなさい。

（２）　ひもの長さを求めなさい。ただし，ひもの太さや伸び縮みは考えないものとする。

（３）　ひもの通る線上に点Ｐをとる。Ｐを頂点とし，四角形ＡＢＣＤを底面とする四角錐の体積が最も小さくなるとき，その体積を求めなさい。

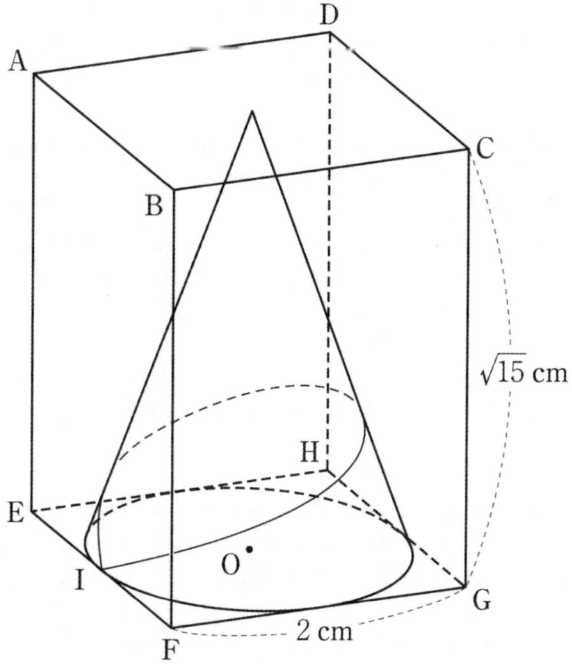

(1)		cm
(2)		cm
(3)		cm^3

令和５年度入試問題　英語

※ 1 リスニングは最後へ

2　次の（１）～（３）の問いに答えなさい。

（１）　次の①～③は，それぞれＡとＢの対話です。（　　　）に入る最も適当なものを，**ア**～**エ**の中からそれぞれ一つずつ選びなさい。

①〔***In a house***〕

A：I'm hungry, Mom. What is today's lunch?

B：I'm (　　　) spaghetti. You said you wanted to eat it yesterday.

ア　cook　　**イ**　cooked　　**ウ**　cooks　　**エ**　cooking

②〔***In a classroom***〕

A：What do you want to do when you visit your friend, Jane, in Australia?

B：I want to show her (　　　) make curry and rice because she likes it very much.

ア　when to　　**イ**　how to　　**ウ**　where to　　**エ**　what to

③〔***At a shopping mall***〕

A：Hey, Steve. (　　　).

B：Oh, Mike! Me, too! What are you going to buy here today?

ア　You bought a very nice watch

イ　I've never been there before

ウ　I'm surprised to see you here

エ　You took a lot of pictures there

(1)	①		②		③	

（２）　次は，ＡとＢの対話です。（　　　）内の語を正しく並べかえて文を完成させなさい。

〔***At a library***〕

A：Excuse me. Which book is better to learn about the history of our city?

B：Let's see. I think this one (you ／ can ／ understand ／ it ／ help) better.

(2)	I think this one (　　　　　　　　　　) better.

（3） 次は，AとBの対話です。 1 ～ 4 に入る最も適当なものを，**ア～エ**の中からそれぞれ一つずつ選びなさい。

〔***At school***〕

A：You have been practicing soccer so hard. [1]

B：Next week. [2]

A：I see. [3]

B：Wakaba junior High School. They are a very good team.

A：[4] Good luck.

ア It'll be our last one.
イ What school are you going to play against first?
ウ I'm sure your team will win the game.
エ When is your next tournament?

(3)	1		2	
	3		4	

3 留学生のエミリー（Emily）と純也（Junya）が話をしています。対話は①～⑤の順で行われています。④のイラストは純也が話している内容です。自然な対話となるように，（1），（2）の問いに答えなさい。

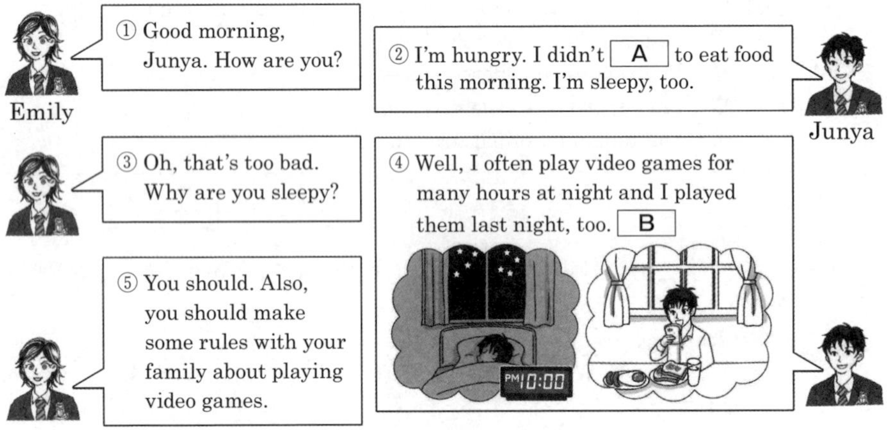

Emily
Junya
① Good morning, Junya. How are you?
② I'm hungry. I didn't [A] to eat food this morning. I'm sleepy, too.
③ Oh, that's too bad. Why are you sleepy?
④ Well, I often play video games for many hours at night and I played them last night, too. [B]
PM 10:00
⑤ You should. Also, you should make some rules with your family about playing video games.

（1） [A] に入る適当な**英語2語**を書きなさい。

（2） イラストと対話の流れに合うように， [B] に入る適当な**英語**を**1文**で書きなさい。

(1)	
(2)	

4 中学生の広人（Hiroto）が，彼の家にホームステイしている留学生のサイ（Sai）と話をしています。以下の会話を読んで（1）～（6）の問いに答えなさい。

Sai: Hey, Hiroto. What are you doing?

Hiroto: I'm looking for information about *literacy rates on the internet.

Sai: Literacy rates? The *rate of people who can read or write in each country?

Hiroto: Yes. Kaito, my younger brother, didn't try to do his homework yesterday. Then my mother told him,"You should study hard. Many people in the world have a lot of trouble because they cannot read or write." So, I became interested in this problem.

Sai: Oh, I see.

[Twenty minutes later]

Sai: Look! I found an article about the literacy rate in my country, India!

The Literacy Rate in India (15 years old and older)				
Year	1970	1995	2006	2018
Rate (%)	33.1	52.0	62.8	74.4

（ユネスコ資料により作成）

Sai: In 1970, only about 30 percent could read or write.

Hiroto: But, in 2018, more than 70 percent could read or write! It improved *by about 40 points between 1970 and 2018. It improved a lot! What happened during these years?

Sai: I'm not sure. [A] I think he worked in India as a *volunteer before. He may know something about it.

[The next day at school]

Hiroto: Hi, Mr. Brown. Sai and I found an article about the literacy rate in India. There is a big difference between 1970 and 2018. It improved greatly. Do you know why?

Mr. Brown: I know some of the reasons. I went to India to do volunteer work about ten years ago. At that time, in India, there were more illiterate people than now. So, the goverment and some groups worked hard to improve the *situation.

Sai: What did they do?

Mr. Brown: They did various things. For example, they *built a lot of school buildings because there weren't enough. Also, they *expanded the *school lunch program. Thanks to these efforts, more children can go to school now.

Hiroto: That's very nice!

Mr. Brown: However, in some countries, some people still cannot go to school even if they want to do so.

Hiroto: They cannot do so because such countries don't have enough schools, right?

Mr. Brown: Right. But there are other reasons, too. Some children have to stop going to school to help their parents with their work.

Sai: I guess it's difficult for people who cannot go to school to get some types of jobs because they cannot read or write.

Mr. Brown: That's right. Because of that, some of them cannot earn enough money to live. Also, they cannot read important *explanations about *medications or receive various services in their daily lives. As a result, [B].

Hiroto: These are serious problems. If I were illiterate, I couldn't learn many things from books or websites.

Mr. Brown: I'm sure learning things can *lead to a better life and save our lives.

Hiroto: I agree. I can go to school and learn many things now. I'm very sad that it's difficult for people in some countries to do those things.

Sai: I'm sad, too. I'm *thankful that I can enjoy learning many things. I want to study harder and learn more things!

Hiroto: Me, too! Let's try various things together!

注：literacy rates　識字率　rate　割合　by about 40 points　約 40 ポイント分
volunteer　ボランティア　situation　状況　built ～　～を建てた
expanded ～　～を拡大した　school lunch program　給食制度
explanations　説明　medications　薬　lead to ～　～につながる
thankful that ～　～ということに感謝して

（1） 本文中の [A] に入る英文として最も適当なものを，**ア**～**エ**の中から一つ選びなさい。

ア Why don't we ask Mr. Brown, our ALT, tomorrow?
イ When did you learn how to read or write Japanese?
ウ Who knows the reasons for the trouble very well?
エ How did you know that Mr. Brown is our new teacher?

（2） 本文や表の内容に合うように，次の①と②の英文の [ ] に入る最も適当なものを，**ア**～**エ**の中からそれぞれ一つずつ選びなさい。

① In 1995, [ ] percent of people in India could read or write.
ア 33.1　**イ** 52.0　**ウ** 62.8　**エ** 74 .4

② Hiroto realized the literacy rate in India improved greatly for about [ ] years.
ア five　**イ** eight　**ウ** thirty　**エ** fifty

（3） 本文中の [B] に入る英語として最も適当なものを，**ア**～**エ**の中から一つ選びなさい。

ア they can get enough money　**イ** they cannot read or write
ウ their lives are in danger　**エ** their lives are safe and easy

（4） 次の英文は，本文の内容の一部を示したものです。本文の内容に合うように，[ ] に入る適当な**英語 4 語**を書き，文を完成させなさい。

Hiroto feels sad that it's difficult for people in some countries [ ] and learn many things now.

（5） 本文の内容に合っているものを，**ア**～**エ**の中から一つ選びなさい。

ア Hiroto did his homework because his mother told him to do so.
イ Sai didn't go to junior high school in his country to help his parents.
ウ Sai says that learning things can lead to a better life and save people's lives.
エ Hiroto and Sai want to study harder and learn more things.

（6） 次の Question に対するあなたの考えを**英語**で書き，Answer の文を完成させなさい。ただし，あとの**条件**に従うこと。

Question: Which is better for you, studying in Japan or studying abroad?
Answer: (Studying in Japan /Studying abroad) is better for me because ＿＿＿＿＿＿.

条件 ①（　　）内の 2 つのうち，どちらか一方を◯で囲むこと。
② 下線部には，主語と動詞を含む **8 語以上**の英語を書くこと。なお，I'm のような短縮形は1語として数え，符号（，/ ！ / . など）は語数に含めない。

(1)		(2)	①		②		(3)		(5)	
(4)										
(6)	(Studying in Japan / Studying abroad) is better for me because ＿＿＿＿＿＿ .									

5

次の英文は，明 (Akira) が書いたスピーチの原稿です。これを読んで，（1）～（6）の問いに答えなさい。なお文中の1～6は，段落の番号を示しています。

1 Do you think accepting different ideas is easy? This may not be easy for most of us. However, if we can accept them, we can do an important thing.

2 We have a traditional festival in our village. Every summer, children in our village start practicing the *hue*, the *taiko* and the *dance for the festival. My *grandfather teaches the group of children how to play the *hue* and the *taiko*. I'm one of the group members [A] are learning how to play the *hue* from him. He once said to us, "This festival is very important to the people in our village. We must preserve it with our own hands." He loves the festival and always thinks about it.

3 One day, my grandfather looked very sad. So, I asked him, "Are you OK?" He said, " The number of group members has been decreasing. I'm *afraid that the festival may disappear." This was true. There were only ten group members. We needed more children for the festival. I had to do something to solve this problem, but I didn't know what to do.

4 The next day, I had a *chance to talk with my classmate, Saori, after school. She moved to our village from Tokyo last spring. When I told her about the festival and our group, she said, "Wow! I'm interested in the festival. My sister and I can play the *flute. Can we join your group?" I was happy to hear that, but I thought, "What will my grandfather and other members say?"

5 That night, I went to the *community center to practice for the festival. When the *practice finished, I told all the members and my grandfather about Saori and her sister. Many of the members said that we should accept them. One member said, “If we accept them, we can get new members to play together for the festival.” But my grandfather and a few members said we should not. One of them said, “It’s not good to accept people from other places.” My grandfather said,“We have preserved this festival for many years with our own hands. We should not accept them.” We talked and talked for a long time. Finally I said, “It’s important [B]. But it’s difficult now because the number of the children has been decreasing. I don’t want to lose our festival. We should accept people from other places and preserve it in a new way.” At first, my grandfather didn’t say anything. But, after a while, he said,“OK. I will accept your idea, Akira. Can you *ask Saori and her sister to come and join us tomorrow? I’ll teach them how to play the *hue*. Everyone, is that OK?” All of us said,“Yes!”

6 We have just started practicing with Saori and her sister. They enjoy practicing the *hue* with us, and my grandfather enjoys teaching them, too. I learned an important thing from this experience. Sometimes, accepting different ideas may not be easy. However, if we can do so, we can change something *for the better.

注：*hue* 笛　*taiko* 太鼓　dance 踊り　grandfather 祖父
afraid that ～ ～ということを恐れて　chance 機会　flute フルート
community center 公民館　practice 練習
ask ～ to… …するよう～に頼む　for the better より良く

（1） 本文中の [A] に入る英語として最も適当なものを，**ア**～**エ**の中から一つ選びなさい。
ア what　**イ** who　**ウ** where　**エ** which

（2） 本文中の下線部 this problem の内容を示した英文として最も適当なものを，**ア**～**エ**の中から一つ選びなさい。
ア The children in the group have to practice the dance for the festival.
イ Akira’s grandfather must preserve the *hue* and the *taiko* in his village.
ウ The number of the members for the festival has been decreasing.
エ The ideas of the ten members for the festival may disappear.

（3） 本文中の [B] に入る英語として最も適当なものを，**ア**～**エ**の中から一つ選びなさい。
ア to preserve this festival with our own hands
イ to talk about the problem together for a long time
ウ to practice with Saori and her sister for the festival
エ to accept all the people from some other places

（4） 本文の内容に合っているものを，**ア**～**エ**の中から一つ選びなさい。
ア The *hue* and the *taiko* were played only by Akira’s grandfather in the village.
イ Akira’s grandfather was afraid to do something for people living in the village.
ウ Akira talked with Saori and her sister in the community center about all the members.
エ Akira wanted to preserve the festival by accepting people from other places.

（5） 本文の内容に合うように，次の①と②の Question に答えなさい。ただし答えは Answer の下線部に適当な**英語**を書きなさい。
① Question: What did the group members need for the festival?
Answer: ＿＿＿＿＿＿＿＿ for the festival.
② Question: What did Akira’s grandfather and a few members say after the practice?
Answer: They said that they should ＿＿＿＿＿＿＿＿ sister.

（6） 次は，第4段落を要約した文章です。本文の内容に合うように，下線部に**8語以上**の適当な**英語**を書きなさい。なお I’m のような短縮形は 1 語として数え，符号（, / ! / . など）は語数に含めない。
Akira told Saori about the festival and she became interested. Then he felt ＿＿＿＿＿＿＿＿ with her sister. However, he was not sure about the ideas of his grandfather and other members.

(1)		(2)		(3)		(4)	
(5)	①	＿＿＿＿＿＿＿＿ for the festival.					
	②	They said that they should ＿＿＿＿＿＿＿＿ sister.					
(6)	Then he felt ＿＿＿＿＿＿＿＿ with her sister.						

リスニング問題と台本

1 これは放送による問題です。問題は**放送問題 1** から**放送問題 3** まであります。

放送問題 1 香織（Kaori）とベン（Ben）の対話を聞いて，質問の答えとして最も適当なものを，**ア～エ**の中からそれぞれ一つずつ選びなさい。

Kaori: Hi, Ben.
Ben: Hi, Kaori.
Kaori: We'll have the "Golden Week" holidays soon. Do you have any plans for them?
Ben: Yes. I'm going to visit the zoo with my host family.
Kaori: That's nice! Do you like animals?
Ben: Yes. I especially like pandas very much. They are so cute. How about your plans?
Kaori: I'm going to practice the piano for my music club's concert.
Ben: Wow! Does your music club have a concert? When is it?
Kaori: It's on Saturday, May 13th at Central Hall. Do you want to come?
Ben: Yes, but how can I get there?
Kaori: You can take a bus from the station to the hall. It takes about 15 minutes.
Ben: Great! I'm looking forward to the concert. Good luck!
Kaori: Thank you. See you later!

Question **No. 1** : Where is Ben going to go during his Golden Week holidays?
Question **No. 2** : What is Ben's favorite animal?
Question **No. 3** : What is Kaori going to do during her Golden Week holidays?
Question **No. 4** : When is the concert of Kaori's music club?
Question **No. 5** : How can Ben get to Central Hall?

No.1 ア イ ウ エ

No.2 ア イ ウ エ

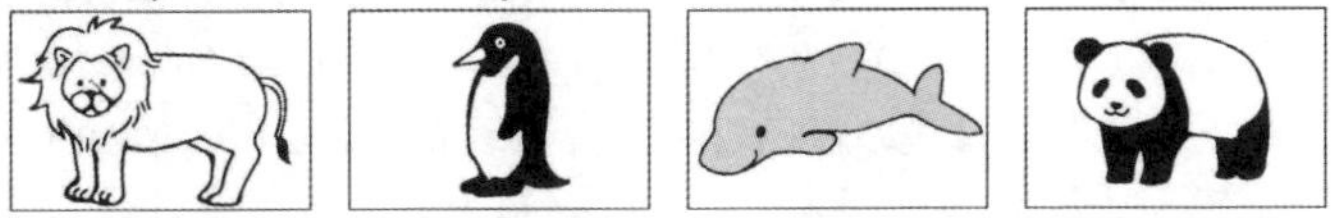

No.3 ア イ ウ エ

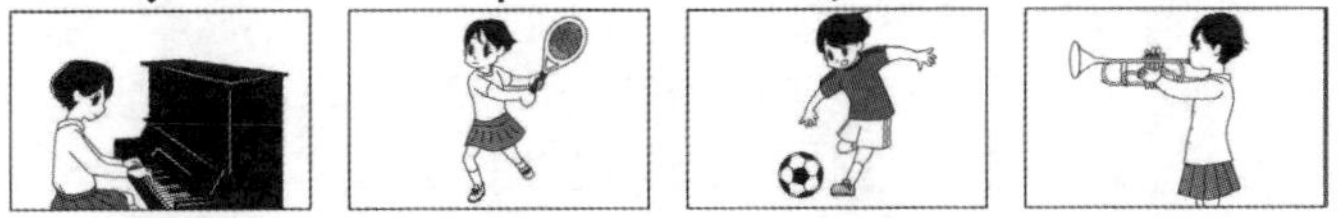

No.4 ア イ ウ エ

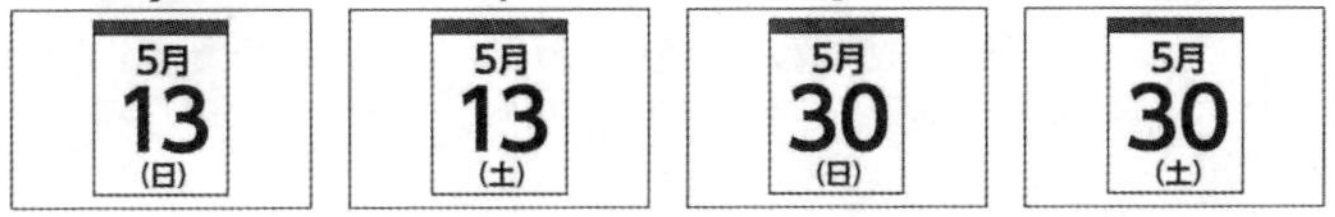

No.5 ア イ ウ エ

放送問題 2 二人の対話の最後の応答部分でチャイムが鳴ります。そのチャイムの部分に入る最も適当なものを，**ア～エ**の中からそれぞれ一つずつ選びなさい。

No.1 Man: Meg, what are you doing?
Girl: I'm doing my homework.
Man: Dinner is almost ready.
Girl: （チャイム）

ア OK. I'm coming. **イ** Yes, it's mine.
ウ No, I didn't cook dinner. **エ** You are welcome.

No.2 Woman: Hello.
Boy: Hello. This is Ken. May I speak to Mari?
Woman: Sorry. She isn't here now.
Boy: （チャイム）

ア I see. I'm very busy today. **イ** Good. How much is it?
ウ Yes. It's nice to see you. **エ** OK. I'll call her again.

放送問題 3 春香（Haruka）が英語の授業で発表した内容を聞きながら，①～⑤の英文の空欄に入る最も適当な**英語 1 語**を書きなさい。

Last year, I joined the English speech contest. At first, I didn't want to join it because I didn't like speaking in front of many people. However, my English teacher helped me a lot and finally I could enjoy it. At the contest, I said to myself, "Trust yourself. You have done everything you could." Though I couldn't win the contest, I got stronger than before through this experience. I want to say to my teacher, "Thank you for supporting me."

① Haruka joined the English (　　　) contest last year.
② Haruka didn't want to join the contest because she didn't like speaking in (　　　) of many people.
③ At the contest, Haruka said to herself, "Trust yourself. You have (　　　) everything you could."
④ Through this experience, Haruka got (　　　) than before.
⑤ Haruka wants to say to her teacher,"Thank you for (　　　) me."

<table>
<tr><td rowspan="2">放送問題 1</td><td>No.1</td><td></td><td>No.2</td><td></td><td>No.3</td><td></td><td>No.4</td><td></td></tr>
<tr><td>No.5</td><td></td><td colspan="6"></td></tr>
<tr><td>放送問題 2</td><td>No.1</td><td></td><td>No.2</td><td></td><td colspan="4"></td></tr>
<tr><td rowspan="3">放送問題 3</td><td>①</td><td colspan="3"></td><td>②</td><td colspan="3"></td></tr>
<tr><td>③</td><td colspan="3"></td><td>④</td><td colspan="3"></td></tr>
<tr><td>⑤</td><td colspan="3"></td><td colspan="4"></td></tr>
</table>

令和５年度入試問題　理科

1

次の観察について，（１）～（４）の問いに答えなさい。

観察１

カタクチイワシとスルメイカのからだのつくりを調べるために，煮干し（カタクチイワシ）は，水でふやかしてからだの側面をピンセットではがすようにとり，スルメイカは，外とう膜を切り開いて観察を行った。図１はカタクチイワシ，図２はスルメイカのからだの中のつくりをスケッチしたものである。

図１

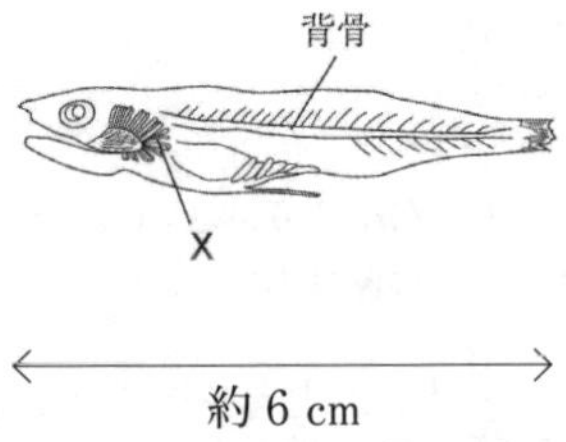

図２

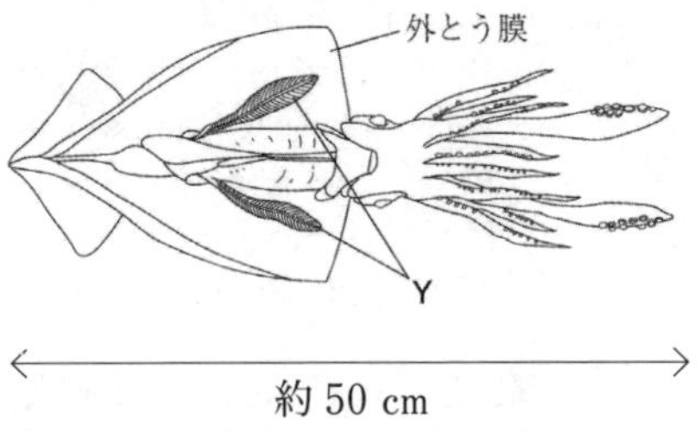

観察２

観察１の後，それぞれの胃の中にふくまれているものを調べた。カタクチイワシの胃の中には，動物プランクトンがふくまれていた。また，スルメイカの胃の中には，魚の骨がふくまれていた。

（１） 動物には，背骨をもつものともたないものがいる。カタクチイワシのように，背骨をもつ動物を何動物というか。書きなさい。

（２） 外とう膜は，筋肉でできた膜であり，内臓の部分を包んでいる。外とう膜をもつ生物を，次の**ア**～**エ**の中から１つ選びなさい。

ア　クラゲ　　**イ**　エビ　　**ウ**　ウニ　　**エ**　アサリ

（３） 図１の**X**と図２の**Y**について述べた文として最も適当なものを，次のア～エの中から１つ選びなさい。

ア　**X**と**Y**はえらであり，からだに二酸化炭素をとりこむはたらきがある。

イ　**X**と**Y**はえらであり，からだに酸素をとりこむはたらきがある。

ウ　**X**と**Y**は肝臓であり，からだに養分をとりこむはたらきがある。

エ　**X**と**Y**は肝臓であり，からだに水分をとりこむはたらきがある。

(1)	動物	(2)		(3)	

（４） 図３は，ある地域の，海の生態系における食物連鎖を示している。図３の矢印は，食べられる生物から食べる生物に向かってつけてある。次の①，②の問いに答えなさい。

① 生態系における食物連鎖の関係は，一通りの単純なつながりではなく，網の目のように複雑にからみ合っている。このような生物どうしの関係のことを何というか。**漢字３字**で書きなさい。

図３

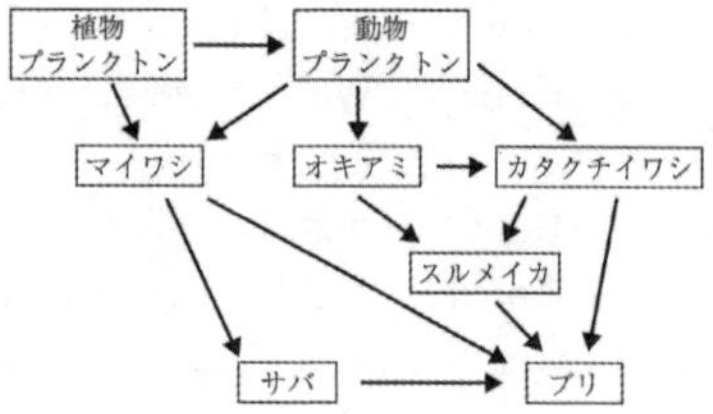

② 図３の生態系において，ブリはほかの生物に食べられることがないのに無限にふえ続けることがない。その理由を，「**ブリがふえると，**」という書き出しに続けて**食物**ということばを用いて書きなさい。

(4)	①	
	②	**ブリがふえると，**

2

次の観察と実験について（１）～（４）の問いに答えなさい。

観　察

図１のようにふ入りのコリウスの葉には，緑色の部分と白色の部分がある。緑色の部分と白色の部分の細胞をそれぞれ顕微鏡で観察したところ，緑色の部分の細胞の中には緑色の粒が見られた。

図１

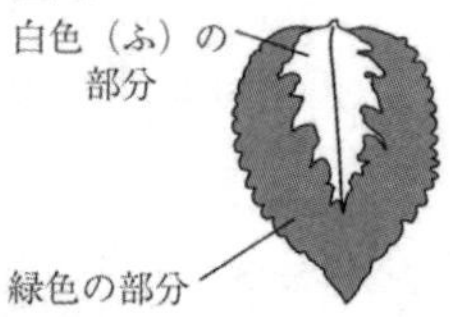

実　験

Ⅰ　鉢植えのコリウスを３日間暗所に置いた。

Ⅱ　図２のように，試験管を５本用意し，試験管**A**には何も入れずにゴム栓をした。Ⅰのコリウスの葉を緑色の部分と白色の部分に切り分け，試験管**B**と**D**には葉の緑色の部分を，試験管**C**と**E**には葉の白色の部分を入れ，ゴム栓をした。さらに，試験管**D**と**E**には，光が当たらないようにアルミニウムはくを巻いた。

Ⅲ　**A**～**E**の試験管を光が十分に当たる場所に３時間置いた。

Ⅳ　**A**～**E**の試験管に石灰水を少し入れゴム栓をしてよくふり，反応を確認した。

Ⅴ　**B**～**E**の試験管から葉をとり出し，あたためたエタノールで脱色した後，水でよく洗ってからヨウ素液にひたし，反応を確認した。

← 福 272

図2

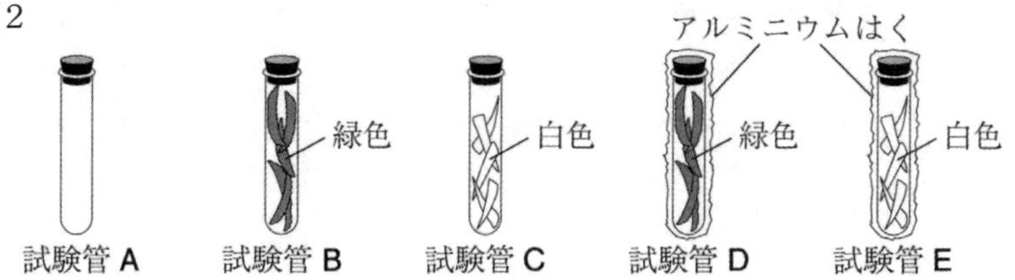

結　果

	試験管 A	試験管 B	試験管 C	試験管 D	試験管 E
試験管に入れた石灰水の反応	変化しなかった	変化しなかった	白くにごった	白くにごった	白くにごった
とり出した葉のヨウ素液との反応		青紫色に変化した	変化しなかった	変化しなかった	変化しなかった

（1）　下線部についてこの緑色の粒を何というか。書きなさい。

（2）　次の文は，葉でつくられたデンプンの移動について述べたものである。**X**, **Y** にあてはまることばの組み合わせとして最も適当なものを，下の**ア**～**エ**の中から1つ選びなさい。

> 葉でつくられたデンプンは，水に **X** 物質に変化して，**Y** を通ってからだ全体の細胞に運ばれる。

	X	Y
ア	とけやすい	道管
イ	とけやすい	師管
ウ	とけにくい	道管
エ	とけにくい	師管

（3）　実験において，試験管 **A** はどのようなことを確かめるために用意したものか。「**試験管 B ～ E の結果が,**」という書き出しに続けて書きなさい。

（4）　次の文は，実験の結果について考察したものである。下の①，②の問いに答えなさい。

> 石灰水の反応において，試験管 **P** の結果から，葉の白色の部分も緑色の部分も呼吸を行っていることがわかる。また，植物が光の有無に関係なく常に呼吸を行っていることが，試験管 **Q** の結果からわかる。さらに，ヨウ素液との反応から，光が当たると，葉の緑色の部分で光合成が行われていることがわかる。これらのことから，試験管 **B** に入れた石灰水が変化しなかったのは，試験管 **B** の葉が **R** ためだと考えられる。

①　**P**, **Q** にあてはまる試験管の組み合わせとして最も適当なものを，右の**ア**～**エ**の中から1つ選びなさい。

	P	Q
ア	A, C, E	A, B, D
イ	A, C, E	A, D, E
ウ	A, D, E	A, B, D
エ	A, D, E	A, C, E

②　**R** にあてはまることばを，**光合成**，**呼吸**，**二酸化炭素**という3つのことばを用いて書きなさい。

(1)		(2)	
(3)	**試験管 B ～ E の結果が,**		
(4)	①		
	②		

3　次の文は，傾斜がゆるやかなある山の地層の重なり方について述べたものである。（1）～（4）の問いに答えなさい。

> 図1は，この山の登山道の一部を模式的に表したものである。この山の地層の重なり方について資料で調べたところ，この山のそれぞれの地層は，一定の厚さで水平に堆積していることがわかった。また，この山には凝灰岩の層は1つしかなく，地層の上下が逆転するような大地の変化は起こっておらず，断層やしゅう曲はないことがわかっている。
>
> この山の登山道の途中にある，標高の異なる **X** ～ **Z** の3地点でボーリング調査を行い，図2のような柱状図を作成した。また，**X** 地点のボーリング試料に見られた泥岩の層を詳しく調べたところ，サンヨウチュウの化石が見つかった。

図1

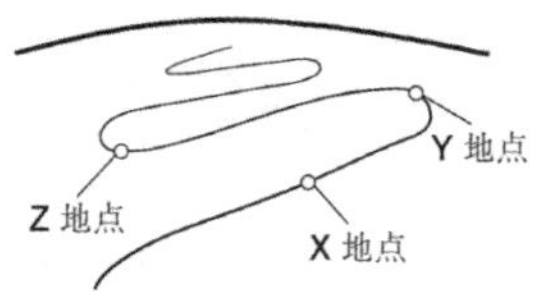

図2

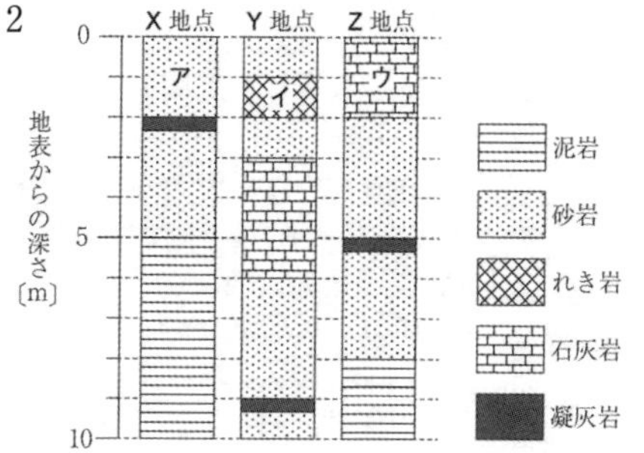

（1）　下線部について，次の①，②の問いに答えなさい。

①　**X** 地点のボーリング試料に見られた泥岩の層の地質年代と，その地質年代に栄えていた生物の組み合わせとして最も適当なものを，右の**ア**～**エ**の中から1つ選びなさい。

	地質年代	生物
ア	古生代	フズリナ
イ	古生代	ビカリア
ウ	新生代	フズリナ
エ	新生代	ビカリア

②　化石には地質年代を知ることができる化石のほかに，サンゴのなかまのように当時の環境をさぐる手がかりとなる化石がある。このような当時の環境を示す化石を何化石というか。書きなさい。

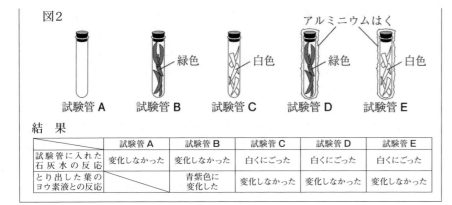

（2） 次の文は，Y 地点と Z 地点で見られた石灰岩について述べたものである。P, Q にあてはまることばの組み合わせとして最も適当なものを，下のア～エの中から1つ選びなさい。

石灰岩は，貝殻やサンゴなどが堆積してできた岩石で，うすい［ P ］をかけると，とけて気体が発生する。かたさを調べるために石灰岩を鉄くぎでひっかいた場合，石灰岩の表面に［ Q ］。

	P	Q
ア	水酸化ナトリウム水溶液	傷はつかない
イ	水酸化ナトリウム水溶液	傷がつく
ウ	塩酸	傷はつかない
エ	塩酸	傷がつく

（3） 図2のア～ウの地層を，堆積した年代の古い順に左から並べて書きなさい。

（4） X 地点の標高は 47m であった。Y 地点の標高は何 m か。求めなさい。

(1)	①		②	化石
(2)			(3)	→ →
(4)		m		

4

次の文は，先生と生徒の会話の一部である。（1）～（4）の問いに答えなさい。

先生　空気に水蒸気がふくまれていることは，どのような現象からわかるでしょうか。

生徒　冬になると，部屋の窓ガラスの表面に水滴がついているようすからわかります。

先生　身のまわりの現象をよく観察していますね。その現象のことを a 結露といいます。結露と同じように，b 雲のでき方も，空気にふくみきれなくなった水蒸気の一部が水滴になることが関係しています。ところで，冬は部屋の空気が乾燥していますよね。部屋の空気にふくまれる水蒸気の量をふやすには，どうすればよいでしょうか。

生徒　加湿器を使えばよいと思います。ここにある加熱式加湿器からは c 湯気が出るので，部屋の空気にふくまれる水蒸気の量をふやすことができるのではないでしょうか。

先生　そうですね。加湿器を使うと，d 湿度を上げることができます。湿度は，ある温度の1 m^3 の空気にふくまれる水蒸気の質量が，その温度での飽和水蒸気量に対してどれくらいの割合かを表したものです。気温と飽和水蒸気量には，表のような関係があります。この表を使って，湿度について考えてみましょう。

表

気温〔℃〕	17	18	19	20	21	22	23
飽和水蒸気量〔g/m^3〕	14.5	15.4	16.3	17.3	18.3	19.4	20.6

← 福 274

（1） 下線部 a について，次の文は，窓ガラスの表面に水滴がつくしくみについて述べたものである。［　］にあてはまることばを，漢字2字で書きなさい。

窓ガラスの表面付近の空気の温度が，空気にふくまれる水蒸気が凝結し始める温度である［　］よりも低くなることで，水蒸気の一部が水滴に変わり，窓ガラスの表面につく。

（2） 下線部 b について，次の文は，水蒸気をふくむ空気のかたまりが上昇したときの雲のでき方について述べたものである。［　］にあてはまることばとして最も適当なものを，下のア～エの中から1つ選びなさい。

水蒸気をふくむ空気のかたまりが上昇すると，上空の気圧が［　］，雲ができる。

ア　高いために圧縮されて，気温が下がり　イ　高いために圧縮されて，気温が上がり
ウ　低いために膨張して，気温が下がり　エ　低いために膨張して，気温が上がり

（3） 下線部 c について，次の文は，やかんから出る湯気について述べたものである。P, Q にあてはまることばの組み合わせとして最も適当なものを，下のア～エの中から1つ選びなさい。

図は，やかんで水を沸騰させているようすである。やかんの口から離れたところの白色に見えるものを X，やかんの口と X の間の無色透明のものを Y とすると，湯気は，［ P ］である。
湯気は，［ Q ］に変化したものである。

図

	P	Q
ア	X	水滴が水蒸気
イ	X	水蒸気が水滴
ウ	Y	水滴が水蒸気
エ	Y	水蒸気が水滴

（4） 下線部 d について，ある部屋は気温が 17℃で，1 m^3 の空気にふくまれる水蒸気の質量は 5.8g であった。次の①，②の問いに答えなさい。

① この部屋の湿度は何%か。求めなさい。

② 次の文は，この部屋の空気にふくまれる水蒸気の質量の増加量について述べたものである。［　］にあてはまる数値を求めなさい。

この部屋の空気の体積は 50m^3 である。この部屋で暖房器具と加湿器を同時に使用したところ，気温が 23℃になり，湿度は 50%になった。このとき，この部屋の空気にふくまれる水蒸気の質量は［　］g 増加した。

(1)		(2)		(3)	
(4)	①	%	②	g	

5

次の文は，ある海岸のごみの調査に来ていたＡさんとＢさんの会話の一部である。（１）～（５）の問いに答えなさい。

Ａさん　海水を採取してみると，プラスチックのかけらなどの目に見えるごみがふくまれていることがわかるね。

Ｂさん　それは，ａ実験操作によって海水からとり出すことができるよ。

Ａさん　砂浜にもごみが落ちているよ。これもプラスチックだね。

Ｂさん　プラスチックごみは大きな問題だよね。ｂ微生物のはたらきで分解できるプラスチックも開発されているけれど，プラスチックごみを減らすなどの対策も重要だね。

Ａさん　砂をよく見てみると，砂の中にプラスチックのかけらのようなものが見られるよ。この砂の中から小さいプラスチックのかけらをとり出すのは難しそうだなあ。砂の中にふくまれているプラスチックのかけらをとり出す方法はないのかな。

Ｂさん　それならば，ｃ密度のちがいを利用する方法がいいと思うよ。砂とプラスチックの密度は異なっているだろうから，適当な密度の水溶液中にその２つを入れれば，プラスチックをとり出すことができると思うよ。

（１）　海水や空気のように，いくつかの物質が混じり合ったものを何というか。**漢字３字**で書きなさい。

（２）　下線部ａについて，粒子の大きさのちがいを利用して，プラスチックのかけらをふくむ海水からプラスチックのかけらをとり出す実験操作として最も適当なものを次の**ア～エ**の中から1つ選びなさい。

ア　ろ過　　**イ**　再結晶　　**ウ**　蒸留　　**エ**　水上置換法

（３）　次のⅠ，Ⅱの文はプラスチックの特徴について述べたものである。これらの文の正誤の組み合わせとして正しいものを右の**ア～エ**の中から1つ選びなさい。

Ⅰ　すべてのプラスチックは電気を通しにくい。

Ⅱ　すべてのプラスチックは有機物である。

	Ⅰ	Ⅱ
ア	正	正
イ	正	誤
ウ	誤	正
エ	誤	誤

（４）　下線部ｂのようなプラスチックを何プラスチックというか。**漢字４字**で書きなさい。

（５）　下線部ｃについて，次の文は，密度が2.6g/cm^{3}の粒からなる砂に，密度が1.4 g/cm^{3}のポリエチレンテレフタラートのかけら（PET片）を混ぜ，その混ぜたものからPET片をとり出す方法について述べたものである。下の①，②の問いに答えなさい。

温度が一定のもと，ある物質をとかした水溶液に砂とPET片を混ぜたものを入れ，密度のちがいを利用してPET片をとり出す実験を行う。グラフは，ある物質をとかした水溶液の濃度と密度の関係を表している。ただし，水の密度は1.0g/cm^{3}とする。

グラフ

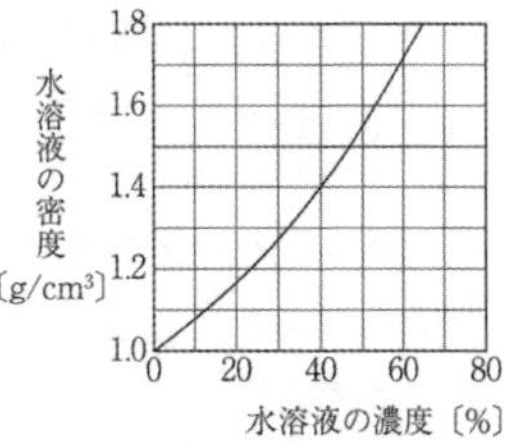

水溶液の密度が1.4g/cm^{3}より大きく，2.6g/cm^{3}より小さければPET片のみが［　Ｘ　］ため，砂とPET片を分けてとり出すことができる。

グラフより，PET片をとり出すための水溶液の濃度は，40%よりもこくなっている必要があることがわかる。水300gに，溶質を［　Ｙ　］gとかせば，水溶液の濃度は40%となるため，溶質を［　Ｙ　］gよりも多くとかすことで，濃度が40%よりもこい水溶液をつくることができる。

①　Ｘにあてはまることばを書きなさい。

②　Ｙにあてはまる数値を求めなさい。

(1)		(2)	
(3)		(4)	プラスチック
(5) ①			
(5) ②			g

6

次の実験について，（１）～（５）の問いに答えなさい。

実験１

図１のように，金属の陽イオンの水溶液（濃度5%）が入った試験管に金属片を入れる実験を行った。このとき，硫酸マグネシウム水溶液には亜鉛片または銅片を，硫酸亜鉛水溶液にはマグネシウム片または銅片を，硫酸銅水溶液にはマグネシウム片または亜鉛片をそれぞれ入れ，金属片の変化を観察した。

図１

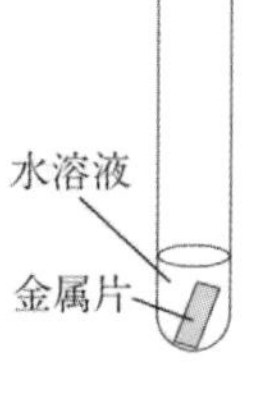

結　果

	硫酸マグネシウム水溶液	硫酸亜鉛水溶液	硫酸銅水溶液
マグネシウム片		亜鉛が付着した	銅が付着した
亜鉛片	反応しなかった		銅が付着した
銅片	反応しなかった	反応しなかった	

実験２

図２のように，ビーカーの中をセロハン膜で区切り，一方に硫酸亜鉛水溶液と亜鉛板を入れ，もう一方に硫酸銅水溶液と銅板を入れた。亜鉛板と銅板を，導線とプロペラ付きモーターでつないでダニエル電池をつくったところ，プロペラが回転した。

図２

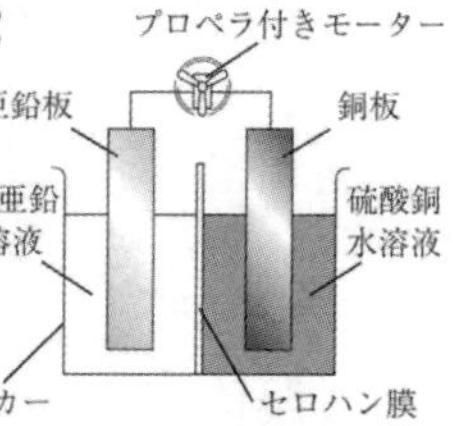

（1） 実験1の結果より，マグネシウム，亜鉛，銅のうち，最も陽イオンになりやすい金属はどれか。物質名を書きなさい。

（2） 次の文は，実験2の電池における電子の移動について述べたものである。**X**～**Z**にあてはまることばの組み合わせとして最も適当なものを，下の**ア**～**エ**の中から1つ選びなさい。

電子は導線中を［ X ］へ移動する。亜鉛板では亜鉛原子が電子を［ Y ］反応が，銅板では銅イオンが電子を［ Z ］反応が起こる。

	X	Y	Z
ア	銅板から亜鉛板	失う	受けとる
イ	銅板から亜鉛板	受けとる	失う
ウ	亜鉛板から銅板	失う	受けとる
エ	亜鉛板から銅板	受けとる	失う

（3） 実験2の電池の亜鉛板の表面で起こる反応を化学反応式で書きなさい。ただし，電子はe^-で表しなさい。

（4） 次の文は，実験2で電流が流れているときのそれぞれの水溶液の濃度の変化について述べたものである。**P**，**Q**にあてはまることばの組み合わせとして正しいものを，右の**ア**～**エ**の中から1つ選びなさい。

	P	Q
ア	こく	こく
イ	こく	うすく
ウ	うすく	こく
エ	うすく	うすく

電流が流れているとき，硫酸亜鉛水溶液の濃度は少しずつ［ P ］なる。また，硫酸銅水溶液の濃度は少しずつ［ Q ］なる。

（5）実験2において，セロハン膜をとり除いたところ，プロペラの回転はだんだんおそくなり止まった。次の文は，この結果について述べたものである。［　　］にあてはまることばとして最も適当なものを，下の**ア**～**エ**の中から1つ選びなさい。

セロハン膜がとり除かれ，2つの水溶液が混ざったことで，［　　］反応が起こり，導線中での電子の移動がほとんどなくなったためと考えられる。

ア 亜鉛原子と銅イオンの間で電子の受けわたしが起こり，亜鉛板上に銅が付着する
イ 亜鉛原子と銅イオンの間で電子の受けわたしが起こり，銅板上に亜鉛が付着する
ウ 銅原子と亜鉛イオンの間で電子の受けわたしが起こり，亜鉛板上に銅が付着する
エ 銅原子と亜鉛イオンの間で電子の受けわたしが起こり，銅板上に亜鉛が付着する

(1)		(2)	
(3)		(4)	
(5)			

← 福 276

7

次の実験について，（1）～（4）の問いに答えなさい。

実験1

図1のように，光学台上に，光源，フィルター（アルファベットの**F**の形をくりぬいたもの），凸レンズ，スクリーンを一直線上に設置した。

図1
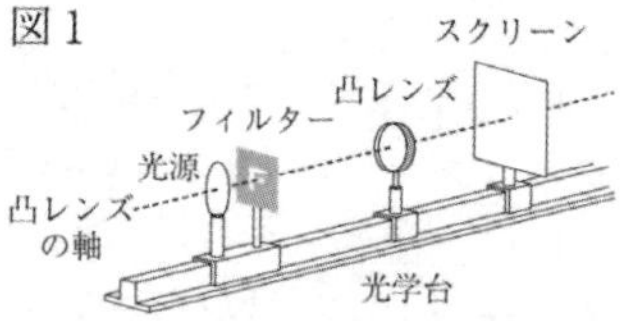

はじめに，フィルターと凸レンズとの距離を12cmにして，スクリーンを動かしてはっきりとした像がうつるようにし，そのときの凸レンズとスクリーンとの距離および像の大きさを調べた。次に，フィルターと凸レンズとの距離を15cm，20cm，30cm，60cmと変えて，それぞれスクリーンにはっきりとした像がうつるようにしたときの，凸レンズとスクリーンとの距離および像の大きさを調べた。

結　果

フィルターと凸レンズとの距離〔cm〕	12	15	20	30	60
凸レンズとスクリーンとの距離〔cm〕	60	30	X	15	12
フィルターの大きさに対する像の大きさ	Y		同じ	Z	

実験2

図2のように，フィルターの上半分を黒い紙でおおってから，図3のように，実験1で使用した装置を使い，スクリーンにうつる像を調べた。

図2

図3
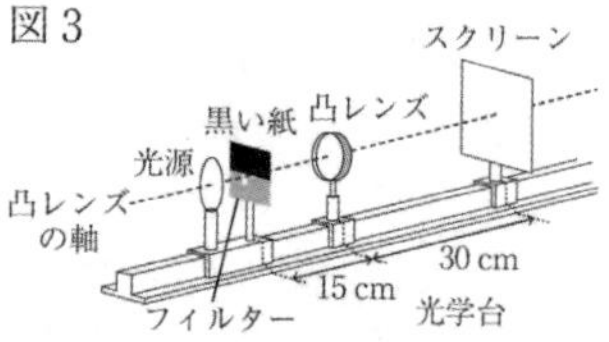

（1） 下線部について，実験1でスクリーンにうつった像を何というか。**漢字2字**で書きなさい。

（2） 焦点を通る光が凸レンズに入射したとき，光はどのように進むか。そのときの光の道筋を模式的に表したものとして最も適当なものを，次の**ア**～**エ**の中から1つ選びなさい。

ア
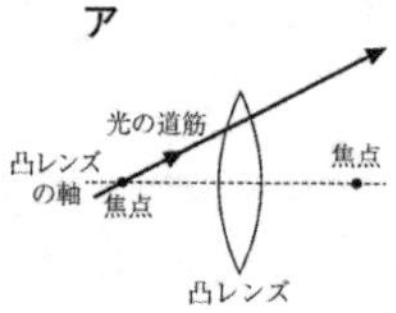

イ
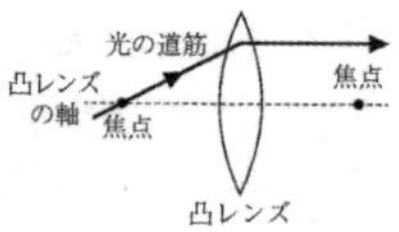

ウ
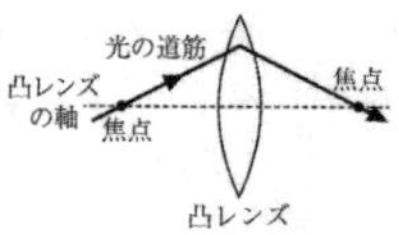

エ
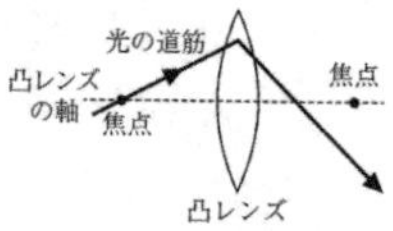

（3） 実験1について，次の①，②の問いに答えなさい。

① この凸レンズの焦点距離は何cmか。求めなさい。

② **X**～**Z**にあてはまる数値とことばの組み合わせとして正しいものを，右の**ア**～**カ**の中から1つ選びなさい。

	X	Y	Z
ア	20	大きい	小さい
イ	20	小さい	大きい
ウ	22.5	大きい	小さい
エ	22.5	小さい	大きい
オ	25	大きい	小さい
カ	25	小さい	大きい

（4） 実験2について，光源側からスクリーンを見たとき，スクリーンにうつった像として最も適当なものを次の**ア〜カ**の中から1つ選びなさい。

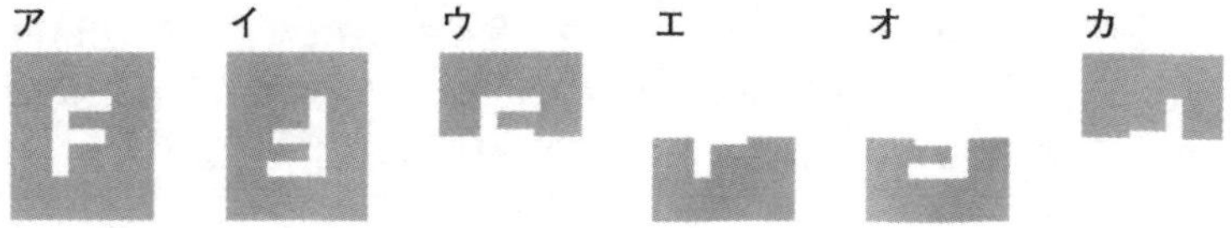

(1)			(2)	
(3)	①	cm	②	
(4)				

8

次の実験について，（1）〜（5）の問いに答えなさい。ただし，空気の抵抗は考えないものとする。

実験1

図1のように，小球に糸をとりつけて，糸がたるまないように**A**の位置で小球を静止させ，この状態で手をはなしたところ，小球はふりこの運動を行った。小球は，**B**の位置で高さが最も低くなり，**A**の位置と同じ高さの**C**の位置で速さが0になった。

ただし，**B**の位置を高さの基準とし，糸の質量は考えないものとする。

図1

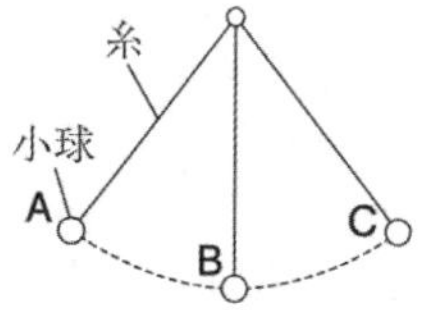

実験2

図2のように，水平な台の上に置かれたレールをスタンドで固定し，質量20gの小球**X**をレールの水平部分からの高さが10cmとなる斜面上に置いて，静かに手をはなした。小球が斜面を下って水平部分に置いた木片に当たり，木片とともに移動して止まった。このとき，木片の移動距離を調べた。つづけて，斜面上に置く小球の高さを変えて実験を行い，そのときの木片の移動距離を調べた。次に，小球**X**を質量30gの小球**Y**に変えて，同様の測定を行った。その結果，小球を置いた高さと木片の移動距離の関係がグラフのようになることがわかった。

ただし，小球とレールの間の摩擦は考えないものとし，木片とレールの間には一定の大きさの摩擦力がはたらくものとする。

図2

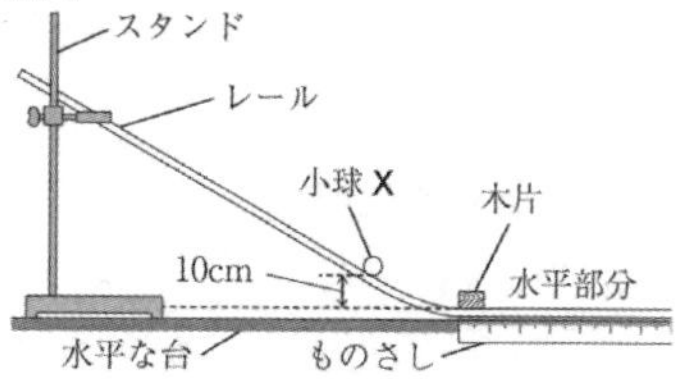

グラフ

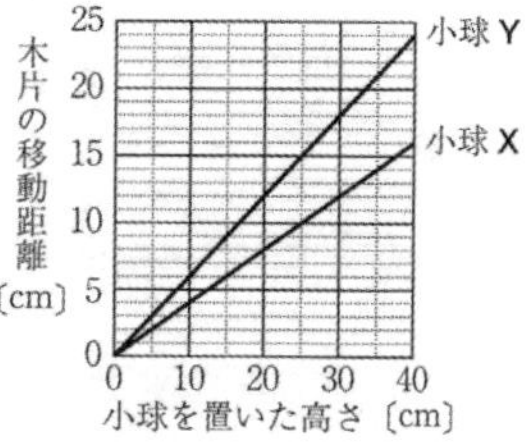

（1） 実験1について，小球がもつ位置エネルギーと運動エネルギーを合わせた総量を何エネルギーというか。**漢字3字**で書きなさい。

（2） 実験1について，次の①〜④のうち，**A**の位置の小球がもつ位置エネルギーと大きさが等しいものを下の**ア〜カ**の中から1つ選びなさい。

① **B**の位置の小球がもつ運動エネルギー
② **B**の位置の小球がもつ位置エネルギー
③ **C**の位置の小球がもつ運動エネルギー
④ **C**の位置の小球がもつ位置エネルギー

ア ①と② **イ** ①と③ **ウ** ①と④ **エ** ②と③ **オ** ②と④ **カ** ③と④

（3） 実験1について，小球が**C**の位置に達したとき糸を切ると，小球はどの向きに動くか。最も適当なものを，右の**ア〜エ**の中から1つ選びなさい。

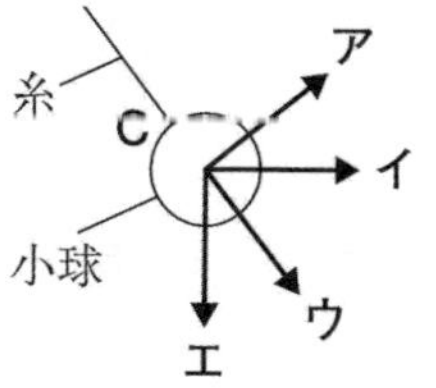

（4） 実験2について，小球**Y**を使って実験を行ったとき，小球**X**を15cmの高さに置いてはなしたときと木片の移動距離が同じになるのは，小球**Y**を置く高さが何cmのときか。求めなさい。

（5） 実験2について，仕事やエネルギーに関して述べた文として**誤っているもの**を，次の**ア〜オ**の中から1つ選びなさい。

ア 小球が斜面上を運動しているとき，小球がもつ位置エネルギーが運動エネルギーに移り変わっている。

イ 小球が木片とともに移動しているとき，小球がもつ位置エネルギーと運動エネルギーを合わせた総量は保存されている。

ウ 小球が木片とともに移動しているとき，木片とレールの間に摩擦力がはたらき，熱が発生している。

エ 小球の質量が同じ場合，小球を置いた高さが高いほど，小球が木片にした仕事が大きくなっている。

オ 小球を置いた高さが同じ場合，小球の質量が大きいほど，小球が木片にした仕事が大きくなっている。

(1)	エネルギー	(2)	
(3)		(4)	cm
(5)			

令和５年度入試問題　社会

1　次の地図のＡ～Ｄは国を，Ｅは大洋を，F, Ｇは山脈を，Ｈ～Ｋは都市を表している。また，右の文は，北アメリカ州と南アメリカ州の特徴についてある班がまとめたものの一部である。（１）～（６）の問いに答えなさい。

地図

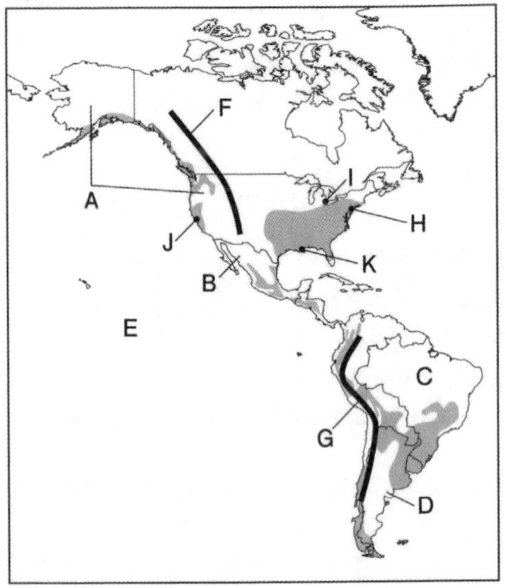

○自然環境
　Ａ国とＢ国は北アメリカ大陸，Ｃ国とＤ国は南アメリカ大陸に位置し，ａ両大陸の西部には山脈が連なっている。また，両大陸は低緯度地域から高緯度地域にかけて広がり，ｂ多様な気候がみられる。
○文化と言語
　南北アメリカ州とも，先住民のほかに，他の州から移り住んだ多様な人々が生活している。ｃ南アメリカ州では，多様な人々の文化が融合した独自の社会がみられる。ｄＡ国では英語，Ｂ国とＤ国でスペイン語，Ｃ国ではポルトガル語が主に話されるなど，言語も多様である。
○産業
　ｅＡ国では古くから工業が発展してきた。現在では，北アメリカ州に加えて南アメリカ州の国々でも工業化が進んでいる。また，ｆ２つの州ともに大規模な農業が展開され，農産物の輸出が盛んである。

（１）　下線部ａについて，次の文は，地図のF,Ｇの山脈について述べたものである。Ｌにあてはまる語句を**漢字４字**で書きなさい。

> F, Ｇの山脈は，Ｅの大洋を取り囲むように山脈や島々が連なる［　Ｌ　］造山帯の一部である。

（２）　下線部ｂに関して，地図の［　　　］は，ある気候帯の分布を示している。この気候帯の名称として最も適当なものを次の**ア～エ**の中から一つ選びなさい。
ア　乾燥帯　　**イ**　温帯　　**ウ**　冷帯（亜寒帯）　　**エ**　寒帯

（３）　下線部ｃに関して，あとの文は，南アメリカ州の社会の成り立ちについてまとめたものの一部である。Ｍにあてはまることばを，「**連れてこられた**」という語句を用いて書きなさい。

> 南アメリカ州にはもともと先住民が住んでいたが，16世紀に植民地を築いたヨーロッパ州の人々が進出した。16世紀から19世紀にかけては，その植民地の農園や鉱山で［　Ｍ　］州からの人々が増えた。また，先住民と白人との間の混血の人々も増えた。さらに20世紀にやってきた日本人など，アジア州からの移民もおり，多様な人々が暮らす独自の社会が生まれた。

（４）　下線部ｄについて，Ｂ国などからＡ国へ移り住んだ、スペイン語を話す人々のことを何というか。**カタカナ６字**で書きなさい。

（５）　下線部ｅに関して，地図のＨ～Ｋは，ニューヨーク，デトロイト，ニューオーリンズ，サンフランシスコのいずれかの都市である。また，次の文ⅰ，ⅱは，Ｈ～Ｋのいずれかの都市における工業の特徴について述べたものである。ⅰ，ⅱとＨ～Ｋの組み合わせとして適当なものを，下の**ア～エ**の中から一つ選びなさい。

> ⅰ　この都市は，石炭や鉄鉱石などの鉱産資源の産地に近く，重工業が発達した地域に位置し，自動車産業の中心地として発展した。
> ⅱ　この都市の郊外にはインターネットに関連した情報技術産業や大学などの教育研究機関が集まるシリコンバレーがあり，その分野で世界をリードしている。

	ア	イ	ウ	エ
ⅰ	H	H	I	I
ⅱ	J	K	J	K

(1)	造山帯	
(2)		
(3)		
(4)		
(5)		

（6） 下線部 f について，次の①，②の問いに答えなさい。

① 次の文は，D 国の農業について述べたものである。N にあてはまる語句として適当なものを，下のア～エの中から一つ選びなさい。

D 国の首都周辺には，［ N ］とよばれる草原が広がり，牛の牧畜が行われている。

ア グレートプレーンズ　**イ** サバナ　**ウ** フィヨルド　**エ** パンパ

② 次の表は，小麦，大豆，とうもろこしの輸出上位国と輸出量を表している。X～Z にあてはまる農作物の組み合わせとして適当なものを，下のア～カの中から一つ選びなさい。

表 小麦，大豆，とうもろこしの輸出上位国と輸出量（2020 年）

	X		Y		Z	
	国名	輸出量（千 t）	国名	輸出量（千 t）	国名	輸出量（千 t）
1位	ロシア	37267	C 国	82973	A 国	51839
2位	A 国	26132	A 国	64571	D 国	36882
3位	カナダ	26111	パラグアイ	6619	C 国	34432
4位	フランス	19793	D 国	6360	ウクライナ	27952
5位	ウクライナ	18056	カナダ	4434	ルーマニア	5651

（世界国勢図会 2022/23 年版により作成）

	ア	イ	ウ	エ	オ	カ
X	とうもろこし	とうもろこし	小麦	小麦	大豆	大豆
Y	大豆	小麦	とうもろこし	大豆	とうもろこし	小麦
Z	小麦	大豆	大豆	とうもろこし	小麦	とうもろこし

(6)	①	
	②	

2 右の地図Ⅰの A は海洋，B～D は都市，E は平野，F は県，G は火山を表している。（1）～（5）の問いに答えなさい。

地図Ⅰ

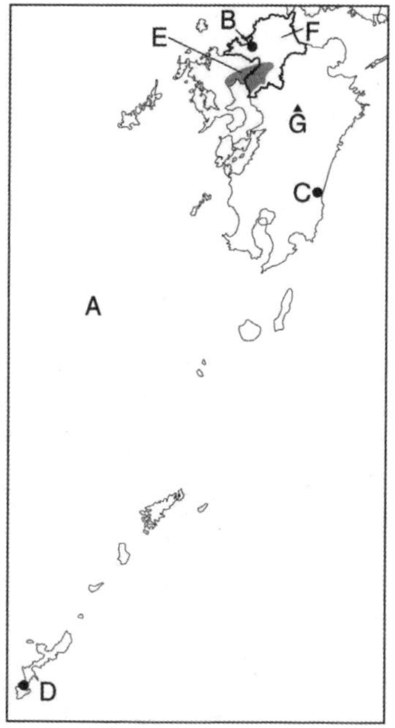

（1） 九州や南西諸島と，ユーラシア大陸の間にある A の海洋名を書きなさい。

（2） 次の雨温図 p～r は，B～D のいずれかの都市の気温と降水量を表している。B，C の都市にあてはまる雨温図の組み合わせとして適当なものを下のア～カの中から一つ選びなさい。

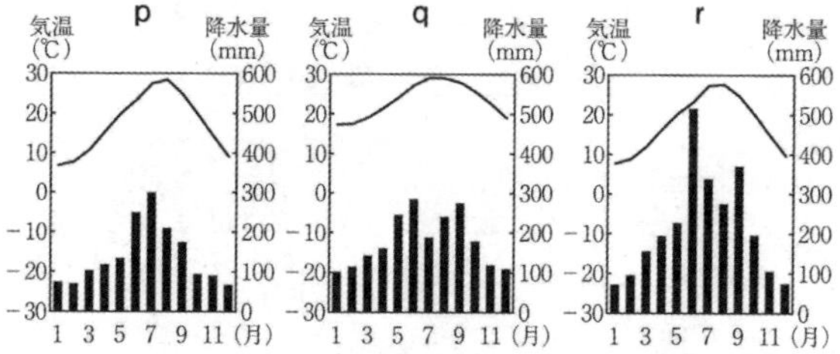

（理科年表 2022 年版により作成）

	ア	イ	ウ	エ	オ	カ
B	p	p	q	q	r	r
C	q	r	p	r	p	q

(1)		(2)	

（3） 次の文は，九州地方の農業についてまとめたものの一部である。下の①～③の問いに答えなさい。

・北部は稲作が盛んで，［ E ］は九州地方を代表する稲作地帯である。 ・南部は畑作が盛んで，宮崎平野では［ H ］やピーマンなどの作物をビニールハウスで生産する促成栽培が行われている。また畜産も盛んだが，近年，大量に［ J ］ため，安全で質の良い肉を生産しブランド化をはかる動きが進んでいる。

① 文中の E には，地図Ⅰの E の平野名が入る。E にあてはまる平野名を書きなさい。

② 文中の H には作物名が入り，右の表は H の生産量上位の都道府県と生産量を表している。H にあてはまる作物名として適当なものを次のア～エの中から一つ選びなさい。

ア さつまいも　**イ** てんさい
ウ ねぎ　**エ** きゅうり

表 ［ H ］の生産量上位の都道府県と生産量（2020 年）

	都道府県名	生産量（t）
1 位	宮崎県	60700
2 位	群馬県	55800
3 位	埼玉県	46100
4 位	福島県	38500
5 位	千葉県	27700

（日本国勢図会 2022/23 年版により作成）

③ **J**にあてはまることばを，次の二つの語句を用いて書きなさい。

外国　　　**安い**

(3)	①	平野	
	②		
	③		

（４） 右のグラフは**F**県と全国の工業出荷額の内訳を表しており，グラフ中の**s**～**u**は，金属，機械，化学のいずれかである。金属，機械と**s**～**u**の組み合わせとして適当なものを，次の**ア**～**カ**の中から一つ選びなさい。

グラフ　F県と全国の工業出荷額の内訳（2019年）

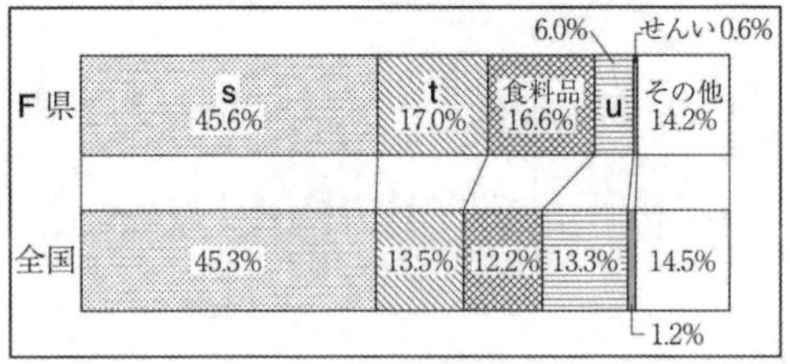

（日本国勢図会2022/23年版により作成）

	ア	イ	ウ	エ	オ	カ
金属	s	s	t	t	u	u
機械	t	u	s	u	s	t

（５） 右の地図Ⅱは，**G**付近を表した２万５千分の１地形図の一部である。次の①，②の問いに答えなさい。

① 次の文は，地図Ⅱに関してまとめたものである。**M**にあてはまる語句を**カタカナ**で書きなさい。

> 火山の爆発や噴火による陥没などによってできた大きなくぼ地のことを［ M ］という。Gの［ M ］は世界有数の大きさであり，多くの人々が暮らしている。地図Ⅱには水田や人々が生活する建物などが表されている。

地図Ⅱ

（国土地理院２万５千分の１地形図により作成）

② 地図Ⅱを読み取った内容として正しいものを，次の**ア**～**エ**の中から一つ選びなさい。なお，地図上で地点**K**と地点**L**の間の長さを測ると，５cmであった。

ア 広葉樹林と針葉樹林がみられる。
イ 消防署と警察署の間に鉄道がある。
ウ 地点**K**からみた地点**L**の方位は西である。
エ 地点**K**と地点**L**の間の実際の距離は2.5kmである。

(4)		
(5)	①	
	②	

3

次の年表は，日本の戦乱についてまとめたものの一部である。（１）～（７）の問いに答えなさい。

年	おもなできごと	
663	日本が［ W ］の復興を支援するために唐・新羅の連合軍と戦い敗れた	…A
1087	源義家が東北地方で起きた有力者どうしの争いを平定した	…B
1159	平治の乱で**a** 平清盛が源義朝をたおした	
1221	後鳥羽上皇が**b** 幕府をたおすため兵を挙げたが敗れた	
1467	将軍の跡継ぎ問題をめぐって守護大名が対立し，京都で戦乱が起こった	…C
1615	大阪の陣により，徳川家康が豊臣氏を滅ぼした	…D
1868	旧幕府軍と新政府軍との間で鳥羽・伏見の戦いが起こった	…E

（１） **W**にあてはまる語句を**漢字２字**で書きなさい。

（２） 次の文は，年表の**A**から**B**の間に東北地方で起きたできごとについて述べたものである。**X**と**Y**にあてはまる語句の組み合わせとして適当なものを下の**ア**～**カ**の中から一つ選びなさい。

> ９世紀のはじめ，［ X ］の指導者であるアテルイが，朝廷によって東北地方へ派遣された［ Y ］に降伏した。このこともあり，朝廷による東北地方の支配は広がったが，その後も［ X ］は朝廷に対する抵抗を続けた。

ア X 蝦夷　Y 平将門　　**イ** X 蝦夷　Y 坂上田村麻呂
ウ X 倭寇　Y 平将門　　**エ** X 倭寇　Y 坂上田村麻呂
オ X 悪党　Y 平将門　　**カ** X 悪党　Y 坂上田村麻呂

(1)	
(2)	

（3） 下線部**a**について，この人物は，年表の**A**から**B**の間に活躍した藤原道長と同様に，朝廷との関係を深め政治の実権を握るようになった。その方法を，右の二つの系図に共通して読み取れることをもとに，次の**二つの語句**を用いて書きなさい。

自分の娘	生まれた子ども

系図

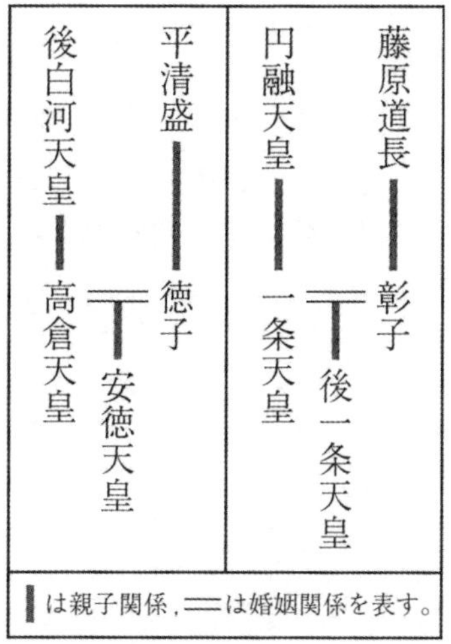

（4） 下線部**b**について，この幕府が成立してから滅亡するまでの間に起きたできごととして適当なものを次の**ア**～**オ**の中から一つ選びなさい。

ア 都に東大寺，国ごとに国分寺や国分尼寺が建てられた。

イ 最澄により天台宗が開かれ，比叡山に延暦寺が建てられた。

ウ キリスト教が禁止され，キリスト教信者を見つけ出すため絵踏が行われた。

エ 座禅によって自分の力でさとりを開く禅宗が，道元により伝えられた。

オ 九州のキリシタン大名により4人の少年が使節としてローマ教皇のもとへ派遣された。

（5） 年表の**C**に関して，この頃には書院造や水墨画に特徴づけられた文化が発展した。この頃の文化を代表する建築物を撮影した写真として適当なものを，次の**ア**～**エ**の中から一つ選びなさい。

ア
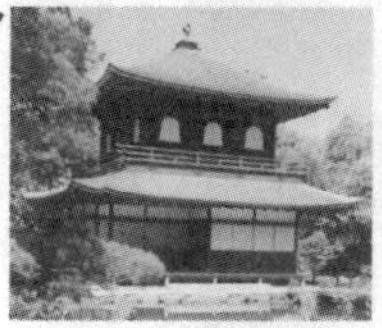
イ

ウ

エ

（6） 年表の**D**に関して，次の文は，この年に幕府が定めた法に1635年に付け加えられた制度をまとめたものの一部である。**Z**にあてはまることばを，次の**二つの語句**を用いて書きなさい。

1年	領地

> 3代将軍徳川家光は，参勤交代の制度を定めた。この制度によって，多くの大名は［ **Z** ］こととなり，大名にとって大きな負担となった。

（7） 年表の**D**から**E**の間に起きたできごとについて述べたあとの**ア**～**エ**を年代の古い順に左から並べて書きなさい。

ア 水野忠邦が，物価の上昇を抑えるため，株仲間を解散させた。

イ 「ええじゃないか」といって人々が熱狂する騒ぎが各地で起こった。

ウ 大塩平八郎らが，米などを人々に分け与えようとして大阪で商人をおそった。

エ 松平定信が，凶作やききんに備えて，各地に倉を設けて米を蓄えさせた。

(3)		
(4)		
(5)		
(6)		
(7)	→ → →	

4 次のカードは，19世紀以降に女性が活躍したできごとについてある班がまとめたものの一部である。なお，カードは年代の古い順に左から並べてある。（1）～（7）の問いに答えなさい。

カード**A**

1871年に**a**<u>岩倉使節団</u>が派遣され，その使節に5人の女子留学生が同行した。

カード**B**

1904年に与謝野晶子が**b**<u>日露戦争</u>に出征した弟を思い，詩を発表した。

カード**C**

1920年に平塚らいてうが新婦人協会を設立し，女性の権利拡大を求めた。

カード**D**

c<u>戦後日本</u>の民主化により，1946年には39人の女性国会議員が誕生した。

（1） 下線部**a**について，右の資料Ⅰは，岩倉使節団の一員だったある人物についてまとめたものの一部である。ある人物とは誰か。書きなさい。

資料Ⅰ

> ・ヨーロッパへ留学後，憲法草案を作成した。
> ・初代の内閣総理大臣に就任した。
> ・立憲政友会を結成し，代表となった。

（2） 下線部**b**に関して，明治政府は教育によって人材を養成することにし，全国に小学校がつくられ，日露戦争後に義務教育の期間が6年に延長された。あとの**ア**～**エ**は男女の就学率の変化を表したグラフである。このグラフに日露戦争が起こった年を表す線を書き加えたものとして適当なものを，**ア**～**エ**の中から一つ選びなさい。

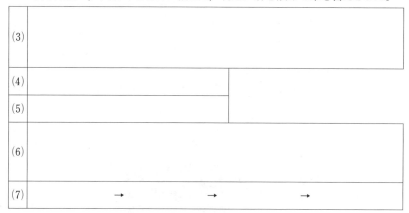

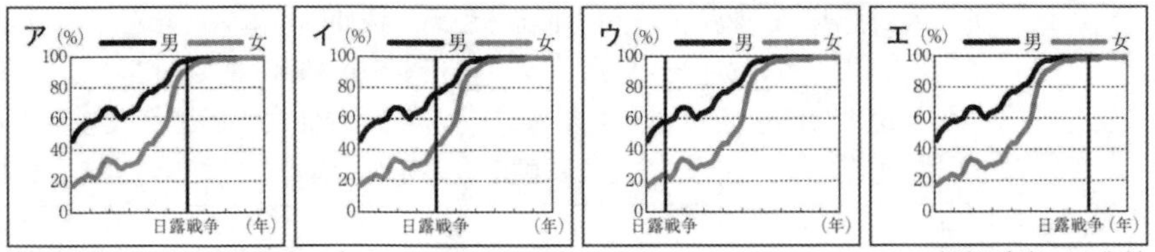

横軸の目盛りは，5年ごとにきざんである。　（学制百年史により作成）

（3）　カード**A**とカード**B**のできごとの間に，日本の工業は大きく発展した。次の資料Ⅱは，日本の近代産業が発展する中で生産量が増えた製品**W**についてまとめたものの一部である。**W**にあてはまる製品として適当なものを，次の**ア**～**エ**の中から一つ選びなさい。

ア　鉄鋼
イ　セメント
ウ　生糸
エ　綿糸

資料Ⅱ

機械を使い［　**W**　］を生産する大阪の工場で働く女性の写真

［　**W**　］の生産量と輸出入量の推移を表したグラフ

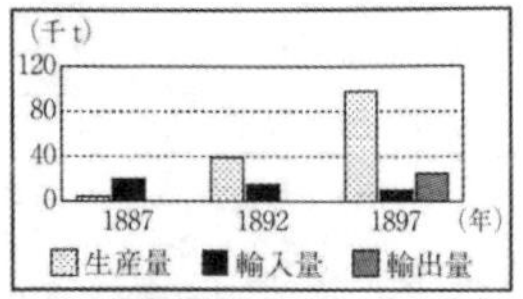

（日本長期統計総覧などにより作成）

（4）　カード**B**とカード**C**のできごとの間に，ヨーロッパでは第一次世界大戦が起きた。この戦争において，日本が属していた陣営の国々を■で示した地図として最も適当なものを，次の**ア**～**エ**の中から一つ選びなさい。

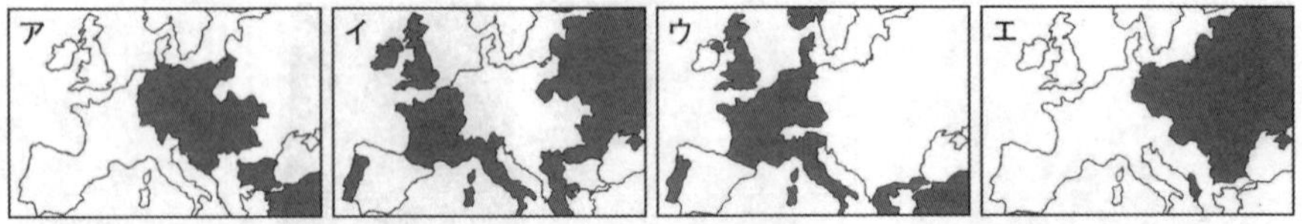

（5）　カード**C**とカード**D**のできごとの間に，日中戦争や太平洋戦争が起き，国民全体をまきこむ総力戦となった。次の文はその頃の日本のできごとについてまとめたものの一部である。また，右の写真Ⅰは，その頃に，女学生が工場で働くようすを撮影したものである。**X**にあてはまることばを，右の写真Ⅰと関連付け，**制定された法律名を明らかにしながら**，書きなさい。

写真Ⅰ

> 1938年に，近衛文麿内閣の下で，政府が議会の承認なしに国民を［　**X**　］が制定され，すべての国力を投入して戦争を優先する体制への移行が進んだ。

（6）　カード**C**とカード**D**のできごとの間に，ドイツではある政権が誕生し，ユダヤ人を迫害した。ユダヤ人である右の写真Ⅱのアンネ＝フランクは，迫害が激しくなると屋根裏部屋にかくれ，その日々を日記につづった。次の文は，当時のドイツについて述べたものの一部である。**Y**と**Z**にあてはまる語句の組み合わせとして適当なものを，下の**ア**～**エ**の中から一つ選びなさい。

写真Ⅱ

> ［　**Y**　］率いる［　**Z**　］が選挙で支持を得て，1933年に政権を握った。［　**Y**　］は，ドイツ民族の優秀さを国民に意識させるとともに，ユダヤ人を迫害した。

ア　**Y** ヒトラー　　　**Z**　ナチ党（ナチス）
イ　**Y** ヒトラー　　　**Z**　ファシスト党
ウ　**Y** ムッソリーニ　**Z**　ナチ党（ナチス）
エ　**Y** ムッソリーニ　**Z**　ファシスト党

（7）　下線部**c**に関して，戦後日本のできごとについて述べた次の**ア**～**エ**を，年代の古い順に左から並べて書きなさい。

ア　全国各地の公害反対運動を背景として，公害対策基本法が制定された。
イ　満25歳以上の男子に限られていた選挙権が，満20歳以上の男女に認められた。
ウ　雇用の面での女性への差別を禁止した，男女雇用機会均等法が制定された。
エ　池田勇人内閣が，経済成長を後押しするため，所得倍増をスローガンにかかげた。

(1)			
(2)		(3)	
(4)			
(5)			
(6)			
(7)	→ → →		

5 次の先生と生徒の対話を読み，（１）～（６）の問いに答えなさい。

先生　私たちが暮らす地域社会にはさまざまな課題があります。これらの課題は，「［　A　］な開発目標」であるSDGsとどのように関連しているでしょうか。

生徒　福島県でも人口減少が起きていますが，人口減少はａ地方財政に影響を与えることを学びました。この課題は，SDGsの「住み続けられるまちづくりを」という目標と関連があると思います。

先生　こうした課題への対応策として，都市の中心市街地や駅のある地域に，社会資本を集めて効率的に利用するコンパクトシティという考え方が提唱されています。また，まちづくりには公共の交通機関や建物でバリアフリー化を進めるなど，誰もが不自由なく生活できるといった［　B　］の実現や，多様性を尊重する考え方が求められています。さらに，行政と地域住民やｂ企業が一体となった取り組みを進めることが大切です。

生徒　毎年のように起こる水害などの自然災害に備える，防災を意識したまちづくりも大切だと思います。

先生　そうですね。これらの課題は，SDGsの「気候変動に具体的な対策を」という目標と関連があります。ｃ地球環境問題のような地球規模の課題の解決にはｄ国際協力が必要です。私たちは，国際社会の一員として地球規模の諸課題にも目を向け，行動していかなければなりません。

（１）　Aにあてはまる語句を**漢字４字**で書きなさい。

（２）　下線部ａについて，右のグラフは，鳥取県，大阪府の歳入の内訳を，C～Eは地方交付税交付金，地方債，地方税のいずれかを表している。CとDにあてはまる語句の組み合わせとして適当なものを，次の**ア～エ**の中から一つ選びなさい。

グラフ　鳥取県，大阪府の歳入の内訳（2019年度）

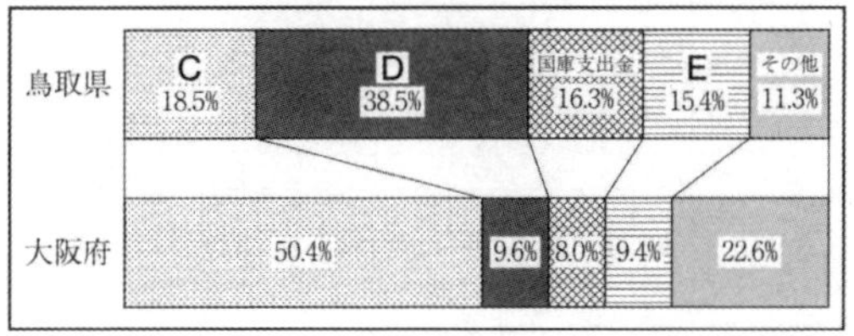

（データでみる県勢2022年版により作成）

ア　C　地方交付税交付金　　D　地方債
イ　C　地方税　　D　地方交付税交付金
ウ　C　地方交付税交付金　　D　地方税
エ　C　地方税　　D　地方債

（３）　Bにあてはまる語句として最も適当なものを，次の**ア～エ**の中から一つ選びなさい。

ア　リコール　　**イ**　メディアリテラシー
ウ　インフォームド・コンセント　　**エ**　インクルージョン

（４）　下線部ｂについて，右の図は，企業が資金を調達する方法の一つを表したものである。図のように，企業が株式や債券などを発行することで資金を調達することを何というか。**漢字４字**で書きなさい。

図

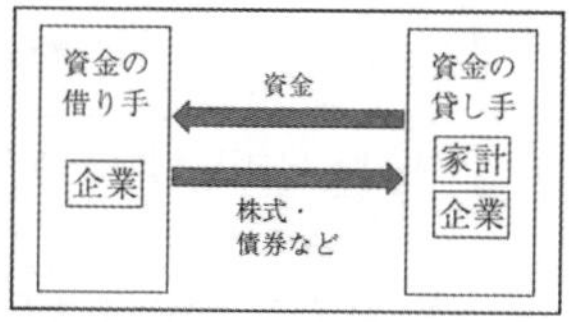

（５）　下線部ｃについて，次のX，Yの文は，地球環境問題への取り組みについて述べたものである。正誤の組み合わせとして適当なものを，下の**ア～エ**の中から一つ選びなさい。

X　地球サミットで，地球温暖化を防止することを目的に気候変動枠組条約が調印された。
Y　パリ協定で，温室効果ガスの排出量の削減を先進国のみに義務付けた。

ア　X正　Y正　　**イ**　X正　Y誤　　**ウ**　X誤　Y正　　**エ**　X誤　Y誤

（６）　下線部ｄについて，ある生徒が途上国に対する日本の国際協力の取り組みを次のようにまとめた。下の①，②の問いに答えなさい。

途上国が自立した経済発展を実現できるように，どのような国際協力が行われているか。
➡【日本政府が支援する取り組みの例】
日本政府は，［　F　］を中心に，お金だけではなく人材育成や技術援助の面でも途上国の開発を支援している。
➡【非政府組織などが支援する取り組みの例】
ｅマイクロクレジットという取り組みを通して，貧しい人々に収入を得る機会を与えている。
➡ SDGsにかかげる目標を達成していくため，さまざまな取り組みを通して国際協力が行われている。

①　Fにあてはまる語句の略称を，**アルファベット３字**で書きなさい。

②　下線部ｅについて，マイクロクレジットとはどのようなことか。次の**二つの語句**を用いて書きなさい。

事業　　お金

(1)		(2)	
(3)			
(4)		(5)	
(6)	①		
	②		

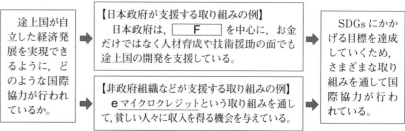

6　次のカードは，人権思想の広がりについてある班がまとめたものの一部である。（１）～（６）の問いに答えなさい。

> Ⅰ　人権思想のあゆみ
>
> **a** 人権とは，人間が生まれながらにして持っている権利であり，フランス人権宣言などを通じて，すべての人間が人権を持つという考え方が広まった。近代革命の後，多くの国では人権を保障するために，憲法を制定するようになった。

> Ⅱ　日本国憲法と人権
>
> **b** 日本国憲法は，国民の基本的人権を保障し，それを法律によっても侵すことのできない権利として尊重している。また，基本的人権の尊重は **c** 国民主権，［　**A**　］主義とともに，日本国憲法の三つの基本原理の一つとなっている。

> Ⅲ　人権と国際社会
>
> **d** 国際連合の役割は，世界の平和と安全の維持と，さまざまな分野での国際的な協力の推進である。現代の国際社会で，地球上のすべての人がよりよい生活を送るためには，「［　**B**　］」の考え方を生かした取り組みが必要である。

（１）　下線部 **a** に関して，『社会契約論』を著して人民主権を主張し，人権思想の発展に影響を与えたフランスの思想家は誰か。次の**ア**～**エ**の中から一つ選びなさい。

ア　ロック　　**イ**　マルクス　　**ウ**　リンカン　　**エ**　ルソー

（２）　下線部 **b** に関して，次の **X** ～ **Z** は，基本的人権に関する日本国憲法の条文の一部である。**X** ～ **Z** の中で，自由権について述べたものの組み合わせとして適当なものを，下の**ア**～**キ**の中から一つ選びなさい。

> **X**　第21条 ①　集会，結社及《およ》び言論，出版その他一切《いっさい》の表現の自由は，これを保障する。
>
> **Y**　第25条 ①　すべて国民は，健康で文化的な最低限度の生活を営む権利を有する。
>
> **Z**　第29条 ①　財産権は，これを侵《おか》してはならない。

ア　**X**のみ　　**イ**　**Y**のみ　　**ウ**　**Z**のみ　　**エ**　**X**と**Y**　　**オ**　**X**と**Z**
カ　**Y**と**Z**　　**キ**　**X**と**Y**と**Z**

（３）　下線部 **c** に関して，日本の国会は二院制が採られ，両議院の議決が一致すると国会の議決となる。予算の議決においては，両議院の議決が異なる場合は必ず両院協議会が開かれ，それでも一致しない場合には衆議院の優越が認められている。その理由を，衆議院と参議院の任期のちがいに着目しながら，「**衆議院は参議院と比べて**」の書き出しに続けて，次の**二つの語句**を用いて書きなさい。

> **解散　　国民**

（４）　**A** にあてはまる語句を書きなさい。

（５）　下線部 **d** について，次の①，②の問いに答えなさい。

①　人種や宗教などのちがいをこえて，人類普遍の価値として人権を認めた，1948年に採択された宣言は何か。書きなさい。

②　難民などの保護を目的として設立された国際連合の機関の略称として適当なものを，次の**ア**～**エ**の中から一つ選びなさい。

ア　UNICEF　　**イ**　UNHCR　　**ウ**　WTO　　**エ**　WHO

（６）　次の文は，**B** にあてはまる語句について述べたものである。この文を参考にして，**B** にあてはまる語句として適当なものを，下の**ア**～**エ**の中から一つ選びなさい。

> グローバル化が進んだ現代において，環境の汚染は国境をこえて広がり，武力紛争やテロリズムの影響は一国だけにとどまらず，解決には国際的な協力が重要である。その中で，これまでの国家が自国の国土と国民を守るという考え方だけではなく，一人一人の生命や人権を大切にして平和と安全を実現するという考え方が生まれ，世界中に広がっている。

ア　人間の安全保障　　**イ**　環境アセスメント
ウ　集団的自衛権　　**エ**　小さな政府

(1)		
(2)		
(3)		**衆議院は参議院と比べて**
(4)		主義
(5)	①	
	②	
(6)		

← 福284

6　次の会話は、本文を読んで、読書に対する考えについて話し合った内容の一部である。［　　］にあてはまる最も適当な言葉を、あとの**ア**～**オ**の中から一つ選びなさい。

Aさん「読者は本をノンリニアなものとして捉えて読めばいいと筆者は述べているね。」
Bさん「夏休みの自由研究のために自分が調べるテーマに関する本を読んだけれど、最初から最後までじっくり読んだから一冊しか読めなくて、研究も不十分になってしまったんだ。違う読み方をすればよかったかもしれないね。」
Cさん「私は小説が好きでたくさん読むんだけれど、特に、好きな作家の作品の場合は、最初から最後までよく味わうリニアな読み方で楽しみたいな。」
Aさん「なるほど。Bさんの意見も、Cさんの意見も、納得できるなあ。まとめると、［　　］。」

ア　筆者のように本を読むのが、効率的な読み方なのかもしれないね
イ　どんなときも同じ方法で本を読むことがきっと大切なんだろうね
ウ　最初から最後まで読み通すことが、やっぱり大切なことなんだね
エ　本を読む目的によってふさわしい読み方があるのかもしれないね
オ　ノンリニアに読んだ後でリニアに読む方法がよいかもしれないね

6

六　近年、「ユニバーサルデザイン」が推進されている。次の**【資料Ⅰ】**は、「ユニバーサルデザイン」の説明である。また**【資料Ⅱ】**は、福島県の十五歳以上を対象に「ユニバーサルデザインを導入することが必要だと考えるのはどれか」について調査した結果の一部を、グラフで表したものである。**【資料Ⅰ】**を踏まえて、**【資料Ⅱ】**を見て**気づいたこと**と、**「ユニバーサルデザインを推進すること」**についての**あなたの考えや意見**を、あとの**条件**に従って書きなさい。

【資料Ⅰ】

ユニバーサルデザインとは

すべての人の多様なニーズを考慮し、年齢、性別、身体的能力、言語などの違いにかかわらず、すべての人にとって安全・安心で利用しやすいように、建物、製品、環境などを計画、設計するという考え方のこと。また、あらゆる特性を持つすべての人のために生活・活動しやすい環境づくりを進めていくという考え方のこと。

（「ふくしまユニバーサルデザイン推進計画」により作成）

【資料Ⅱ】

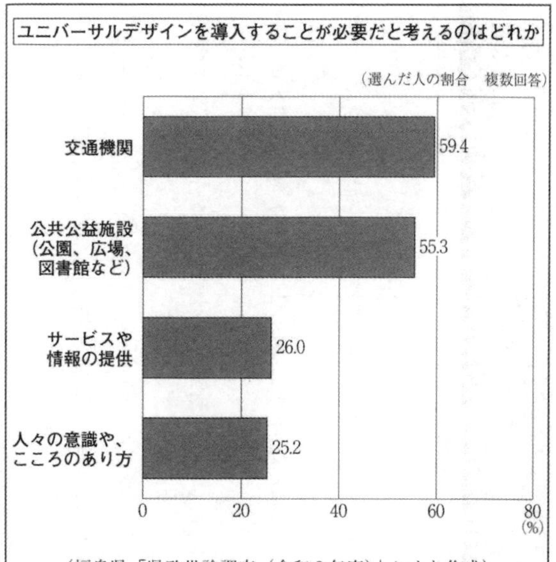

（福島県「県政世論調査（令和３年度）」により作成）

条件

1　**二段落構成**とすること。
2　前段では、**【資料Ⅰ】**を踏まえて、**【資料Ⅱ】**を見て**気づいたこと**を書くこと。
3　後段では、前段を踏まえて、**「ユニバーサルデザインを推進すること」**についての**あなたの考えや意見**を書くこと。
4　全体を**百五十字以上、二百字以内**でまとめること。
5　氏名は書かないで、本文から書き始めること。
6　原稿用紙の使い方に従って、文字や仮名遣いなどを正しく書き、漢字を適切に使うこと。

(200字)　(150字)

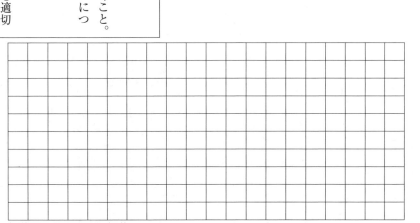

1 [3]段落の「とりあえず」の品詞を、次のア～オの中から一つ選びなさい。

ア 感動詞　イ 形容詞　ウ 副詞　エ 連体詞　オ 接続詞

2 次の図は、[1]段落～[7]段落に示されている筆者の考えについてまとめたものである。[X]にあてはまる最も適当な言葉を、本文の[1]段落～[7]段落の中から**七字**でそのまま書き抜きなさい。

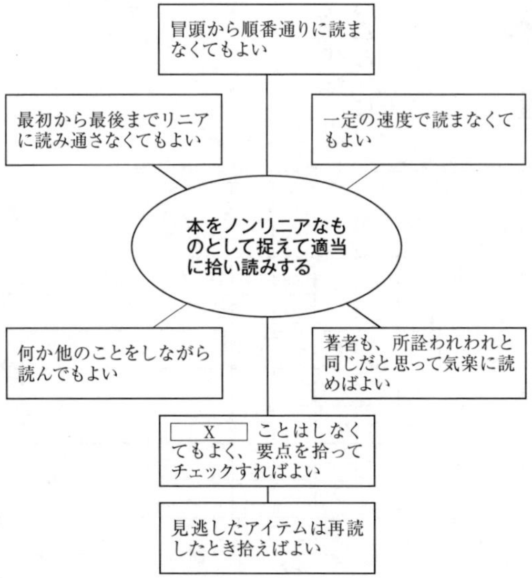
冒頭から順番通りに読まなくてもよい
最初から最後までリニアに読み通さなくてもよい
一定の速度で読まなくてもよい
本をノンリニアなものとして捉えて適当に拾い読みする
何か他のことをしながら読んでもよい
著者も、所詮われわれと同じだと思って気楽に読めばよい
X ことはしなくてもよく、要点を拾ってチェックすればよい
見逃したアイテムは再読したとき拾えばよい

3 [1]「理解はしばしば遅れてやってくる。」とあるが、それはどういうことか。最も適当なものを、次のア～オの中から一つ選びなさい。

ア 一度読んであいまいにしか分からなかった箇所も、その先まで読み進めてから戻って再び読むと理解できることが多いということ。

イ 理解できるか理解できないかを単純に区別できる箇所ばかりではなく、あいまいにしか理解できない箇所も多くあるということ。

ウ 何が書かれているかすぐに理解できる箇所よりも、その先まで読み進めてから戻って読むほうが理解できる箇所が多いということ。

エ 本の著者も人間にすぎないので、一度読むだけでは分からず読み返して初めて理解できる箇所がどの本にも多くあるということ。

オ 何度も進んだり戻ったりするうちに理解できる箇所も多いので、書かれている順番通りに理解しようとする必要はないということ。

4 [2]「本とは冒頭からリニアに読み解くべきものではなく、そのつど必要に応じて内容を取り出せる、ノンリニアの道具箱です。」とあるが、筆者がこのように述べるのは、執筆のために本を使ったときに、本についてどのようなことに気づいたからか。**六十字以内**で書きなさい。

5 本文について説明したものとして最も適当なものを、次のア～エの中から一つ選びなさい。

ア 本をどのように捉えてどのように読むべきなのかという問題をはじめに提示し、続く部分では自分の本の読み方を具体例を挙げながら説明し、終わりの部分ではじめに提示した問題に答えている。

イ 自分の考える本の捉え方や読み方をはじめに示し、続く部分では自分の本の読み方を一般的に考えられている本の読み方と比較しながら説明し、本を自分に役立てるための方法も提示している。

ウ 本の捉え方や読み方というテーマをはじめに示し、続く部分では具体例を挙げながら自分の本の読み方を詳しく説明したうえで、たくさんの本の中から自分に役立つ本を探す方法を説明している。

エ 本の捉え方や読み方という話題をはじめに提示し、続く部分では本を読み進めながら自分に必要な情報を見つける方法を結論の根拠となるように具体的に説明し、終わりの部分につなげている。

1

2 (7字)

3

4 (60字)

5

五

次の文章を読んで、あとの問いに答えなさい。（1〜14は各段落に付した段落番号である。）

1 本をリニア（線形）なものとして捉えるか、ノンリニア（非線形）なものとして捉えるか。これは大きな違いです。結論から言えば、読者は「ノンリニアな道具箱」としての書物に接すればよいのです。

2 たいていの物書きが同意すると思いますが、本はそもそも、最初から最後までリニア（まっすぐ）に読み通す必要はありません。冒頭から順番に読む必要もありません。順を追って、律儀《りちぎ》に読み進まねばならないという思い込みは、ここで捨ててください。

3 そもそも、本とは適当に拾い読みするくらいでも、十分に役立つものです。長年経験を積んでくると、三〇秒ほどパラパラとページをめくれば、その本が自分にとって必要かどうかの判断はつきます。そして、必要だと判断したら、とりあえず最初から最後までページをめくってみます。

4 その速度は一定でなくてもよい。読んでいて面白いときは、じっくり腰を据えますし、そうでないときは速読です。それは「ながら」でも大丈夫。僕の場合、片方の手で家の二歳児の相手をしながら、もう片方の手で一冊読み終わるのに、本の種類にもよりますがだいたい三〇分未満です。

5 なぜそうできるかというと、文字通り「拾い読み」しているからです。本というのは、目分量で言えば四、五ページに一箇所くらい、それなりに重要なポイントが出てくる。そこをペンでマークしたり、ドッグイア[注1]をつけたりする。ゲームで言えば、フィールド上のアイテムを拾い上げていく要領で、ページを視覚的に一望し、そこから要点を拾ってチェックする。その際にひらめいたことは、そのページや本の扉に簡単にメモします。

6 そのとき、本の全体を把握する必要はありません。論旨をそこまで厳密に追わずに（もちろん追ってもよいですが）、むしろアイテムらしきものにパッパッと印をつけていく。ただ、重要な情報が急に出てくるケースもあるので、速読のときほど眼《め》のセンサーの感度をあげたほうがよいでしょう。どのみち、自分にとって重要な本ならば再読することになりますから、見逃したアイテムはそのとき拾えばよいというスタンス[注2]でも構いません。

7 念のために言えば、早く読めるから偉いということはありません。一言一句もゆるがせにしない[注3]学究的な読み方も、僕はまったく否定しません。ただ、読書を重々しく崇高な労働のように捉えるのは、たんにナンセンス[注4]でしょう。どれだけ偉い著者も、所詮われわれと同じ人間にすぎない。そう割り切って、僕は本と付きあっています。

8 もう一つ、読書において肝心なのは、すべてをまんべんなく理解しようと思わないことです。一冊の本のなかに、分かったような分からないような、あいまいなグレーゾーンがあるのは当然です。しかし、そこで引っかからずに、とりあえず最後まで読み進めてみる。その後でグレーな箇所に戻ると、意外にすんなり理解できることも多いのです。

9 要するに、[1]理解はしばしば遅れてやってくる。一冊の本のなかにも、理解の時差があると考えてください。分かるから〇、分からないから×という単純なものではありません。

10 それに、一冊の本から得られる情報は、恐らくそれほど多くありません。一概には言えませんが、僕はおおむね二つか三つの新しい認識を得られれば十分――それくらいの歩《ぶ》留《ど》まり[注5]で考えています。あまり多くのことを一冊の本から吸収しようとしても、頭脳がパンクするだけです。

11 ただ、その必要最低限の「二つか三つ」（四つか五つでもよいのですが）のお土産をしっかりとつかんで、随時取り出せるようにしておかないと、読書から得られることはあまりありません。漫然と[注6]読み終わって、中身をすっかり忘れてしまっては、たいして意味はないでしょう。

12 では、どうやって「つかむ」のがよいでしょうか。几《き》帳面《ちょうめん》な読者は、実際にカードを作って保存するかもしれません。僕も学生時代にはそのようなカード作りに挑戦しましたが、結局長続きしませんでした。このようなやり方には、性格的な向き不向きがあります。

13 試行錯誤の結果、今では本の扉のところに、その本のキーワードや個人的な思いつきを適当に書き散らすようになりました。いずれ本格的にその本を使うことになったとき、アイディアを追跡し「復元」できるようにマークやタグ[注7]をつけておくわけです。本がデータだとすると、個人的索引としてのマークやタグはメタデータ[注8]。メタデータの目印さえあれば、執筆の際にも十分役立つことに経験則で気づいたのです。

14 哲学者のジル・ドゥルーズ&フェリックス・ガタリは、書物とは「『外』にはたらきかける小さな道具」のようなものだと言っています。[2]本とは冒頭からリニアに読み解くべきものではなく、そのつど必要に応じて内容を取り出せる、ノンリニアの道具箱です。ただ、道具箱がぐちゃぐちゃだと使いにくい。だから「この本にはこんな道具が入っていますよ」というタグ＝メタデータの表示が欠かせません。コンビニやスーパーと同じで、商品の管理はちゃんとしないと、すぐに取り出せなくなってしまう。だから、メタデータの書き込みによって、本を機能的な道具箱に改造してしまえばよいのです。

（福嶋　亮大「思考の庭のつくりかた　はじめての人文学ガイド」より）

注1　ドッグイア：本のページの隅を折ってつける目印。　注2　スタンス：物事に取り組む姿勢。　注3　ゆるがせにしない：いいかげんにしない。
注4　ナンセンス：無意味なこと。　注5　歩留まり：ここでは、全体に対する割合。　注6　漫然と：特別の意識や目的を持たずに。
注7　タグ：情報の意味づけや分類のための目印。　注8　メタデータ：データの意味について記述したデータ。

2 「[2]ぼくは仲間たちとのあいだに、これまではなかった距離を感じていた。」とあるが、その理由を次のように説明するとき、[Ⅰ]、[Ⅱ]にあてはまる内容について、あとの(1)、(2)の問いに答えなさい。

> 慎吾が仲間たちとのあいだに距離を感じたのは、バスケ部を辞めたことについて[Ⅰ]を感じており、それを感じている理由を仲間たちに言い出せずに隠しているからである。一方、もう一つの要因に、仲間たちの思いも挙げられる。今まで慎吾が自分たちを避けていたのは[Ⅱ]からだと、仲間たちは思い込んでいる。このことも、慎吾に距離を感じさせたのである。

(1) [Ⅰ]にあてはまる最も適当な言葉を、本文中から**六字**でそのまま書き抜きなさい。

(2) [Ⅱ]にあてはまる内容を、**三十字以内**で書きなさい。

1　2 (1)（6字）　(2)（30字）

3 「[3]ありがとう、とぼくは心からみんなに感謝した。」とあるが、慎吾がなぜ感謝したのかを次のように説明するとき、[　]にあてはまる内容を、**六十五字以内**で書きなさい。

> 慎吾は自分の本心を疑っていたが、自分の話に対するバスケ部の仲間の言葉や反応から、[　]ことに気づいたから。

3（65字）

4 「[4]ぼくはほんとうの気持ちに気がついた。」とあるが、この部分での慎吾の心情についての説明として最も適当なものを、**ア**〜**オ**の中から一つ選びなさい。 4

ア 自分はバスケ部を辞めたほんとうの理由を仲間に伝えたかったのだと気づき、ずっと感じていた落ち着かない気持ちが消えつつある。

イ 自分は仲間と話ができなくて寂しかったのだと気づき、ずっと感じていた落ち着かない気持ちを解消するきっかけをつかんでいる。

ウ 自分は仲間と一緒にバスケを続けたかったのだと気づき、ずっと感じていた落ち着かない気持ちを解消するきっかけをつかんでいる。

エ 自分は仲間から真面目で練習熱心なやつだと思われたかったのだと気づき、ずっと感じていた落ち着かない気持ちが強まっている。

オ 自分は自分の正直な思いを仲間にちゃんとわかってほしかったのだと気づき、ずっと感じていた落ち着かない気持ちが強まっている。

5 本文の構成・表現についての説明として最も適当なものを、**ア**〜**オ**の中から一つ選びなさい。 5

ア 文章全体を通して比喩表現が効果的に用いられており、登場人物それぞれの思いや取った行動の違いが鮮やかに印象づけられている。

イ 回想的な場面が途中に挟まれることで、この日の出来事からだけではわからない主人公の内面の変化の理由が詳しく明かされている。

ウ 登場人物それぞれの考えが第三者の視点から客観的に描かれ、互いの気持ちのすれちがいが解消していく様子が明瞭に語られている。

エ 主人公の気持ちの変化の様子が直接的に表現されることは少ないが、美しい自然の描写に反映させて間接的に描き出されている。

オ 会話と主人公の内面が交互に描写されることで、主人公の心情が他者の言葉によって変化していく様子が丁寧に表現されている。

←福288

触れようとはしない。

しばらく話したところで、ふいに会話が途切れた。一年生がスリーポイントシュートを決めて歓声をあげた。ぼくがそっちに注目するふりをして、気まずさをまぎらわせていると、満が「慎吾。」と話しかけてきた。不安をこらえるような、硬い表情で。

「おまえの脚のことを聞いたときから、謝らないとずっと思ってたんだ。成長痛だろうなんて適当なことをいって、ほんとうに悪かった。あのときすぐに病院に行くようにすすめてれば、部を辞めなくてすんだかもしれないのに……。」

「えっ、そんなの謝ることないよ。ぼくだって、自分の脚が退部しなきゃいけないほどひどい状態になってるなんて思ってもいなかったんだから。」

慌ててそういいかえしても、満の顔は晴れなかった。満だけじゃなくて、ほかのみんなもおなじように沈んだ顔をしていた。

バリーがおずおずとぼくにいった。

「けどよぉ、慎吾、最近ずっとおれらのことを避けてたろ。だからやっぱそのことで怒ってんじゃないかと思ってよぉ。」

「誤解だよ！　ぼくがみんなと顔を合わせづらかったのは、ただ、バスケ部を辞めたことがうしろめたかったからなんだ。」

口にした瞬間に、いってしまった、と思った。うろたえているぼくに、バリーが首を傾《かし》げて聞きかえしてきた。

「なんでだよ。退部は脚のせいなんだからしょうがないだろ。うしろめたさなんて感じる必要ないじゃん。」

ほんとうのことを、正直に話さなくちゃいけない。たとえみんなに軽蔑されたとしても。そうしなければ、きっとこれからもみんなに、ぼくのことで責任を感じさせてしまう。

仲間たちの視線から逃れてうつむくと、ぼくはおそるおそるそのことを明かした。

「たしかに、脚のせいなんだけどさ。親とか医者に退部をすすめられたとき、ぼくははっきり嫌だっていわなかったんだ。続けようとしていれば、続けられたかもしれないのに。だからもしかするとぼくは、心の底でバスケ部を辞めたがってたのかもしれないって、そう思ってるんだよ。いくら練習してもみんなみたいにうまくなれないから、それがつらくて部活から逃げたんじゃないか、って……。」

言葉を終えたあとも、ぼくはみんなの反応が怖くてうつむいたままでいた。ぼくがびくびくしながら沈黙に耐えていると、満が最初に口を開いた。

「慎吾はそういうことはしないだろう。」

それはまるで、ぼくがなにかおかしなことをいったかのような口調だった。驚いて顔を上げると、満は明らかに戸惑った表情を浮かべていた。

雅人が「だよな。」と相槌《あいづち》を打ってぼくの顔を見た。

「おまえ、本気でそんなこと気に病んでたのかよ。おまえみたいに真面目で練習熱心なやつが、まだ頑張れるのに怪我《けが》のせいにしてあきらめたりするわけないだろ。」

バリーともっさんもしきりにうなずいていた。その反応を目にしたとたん、胸の底から熱いものがこみあげてきた。

正直、ぼくはみんなのことを疑っていた。あいつは怪我を理由にしてバスケ部から逃げた。そう思われているんじゃないかと想像して怖かった。

だけど、そんなことはなかったんだ。ぼくはずっと自分の本心を疑い続けていたのに、みんなはいまでもぼくのことを信頼してくれていたんだ。

[3]ありがとう、とぼくは心からみんなに感謝した。なにいってんだよ、と雅人が茶化[注5]すようにぼくの肩を揺さぶってくる。

「……もっとみんなとバスケをしてたかったな。」

みんなの顔を見ていたら泣いてしまいそうで、ぼくはステージの床を見つめてつぶやいた。退部から半月以上がたってようやく、[4]ぼくは自分のほんとうの気持ちに気がついた。

（如月　かずさ「給食アンサンブル２」より）

注1～注4　雅人・バリー・もっさん・満：二年生のバスケ部員。　注5　茶化す：冗談のようにしてごまかす。

1　「[1]ぼくはその場を立ち去ろうとした。」とあるが、慎吾がそのようにしたのはなぜか。説明として最も適当なものを、次の**ア**～**オ**の中から一つ選びなさい。

ア　体育館の中からは二年生の部員の声だけでなく何人もの一年生たちの声がしたので、今日は訪問を遠慮しようと思ったから。

イ　体育館の中をのぞくと、自分の仲間だった二年生の部員と一年生たちが楽しそうにしていたため、入りにくさを感じたから。

ウ　体育館の中から聞こえる二年生の部員と一年生たちの笑い声が、バスケ部を辞めた自分を笑っているように感じられたから。

エ　体育館にいる二年生の部員みんなと話したいと思っていたが、満の姿がなく、部員全員がいるときにまた来ようと思ったから。

オ　体育館に入ったものの、自分は雅人のように一年生たちの世話を明るくこなすことはできないし、めんどうだとも思ったから。

(3) [Ⅲ] にあてはまる最も適当な言葉を、次の**ア**～**オ**の中から一つ選びなさい。

ア 不用意な発言が他者を傷つけるだけでなく自分にとっての不利益につながる場合もあるため、発言には慎重であるべきだ

イ 自分で言った言葉には責任をもつことができないため、発言するときは相手の気持ちを考えて失言を避けることが大切だ

ウ 基本的には軽々しく発言すべきではないが、時にはよく知らないことでも知っているふりをして話すことも必要になる

エ 人には誰でも包み隠していることがあり、それに一切触れないように話すことでよりよい人間関係を築くことができる

オ 自分が思っていることを相手に伝わるように話すためには高度な技術が必要だが、その方法を身につけることは難しい

2
(3)

四 次の文章を読んで、あとの問いに答えなさい。

(大久保慎吾《おおくぼしんご》は中学入学時からバスケットボール部で活動していたが、ひざの痛みにより練習が困難になった。慎吾は、医者や親にすすめられ、一年生の三月末にバスケットボール部を退部した。そのことが原因で、二年生に進級してからも落ち着かない気持ちが続いていた。ある日、一年生のときの担任だった辻井《つじい》先生から声をかけられた。)

「退部してから、バスケ部の仲間には会った?」

「いや、なんとなく会いづらくて……。」

「そういわずに、たまには顔を見せてやったら。きょうの六時間目、三年生は臨時の学年集会だったんだけど、それがまだ長引いてるみたいだから、いまなら先輩と顔を合わせずに部の仲間と話せるよ。」

そう告げる辻井先生の顔には、滅多に見せないやさしい笑みが浮かんでいた。けれどぼくが驚いていると、すぐにその笑顔を引っこめて、「それじゃあ。」と職員室に入っていってしまう。

職員室の戸が閉められたあとで、ぼくはバスケ部のみんなが練習をしている体育館のほうを振りかえった。

体育館の床で、バスケットボールが弾む音が聞こえてくる。部活を辞めてまだ半月ちょっとしかたっていないのに、ぼくにはその音がやけに懐《なつ》かしく聞こえた。

放課後の体育館を訪れるのは、退部のあいさつをしにいったとき以来だった。まだバスケ部のみんなと話をする決心がつかなくて、ぼくはこっそり体育館の中をのぞいてみた。

体育館の中では、バスケ部がすでに練習を始めていた。注1雅人《まさと》も、注2バリーも、注3もっさんもいる。残りの部員は全員新入生だ。すごい、八人もいるじゃないか。これなら三年生が引退しても、部員不足に悩むことはなさそうだ。

雅人がおもしろいことをいったのか、一年生たちが笑いだした。雅人、愉快ないい先輩をしてるみたいだな。ぼくが退部する前は、新入部員の指導なんてめんどくさいとかいってたのに。

先輩らしく振る舞っている仲間の姿をながめているうちに、ぼくはたまらなく寂しくなった。もうこの放課後の体育館に、ぼくの居場所はない。

様子を見にきたりなんてしなければよかった。そう後悔しながら、1ぼくはその場を立ち去ろうとした。ところがそのとき、姿の見えなかったもうひとりの二年生部員の注4満《みつる》が、ちょうど体育館にやってきた。用事があって遅れたんだろうか。満はまだ制服姿で、ぼくを見て驚いた表情を浮かべていた。

「やっぱり慎吾か。こんなとこでのぞいてないで、中に入ればいいのに。」

「いっ、いや、練習の邪魔をしちゃ悪いと思って……。」

「そんな気を遣うことないだろ。おい、慎吾がきてるぞ!」

満が体育館の中に向かって声をかけると、すぐに雅人が飛んできた。もっさんとバリーもそのあとから駆けてくる。

「慎吾、この薄情者! たまには顔見せろよなあ。寂しいだろ!」

「ご、ごめん。けど、退部したのに練習に顔を出すのは気が引けて……。」

「水くさいこというなよ。とにかく中入れって。」

遠慮する暇もなく、ぼくは体育館の中に連れこまれてしまった。

体育館のステージにみんなと輪になって座ったものの、どんな話をしたらいいかわからず、ぼくはミニゲームをしている一年生たちを見ていった。

「新入部員、たくさん入りそうでよかったね。」

それからぼくたちは自分のクラスのことや最近のできごとについて話をした。ぼくがまだバスケ部にいたころの、練習前や休憩時間とおなじように。

なのに2ぼくは仲間たちとのあいだに、これまではなかった距離を感じていた。それはきっと、ぼくがみんなに隠していることがあるから。そしてみんながぼくに気を遣ってくれているからだ。その証拠に、ぼくの脚や退部のことには、だれも

← 福 290

4　この詩の説明として最も適当なものを、次の**ア**〜**オ**の中から一つ選びなさい。

ア　周りの人々の幸せを祈るような表現によって、人との関わりを大切にしながらたくましく生きていこうという決意を表している。

イ　「僕」と少女達の姿を対比することで、個人の生きる世界は他者に全く影響されることなく守られていることを強調している。

ウ　皆同じように蝙蝠傘をさして歩く人々の様子を表現することで、人間関係の複雑さや社会の生きづらさを比喩的に描いている。

エ　少女達一人一人を「あなた」と表現することで、蝙蝠傘をさして歩く人々がそれぞれの人生を生きていることを感じさせている。

オ　雨に涙のイメージを重ね合わせて、蝙蝠傘に隔てられた孤独で癒やされることのない個人の悲しみの世界を浮き彫りにしている。

1	2	3	4
(11字)			

三　次の文章を読んで、あとの問いに答えなさい。

ある人いはく、人は慮《おもんばか》りなく、いふまじきことを（言ってはならないことを軽率に）口疾《と》くいひ出《いだ》し、人の短きをそしり（短所を悪く言い）、したることを難じ（非難し）、隠すことを顕《あらは》し、恥ぢがましきことをただす（問いただす）。これらすべて、あるまじきわざなり。われはなにとなくいひ散らして、思ひもいれざるほどに、いはるる人、思ひつめて、いきどほり深くなりぬれば、はからざるに（思いがけず）、恥をもあたへられ、身果つるほどの大事にも（身が破滅するほどの重大事にも）及ぶなり。笑みの中の剣[注]は、さらでだにも（そうでなくてさえも）おそるべきものぞかし。心得ぬことを（よくわかっていないことを）悪《あ》しざまに難じつれば、かへりて身の不覚（自分の落ち度）あらはるるものなり。

おほかた、口軽き者になりたれば、「それがしに（誰それに）、そのことな聞かせそ（聞かせるなよ）。かの者にな見せそ（見せるなよ）。」などいひて、人に心をおかれ、隔てらるる、くちをしかるべし（残念であるだろう）。また、人のつつむことの（隠していることが）、おのづからもれ聞《きこ》えたるにつけても、「かれ離れじ（あの人が関係しているだろう）。」など疑はれむ、面目なかるべし。

しかれば、かたがた人の上を（人の身の上についての話を）つつむべし。多言留《と》むべきなり。

（「十訓抄《じっきんしょう》」より）

注　笑みの中の剣：うわべでは笑っていながら、心の内は悪意に満ちていること。

1　「いきどほり」の読み方を、現代仮名遣いに直してすべてひらがなで書きなさい。

2　次の会話は、本文について、授業で話し合ったときの内容の一部である。あとの(1)〜(3)の問いに答えなさい。

Aさん　「この文章には、教訓が書かれているということだったね。どんな教えが書かれているのかな。」
Bさん　「言ってはならないことを軽々しく言ったり、人の短所や行動を非難したり、隠していることを暴露して恥をかかせたりするのは、どれも『　I　』であると説明しているね。」
Cさん　「そうだね。自分では何気なく言った言葉について、言われた方は深く思いつめて悩んで、強い怒りをもつこともあると書かれているよ。」
Bさん　「言う方は気にしていない発言を、言われた方が気にしてしまうことは、私も経験があるから共感できるな。」
Aさん　「口が軽いことの影響も書かれているよ。あの人には話さない方がいいと思われて距離を置かれることもあるし、それに、　II　こともあるということだね。」
Cさん　「つまり、この文章では、　III　という教訓が述べられているんだね。」

(1)　　I　にあてはまる最も適当な言葉を、本文（文語文）から**七字**でそのまま書き抜きなさい。

(2)　　II　にあてはまる内容を、**三十字以内**で書きなさい。

1	2 (1)	2 (2)
	(7字)	(30字)

令和5年度入試問題　国語

注意　字数指定のある問題の解答については、**句読点も字数に含めること。**

一

次の1、2の問いに答えなさい。

1　次の各文中の――線をつけた漢字の読み方を、ひらがなで書きなさい。また、‖線をつけたカタカナの部分を、漢字に直して書きなさい。

(1) 庭の草を刈る。
(2) 泣いてる子を慰める。
(3) 外国人の論文を翻訳する。
(4) 本の返却を催促する。
(5) 友人の相談にノる。
(6) 文化祭をモり上げる。
(7) 荷物をユソウする。
(8) テンラン会に絵を出品する。

2　次の文章は、ある生徒が、職場体験を行った幼稚園に書いた礼状の一部である。――線をつけた部分**ア**～**オ**の中から、敬語の使い方が**正しくないもの**を一つ選びなさい。

先日の職場体験では、大変お世話になりました。園に**ア**伺ったときは緊張していましたが、先生方が優しく話しかけて**イ**くださったおかげで、積極的に活動することができました。先生方が笑顔で園児たちに接して**ウ**いらっしゃる様子を**エ**拝見して、将来、私も先生方のように生き生きと働きたいと思いました。また、体験の最後の日に園長先生が**オ**申しあげた「こちらが笑顔で働いていると、周りの人たちも笑顔になってくれるよ。」という言葉が、心に残っています。

1								2
(1)	(2)	(3)	(4)	(5)	(6)	(7)	(8)	
る	める			る	り			

二

次の詩と鑑賞文を読んで、あとの問いに答えなさい。

[注1]蝙蝠傘《こうもりがさ》の詩　　黒田《くろだ》　三郎《さぶろう》

雨の降る日に蝙蝠傘をさして
濡《ぬ》れた街路を少女達《たち》が歩いている
少女よ
どんなに雨が降ろうとも
あなたの黒い睫毛《まつげ》が明るく乾いていますように
ああ
どんなに雨の降る日でも
そこだけ雨の降らない小さな世界
そこにひとつの世界がある
三階の窓から僕は眺める
ひっそりと動いてゆく沢山の円い小さなきれいなものを
そのひとつの下で
あなたは別れてきたひとのことを思っている
そのひとつの下で
あなたは[注2]せんのない買物の勘定をくりかえしている
そのひとつの下で
あなたは来年のことを思っている
三階の窓から僕は眺める
ひっそりと動いてゆく円い小さなきれいなものを

注1　蝙蝠傘：雨傘。　　注2　せんのない：無意味な。

三階の窓から見下ろす「僕」の目が視覚的に捉えているものは、「［Ⅰ］」です。それは何も語らないけれども、「ひっそりと動いてゆく」その様子が、「僕」に傘の下の少女達の［Ⅱ］日常を想像させます。そのような「僕」の想像から、［Ⅲ］まなざしを感じ取ることができるのです。

1　［Ⅰ］にあてはまる最も適当な言葉を、上の詩の中から**十一字**でそのまま書き抜きなさい。

2　［Ⅱ］にあてはまる最も適当な言葉を、次の**ア**～**オ**の中から一つ選びなさい。

ア　静かに移ろいゆく
イ　変わらずに安定している
ウ　まばゆく輝いている
エ　退屈でうんざりする
オ　めまぐるしく変化する

3　［Ⅲ］にあてはまる最も適当な言葉を、次の**ア**～**オ**の中から一つ選びなさい。

ア　明るく爽やかな　　**イ**　あたたかく優しい
ウ　悲痛で切ない　　**エ**　情熱的で激しい
オ　控えめでむなしい

令和５年度入試問題　解答

数学

1　(1) ①　-3　②　$\frac{1}{12}$　③　$24ab^3$　④ $-\sqrt{2}$　(2)　8倍

2　(1) $\frac{31}{100}a$ mL

(2)　$y=-\frac{3}{2}x+2$

(3)

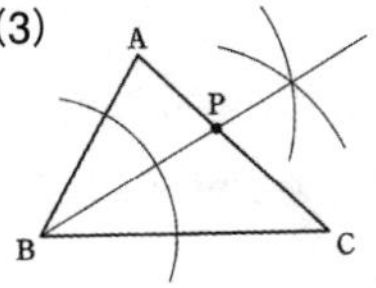

(4)　5

(5)　エ

3　(1) ①　$\frac{1}{3}$　(2) ①　ルール＿ア＿，　確率＿$\frac{2}{3}$＿

(2) ①　-7

②　$(-n)$

［理由の例］

b, c, dはaとnを使ってそれぞれ

$b=a+1$　　$c=a+n$　　$d=a+n+1$

と表される。

このとき

$ad-bc$

$=a(a+n+1)-(a+1)(a+n)$

$=a^2+an+a-(a^2+an+a+n)$

$=a^2+an+a-a^2-an-a-n=-n$

したがって，$ad-bc$ はつねに$-n$ になる。

4　［求める過程の例］

4人のグループの数を x，5人のグループの数を y とすると，生徒は200人であるから

$4x+5y=200$ ……………………………………………………①

ごみ袋を配るとき，1人1枚ずつに加え，グループごとの予備として4人のグループには2枚ずつ，5人のグループには3枚ずつ配ったところ，配ったごみ袋は全部で314枚であるから

$200+2x+3y=314$

これを整理して，$2x+3y=114$ ………………………………②

①, ②を連立方程式として解いて，$x=15$，$y=28$

これらは問題に適している。

答 $\begin{cases} \text{4人のグループの数}\quad \underline{15} \\ \text{5人のグループの数}\quad \underline{28} \end{cases}$

5　(1)［証明の例1］

△EDOと△EBDにおいて

共通な角は等しいから∠DEO＝∠BED ………………①

AC∥DOより, 平行線の錯角は等しいから

∠EDO＝∠ACD ……………………………………………②

$\overset{\frown}{\mathrm{AD}}$に対する円周角は等しいから

∠ACD＝∠EBD ……………………………………………③

②, ③から∠EDO＝∠EBD ………………………………④

①, ④より，2組の角がそれぞれ等しいから

△EDO∽EBD

［証明の例2］

△EDOと△EBDにおいて

AC∥DOより, 平行線の錯角は等しいから

∠EDO＝∠ACD ……………………………………………①

$\overset{\frown}{\mathrm{AD}}$に対する円周角は等しいから

∠ACD＝∠EBD ……………………………………………②

①, ②から∠EDO＝∠EBD ………………………………③

△ODBで, 三角形の外角は, それととなり合わない2つの内角の和に等しいから

∠EOD＝∠ODB＋∠EBD ………………………………④

また

∠EDB＝∠ODB＋∠EDO ………………………………⑤

③, ④, ⑤から∠EOD＝∠EDB …………………………⑥

③, ⑥より, 2組の角がそれぞれ等しいから

△EDO∽△EBD

(2)　3：5

6　(1) $\frac{3}{2}$　(2) $a=4$　(3) $a=7$

7　(1) 4 cm　(1) $4\sqrt{2}$ cm　(3) $\frac{2\sqrt{30}}{3}$ cm^3

英語

[2] (1) ① エ ② イ ③ ウ (2) can help you understand it

(3) 1 エ 2 ア 3 イ 4 ウ

[3] (1) have time

(2) (解答例) I should go to bed by ten and get up early to have breakfast.

[4] (1) ア (2) ① イ ② エ (3) ウ (4) to go to school (5) エ

(6) (解答例)

(Studying in Japan / Studying abroad) is better for me because I can study each subject more easily in Japanese.

(Studying in Japan / Studying abroad) is better for me because I can communicate with a lot of people in another language.

[5] (1) イ (2) ウ (3) ア (4) エ

(5) ① They needed more children ② not accept Saori and her

(6) happy to hear that she wanted to join his group

[1] 放送問題1 No.1 イ No.2 エ No.3 ア No.4 イ No.5 ウ

放送問題2 No.1 ア No.2 エ

放送問題3 ① speech ② front ③ done ④ stronger ⑤ supporting

理科

[1] (1) セキツイ(動物) (2) エ (3) イ

(4) ① 食物網 ② **ブリがふえると**, ブリの**食物**となる生物が減るから。

[2] (1) 葉緑体 (2) イ

(3) **試験管 B～E の結果が**, 葉のはたらきによって起きたこと

(4) ① エ ② **呼吸**で放出した**二酸化炭素**を**光合成**で吸収した

[3] (1) ① ア ② 示相(化石) (2) エ (3) ア→ウ→イ (4) 54m

[4] (1) 露点 (2) ウ (3) イ (4) ① 40% ② 225 g

[5] (1) 混合物 (2) ア (3) ウ

(4) 生分解性(プラスチック) (5) ① 水溶液にうかぶ ② 200 g

[6] (1) マグネシウム (2) ウ (3) $Zn \rightarrow Zn^{2+} + 2e^-$ (4) イ (5) ア

[7] (1) 実像 (2) イ (3) ① 10 cm ② ア (4) カ

[8] (1) 力学的(エネルギー) (2) ウ (3) エ (4) 10 cm (5) イ

←福 294

社会

[1] (1) 環太平洋(造山帯) (2) イ (3) 働くために**連れてこられた**アフリカ

(4) ヒスパニック (5) ウ (6) ① エ ② エ

[2] (1) 東シナ海 (2) イ (3) ① 筑紫(平野) ② エ ③ **外国**から**安い**肉が輸入されている

(4) ウ (5) ① カルデラ ② ア

[3] (1) 百済 (2) イ (3) **自分の娘**を天皇と結婚させ, **生まれた子ども**を天皇にする。

(4) エ (5) ア (6) **1年**おきに江戸と**領地**とを往復する (7) エ→ウ→ア→イ

[4] (1) 伊藤博文 (2) ア (3) エ (4) イ

(5) 強制的に働かせることができる国家総動員法 (6) ア (7) イ→エ→ア→ウ

[5] (1) 持続可能 (2) イ (3) エ (4) 直接金融

(5) イ (6) ① ODA ② 貧しい人々に, **事業**を始めるための少額の**お金**を貸し出すこと。

[6] (1) エ (2) オ (3) **衆議院は参議員と比べて**任期が短く**解散**もあるため, **国民**の意見とより強く結び付いているから。

(4) 平和(主義) (5) ① 世界人権宣言 ② イ (6) ア

国語

[一] 1 (1) か（る） (2) なぐさ（める） (3) ほんやく (4) さいそく (5) 乗（る）

(6) 盛（り） (7) 輸送 (8) 展覧 2 オ

[二] 1 円い小さなきれいなもの 2 ア 3 イ 4 エ

[三] 1 いきどおり 2 (1) あるまじきわざ (2) 他人が隠していることが表に出たとき自分が関係したと疑われる (3) ア

[四] 1 イ 2 (1) うしろめたさ (2) 脚のことで適当なことを言った自分たちに慎吾が怒っている 3 怪我を理由にしてバスケ部から逃げるようなことはしないだろうと思ってくれるほど、バスケ部の仲間たちが自分のことを信頼してくれていた 4 ウ 5 オ

[五] 1 ウ 2 全体を把握する 3 ア 4 本は、全体を使うわけではなく、必要に応じて内容を取り出せるようにメタデータの目印をつけておけば十分に役立つということ。

5 イ 6 エ

[六] 与えられた条件のもとで、述べられていること。

令和5年度　問題解説

〈数学〉

1 (1) ① $(-21)\div7=-(21\div7)=-3$

② $-\frac{3}{4}+\frac{5}{6}=-\frac{9}{12}+\frac{10}{12}=\frac{1}{12}$

③ $(-3a)\times(-2b)^3=(-3a)\times(-8b^3)=-24ab^3$

④ $\sqrt{8}-\sqrt{18}=2\sqrt{2}-3\sqrt{2}=-\sqrt{2}$

(2) 半径を r とすると球の体積$=\frac{4\pi r^3}{3}$

このとき，半径を2倍の 2r とすると，

球の体積$=\frac{4\pi(2r)^3}{3}=\frac{32\pi r^3}{3}=\frac{4\pi r^3}{3}\times8$となる。よって，元の球の体積の8倍。

2 (1) $a\times\frac{31}{100}=\frac{31}{100}a(mL)$

(2) $3x+2y-4=0$

$2y=-3x+4$

$y=\frac{3}{2}x+2$

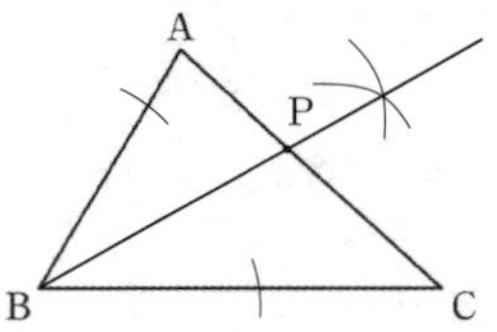

(3) 角の二等分線は角を作る2辺までの距離が等しい点の集まりである。よって，右図。

(4) 変化の割合$=\frac{y\text{の増加量}}{x\text{の増加量}}=\frac{4^2-1^2}{4-1}=\frac{15}{3}=5$

(5) 図1より，最小値が2以上4未満，最大値が18以上20未満，中央値が8以上10未満，第1四分位数が6以上8未満，第3四分位数が12以上14未満の階級にあることがわかる。

3 (1) ①ルール（ア）にしたがったとき，取り出し方は全部で(1, 1)，(1, 2)，(1, 3)，(2, 1)，(2, 2)，(2, 3)，(3, 1)，(3, 2)，(3, 3)　の9通り，A が景品をもらえるのは(2, 1)，(3, 1)，(3, 2)　の3通りであり，

A が景品をもらえる確率は，$\frac{3}{9}=\frac{1}{3}$

②ルール（ア）にしたがったとき，A が景品をもらえない確率は，$1-\frac{1}{3}=\frac{1}{3}$

ルール（イ）にしたがったとき，取り出し方は全部で(1, 2)，(1, 3)，(2, 1)，(2, 3)，(3, 1)，(3, 2)　の6通り，

A が景品をもらえるのは(2, 1)，(3, 1)，(3, 2)　の3通りであり，

A が景品をもらえる確率は，$\frac{3}{6}=\frac{1}{2}$

A が景品をもらえない確率は $1-\frac{1}{2}=\frac{1}{2}$

よって，A が景品をもらえない確率が大きいのはルール（ア）にしたがったときで，確率は$\frac{2}{3}$

(2) ① a, b, c, d を a を使って表すと，a, b = a+1, c = a+7, d = a+8 となるので，

$ad-bc=a(a+8)-(a+1)(a+7)=a^2+8a-(a^2+8a+7)=-7$

② a, b, c, d を a を使って表すと，a, b = a+1, c = a+n, d = a+n+1 となるので，$ad-bc=a(a+n+1)-(a+1)(a+n)=a^2+(n+1)a-\{a^2+(n+1)a+n\}=-n$

a が消えるので，a がどのような数をとっても常に $ad-bc=-n$ が成り立つ。

4 4人グループの数を x 個，5人グループの数を y 個とすると，
中学校の生徒数は200人，ごみ袋を1人1枚に加え，グループごとの予備として4人グループには2枚ずつ，5人グループには3枚ずつ配り，ごみ袋の合計が314枚なので，

$4x+5y=200$・・・①

$200+2x+3y=314$・・・②

とおける，①②を解くと x = 15, y = 28

よって，4人のグループが15個，5人のグループが28個である。

5 (1)△ EDO と△ EBD において

AC//DOより錯角は等しいので　∠EDO=∠ECA…①

弧ADに対する円周角なので　∠ECA=∠EBD…②

①②より　∠EDO=∠EBD…③

共通より　∠DEO=∠BED…④

③④より,2組の角がそれぞれ等しいので，　△EDO∽△EBD

(2) AC//DO より錯角は等しく，2組の角がそれぞれ等しいので

△ ACE ∽△ OED

AC:DO = 7:9 より△ ACE と△ OED の相似比は 7:9

よって，AE:EO:AO = 7:9:16

AO は半径より AO = BO なので，EO:EB = 9:25 となる。

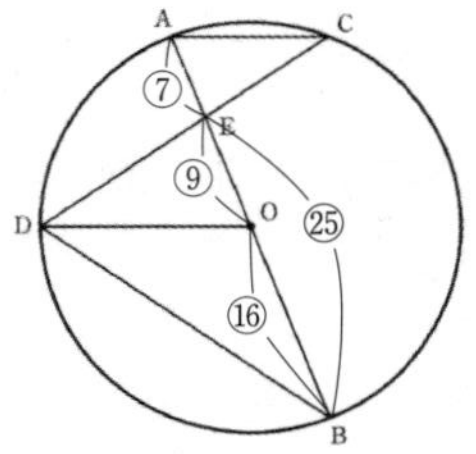

相似な図形の対応する辺の長さの比は等しいので

EO:ED = ED:EB

9:ED = ED:25　　ED = 15

EO:EB = 15:25 = 3:5

よって，△ EDO と△ EBD の相似比は 3 : 5

6 (1) $a=1$とした場合,反比例のグラフは $y=\frac{1}{x}$，比例のグラフは $y=x$ となる。

B, C の x 座標は2なので，x = 2をそれぞれ代入すると，B $(2,\ \frac{1}{2})$，C (2, 2) となる。

よって，線分 BC の長さは $2-\frac{1}{2}=\frac{3}{2}$

(2) 1組の対辺が平行でその長さが等しいとき，四角形 ABCD は平行四辺形になる。AD//BC より，AD = BC となればよい。

$BC=2a-\frac{a}{2}$, AD = 6 なので

$2a-\frac{a}{2}=6$　　$\frac{3a}{2}=6$　　$a=4$

(3) $a=1$ のとき（1）より辺 $BC=\frac{2}{3}$

点 A の座標は$y=\frac{1}{x}$に y = 6 を代入して，$x=\frac{1}{6}$

四角形 ADBC の面積$=(BC+AD)\times$高さ$\times\frac{1}{2}$

$=\left(\frac{3}{2}+6\right)\times\left(2-\frac{1}{6}\right)\times\frac{1}{2}=\frac{55}{8}$

BC，高さをそれぞれ a を使って表すと，$BC=2a-\frac{a}{2}$，高さ$=2-\frac{a}{6}$

このとき四角形 ADBC の面積$=\left(2a-\frac{a}{2}+6\right)\left(2-\frac{a}{6}\right)\times\frac{1}{2}=\frac{55}{8}$

$\left(\frac{3}{2}a+6\right)\left(-\frac{a}{6}+2\right)\times\frac{1}{2}=\frac{55}{8}$

$\left\{\frac{3}{2}a\times\left(-\frac{a}{6}\right)+\frac{3}{2}a\times2+6\times\left(-\frac{a}{6}\right)+6\times2\right\}\times\frac{1}{2}=\frac{55}{8}$

$\left(-\frac{a^2}{4}+3a-a+12\right)\times\frac{1}{2}=\frac{55}{8}$

両辺に24をかけると，$(3a+12)(-a+12)=165$

$-3a^2+24a+144=165$

$a^2-8a+7=0$

$(a-7)(a-1)=0$

$a=1,\ 7$

よって，a の値は7

7 (1)右図より，円錐の母線の長さを x とおくと，

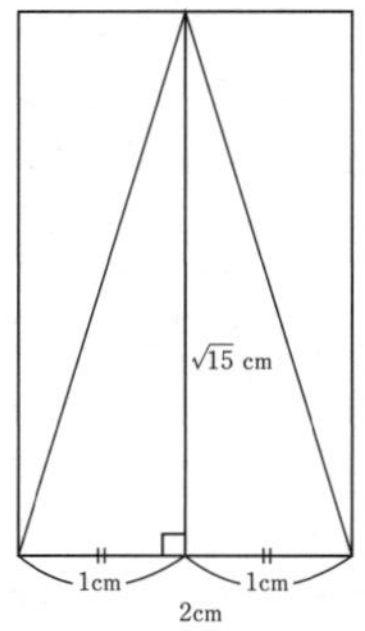

$x^2=(\sqrt{15})^2+1^2$　　$x^2=16$

x は正より　$x=4$（cm）

(2) ひもの長さは円錐の側面を展開し，I と I′ を結んだ II′ である。

底面の円周とおうぎ形の弧の長さが等しいので，

$2\pi=4\times2\times\pi\times\frac{\text{中心角}}{360}$ より

中心角= 90°

I, I′，おうぎ形の中心を結んだ三角形は右図のような直角二等辺三角形となる。

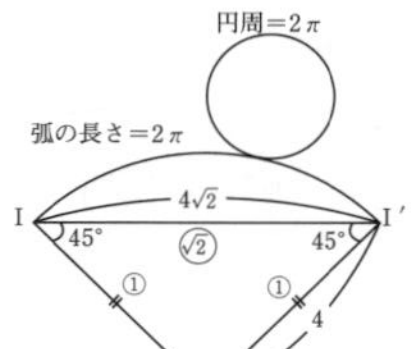

よって，$1:\sqrt{2}=4:II'$

$II'=4\sqrt{2}$（cm）

(3) P を頂点とし，四角形 ABCD を底面とする四角錐の体積が最も小さくなるときは，点 P が最も底面に近づくとき，すなわち，II′ の中点にあるときである。よって,右図。

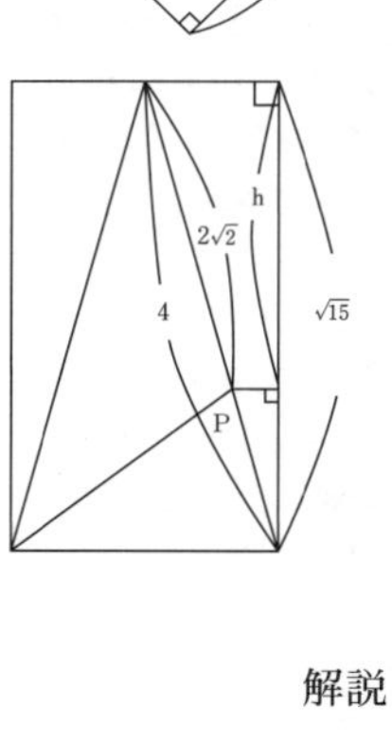

$4:2\sqrt{2}=\sqrt{15}:h$

$4h=2\sqrt{30}$

$h=\frac{\sqrt{30}}{2}(cm^2)$

四角錐 P-ABCD の体積

$=2\times2\times\frac{\sqrt{30}}{2}\times\frac{1}{3}=\frac{2\sqrt{30}}{3}(cm^3)$

〈理科〉

1 (2) 外とう膜は軟体動物にみられる特徴であり、軟体動物はアサリである。

(3) XとYは体に酸素を取り込むえらである。

(4) ② 食物連鎖の中で食べる側の個体数が増加すると、食べられる側の個体数が減少する。すると、食べるものがなくなった食べる側の個体数が減少し、食べられる側の個体数が増加する。このように食べる側が無限に増加し続けることはない。

2 (2) 葉で作られたデンプンはそのままでは移動することができないので、水に溶ける物質に変化することで師管を通って体全体の細胞に運ばれる。

(3) 葉が入れられていない試験管Aでも他の試験管と同じ結果になった場合、葉のはたらき以外の原因で反応が起こっていることになる。

(4) ① まず、葉が白色か緑色か以外の条件が同じ試験管Dと試験管Eを比較すると、いずれも石灰水を入れると白くにごっており、葉の白色の部分も緑色の部分も呼吸により二酸化炭素を放出していることがわかる。また、試験管Aが白くにごっていないことから葉のはたらきによるものであることがわかる。

次に、光の有無以外の条件が同じ試験管Cと試験管Dを比較すると、いずれも石灰水を入れると白くにごっており、光の有無に関係なく常に呼吸を行っていることがわかる。また、試験管Aが白くにごっていないことから、葉のはたらきによるものであることがわかる。

3 (1) ① サンヨウチュウやフズリナが栄えていた地質年代は古生代である。

② 地質年代を知ることができる化石を示準化石、当時の環境を示す化石を示相化石という。

(2) 石灰岩は炭酸カルシウムを主成分とするため、塩酸をかけるととけて二酸化炭素が発生する。また、石灰岩は鉄よりも柔らかいため表面に傷がつく。

(3) アの地層の下の凝灰岩の層がかぎ層であり、同じ年代に堆積したことがわかる。凝灰岩の層を基準にすると凝灰岩の上の砂岩の層がア、その上の石灰岩の層がウ、その2つ上のれき岩の層がイとなる。柱状図で下にある層ほど古く、上にある層ほど新しいので、ア→ウ→イの順になる。

(4) X地点とY地点の地層を凝灰岩の層を基準にそろえると、Y地点の地表のほうがX地点の地表よりも7m高くなる。よって、Y地点の標高は47＋7＝54（m）となる。

4 (1) 冬は部屋の中のほうが暖かく、部屋の外の方が寒いため、窓ガラスの表面付近で空気の温度が下がり、露点に達するため、部屋の中では空気に含まれていた水蒸気の一部が水滴になる。

(2) 気圧は上方の空気の重さによる圧力であるから、高度が高くなればなるほど、気圧は低くなるため、空気は膨張して気温が下がり、露点に達するため水蒸気が水や氷となり雲ができる。

(3) 湯気とは液体の水が沸騰して気体の水蒸気となったものが空気中で冷やされ再び液体の水となったものである。気体の水蒸気は目に見えないが、湯気は液体の水であるから白く見える。

(4) ① 表より気温が17℃の時の飽和水蒸気量は14.5g/㎤である。

$$湿度(\%)=\frac{1m^3の空気に含まれる水蒸気量(g/m^3)}{飽和水蒸気量(g/m^3)}\times100=\frac{5.8}{14.5}\times100=40(\%)$$

② 気温が23℃になり、湿度が50%になっている。表より気温が23℃の時の飽和水蒸気量は20.6g/㎥であり、湿度が50%なので1㎥の空気に含まれる水蒸気量は $20.6\times=\frac{50}{100}=10.3$g/㎥となる。1㎥の空気に含まれる水蒸気量は10.3-5.8=4.5（g/㎥）増加しており。部屋の空気の体積は50㎥なので、4.5×50=225(g)増加している。

5 (1) (2) 目に見えるごみはろ紙の穴よりも粒子の大きさが大きいのでろ過により取り出すことができる。海水に溶けている塩化ナトリウムはろ紙の穴よりも粒子の大きさが小さいのでろ紙を通り抜ける。

(3) プラスチックの中には電気を通すものもあり、タッチパネルなどに利用されている。また、プラスチックは炭化水素を主成分とする有機物である。

(4) 微生物のはたらきで分解できるプラスチックを生分解性プラスチックという。

(5) ① 物質の密度が水溶液よりも小さいと浮き、大きいと沈む。よって、PET片は水溶液に浮かぶ。

② $質量パーセント濃度(\%)=\frac{溶質の質量(g)}{溶液の質量(g)}=\times100$ であるから

溶質の質量をxgとおくと、水の質量が300gであるから溶液の質量は(x+300)gである。よって、$\frac{x}{x+300}\times100=40$

100x=(x+300)×40　　100x=40x+12000

60x=12000　　x=200（g）

6 (1) イオンへのなりやすさが水溶液中の金属＞金属片の金属の場合、既にイオンになっているため反応せず、水溶液中の金属＜金属片の金属の場合、金属片の金属が電子を放出してイオンになり、水溶液中のイオンが電子を受け取って金属片に付着する。よって、実験1の結果から、イオンへのなりやすさは、マグネシウム＞亜鉛、マグネシウム＞銅、亜鉛＞銅、よって、マグネシウム＞亜鉛＞銅となる。

(2) 硫酸亜鉛水溶液中には硫酸イオンと亜鉛イオンが存在し、硫酸銅水溶液中には硫酸イオンと銅イオンが存在する。イオンへのなりやすさは亜鉛＞銅なので、亜鉛板では亜鉛原子が電子を失い亜鉛イオンとなり、電子は導線中を亜鉛板から銅板へと移動、銅板では水溶液中の銅イオンが電子を受け取り銅原子となる。

(3) 亜鉛原子が電子を2つ放出するので、$Zn \rightarrow Zn^{2+} + 2e^-$

(4) イオンへのなりやすさは亜鉛＞銅であり、硫酸亜鉛水溶液では亜鉛板の亜鉛原子が電子を失って亜鉛イオンになるので硫酸亜鉛水溶液の濃度は少しずつこくなり、硫酸銅水溶液では水溶液中の銅イオンが電子を受け取って銅原子となるので硫酸銅水溶液の濃度は少しずつうすくなる。

(5) セロハン膜が取り除かれると、2つの水溶液が混ざり、水溶液中には硫酸イオン、亜鉛イオン、銅イオンが存在することになる。イオンへのなりやすさは亜鉛＞銅なので、亜鉛板の亜鉛が電子を放出し、銅イオンが導線を通してではなく、直接亜鉛板から電子を受け取って銅原子となり、亜鉛板に付着する。そのため、導線中での電子の移動がほとんどなくなる。

7 (1) フィルターが焦点距離の2倍の距離にあるときにフィルターと同じ大きさの実像ができるのであるから、焦点距離は10㎝である。凸レンズとフィルターとの距離が焦点距離よりも大きいとき、実像ができるので、実験1は凸レンズとフィルターとの距離が12㎝であるから実像ができる。

(2) 焦点を通る光が凸レンズに入射すると、光は光軸と平行に進む。

(3) ① 焦点距離の2倍の時にフィルターと同じ大きさの実像ができるのであるから、焦点距離は10㎝である。

② 焦点距離の2倍のときにフィルターと同じ大きさの実像ができるのであるから、下図のようにフィルターと凸レンズとの距離と、凸レンズとスクリーンとの距離は等しくなる。

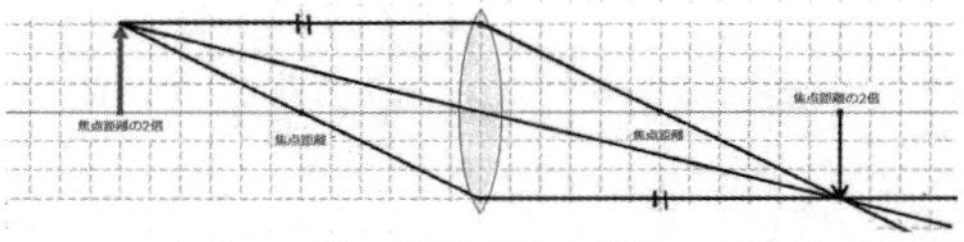

また、フィルターと凸レンズとの距離が焦点距離の2倍より大きければフィルターの大きさよりも小さい実像ができ、焦点距離より大きく焦点距離の2倍より小さければフィルターの大きさよりも大きい実像ができる。

(4) 実像は上下左右が逆の像がスクリーンにうつるので、フィルターの上半分がうつらず、上下左右が逆の像ができる。

8 (1) 位置エネルギーと運動エネルギーを合わせた総量を力学的エネルギーという。

(2) A・Cの位置で位置エネルギーが最大で運動エネルギーが0、Bの位置で運動エネルギーが最大で位置エネルギーが0となる。運動エネルギーと位置エネルギーの和は一定であるから、A・Cの位置での位置エネルギーとBの位置での運動エネルギーは等しい。

(3) Cの位置で運動エネルギーは0になり重力しか働いていないので、小球は鉛直下向きに落下する。

(4) グラフより、小球Xを15㎝の高さに置いてはなしたときの木片の移動距離は6㎝であり、木片の移動距離が6㎝となるのは小球Yを10㎝の高さに置いてはなしたときである。

(5) 木片とレールの間にはたらく摩擦力によって運動エネルギーが減少し、最終的には運動エネルギーが0になり、静止する。よって、イが誤り。

〈英語〉

2 (1) ①［家で］

A：お腹がすいたよ、ママ。今日のランチは何?

B：今、スパゲッティを作っているわよ。昨日、食べたいと言ってたから。

適切な動詞の形を選ぶ。I'mに続くのは（現在分詞）現在進行形である。

ア　現在形　イ　過去形　ウ　三人称単数現在形　エ　現在分詞

［教室で］

A：ジェーン、オーストラリアで友達の家を訪ねる時、何をしたいですか？

B：彼女はカレーライスがとても好きなので、どう作るかを見せてあげたいです。

ア　いつ　　イ　どう　　ウ　どこで　　エ　何を

適切な疑問詞を選ぶ。カレーを作る方法であるので how to を選ぶ。

［ショッピングモールで］

A：こんにちは、スティーブ。〔　　　　　〕。

B：おお、マイク！私もです！今日はここで何を買うつもりですか？

ア　あなたはすごく素敵な時計を買いましたね。

イ　私はそこには行ったことがありません。

ウ　ここで会うとは驚きです。

エ　そこであなたは多くの写真を撮りましたね。

会話が成立する選択肢はウだけである。

(2)〔図書館で〕

A：すみません。私たちの町の歴史を勉強するにはどちらの本が良いですか。

B：えーと。こちらの方がより良く（それを理解するのに役立つでしょう）。

動詞が help の 時、help +（人など）+ 動詞の原形で「（人など）が～するのを助ける」となる。

(3)〔学校で〕

A：サッカーの練習を一生懸命、続けていますね。［ 1 ］

B 来週です。［ 2 ］

A：なるほど。［ 3 ］

B：わかば中学です。すごく強いチームです。

A：［ 4 ］幸運を。

ア　それが私たちの最後の試合になります。
イ　最初にどこの学校と対戦するのですか?
ウ　きっとその試合に勝ちますよ。
エ　次のトーナメントはいつですか?

3

①おはようございます、純也。調子はどう？

②お腹が減っています。今朝、食事をする［ A ］がありませんでした。また眠たいです。

③それは良くないですね。なぜ、眠たいのですか？

④えーっと、私は度々、夜にテレビゲームを長い時間します。そして昨夜もしました。［ B ］

⑤そうすべきです。またテレビゲームをする際のルールを家族と決めるべきです。

(1)「時間がなかった」と言いたいので「have time」となる。この場合、「time」は無冠詞

(2) イラストが示しているのは「夜10時までにはベッドに行き、朝、朝食を取る」ということである。

「I should go to bed early and have breakfast」といった模範解答より短い文章でも可。

4

Sai：　はい、Hiroto　何をしてるのですか？

Hiroto：　インターネットで識字率についての情報を探しています。

Sai：　識字率？それぞれの国の読んだり書いたりできる人の割合の事ですか？

Hiroto：　そうです。私の弟のカイトは昨日宿題をやろうとしませんでした。それで母が彼にいいました。“あなたは一生懸命勉強すべきです。世界の多くの人々が読み書きできないために、多くの問題を抱えています。”それで私はこの問題に興味を持ちました。

Sai：　なるほど。

〔20分後〕

Sai：　見て下さい。私の母国のインドの識字率についての記事を見つけました。

インドの識字率　(15 歳以上)				
年 度	1970	1995	2006	2018
割 合	33.1	52.0	62.8	74.4

Sai：　1970 年はたった30%だけが読み書きができました。

Hiroto：　しかし 2018 年には 70%以上が読み書きが出来るようになりました！1970 年と 2018 年の間で約 40 ポイントも改善しました。大きく改善したのです。その期間に何があったのですか？

Sai：　良く分かりません［ A ］彼は以前、ボランティアとしてインドで働いていたと思います。彼はそれについて何か知っているかもしれません。

［翌日、学校で］

Hiroto：　ブラウン先生 Sai と私はインドの識字率についての記事を見つけました。1970 年と 2018 年の間で大きな違いがあります。識字率が大幅に改善しました。どうしてか分かりますか？

Mr Brown：　いくつかは知っています。約 10 年前にボランティア活動をする為にインドに行きました。その頃、インドでは現在よりも多くの非識字の人がいました。よって政府と団体はその状況を改善する為に一生懸命に努力しました。

Sai：　彼らは何をしたのですか？

Mr Brown：　色々な事をしました。例えば、校舎の数が十分ではなかったので彼らは多くの校舎を建てました。また、彼らは給食制度を拡大しました。

このような努力のおかげで現在ではより多くの子供たちが学校に行くことが出来ます。

Hiroto：　それは素晴らしいですね！

Mr Brown：　しかしながら、ある国々ではたとえ学校に行きたくてもいけない人たちがいまだいます。

Hiroto：　その様な国では学校の数が十分でないので行けないのですよね？

Mr Brown：　そうです。しかし他の理由もまたあるのです。両親の仕事の手伝いをするために学校に行くのをやめなければいけない子供もいます。

Sai：　学校にいけない人たちはある職種に就くのが難しいでしょうね、読み書きが出来ないのですから。

Mr Brown：　その通りですね。その事により十分な生活費を稼げない人がいます。

そしてまた彼らは薬の重要な説明を読んだり、日々の生活で色々なサービスを受けたりすることができません。その結果、［ B ］。

Hiroto：　それは重大な問題です。もし私が、非識字者だったとしたら、本やウエブサイトから多くの事を学べないでしょう。

Mr Brown：　物事を学ぶことはより良い人生につながり、命を守ることができると思います。

Hiroto：　同感です。私は今、学校に行き、多くの事を学ぶことが出来ます。ある国々の人々にとってこれらの事をすることが困難であるのが非常に悲しいのです。

Sai：　私も悲しいです。多くの事を学び楽しむことが出来ることに感謝しています。もっと一生懸命勉強してもっと多くの事を学びたいです。

Hiroto：　私もです！一緒に色々な事にチャレンジしましょう！

(1) ア　明日、ALT のブラウン先生に尋ねてみたらどうでしょう?

イ　日本語の読み書きの仕方をいつ学びましたか？

ウ　その問題の理由を良く知っているのは誰ですか？

エ　Mr Brown が新しい先生だとどうやって知りましたか？

(2) ① 1995 年、インドの［　　］パーセントの人が読み書きができた。

表には 52.0%とある。

② Hiroto は約［　　］年間でインドの識字率が大きく改善したと理解した。

約 50 年間で 33.1%から 74.4%へ改善した。

(3) ア　彼らは十分なお金を得ることが出来る。

イ　彼らは読み書きが出来ない。

ウ　彼らの生活は危機に瀕している。

エ　彼らの生活は安全で楽である。

［ B ］の直前に「彼らは薬の重要な説明が読めず、また日々の生活で色々なサービスを受けることが出来ません。」とあるので次に続くのはウ。

(4) Hiroto はある国々の人々にとって［　　］や多くの事を学ぶことが今、困難であることが悲しい。直前の文に「学校に行き、多くの事を学ぶ」とあるので「学校に行くこと」が入る。

不定詞の to を忘れず、「to go to school」とする。

(5) ア　Hiroto は母がそうするように言ったので宿題をやった。
イ　Sai は両親を手伝う為に母国で中学に行かなかった。
ウ　Sai は物事を学ぶことはより良い生活につながり人々の生活を守ることができる。
エ　Hiroto と Sai はもっと一生懸命勉強してもっと多くの事を学びたい。
本文末尾より二行目に Sai の発言としてエの内容が述べられている。

(6) Question：日本で勉強するのと、海外で勉強するのはどちらがあなたにとって良いですか？
模範解答の和訳
日本で勉強するほうが私には良いです。なぜなら日本語でより簡単にそれぞれの教科を勉強できるからです。
海外で勉強するほうが私には良いです。なぜなら別の言葉で多くの人々と交流できるからです。

5
1 違う意見を受け入れるのは易しいと思いますか？　それは私たちのほとんどにとって容易でないかもしれません。しかしながら、もし私たちがそれを受け入れることができたら、大切なことが出来ます。

2 私たちの村には伝統的なお祭りがあります。毎夏、村の子供たちは祭りの為に笛、太鼓、踊りの練習を始めます。私の祖父は子供たちのグループに笛や太鼓の演奏の仕方を教えます。私は彼から笛の吹き方を習っている［ A ］グループの一員です。祖父は以前私たちに言いました。「この祭りは村の人々にとってはすごく大切なのです。自らの手でこれを守っていかなければならないのです。」祖父はこの祭りを愛し、いつもそのことを考えています。

3 ある日、祖父がすごく悲しそうに見えました。それで祖父に尋ねました。「大丈夫ですか？」祖父は言いました。「祭りのグループのメンバー数が減り続けています。お祭りが消えてなくなってしまうということを恐れています。」それは事実でした。10 名のメンバーしか存在しませんでした。もっと多くの子供たちが祭りには必要でした。私はこの問題を解決するのに何かをしなければなりませんでしたが、何をすべきか分かりませんでした。

4 翌日の放課後、級友の Saori と話す機会がありました。昨春、彼女は東京から私たちの村に引っ越してきました。私が祭りとグループの事について話すと、彼女は言いました。「おお！その祭りに興味あります。私の姉と私はフルートが吹けます。私たちもそのグループに参加出来ますか？」私はそれを聞いてとても嬉しく思いました。しかし祖父と他のメンバーは何と言うだろう？と私は思いました。

5 その夜、祭りの練習をする為に公民館に行きました。練習が終わった時、私はメンバーと祖父に Saori と姉について話をしました。多くのメンバーが彼女たちを受け入れるべきだといいました。一人は「もし彼女たちを受け入れたら、祭りで一緒に演奏する新しいメンバーを揃えることが出来ます。」しかし、祖父と数名のメンバーがそうすべきではないと言いました。その中の一人が言いました。「外からの人を受け入れるのは良くない。」祖父が言いました。「長年に渡って、この祭りは自らの手で守ってきた。彼女たちを受け入れるべきではない。」私たちは長い間、話を重ねました。最後に私が言いました。「［ B ］は大切です。しかし今ではそれは困難です、何故なら子供の数が減少し続けているのです。私はその祭りをなくしたくはありません。私たちは他の所からの人々を受け入れ、新しい方法で祭りを守るべきです。」最初、祖父は何も言いませんでした。しかし、しばらくして祖父は言いました。「分かりました。Akira、あなたの考えを受け入れましょう。明日、Saori と姉に私たちのところに来て参加するように頼むことは出来ますか？私が彼女たちに笛の吹き方を教えましょう。皆さん、それでいいですか？」私たち皆が「はい！」と言いました。

6 私たちは、Saori と姉との練習を始めたところです。彼女たちは私たちと笛の練習を楽しんでいます。そして祖父も彼女たちに教えるのを楽しんでいます。私はこの経験から大切な事を学びました。時に、違う意見を受け入れることは簡単ではないかもしれません。しかしながら、もし私たちはそれが出来たら、物事をより良く変えていくことが出来るでしょう。

(1) 適切な関係代名詞を選ぶ。先行詞が「the group of members」と人なので「Who」を選ぶ。

(2) ア　グループの子供たちは祭りの為の踊りを練習しなければならない。
イ　Akira の祖父は村の笛と太鼓を保存しなければならない。
ウ　祭りのグループのメンバーの数が減り続けている。
エ　祭りの為の 10 人のメンバーの考えが消えるかもしれない。

(3) ア　自らの手でこの祭りを守ること
イ　長時間にわたり、この問題について一緒に話すこと
ウ　祭りの為に Saori と姉と練習をすること。
エ　他の所から来た人、すべてを受け入れること。

(4) ア　村では笛と太鼓は Akira の祖父だけにより演奏される。
イ　村の住民に対して何かをすることを Akira の祖父は恐れた。
ウ　Akira は公民館でメンバー全員について Saori と姉と話した。
エ　Akira は他の所から来た人々を受け入れることでお祭りを保存したかった。

(5) ① 質問：祭りの為にグループのメンバーは何をする必要がありましたか？
模範解答以外に
「They needed to practice the hue, the taiko and the dance 」
または
「They needed to accept new people from other places.」
② 質問：練習の後、Akira の祖父と数人のメンバーは何を言いましたか？
Saori とその姉を受け入れるべきでないと言っている。

(6) Akira は Saori に祭りについて話をして彼女はそれに興味を持った。それで彼女の姉と＿＿＿＿＿思った。しかしながら彼は祖父と他のメンバーの考えについて確かでなかった。
「Saori が興味を持ち、姉と一緒に Akira のグループに参加したいと言ったことを嬉しく思った」との記述がある。

〈国語〉

一　2　オ　「申し上げ」→「おっしゃっ」

二　4　ア　「たくましく生きていこうという決意」が不適。
イ　「個人の生きる世界は他者に全く影響されることなく守られている」が不適。
ウ　「孤独で癒されることのない」が不適。

三　【現代語訳】
ある人が言うには、人は配慮がなく、言ってはならないことを軽率に言い出し、人の短所を悪く言い、やったことを非難し、隠しごとをばらし、恥ずかしいことを問いただす。これらすべて、あるまじきことである。自分では何気なく言い放って思いも入れないと、言われた人が思い詰めて憤りが深くなってしまうので、思いがけず辱められて身が破滅するほどの重大事にも及ぶことがある。笑みの中の剣は、そうでなくてさえも恐ろしいものである。よくわかっていないことを、悪く非難するとかえって自分の落ち度が表れるものである。
たいてい口が軽い者であれば、「誰それにそのことを聞かせるなよ。あの者に見せるなよ。」などと言って人に心を置かれ、距離を取られることは残念であるだろう。また、人の隠していることが、自分から漏れ聞こえてしまうことについても「あの人が関係しているだろう」と疑われることは、面目がないことであろう。
したがって、それぞれの人の身の上についての話を慎むべきである。そして、多くを言うことをやめるべきである。

四　1　傍線部1の直前に注目する。
2　（2）傍線部2直後の満とバリーの言葉に注目する。
3　傍線部3の直前に注目する。
4　傍線部4直前の慎吾の言葉に注目する。
5　ア　「比喩表現が効果的に用いられて」が不適。
イ　「回想的な場面が途中に挟まれる」が不適。
ウ　「第三者の視点から客観的に描かれ」が不適。
エ　「美しい自然の描写に反映させて」が不適。

五　3　第8段落に注目する。
4　第13段落をまとめればよい。
5　ア　第1段落に結論が書かれているので、不適。
イ　「一般的に考えられている本の読み方と比較しながら」が不適。
ウ　「たくさんの本の中から自分に役立つ本を探す方法」が不適。

公立高校入試出題単元

（国語のみ逆綴じになっております）

数学

【1】計算
【2】小問（文字式・一次関数・角度・資料の整理・作図）
【3】（1）確率（2）文字と式
【4】方程式（文章題）
【5】平面図形（証明）
【6】関数と図形（座標・直線の式・線分の長さ）
【7】空間図形（線分の長さ・面積・体積）

英語 ※リスニングは筆記問題の後に掲載

【2】会話文（空欄補充・並べ替え）
【3】英作文
【4】対話文（空欄補充・内容真偽・英作文）
【5】長文読解（空欄補充・内容把握・内容真偽・英作文）
【1】リスニング

理科

【1】動物のからだとはたらき（血液・心臓）
【2】生殖と遺伝
【3】大地の変化（地震）
【4】地球と天体（太陽）
【5】物質の性質（状態変化・密度）
【6】化学変化（分解）
【7】身近な科学（浮力・圧力）
【8】電流のはたらき（回路・電力）

社会

【1】世界地理（緯度・気候・農業・宗教・貿易・人口）
【2】日本地理（地形・環境・県の特色・地形図・農業）
【3】歴史（古代～近世）
【4】歴史（近現代）
【5】公民（経済・環境・国際社会）
【6】公民（憲法・選挙・地方自治・貿易・環境）

国語

【1】漢字
【2】短歌（表現・鑑賞文）
【3】古文（現代仮名遣い・内容把握・抜き出し・空欄補充）
【4】小説（心情把握・抜き出し・構成・表現）
【5】評論文（文法・内容把握・段落・内容真偽・抜き出し）
【6】作文（二段落構成・200字以内）

解答ページ

解説ページ

令和６年度入試問題　数学

注　意
1　答えに $\sqrt{\ }$ が含まれるときは，$\sqrt{\ }$ をつけたままで答えなさい。
　ただし，$\sqrt{\ }$ の中はできるだけ小さい自然数にしなさい。
2　円周率は π を用いなさい。

1

次の（１），（２）の問いに答えなさい。

（１）　次の計算をしなさい。

①　$-5+9$

②　$\frac{2}{5} \div \left(-\frac{8}{15}\right)$

③　$7x-3y+2x+y$

④　$3\sqrt{6} \times \sqrt{3}$

(1)	①	
	②	
	③	
	④	

（２）　$(x+y-1)(x+y+1)$ を展開しなさい。

(2)	

2

次の（１）～（５）の問いに答えなさい。

（１）　a 円の黒ペン５本と b 円の赤ペン２本を買うと，代金は 1020 円になる。このときの数量の間の関係を，等式で表しなさい。

（２）　１次関数 $y=5x+2$ について，x の値が１から４まで増加するときの y の増加量を求めなさい。

(1)		(2)	

（３）　右の図で，３点 A，B，C は円 O の周上の点である。このとき，$\angle x$ の大きさを求めなさい。

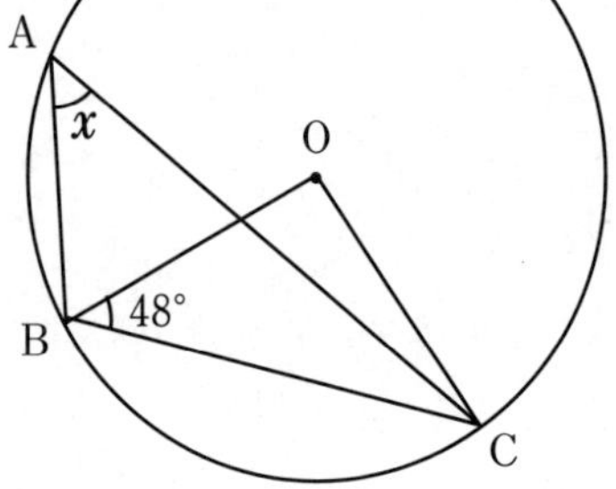

(3)		度

（４）　次のデータは，ある店の１日のケーキの販売数を９日間調べ，左から少ない順に整理したものである。このデータについて，第３四分位数を求めなさい。

76，85，88，98，102，114，118，122，143　(単位：個)

(4)		個

（５）　下の図に，円 O の周上の点 P を通る接線を作図しなさい。ただし，作図に用いた線は消さずに残しておきなさい。

(5)

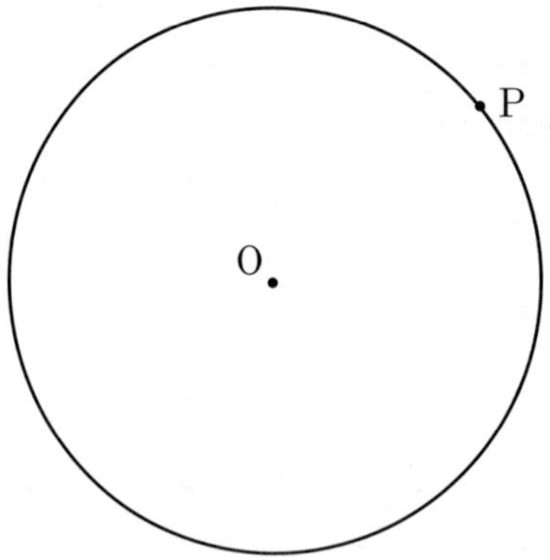

3　次の（1），（2）の問いに答えなさい。

（1）　下の**図**のように，正六角形があり，1つの頂点をAとする。1から6までの目がある大小2つのさいころを同時に1回投げて，次の**<操作>**を行う。
ただし，それぞれのさいころについてどの目が出ることも同様に確からしいものとする。

> **<操作>**
> ・　Aを出発して，大きいさいころの出た目の数だけ**反時計回り**に頂点を移動し，とまった位置をPとする。
> ・　Aを出発して，小さいさいころの出た目の数だけ**時計回り**に頂点を移動し，とまった位置をQとする。
> 例えば，大きいさいころの出た目の数が2で，小さいさいころの出た目の数が3であるとき，**例**のようになる。

図

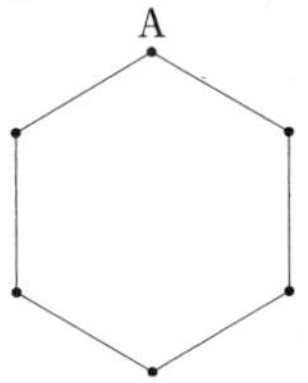

例

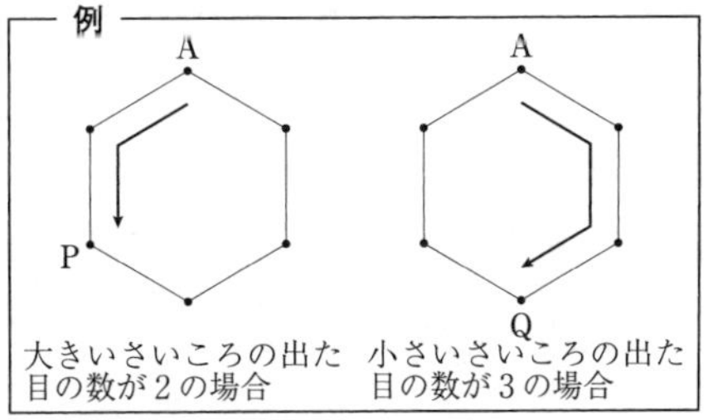

大きいさいころの出た目の数が2の場合　小さいさいころの出た目の数が3の場合

①　PとQが同じ位置になる確率を求めなさい。

②　3点A，P，Qを結んだ図形が二等辺三角形になる確率を求めなさい。

①		②	

（2）　あとの図のように，垂直に交わる半直線OA，OBの間に，次の**<作業>**にしたがい，同じ大きさの正方形のタイルをしく。

> **<作業>**
> ・　点Oと半直線OA，OBに辺が重なるように1枚のタイルをしいたものを，1番目の図形とする。
> ・　次に，1番目の図形を囲むように新たなタイルをしき，全部で4枚のタイルをしいたものを2番目の図形とする。続けて2番目の図形を囲むように新たなタイルをしき，全部で9枚のタイルをしいたものを3番目の図形とする。
> ・　1番目，2番目，3番目，…のように，規則的にタイルをしいてn番目の図形をつくる。

下の図はこの**<作業>**にしたがい，タイルをしいたときの図である。ただし，タイル1枚を□で表している。

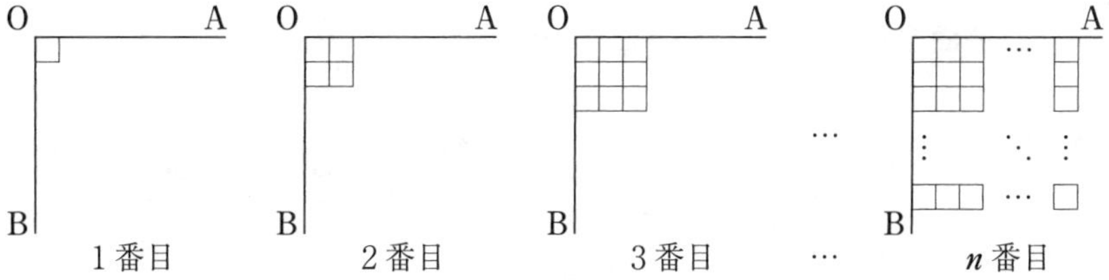

①　23番目の図形は，全部で何枚のタイルがあるか求めなさい。

②　$(n-1)$番目の図形を囲むように新たなタイルをしき，n番目の図形をつくる。このとき，新たに必要なタイルの枚数は**奇数**である。
この理由を，nを使った式で表し，説明しなさい。ただし，nは2以上の整数とする。

①	枚
②	［説明］

4　3つの容器A，B，Cがある。A，Bには合わせて820mLの水が入っており，Cは空《から》である。容器に入っている水の量について，Aの$\frac{1}{4}$とBの$\frac{1}{3}$をCに移す。水を移した後のCの水の量は，水を移した後のAの水の量より60mL少なかった。
移した水はすべてCに入るものとし，水を移す前のAとBの水の量をそれぞれ求めなさい。求める過程も書きなさい。

［求める過程］

答 ｛水を移す前のAの水の量　＿＿＿＿＿＿mL
　 　水を移す前のBの水の量　＿＿＿＿＿＿mL

5

コンピュータの画面に, **画面１**のような, ２つの合同な長方形 ABCD と EFGH があり, 点 B と点 E が, 点 C と点 H がそれぞれ重なっている。

画面２は点 C（H）を固定し, H を中心として長方形 EFGH を時計回りに回転させている途中である。また, 辺 AB と辺 EF との交点を I とする。

画面３は長方形 EFGH を回転させ続け, 対角線 AC 上に点 E が, 対角線 HF 上に点 B が同時に重なった場面である。

画面３のとき, EI ＝ BI となることを証明しなさい。

画面１

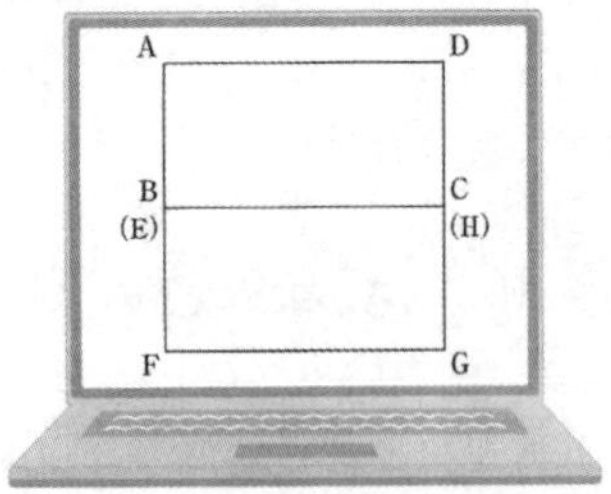

画面２

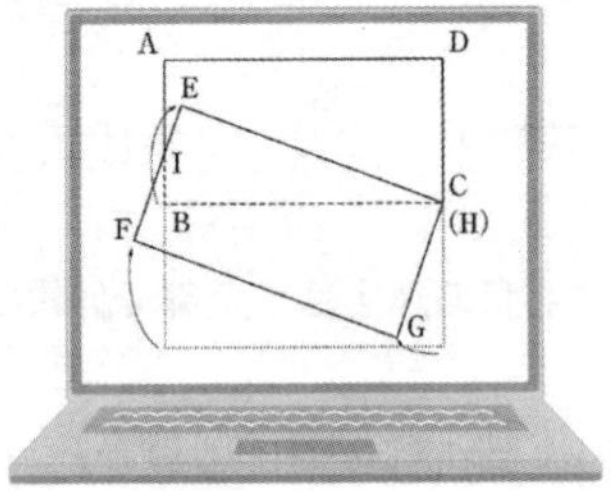

画面３

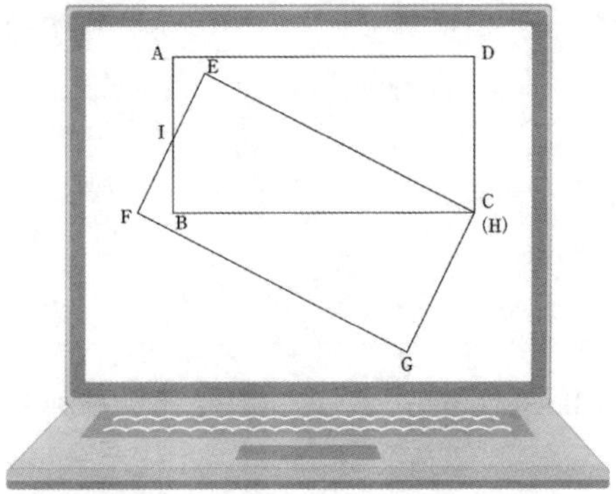

［証明］

← 福 302

6

下の図のように, 関数 $y=\frac{1}{4}x^2$ のグラフと直線 ℓ があり, 2 点 A, B で交わっている。A, B の x 座標はそれぞれ -2, 6 である。

このとき, 次の(1)〜(3)の問いに答えなさい。

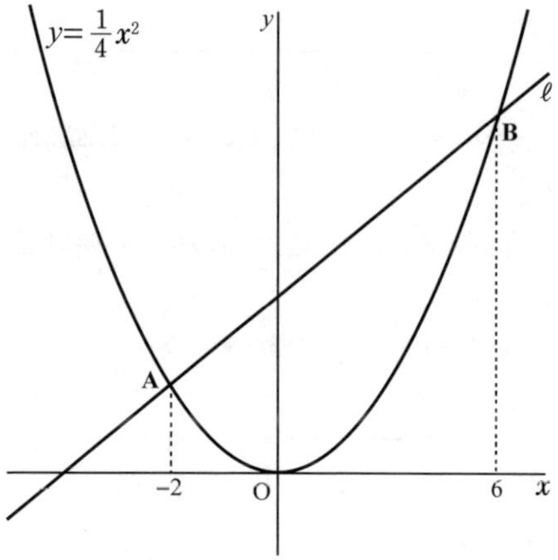

（1） 点 A の y 座標を求めなさい。

（2） 2 点 A, B を通る直線の式を求めなさい。

（3） 関数 $y=\frac{1}{4}x^2$ のグラフ上に点 P をとり, P の x 座標を t とする。
ただし, $0<t<6$ とする。

また, P を通り y 軸に平行な直線を m とする。m と ℓ との交点を Q, m と x 軸との交点を R とする。

QP ＝ PR となる t の値を求めなさい。

(1)		(2)	
(3)			

7　下の図のような，底面が，$AB = DE = 10$cm，$AC = DF = 8$cm の直角三角形で，高さが $3\sqrt{2}$ cm の三角柱がある。

辺 AB 上に AP : PB ＝1 : 2 となる点 P をとり，辺 DE 上に DQ : QE ＝1 : 2 となる点 Q をとる。

このとき，次の（１），（２）の問いに答えなさい。

（１）　辺 EF の長さを求めなさい。

（２）　点 P を通り辺 AC に平行な直線と辺 BC との交点を R，点 Q を通り辺 DF に平行な直線と辺 EF との交点を S とする。

①　四角形 PRSQ の面積を求めなさい。

②　線分 AS と線分 CQ の交点を T とするとき，5 点 T，P，R，S，Q を結んでできる四角錐《すい》の体積を求めなさい。

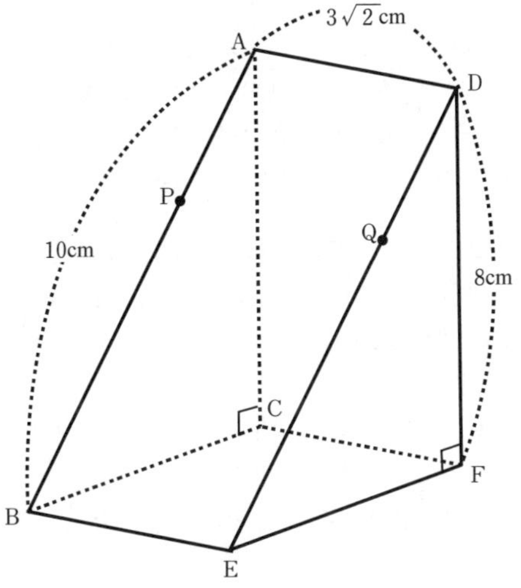

(1)		cm
(2)	①	cm^2
	②	cm^3

令和６年度入試問題　社会

1　次の地図の **X** は緯線を，**A** ～ **D** は国を，**E** ～ **G** は都市を表している。（１）～（５）の問いに答えなさい。

地図

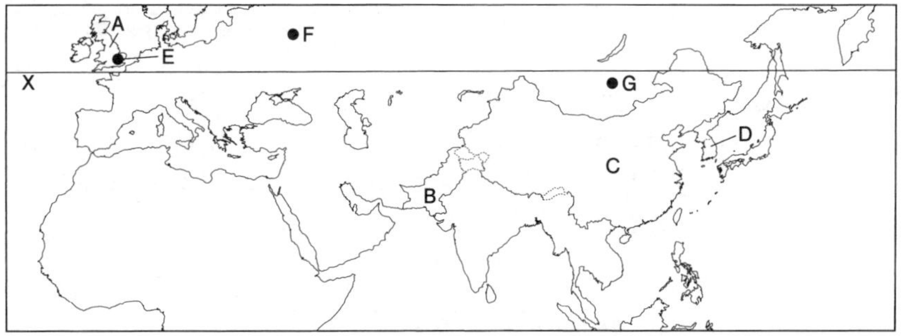

（１）　**X** が示す緯度として適当なものを，次の**ア**～**エ**の中から一つ選びなさい。

ア　北緯 20 度　　**イ**　北緯 30 度　　**ウ**　北緯 40 度　　**エ**　北緯 50 度

（２）　次の雨温図 **m** ～ **o** は，都市 **E** ～ **G** のいずれかのものである。都市 **E** ～ **G** と雨温図 **m** ～ **o** の組み合わせとして適当なものを，下の**ア**～**カ**の中から一つ選びなさい。

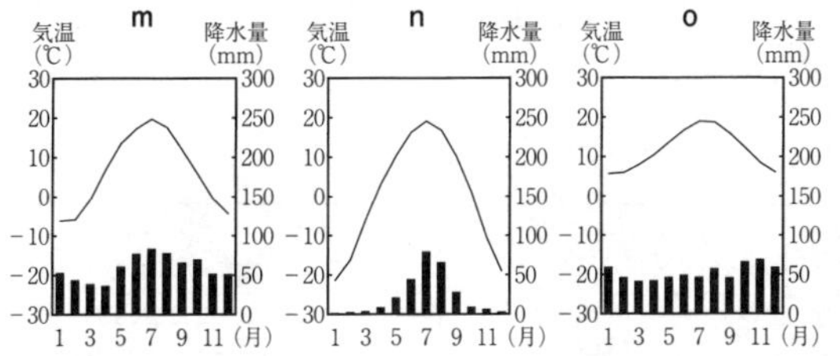

（理科年表 2023 年版により作成）

	ア	イ	ウ	エ	オ	カ
E	m	m	n	n	o	o
F	n	o	m	o	m	n
G	o	n	o	m	n	m

（３）　次のグラフⅠは，**A** 国，**B** 国，**D** 国における米と小麦の生産量を表しており，グラフⅠ中の **s** ～ **u** は，**A** 国，**B** 国，**D** 国のいずれかである。**A** 国，**B** 国，**D** 国とグラフⅠ中の **s** ～ **u** の組み合わせとして適当なものを，下の**ア**～**カ**の中から一つ選びなさい。

	ア	イ	ウ	エ	オ	カ
A国	s	s	t	t	u	u
B国	t	u	s	u	s	t
D国	u	t	u	s	t	s

グラフⅠ　A国，B国，D国における米と小麦の生産量（2021 年）

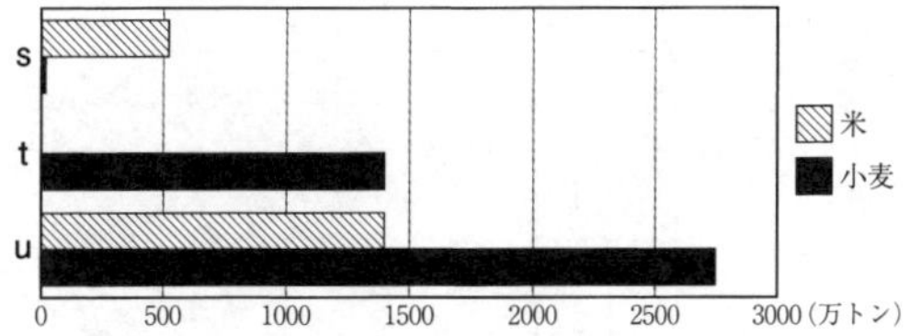

（世界国勢図会 2023/24 年版により作成）

（4） 右の表Ⅰは，A～C国における，ある宗教の信者数が総人口に占める割合を表している。この宗教の名称を書きなさい。

表Ⅰ A～C国における，ある宗教の信者数が総人口に占める割合（%）

A国	B国	C国
4.4	96.5	1.8

（世界国勢図会 2023/24 年版により作成）

（5） C国について次の①，②の問いに答えなさい。

① 次の表Ⅱは，A～D国から日本への輸出上位3品目と日本への総輸出額を表している。C国として適当なものを，表Ⅱのア～エの中から一つ選びなさい。

表Ⅱ A～D国から日本への輸出上位3品目と日本への総輸出額（2021年）

	日本への輸出上位3品目			日本への総輸出額（億円）
	1位	2位	3位	
ア	機械類	医薬品	自動車	7580
イ	機械類	石油製品	鉄鋼	35213
ウ	機械類	衣類	金属製品	203818
エ	衣類	揮発油	綿糸	294

（日本国勢図会 2023/24 年版などにより作成）

② 次のグラフⅡは，C国における1970年と2020年の人口ピラミッドである。C国では，人口増加を抑制する政策を1980年頃から行ってきたが，2010年代に見直した。C国が行ってきた**この政策の名称**を明らかにして，人口ピラミッドの着色部分に着目しながら，C国の**人口構成の変化**について，「**C国では**」の書き出しに続けて書きなさい。

グラフⅡ C国における1970年と2020年の人口ピラミッド

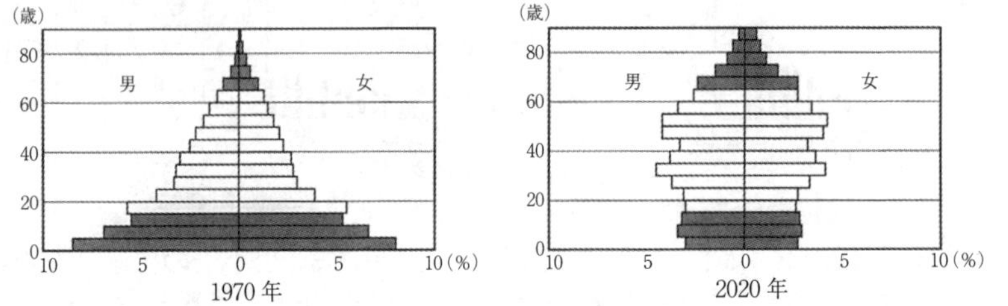

（国連資料により作成）

(1)		(2)	
(3)		(4)	教
(5) ①			
(5) ②	C国では		

2

右の地図ⅠのAは海峡を，B～Gは都市を，Hは県を表している。（1）～（5）の問いに答えなさい。

地図Ⅰ

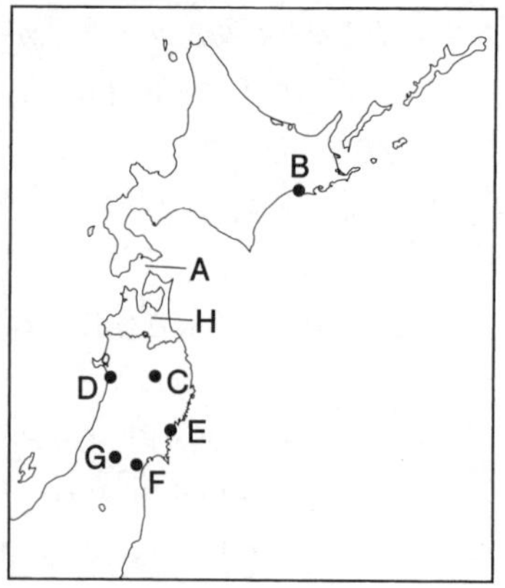

（1） 海峡Aの名称を書きなさい。

（2） 都市Bの自然環境について述べた文として最も適当なものを，次の**ア～エ**の中から一つ選びなさい。

ア 寒流の影響で，夏に濃霧が発生しやすい。
イ オホーツク海沿岸にあり，流氷が押し寄せる。
ウ 暖流の影響で，夏より冬の降水量が多い。
エ 十勝平野にあり，火山灰で覆われた土地が広がる。

（3） 都市C～Gについて，その名称と特色がともに正しく表されているものを，次の**ア～オ**の中から一つ選びなさい。

	都市	名称	特色
ア	C	盛岡	豊作を祈る竿燈《かんとう》まつりが有名で，多くの観光客が訪れる。
イ	D	秋田	南部鉄器の生産が有名で，海外へも輸出されている。
ウ	E	仙台	人口100万人を超え，東北地方の中心的な役割を担《にな》っている。
エ	F	気仙沼	沖合に潮目（潮境）があり，水揚げ量の多い漁港がある。
オ	G	天童	伝統的工芸品に指定された将棋駒の生産が有名である。

（4） あとの地図Ⅱ，Ⅲは，H県の同じ範囲を表す2万5千分の1地形図の一部であり，地図Ⅱは2022年発行，地図Ⅲは1988年発行のものである。次の①，②の問いに答えなさい。

写真

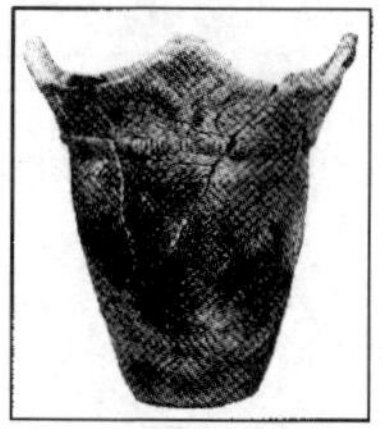

① 次の文は，地図Ⅱに描かれている三内丸山遺跡について説明したものである。また，右の写真は，この遺跡で出土した土器である。Xにあてはまることばを**漢字2字**で書きなさい。

> 当時の人々が，大型のたて穴住居などの建物をすぐれた技術で造っていたことがわかる，［ X ］文化の遺跡である。右の写真のような［ X ］土器や貝塚などが見つかっている。

② 地図Ⅱ，Ⅲを比較して読み取ることができる1988年から2022年の変化について述べた文として適当なものを，あとの**ア～エ**の中から一つ選びなさい。

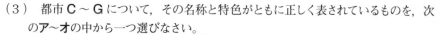

ア　三内丸山遺跡は，1988 年には茶畑が広がる台地であった。
イ　三内丸山遺跡の西にある鉄道は，1988 年よりも後に造られた。
ウ　西部工業団地は，1988 年よりも後に標高 80m の丘を開発して造られた。
エ　県総合運動公園の西に，1988 年よりも後に総合体育館が造られた。

地図Ⅱ　2022 年

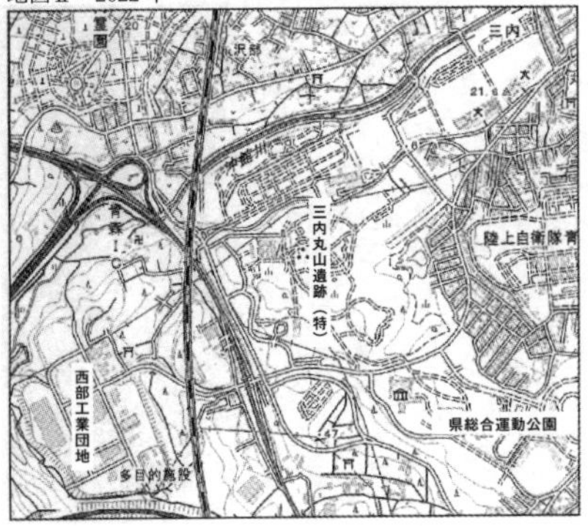

地図Ⅲ　1988 年

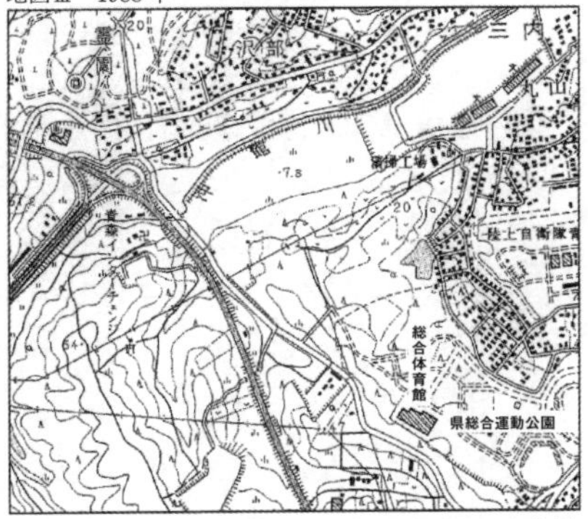

（国土地理院 2 万 5 千分の 1 地形図により作成）

（５）　北海道と東北各県について，地図Ⅳは米の栽培面積を，地図Ⅴは各道県のすべての作物の栽培面積に占める米の栽培面積の割合を表している。次の①，②の問いに答えなさい。

①　北海道の石狩平野は，かつて農業に不向きな土地とされていたが，稲作に適する土を運びこむなどして，現在では日本有数の米の生産地となった。作物を育てるのに適した土を他の場所から運びこむことを何というか。**漢字２字**で書きなさい。

②　北海道は，地図Ⅳでは上位に表されるが，地図Ⅴでは下位に表される。この理由について述べた次の文の **Y** にあてはまることばを，下の**二つの語句**を用いて書きなさい。

> 北海道は［ **Y** ］の割合が大きいから。

東北各県　　栽培面積

地図Ⅳ　米の栽培面積（2020 年）

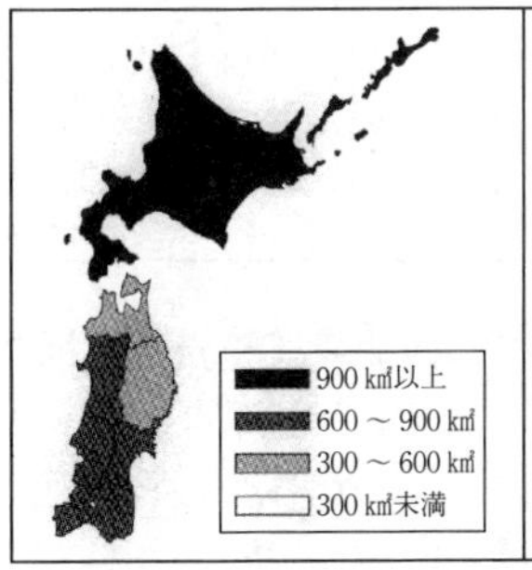

地図Ⅴ　各道県のすべての作物の栽培面積に占める米の栽培面積の割合（2020 年）

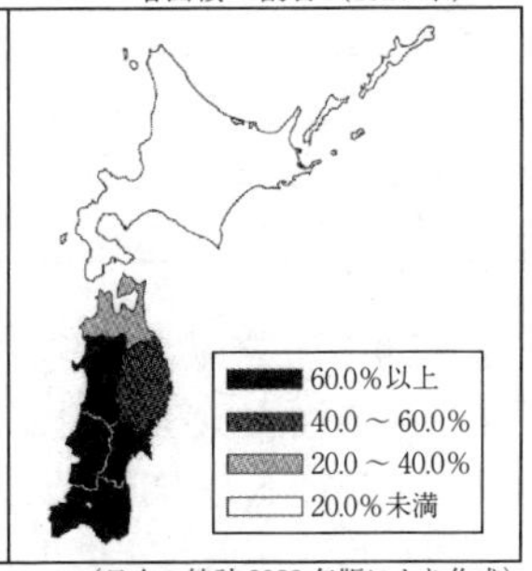

（日本の統計 2023 年版により作成）

(1)		海峡	
(2)		(3)	
(4)	①		
	②		
(5)	①		
	②		

3

次の年表は，古代から近世における日本の決まりに関するおもなできごとについて，ある班がまとめたものの一部である。（１）～（６）の問いに答えなさい。

年	おもなできごと
603	**a** 聖徳太子らが冠位十二階の制度を定めた
701	朝廷が **b** 大宝律令を作った
794	桓武天皇が **c** 平安京に都を移した
1232	北条泰時が **d** 御成敗式目を定めた
1588	**e** 豊臣秀吉が刀狩令を出した
1825	幕府が **f** 異国船打払令を出した

（１）　次の文は，下線部 **a** の人物について述べたものである。**W** と **X** にあてはまる語句の組み合わせとして適当なものを，下の**ア**～**エ**の中から一つ選びなさい。

> 聖徳太子は，推古天皇のもとで，［ **W** ］と協力しながら新しい政治の仕組みを作ろうとした。また，中国の進んだ制度や文化を取り入れようと，小野妹子らを［ **X** ］として派遣した。

ア　**W**　蘇我馬子　**X**　遣隋使　　**イ**　**W**　蘇我馬子　**X**　遣唐使
ウ　**W**　中大兄皇子　**X**　遣隋使　　**エ**　**W**　中大兄皇子　**X**　遣唐使

（２）　下線部 **b** に関して，次の文は，あとの資料Ⅰについて説明したものである。資料Ⅰと文中の **Y** に共通してあてはまる語句を**漢字２字**で書きなさい。

> 資料Ⅰは，大宝 2(702) 年に作成された［ **Y** ］の一部で，一人一人の姓名や年齢などが記されている。
> ［ **Y** ］は 6 年ごとに作成され，登録された 6 歳以上の人々には性別や身分に応じて口分田が与えられた。

（３） 下線部ｃに関して，次の歌は，平安時代によまれたものである。また，右の資料Ⅱは，この歌がよまれた背景と歌をよんだ人物の子どもに関して述べたものである。この歌をよんだ人物は誰か。書きなさい。

資料Ⅰ

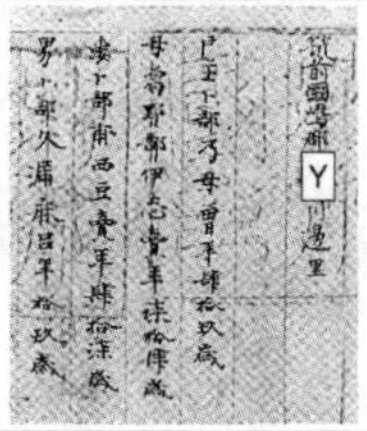

筑前国《ちくぜんのくに》嶋郡《しまぐん》 Y 川辺里《かわべり》
戸主《こしゅ》卜部《うらべ》乃母曽《のもそ》 年《とし》肆拾玖《（四十九）》歳《さい》
母葛野部《かどのべ》伊志売《いしめ》 年漆拾肆《（七十四）》歳
妻卜部甫西豆売《ほしずめ》 年肆拾漆《（四十七）》歳
男卜部久漏麻呂《くろまろ》 年拾玖《（十九）》歳

歌

この世をば　わが世とぞ思ふ《う》
望月《もちづき》の　欠けたることも　無しと思へ《え》ば

資料Ⅱ

・この歌は，この人物の娘が天皇の后《きさき》になることを祝う席でよまれた。
・この人物の子は，極楽浄土をこの世に再現しようと平等院鳳凰堂を造った。

（４） 下線部ｄについて，この決まりの内容の一部として適当なものを，次の**ア～エ**の中から一つ選びなさい。

ア

本拠である朝倉館のほか，国内に城を構えてはならない。全ての有力な家臣は，一乗谷に引っ越し，村には代官を置くようにしなさい。

イ

諸国の守護の職務は，国内の御家人を京都の警備に当たらせること，謀反《むほん》や殺人などの犯罪人を取り締まることである。

ウ

所領の質《しち》入れや売買は，御家人の生活が苦しくなるもとなので，今後は禁止する。

エ

この安土の町は楽市としたので，いろいろな座は廃止し，さまざまな税や労役は免除する。

（５） 下線部ｅの人物について述べた文として適当なものを，次の**ア～エ**の中から一つ選びなさい。

ア 倭寇を取り締まるため，勘合を用いた貿易を始めた。
イ 朝廷から征夷大将軍に任命され，江戸に幕府を開いた。
ウ 東北地方の年貢米などを大阪へ運ぶ，西廻り航路を開いた。
エ 明の征服を目指し，朝鮮に軍を派遣した。

（６） あとの資料Ⅲは，下線部ｆの一部であり，絵はアヘン戦争の様子を描いたものである。また，あとの文は，幕府が1842年に下線部ｆに代わる新たな命令を出したことについて述べたものである。Ｚにあてはまることばを，**アヘン戦争の結果**と**新たに出された命令の内容**を明らかにして，あとの**二つの語句**を用いて書きなさい。

← 福 306

資料Ⅲ

どこの港でも，外国船が入港するのを見たなら，有無を言わさず，いちずに打ち払え。もし強引に上陸したら，捕まえるか，または打ち殺しても構わない。

絵

幕府は，入港する外国船を打ち払うように命じていたが，アヘン戦争で［　Ｚ　］ことにした。

敗れ続けた　　まきや水など

(1)		(2)		(3)	
(4)		(5)			
(6)					

4

次のレポートと年表は，「日本の祝日がいつ，誰によって，なぜつくられたのか」をテーマにして，ある班がまとめたものの一部である。（１）～（６）の問いに答えなさい。

レポート

探究結果　日本の祝日について

◇祝日のはじまり
・国王の誕生日などを国民が祝う欧米の習慣を踏まえて，ａ明治政府が命令によって祝日を定めた。
・ｂ国民という自覚や人々が国民として一つにまとまる意識が，ｃ学校教育などを通して生まれていった。

◇現在の祝日
・［　Ｘ　］
・ｄ歴史的なできごとに関係する祝日の他に季節や自然に関係する祝日が設けられた。

年表

年	関連するできごと	
1873	明治政府が祝日に関する取り決めを出す	↕A
1889	大日本帝国憲法が２月11日に発布される	↕B
1904	日露戦争がはじまる	↕C
1939	ｅ第二次世界大戦がはじまる	↕D
1946	日本国憲法が11月３日に公布される	
1948	国民の祝日に関する法律が制定される	
1964	東京オリンピック・パラリンピックが開催される	
1966	法律の改正により「体育の日」が追加される	
2018	法律の改正により「体育の日」が「スポーツの日」と改められる	

（１） 下線部ａについて，西郷隆盛や岩倉具視などにより，天皇を中心とする政府の樹立が宣言された。このことを何というか。次の**ア～エ**の中から一つ選びなさい。

ア 大政奉還　　**イ** 五箇条の御誓文
ウ 王政復古の大号令　　**エ** 廃藩置県

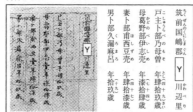

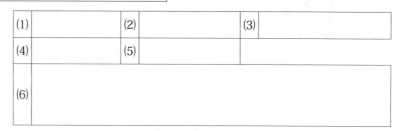

（2） 下線部 b について，次の資料Ⅰは，明治の初めに出版された「学問のすゝ（す）め」を現代の表記に改めたものの一部である。資料Ⅰに関して述べた下の文 i・ii について，その正誤の組み合わせとして適当なものを，下の**ア**～**エ**の中から一つ選びなさい。

資料Ⅰ

「天は人の上に人を造らず，人の下に人を造らず」と言われている。（中略）大事なことは，人としての当然の感情に基づいて，自分の行動を正しくし，熱心に勉強し，広く知識を得て，それぞれの社会的役割にふさわしい知識や人間性を備えることだ。

i この著者は，欧米の思想を日本に紹介した福沢諭吉である。
ii この著者は，この著書の中で「民本主義」に基づき，政治に民衆の考えを反映すべきと主張している。

ア i 正 ii 正　**イ** i 正 ii 誤
ウ i 誤 ii 正　**エ** i 誤 ii 誤

（3） 下線部 c に関して，日本の学校教育について述べた次の**ア**～**エ**を，年代の古い順に左から並べて書きなさい。

ア 小学校は，国民学校となり，軍国主義的な教育が強められた。
イ 天皇への忠義や親への孝行を基本とした教育勅語が発布された。
ウ 学制が公布され，満 6 歳の男女を小学校に通わせることが義務となった。
エ 民主主義教育の基本となる考え方が示された教育基本法が制定された。

（4） 下線部 d に関連して，次は，ある生徒がフランスと韓国における歴史的なできごとに関係する祝日についてまとめたものの一部である。あとの①，②の問いに答えなさい。

〔フランス〕 7月14日：革命記念日…民衆がバスチーユ牢獄《ろうごく》を襲い f フランス革命が始まった日。
〔韓　国〕 3月1日：三一節……g アメリカ大統領ウィルソンなどが示した民族自決という考え方に影響を受けた人々が，日本の植民地支配に抵抗し，京城（ソウル）で独立を宣言した日。

① 次の資料Ⅱは，下線部 f のできごとの最中に出された人権宣言の一部である。また，あとの絵Ⅰは，フランス革命前の社会の様子を風刺したものである。絵の中の平民の上にある「石」は何の例えか，資料Ⅱの**ア**～**エ**の中から最も適当なものを一つ選びなさい。

資料Ⅱ

第1条　人は生まれながらに，自由で平等な**ア**権利をもつ。
第3条　**イ**主権の源は，もともと国民の中にある。
第13条　公的強制力の維持および行政の支出のために，共同の**ウ**租税が不可欠である。
第16条　権利の保障が確保されず，権力の分立が定められていないすべての社会は，**エ**憲法をもたない。

② 下線部 g のできごとが起きた時期として正しいものを，年表中の **A** ～ **D** の中から一つ選びなさい。

（5） 次の資料Ⅲは，福島県出身のある女性が，下線部 e のできごとの前後に存在した **Y** 国に移住したときの様子を回想したものである。また，右の絵Ⅱは，**Y** 国建国 1 周年を記念して発行されたポスターの一部である。資料Ⅲと絵Ⅱの **Y** に共通してあてはまる語句を**漢字2字**で書きなさい。

絵Ⅰ

資料Ⅲ

私たちが［ Y ］国に入植したのは，昭和 14(1939) 年だった。以後，開拓に努力し，昭和 19(1944) 年春から開拓地が個人経営になった。（中略）前途の希望を語りながらの生活だった。（中略）しかし，昭和 20(1945) 年 8 月 9 日にはソ連の参戦があり，私たちは住みなれた家を離れて，避難した。産後間もない乳児をかかえ，もうひとり生後 2 年 8 か月の男児を連れての悲しい避難だった。（「明治・大正・昭和の郷土史 7　福島県」より）

絵Ⅱ

（6） この班は，第二次世界大戦後に祝日がもつ意味が変化したことに気づき，レポート中の空欄［ X ］を次のようにまとめた。**Z** にあてはまることばを，**第二次世界大戦後に主権のあり方がどう変わったか**，**どの機関が祝日を定めたか**という 2 点を明らかにして，「**法律**」という語句を用いて書きなさい。

大日本帝国憲法から日本国憲法に改正され，［ Z ］によって祝日を定めた。「よりよき社会，より豊かな生活を築きあげるため」に，国民がお祝いできる「こどもの日」などが新たに設けられた。

(1)		(2)		(3)	→　→　→
(4)	①	②		(5)	
(6)					

5　次の対話は，グローバル化が私たちの生活に与える影響について取り上げた授業の場面である。（1）～（6）の問いに答えなさい。

先生	人や物，お金や情報などの移動が，国境をこえて地球規模に広がっていくグローバル化の進展は，私たちの生活にどのような影響を与えるでしょうか。
生徒	a 買い物をする際，外国の商品を簡単に買うことができ，生活がより豊かになると思います。
生徒	新聞で b 商品や燃料の価格が上がっているという記事を読みました。価格の変化には c 日本だけではなく世界のできごとが関係していると思います。
先生	グローバル化の進展は私たちの生活に様々な影響を与えるようです。人々の暮らしを便利で豊かにするのが経済ですが，国民の生活が安定するように様々な d 政策が行われ，政府は e 私たちが納めた税金を使って生活を支えています。f 世界の国々との結び付きが強まる中，グローバル化の進展は生活にどのような影響を与えているのか考えていきましょう。

（1）　下線部 a に関して，右の図は，売買契約が成立するしくみについてまとめたものである。次のⅠ～Ⅳの売買に関する場面について述べた文のうち，売買契約が成立した場面を述べた文の組み合わせとして適当なものを，下の**ア**～**カ**の中から一つ選びなさい。

Ⅰ　レストランでメニューを見た。
Ⅱ　自動販売機で飲み物を購入した。
Ⅲ　洋服店で店員に商品の説明を頼んだ。
Ⅳ　電話でピザの宅配を注文した。

図　売買契約が成立するしくみ

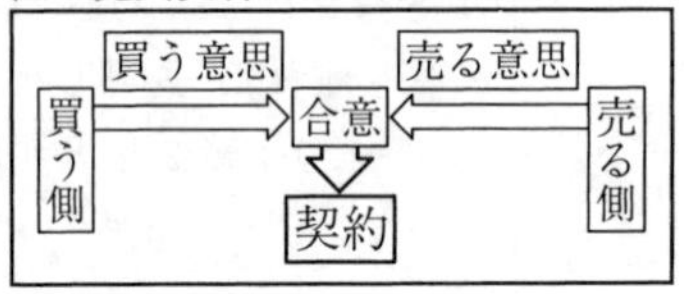

ア　ⅠとⅡ　　**イ**　ⅠとⅢ　　**ウ**　ⅠとⅣ　　**エ**　ⅡとⅢ　　**オ**　ⅡとⅣ　　**カ**　ⅢとⅣ

（2）　下線部 b に関して，消費が増えて商品の需要が供給を上回ることなどにより価格が上昇すると，全体的に物価が上がり続ける現象が起こる。これを何というか。**カタカナ８字**で書きなさい。

（3）　下線部 c に関して，日本のエネルギー供給は，様々なできごとの影響を受けて変化してきた。右の表は，日本のエネルギー供給の割合を表しており，表の**ア**～**ウ**は，1970 年，2000 年，2020 年のいずれかである。**ア**～**ウ**を年代の古い順に左から並べて書きなさい。

表　日本のエネルギー供給の割合（%）

	ア	イ	ウ
石油	36.4	69.9	49.2
石炭	24.6	21.3	18.5
天然ガス	23.8	1.3	13.5
水力	3.7	6.0	3.3
原子力	1.8	0.4	12.6
その他	9.7	1.1	2.9

＊その他とは太陽光，太陽熱，風力，バイオマスなどである。
（日本国勢図会 2022/23 年版により作成）

（4）　下線部 d に関連して，景気の安定を目的に，一般的に不景気の時期に行われる政府の財政政策を **A**，**B** から，日本銀行の金融政策を **C**，**D** からそれぞれ一つずつ選び，その組み合わせとして適当なものを，下の**ア**～**エ**の中から一つ選びなさい。

政府の財政政策		日本銀行の金融政策	
A	公共投資を減らして私企業の仕事を減らす。	C	一般の銀行から国債を買い取る。
B	公共投資を増やして私企業の仕事を増やす。	D	一般の銀行に国債を売る。

（5）　下線部 e について，日本の税制は，複数の税金をうまく組み合わせることで，全体として公平性が保たれている。次は，日本の税金のうち所得税と消費税の特徴をまとめたものである。**X** にあてはまることばを，下の**二つの語句**を用いて書きなさい。

【所得税】直接税の一つで，所得が高い人ほど，所得に対する税金の割合を高くする累進課税という方法を採用している。

【消費税】間接税の一つで，所得に関係なく，すべての人が同じ金額の商品の購入に対して同じ金額の税を負担する。この場合，所得が低い人ほど，［　X　］という逆進性が指摘されている。

割合　　**所得**

（6）　下線部 f に関して，日本が，アジア・太平洋地域の国々との間で経済関係を強化するため，2018 年に調印した経済連携協定の略称として適当なものを，次の**ア**～**エ**の中から一つ選びなさい。

ア　AU　　**イ**　TPP11　　**ウ**　UNESCO　　**エ**　BRICS

(1)		(2)	
(3)	→ →	(4)	
(5)			
(6)			

6 次のA～Cのカードは，現代日本の諸課題について生徒がまとめたものである。（1）～（6）の問いに答えなさい。

A 人権の保障

日本国憲法では，すべての国民は［ X ］として尊重されている。また，a 違憲審査制によって政治の権力を制限し，国民の人権を守るしくみがある。人権の保障は社会的に弱い立場に置かれやすい人々にとって，より大切なものである。

B 積極的な政治参加

民主主義では，国民一人一人が政治の主役であり，政治に積極的に参加することが求められる。b 選挙で投票するだけでなく，c 国や地方公共団体に意見を伝えたり，身近な地域でまちづくりや住民運動に加わったりすることも政治参加である。

C 持続可能な社会の実現

現在の国際社会には，d 貧困問題や e 地球環境問題などの諸課題がある。こうした課題の解決には，現在の世代の利益だけでなく将来の世代のことを考える，持続可能な社会の実現に向けた取り組みが求められ，私たち一人一人の意識と行動が重要である。

（1） カードAのXには，次に示した日本国憲法条文のXと同じ語句が入る。Xにあてはまる語句を書きなさい。

> 第13条 すべて国民は，［ X ］として尊重される。生命，自由及《およ》び幸福追求に対する国民の権利については，公共の福祉に反しない限り，立法その他の国政の上で，最大の尊重を必要とする。

（2） 下線部aについて，日本には，憲法によって政治の権力を制限し，国民の人権を守るという立憲主義の考えに基づき，法律などが合憲か違憲かを審査する違憲審査制がある。日本の違憲審査制において，最終決定権を持っている機関はどこか。書きなさい。

（3） 下線部bについて，現在の日本の選挙について述べた次の文Ⅰ・Ⅱの正誤の組み合わせとして適当なものを，下の**ア～エ**の中から一つ選びなさい。

> Ⅰ どの政党や候補者に投票したかを他人に知られないように，有権者は無記名で投票する。
>
> Ⅱ 衆議院議員の総選挙では，一つの選挙区から一人の代表を選ぶ小選挙区制と，全国を11のブロックに分けて政党に投票する比例代表制を組み合わせた，小選挙区比例代表並立制が採られている。

ア Ⅰ 正 Ⅱ 正　**イ** Ⅰ 正 Ⅱ 誤
ウ Ⅰ 誤 Ⅱ 正　**エ** Ⅰ 誤 Ⅱ 誤

（4） 下線部cについて，次の表は，国と地方公共団体の役割分担を表している。Yにあてはまる語句を**漢字3字**で書きなさい。

表 国と地方公共団体の役割分担

種類	おもに担当している仕事
国	国際社会での日本の立場に関する仕事や，全国的な規模や視点が必要な仕事。
都道府県	多くの高等学校の設置や警察など，複数の［ Y ］や特別区にまたがる仕事。
［ Y ］，特別区	多くの小・中学校の設置や住民が出すごみの収集など，住民にとってより身近な仕事。

（5） 下線部dについて，貧困を解決するために途上国の人々が生産した農産物や製品を，その労働に見合う公正な価格で取り引きする取り組みを何というか。適当なものを次の**ア～エ**の中から一つ選びなさい。

ア リデュース　**イ** セーフティネット　**ウ** ダイバーシティ　**エ** フェアトレード

（6） 下線部eについて，右のグラフは，日本の2000年，2010年，2020年における部門別二酸化炭素排出量の推移を表したものである。また，次の文は，グラフをもとに，生徒がまとめた意見の一部である。Zにあてはまる，この**生徒の意見の根拠**をグラフから読み取り，下の**二つの語句**を用いて書きなさい。

> 地球温暖化は，二酸化炭素などの温室効果ガスが増えることで起こるとされている。日本の部門別二酸化炭素排出量の推移をみると，［ Z ］ことから，地球温暖化問題の解決に向けて，家庭から排出される二酸化炭素をどのように減らすことができるか考えていきたい。

産業部門　　運輸部門

グラフ 日本の2000年，2010年，2020年における部門別二酸化炭素排出量の推移

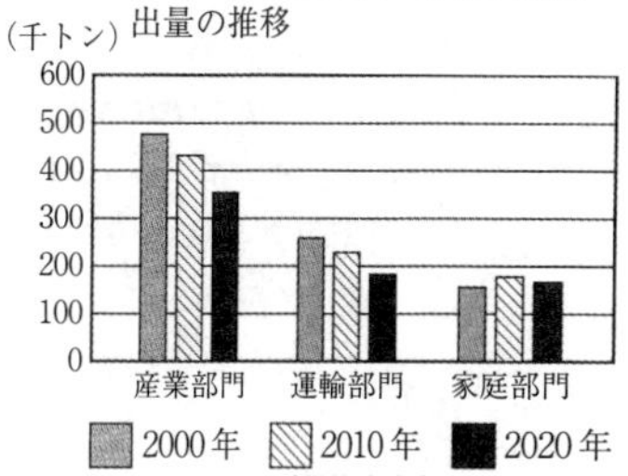

（環境省資料により作成）

(1)		(2)			
(3)		(4)		(5)	
(6)					

← 福309

令和６年度入試問題　英語

※ 1 リスニングは最後へ

2

次の（１）～（３）の問いに答えなさい。

（１） 次の①～③は，それぞれＡとＢの対話です。（　　　）に入る最も適当なものを，ア～エの中からそれぞれ一つずつ選びなさい。

①〔*At home*〕

A：Where is my (　　　)?　I want to read it again.

B：I saw it under the table.

ア　magazine　　イ　guitar　　ウ　shirt　　エ　pen

②〔*In a classroom*〕

A：You always look happy.　Why is that?

B：Because I try to smile every day. I believe smiles (　　　).

ア　take positive me　　イ　take me positive

ウ　keep positive me　　エ　keep me positive

③〔*At a station*〕

A：I don't know where to buy a train ticket.

B：(　　　). Let's ask the woman over there.

ア　No, thank you　　イ　I don't know, either

ウ　You're welcome　　エ　Here you are

(1)	①		②		③	

（２） 次は，ＡとＢの対話です。（　　　）内の語を正しく並べかえて，文を完成させなさい。

〔*At host family's house*〕

A：I got a present from my friend. But what is this?

B：It's a ***furoshiki***. It (in/ be/ can/ used/ various) ways. Shall I show you how to use it?

(2)	It (　　　　　　　　　　　　　　　　　　) ways.

（３） 次は，ＡとＢの対話です。 1 ～ 4 に入る最も適当なものを，ア～エの中からそれぞれ一つずつ選びなさい。

〔***After the birthday party***〕

A：Thank you for cooking for me,Grandma. 1

B：I'm glad to hear that. 2

A：I liked your vegetable pizza. 3

B：Of course. Next time, 4

A：Really?　I can't wait to eat it！

ア　I will make it with different vegetables.
イ　I really enjoyed the food you made.
ウ　Which one did you like the best?
エ　Can you make it again for me?

(3)	1	
	2	
	3	
	4	

3

ホストファミリーのジョン (John) と敦 (Atsushi) がホームステイの最終日に話をしています。対話は①～⑤の順で行われています。④のイラストは敦が話している内容です。自然な対話となるように，（１），（２）の問いに答えなさい。

John
① Tomorrow is the last day of your homestay. I will miss you.
② Me, too. I wish I A here longer.
Atsushi
③ I wish you could, too. Did you have a good time during your stay?
④ Yes. I especially B .
⑤ We really enjoyed doing those things. Please come back and let's have fun together again.

（１） A に入る適当な**英語２語**を書きなさい。

（２） B に入る適当な**英語**を書き，イラストと対話の流れに合うように文を完成させなさい。

(1)	
(2)	Yes. I especially .

4 ホームステイ中の留学生である，高校生のロナルド（Ronald）が，ホストファミリーの中学生である卓也（Takuya）と話をしています。以下の会話を読んで，（１）～（６）の問いに答えなさい。

Ronald: Hey, what are you doing on your *tablet, Takuya? Are you playing a game?

Takuya: No, I'm not. I'm using my*digital textbook on my tablet to study. I'm studying English now. You know, I can easily listen to the English in the textbook when I use this digital textbook.

Ronald: Oh, you're using a digital textbook. That's cool! I haven't used a digital textbook like that. I studied with paper textbooks when I was a junior high school student. Do you use digital textbooks for all subjects in your junior high school?

Takuya: No, I don't. For many subjects, we use [A] textbooks, too.

Ronald: I see. The progress of technology is amazing. Are digital textbooks *popular in Japan now?

Takuya: Umm, I don't know. After I finish studying, I'll look for information on the internet. I'll tell you when I find some information.

Ronald: Thank you. I look forward to it.

[An hour later]

Takuya: Hi,Ronald. I found some information on the internet. Look at this data.

What * percentage of schools have digital textbooks for students or for teachers?				
* School Year	2019	2020	2021	2022
For students (%)	7.9	6.2	36.1	87.9
For teachers (%)	56.7	67.4	81.4	87.4

（文部科学省資料により作成）

Ronald: Oh, I can see that from 2019 to 2021, the percentage of digital textbooks for teachers *increased by more than 10 *points every year. Surprisingly, the percentage of digital textbooks for students increased by about 80 points from 2020 to 2022. It shows that digital textbooks have spread to schools around Japan *over the past few years.

Takuya: That's right. Actually, a few years ago, we didn't have our own digital textbooks at our school. Only teachers had digital textbooks, and they often used the *projector in the classroom to show them to us. But now, we use [B].

Ronald: So, now you have a new way to study, right? How do you usually use your digital textbooks?

Takuya: Well, first, I often make some parts of textbooks larger. Then, I can clearly see small photos or words in them. Also, I often write notes in the digital textbooks by touching the *screen with my finger or using a digital pen. Even if you *make a mistake, you can easily *correct it. So, you can feel free to write many things in the digital textbook. Besides, you can visit links and watch videos. For example, you can watch video examples of speaking or listening activities at home.

Ronald: That's very useful for studying. Then, do you want to study all subjects with digital textbooks?

Takuya: No, I don't. If I use them in all subjects, my eyes will be very tired! Moreover, my tablet is too small to see the whole page *at a glance like paper textbooks. In fact, I can read the paper textbooks more quickly and find the things that I have to study again easily.

Ronald: I see. Both paper and digital textbooks have their good things. You can choose different ways to use them when you have different *purposes, right?

Takuya: Yes. For example, I use digital textbooks when I want to see pictures and watch videos that help me understand. But, I use paper textbooks when I need to read them quickly. I think that learning how to use both paper and digital textbooks effectively is important.

Ronald: I agree. If you learn how to do so, textbooks will become more helpful!

注：tablet　タブレット端末　digital　デジタルの　popular　広く普及した
percentage　割合　School Year　年度　increased by～　～増えた
points　ポイント　over the past few years　過去数年で
projector　プロジェクター　screen　画面　make a mistake　間違いをする
correct　（誤りなどを）訂正する　at a glance　一目で　purposes　目的

（１）　本文中の [A] に入る英語として最も適当なものを，ア～エの中から一つ選びなさい。

ア　digital　イ　paper　ウ　English　エ　technology

（２）　本文や表の内容に合うように，次の①と②の英文の [　　] に入る最も適当なものを，ア～エの中からそれぞれ一つずつ選びなさい。

① Between 2021 and 2022, the percentage of digital textbooks for students increased by about [　　] points.

ア　10　イ　30　ウ　50　エ　80

② In [　　] , the percentage of digital textbooks for students is larger than the percentage of digital textbooks for teachers.

ア　2019　イ　2020　ウ　2021　エ　2022

（３）　本文中の [B] に入る英語として最も適当なものを，ア～エの中から一つ選びなさい。

ア　our digital textbooks on our tablets
イ　our digital textbooks on their tablets
ウ　only paper textbooks at our school
エ　only digital textbooks at their school

（4） 本文の内容に合っているものを，**ア～エ**の中から一つ選びなさい。

ア Takuya has finished studying English and is using his tablet to play a game.

イ Ronald studied with digital textbooks when he was in junior high school.

ウ Takuya can use his finger or a digital pen to write notes in his digital textbooks.

エ Ronald says that paper textbooks are more important than digital textbooks.

（5） 次の英文は，本文の内容の一部を示したものです。本文の内容に合うように，［　　］に入る適当な**英語７語**を書き，文を完成させなさい。

Ronald thinks that textbooks will become more helpful if you learn how to［　　］.

（6） 次の問題は，あなたの考えを英語で書く問題です。次の Question に対するあなたの考えを適当な**英語**で書き，Answer の文を完成させなさい。ただし，あとの**条件**に従うこと。

Question：Some people buy books on the internet. What do you think about that?

Answer：(I agree / I disagree) with the idea because ________________.

条件 ①（　　）内の２つのうち，どちらか一方を◯で囲むこと。
② 下線部には，主語と動詞を含む**８語以上**の英語を書くこと。なお，I'm のような短縮形は１語として数え，符号（ , / ! / . など）は語数に含めない。

(1)		(2)	①		②		(3)		(4)	
(5)										
(6)	(I agree / I disagree) with the idea because									

5 次の英文は，ジョアン（Joan）が書いたスピーチの原稿です。これを読んで，（1）～（6）の問いに答えなさい。

What would you do if you were in a difficult *situation in a new environment? Maybe you don't have an answer to this question, but in this situation, I think you need to have courage to *take a step forward. Today, I would like to tell you how I faced my problems and built relationships with new people.

I was born in the Philippines and lived there for fourteen years. One day, my father said to me, "Joan, we are going to move to Japan next month for my work." When I heard that, I was excited, but a little nervous. I was looking forward to going abroad for the first time. But I was also ［ A ］ to say goodbye to my friends in the Philippines.

For the first few weeks in Japan, I was only thinking about the things I lost. I was so shy that I couldn't talk to anyone at my new school. Many classes were taught in Japanese and were too difficult to understand. Also, the way to eat was new to me. For example, in the Philippines, I eat with a *fork in my left hand and a *spoon in my right hand. In Japan, people usually use *chopsticks. I was not good at using them. ［ B ］.

One day, one of my classmates, Natsuko came to me and said, "Joan, your English is really good. I like English, but it's difficult to speak." She was trying hard to communicate with me in English. I replied quietly, "Oh, I see." Actually, it was not easy for me to understand what the teachers were saying in Japanese during classes. But English class was easier because most people in the Philippines speak English. I have been using English in the Philippines since I was a child. I could answer the teacher's questions quickly only in English class and enjoy English *conversation with the teacher. Natsuko knew that.

I was happy that she talked to me, but I didn't know what to say to her next. After a while, I said to her with all my courage, "If you want to improve your English, I can help you." She said, "Really? Thank you so much!" So, we began to practice English conversation together, and soon we became good friends.

After a few days, I thought, "Can I help not only Natsuko, but also other students?" I said to Natsuko, "I'm thinking about starting an English conversation practice for more of our classmates. What do you think?" She replied, "That's a good idea. Let's start Joan's English Class together."

The next day, I started the English practice with Natsuko and her friends after lunch. Even now, we practice English conversation together almost every day. Natsuko said, "Thank you for teaching us English, Joan."
"**Doitashimashite*." I replied in Japanese. Though my Japanese is still not good, I try to *express my ideas in Japanese, too. When that doesn't work, I use *body language. I said to Natsuko, "Actually, I'm not good at **kanji*. Can you teach me how to read and write it?" "Of course!" Then, Natsuko and her friends taught me *kanji*. Learning languages with my friends is a lot of fun.

Now, my school life is much easier and I have a great time with my friends. Helping Natsuko has changed my life in Japan and changed myself. I feel that my friends accept me, so now I have my place in Japan. From this experience, I learned that a little courage to take a step forward can connect us to more people and make our lives brighter.

注：situation　状況　　take a step forward　一歩踏み出す　　fork　フォーク
　　spoon　スプーン　　chopsticks　箸　　conversation　会話
　　Doitashimashite　どういたしまして　　express　～を表現する
　　body language　身振り　　*kanji*　漢字

（1） 本文中の [A] に入る英語として最も適当なものを，**ア～エ**の中から一つ選びなさい。

ア excited　**イ** interested　**ウ** sad　**エ** surprised

（2） 本文中の [B] に入る英語として最も適当なものを，**ア～エ**の中から一つ選びなさい。

ア I had to go back to the Philippines because of my father's work
イ I felt that life in Japan was very different from life in the Philippines
ウ Eating Japanese food with chopsticks was easy for me
エ I was looking forward to going to Japan for the first time very much

（3） 本文中の下線部 that の内容を示した英文として最も適当なものを，**ア～エ**の中から一つ選びなさい。

ア Joan could answer the teacher's questions quickly in English class and enjoy English conversation with the teacher.
イ English class in Japan was very difficult for Joan and she had to study English hard every day.
ウ Natsuko and her friends couldn't speak English and they wanted to join Joan's English Class after lunch.
エ Joan was good at English and she wanted to help Natsuko and her friends study English after lunch.

（4） 本文の内容に合っているものを，**ア～エ**の中から一つ選びなさい。

ア Joan was a little nervous to hear that she was going to move to Japan alone.
イ Joan usually used chopsticks in the Philippines and she didn't want to use a fork and a spoon in Japan.
ウ Natsuko couldn't speak English very well and she always talked to Joan in Japanese.
エ Joan asked Natsuko to teach how to read and write *kanji* because Joan was not good at it.

（5） 本文の内容に合うように，次の①と②の Question に答えなさい。ただし，答えは Answer の下線部に適当な**英語**を書きなさい。

① Question:　How did Joan and Natsuko become good friends?
　Answer:　They became good friends by ________ together.
② Question:　When does Joan use body language?
　Answer:　She uses it when she ________.

（6） 次は，ジョアンのスピーチを聞いた生徒が，スピーチの内容を要約した文章です。本文の内容に合うように，下線部に**9語以上**の適当な**英語**を書きなさい。なお，I'm のような短縮形は1語として数え，符号（，／！／．など）は語数に含めない。

Joan enjoys her school life with her friends. After she helped Natsuko, she became more positive. She feels that she now has ________. From her experience, she learned that a little courage can connect us to more people and make all the difference in our lives.

<table>
<tr><td>(1)</td><td></td><td>(2)</td><td></td><td>(3)</td><td></td><td>(4)</td><td></td></tr>
<tr><td rowspan="2">(5)</td><td>①</td><td colspan="6">They became good friends by ________ together.</td></tr>
<tr><td>②</td><td colspan="6">She uses it when she ________.</td></tr>
<tr><td>(6)</td><td colspan="7">She feels that she now has ________.</td></tr>
</table>

リスニング問題と台本

1 これは放送による問題です。問題は**放送問題 1** から**放送問題 3** まであります。

放送問題 1 直樹 (Naoki) とメアリー (Mary) の対話を聞いて，質問の答えとして最も適当なものを，**ア～エ**の中からそれぞれ一つずつ選びなさい。

Naoki: Hi, Mary.
Mary: Hi, Naoki.
Naoki: Do you have any plans tomorrow?
Mary: Yes. My host mother is going to take me to some famous places.
Naoki: Oh, that's nice. Where are you going to visit?
Mary: First, we are going to visit a temple in this town. Then, we are going to go to the lake and have lunch at a cafe near the lake.
Naoki: Those places are beautiful. Please take some pictures. I'd like to see them later.
Mary: Of course! I'll take a lot.
Naoki: Great! What time will you come home?
Mary: By 2 p.m., maybe. Why?
Naoki: My drama club is going to have a performance at our school gym. It's going to start at 3 p.m. Do you want to come?
Mary: Yes. I really want to see it!
Naoki: OK, great! How will you come to school?
Mary: It's only 10 minutes on foot, so I will walk there.
Naoki: Sounds good! See you tomorrow.
Mary: See you tomorrow.

Question **No. 1** Who is going to take Mary to some famous places?
Question **No. 2** Where is Mary going to have lunch?
Question **No. 3** What does Naoki want to see?
Question **No. 4** What time is the performance going to start?
Question **No. 5** How will Mary go to the school?

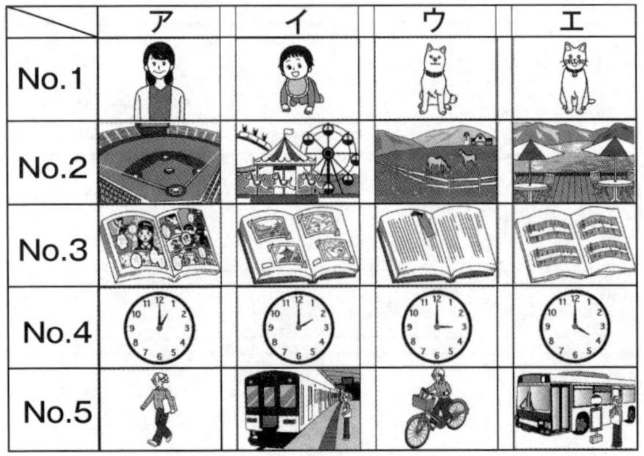

← 福 314

放送問題 2 二人の対話の最後の応答部分でチャイムが鳴ります。そのチャイムの部分に入る最も適当なものを，**ア～エ**の中からそれぞれ一つずつ選びなさい。

No.1 Woman： What's wrong?
Boy： I've lost my umbrella.
I'm looking for it.
Woman：What color is it ?
Boy：(チャイム)

ア It's on your desk. **イ** It's green.
ウ That's too bad. **エ** That's interesting.

No.2 Boy： Have you watched this movie yet?
Girl： Yes. It was really nice.
How about you?
Boy：No. I haven't watched it yet, but I'd like to.
Girl：(チャイム)

ア Yes. I was doing my homework.
イ No. You can't eat all of them.
ウ You will. You can be a good teacher.
エ You should. You'll like it.

放送問題 3 雄太 (Yuta) が英語の授業で発表した内容を聞きながら，①～⑤の英文の空欄に入る最も適当な**英語 1 語**を書きなさい。

Last week, I went shopping with my family. When we were on the bus, I saw an elderly woman with many shopping bags. She was standing because the bus was full of people. When the bus stopped, I stood up and said to her, "Please sit here." She said, "Thank you. You are so kind." After we came home, my father said to me, "It's important to help a person in need. You did a good job." I was happy to hear that,and I thought I would try to help people who have trouble around me in the future.

① Last week, Yuta(　　　)shopping with his family.
② The elderly woman was standing because the bus was(　　　)of people.
③ When the bus stopped, Yuta stood up and said to the elderly woman, "Please (　　　) here."
④ Yuta's father said to Yuta, "It's important to help a (　　　) in need."
⑤ Yuta thought he would try to help people who have (　　　) around him in the future.

令和６年度入試問題　理科

1　次の観察について，（１）～（４）の問いに答えなさい。

観　察

図１のように，水の入ったチャック付きぶくろにメダカを生きたまま入れ，尾びれの一部をａ顕微鏡で観察し，スケッチした。

図１

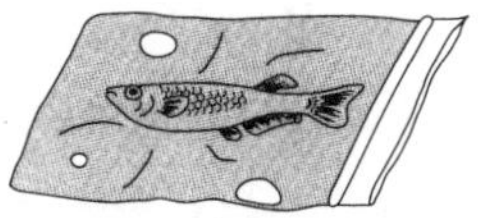

結　果

図２のように，血管や骨などが見られた。血管内には，一定のリズムでｂ小さな丸い粒が流れていた。このことから，血液がｃ心臓の拍動によって送り出されていることがわかった。

図２

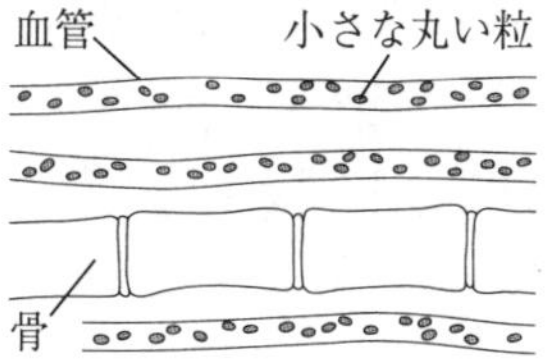

（１）下線部ａについて，次の文は，顕微鏡の使い方の一部である。Ｘ，Ｙにあてはまることばの組み合わせとして最も適当なものを，右のア～エの中から１つ選びなさい。

接眼レンズをのぞき，対物レンズとプレパラートを［　Ｘ　］ながらピントを合わせる。ピントを合わせた後，［　Ｙ　］を回して，観察したいものが最もはっきり見えるようにする。

	Ｘ	Ｙ
ア	近づけ	しぼり
イ	近づけ	調節ねじ
ウ	遠ざけ	しぼり
エ	遠ざけ	調節ねじ

（２）　下線部ｂについて，次の①，②の問いに答えなさい。

①　この粒は酸素の運搬を行っている。この粒を何というか。書きなさい。

②　次の文は，血液によって運ばれてきた物質が細胞に届けられるしくみについて述べたものである。［　　　］にあてはまることばを，**毛細血管**，**組織液**という２つのことばを用いて書きなさい。

この粒が運んできた酸素は，酸素が少ないところでこの粒からはなれる。また，血しょうには，さまざまな養分もとけこんでいる。血しょうは［　　　］ことで，細胞のまわりを満たす。こうして，毛細血管の外にある細胞に酸素や養分が届けられる。

（３）　下線部ｃについて，メダカのような魚類には，心室と心房は１つずつしかない。心室と心房を血液が通過する順番はヒトの心臓と同じであり，心臓内部の弁の役割は，ヒトの静脈の弁と同じである。魚類の心臓の模式図と血液が流れるようすとして最も適当なものを，次の**ア**～**エ**の中から１つ選びなさい。ただし，**ア**～**エ**の図の中の矢印は血液の流れる向きを示している。

（４）　次の文は，ヒトの血液の循環における尿素の排出について述べたものである。Ｐ～Ｓにあてはまることばの組み合わせとして最も適当なものを，右の**ア**～**ク**の中から１つ選びなさい。

血液は，酸素や養分以外に，尿素などの不要な物質も運んでいる。生命活動により全身の細胞で生じた［　Ｐ　］は［　Ｑ　］で尿素に変えられる。全身をめぐる尿素をふくむ血液の一部が［　Ｒ　］に運ばれると，尿素はそこで血液中からとり除かれ，体外へ排出される。したがって，［　Ｒ　］につながる動脈と静脈のうち，尿素をより多くふくむ血管は［　Ｓ　］である。

	Ｐ	Ｑ	Ｒ	Ｓ
ア	グリコーゲン	肝臓	じん臓	動脈
イ	グリコーゲン	肝臓	じん臓	静脈
ウ	グリコーゲン	じん臓	肝臓	動脈
エ	グリコーゲン	じん臓	肝臓	静脈
オ	アンモニア	肝臓	じん臓	動脈
カ	アンモニア	肝臓	じん臓	静脈
キ	アンモニア	じん臓	肝臓	動脈
ク	アンモニア	じん臓	肝臓	静脈

(1)		(2)	①		②
(3)		(4)			

2　次の観察とメンデルの実験について，（１）～（５）の問いに答えなさい。

観　察

エンドウの花と，受粉後につくられた果実を観察した。図１は花の断面を，図２は受粉後につくられた果実と種子のようすをそれぞれスケッチしたものである。

エンドウの種子の中には２つに分かれている子葉が見られ，エンドウがａ双子葉類に分類されることも確認できた。

図１

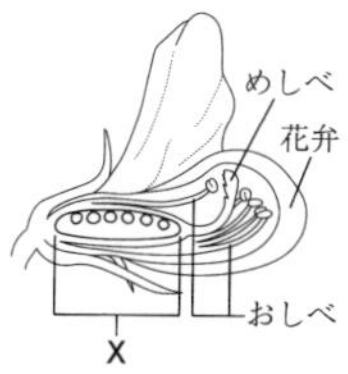

メンデルの実験

エンドウの種子の形には丸形としわ形があり，これらは対立形質である。また，エンドウはその花の形状から，自然状態ではｂ自家受粉のみを行う。

丸形の種子をつくる純系のエンドウの花粉を，しわ形の種子

図２

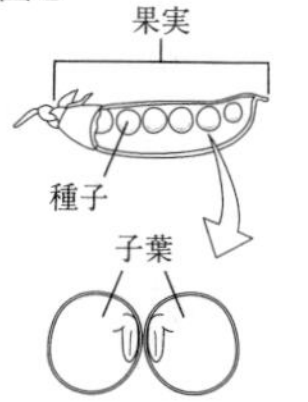

をつくる純系のエンドウのめしべに受粉させてできた種子を観察したところ，c 全て丸形の種子になった。このようにして得られた種子を全て育て，自家受粉させたときにできる丸形の種子としわ形の種子の数の比は，d 丸形：しわ形＝3：1となった。

（1） 図1の**X**は，図2の果実になる部分である。**X**を何というか。書きなさい。

	葉脈のようす	根のようす
ア	網目状	主根と側根
イ	網目状	ひげ根
ウ	平行	主根と側根
エ	平行	ひげ根

（2） 下線部 a について，双子葉類の葉脈と根のようすの組み合わせとして最も適当なものを，上の**ア**～**エ**の中から1つ選びなさい。

（3） 下線部 b について，自家受粉とはどのように受粉することか。「**花粉が，**」という書き出しに続けて，**めしべ**ということばを用いて書きなさい。

（4） 丸形の遺伝子を R，しわ形の遺伝子を r として，次の①，②の問いに答えなさい。

① 次の文は，下線部 c について述べたものである。Y，Z にあてはまることばの組み合わせとして最も適当なものを，右の**ア**～**カ**の中から1つ選びなさい。

丸形の純系としわ形の純系のエンドウを交配したときにできる受精卵の遺伝子の組み合わせは［ Y ］である。この受精卵が種子になると，形は全て丸形になる。対立形質の遺伝子の両方が子に受けつがれたときに，丸形のように子に現れる形質を［ Z ］形質という。

	Y	Z
ア	RRのみ	潜性
イ	RRとRr	潜性
ウ	Rrのみ	潜性
エ	RRのみ	顕性
オ	RRとRr	顕性
カ	Rrのみ	顕性

② 下線部 d について，丸形としわ形で合わせて400個の種子が得られたとすると，このうち，遺伝子の組み合わせが Rr の種子は何個あると考えられるか。最も適当なものを，次の**ア**～**カ**の中から1つ選びなさい。

ア 50個 **イ** 100個 **ウ** 150個
エ 200個 **オ** 250個 **カ** 300個

（5） 下線部 d の種子の中から，しわ形の種子だけを全てとり除き，**丸形の種子だけを全て育てて自家受粉させた**。このときに生じる丸形の種子としわ形の種子の数の比はどのようになると考えられるか。最も適当なものを，次の**ア**～**カ**の中から1つ選びなさい。

ア 丸形：しわ形＝3：1 **イ** 丸形：しわ形＝4：1
ウ 丸形：しわ形＝5：1 **エ** 丸形：しわ形＝5：3
オ 丸形：しわ形＝7：1 **カ** 丸形：しわ形＝7：2

(1)		(2)	
(3)	**花粉が，**		
(4)	①		
	②		
(5)			

3

次の文は，地震について述べたものである。（1）～（3）の問いに答えなさい。

地震は地下で発生する。地震が発生した場所を震源という。図は，震源，a 震源の真上の地点，観測点の関係を模式的に表したものである。

図

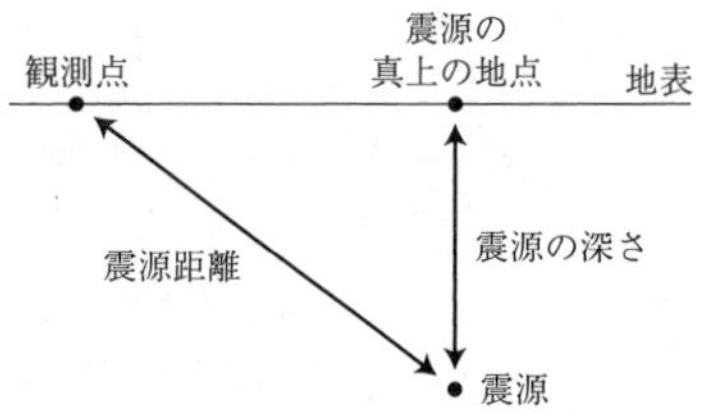

地震によるゆれの大きさは，日本では震度で表され，地震の規模は b マグニチュードで表される。

地震のゆれを地震計で記録すると，初めに初期微動が記録され，その後に主要動が記録される。初期微動を伝える波をP波，主要動を伝える波をS波という。

c 緊急地震速報は，地震が発生したときに生じるP波を，震源に近いところにある地震計でとらえて分析し，S波の到着時刻や震度を予想してすばやく知らせる予報・警報である。

（1） 下線部 a について，震源の真上の地点のことを何というか。書きなさい。

（2） 下線部 b について，次の I，Ⅱの文は，マグニチュードについて述べたものである。これらの文の正誤の組み合わせとして正しいものを，右のア～エの中から 1 つ選びなさい。

Ⅰ　マグニチュードの値が 2 大きいと，エネルギーは 1000 倍になる。

Ⅱ　同じ震源の地震では，マグニチュードの値が大きいほど，ゆれが伝わる範囲はせまくなる。

	Ⅰ	Ⅱ
ア	正	正
イ	正	誤
ウ	誤	正
エ	誤	誤

（3） 下線部 c について，次の文は，ある場所で発生した地震について述べたものである。下の①～③の問いに答えなさい。ただし，P 波と S 波は，それぞれ一定の速さで伝わるものとする。

表は，観測点 A ～ C において，初期微動と主要動が始まった時刻をまとめたものである。地震が起こると，震源で［ X ］する。表から，この地震での P 波の速さは，［ Y ］km/s であった。この地震では，15 時 32 分 14 秒に各地に緊急地震速報が伝わった。

表

観測点	震源距離	初期微動が始まった時刻	主要動が始まった時刻
A	30km	15 時 32 分 07 秒	15 時 32 分 12 秒
B	［ Z ］km	15 時 32 分 10 秒	15 時 32 分 18 秒
C	60km	15 時 32 分 12 秒	15 時 32 分 22 秒

① X, Y にあてはまることばと数値の組み合わせとして最も適当なものを，右のア～カの中から1つ選びなさい。

② Z にあてはまる数値を求めなさい。

③ この地震において，震源距離が 54km の観測点で主要動が始まったのは，緊急地震速報が伝わってから何秒後か。求めなさい。

	X	Y
ア	P 波が発生した後に S 波が発生	3
イ	P 波が発生した後に S 波が発生	6
ウ	P 波と S 波が同時に発生	3
エ	P 波と S 波が同時に発生	6
オ	S 波が発生した後に P 波が発生	3
カ	S 波が発生した後に P 波が発生	6

(1)			(2)	
(3)	①			
	②	km	③	秒後

4 日本のある地点で，太陽の 1 日の動きを観察し，透明半球を天球に，厚紙を地平面に見立てて記録した。(1) ～ (4) の問いに答えなさい。

観　察

図 1 は，次の I ～Ⅳの手順で，夏至の日と冬至の日に，8 時から 16 時まで，1 時間ごとの太陽の位置を透明半球上に記録したものである。

図 1

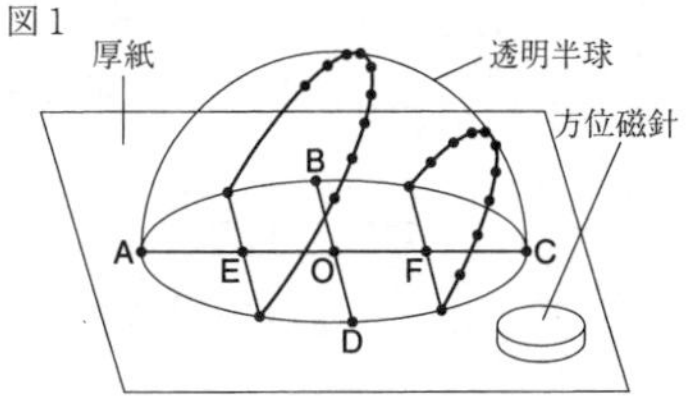

Ⅰ　厚紙に透明半球と同じ大きさの円をかき，中心を点 O とした。点 O で直交する直線を引き，透明半球と厚紙を固定した。

Ⅱ　直交する直線と東西南北を合わせ，透明半球と厚紙を日当たりのよい水平な場所に置いた。点 A ～ D は，点 O から見た，東西南北いずれかの方位にある円周上の点である。

Ⅲ　夏至の日と冬至の日に，1 時間ごとの太陽の位置を透明半球上に点で記録し，それらの点をなめらかな線で結んだ。その後，結んだ線を透明半球のふちまで延長し，日の出と日の入りのおよその位置を表す点を厚紙にかいた。

Ⅳ　透明半球を外して，日の出と日の入りのおよその位置を表す点を直線で結び，その直線と AC との交点を，それぞれ点 E，点 F とした。

（1） 地上から見た太陽の 1 日の見かけの動きを，太陽の何というか。書きなさい。

（2） 次の文は，Ⅱ，Ⅲについて述べたものである。下の①，②の問いに答えなさい。

図 1 のとき，点 O から見て，東の方位にあるのは，［ X ］である。太陽の位置を透明半球上に記録するとき，サインペンの先のかげを点 O に重ねる。これは，点 O に［ Y ］が位置すると考えるためである。1 時間ごとに記録した点の間の距離がどこでも等しかったことから，太陽は天球上を［ Z ］ことがわかる。

	X	Y
ア	点 B	観測者
イ	点 B	太陽
ウ	点 D	観測者
エ	点 D	太陽

① X, Y にあてはまることばの組み合わせとして最も適当なものを，上のア～エの中から 1 つ選びなさい。

② Z にあてはまることばを書きなさい。

(1)	太陽の			
(2)	①		②	

（3） 図2は，図1の透明半球における，ACを通り厚紙に対して垂直な断面図である。点Gは天頂，点Hと点Iは，夏至の日と冬至の日のいずれかに太陽が南中するときの位置を表している。夏至の日の太陽の南中高度を表すものとして最も適当なものを，次の**ア～ク**の中から1つ選びなさい。

図2

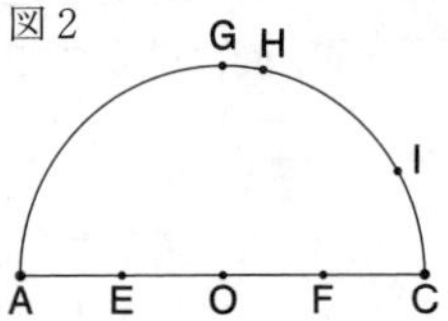

ア ∠CEG　**イ** ∠COG　**ウ** ∠CEH　**エ** ∠COH
オ ∠CFH　**カ** ∠CEI　**キ** ∠COI　**ク** ∠CFI

（4） 日本が夏至の日のとき，南半球にあるシドニーで太陽の1日の動きを観察すると，記録した点を結んだ線はどのようになると考えられるか。最も適当なものを，次の**ア～エ**の中から1つ選びなさい。ただし，**ア～エ**の図の中のAとCは，図1と同じ方位であるものとする。

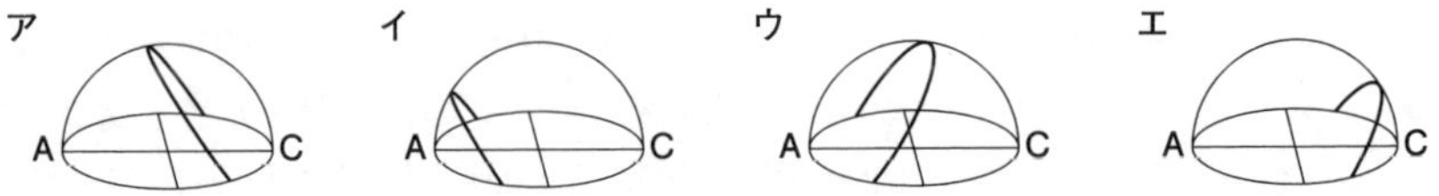

(3)		(4)	

5 次の実験について，（1）～（4）の問いに答えなさい。

実験1
　図1のように，液体のエタノールが入ったポリエチレンぶくろの口を輪ゴムできつく閉じ，90℃の湯をかけた。すると，ポリエチレンぶくろが大きくふくらんだ。

図1

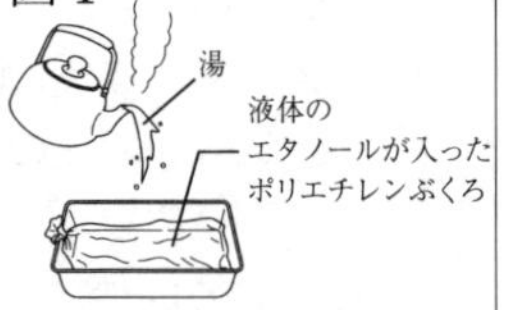

実験2
Ⅰ 図2の装置で，水とエタノールの混合物を加熱した。加熱後しばらくすると，液体が試験管に出始めた。混合物の温度は，沸騰し始めてからもゆるやかに上昇を続けた。出てきた液体を少量ずつ順に3本の試験管に集め，集めた順に液A，液B，液Cとした。液A～Cを25℃にしてからそれぞれ質量と体積を測定し，密度を求めた。

Ⅱ 液A～Cをそれぞれ蒸発皿に移し，小さく切ったろ紙をそれぞれの蒸発皿に入っている液体にひたした。液体にひたしたろ紙にマッチの火を近づけ，火がつくかどうかを調べた。

結　果

	液A	液B	液C
質量〔g〕	4.20	5.06	5.04
体積〔cm^3〕	5.00	5.50	5.20
密度〔g/cm^3〕	0.84	0.92	0.97
火を近づけたときのようす	火がついた。	火がついた。	火はつかなかった。

図2

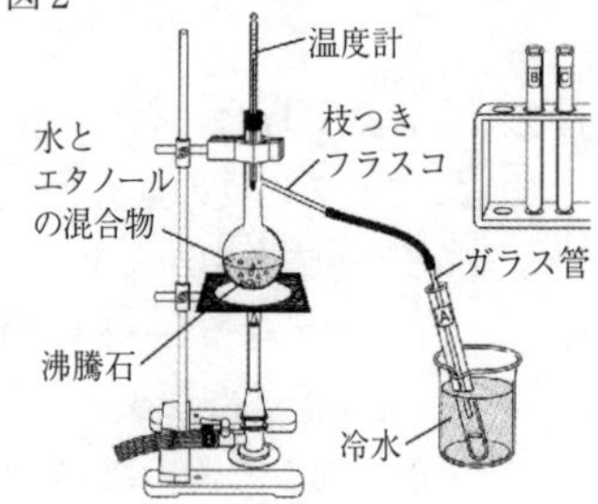

（1） 実験1に関連して，物質の姿が固体 ⇔ 液体，液体 ⇔ 気体，気体 ⇔ 固体と，温度によって変わることを何というか。**漢字4字**で書きなさい。

（2） 下線部の変化についてエタノールの粒子に着目したとき，粒子の数と，粒子どうしの間隔は湯をかける前と比べてどうなるか。正しい組み合わせとして最も適当なものを，右の**ア～カ**の中から1つ選びなさい。

	粒子の数	粒子どうしの間隔
ア	多くなる。	広がる。
イ	多くなる。	変わらない。
ウ	少なくなる。	広がる。
エ	少なくなる。	変わらない。
オ	変わらない。	広がる。
カ	変わらない。	変わらない。

（3） 実験2の結果から，エタノールを多くふくむ液体が先に出てきたことがわかる。水とエタノールの混合物の蒸留で，エタノールを多くふくむ液体が先に出てくる理由を，「**水よりもエタノールの方が，**」という書き出しに続けて書きなさい。

（4） 水とエタノールの割合を変えて混合し，25℃にすると，混合物の密度は表のようになる。実験2の結果と表を用いて，次の①，②の問いに答えなさい。

表

水〔g〕	2.0	4.0	5.0	6.0	8.0
エタノール〔g〕	8.0	6.0	5.0	4.0	2.0
密度〔g/cm^3〕	0.84	0.89	0.91	0.93	0.97

① 水とエタノールを1:1の質量の比で混合し，25℃にした混合物を液Dとする。液Dにひたしたろ紙にマッチの火を近づけると，どのように観察されると考えられるか。最も適当なものを，次の**ア～カ**の中から1つ選びなさい。

ア 液Dの密度の値が，液Aの密度の値より小さいので，火がつく。
イ 液Dの密度の値が，液Aの密度の値と液Bの密度の値の間なので，火がつく。
ウ 液Dの密度の値が，液Aの密度の値と液Bの密度の値の間なので，火はつかない。
エ 液Dの密度の値が，液Bの密度の値と液Cの密度の値の間なので，火がつく。
オ 液Dの密度の値が，液Bの密度の値と液Cの密度の値の間なので，火はつかない。
カ 液Dの密度の値が，液Cの密度の値より大きいので，火はつかない。

② Ⅰで集めた液 **A** にふくまれているエタノールの質量は何 g か。求めなさい。

(1)		
(2)		
(3)	水よりもエタノールの方が,	
(4)	①	
	②	g

6 次の実験について,（1）～（4）の問いに答えなさい。

実　験

Ⅰ　図のような装置を用いて，塩化銅水溶液に電圧を加えて電流を流したところ，一方の電極では赤色の銅が生じ，もう一方の電極では塩素が生じた。

Ⅱ　水溶液に電流を流すのをやめると，銅や塩素は生じなくなった。

Ⅲ　陽極と陰極がⅠのときと逆になるように導線をつなぎかえ，塩化銅水溶液に電圧を加えて電流を流したところ，銅と塩素が生じる電極はⅠのときと逆になった。

図

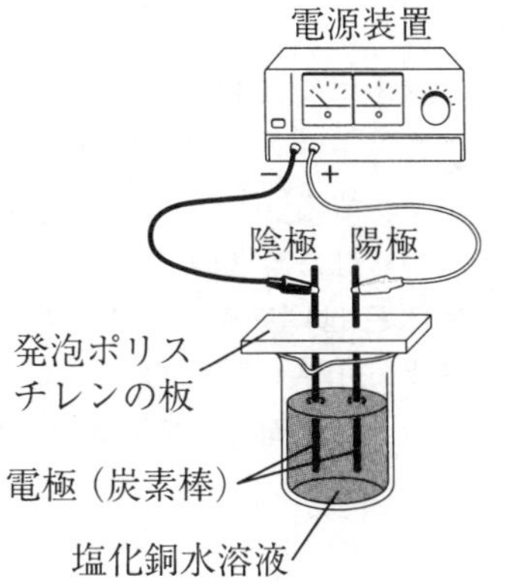

（1） 銅や塩素のように，1種類の元素からできている物質を何というか。書きなさい。

（2） 塩素の性質として最も適当なものを，次の**ア**～**エ**の中から１つ選びなさい。

ア　漂白作用がある。
イ　水によく溶け，その水溶液はアルカリ性を示す。
ウ　物質を燃やすはたらきがある。
エ　石灰水を白くにごらせる。

（3） 次の文は，実験で起こった現象について述べたものである。下の①，②の問いに答えなさい。

Ⅰから，塩化銅水溶液の中には，銅原子や塩素原子のもとになる粒子があると考えられる。また，Ⅲから，これらの粒子はそれぞれ決まった種類の電気を帯びていることがわかる。陽極付近では［ X ］原子のもとになる粒子が引かれて［ X ］原子になる。陰極付近では［ Y ］原子のもとになる粒子が引かれて［ Y ］原子になる。このとき，［ Z ］原子は2個結びついて分子になる。

① **X**～**Z** にあてはまることばの組み合わせとして最も適当なものを，下の**ア**～**エ**の中から1つ選びなさい。

	X	Y	Z
ア	銅	塩素	銅
イ	銅	塩素	塩素
ウ	塩素	銅	銅
エ	塩素	銅	塩素

② 塩化銅が銅と塩素に分解する化学変化を，化学反応式で書きなさい。

（4） グラフは，図のような装置を用いて，塩化銅水溶液に電流を流したときに生じる銅と塩素の質量の関係を表している。質量パーセント濃度が 3.0％の塩化銅水溶液 140g に電流を流し続けて，全ての塩化銅が銅と塩素に分解されたとき，何 g の銅が生じるか。求めなさい。

グラフ

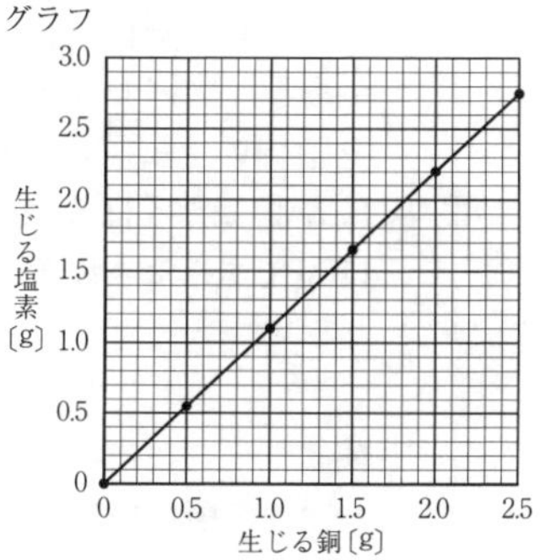

(1)		
(2)		
(3)	①	
	②	
(4)		g

7 次の実験について，（1）～（3）の問いに答えなさい。

実験1

図1のように，円柱形で長さXcmの物体Aを，底面が水面につかない状態でばねばかりに糸でつるした。ばねばかりの目盛りを見ながら，物体Aをゆっくりと下げていき，ビーカーに入れた水の中にしずめていった。グラフは，物体Aを下げた距離と，ばねばかりの値の関係を表したものである。

図1

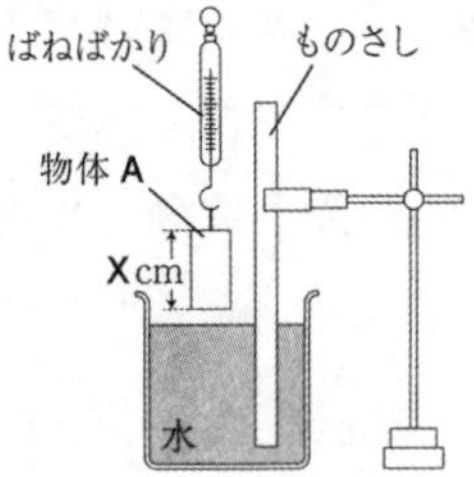

グラフ

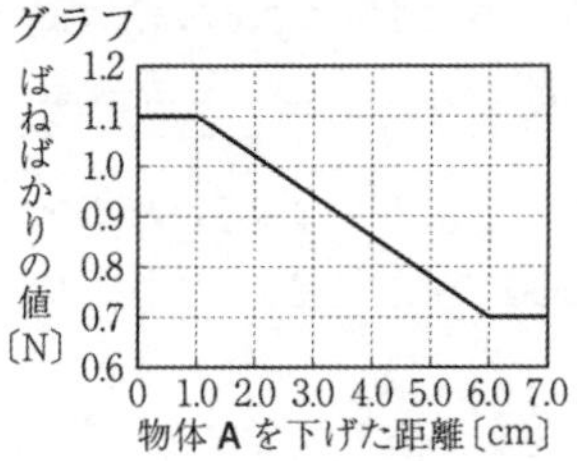

実験2

図2のような，円柱形のおもりの下にうすい円形の底板が接着されている物体Bがある。物体Bの底板を下にして平らな脱脂綿の上に置いたところ，図3のように脱脂綿がくぼんだ。物体Bの質量は110gであり，底板の底面積は55cm²であった。

図2

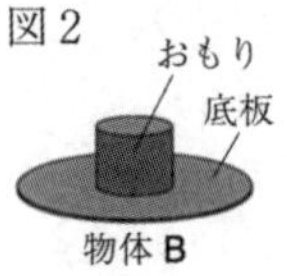

図3

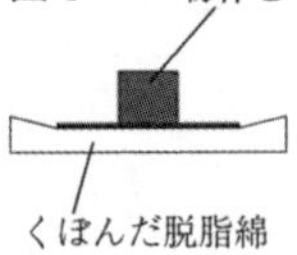

実験3

円筒を用意し，物体Bを円筒に手で押し当てたまま，中に水が入らないようにして，円筒と物体Bを水の中にしずめた。水平にした物体Bの底板から水面までの距離をものさしで測り，底板から水面までの距離が5cmのところで，物体Bから手をはなした。

図4

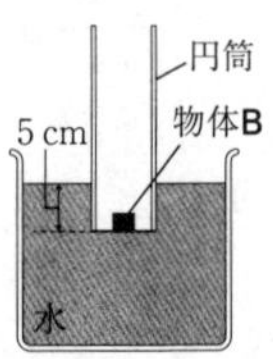

図5

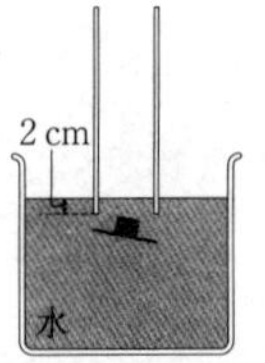

物体Bが円筒からはなれるようす

図4のように，底板から水面までの距離が5cmのところでは，物体Bは円筒からはなれなかった。その後，円筒を水面に対して垂直にゆっくりと引き上げていくと，図5のように，底板から水面までの距離が2cmのところで，物体Bが円筒からはなれた。

（1） 実験1について，次の①～③の問いに答えなさい。ただし，物体Aをつるした糸はのび縮みせず，糸の質量と体積は無視できるものとする。

① 物体Aにはたらく重力の大きさは何Nか。答えなさい。

② 物体Aの長さXは何cmか。求めなさい。

③ 物体Aを全部水中にしずめたとき，物体Aにはたらく浮力の大きさは何Nか。求めなさい。

（2） 実験2について，脱脂綿が物体Bから受ける圧力の大きさは何Paか。求めなさい。ただし，質量100gの物体にはたらく重力の大きさを1Nとする。

（3） 次の文は，実験3の結果から考えられることについて述べたものである。P～Rにあてはまることばの組み合わせとして最も適当なものを，下のア～エの中から1つ選びなさい。

	P	Q	R
ア	大きい	小さい	2cmより小さい
イ	大きい	小さい	2cmより大きい
ウ	小さい	大きい	2cmより小さい
エ	小さい	大きい	2cmより大きい

水中で物体Bが円筒からはなれるかどうかは，物体Bにはたらく重力による「下向きの力」と周囲の水から受ける力による「上向きの力」の大小関係で決まる。「上向きの力」が「下向きの力」より［ P ］場合，物体Bは円筒からはなれない。一方，「上向きの力」が「下向きの力」より［ Q ］場合，物体Bは円筒からはなれる。物体Bを，同じ形，同じ大きさで質量が物体Bより小さい物体Cにかえ，実験3と同じ手順で実験を行うと，物体Cの底板から水面までの距離が［ R ］ところで，物体Cは円筒からはなれると考えられる。

(1)	①	N	②	cm	③	N
(2)		Pa	(3)			

← 福 320

8　次の実験について，（１）～（４）の問いに答えなさい。

実験１

　図１のような回路を用いて，電熱線 **A** に加える電圧を1Vずつ大きくしていき，各電圧での電熱線 **A** に流れる電流の値を測定した。その後，電熱線 **A** を電熱線 **B** にかえ，同様の手順で実験を行った。

図１

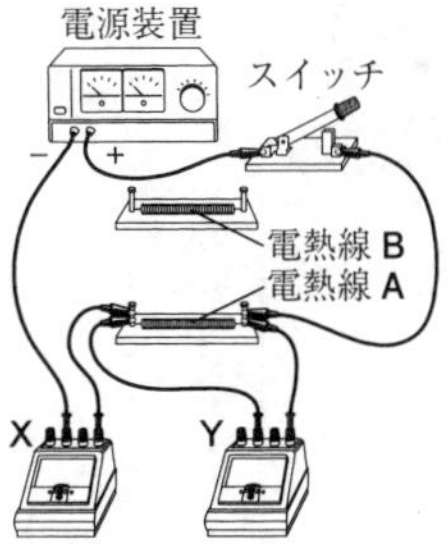

結果１

電圧〔V〕		0	1	2	3
電流〔mA〕	電熱線 **A**	0	80	160	240
	電熱線 **B**	0	120	240	360

実験２

Ⅰ　図２のように，電熱線 **C** を用いた回路をつくり，発泡ポリスチレンのカップに室温と同じ 22.0℃の水を入れた。電熱線 **C** に 3V の電圧を加え，1.5A の電流を４分間流し，容器内の水をかき混ぜながら，水の温度変化を測定した。

Ⅱ　Ⅰと同じ質量，同じ温度の水を別の発泡ポリスチレンのカップに入れ，電熱線 **C** に 9V の電圧を加え，4.5A の電流を４分間流し，容器内の水をかき混ぜながら，水の温度変化を測定した。

図２

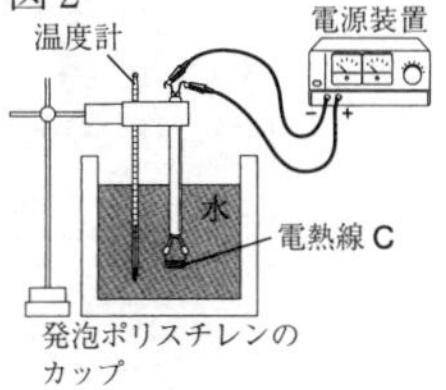

結果２

経過時間〔分〕		0	1	2	3	4
水温〔℃〕	電圧 3V	22.0	22.5	23.0	23.5	24.0
	電圧 9V	22.0	26.5	31.0	35.5	40.0

（１）　図１の **X** と **Y** は電流計と電圧計のどちらかである。電流計は **X** と **Y** のどちらか。また，回路に流れる電流の大きさがわからないとき，−端子は図３の **a** と **b** のどちらに接続して実験を開始するか。答えの組み合わせとして最も適当なものを，右の**ア**～**エ**の中から１つ選びなさい。

図３

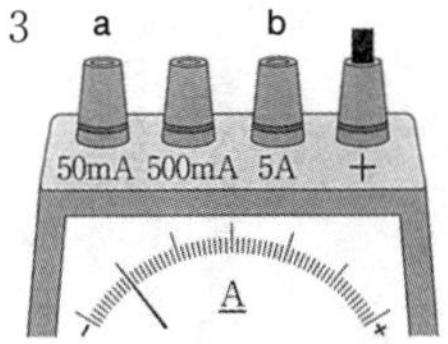

	電流計	−端子
ア	X	a
イ	X	b
ウ	Y	a
エ	Y	b

（２）　電熱線 **A** と電熱線 **B** の電気抵抗の大きさをそれぞれ R_A，R_B とする。R_A と R_B の関係はどのようになるか。最も適当なものを，次の**ア**～**ウ**の中から１つ選びなさい。

ア　$R_A < R_B$　　**イ**　$R_A = R_B$　　**ウ**　$R_A > R_B$

（３）　電熱線 **A** に 3V の電圧を５分間加えたとき，電熱線 **A** で消費される電力量は何 J になるか。求めなさい。ただし，電熱線 **A** に流れる電流は５分間，結果１の値のまま変化しなかったものとする。

（４）　実験２について，次の①，②の問いに答えなさい。ただし，電熱線 **C** で発生した熱は全て容器内の水の温度上昇に使われたものとする。

①　次の文は，結果２について考察したものである。**P** ～ **R** にあてはまる数値の組み合わせとして最も適当なものを，上の**ア**～**ク**の中から１つ選びなさい。

	P	Q	R
ア	4.5	9.0	3
イ	4.5	18.0	3
ウ	4.5	9.0	9
エ	4.5	18.0	9
オ	9.0	9.0	3
カ	9.0	18.0	3
キ	9.0	9.0	9
ク	9.0	18.0	9

　電圧が 3V のとき，電熱線 **C** で消費される電力は［ **P** ］W であり，9V のときは 40.5W である。また，４分後の水の上昇温度を比べると，3V では 2.0 ℃，9V では［ **Q** ］℃である。これらのことから，電熱線に加える電圧が３倍になると，電熱線の消費電力は［ **R** ］倍になる。また，容器内の水の上昇温度は電力に比例するので，水の上昇温度も［ **R** ］倍になる。

②　電熱線 **C** に電圧 6V を加え続けたとき，４分後の容器内の水温は何℃になるか。求めなさい。ただし，使用した装置や容器内の水の量は実験２と同じであり，電圧を加え始めたときの容器内の水温を 22.0℃とする。

(1)		
(2)		
(3)		J
(4)	①	
	②	℃

六

次の**【会話】**は、ボランティア活動の案内方法について、生徒会で話し合っている場面の一部である。また、**【メモ】**は、ボランティア活動の内容について、Aさんが先生から聞き取ったものである。**【会話】**と**【メモ】**を読み、「**ボランティア活動の内容をどのような方法で案内するとよいか**」についての**あなたの考えや意見**と、**そのように考える理由**を、あとの**条件**に従って書きなさい。

【会話】

(Aさん)

急ぎの話なんだけど、地域の方から、来週の土曜日に行われるボランティア活動への参加について、ぜひ中学校でも呼びかけてほしいと依頼があったんだって。

それで、先生とも相談したんだけど、生徒会でこの呼びかけに協力しようと思うんだよね。これが先生から聞いた内容の**【メモ】**なんだけど、これを全校生徒にどうお知らせしたらいいかな?

(Bさん)

この内容だね。私は、校内放送で全校生徒に案内するのがいいと思うけど、どうかな。

(Cさん)

僕は、案内文書なんかを作って、全校生徒に配るのがいいと思うよ。

【メモ】

○日時　6/8(土) 9:00 ~ 10:30
○集合場所
　わかばコミュニティーセンター構内広場
　　　　(住所:西福島市若葉町 3-2)
○活動内容
　町内のゴミ拾い、草むしりなど
○持ち物　軍手・水筒・タオル
○その他
　・雨天中止
　・動きやすい服装で
　・参加は任意(希望者)

条件

1 **二段落構成**とすること。
2 前段では、BさんとCさんの意見を踏まえて、「**ボランティア活動の内容をどのような方法で案内するとよいか**」についての**あなたの考えや意見**を具体的に書くこと。
3 後段では、**そのように考える理由**を、**文字や音声の具体的な特徴**に触れながら書くこと。
4 全体を**百五十字以上、二百字以内**でまとめること。
5 氏名は書かないで、本文から書き始めること。
6 原稿用紙の使い方に従って、文字や仮名遣いなどを正しく書き、漢字を適切に使うこと。

← 福 322

ウ 社会の変化における人間の複数性についてまとめることで、人間の活動の予測は不可能だという主張への反論を示している。

エ 人間の複数性に関する具体例をくわしく説明することで、人間の価値観の変化を論じる後ろの段落に文章をつないでいる。

オ 社会の変化の予測が困難であるということの実例を示すことで、現代社会における予見の必要性への問題提起を行っている。

5 次の会話は、「3未来の予見」について授業で話し合ったときの内容の一部である。あとの(1)、(2)の問いに答えなさい。

Aさん 「未来を予見するということを、筆者はどのように説明しているのかな。」

Bさん 「ア未来に起こることを正確に予見することはできない、というところから筆者の考えは始まっているよね。」

Cさん 「そうだね。でも正確ではなくても、イ未来に何が起こるか把握していないと対応できないから、予見は必要だよ。」

Bさん 「だから、ウ未来を考えるときには、想像力を使う予見の結果のみを出発点にするべきだということだよね。」

Cさん 「その未来のために筆者は予測の話もしていたと思うよ。エ天気の変化を知るために予測が使われているのも、予見より信頼できるという特徴があるからだろうね。」

Bさん 「そうだね。それでも、オ私たちにとって未来を想像することは必要であるということが、本文では述べられていたはずだよ。」

Aさん 「じゃあ、そのことについて、もう一度本文を確かめてみようよ。」

(1) 会話の中の——線をつけた部分が、本文から読み取れる内容と**異なっているもの**を、**ア〜オ**の中から一つ選びなさい。

(2) Aさんは、「未来の予見」について次のようにノートにまとめた。□にあてはまる最も適当な言葉を、本文中から**十四字**でそのまま書き抜きなさい。

> 筆者は、未来を予見することで□をするという考えを述べている。だから、これからの人々のために、私たちは先々のことまで心に思い描くことが大切になると考えられる。

1	2	3	4	5 (1)	5 (2)

なことを、突然、発明家や科学者や設計者が思いつくことによって、偶然が生み出される。そこには法則性が存在しないように見える。法則性に基づいている、ということは、同じ条件に置かれたら誰であっても同じようなものを発明できる、ということを意味する。しかし、みんながそのことに気づけたはずなのに、誰も気づけなかったことに気づけるからこそ、発明やイノベーションを引き起こした人々は称《たた》えられるのだ。エジソン[注3]と同じ環境で生活していたとしても、彼と同じようにさまざまな発明品を世に送り出すことなど、誰にもできないだろう。

9 だからこそ、これからどんなテクノロジーが世に送り出されるのか、どのようにテクノロジーが進歩を遂げるのかを予測することは、ほとんど不可能である。私たちには、これからどんなエジソンが出現するのか、そして未来のエジソンが何を発明するのかを、知り得ないのである。

10 一方で、社会のあり方の変化は、それよりもさらに予測の困難な領域であると言える。人間の価値観は、さまざまな要因の複雑な絡《から》まり合いの中で、日々変化している。一〇〇年前の日本の価値観と、現在の日本の価値観を比較してみれば、その変化を予見することがいかに無謀なことかが分かるだろう。

11 もちろん、そうした[2]社会の変化のうちにも法則性があると考える立場もあり得るかもしれない。例えば、歴史はよい方向に進歩する、と考える進歩史観がそうだ。しかし、これまでの人類の歴史を眺めれば、そうした歴史観を素朴に信じることはできない。人類は、愚行を繰り返したり、道徳的に退行したりする。しかしそうかと思えば、誰にも予想できなかった革命的な出来事が起き、私たちに希望を抱かせることも起きるのである。

12 政治思想家のハンナ・アーレントは、社会の変化が法則性に基づいていないように見える理由を、公的領域[注4]において活動する人間の複数性に見出《みいだ》した。複数性とは、人間がかけがえのない個人としてこの世界に出生し、これまで存在していた誰とも、いま存在している誰とも、そしてこれから存在するだろう誰とも異なった存在である、ということだ。人間が複数性を有するということは、人間をある法則性のもとに還元[注5]することができないということである。だからこそ人間の活動は予測不可能なのである。

13 したがって、未来において生じ得る課題を、まるで天気予報をするかのように予測することは、そもそも不可能である。私たちはそれを出発点としなければならないだろう。

14 ただしこのことは、だから未来を予測しようとすることが無意味である、ということを意味するわけではない。科学的な実証性に基づくのとは別の仕方で、未来を予測することも可能であるからだ。それはすなわち、シミュレーションするのではなく、未来を想像するという仕方による[3]未来の予見である。

（戸谷　洋志「未来倫理」より。一部省略がある）

注1　テクノロジー：科学技術。　注2　イノベーション：技術革新。
注3　エジソン：アメリカの発明家。　注4　公的領域：人々がともにある場。　注5　還元する：戻す。

1　次の各文中の――線をつけた言葉が、1段落の「未来倫理**で**」の「**で**」と同じ意味・用法のものを、**ア**～**オ**の中から一つ選びなさい。

ア　努力するために必要なものは目標である。
イ　山の上は空気がさわやかで気持ちがよい。
ウ　今年から彼が部長で彼女が副部長になった。
エ　いつも協力して掃除に取り組んでいる。
オ　人とのつながりで重要なのは思いやりだ。

2　「[1]シミュレーション」とあるが、本文における「シミュレーション」とはどのような方法か。**法則**という語を用いて**三十字以内**で書きなさい。

3　「[2]社会の変化のうちにも法則性がある」とあるが、筆者はこの考えを否定するために、人類の歴史に対する筆者のどのような見方を述べているか。**六十字以内**で書きなさい。

4　本文における12段落の働きとして最も適当なものを、次の**ア**～**オ**の中から一つ選びなさい。

ア　人間の複数性という話題を提示することで、社会のあり方の変化は予測が不可能であるという筆者の意見を補強している。
イ　テクノロジーの発展と同様に社会の変化も予測が困難である原因を明確にすることで、前の段落までの内容をまとめている。

六花は、心に抱えていた［Ⅰ］を早緑にわかってほしかった。だがそれだけではなく、［Ⅱ］からがんばれないと思っている早緑の気持ちにも気づくべきだったという思いをかみしめている。

(1)　［Ⅰ］にあてはまる最も適当な言葉を、本文中から**五字**でそのまま書き抜きなさい。

(2)　［Ⅱ］にあてはまる内容を**三十字以内**で書きなさい。

5　本文の構成・表現についての説明として最も適当なものを、**ア**～**オ**の中から一つ選びなさい。

ア　過去の出来事と現在の出来事が何度も入れ替わることで、新たな問題が明らかにされている。

イ　視点となる語り手が変わることで、登場人物の心情に変化を起こした出来事が強調されている。

ウ　登場人物の様子が客観的に描かれることで、登場人物二人の対照的な心情が表現されている。

エ　物語の結末部分に倒置法が連続して使われることで、心情の変化が強調されている。

オ　話し言葉が会話文以外にも多用されることで、読者が登場人物の一人のように描かれている。

1	2	3	4 (1)	4 (2)	5

五

次の文章を読んで、あとの問いに答えなさい。（[1]～[14]は各段落に付した段落番号である。）

[1]　現代社会は日々複雑化している。数年後のことはおろか、来年に起こることも正確に予見することはできない。それなのに、未来倫理で私たちが考慮しなければならない未来は、一〇〇年後、一〇〇〇年後、一万年後にまで及ぶ。それほど遠い未来のことを予見することなど、ほとんど不可能であるように思える。

[2]　しかし、未来において何が起こるのかが把握されていなければ、未来世代が直面し得る脅威に対応することもできないだろう。そうである以上、たとえどれほど困難であるように思えたとしても、未来の予見は未来倫理の実践にとって必要不可欠なのである。

[3]　私たちは、未来を正確に、科学的に予見することなど不可能だ、ということを認めよう。その上で、それでも未来世代に対する倫理的な配慮をするために、不完全ではあったとしても未来を予見するためには、何が求められるのだろうか。そうした予見はどのようなものである必要があるのだろうか。

[4]　本書では、科学的な実証性に基づいて未来を見通すことを、「予測」と呼ぶことにする。予測が成立するためには一つの条件がある。それは、予測される現象が何らかの法則性に基づいていなければならない、ということだ。

[5]　例えば天気予報は、現実の気象の運動の中に一定の法則を見抜き、その法則の中で気象がどのように変化するのかを予測する行為である。気象が法則に従って変化するということは、言い換えるなら天気が滅茶苦茶《めちゃくちゃ》に変わったりしないということだ。何の前触れもなく突然雨が降ることはない。雨が降り出したのなら、その背後には常に何らかの気象的な原因がある。その原因と結果の関係を明らかにすることで、別の状況において、これから雨が降り出すか否《いな》かを判断できるようになる。これが、天気を予測するということに他ならない。

[6]　これは一般に[1]シミュレーションと呼ばれる方法である。例えば、気候変動の影響の推定はシミュレーションなしには不可能であるし、交通・経済・人口など、一定の法則性に従って変化する事象に対しても同様の方法による予測が行われる。

[7]　一方で、法則性に基づかないで生じる出来事に対しては、基本的にシミュレーションを行うことができない。そして困ったことに、未来世代に脅威をもたらすような出来事、[注1]テクノロジーと社会の関係の変化は、多くの場合そうした出来事として引き起こされる。

[8]　例えばテクノロジーの進歩は新技術の発明や[注2]イノベーションによって促進される。それまで誰も思いつかなかったよう

「……うん。そうだね。そうしよう。」
だけど、それは隠して、平気な顔で私は言った。すると、早緑はふきだした。
「六花、泣きやんだのはいいけど、いつもどおりになるのが急すぎるでしょ。」
超絶塩対応じゃん。そう言ってけらけら笑っている。
私ははずかしくなって、そっと眼鏡のつるにふれる。その手を早緑が、指先でつんつんしてきた。私はあわてて手をおろす。
「ふふ、そのくせ、変わってないね。」
いたずらっぽく笑う早緑。急に顔が熱くなるのを私は感じた。
早緑は私のことなんてぜんぶお見通しみたいな、そんな表情で言った。
「ねえ、今日、藤棚のところで、スケッチしてたよね？　見せて？」
「……やっぱり、気づかれてたんだ。」
そうこぼしたら、どこかから声が聞こえた気がした。
それは、前髪の長い男子の、からかうような、だけどやさしい声。
――気づいてもらいたかったんじゃないのか？
そうだよ。私は気づいてほしかった。早緑にわかってほしかった。
[4]でも、それだけじゃ、だめだったんだね。
私はスケッチブックを開く。それから、早緑の目をまっすぐ見た。
あの日からずっと、私の心は寒々とした冬の中にあって、だけど、それは私だけじゃなかった。自分の痛みにとらわれて、ひとりぼっちでかなしみに酔っていた私には、だれよりも大切な人の気持ちが見えずにいた。
ずっとあなたに気づいてほしかった。ほんとうは、私が気づくべきだったのに。

（村上　雅郁「きみの話を聞かせてくれよ」より）

注1　小畑先輩：美術部の先輩。
注2～4　ウサギ王子、エビユ、本多くん：剣道部員。
注5　ガハク：画伯のこと。

1　「[1]黒野くん……私の中で、見えていなかったなにかがつながっていく。」とあるが、それはどういうことか。最も適当なものを、次の**ア**～**オ**の中から一つ選びなさい。
ア　私と早緑をなかなおりさせる努力を、黒野はたった一人で続けていたのだと、六花が考えるようになったということ。
イ　私となかなおりできない早緑を冷やかし、けんかを長引かせたのは黒野かもしれないと、六花が疑いを抱いたということ。
ウ　早緑が私となかなおりすることを決心したのは、黒野に何度も説得されたからなのだろうと、六花が察したということ。
エ　私が早緑となかなおりするために、黒野がこれからも力を尽くしてくれるはずだと、六花が確信をもったということ。
オ　私と早緑のなかなおりにとって、黒野が大きな存在になっているのではないかと、六花が思い始めたということ。

2　「[2]自分の声が、どこかとげとげしてる」とあるが、早緑の声がとげとげしているのはなぜか。最も適当なものを、次の**ア**～**オ**の中から一つ選びなさい。
ア　黒野が六花の努力を認めている一方で、自分のことは少しも認めてくれないことが不満だったから。
イ　六花が美術部で孤立していると黒野から聞き、六花の事情を知らなかった自分が情けなくなったから。
ウ　自分の力で六花との関係を修復したいのに、横から口出しをしてくる黒野がうっとうしかったから。
エ　六花がまじめに部活動をしていると黒野に言われ、自分と六花の差を感じておもしろくなかったから。
オ　自分と六花がけんかをしているのに、黒野が六花の肩をもったため黒野のことを敵だと感じたから。

3　「[3]走ることに打ちこむ自分のことが、好きになっていた。」とあるが、早緑がそう思うようになったのはなぜか。回想部分の内容を踏まえて**六十字以内**で書きなさい。

4　「[4]でも、それだけじゃ、だめだったんだね。」とあるが、このときの六花の心情を次のように説明するとき、［ Ⅰ ］、［ Ⅱ ］にあてはまる内容について、あとの(1)、(2)の問いに答えなさい。

「えらいよな、白岡六花。美術部、ゆるい部活なのに、ひとりだけ毎日スケッチして、先生に意見聞いて。ほかの部員たちに煙たがられても、負けないでまじめにやってる。」
あたしはうなずいて、ちいさな声で言った。
「……六花は、絵を描くのが、ほんとうに好きだから。」
だけど、[2]自分の声が、どこかとげとげしてる気がして、いやになった。そしたら、黒野のやつ、こんなことを言ったの。
「好きだから努力できるのか、努力できるから好きなのか……鶏が先か卵が先か、みたいな話だよな。」
あたし、よくわからなくって。どういうことって、たずねたの。
黒野、笑って言った。
「ほら、好きだから続けられる。だからうまくなるっていうのはたしかにあるけどさ、そもそも、ある程度うまくないと、好きにはなれないじゃん？　自分でへたくそだなあって思って、人から向いてないって言われて、それでも絵を描くのが好きとかさ。ちょっとむずかしいよな。苦手なことに立ち向かうのは、それだけでストレスだろ。」
そんなふうに。
その言葉が、すごく響いた。なんだろ、いくら走っても、みんなに追いつけない自分のことを言われているみたいに、思えた。
あたし、なんで走ってるのかな。
急に、そんなことを考えた。走ることが得意だと思ったから？　たぶんそう。人よりはちょっぴり、得意だと思ったから。ほんとはそれほど、好きじゃなかったのに。
「好きなものがない人は、得意なものがない人は、どうしたらいいんだろう……。」
言ってから、なんか、情けないなって、自分でも思った。
だけど、黒野は肩をすくめて、こう言ったの。
「べつになくてもいいと思うけど。」って。
なにそれ、と思って、あたし、食いさがったの。
「あたしは、ほしいよ。好きなもの。得意なもの。」
「じゃあ、そうしたら？」
「え？」
「好きなものがほしい。得意なものがほしい。じゃあ、そのために努力すればいいだろ。ちゃんと、それは努力の理由になるよ。」
「だけど、努力すれば……なんとかなるのかな。」
そしたら黒野はさ、まぶしそうに六花のほうを見たんだ。
「白岡六花がコンクールで賞をとったのだって、ああやって努力を続けているからだろ。」

「だからさ、あたしは思ったの。」
公園のすみっこ。並んですわったベンチ。
夕日の光を浴びて、早緑は言った。
「やっぱり、がんばらなきゃだめだ、って。今、ここで逃げたくない。あたしには、まだ六花に話しかける資格がないや、って。そのときの自分は、六花に誇れるような自分じゃなかったから。だから、がんばろう、って。次に六花と話すときは、胸を張れるような自分でいたかったから。そうなりたいと思えたから。」
早緑は笑った。きらきらと、かがやくような顔で、笑った。
「それから、すこしずつ、あたし、陸上が好きになった。走ることが、っていうか、[3]走ることに打ちこむ自分のことが、好きになっていた。だから。」
涙ですっかり塩っ辛い顔になった私に、早緑は言った。
「だから、今のあたしがあるのは、六花のおかげ。」
私はうなずく。「今は、じゃあ、楽しい？」
「うん。すっごく。胸を張って、そう言えるよ。だからさ。」
なかなおりしよう。
照れたように、でもまっすぐにそう言った早緑の瞳の色に、私は思いだす。
あの日、早緑が話しかけてきてくれたときのことを。
そして、ついさっき、ようやく気づいたほんとうの気持ち——私の心をとらえていたシロクマの正体を。

——早緑の[注5]「ガハクじゃん！」って言葉がなければ、きっと今の私もないよ。

(1) Ⅰ にあてはまる最も適当な言葉を、本文（文語文）中から**十一字**でそのまま書き抜きなさい。

(2) Ⅱ にあてはまる内容を、**三十字以内**で書きなさい。

(3) Ⅲ にあてはまる最も適当な言葉を、次の**ア**～**オ**の中から一つ選びなさい。

ア 少しの音程のずれも許さず、納得できるまで何度も音を確かめる人物
イ 演奏技術の向上のために、毎日の楽器の練習を欠かさず続ける人物
ウ 先々のことまで配慮して、必要だと思うことをしっかり意見する人物
エ どんな相手に対しても、自分の考えに必ず同意させようとする人物
オ 音楽のことでは他者の意見に耳を傾けず、自分の信念を曲げない人物

1	2		
	(1)	(2)	(3)

四 次の文章を読んで、あとの問いに答えなさい。

（中学二年生の白岡六花《しらおかりっか》は美術部に所属している。陸上部の春山早緑《はるやまさみどり》とは、小学生の頃に早緑にシロクマの絵をほめられてから友人となった。一年生の二学期、六花が、まじめに活動しない他の美術部員のことを「まじめにやらないならやめたらいいのに。」と早緑に話したところ、その言葉に反発され、けんかになってしまう。二年生のある日、六花はクラスメイトの黒野良輔《くろのりょうすけ》に話しかけられ、そこでけんかの話をした。その日の帰り道に、早緑が六花に気持ちを打ち明けてきた。）

「……もっと、もっとはやく言ってよ。」
うらみがましく、私はつぶやく。そんなことを言う資格、ひとつもないのに。
私のせいなのに。
「何度も言おうと思ったよ。だけど、うん……やっぱりさ、こういうのって、しかるべきときってもんがあるじゃん？」
「なに、それ。」
ちいさくはなをすする私に、早緑はうなずいた。
「一年の三学期に、決めたの。その日、六花に会いに行こうと思った。ちゃんと、話をしなきゃって。だけど、美術部に行ってもいなくてさ。[注1]小畑《おばた》先輩が、体育館に行ったよ、って教えてくれて。で、行ったんだけど、やっぱり話しかけられなかった。」
早緑は思いだすような目をした。
「体育館で、剣道部が練習してて。ほら、[注2]ウサギ王子とかといっしょに、[注3]エビユや[注4]本多《ほんだ》くんが大声出しながら竹刀でばしばしやってて。で、すみっこで、それを見ながらさ、一心不乱って感じで、六花は絵を描いてた。もうさあ、眼鏡のおくで、目がぎらぎらしてて。あたし、思いだしたんだ。」
「なにを？」
早緑は照れたように笑った。
「はじめて、六花に話しかけたときのこと。シロクマの絵がじょうずだねって、ほめたこと。六花の顔がパッと明るくなって、それがびっくりするほどかわいらしくて。友だちになりたいって、思ったこと。」
それから私をまっすぐに見て、言った。
「体育館のすみで、そんなことを考えてたら――ほら、おなじクラスのさ、黒野っているじゃん？　剣道部の。幽霊部員。前髪の長い、ちょっとひねくれた感じのやつ。」
[1]黒野くん……私の中で、見えていなかったなにかがつながっていく。
なにも言えないでいる私に、早緑はうなずいた。
「あいつがふらっと歩いてきて、あたしに言ったんだ。」

←福 328

3　次の文章は、**A**～**F**の中の二つの短歌の鑑賞文である。この鑑賞文を読んで、あとの(1)、(2)の問いに答えなさい。

> この短歌は、しなやかに流れ続ける川の動きに合わせてきらめく日ざしを印象的に捉えたあとで、「 Ⅰ 」に見立てた目に見えない空気の流れが川に軽く触れながら過ぎてゆくさまを描写することで、作者が感じ取った自然の様子を表現している。
> また別の短歌は、活力にあふれた春の訪れに対する祝福を豊かな感性でうたいあげている。「 Ⅱ 」という言葉を、短歌に軽やかなリズムが生み出されるように用いると同時に、ひらがなで表すことによって作品にやわらかな感じを与えている。

(1)　 Ⅰ にあてはまる最も適当な言葉を、その短歌の中から**四字**でそのまま書き抜きなさい。

(2)　 Ⅱ にあてはまる最も適当な言葉を、その短歌の中から**四字**でそのまま書き抜きなさい。

1	2	3
		(1)
		(2)

三

次の文章を読んで、あとの問いに答えなさい。

注1晋《しん》の平公《へいこう》、鋳《い》て大鐘を為《つく》り、注2工をして之《これ》を聴かしむ（楽工たちに鐘の音を聴かせた）。皆以《もつ》て調へりと為す（音程は合っていると答えた）。注3師《し》曠《くわう》曰《い》はく、「調はず。請《こ》ふ更《あらた》めて之を鋳ん（どうかもう一度鐘を鋳なおしてください）。」と。平公曰はく、「工皆以て調へりと為す。」と。師曠曰はく、「後世音を知る者有らば、将《まさ》に（きっと）鐘の調はざるを知らんとす（見抜くでしょう）。臣窃《ひそ》かに（私は内心で）君の為《ため》に之を恥づ。」と。注4師《し》涓《けん》に至りて、果たして鐘の調はざるを知れり。是《こ》れ師曠の善《よ》く鐘を調へんと欲《ほつ》せしは、後世の音を知る者を以為《おも》へばなり（思ったからである）。

（「呂氏春秋《りょししゅんじゅう》」より）

注1　晋の平公：中国にあった晋の国を治めていた人物。
注2　工：楽工。音楽を演奏する人。
注3、4　師曠、師涓：それぞれ、国の音楽に関する仕事をしていた人物。

1　「請《こ》ふ」の読み方を、現代仮名遣いに直してすべてひらがなで書きなさい。

2　次の会話は、本文について授業で話し合ったときの内容の一部である。あとの(1)～(3)の問いに答えなさい。

> Aさん　「平公が鐘の音を聴かせてみると、楽工たちは鐘の音程は合っていると答えたんだね。」
> Bさん　「でも、師曠は音程は合っていないと言っているよ。平公はどう考えたんだろう。」
> Cさん　「平公は楽工たちに賛成したと思うよ。『 Ⅰ 』と師曠に答えているからね。」
> Bさん　「そうだね。だけど、それでも師曠は平公に対して発言しているよね。どうしてかな。」
> Cさん　「師曠は自分の耳に自信があったんだと思う。だから、 Ⅱ ことになるという予想を平公に伝えて、そんなことになったら平公の名前に傷がつくことになると心配したんじゃないかな。」
> Aさん　「そうか。その気持ちが、『君の為に之を恥づ。』という部分に表れているということかな。」
> Cさん　「そうだね。そして、師涓が現れたとき、師曠の考えていた通りの結果になったんだね。」
> Bさん　「こうして考えると、師曠は Ⅲ だと言えそうだね。だから、鐘を作り直すべきだと言ったということだね。」

令和6年度入試問題　国語

注意　字数指定のある問題の解答については、**句読点も字数に含めること。**

一　次の1、2の問いに答えなさい。

1　次の各文中の――線をつけた漢字の読み方を、ひらがなで書きなさい。また、＝線をつけたカタカナの部分を、漢字に直して書きなさい。

(1) 友人を励ます。
(2) 公園は憩いの場所だ。
(3) 農作物を収穫する。
(4) 自然の恩恵を受ける。
(5) 思いを胸にヒめる。
(6) 困っている友人に手をカす。
(7) 全国大会でユウショウする。
(8) モゾウ紙に発表内容をまとめる。

2　次の行書で書かれた漢字を楷書で書いたとき、総画数が同じになる漢字はどれか。あとの**ア**～**オ**の中から一つ選びなさい。

ア 棒　**イ** 脈　**ウ** 輪　**エ** 磁　**オ** 版

1 (1)	1 (2)	1 (3)	1 (4)	1 (5)	1 (6)	1 (7)	1 (8)	2
ます	い			める	す			

二　次の短歌を読んで、あとの問いに答えなさい。

A　[注1]四万十《しまんと》に光の粒をまきながら川面《かわも》をなでる風の手のひら　俵《たわら》　万智《まち》

B　[注2]絵日傘をかなたの岸の草になげわたる小川よ春の水ぬるき　与謝野《よさの》　晶子《あきこ》

C　睡蓮《すいれん》の円錐《えんすい》形の蕾《つぼみ》浮く池にざぶざぶと鍬《くわ》洗ふなり　石川《いしかわ》　不二子《ふじこ》

D　[注3]たぎちつつ岩間を下る渓川《たにがわ》の濁りもうれし春となる水　太田《おおた》　青丘《せいきゅう》

E　水風呂《みずぶろ》にみずみちたればとっぷりとくれてうたえるただ麦畑　村木《むらき》　道彦《みちひこ》

F　[注4]蝌蚪《くわと》生《あ》れし水のよろこび水の面《も》に触れてかがやく風のよろこび　雨宮《あまみや》　雅子《まさこ》

注1　四万十：四万十川。
注2　絵日傘：絵柄のある日傘。
注3　たぎちつつ：水が激しく流れ続けて。
注4　蝌蚪生れし：おたまじゃくしが生まれた。

1　目にしたものをわかりやすく形容した光景から一転して、音を印象的に表現した言葉を用いて労働のあとの何気ない作業の様子を描写している短歌はどれか。**A**～**F**の中から一つ選びなさい。

2　心情を表す言葉を用いずに春の明るい気分を表現しながら、身の回りの物の取り上げ方によってもあたたかさが感じられる短歌はどれか。**A**～**F**の中から一つ選びなさい。

←福330

令和６年度入試問題　解答

数学

1　(1) ① 4　② $-\frac{3}{4}$　③ $9x-2y$　④ $9\sqrt{2}$

(2) $x^2+2xy+y^2-1$

2　(1) $5a+2b=1020$

(2) 15

(3) 42　度

(4) 120　個

(5)

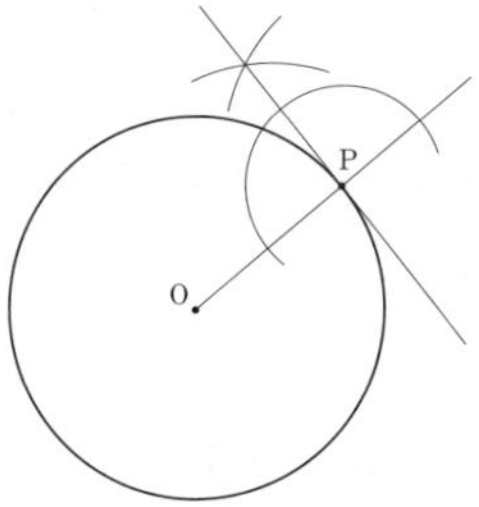

3　(1) ① $\frac{1}{6}$　② $\frac{2}{9}$

(2) ① 529枚

② ［説明の例］

$(n-1)$番目の図形のタイルは全部で$(n-1)^2$枚,
n番目の図形のタイルは全部でn^2枚と表すことができる。
n番目の図形をつくるとき, 新たに必要なタイルの枚数は

$$n^2-(n-1)^2$$
$$=n^2-(n^2-2n+1)$$
$$=2n-1$$

nは２以上の整数であるから, $2n-1$は奇数である。
よって, 新たに必要なタイルの枚数は奇数である。

4　［求める過程の例］

水を移す前のＡの水の量をxmL，水を移す前のＢの量をymLとする。合わせて820mLの水が入っていたことから，

$x+y=820$ ……………………①

それぞれの容器に入っている水の量について，Ａの$\frac{1}{4}$とＢの$\frac{1}{3}$をＣに移したことから，水を移した後のＣの水の量は，$\frac{1}{4}x+\frac{1}{3}y$と表すことができる。

また，水を移した後のＣの水の量は，水を移した後のＡの水の量より60mL少なかったことから，$\frac{3}{4}x-60$と表すことができる。

どちらも，Ｃの水の量を表していることから，

$\frac{1}{4}x+\frac{1}{3}y=\frac{3}{4}x-60$ ……………………②

①, ②を連立方程式として解いて，$x=400$, $y=420$
これらは問題に適している。

答　水を移す前のＡの水の量　400 mL
　　水を移す前のＢの水の量　420 mL

5　［証明の例１］

線分CIをひく。
△CIEと△CIBにおいて
CIは共通 ……………………①
仮定から　∠CEI＝∠CBI＝90° ……………………②
仮定から　CE＝CB ……………………③
①, ②, ③より　直角三角形で, 斜辺と他の１辺がそれぞれ等しいから
△CIE≡△CIB
合同な図形の対応する辺は等しいから
EI＝BI

［証明の例２］

対角線AC, CFをひく。
△IEAと△IBFにおいて
対頂角は等しいから
∠AIE＝∠FIB ……………………①
仮定から　∠AEI＝∠FBI＝90° ……………………②
三角形の内角の和は180°であるから
∠IAE＝180°－∠AIE－∠AEI ……………………③
∠IFB＝180°－∠FIB－∠FBI ……………………④
①, ②, ③, ④から　∠IAE＝∠IFB ……………………⑤
合同な長方形の対応する辺は等しいから　CB＝CE …⑥
また, 合同な長方形の対角線は等しいから　CA＝CF …⑦
EA＝CA－CE ……………………⑧
BF＝CF－CB ……………………⑨
⑥, ⑦, ⑧, ⑨から　EA＝BF ……………………⑩
②, ⑤, ⑩より　１組の辺とその両端の角がそれぞれ等しいから
△IEA≡△IBF
合同な図形の対応する辺は等しいから
EI＝BI

6　(1) 1　(2) $y=x+3$　(3) $t=1+\sqrt{7}$

7　(1) 6　(2) ① $16\sqrt{2}$　② $\frac{64\sqrt{2}}{15}$

英語

2 (1) ① ア ② エ ③ イ (2) can be used in various
(3) 1 イ 2 ウ 3 エ 4 ア

3 (1) could stay
(2) (解答例) enjoyed swimming in the sea and playing basketball with you

4 (1) イ (2) ① ウ ② エ (3) ア (4) ウ
(5) use both paper and digital textbooks effectively
(6) (解答例)
(I agree / I disagree) with the idea because I can choose from a lot of books and I can receive the books at home.
(I agree / I disagree) with the idea because I like to find new books at bookstores, buy them, and go home with them.

5 (1) ウ (2) イ (3) ア (4) エ
(5) ① practicing English conversation
② cannot express her ideas in Japanese
(6) her place in Japan because her friends accept her

1 放送問題1 No.1 ア No.2 エ No.3 イ No.4 ウ No.5 ア
放送問題2 No.1 イ No.2 エ
放送問題3 ① went ② full ③ sit ④ person ⑤ trouble

理科

1 (1) ウ (2) ① 赤血球 ② **毛細血管**からしみ出て**組織液**となる
(3) ア (4) オ

2 (1) 子房 (2) ア
(3) **花粉が**, 同じ個体のめしべについて受粉すること。
(4) ① カ ② エ (5) ウ

3 (1) 震央 (2) イ (3) ① エ ② 48 km ③ 6 秒後

4 (1) (太陽の) 日周運動 (2) ① ア ② 一定の速さで動いている (3) エ (4) イ

5 (1) 状態変化 (2) オ (3) **水よりもエタノールの方が**, 沸点が低いため。
(4) ① イ ② 3.36 g

6 (1) 単体 (2) ア (3) ① エ ② $CuCl_2 \rightarrow Cu + Cl_2$ (4) 2.0 g

7 (1) ① 1.1 N ② 5.0 cm ③ 0.4 N (2) 200 Pa (3) ア

← 福 332

8 (1) イ (2) ウ (3) 216 J (4) ① エ ② 30.0 ℃

社会

1 (1) エ (2) オ (3) エ
(4) イスラム (教) (5) ① ウ ② **C国では**一人っ子政策によって少子高齢化が進んだ。

2 (1) 津軽 (海峡) (2) ア (3) オ (4) ① 縄文 ② イ
(5) ① 客土 ② **東北各県**と比べて, 米以外の作物の**栽培面積**

3 (1) ア (2) 戸籍 (3) 藤原道長
(4) イ (5) エ
(6) 清がイギリスに**敗れ続けた**ことを知ると, 外国船に**まきや水など**を与える

4 (1) ウ (2) イ (3) ウ→イ→ア→エ (4) ① ウ ② C (5) 満州
(6) 天皇主権から国民主権に改められたことを踏まえ, 国会が**法律**

5 (1) オ (2) インフレーション (3) イ→ウ→ア (4) ウ
(5) **所得**に占める税金の**割合**が高くなる (6) イ

6 (1) 個人 (2) 最高裁判所 (3) ア
(4) 市町村 (5) エ
(6) **産業部門**と**運輸部門**の二酸化炭素排出量は減少しているが, 家庭部門は変化が小さい

国語

一 1 (1) はげ (ます) (2) いこ (い) (3) しゅうかく (4) おんけい (5) 秘 (める)
(6) 貸 (す) (7) 優勝 (8) 模造 2 エ

二 1 C 2 B 3 (1) 手のひら (2) よろこび

三 1 こう 2 (1) 工皆以て調へりと為す。 (2) 音が正確にわかる人に鐘の音程が合っていないことを見抜かれる (3) ウ

四 1 オ 2 エ 3 好きなものがほしいという理由で努力しようと決心し、まじめに陸上に取り組むことで、六花に胸を張れる自分に近づけたから。 4 (1) 自分の痛み
(2) 陸上部のみんなに追いつけず、走ることもそれほど好きではない 5 イ

五 1 オ 2 現象の中から見抜いた法則に基づいて事象の変化を見通す方法。
3 人類の歴史は常によい方向に進歩するわけではなく、また予想外の革命的な出来事によって希望が生まれることもあるという見方。4 ア 5 (1) ウ (2) 未来世代に対する倫理的な配慮

六 与えられた条件のもとで、述べられていること。

令和６年度　問題解説

〈数学〉

1 (1) ① $-5+9=4$

② $\frac{2}{5}\div\left(-\frac{8}{15}\right)=\frac{2}{5}\times\left(-\frac{15}{8}\right)=-\frac{3}{4}$

③ $7x-3y+2x+y=9x-2y$

④ $3\sqrt{6}\times\sqrt{3}=3\sqrt{18}=9\sqrt{2}$

(2) $x+y=\mathrm{A}$とおくと，$(\mathrm{A}-1)(\mathrm{A}+1)=\mathrm{A}^2-1$

$=(x+y)^2-1=x^2+2xy+y^2-1$

2 (2) 傾き$=\dfrac{y\text{の増加量}}{x\text{の増加量}}$より，$5=\dfrac{y\text{の増加量}}{3}$

∴ yの増加量＝15

(3) △ OBC は OB ＝ OC ＝半径の二等辺三角形なので，
∠OCB=∠OBC ＝ 48°より，∠BOC ＝ 180 － 48 × 2 ＝ 84°
$\overset{\frown}{\mathrm{BC}}$ において，中心角と円周角の関係より，∠BAC ＝ 84 ÷ 2 ＝ 42°

(4) 中央値が左から5番目なので,第3四分位数は7番目と8番目の中央値。

よって，$\frac{118+122}{2}=120$

(5) 円Ｏの点Ｐを通る接線は，直線 OP に対してＰを通る垂直な直線である。

① 直線 OP を引く

② Ｐを中心に適当な円をかく

③ ②の円と直線 OP との２つの交点を中心に円をかき，
その交点と点Ｐを結べばよい。

3 (1) ① ＰとＱが同じ位置になるのは，

右図より，$\frac{6}{36}=\frac{1}{6}$

大＼小	1	2	3	4	5	6
1					○	
2				○		
3			○			
4		○				
5	○					
6						○

② △APQが二等辺三角形になるのは，

右図より，$\frac{8}{36}=\frac{2}{9}$

大＼小	1	2	3	4	5	6
1	○			○		
2		○			○	
3						
4	○			○		
5		○			○	
6						

(2) ① 23 番目は，たて，横にそれぞれ 23 枚ずつタイルが並ぶので，
$23\times23=529$

6 (1) ① Aは$y=\frac{1}{4}x^2$上にあるので，$x=-2$を代入して，

$y=\frac{1}{4}\times(-2)^2=1$

(2) (1)と同様にBのy座標は　$y=\frac{1}{4}\times6^2=9$

A(－2，1)，B (6，9) より，求める直線の式を
y ＝ ax ＋ b とおき，A，B を代入して連立方程式を解けばよい。

(3) Pのx座標をtとすると，$y=\frac{1}{4}x^2$上にあるので，

$y=\frac{1}{4}t^2$　∴ $\mathrm{P}\left(t,\ \frac{1}{4}t^2\right)$

Qのx座標もtで，$y=x+3$上にあるので，

$y=t+3$　∴ $\mathrm{Q}\ (t,\ t+3)$

Rのx座標もtで，x軸上にあるので$\mathrm{R}\ (t,\ 0)$

したがって，$\mathrm{QP}=(t+3)-\frac{1}{4}t^2$

$\mathrm{PR}=\frac{1}{4}t^2$より，

$(t+3)-\frac{1}{4}t^2=\frac{1}{4}t^2$

$t^2-2t-6=0$

$0<t<6$より，解の公式から

$t=1+\sqrt{7}$

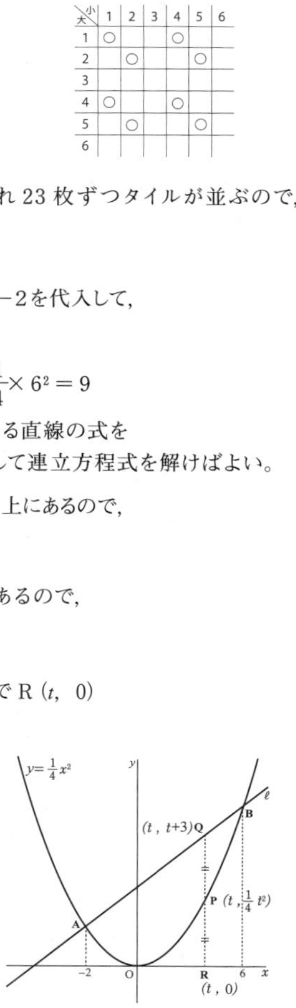

7 (1) △DEFにおいて三平方の定理より，

$\mathrm{EF}=\sqrt{10^2-8^2}=6$

(2) ①AC//PRより，△ABC∽△PBRだから，$\mathrm{PR}=8\times\frac{2}{3}=\frac{16}{3}$

また，$\mathrm{PQ}=3\sqrt{2}$より，四角形 PRSQ $=\frac{16}{3}\times3\sqrt{2}=16\sqrt{2}$

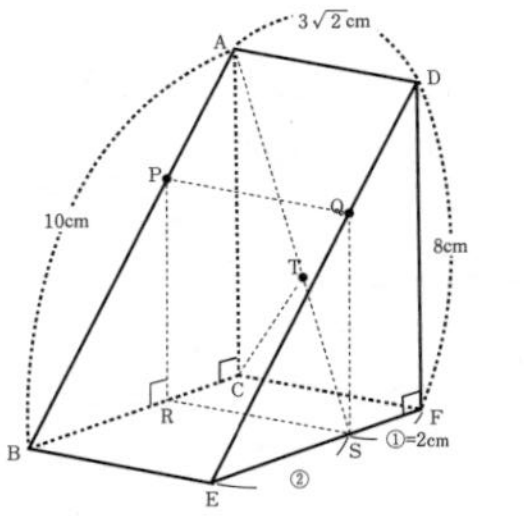

②四角形 PRSQ を底面としたときの高さを求める。
四角形 ACSQ を取り出して平面で考えてみると，

$\mathrm{AC}=8$，$\mathrm{QS}=\frac{16}{3}$

△ ATC と△ STQ の相似比は

$8:\frac{16}{3}=3:2$

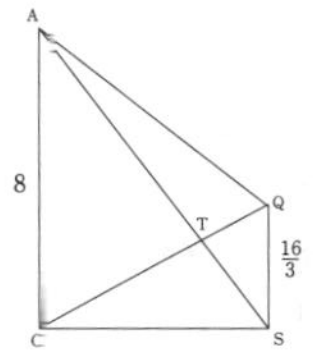

FS : SE ＝ DQ : QE ＝ 1 : 2 より，

$\mathrm{FS}=6\times\frac{1}{3}=2$

したがって，高さは$2\times\frac{2}{5}=\frac{4}{5}$

よって，

四角錐の体積$=16\sqrt{2}\times\frac{4}{5}\times\frac{1}{3}=\frac{64}{15}\sqrt{2}$

〈理科〉

1 (3) 血液は心房から心室へと流れ，弁は血液が逆流しない向きに作られている。

2 (4) ① RR × rr とすると，すべて Rr となる。

② 　Rr × Rr
RR　Rr　Rr　rr　　より，$400\times\frac{2}{4}=200$ 個

(5) RR × Rr ⇨ RR　Rr　RR　Rr
Rr × Rr ⇨ RR　Rr　Rr　rr
Rr × Rr ⇨ RR　Rr　Rr　rr　より，10:2=5:1

3 (2) Ⅰ　マグニチュードが1大きくなると約 32 倍になるので,2大きくなると
32 × 32= 約 1000 倍になる。

Ⅱ　マグニチュードの値が大きいほど，ゆれが伝わる範囲は広くなる。

(3) ① X　P 波とＳ波は同時に発生するが，P 波の方が速さが大きいので先に到達する。

Y　(60km － 30km) ÷ (15 時 32 分 12 秒－ 15 時 32 分 07 秒)
＝ 30 ÷ 5 ＝ 6km/s

② A 地点に初期微動が到達してから，B 地点に到達するまでに３秒かかっていることがわかるので，A 地点から B 地点まで 6 × 3=18km 離れている。よって　30+18=48

③ S 波の速さは，(60km － 30km) ÷ (15 時 32 分 22 秒－ 15 時 32 分 12 秒) ＝ 30 ÷ 10 ＝ 3km/s
したがって，A 地点と震源距離が 54km の地点とは，54 － 30=24km 離れているので，24 ÷ 3=8 秒より，震源距離が 54km の地点に主要動が伝わったのは 15 時 32 分 12 秒＋８秒＝ 15 時 32 分 20 秒
したがって,緊急地震速報が伝わってから,6秒後。

4 (2) 南半球では，日本と太陽の通り道が反対になり，夏至のときが冬なので，南中高度が低い。

5 (4) ① 結果と表を参照すればよい。
②液 A の密度は 0.84g/cm³より，表から 水：エタノール＝1：4であることがわかる。よって，$4.20\times\frac{4}{5}=3.36$

6 (2) イはアンモニア，ウは酸素，エは二酸化炭素

(4) 塩化銅水溶液中の塩化銅は　$140\times\frac{3}{100}=4.2$
グラフより　銅：塩素＝1.0：1.1＝10：11　だから
生じる銅は，$4.2\times\frac{10}{21}=2.0$

7 (1) ① グラフの物体Aを下げた距離が0～1.0cmのところは，まだ水につかっていないので，ばねばかりの値が重力である。
② ばねばかりの値が小さくなっているところが，浮力が生じているので，物体Aの長さは $6.0-1.0=5.0$cm
③ グラフより，物体Aにかかる重力は1.1Nで，物体Aを全部水中にしずめたときのばねばかりの値は0.7Nなので，浮力は $1.1-0.7=0.4$N
(2) $\mathrm{Pa}=\frac{\mathrm{N}}{\mathrm{m^2}}$ より，$\frac{1.1\mathrm{N}}{0.0055\mathrm{m^2}}=200\mathrm{Pa}$

8 (1) 予想よりも大きい電流が流れてもいいように，初めは値の大きい端子につなぐ。
(2) 結果1より，同じ電圧のときに流れる電流はAの方が小さいので，Aの方が抵抗が大きい。
(3) $3\mathrm{V}\times0.24\mathrm{A}\times300\mathrm{s}=216\mathrm{J}$
(4) ① P…$3\mathrm{V}\times1.5\mathrm{A}=4.5\mathrm{W}$
Q…$40.0-22.0=18.0$
R…$18.0\div2.0=9$
② 電圧が $6\div3=2$ 倍になるので，消費電力・上昇温度は，$2\times2=4$ 倍となる。したがって，電圧3Vのときの上昇温度は $24.0-22.0=2.0$℃なので，6Vのときの上昇温度は $2.0\times4=8.0$℃より，$22.0+8.0=30.0$℃

〈英語〉

2 (1) ①〔家で〕
A：私の（　　）はどこですか?私はそれをまた読みたいです。
B：私はテーブルの下でそれを見ました。
ア　雑誌　　イ　ギター　　ウ　シャツ　　エ　ペン
→「読む」に対応するのは「雑誌」
②〔教室で〕
A：あなたはいつも嬉しそうですね。それはなぜですか?
B：なぜなら毎日笑顔でいようとしているからです。笑顔が（　　　）と私は信じています。
→「A＋keep＋人＋形容詞」で，「Aが人を～にする」
③〔駅で〕
A：私は電車の切符をどこで買えばよいのかわかりません。
B：（　　）。あそこの女性に尋ねてみましょう。
ア　いいえ，結構です　　イ　わたしもわかりません
ウ　どういたしまして　　エ　はい，どうぞ
→他の人に尋ねようとしているので，自分もわからないことになる。
(2)〔ホストファミリーの家で〕
A：私は友達からプレゼントをもらいましたが，これは何ですか?
B：それは風呂敷です。それは様々な用途に使うことができます。私があなたにそれの使い方を教えましょうか?
→「be動詞＋過去分詞」で受け身にして，その直前に助動詞「can」を入れる。
(3)〔誕生日会の後で〕
A：私のために料理をしてくれてありがとう，おばあちゃん。[1]
B：私はそれを聞いてうれしいです。[2]
A：私はあなたの野菜ピザが好きです。[3]
B：もちろんです。次は，[4]
A：本当に?私はそれを食べるのを待ちきれません!

ア　私は異なった野菜でそれを作るつもりです。
イ　あなたが作った食事を私は本当に楽しみました。
ウ　あなたはどれが最も好きでしたか?
エ　私のためにまたそれを作ってくれませんか?

3 ① 明日はホームステイの最後の日です。私はあなたがいなくなると寂しいです。
② 私もです。私はもっと長くここに[A]いいのにと思います。
③ 私もそう思います。滞在中，楽しみましたか?
④ はい。私は特に[B]
⑤ 私たちは本当にこれらのことをするのを楽しみました。また戻って来て，一緒に楽しみましょう。
(1) 直後のJohnの言葉に合わせる。「wish」を使った仮定法なので，過去形の「could」にする。
(2)「enjoy」の後は動名詞にすること。

4
ロナルド：ねぇ，タブレットで何をしているのですか，卓也。ゲームをしているのですか?
卓　也：いいえ。私は勉強するためにタブレットでデジタルの教科書を使っています。私は今英語を勉強しています。知っていると思いますが，私がこのデジタルの教科書を使う時，教科書の中の英語を簡単に聴くことができます。
ロナルド：おお，あなたはデジタルの教科書を使っているのですね。それはかっこいい!私はそのようなデジタルの教科書を使ったことはありません。私は中学生だった時に，紙の教科書で勉強していました。あなたの中学校ではすべての科目においてデジタルの教科書を使っているのですか?
卓　也：いいえ，違います。多くの科目においては，私たちは[A]教科書も使っています。
ロナルド：わかりました。技術の進歩には驚きですね。今日本ではデジタルの教科書が広く普及していますか?
卓　也：うーん，わかりません。勉強が終わった後，私はインターネットで情報を探してみます。情報を見つけたら，あなたに話しますね。
ロナルド：ありがとう。楽しみにしています。
〔1時間後〕
卓　也：こんにちは，ロナルド。私はインターネットでいくつかの情報を見つけました。このデータを見てください。

生徒あるいは先生のためのデジタルの教科書がある学校は何%ですか?				
年度	2019	2020	2021	2022
生徒のため（%）	7.9	6.2	36.1	87.9
先生のため（%）	56.7	67.4	81.4	87.4

ロナルド：おお，2019年から2021年まで，先生のためのデジタルの教科書の割合は毎年10ポイント以上増加したことがわかります。驚くべきことに，生徒のためのデジタルの教科書の割合は2020年から2022年までに約80ポイント増加しました。それは，デジタルの教科書が過去数年で日本中の学校に広まったことを示しています。
卓　也：そうですね。実際数年前は，私たちは学校で自分のデジタルの教科書を持っていませんでした。先生だけがデジタルの教科書を持っており，彼らはしばしば私たちに見せるために教室でプロジェクターを使っていました。しかし今，私たちは[B]を使っています。
ロナルド：だから，今あなたは勉強する新しい方法を持っているのですね?あなたはたいていどのようにデジタルの教科書を使っているのですか?
卓　也：ええ，まず，私はしばしば教科書のいくつかの部分をより大きくします。そうすると，私はその中の小さな写真や言葉をはっきり見ることができます。また，私はしばしば指で画面を触ったりデジタルペンを使ったりすることで，デジタルの教科書の中にメモを書きます。たとえもしあなたが間違っても，簡単にそれを訂正することができます。だから，あなたはデジタルの教科書の中にたくさんのことを書くことに自由を感じることができます。さらに，あなたはリンクをクリックして映像を見ることができます。例えば，あなたは家で話したり聴いたりする活動の映像例を見ることができます。
ロナルド：それは勉強のためにとても便利ですね。それなら，あなたはデジタルの教科書ですべての科目を勉強したいですか?
卓　也：いいえ，そうは思いません。もしすべての科目でそれを使うと，私の目はとても疲れてしまうでしょう!また，私のタブレットはとても小さいので紙の教科書のように一目でページ全体を見ることができません。事実，私は紙の教科書をもっと早く読むことができるし，再び勉強しなければならないことを簡単に見つけることができます。

ロナルド：わかりました。紙とデジタルの教科書両方とも良い点があります。あなたは異なった目的がある時に、異なった使い方を選ぶことができるのですね?

卓　也：はい。例えば、私が理解するのを助けてくれる写真や映像を見たい時には、デジタルの教科書を使います。しかし、教科書を早く読まなければならない時には、紙の教科書を使います。紙の教科書とデジタルの教科書の両方を効率良く使う方法を知ることは重要だと私は思います。

ロナルド：私も賛成です。もしあなたがそのようにする方法を知れば、教科書はより役立つものになるでしょう!

(1) 直前で「いいえ」と答えているので、「紙の」が適当である。

(2) ① 2021年と2022年の間に、生徒のためのデジタルの教科書の割合は約［　　］ポイント増加した。→表より 87.9 − 36.1 ＝約 50
② ［　　］年、生徒のためのデジタルの教科書の割合は先生のためのものよりも大きい。→表より生徒（87.9）が先生（87.4）を上回っているのは 2022 年。

(3) 以前は先生だけがデジタルの教科書を持っていて、空欄の直前に「しかし」とあるので、今は生徒たちも自分のデジタルの教科書を持っていると考えられる。

(4)
ア　卓也は英語の勉強が終わったので、ゲームをするためにタブレットを使っている。→今英語の勉強の最中で、ゲームをしているところではないと言っているので不適。
イ　ロナルドは中学生の時、デジタルの教科書で勉強していた。
　→紙の教科書で勉強していたと言っているので不適。
ウ　卓也はデジタルの教科書の中にメモを書くために指やデジタルペンを使うことができる。→本文に書かれてあるのでこれが正解。
エ　紙の教科書はデジタルの教科書よりも重要だと、ロナルドは言う。
　→どちらも良い物だと言っているので不適。

(5) 卓也の最後の言葉に注目する。

5

もしあなたたちが新しい環境で困難な状況に陥った時、何をするでしょうか?おそらくあなたたちはこの質問の答えを持っていないでしょう。しかし、この状況において、あなたたちは一歩踏み出す勇気を持つべきだと私は思います。今日は、私が問題に直面し、どのように新しい人々と関係を築いたのか話したいと思います。

私はフィリピンで生まれ、14年間そこに住んでいました。ある日、私の父は私に「ジョアン、私たちは仕事のために来月日本に引っ越します。」と言いました。私はそのことを聞いて、わくわくしましたが、少し不安でした。私は初めて海外に行くことを楽しみにしていました。しかし、フィリピンの友達にさよならを言うことに［ A ］もありました。

日本での最初の数週間は、私は失ったものについて考えているだけでした。私はとても恥ずかしがり屋だったので、新しい学校で誰とも話せませんでした。多くの授業は日本語で教わるので、とても難しくて理解できませんでした。また、食べ方が私にとって新しいものでした。例えば、フィリピンでは左手でフォークを右手でスプーンを持って食べます。日本では、たいてい箸を使います。私は箸を使うことが得意ではありませんでした。［ B ］

ある日、クラスメイトの一人であるナツコが私のところにやって来て、「ジョアン、あなたの英語は本当に上手ですね。私は英語が好きですが、話すのが難しいです。」と言いました。彼女は一生懸命私と英語で意思疎通しようとしていました。私は静かに「おお、わかりました。」と返事をしました。実際、授業の間、日本語で先生が言っていることを理解するのが私にとって簡単ではありませんでした。しかし、フィリピンのほとんどの人々は英語を話すので、英語の授業はそれよりも簡単でした。私は子どものころからフィリピンで英語を使っています。私は英語の授業でだけ素早く先生の質問に答えることができ、先生と英語の会話を楽しむことができました。ナツコはそのことを知っていました。

私は彼女が話しかけてくれたことが嬉しかったのですが、次に彼女に何を言えばよいのかわかりませんでした。しばらくして、私はすべての勇気を振り絞って「もしあなたが自分の英語を磨きたければ、私はあなたの手伝いをしますよ。」と彼女に言いました。彼女は「本当ですか?本当にありがとう!」と言いました。だから、私たちは一緒に英語の会話を練習し始め、すぐに私たちは良い友達になりました。

数日後、「ナツコだけでなく他の生徒も助けることができるのでは?」と私は思いました。私はナツコに「私はもっとたくさんの生徒のために英語の会話の練習を始めようと考えています。あなたはどう思いますか?」と言いました。彼女は「それは良い考えですね。一緒にジョアンの英語の授業を始めましょう」と答えました。

次の日、昼食後ナツコと彼女の友達と一緒に私は英語の練習を始めました。今も、私たちはほとんど毎日一緒に英語の会話の練習をしています。ナツコは「私たちに英語を教えてくれてありがとう,ジョアン。」と言いました。私は「どういたしまして。」と日本語で答えました。私の日本語はまだ上手くはないですが、日本語でも私の考えを表現しようとしています。それがうまくいかない時、私は身振りを使います。私はナツコに「実は、私は漢字が得意ではありません。私に漢字の読み方、書き方を教えてくれませんか?」と言いました。「もちろんです!」それから、ナツコと彼女の友達は私に漢字を教えてくれました。友達と一緒に言語を学ぶことはとても楽しいです。

今、私の学校生活はずっと簡単になり、友達ととても楽しい時間を過ごしています。ナツコを手伝ったことは日本での私の生活を変え、自分自身を変えました。私の友達が私を受け入れてくれたと感じたので、今私は日本で自分の居場所があります。この経験から、一歩を踏み出す少しの勇気は私たちとより多くの人々をつなぎ、私たちの生活をより輝くものにすることができることを私は学びました。

(1) 直前に「しかし」とあるので、前の「楽しみにしている」と反対の意味の語句を入れる。

(2)
ア　父の仕事のために私はフィリピンに戻らなければなりませんでした。
　→日本に行くので不適。
イ　日本での生活はフィリピンでの生活とはとても異なっていると私は感じました。
　→直前に、日本とフィリピンの食べ方の違いについて書かれているので、これが正解。
ウ　箸で日本食を食べることは私にとって簡単です。
　→直前に「私は箸を使うことが得意ではありませんでした。」とあるので、不適。
エ　初めて日本に行くことを私はとても楽しみにしていました。
　→前の話題であって、ここではつながらない。

(3)
ア　ジョアンは英語の授業で先生の質問に素早く答えることができたので、先生と英語の会話を楽しんだ。
イ　日本での英語の授業はジョアンにとってとても難しかったので、彼女は毎日一生懸命英語を勉強しなければならなかった。
ウ　ナツコと友達は英語を話すことができなかったので、昼食後のジョアンの英語の授業に参加したかった。
エ　ジョアンは英語が得意だったので、彼女はナツコと彼女の友達が昼食後英語を勉強するのを手伝いたかった。
　→傍線部直前に書かれている内容はアである。

(4)
ア　ジョアンは自分がひとりで日本に引っ越すことを聞いて少し不安だった。
　→ジョアンだけではなく家族みんなだったので不適。
イ　ジョアンはフィリピンでたいてい箸を使っていたので、日本でフォークとスプーンを使いたくなかった。
　→フィリピンで箸を使ってないので不適。
ウ　ナツコはあまり上手に英語を話すことができなかったので、いつも日本語でジョアンと話していた。
　→ナツコは英語で意思疎通をしようとしていたので、不適。
エ　ジョアンは漢字が得意ではなかったので，漢字の読み方と書き方を教えてほしいとナツコに頼んだ。
　→本文に書かれている内容なので、これが正解。

(5) ①質問：ジョアンとナツコはどのようにして良い友達になりましたか?

答え：一緒に＿＿＿＿＿＿＿＿＿＿によって、良い友達になりました。

→第5段落の最終文に注目する。

②質問：いつジョアンは身振りを使いますか?

答え：彼女は＿＿＿＿＿＿＿＿＿＿時、それを使います。

→第7段落に注目する。

(6) ジョアンは友達と学校生活を楽しんでいる。彼女はナツコを手伝った後、より積極的になった。彼女は今＿＿＿＿＿＿＿＿と感じている。彼女の経験から、少しの勇気が私たちとより多くの人々をつなげ、私たちの生活においてすべてを異なったものにすることができるということを学んだ。

→最終段落に注目する。

〈国語〉

一 1 閣→14画、棒→12画、脈→10画、輸→16画、磁→14画、版→8画

二 1 「目にしたもの」→「睡蓮の円錐形の蕾」、「音」→「ざぶざぶ」、「労働のあとの何気ない作業」→「鍬洗ふ」

2 「絵日傘」が「身の回りの物」。Dの歌も春の明るい気分を表したものだが、「うれし」という心情を表す言葉が使われているので不適。

三 【現代語訳】

晋の平公は鋳て大きな鐘を作り、楽工たちに鐘の音を聴かせた。皆、音程は合っていると答えた。師曠は「音程は合っていません。どうかもう一度鐘を鋳なおしてください。」と言った。平公は「楽工たちは皆、音程は合っていると答えている。」と言った。師曠は「今後音に精通している人が現れれば、きっと鐘の音程が合っていないことを見抜くでしょう。私は内心であなたのためにこのことを恥じているのです。」と言った。師涓が現れて、とうとう鐘の音程が合っていないことが分かってしまった。これは師曠がよく鐘の音程を合わせてほしいと願っていたのは、先々の音に精通している人のことを思ったからである。

四

1 ア「なかなおりさせる努力を、黒野はたった一人で続けていた」が不適。

イ「早緑を冷やかし」が不適。

ウ「黒野に何度も説得された」が不適。

エ「黒野がこれからも力を尽くしてくれる」が不適。

2 傍線部2の後の「いくら走っても、みんなに追いつけない自分のことを言われているみたい」に注目する。

3 傍線部3直前の早緑の言葉をまとめればよい。

4 (1)最後から2段落目に注目する。

(2)同じく最後から2段落目に書かれている「大切な人の気持ち」を具体的に書けばよい。「大切な人」とは早緑のことなので、彼女の気持ちは本文の中盤付近に書かれている。

5 ア「過去の出来事と現在の出来事が何度も入れ替わる」が不適。

ウ「登場人物の様子が客観的に描かれる」が不適。

エ「倒置法が連続して使われる」が不適。

オ「読者が登場人物の一人のように」が不適。

五

1 「未来倫理で」とオは「助詞」。イは「形容動詞の一部」、ア・ウ・エは「助動詞」。

2 第5段落の1文目に注目する。

3 第11段落をまとめればよい。

5 (1)ウ「予見の結果のみ」が不適。

(2)第3段落に注目する。

福島県公立入試（社会）出た年号のすべて

㈱ガクジュツ

５７	倭奴国の王が後漢に使いを送る
２３９	卑弥呼が魏に使いを送り金印を与えられる
４Ｃ末	キリスト教がローマ帝国の国教となる
３９１	倭，高句麗と戦う
４７８	倭王武が南朝に使いを送る
５３８	仏教伝来
５９３	聖徳太子が摂政になる
６０３	聖徳太子が冠位十二階➡０４　十七条憲法制定
６０７	聖徳太子が法隆寺を建てる／小野妹子が遣隋使として派遣される
６３０	第一回遣唐使を派遣する
６４５	中大兄皇子らが蘇我氏を滅ぼす➡大化の改新
６６３	白村江の戦い
７０１	大宝律令が制定　〈班田収授法〉
７１０	平城京に都を移す
７２０	日本書紀完成
７４１	聖武天皇が各地に国分寺・国分尼寺をたてる
７４３	墾田永年私財法の制定
７５２	東大寺の大仏がつくられる
７５４	鑑真が日本に律宗をひろめる
７９４	都を京都に移し平安京とする
７９７	坂上田村麻呂が征夷大将軍になる
８Ｃ末	フランク王国が西ヨーロッパの大部分を支配する
８５８	藤原良房が摂政となる（摂関政治の始まり）
８９４	遣唐使を廃止する
９３５	平将門の乱
９３９	藤原純友の乱
１０５３	藤原頼通が平等院鳳凰堂を建てる
１０８６	白河上皇が院政を始める
１１５６	保元の乱
１１５９	平治の乱➡６７　平清盛が太政大臣となる
１１８５	壇ノ浦の戦い➡守護・地頭をおく
１１９２	源頼朝が征夷大将軍
１２０３	東大寺南大門が再建（金剛力士像）
１２２１	承久の乱
１２３２	北条泰時が御成敗（貞永）式目を制定
１２７４	文永の役・８１　弘安の役➡元寇
１２９７	永仁の徳政令
１４Ｃ頃	イタリアでルネサンスがおこる／ダンテの「神曲」
１３３３	鎌倉幕府滅ぶ
１３３４	後醍醐天皇による建武の新政が始まる
１３３６	南北朝にわかれ対立する
１３３８	足利尊氏が征夷大将軍
１３７８	足利義満が幕府を室町に移す
１３９２	南朝と北朝がひとつになる
１４０４	日明貿易（勘合貿易）が始まる（足利義満）
１４２８	正長の土一揆
１４２９	琉球王国ができる
１４６７	応仁の乱
１４８８	加賀の一向一揆
１４８９	足利義政が慈照寺銀閣をたてる
１４９２	コロンブスが西インド諸島到達
１４９６	蓮如が本願寺を建てる（浄土真宗）
１４９８	バスコ＝ダ＝ガマのインド到着
１５１７	ルターの宗教改革
１５１９～２２	マゼラン一行世界一周
１５４０	イエズス会公認
１５４３	ポルトガル人が種子島に鉄砲を伝える
１５４９	ザビエルがキリスト教を伝える
１６Ｃ中頃	南蛮貿易がさかん／活版印刷術が伝わる
１５７３	室町幕府が滅ぶ
１５８２	太閤検地／少年使節をローマに派遣／本能寺の変
１５８３	豊臣秀吉が大阪城をたてる
１５８７	豊臣秀吉がキリスト教を禁止
１５８８	豊臣秀吉による刀狩（兵農分離）
１５９０	豊臣秀吉が全国統一
１５９７～９８	豊臣秀吉が朝鮮出兵
１６００	関ヶ原の戦い
１６０３	徳川家康が征夷大将軍➡江戸幕府をひらく
１６０９	琉球が薩摩藩の支配下になる
１６１５	武家諸法度（３５　参勤交代の制度）
１６１９	五人組の制度
１６３７	島原の乱➡キリスト教の禁止
１６３９	ポルトガル船の来航禁止
１６４１	平戸のオランダ商館を長崎の出島に移す➡鎖国完成
１６６１	フランスのルイ１４世の絶対王政（～１７１５）
１６８８	イギリスで名誉革命➡権利章典
１７１６	徳川吉宗の享保の改革
１７６５	ワットの蒸気機関改良
１７７２	田沼意次が老中となる
１７７４	解体新書発刊
１７７５～８３	アメリカの独立戦争➡７６　独立宣言
１７８２	天明のききん
１７８７	松平定信の寛政の改革
１８Ｃ後半	イギリスで産業革命
１７８９	フランス革命　フランス人権宣言
１７９２	ロシアのラックスマン来日
１８２５	異国船打払令
１８３７	大塩平八郎の乱
１８４０	アヘン戦争
１８４１	水野忠邦の天保の改革 ➡株仲間の解散／薩摩・長州・土佐の各藩で藩政の改革
１８５１～６４	太平天国の乱
１８５３	ペリーが浦賀に来る
１８５４	日米和親条約（函館・下田を開港）
１８５８	日米修好通商条約／安政の大獄
１８６１	アメリカ南北戦争➡６３　リンカーンが奴隷解放宣言
１８６４	四国艦隊が下関砲台を占領
１８６６	薩長同盟
１８６７	大政奉還／王政復古
１８６８	戊辰戦争／明治政府が樹立／五箇条の御誓文
１８６９	版籍奉還／スエズ運河が開通
１８７１	廃藩置県／岩倉使節団の欧米派遣／ドイツ帝国の成立
１８７２	鉄道開通／富岡製糸場操業開始／学制公布／ 太陽暦の採用／横浜で最初のガス灯／地券の発行
１８７３	地租改正／徴兵令
１８７４	板垣退助らが民選議院設立建白書を出す
１８７５	江華島事件／樺太・千島交換条約
１８７６	日朝修好条規
１８７７	西南戦争
１８８１	国会開設の勅諭
１８８２	三国同盟
１８８４	秩父事件
１８８５	内閣制度を採用➡伊藤博文が初代内閣総理大臣
１８８９	大日本帝国憲法発布
１８９０	第一回帝国議会／第一回衆議院議員総選挙の実施（制限選挙）
１８９０	北里柴三郎が抗毒素を発見
１８９４	治外法権の撤廃に成功
１８９４～９５	日清戦争➡９５　下関条約→三国干渉（独・露・仏）
１８９９	義和団事件➡０２　日英同盟
１９００	立憲政友会の結成
１９０１	田中正造が足尾鉱毒事件を天皇に直訴／ 八幡製鉄所が操業を開始する
１９０４	日露戦争が始まる➡０５　ポーツマス条約
１９０５	日比谷焼き打ち事件
１９０６	鉄道国有法／南満州鉄道株式会社（満鉄）を設立
１９１０	韓国併合
１９１１	関税自主権の回復（条約改正）／青鞜社結成／辛亥革命
１９１２	第一次護憲運動
１９１４	第一次世界大戦に参戦
１９１５	二十一か条の要求
１９１７	ロシア革命
１９１８	第一次世界大戦終わる／シベリア出兵➡米騒動
１９１８	立憲政友会を中心とした本格的な政党内閣の成立
１９１９	ガンジーの非暴力・不服従運動／五・四運動
１９１９	ドイツでワイマール憲法発布・ベルサイユ条約
１９２０	国際連盟発足・加盟➡２１　ワシントン会議
１９２２	ワシントン海軍軍縮条約／全国水平社の結成
１９２３	関東大震災
１９２４	第二次護憲運動➡加藤高明の内閣成立
１９２５	普通選挙法の制定／ラジオ放送開始／治安維持法
１９２９	世界恐慌
１９３０	ロンドン会議（米・英・日）➡海軍軍縮
１９３１	満州事変／日本で最初のトーキー（有声映画）
１９３２	五・一五事件／満州国建国
１９３３	国際連盟から脱退／ニューディール政策
１９３６	二・二六事件
１９３７	盧溝橋事件➡日中戦争
１９３８	国家総動員法公布
１９３９	第二次世界大戦始まる
１９４０	日独伊三国同盟／南京政府樹立
１９４１	真珠湾攻撃➡太平洋戦争（～４５）
１９４５	ヤルタ会談➡ポツダム宣言／広島・長崎原爆投下
１９４５	第二次世界大戦終わる／国際連合が発足／財閥解体／農地改革
１９４６	日本国憲法が公布➡４７　日本国憲法が施行
１９４７	教育基本法で六・三・三・四制／独占禁止法／インド連邦成立
１９４８	国際連合が世界人権宣言を採択
１９５０	朝鮮戦争勃発➡５１　サンフランシスコ平和条約
１９５１	日米安全保障条約の調印
１９５３	朝鮮戦争休戦
１９５５	アジア・アフリカ会議
１９５６	国際連合加盟／日ソ共同宣言調印
１９６０	ＥＦＴＡ発足／日米新安全保障条約
１９６１	農業基本法の制定
１９６２	キューバ危機
１９６４	東京オリンピック／東海道新幹線全通
１９６５	日韓基本条約の締結
１９６７	ＥＣ（ヨーロッパ共同体）発足／ＡＳＥＡＮ発足
１９６８	小笠原諸島の日本復帰
１９７２	沖縄の日本復帰／日中共同声明に調印
１９７３	第四次中東戦争➡石油危機（オイルショック）
１９７８	日中平和友好条約の締結
１９７９	東京サミット開催
１９８５	男女雇用機会均等法の制定➡８６　施行
１９８９	ＡＰＥＣ発足／ベルリンの壁崩壊／冷戦の終結宣言／ 「子ども（児童）の権利条約」採択➡９４　日本批准
１９９０	東西ドイツの統一
１９９１	ソビエト連邦解体／湾岸戦争
１９９２	ブラジルで地球サミット
１９９３	ＥＵ（ヨーロッパ連合）発足／環境基本法
１９９５	ＧＡＴＴを発展的に解消しＷＴＯが発足
１９９７	日本で地球温暖化防止京都会議
１９９９	男女共同参画社会基本法の制定・施行

able (be able to)
action
adult
afternoon
agree
almost
also
among
any
area
arrive
attention
back
baseball
because
begin (←→finish)
best
bike
blue
born
boy
bright
business
cake
card
case
century
cheap
chocolate
city
clean
club
collect
communication
concert
cook
course (of course)
curious
dance
daughter (←→son)
delicious
destination
difficult (←→easy)
dish
doll
drive
early (←→late)
eat
electronic
encourage
enough
even
everyone
excite
explain
family
farewell
favor
fever

about
activity
advice
again
air
alone
although
animal
anyone
argue
art
attract
bad (←→good)
basketball
become
behind
better
bird
body
borrow
branch
British
busy
call
care
castle
chance
check
choose
class
clerk
coat
college
compare
condition
cool (←→warm)
cross
customer
danger (dangerous)
day
department
develop
dinner
do (does→did→done)
down
drum
earth
effort
else
engineer
environmental
evening
everything
excuse (excuse me)
eye
famous
farm
favorite
few

abroad
actor
afraid (be afraid of)
against
airport
along
always
another
anything
arm
as
Australia
bag
bath
bed
believe
between
birthday
book
both
breakfast
build
but
can (=be able to→could)
carefull
catch
change
cherry
chopstick
classmate
climb
coffee
come (←→go)
complete
contact
corner
crowd
cut
dark
dear
desk
dictionary
discover
doctor
dream
during
easily
either
e-mail
enjoy (=have a good time)
eraser
ever
example (for example)
expensive
face
fan
fast (←→slow)
feel
fill

accept
actually
after (←→before)
ago
all
already (←→yet)
America (American)
answer (←→ask,question)
aquarium
around
ask (←→answer)
away
ball
beautiful
before (←→after)
beside
big (←→small)
black
boring
box
bridge
bus
buy (←→sell)
car
carry
celebrate
character
child (children)
chorus
classroom
close (←→open)
cold (←→hot)
common
computer
convenient
country
culture
cute
date
decide
dessert
different (←→same)
discuss
dog
dress
each
easy (←→difficult)
elderly
energy
English
especially
every
exchange
experience
fact
far
father
festival
finally

find
flower
foreign
forward（look forward to）
friend
full
garbage
get
go（↔come）
great
group
hamburger
hard（harder）
hear
helpful
history
home
hospital
house
human
idea
impress
international
invent
join
keep
know
language
later
leave
lesson
life
little
look（look at）
loud
lunch
man（men）
matter
mean
message
miss
morning
mountain
much
name
necessary
news
noise
notice
o'clock
old（↔young,new）
opinion
other
own
paper
park
peace
perfect
photograph
piece
planet

fine
fly
forest
foster
frighten
fun
garden
girl
good（↔bad）
green
guitar
hand
hat
heavy
here
hobby
homestay
hot（↔cold）
housework
hungry
if
information
Internet
jacket
jump
kilometer
knowledge
large
laugh
left
let
light
live
lose
love
lunchtime
many
may
meet
mile
mistake
most
move
museum
nature
need
next
nose
now
off
once
order
out
owner
participate
part
pen
performance
piano
place
plant

finish（↔begin）
follow
forever
free
from
future
gate
give
grandmother
greeting
guide
happen
have
hello
high（↔low）
hold
homework
hotel
how
husband
imagine
inside
into
Japan（Japanese）
junior（junior high school）
kind
lake
last
laundry
leg
letter
like
London
loss
luck（lucky）
machine
map
maybe
member
mind
month
mother
movie
music
natural
never
nice
notebook
number
office
only
origin
outside
pain
pardon
party（parties）
pencil
person
pick
plan
play

fish
food
forget
fresh
front（in front of）
game
generation
glad（be glad to）
graph
ground
habit
happy
head
help
hiking
holiday
hope
hour
however
ice
important
interesting
introduce
job
just
kitchen
land
late（↔early）
learn
lend
library
listen
long（↔short）
lot（a lot of）
lullaby
make
math
meal
memory
minute
more
motto
movement
must（=have to）
near
new（↔old）
night
nothing
nurse
often
open（↔close）
originally
over
pamphlet
parent（parents）
pass
people
phone
picture
plane
player

please
pollution
practice
presentation
program
question (←→answer)
rain (→rainy)
really
remember
restaurant
rich (←→poor)
road
rule
sale
school
sell
shall
short (←→long,tall)
shrine
sign
sister
small (←→large)
soccer
someday
song
space
spend
stair
stay
storm
strong
successful
sure
table
tall (←→short)
team
tell
terrible
then
think (→thought)
throw
to
too
town
tree
try
under
use
various
visit
wake
warm (←→cool)
water
week
when
white
why
window
woman (women)
world
year
young (←→old)
pleasure
poor
prefecture
print
project
quickly
read
reason
repeat
result
ride
rock
run
same (←→different)
science
send
shape
should
sick (←→well)
simple
sit (←→stand)
smile
society
someone
soon
speak
sport
stand (←→sit)
still
story
student
such
surf
take (←→bring)
taste
technology
temperature
textbook
there
those
ticket
today
total
traditional
trip
turn
understand
useful
very
voice
walk
wash
way
welcome
where
who
wife
wish
wonderful
worry
yellow
point
popular
prepare
problem
purpose
quiet
ready
recycle
respect
return
right (←→left)
role
sad
save
sea
several
share
shout
side
since
sky
slowly
solve
something
sorry
special
spread
start (←→stop)
stop (←→start)
strange (→stranger)
study
sun
surprise
tale
teach
teeth
temple
than
these
though
time
together
touch
train
trouble
umbrella
university
usually (usual)
video
volunteer
want
waste
weak
well (←→sick)
which
whole
will (=be going to→would)
with
word
write
yesterday
police
post
present
produce
put
radio
real
relax
rest
rice
river
room
safe
say
see
shake
shop
show
sightseeing
sing
sleep
so
some
sometimes
sound
speech
stadium
station
store
street
subject
sunny
sweater
talk
teacher
telephone
tennis
thank (thank you)
thing
through
title
tomorrow
tower
travel
true
uncle (←→aunt)
until (又は till)
vacation
view
wait
war
watch
weather
what
while
whose
wind
without
work
wrong
yet (←→already)

不規則動詞活用表

原形（現在）	過去形	過去分詞	現在分詞	原形（現在）	過去形	過去分詞	現在分詞
be/am,is/are	was/were	been	being	become	became	become	becoming
begin	began	begun	beginning	break	broke	broken	breaking
bring	brought	brought	bringing	build	built	built	building
buy	bought	bought	buying	catch	caught	caught	catching
come	came	come	coming	cut	cut	cut	cutting
do,does	did	done	doing	draw	drew	drawn	drawing
drink	drank	drunk	drinking	drive	drove	driven	driving
eat	ate	eaten	eating	fall	fell	fallen	falling
feel	felt	felt	feeling	find	found	found	finding
fly	flew	flown	flying	forget	forgot	forgot(ten)	forgetting
get	got	got(ten)	getting	give	gave	given	giving
go	went	gone	going	grow	grew	grown	growing
have,has	had	had	having	hear	heard	heard	hearing
keep	kept	kept	keeping	know	knew	known	knowing
leave	left	left	leaving	lend	lent	lent	lending
lose	lost	lost	losing	make	made	made	making
mean	meant	meant	meaning	meet	met	met	meeting
pay	paid	paid	paying	put	put	put	putting
read	read	read	reading	ride	rode	ridden	riding
ring	rang	rung	ringing	rise	rose	risen	rising
run	ran	run	running	say	said	said	saying
see	saw	seen	seeing	sell	sold	sold	selling
send	sent	sent	sending	set	set	set	setting
show	showed	shown	showing	sing	sang	sung	singing
sit	sat	sat	sitting	sleep	slept	slept	sleeping
speak	spoke	spoken	speaking	spend	spent	spent	spending
stand	stood	stood	standing	swim	swam	swum	swimming
take	took	taken	taking	teach	taught	taught	teaching
tell	told	told	telling	think	thought	thought	thinking
throw	threw	thrown	throwing	understand	understood	understood	understanding
wake	woke	woken	waking	wear	wore	worn	wearing
win	won	won	winning	write	wrote	written	writing

＜季節＞ spring summer fall winter
＜曜日＞ Sunday Monday Tuesday Wednesday Thursday Friday Saturday
＜ 月 ＞ January February March April May June July August September October November December
＜ 数 ＞ one two three four five six seven eight nine ten eleven twelve thirteen …
twenty thirty forty fifty sixty seventy eighty ninety hundred thousand
＜序数＞ first second third fourth fifth sixth seventh eighth ninth tenth eleventh twelfth

高校入試理科重要公式集

■気体の性質

性質＼気体	水素	酸素	二酸化炭素	アンモニア	塩素	窒素
色	ない	ない	ない	ない	黄緑色	ない
におい	ない	ない	ない	刺激臭	刺激臭	ない
空気と比べた重さ	最も軽い	少し重い	重い	軽い	最も重い	少し軽い
水への溶け方	溶けにくい	溶けにくい	少し溶ける	非常に溶ける	溶けやすい	溶けにくい
集め方	水上置換	水上置換	水上(下方)置換	上方置換	下方置換	水上置換
その他の性質	・マッチの火を近づけると音を立てて燃える。 ・亜鉛にうすい塩酸を加えると発生。	・火のついた線香を近づけると炎が明るくなる。 ・二酸化マンガンにオキシドールを加えると発生。	・石灰水を白くにごらせる。 ・水溶液は酸性 ・石灰石にうすい塩酸を加えると発生。	・水溶液はアルカリ性 ・塩化アンモニウムと水酸化カルシウムの混合物を加熱すると発生。	・漂白作用 ・殺菌作用 ・水溶液は酸性	・空気の約 4/5 を占める ・燃えない。

■指示薬

	リトマス紙	BTB 液	フェノールフタレイン溶液
酸　性	青色 → 赤色	黄色	無色
中　性		緑色	無色
アルカリ性	赤色 → 青色	青色	赤色

■試薬

・石灰水…二酸化炭素があると白くにごる
・塩化コバルト紙…水があると赤色に変化する
・酢酸カーミン(酢酸オルセイン)溶液…核を赤く染める
・ヨウ素液…デンプンがあると青紫色に変化する
・ベネジクト液…糖があると赤かっ色の沈殿ができる

■化学反応式・イオン式

①酸化

・$2H_2 + O_2 \rightarrow 2H_2O$
水素＋酸素→水

・$2Mg + O_2 \rightarrow 2MgO$
マグネシウム＋酸素→酸化マグネシウム
質量比　3：2

・$2Cu + O_2 \rightarrow 2CuO$
銅＋酸素→酸化銅
質量比　4：1

・$C + O_2 \rightarrow CO_2$
炭素＋酸素→二酸化炭素

・$4Ag + O_2 \rightarrow 2Ag_2O$
銀＋酸素→酸化銀

・$3Fe + 2O_2 \rightarrow Fe_3O_4$
鉄＋酸素→酸化鉄

②還元

・$2CuO + C \rightarrow 2Cu + CO_2$
酸化銅＋炭素→銅＋二酸化炭素

③化合

・$Fe + S \rightarrow FeS$
鉄＋硫黄→硫化鉄

④分解

・$2H_2O \rightarrow 2H_2 + O_2$
水→水素＋酸素

・$2NaHCO_3 \rightarrow Na_2CO_3 + CO_2 + H_2O$
炭酸水素ナトリウム→炭酸ナトリウム＋二酸化炭素＋水

・$2HCl \rightarrow H_2 + Cl_2$
塩酸→水素＋塩素

⑤イオン

・$HCl \rightarrow H^+ + Cl^-$
塩酸→水素イオン＋塩化物イオン

・$NaOH \rightarrow Na^+ + OH^-$
水酸化ナトリウム→ナトリウムイオン＋水酸化物イオン

・$NaCl \rightarrow Na^+ + Cl^-$
塩化ナトリウム→ナトリウムイオン＋塩化物イオン

・密度〔g/cm³〕$= \dfrac{\text{質量〔g〕}}{\text{体積〔cm}^3\text{〕}}$

・湿度〔%〕$= \dfrac{\text{空気 1m}^3\text{ 中に含まれている水蒸気量〔g〕}}{\text{その気温の空気 1m}^3\text{ 中の飽和水蒸気量〔g〕}} \times 100$

・圧力〔Pa〕$= \dfrac{\text{力の大きさ〔N〕}}{\text{力がはたらく面積〔m}^2\text{〕}}$

・速さ〔m/秒〕$= \dfrac{\text{物体が移動した距離〔m〕}}{\text{移動にかかった時間〔秒〕}}$

・質量パーセント濃度〔%〕$= \dfrac{\text{溶質の質量〔g〕}}{\text{水溶液の質量〔g〕}} \times 100$

・電圧〔V〕＝抵抗〔Ω〕×電流〔A〕

・電流〔A〕$= \dfrac{\text{電圧〔V〕}}{\text{抵抗〔Ω〕}}$

・抵抗〔Ω〕$= \dfrac{\text{電圧〔V〕}}{\text{電流〔A〕}}$

・電力〔W〕＝電流〔A〕×電圧〔V〕
・熱量〔J〕＝電力〔W〕×時間〔秒〕

・仕事〔J〕＝力の大きさ〔N〕×力の向きに動いた距離〔m〕

・仕事率〔W〕$= \dfrac{\text{仕事〔J〕}}{\text{仕事にかかった時間〔秒〕}}$

オンライン家庭教師
KN 家庭ネット
優秀な先生たち
担当制
低価格設定
¥1,320～*
*1コマ(25分)
税込価格です。
回数・期間
自由に決定！
確かな実績
家庭教師紹介
30年以上
「家庭ネット」と「虎の巻」で
受験対策を、
“もっと手軽に。”
日本学術講師会 HP QRコード
QRコードから公式HPへアクセス！

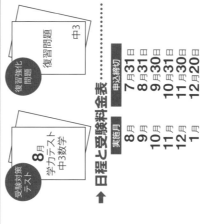

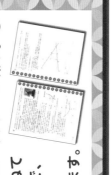

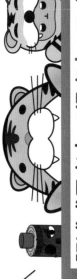

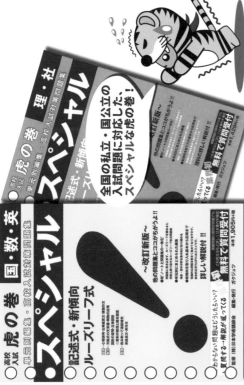

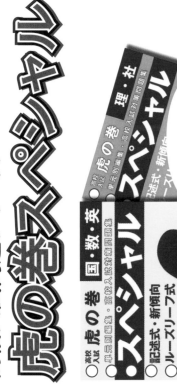

ISBN978-4-86524-211-9
C6000　¥2500E
9784865242119
1926000025005
定価：本体2,750円（税込）
H25～R6（12年間）
5教科収録

★リスニング練習用CDも好評
※別売（過去問ではありません）

ご意見・感想

県専、僕は、推薦で[illegible]高校に内定しました。実テストでも、35点もUP!することができました！最後のテストでは、最初に比べ、85点UP！すごいと思いました。虎の巻さんのおかげだなぁと実感しました。
本当に、ありがとうございました。

ご意見・感想　この虎の巻を見て、塾を止めました。この資料を完ぺきにこなせれば絶対私が、どうしても絶対行きたい高校に入れると思いました。まだ入試には4ヵ月後ですが、これを買って良かったと思います。解説も分かりやすく書かれているので自分だけで分からない問題も解くことができました。

ご意見・感想

入試の過去問を解くことによって、自分の苦手分野が見えてきました。虎の巻さんのおかげで、第一志望校に受かりそうな気がします!!

ご意見・感想

学校の先生にすすめられて、こちらを購入しました。まだ始めていないのですが、問題ページ数がとても多く無駄がないので頑張れそうです。志望校合格目指して頑張ります!!

ご意見・感想

苦手なところを集中的にできるようなつくりになっていて、とても助かります。リスニングのCDも付いていて良かったです。志望校に受かるよう、がんばります。

ご意見・感想

私は12月になってからやっと過去問を解き始めました。改めて、虎の巻を解いて、入試は学校のテストや模試とは比べものにならないくらい難しいと感じました。あとの80日をがんばります。

ご意見・感想

テスト前にやったら同じような問題が出て来て、すごく解けました。教科書見ながら納得しています。ありがとうございました
がんばります

虎の巻様

いつもありがとうございます。今回は質問ではなくお礼を言うためにこれを書きました。
発表でした。私は第一志望の高校に合格することができました！私の行きたい高校は私の学力では足りないと学校の先生から言われ、志望校をおとそうかととても悩みました。しかし、第一志望校を受けないと後悔してしまうと思い、親の反対も振りきって受けました。諦めないで本当によかったです。今回私が合格できたのも虎の巻様が私の質問に丁寧に答えて下さったおかげだと思っています。ページ数と問題内容があってなかったりと様々な迷惑をかけてしまい申し訳なかったです。
4月からは高校生として、国公立大学へ進学するという夢を胸にがんばっていきたいと思います。虎の巻様には感謝してもしても足りません。本当に本当にありがとうございました!!!

単元別とは、

入試問題を1～5と大問の順番に並べるのではなく、【計算】だけ、【図形】だけ、【関数】だけ、・・・と各単元（ジャンル）にまとめ直していることです。下のように単元別にすることで、学習したいところを集中的に取組むことができます。

〈関　数〉

■令和2年度問題

6　右の図のように，関数$y=ax^2$のグラフと直線ℓがあり，2点A,Bで交わっている。ℓの式は$y=2x+3$であり，A，Bのx座標はそれぞれ-1，3である。
このとき，次の (1)，(2) の問いに答えなさい。
（1）　aの値を求めなさい。
（2）　直線ℓ上に点Pをとり，Pのx座標をtとする。ただし，$0<t<3$とする。
また，Pを通りy軸に平行な直線をmとし，mと関数$y=ax^2$のグラフ，x軸との交点をそれぞれQ，Rとする。
さらに，Pを通りx軸に平行な直線とy軸との交点をS，Qを通りx軸に平行な直線とy軸との交点をTとする。
①　$t=1$のとき，長方形STQPの周の長さを求めなさい。
②　長方形STQPの周の長さが，線分QRを1辺とする正方形の周の長さと等しいとき，tの値を求めなさい。

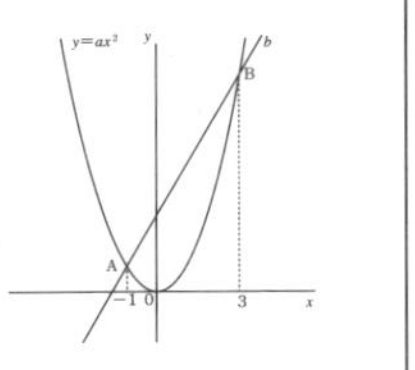

■令和4年度問題

6　右の図のように，関数$y=\frac{1}{2}x^2$のグラフと直線ℓがあり，2点A，Bで交わっている。ℓの式は$y=x+4$であり，A，Bのx座標はそれぞれ-2，4である。
Aとx軸について対称な点をCとするとき，次の（1）～（3）の問いに答えなさい。
（1）　点Cの座標を求めなさい。
（2）　2点B，Cを通る直線の式を求めなさい。
（3）　関数$y=\frac{1}{2}x^2$のグラフ上に点Pをとり，Pのx座標をtとする。ただし，$0<t<4$とする。
△PBCの面積が△ACBの面積の$\frac{1}{4}$となるtの値を求めなさい。

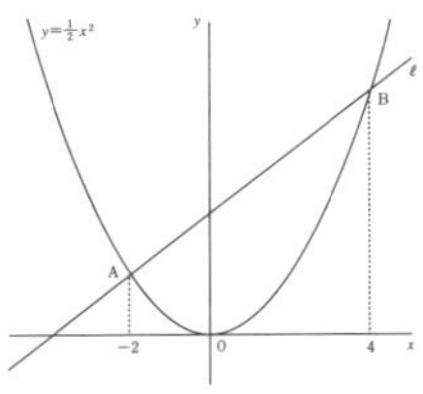

■令和6年度問題

6　下の図のように，関数$y=\frac{1}{4}x^2$のグラフと直線ℓがあり，2点A，Bで交わっている。A，Bのx座標はそれぞれ-2，6である。
このとき，次の(1)～(3)の問いに答えなさい。
（1）　点Aのy座標を求めなさい。
（2）　2点A，Bを通る直線の式を求めなさい。
（3）　関数$y=\frac{1}{4}x^2$のグラフ上に点Pをとり，Pのx座標をtとする。ただし，$0<t<6$とする。
また　Pを通りy軸に平行な直線をmとする。mとℓとの交点をQ，mとx軸との交点をRとする。
QP=PRとなるtの値を求めなさい。

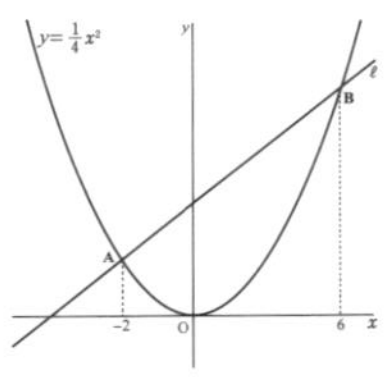

編集・発行　株式会社ガクジュツ
発行責任者　中村　信二
福岡市中央区天神3−16−24−6F
〒810-0001　電話 0120(62)7775

令和6年7月10日発行
監　修　福島リビング新聞社

高校入試『虎の巻』の売り上げの一部は、無料学習室【学術の森】の運営に役立てられます。

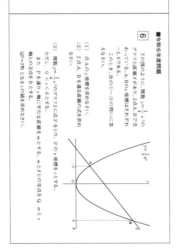